2004 年 9 月 27 日，金庸先生在四川成都杜甫草堂留影

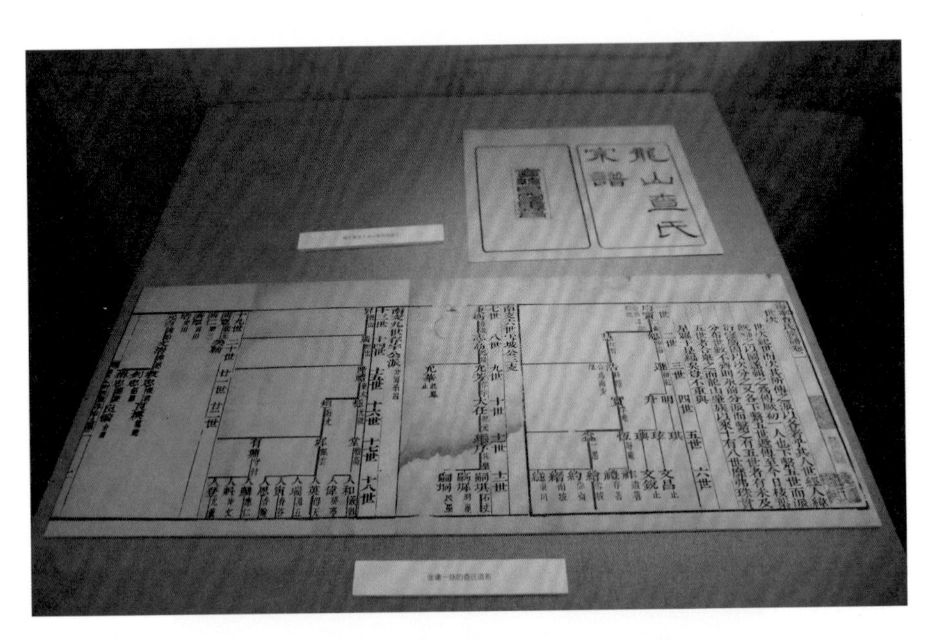

金庸一脉查氏谱系

湖南湘西湖光农场旧址（姚雁、李焱华供图）。
抗日战争时期，金庸曾两度工作、生活于此

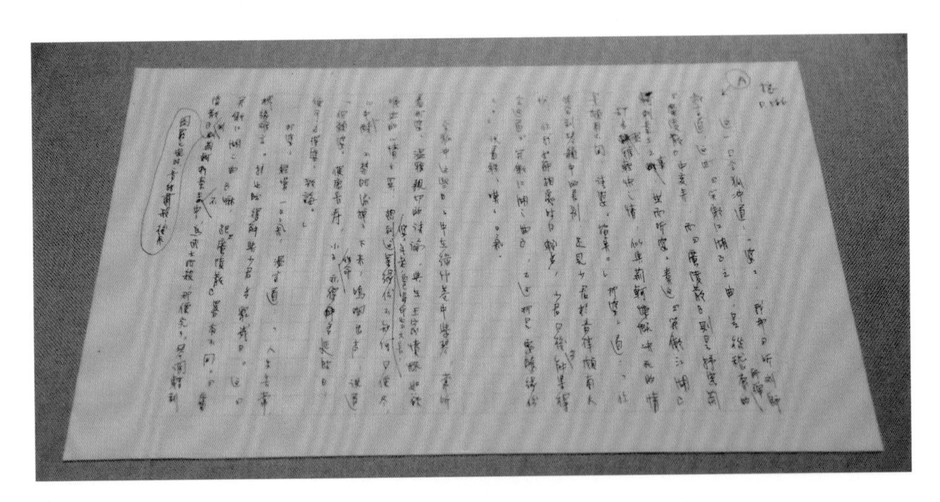

《笑傲江湖》手稿

金庸评传

上册

刘国重 著

北京联合出版公司
Beijing United Publishing Co.,Ltd.
·后浪

图书在版编目（CIP）数据

金庸评传：全二册 / 刘国重著. -- 北京：北京联合出版公司，2024.3（2024.8重印）

ISBN 978-7-5596-7355-8

Ⅰ. ①金… Ⅱ. ①刘… Ⅲ. ①金庸（1924–2018）— 评传 Ⅳ. ①K825.6

中国国家版本馆CIP数据核字（2024）第003037号

金庸评传：全二册

刘国重　著

出 品 人：赵红仕
出版监制：刘　凯　赵鑫玮
选题策划：联合低音
责任编辑：马晓茹　肖　桓　高霁月
封面设计：今亮後聲 HOPESOUND 2580590616@qq.com · 小九
内文排版：聯合書莊

关注联合低音

北京联合出版公司出版
（北京市西城区德外大街83号楼9层　100088）
北京联合天畅文化传播公司发行
北京美图印务有限公司印刷　新华书店经销
字数983千字　710毫米×1000毫米　1/16　66.5印张
2024年3月第1版　2024年8月第2次印刷
ISBN 978-7-5596-7355-8
定价：168.00元（全二册）

推荐序

我没有资格为刘国重老师的书写序，但是他吩咐让搞一点，显得热闹。这篇东西只能说是写在前面的话，或者说一位忠实读者的话。

之前开玩笑时说，读金庸的人我佩服三个半，其中一个当然就是国重先生。他对我的影响特别大。还记得刚开始时，自己的许多文章都是脑子里想着刘先生的文章写的。如果没有刘国重，大概率就没有我去读金庸了。读他的文章，能感到刘先生是一个语言举止有点古雅，但内里其实活泼新锐的纯纯的现代人，他看问题异常透彻，思想非常开明，这也是他的文章能让一代代读者喜欢的原因。

这一部《金庸评传》，第一时间拜读了。字数居然超过七十万。刘先生应该是写作的时候刹不住了，他一定明白，作为一本书，太长不合适，奈何太喜欢金庸武侠，写起来就只顾踩油门，没法刹车。

读了这本书，感受是八个字：痴狂，温暖，诚笃，倔强。全书充满对金庸的热爱，这从巨大厚重的篇幅就可以看出，但又有对自己见解和判断的坚持，甚至是倔强，不因为对传主的喜爱而违心溢美。

天生才士定多癖，书中处处显示刘国重先生对小说批评的痴癖，已经可称对金庸其人和其书的双评，说到情节人物时洋洋洒洒，观点独到，妙语连发，又像赵敏郡主在绿柳庄点评江湖各派武功时的精到，令人有种不知不觉红日西沉还不想离席的快乐。

评传立得住，关键仍然是传。传记部分的风格，我觉得是绵密、充实，且有体系。作者搜集、爬梳金庸生平资料非常用心，涉及的回忆文章、采访、报道很广泛，还吸收了近年来的许多研究成果，有不少是我个人从来没见过的，觉得耳目一新。在引用材料时，刘先生注重直引，尽量保留本来面目。一些叙述很活泼俏皮，比如对金庸学围棋拜师，辈分越拜越低的描述，让人忍俊不禁，甚至笑出声来。

由于内容的丰富，这部《金庸评传》，事实上已不只是一位作家个人的传记，也是由小见大、由个人到时代的20世纪历史风云的侧影和缩写，无论读者对金庸小说熟悉与否，都能从中找到收获。

事实上，对一个金庸迷来说，它的诞生更是巨大惊喜。多年来人们就期待更新、更详尽的金庸传记问世，刘国重老师在撰写那么多评论、杂文之余，能完成这件大事，把书稿拿出，让我有种秃笔翁见到《率意帖》的感觉。

六神磊磊

2023年12月21日

自序

金钟大镛在东序

金钟大镛在东序，冰壶玉衡悬清秋。

——杜甫

三十多年来，我更喜欢读金庸的生平资料，读金庸小说的评论相对较少。一直深深好奇，是怎样一个人，竟写出这样的小说。长期关注、考索其生平，乃作此《金庸评传》。

《金庸评传》，共十一章。最末一章，为“金庸的后半生”，亦可名为“金庸论”，收录十几年来陆续写下的对金庸其人其书的观察、思考与评说，所谈多是发生在金庸后半生的事情或争议。

金庸的后半生，不是本传关注的重点。

本传前十章，主要写到金庸写完《鹿鼎记》而“封笔”的1972年，可以名为“金庸的前半生”。写前半生，而“辐射”其后半生。金庸后半生中，与他关系密切的人与事，在写他前半生的前十章，几乎都谈及了。

我目前尚无意写一部完整正规且体例整饬的传记，给自己定下的第一要求是，有话则长，无话则短，务求言之有物。由金庸前半生的某一文或某一事，往往生发开去，谈得很多，谈及很远。例如，本书第二章，由金庸小学时代所爱读的中外小说作品，直接谈到它们对其小说创作的影响。

《金庸评传》首先要尽量解决资料与思路的问题。金庸“全传”，以后会写，写在“评传”的基础上，却不是要取代“评传”。两“传”，可以并存并行。

金庸晚年，越来越重视自己的小说创作。

金庸曾说：“写小说比较有成就感一点。《明报》也办得很好……但新闻工作是一个短期的，不是永久性的，而文学创作是一个长期的、永久的事情。”（谭胜《金庸访谈录》）

在另一场合，金庸又说：“我真正觉得有点成就的是写小说。说做生意，香港有很多很成功很赚钱的生意人；说办报，全世界有很多很好的很受欢迎的报纸……小说不同，一百年之后或者还有人看呢……如果后人说我是这个时期‘一个很受欢迎的中国小说家’，我已经心满意足了。”

1994年在北大，有同学问：“武侠小说在您生命中的比重大不大？”金庸答：“实际上最初比重不大，我主要的工作是办报纸，但是现在比重愈来愈大。现在报纸不办了，但是小说读者好像愈来愈多……这是无心插柳了。我本来写小说是为报纸服务，希望报纸成功。现在报纸的事业好像容易过去，而小说的影响时间比较长，很高兴有这样的一个成果。”

1999年，金庸说：“作为自己的定位，工作时间跟精力大都放在办报纸上，但实际上却是个小说家。确切地说，我是个小说家、老报人。再过几十年，可能人家只知道我是个小说家，而不会记得我是个报人。”（万润龙、徐有智《金庸访谈》）

2005年，万润龙问：“您一生中取得的成就是多方面的，小说家、报人、社会活动家、学者等等。如果让您自己选择，您认为您最大的成就是哪一类？”金庸稍作考虑后回答：“就影响而言，应该是小说……有这么多成亿的读者跟着我的小说展开想象的空间，对我来说是十分开心的事。”

金庸作为“报人”，作为社会活动家，其重要性，随着时间推移，将不断衰减。其小说家身份，必将日益凸显。金庸前半生（1972年之前）的经历在他十五部小说中留下的印记，就格外值得重视。

“金庸”是1955年的查良镛开始写小说时为自己起的笔名。1972年，查良镛“封笔”，不再写小说。之后他主要是给《明报》写社评，都不以“金庸”署名。这部《金庸评传》，以1972年之前为主，也还说得过去。

金庸的身份，首先是小说家，本传关注他“封笔”之前的社会经历，亦关注其阅读经历（看京剧、看电影、听歌剧、听民歌等，皆可归于“阅读”）。非唯金庸，所有的文学家，其创作所受影响，都不外这两者。

以1972年为界，后半生，金庸行走于海峡两岸（1973年，金庸首访台湾地区，会晤对岸实权人物蒋经国、严家淦），更风光，更闻名；之前，他前半生的生命经历，更重要，更值得关注。

“修辞立其诚”，我写出的，只是我个人对金庸和金庸小说的真实看法。写这部评传，并不想讨好谁，更不想惹谁不高兴。朋友们要是感兴趣，读了，对我的金庸观，必有赞成的，不赞成的或许更多。朋友们赞成还是不赞成，不是我写作时所考虑，更不是我写成后所能左右的了。

歌德曰：“从来没有人真正理解过我，我也从来没有完全理解过任何人；没有人能理解其他人。”现在与将来，我都不奢望写出一个“真实的金庸”，只求写出自己对金庸其人其书的真实看法。

很多时候，我只是提供一种思路、一种可能性，指出金庸“可能”是这样的金庸——真实与否，真实度几何，皆无从验证。这些看法，是正确的成分更多一些，还是错误的成分更多，有待大批评家丹纳眼中那最大的批评家，也就是时间和人民，来判定。

由着我的性子和认知，确实考虑过，要在每句话里面都加上“可能”或“个人认为”等字样，总嫌啰唆得太不成话，只索罢了。

法朗士认为：“客观的批评并不存在，正如客观的艺术并不存在。”我们没必要强求自己更“客观”，如实地说出自己对某人某作的“主观”看法，已经很可以了。每个人都说出自己的“主观”看法，众声喧哗，相互激荡，假以时日，整个社会就会形成对这个人或这部作品比较接近“客观”的、更为公正的评价。

金庸文学成就之高低，唯天下后世可定。今时今人自不妨各抒己见，却大可不必过分自信，认定自己所作评价，便是千古不刊之定论。

有些文学家，如“大历十才子”，生前声名显赫，在后世的文学史上终于光芒尽敛。有些文学家，如陶潜，如杜甫，生前的声闻并不显著，很多年后，其文学成就才得到社会普遍认可。

小说与戏剧、与诗歌又有不同。早期的小说家与戏剧家，无论作品多么受欢迎，读者多么广众，深爱这些作品的读者，囿于时代的偏见，并不认可小说家和戏剧家的文学地位。近在百年前，所有的戏剧与小说，在绝大多数国人眼中，还都是通俗的，是庸俗的，是低俗的。曹雪芹逝后一百多年，其成就方得普遍认可。王实甫、关汉卿得到承认，更是他们死后六百年的事了。西方的莎士比亚、塞万提斯等人，最早也被视为“通俗”，几百年后，其作品才真正“经典化”。

当世小说家，其文学成就之高低，唯天下后世可定。

为金庸写传，我无意给自己预设一个或“俯视”，或“仰视”，或“平视”的立场——什么事，预设立场，刻意为之，就不好了。我也不介意有谁说我俯视、仰视或平视了金庸——如实地写出我之所“视”，就够了。

说金庸小说只有 59 分的高度，未必就是俯视（后世的评价可能还在 59 分以下）。说金庸小说有 90 分的高度，也未必就是仰视（后世的评价可能更在 90 分以上）。刻意强求自己“客观”评价金庸小说，不高不低，给它一个 70 分，这种态度看似超然，其实只是乡愿。

包不同先生曰：“至于男子汉大丈夫，是则是，非则非，旁人有旁人的见地，自己有自己的主张。”此语最好。当然，在坦然说出自己真实观点的同时，也要记得，像世上每个人一样，自己并不代表“绝对真理”。

南开大学陈洪教授认为，金庸小说会成为五百年后的《水浒传》，是否就是在“仰视”金庸及其小说？

冯其庸说：“我一边研究《石头记》，一边却酷爱读金庸的武侠小说，我曾戏称自己有了‘金石姻缘’。”又说：“武侠小说属于中国的俗文学，从文学范畴所言，金庸的武侠小说与《水浒》《三国演义》《西游记》都归属于俗文学……俗文学占了中国四大古典小说的四分之三，你总不能不承认吧？《水浒》《三国演义》《西游记》有这么高的文学地位，金庸的武侠小说为什么在文学史上没有地位呢？”（曹正文《听红学家冯其庸说“金学”》）谢有顺也有同样的观点。在某些人看来，冯、谢二先生，自然也是在“仰视”金庸。

金圣叹说：“天下之文章，无有出《水浒》之右者，天下之格物君子，无有出施耐庵先生之右者。”当他提出这惊世之论的时候，绝大多数读书人，都以为他是在“仰视”施耐庵。时至今日，绝大多数读书人，都不觉得金圣叹在“仰视”。“仰视”与否，最终要靠时间和人民给出答案。俄国伟大的文学批评家别林斯基认为：“在所有的批评家中，最伟大、最正确、最天才的是时间。”

金圣叹在《读第五才子书法》中，直叹气：“某尝道《水浒》胜似《史记》，人都不肯信。”将金庸小说与《水浒传》相提并论，就有人说这是“金庸吹”，殊不知三百多年前，金圣叹将“闲书”《水浒传》与《史记》相提并论，在时人眼中，正是不折不扣的“《水浒》吹”。

认定自己“绝对正确”，才好意思指责别人在“吹”或“黑”。不同意别人对某作者、某作品的评价，一一指出您认为他哪些地方说错，就可以了。不讲理，只给人扣上“吹”或“黑”的大帽子，“平和中正，憨态可掬，悠悠然做出天下无人不偏激，唯我一人得中庸之道的嘴脸”，很没有必要。

别人给出的评价更高，就认定他在“仰视”。这种论调，煞是可笑，太把自己当回事。哈耶克说得好：“自由的精神就是对自己是否正确不是很有把握的精神。”

以上，谈的是金庸其书。谈及金庸其人，他的品行，在那些道德特别高尚的人看来，真是千疮百孔。他们当然有资格大肆指摘金庸的品德，我却没有。因为我自己的品行就很一般，所看到的金庸，竟是“大醇小疵”的了。

金庸在小德上有出有入，在大节上却是无亏无愧。

除了对不起前妻朱玫，金庸似乎再没做过什么真正“缺德”之事。从已有的可信的资料来看，金庸的品德或许不够好，但至少不比我更坏。我还不曾忘记自己是什么德行，不仅是不敢苛责金庸一人，对任何像金庸这样没有重大道德问题的人，都不敢投以严苛的眼光。我不配！

真正达到“圣贤境界”的人，是不会以圣人标准强求于人的；自己都还不是，又有什么资格要求他人都要做圣人？

高中时期，金庸已经通读了英文版《圣经》，而终于皈依佛学。我亦非基督徒，但是，对于《圣经》所书“没有义人，连一个也没有”之体会，并不比某些身为基督徒的传记作者更浅。

加于金庸其人其书的种种污蔑不实之词，本传往往不惜辞费，予以辩驳，因为我一向深信：为人辩冤白谤，是第一天理。

金庸小女儿查传讷认为：“他的小说就是他的平生。”这一点，我有同感。本传，也往往由金庸的经历，谈及他的小说，再由金庸小说的人物、情节、理念与情怀，谈回金庸本人。通过读其书，做到知其人。时时警醒，尽量不要过度解读，但事实上不可能完全避免。

本书第七章、第九章和第十章，对金庸小说有较深入的分析。分析的虽是金庸小说中的人物与情节，实质还是关注小说作者金庸其人，关注他的个性，他的抱负，他的思考，他的矛盾，他的困惑。这些文字，应该写在《金庸评传》，而不是《我看金庸小说》这类书中。

丝毫不敢编造故事，这部评传，收录的是我认为比较可靠的资料，以及根据这些资料做出的某些推测。哪些采自可靠的资料，哪些只是我个人的推测，行文中应该很容易看出来。

可能性非常大的推测，我才会写出；然而推测只是推测，可能性再大的推测也不见得就是事实，这一点，我还知道，还记得的。可信与否，朋友们当自行斟酌。

金庸在长文《在台所见·所闻·所思》的第一节写道：“‘所见、所闻’是真实的。‘所思’则是个人的感想，其中不可避免的有个人的偏见，个人的浅薄无知……”本传所采用的资料，总是力求真实可靠，而书中所做的推测，也只是我个人的推测，不可避免地有我个人的偏见和个人的浅薄无知。

书中引用的金庸或他人的说法，如果采用转述方式，少用引号（这并不难，也不很麻烦），朋友们读起来还能稍微流畅些，但我一向认为，引述各种资料，总要力求准确，所以书中的引号仍然很多，《金庸评传》的可读性不免有所损伤，而愚衷如此，鉴谅则个！

不限于与金庸有关的资料，《金庸评传》中用到别人的观点，基本上都是直接抄录。清代学者陈澧认为：“前人之书当明引，不当暗袭……明引而不暗袭，则足见其心术之笃实。”对我而言，最爱“明引”，还有一个重要原因，即别人的语言表达，都比我更高明，如蒙田所言：“有时由于拙于辞令，有时由于思想不清，我无法适当地表达意思时就援引其他人的话。”钱锺书则曰：“善运不亚善创，初无须词尽己出也。”

《金庸评传》无论引用哪位大名人的话来为我代言，只是我个人赞同他的此一观点，不是说他每句话都对，不容置疑。（与我相同的）此一观点，正确与否，每位朋友当然自有权衡。

没有冷夏、傅国涌两位所写传记在前，此传就很难写起。

一直很感谢冷夏，写出第一部比较完整全面的《文坛侠圣——金庸传》（稍后，费勇和钟晓毅两位先生所著《金庸传奇》也不错，只是太简略），使我比较深入地了解了金庸的生平梗概。

金庸从来不穿牛仔服，冷夏却说1950年金庸穿着牛仔裤到北京外交部求职，这一错误已由金庸本人指出。但我看冷夏的《文坛侠圣——金庸传》，大的、事实上的错误，并不很多。服装问题是小节，能避免自然更好。

冷夏这部《文坛侠圣——金庸传》，最大的问题，是把传主作为“成功人士”，而不是文学家来写。这部传记，固然有这样那样的问题，但确乎是填补空白的著作。这部书陪我很久，该书提供的资料，对我理解金庸其人其书，助益甚大。

傅国涌对金庸其人其书的解读，我几乎都不赞成，但对他在搜集资料上做出的努力、表现出的功力，我十分佩服，十二分感谢。

傅国涌用到的资料，有些我很早也看过了，但金庸早期的三篇佚文，金庸的《明报》社评，不通过傅先生，我读不到。

沈西城旧作《金庸与倪匡》，还有 2018 年 12 月出版的《金庸逸事》，两本书篇幅都不很长，对我启发却很大。

要了解金庸的报业生涯，张圭阳所著《金庸与〈明报〉》一书不可不读。傅国涌《金庸传》写金庸的办报经历，多取材于此书。这部《金庸评传》亦然。通过张先生的著作，我也多读了几篇《明报》社评。

严晓星《金庸年谱简编》、牛阿曾《〈金庸年谱简编〉补正》，皆完成于拙著初稿写成之后，我又据之做了一些增益修正。

查玉强兄搜集金庸十几位同学的文章，又访问金庸的亲友同学，辑成《同学眼里的金庸》，搜罗细密，耗时费心，功德甚大；并通读这部《金庸评传》，提出不少宝贵意见，至情可感。

本传对金庸 1972 年"封笔"后的生平着墨较少，最重要原因，就是今日我尚无机缘读到全部《明报》，尤其是金庸的《明报》社评，掌握的资料仍太少。

一部完整的《海宁查良镛先生大传》，总是要写的。请俟他日。

2016 年 8 月初稿
2023 年 7 月改定

目　录

上　册

第一章　家　世　001

第五章　漫游时代　255

第一章　家世

金庸：海宁潮之子

1923 年 3 月[1]，查良镛生于浙江海宁袁花镇。三十年后，他有了一个特别凡庸，又特别不凡庸的名字，叫作金庸。这个名字，为世间带来刹那的光华，或许，还将闪耀着永久的光华。

这部《金庸评传》，对于传主，始终以“金庸”称之。

十几年来，我很少在金庸后面加“先生”二字，只为避免烦琐，不是对先生缺乏敬意。本书提到我素所尊敬的许多人的全名时，也不特意加“先生”二字，“在自己心中尊敬就是了”（金庸语）。

金庸的出生地海宁，旧辖于杭州府，金庸因此常以杭州人自居。

---

1 2008 年，我在天涯等网站发帖，推断金庸生于 1923 年 3 月 22 日，而不是通常认为的 1924 年 3 月 10 日。2016 年，起笔写金庸传记，考虑到尚不能完全确定，仍沿袭旧说，将金庸生年暂定为 1924。写到一大半，2018 年 10 月 30 日，金庸逝世。第二天，金庸二十多年的好友张纪中特别对记者强调：“金庸生前几次和我喝茶时，他曾亲口对我说，他是猪年出生的，是 1923 年生人。希望媒体朋友再报道金庸先生时，能及时更正过来。”沈西城在《金庸逸事》中说，金庸夫人林乐怡亲口告诉他金庸属猪。至此，我对自己 2008 年提出的金庸生于 1923 年的推断，已有十成的把握；对于我的金庸生于 1923 年 3 月的推断，有九成的把握；对于我的金庸生于 1923 年 3 月 22 日的推断，至少也有七八成的把握。

1963年，金庸说："我是浙江海宁人，儿童和少年时期在海宁和杭州两个地方长大，钱塘江日夜潮汐，西湖畔杨柳桃花，那是我生命的一部份。"（金庸《谈〈彷徨与抉择〉》）

胡河清认为，"金庸是将号称天下第一潮的海宁潮捎向人间的绝世怪才"。张文江也说："《书剑恩仇录》选择了海宁陈家作为题材，既然童年时代在家乡所闻的故老相传的历史故事影响了金庸第一部小说的题材选择，那么童年时代在家乡所见的汹涌澎湃的海宁潮是不是也影响了他？金庸十四部小说的内在气势难道完全是偶然的吗？"（张文江《渔人之路和问津者之路》第210页）

红旗出版社总编辑徐澜谈到："金庸很愿意写钱江潮。我觉得潮水，因为这是他家乡的一个特质，这个应该也是他的家族里面的血液里面的基因，所以这个特质让他一路裹挟着，钱塘江潮一路裹挟着让他走了很远很远很远。"

徐先生下面两句话，尤其值得格外关注和体会："我记得金庸回来时间最多的就是跟观潮节相匹配的季节，也就是每年的10月份前后，海宁潮水最大的季节他要回来。"（凤凰大视野《书剑恩仇——金庸和他的江湖》）金庸与海宁潮，相遇如有约。

迄今为止，没有人能说清流播天下的金庸小说与闻名天下的海宁潮（又称钱塘潮、浙江潮）之间的关联。永远也无人可说清金庸小说与海宁潮的关联。

极天下之壮观的海宁潮，与极天下之壮观的金庸小说，二者之间，必有关联。

金庸第一部小说《书剑恩仇录》中，有海宁潮："……只见远处一条白线，在月光下缓缓移来。蓦然间寒意迫人，白线越移越近，声若雷震，大潮有如玉城雪岭，天际而来……"

这部小说的后记中，有海宁潮："乾隆皇帝的传说，从小就在故乡听到了的。小时候做童子军，曾在海宁乾隆皇帝所造的石塘边露营，半夜里瞧着滚滚怒潮汹涌而来。因此第一部小说写了我印象最深刻的故事，那是很自然的。”

金庸写小说，固是出于种种偶然（例如罗孚的催稿），但他一旦动笔写起来，脑海里，心念中，自然有幼年夜中那“滚滚怒潮汹涌而来”。

在《书剑恩仇录》后记中，金庸想起了海宁潮，也说起了海宁人：“近代的著名人物有王国维、蒋百里、徐志摩等，他们的性格中都有一些忧郁色调和悲剧意味，也都带着几分不合时宜的执拗。陈家洛身上，或许也有一点这几个人的影子。”此节，金庸谈及海宁的三位近世人物和自己小说中一位虚构人物。实则，还有一人隐身其中，就是金庸自己。

由这节文字看来，金庸还是比较相信“一方水土一方人”的道理的。某一地的杰出人物，往往有着共同的禀赋。“性格中都有一些忧郁色调和悲剧意味，也都带着几分不合时宜的执拗”，说的是王国维、蒋百里、徐志摩、陈家洛这些真实或虚构的海宁人物，金庸未必多么“客观”，而置己身于其外。

金庸对严家炎说过：“作家其实都有折射自己的时候，都会在作品中留下某种烙印。”陈家洛的忧郁、执拗与悲剧意味，某种程度上，正是作者金庸自身性格气质的“折射”。

金庸，是“一捆矛盾”，在各个方面都充满矛盾。世人所见的金庸，似乎总在微笑，他天生的忧郁、执拗、不合时宜与悲剧意味，掩饰住了，但总不会消失。

在所有照片中，金庸都笑容灿烂，然而，郭宇宽访问金庸时，“无意中近距离看见休息室中当摄像机和闪光灯没有对准他的一刹那，老人疲倦落寞的神色”，给郭先生留下深刻印象。

给金庸做过多年秘书工作的杨兴安，于所著《金庸小说十谈》中，最爱谈莫大先生那篇《谈高人抑郁》，“因有金庸影子，感（金庸）其人亦有抑郁也”。

金庸于古时大文人，最崇仰苏轼，苏轼的自我定位，正是“一肚皮不合时宜”。

金庸此生并不很开心，跟他的人生遭际相关，与他身上天生的“忧郁色调”“悲剧意味”和那“几分不合时宜的执拗”，也不能完全无关。

几个海宁人，可能影响金庸

海宁市博物馆教育部原主任吴德建回忆：

（金庸）先生生前，总要与我谈到蒋百里先生的大侠大义，金庸先生曾写“大侠蒋百里”条幅给我，让我编在《蒋百里先生墨迹》的前面，先生对蒋百里不是一般的崇敬，我们今天细细去悟，金庸的一生，这种侠义风骨，也或多或少是有蒋百里的江南文人为国为民的思想基因的。

《蒋百里先生墨迹》由上海人民出版社出版，金庸先生要了四部，一部他给秘书李以建先生珍藏。

1963年，金庸回忆：“抗战初起时我刚进初中，当时读到的《大公报》上的几篇文章，直到今天还是记得清清楚楚……蒋百里先生分析日本侵华必败，大大鼓舞了全国军民的信心。”（金庸《谈〈彷徨与抉择〉》）金庸眼中的蒋百里，一直是“大侠”，是郭靖那种“为国为民”的“侠之大者”。

像海宁乡贤蒋百里一样，金庸一向对军事有着极大的兴趣。

马云回忆起他与金庸的一次会面：“老先生家的书房里全是各类的书，整整齐齐。我很好奇的问他，这些书你都看过吗？他说：“没有，我书看得不多。”我心里大喜……晚饭后，我又开始吹了。我从一战史，二战史……一直侃到未来互联网的影响。让我目瞪口呆的是老先生居然门儿清，讲一战，二战澳洲士兵的布防到战况……还说在哪个书架上有哪本书说了那次战事！他还说他不看书，我汗颜得一塌糊涂。”

金庸所写，是“武侠”小说。这个“武”字，分为两部：一为内家与外家功夫之“武”，一为文治武功之“武”。金庸好写战事，由开笔的“黑水营之围”直写到封笔的“雅克萨之战”。从金庸的小说、《明报》社评、《卅三剑客图》、《袁崇焕评传》、《成吉思汗家族》等文字看来，金庸对于军事史与军事家一向投以极大的关注，他自己似乎也颇以“知兵”自负，其间有无军事学家蒋百里的影响在，难以断言。

在《袁崇焕评传》中，金庸不时地对当时的战役、战略加以指点，指出战争应该这样打，应该那样打，他确以“知兵”自负。

他（袁崇焕）为人慷慨，富于胆略，喜欢和人谈论军事，遇到年老退伍的军官士卒，总是向他们请问边疆上的军事情况，在年轻时候就有志于去办理边疆事务。

他少年时便以“豪士”自许……最喜欢和好朋友通宵不睡的谈天说地，谈话的内容往往涉及兵戈战阵之事。（金庸《袁崇焕评传》）

金庸未必做着与袁崇焕一样的事，但是，自少年时代起始，就非常关注军事理论与军事动态。这一点，金庸与袁崇焕，很可能是一样的

金庸早年，一直志在从政，要做范蠡、张良这样的“帝王师”。1989年，金庸曾在一篇序文中谈及自己小说的男主角的结局，很多都是“飘然而去，遁世隐居”，原因之一，是“由于我从小就对范蠡、张良一类高人十分钦仰”。“从小”二字，需要注意。

20世纪90年代，金庸在台湾演讲，谈“历史人物与武侠人物”。他说：“过去也有人问我想当中国历史上的哪两个人？我说我想当范蠡和张良这两个聪明人，他们建立了很大的功业，但后来成功后功成身退，也不贪、也没做什么大官，带着漂亮老婆逍遥自在，这种人很难得……范蠡除了帮越国把吴国灭掉这个大贡献外，便无其他，张良总还帮刘邦建立起汉朝——也许这两个有智慧的人基本上都很有成就，但贡献有别。”（《金庸散文集》第235页）仔细寻味这段话，基本可以确定，金庸在他人生的某一阶段，将范蠡与张良视为自己的楷模，试图像范蠡、张良那样，“建立了很大的功业”，然后

“功成身退”。

做勾践、刘邦这样的大领袖，金庸或许也不是没有想过，或许他也“从小”就想过了。1988 年，金庸给自己的小学老师陈未冬写信，回忆起小学五年级时的自己：“年少顽皮，自封为‘独裁者’，老师颇加优容，此时思之，既感亦复汗颜。”

然而，金庸的胃口总归是不很大，还是更满足于做范蠡、张良。当然，最后也没做到。

生于“大争之世”的金庸，很早就开始关注军事，部分原因，或许也为他的从政之志。金庸“从小”就“十分钦仰”张良。《史记·留侯世家》载：“(黄石公)出一编书，曰：‘读此则为王者师矣……’……乃《太公兵法》也。良因异之，常习诵读之……良数以《太公兵法》说沛公，沛公善之，常用其策。”

1956 年至 1957 年，金庸与梁羽生、陈凡，在报上合写“三剑楼随笔”专栏。金庸所写，共二十八篇。其中《马援见汉光武》《马援与二征王》两篇，谈汉朝大军事家马援。后一篇中，金庸谈到：“马援这人很有才能，军事见解与皇帝特别投机，讲故事的本领尤其好，据说他讲起故事来，从王子直到普通老百姓，个个爱听。”金庸本人，也是“讲故事的本领尤其好”。他是否曾以马援自期、自许？不好说。

“三剑楼随笔”中，《郭子仪的故事》《代宗·沈后·升平公主》两篇，谈唐朝大军事家郭子仪。前一篇中，金庸谈到：“在历史上，郭子仪是许多人的理想，出将入相，既富贵亦寿考。”在现实中，金庸本人，是否也曾将郭子仪视为自己的理想呢？也不好说。

《袁崇焕评传》中，金庸评价努尔哈赤“是自成吉思汗以来，四百多年中全世界从未出现过的军事大天才”。自我感觉对“全世界”的军事史有充分了解与认识，金庸才会有此判断——他的判断是否正确，是另一回事。

金庸不仅关注古代的全世界的战争史，当代的全世界的战事，他更关心。1967 年 12 月 22 日，金庸发表社评《明年二月，越南大打》。1968 年 2

月1日，美国、越南果然大打。2月3日，金庸发表社评《甫交二月，果然大打》，说“不幸而言中了”。这里面，有金庸对自己政治才能的自信，也有对自己军事才能的自负。

金庸既素以“知兵”自负，他一生更深爱围棋。《天龙八部》中，黄眉僧感叹：“纵横十九道，迷煞多少人。”《天龙八部》作者，就是被围棋“迷煞”的一个人。

梁羽生逝世，金庸回忆：“他（晚年）还在澳洲，手边没什么棋书，只有我从前送给他的《弈理指归》（施定庵著）、《桃花泉弈谱》（范西屏著）等，那是清朝的旧书。”金庸送给梁羽生的这两部棋书，皆为海宁乡贤所著。

程兰如、梁魏今、施定庵、范西屏并称“清代围棋四大家”。施定庵、范西屏，都是海宁人。金庸1956年在“三剑楼随笔”专栏写《围棋杂谈》，谈及这两位：“范、施是清代乾嘉年间的两位围棋大国手，棋力之高，古今罕有，直到现代的吴清源才及得上他们。”

金庸自幼好围棋，至老不变，他是“痴于棋”，也在小说中写出很多围棋的故事。金庸更认为：“就直接的影响和关系而言，下围棋推理的过程和创作武侠小说的组织、结构是很密切的。”

金庸对池田大作谈到：“中国近代著名的佛教领袖太虚法师，以及当代学问最好的出家人印顺法师都提倡‘人间佛教’，主张佛教须要入世，要为社会、人群作出贡献。我觉得他们的主张适合时代要求。”（《探求一个灿烂的世纪》第242页）这两位佛学大师，也都是海宁人。

1977年，金庸在《侠客行》后记中说，他“写《侠客行》时，于佛经全无认识之可言，《金刚经》也是在去年十一月间才开始诵读全经”。金庸在别的场合，也多次说过自己认真研读佛经是很晚近的事，但他小时候便时常听祖母在诵念佛经，这样耳濡目染、潜移默化的影响，虽不可高估，也总不是可以忽略不计的。

武侠小说接承的，分明是中国古典小说中志怪一支的传统。志怪小说之祖干宝，祖籍河南新蔡，却是半个海宁人。干宝幼年即随父南迁，而埋骨于海宁。《搜神记》中,《干将莫邪》一篇，很可以当作武侠小说读的。

1956 年，金庸撰文谈《天仙配》，引用过《搜神记》所载董永故事。

海宁王国维，目中无“雅俗”

金庸对记者说过，海宁地方小，王国维的弟弟王哲安做过他的老师。金庸小说，多写边疆民族的人与事，其间可能有海宁乡贤王国维的影响，也可能没有。

金庸在浙江省立临时联合高级中学的同学高玉阶回忆，金庸“这个中学生，就敢于发表自己的见解——将中国文学史分期为以屈原为代表的上古时代，以杜甫为代表的中古时代和以王国维为代表的近代”。金庸对王国维之倾心与推重，由来久矣。

1941 年 9 月 4 日，正在联合高中读书的金庸，在《东南日报》发表长文《一事能狂便少年》，题目即出自王国维《晓步》诗。这是金庸生平发表的第一篇文章。

林以亮（宋淇）曾借用王国维的说法，谈金庸小说人物：“你那些武侠小说的男主角，在他的成长过程当中，不管是人生的成长过程，或是武功的成长过程，发展到最后，每个男主角都总会发展到一个最高的境界。这最高的境界，也许我们可以借用王国维《人间词话》那三种境界的最后一种来说明一下：‘众里寻他千百度，蓦然回首，那人正在灯火阑珊处。’这境界，似乎是那男主角自己悟出来的。”(《金庸访问记》)

林以亮是最早对金庸小说做出较高评价的学者之一。

海宁金庸所创作的，是世人眼中的“俗文学”。他的同乡前辈王国维，正是最不歧视、最早重视并研究《红楼梦》与元杂剧这些“俗文学”的大学者。

林以亮看海宁大儒王国维:“《红楼梦评论》，发表时是光绪三十一年，即 1905 年。王国维真是一位文学批评大师。当时一般学者认为《红楼梦》

是不屑一顾的说部，他却公然提出：‘吾人于是得一绝大著作，曰《红楼梦》。’‘《红楼梦》自足为我国美术上之惟一大著述。’在六十余年前，这是何等的见解，何等的胆识！”（林以亮《红楼梦识要》第6页）

直到20世纪初，《红楼梦》一书，在大多数国人眼中，也还“通俗”着。关于大众认知中《红楼梦》由“俗”而“雅”的转变，俞平伯也谈到：“红学之为诨名抑含实义，有关于此书性质之认识。早岁流行，原不过纷纷谈论，即偶形诸笔墨固无所谓学也。及清末民初，王（国维）、蔡（元培）、胡（适）三君，俱以师儒之身份，大谈其《红楼梦》，一向视同小道或可观之小说遂登大雅之堂矣。”（《俞平伯论红楼梦》第1143页）

金庸在《一个“讲故事人”的自白》中，坦言自己创作武侠小说系“自娱之余，复以娱人而已”。“自娱娱人”四字，在王国维《宋元戏曲史》中，也出现过。或许，金庸的自我期许，正是成为王实甫、关汉卿、马致远那种虽当时不被社会承认而自有其永恒价值的作品的写作者？

王国维在《宋元戏曲史》自序中说：“独元人之曲，为时既近，托体稍卑……后世儒硕，皆鄙弃不复道……遂使一代文献，郁堙沉晦者，且数百年，愚甚惑焉……世之为此学者自余始。”王国维之前，国人的观念中，元杂剧普遍被认为通俗，是不入流，甚至是下流的。

假如王国维有机会读到海宁后辈金庸的小说，而并不如何推重，原因只能是，他觉得金庸小说写得不够好。仅仅因为金庸小说之通俗而投以鄙夷的眼光，这在静安先生是绝无可能的事。

王国维认为：“雅俗古今之分，不过时代之差，其间故无界限也。”大儒的眼光见识，毕竟不同。

王国维至交陈寅恪，心中亦无雅俗之见。陈先生少读既“雅”且“纯”的“新文学”，独爱张恨水所写传统的、通俗的章回体小说。

王国维、陈寅恪这样不为雅俗之见拘囿的通儒，毕竟稀有。多数人一面对以往世代的通俗形式和通俗作品顶礼膜拜，转头就对现世的通俗形式和通俗作品嗤之以鼻。每一时代的人，都是如此。上千年来，乐此不疲。

这样荒谬的雅俗之见，在今日，仍具有极大的力量。不少批评家，唯一的本事就是“贴标签”。在他们看来，只要给某一作者或作品贴上“通俗”标签，这作者与作品的价值便永远只能居于二三流，而他们作为批评家的任务也就完成了。

不是所有的“纯文学”作家，写作态度都严肃，都那么纯正；也不是所有的“通俗”作家，都是一种游戏态度。金庸每日为报纸写一千字的小说连载，耗时两个小时以上。朋友们可以自己试试两小时写一千字，便知这速度可有多慢。

沈西城与阿朱二人，一起访问金庸，阿朱问：“你脱离了《大公报》，自己创办《明报》，日理万机，你用什么时间写稿？”金庸答：“我多数在报馆写。我的写稿速度其实是很慢的，一字一句都斟酌，所以一千字的稿，往往是改了又改，起码花两个钟头。”（沈西城《金庸与倪匡》第 18 页）访问者与被访问者，所说的“写稿”，很明显，都指向金庸的小说创作。傅国涌前后两部《金庸传》，都误以为他们谈的是金庸所写《明报》社评。傅先生延续着新文化运动以来对章回体小说创作的轻侮心态，或许想象不到，一个“通俗小说家”写章回体小说也会如此认真，如此投入。

当然，金庸每天写社评，也像他写小说连载一样用心。李文庸在《明报周刊》工作多年，也在金庸创办的《明报》《明报晚报》《明报月刊》《武侠与历史》等报刊发表过文章，与金庸过从颇密。据他说，金庸“写作速度奇慢，有时两三个钟头才写一千字，小说稿如此，社评亦如此”。（《金庸其人》第 50 页）

金庸写了十七年小说。写到第三年的时候，金庸就在《谈批评武侠小说的标准》一文中表示，他的写作，不仅要“使读者感到有趣”，而“确也希望武侠小说能有资格被称为‘文学’，确是在努力依着文学的途径来写作武侠小说”。

“通俗小说家”金庸，晚年对池田大作说：“我以小说作为赚钱与谋生的工具。”金庸并不讳言自己写作为了赚钱。但是，从第一部小说《书剑恩仇录》开始，金庸就不是将经济利益看得高于一切。《书剑恩仇录》结集为小册子，出版速度总是比不过盗版书商，一个重要原因是金庸要修改一遍再出版。在金庸写第一部小说还很不宽裕的时候，也宁愿少赚钱，费时费力修订，让自己的作品更完美一点。

金庸一向认同、尊信孔子思想。子曰："君子疾没世而名不称焉。"

金庸最倾慕的历史人物，则是范大夫，而"范蠡三徙，成名于天下，非苟去而已，所止必成名"。

金庸终于没有做成范蠡这样的"帝王师"，而以小说创作名世。

在接受《渣打财富人生》节目组采访时，金庸说："自古以来，所有的文人都好名。文人写作的目的，不是为了赚钱，写文章的金钱回报不多，主要目标是获得名气，希望别人欣赏自己的文章。"

金庸平生，"好名"甚于"好利"。

金庸亦可名"家洛"

良镛是学名，金庸的乳名叫作宜孙，祖父查文清给取的，家里人叫他宜官。

海宁市档案局主办的海宁档案史志网上，写明金庸的祖父查文清逝世于1923年。金庸又自说他的乳名宜孙是祖父所取，则金庸的生年为1923年的可能性就更大。

在《韦小宝这小家伙》一文中，金庸认为："孟子哲学的根本思想是'义'。那是一切行动以'合理'为目标，合理是对得住自己，也对得住别人。"《中庸》则谓："义者，宜也。""宜"，一切都那么合适、合理，非常美好的名字，又不夸张，是儒家中庸的精神。

一日，黄霑请客，金庸、倪匡均在座。席间，倪匡问林佐翰是否记得《碧血剑》中"石梁五老"的名字，林答出温方达、温方义等五人。倪匡跟着解释何以温氏五老用此名字，原来“义”字在宁波、嘉兴一带的方言中，便是二的谐音。（林佐翰《金庸小说十谈》序言）金庸在《月云》中则说：“宜官姓查，‘宜官’是家里的小名……因为他排行第二，上面还有一个哥哥。”两节对照，可知“宜”就是“二”，“宜官”就是“二官”，就是他们查家的二少爷。

祖父怎样给他取名，金庸就把这套手法用在《碧血剑》的人物头上，且是用在那五六个极反面、极不堪的人物头上。细思之，有意思。

海宁查氏，祖籍江西婺源。元末，查瑜始由婺源凤山之下迁至海宁龙山东南之古朴桥，因所居名“龙山”（周光斗《怡园记闻》言“袁花之山总名为龙山”），称“龙山查氏”。

查瑜，就是海宁查氏的一世祖。

查瑜略通医道，其长子查恕可称名医。

海宁查氏到第三世，始分为南支、北支和小支。这三支，都是查瑜幼子查慧，而不是长子查恕的直系后人。

查良镛（金庸）属南支。

海宁查氏，史上最著名的人物，自是清初大诗人查慎行。查慎行有一孙查岐昌，并不业医，而字药师。《射雕英雄传》中的“东邪”，叫作黄药师，当与金庸族祖查药师的名讳无瓜葛，而只出于偶合。

2001年，金庸到访河南嵩山少林寺，为读者签名，写下了“金庸原名查良镛，河南汝南郡”几个字。他解释说，他祖籍河南汝南郡，是后来迁徙到浙江海宁的，“我也是河南人”。

2007年左右，金庸接受安徽电视台采访。说：“本来，婺源属于安徽的时候，我们老家是婺源的。我出生在海宁，我们从婺源迁到浙江去的……婺源，我们姓查的从河南那边、汝南那边迁过来的。”金庸认为，海宁查氏从汝南迁到婺源（后再迁到海宁），这个似乎是有争议的。不过，重要的是，在金庸本人认知里，他也“家洛”，老家乃在河洛。[1]

查慎行的族叔查继佐，则在《罪惟录》自序中说：“查氏原系姬姓，鲁侯伯禽之苗裔。”也就是说，金庸的远祖，可以推到周文王姬昌—周公姬旦—鲁侯伯禽一系。

金庸生平服膺儒家思想，尤其推崇孔子。孔子“宪章文武”，而时时“梦见周公”。周文王姬昌、周武王姬发和周公姬旦，都是儒家崇敬的理想人物。其中，周文王、周公都是金庸的直系祖先，周武王虽非直系，也可算是金庸的远祖。

金庸生平最企慕的历史人物，是范蠡与张良，实则张良也是周文王后裔。

金庸，若有另一个名字，可以叫作“查家洛”。

陈，家洛；查，也家洛。

“家洛”二字，明显有着文化上“寻根”的意味。

20 世纪 50 年代的香港，确有一位名叫陈家洛的先生，是专门为夏梦拍照的剧照师。金庸之所以从这位先生那里借用了“家洛”之名，应该不仅是出于对夏梦的痴情，也因为这二字契合着金庸的情怀。

河洛，中原，在地理上（可能）是金庸的故乡，在心理上，更是他的精神家园，就像他所自言：“中国文化是我生命的一部分，有如血管中流着的血，永远分不开的。”

“杨兴安从历史文化的角度评论说，金庸是 500 年一遇的高人。对于中华传统文化，清代有一个大才子纪昀，可以说已经到了‘能收’的境界，而金庸却更上一层楼，既能收，又能放。”（杨兴安《我给金庸李嘉诚当秘书》）金庸能否当得起如此崇高的评价，我也不无怀疑（毕竟五百年内，中间还有

1 吴德健曾对查玉强谈及此事：“其实金庸陷入了一个对家族历史认识上的误区。他一直认为海宁查家的祖上曾有几代人迁居至汝南（此说法可能源于查继佐）。随着对史料的挖掘与考证，已证实海宁查家祖上没有迁居到汝南（当然，少数人居住过汝南也不排除这种可能）。所以现在查家的谱（总谱）上已去掉了曾居于汝南一说。”

一位曹雪芹），而仍觉杨先生所言，大有道理。

张文江最喜《笑傲江湖》第十回“传剑”，认为：“是神来之笔，几乎句句都是对的。文学上这些大天才，完完全全忠实于自己的感觉，写起来出神入化，也不知道感通了什么。《传剑》中风清扬教令狐冲的这套剑术，完全是思想的境界。独孤九剑就是剑术中的《易经》，里边的内容就是判教，剑术的精要就是学术的精要……《红楼梦》也是这样。”（张文江《〈史记·太史公自序〉讲记》）

胡晓明认为：“金庸小说的精神气质，也是一个文化的预言。与五百年必有王者兴的古老信念潜潜相通。第一个证据是他的全部小说都以中国文化的儒、释、道基本价值为精神龙骨。而且以高度的热情表彰这些价值，因而我将其看成一部大型的寓言，讲述中国文化复活的伟大传说。”（胡晓明《金庸小说是中国文化的“招魂曲”》）

胡河清则认为：“在金庸的小说中，几乎涉及了中华民族心理生活中经常出现的每一种典型情感形态。这可以使人回溯到曹雪芹。曹雪芹的《红楼梦》就是一个反映中国人情感生活的多棱柱。金庸的小说也为后人提供了一个完整的具有文化典型意义的情感系统，这表明金庸对于中国传统文化有相当深湛的感悟。现在不少当代小说家缺乏的正是这种对于中国文化生命脉搏的深微把握，因此他们作品中的情感生活，像是从西方小说中移来的。”（胡河清《金庸小说的情感系统》）

胡河清又谈到：“金庸的小说中其实藏着中国文化的密码……如果有谁要我介绍有关中国传统艺术文化的入门书的话，我会毫不迟疑地向他推荐钱锺书的《谈艺录》和金庸的十四部小说……要真正呼吸领会这些语言精华的实质所在，还必须在诞生这种艺术文化的诗性氛围中浸淫一番。金庸的小说就提供了典型的中国诗性文化的现实氛围。在这个美丽至极的诗国中游历一番，便取得了叩开中国古典艺术文化宝山之门的钥匙。”（胡河清《中国文化的诗性氛围》）

郭宇宽曾对金庸说：“从您的小说中我们能感觉到扑面而来的中国文化

之美，有人把您的作品视作对中国文化最深沉的一次回眸，为什么这次回眸偏偏是在香港这个……文化孤岛上完成的？”金庸回答：“我是从内地过去的，从小读的是中国的书，我的根在内地。在香港生活以后，远离故土……只是远远的看到内地发生的一切，害怕文化的根断了，也有一种忧患在里面。”(《郭宇宽：对话金庸》)

在马识途看来，金庸作品的成功处在于对中国历史、文化等各方面有深刻的表现和承载。他谈到：“为什么金庸的小说现在还有这么多人在读，反复拍电影，它体现的是中国的传统意识的东西，也体现了我们中国的文化传统……他是把中华民族优良的性格、传统都要体现出来的。”(《成都日报》载《昨日得知金庸去世，马识途托香港朋友与老友家人联系》)

张文江、胡晓明、胡河清、郭宇宽、马识途诸先生，都看到，也都强调，金庸与中国文化那种微妙而深切的血脉联系。

金庸，胜在对中国古典文化的总体把握与感性认识，更贵在能“化”，但他的“旧学”，并无师承，一向得力于自学，细节上就难免有粗疏之弊。

海宁查氏源流

《鹿鼎记》第一回，金庸写出他们家族历史上一位重要人物——查继佐（字伊璜），写他与吴六奇的传奇故事。

“查氏原系姬姓，鲁侯伯禽之苗裔”，是查继佐在《罪惟录》自序中写下的字句，不是金庸在小说中给他这位祖先分配的台词。

华夏查氏之源流，大致如下：

周成王封其叔周公旦之子伯禽于鲁。

周惠王时代（公元前676年至公元前652年），伯禽的后裔姬延，封于柤（“柤”是“查”的古字），因以封邑为氏，改姓为查。姬延改为查延，是为华夏查氏始祖。

查氏五世至八世祖，均为晋国的大夫。

十二世祖查何，随公孙贺西征，汉武帝称之“守西河之国珍”，封济阳伯。

二十一世查忠，汉明帝时授中书，也封济阳伯。

二十九世祖查柏，任海陵太守，晋怀帝时避石勒之乱，由涿鹿迁丹阳，复迁九江。

三十世祖查义宏，由九江迁济宁州。

三十六世祖查义祖，为隋安阳令，由高邮迁安徽歙州。

四十九世查昌，官至唐代吉王府长史，以兵乱，避居休宁城北，为休宁查氏之始祖。

据说，韦小宝的老朋友“小玄子”（康熙帝），为海宁查家题写了“唐宋以来巨族，江南有数人家”的对联。上联“唐宋以来巨族”，应该是从华夏查氏第四十九世查昌（休宁查氏始祖）算起的。

至查氏五十世时，出了两个承上启下的重要人物，即查文徽、查文徵两兄弟。兄查文徽，南唐元宗时，任建州留后，进工部尚书，谥宣国公，其后人仍居休宁。其孙查道，为北宋文学家，官至龙图阁待制，徙家海陵（今江苏泰州），海陵查氏也为查氏旺族。弟查文徵，仕南唐，为寿州六安令，累迁宣歙观察使。北宋太祖乾德元年（963），查文徵自休宁隐居于婺源。他便是婺源查氏的始祖，也为浙江海宁袁花查氏的直系世祖。金庸曾为婺源一处风景区题字“大鄣山卧龙谷”，但他生平并没去过婺源。

1995 年，金庸给世居婺源的族侄查传宦复信：“来函中所提及查氏宗族渊源，我甚感兴趣，然而对家族历史我没有太多研究，所知有限，但根据长辈所言，我家的确于早年自婺源迁浙江海宁，故我们应是本家。谢谢你向我提供查氏家族资料，望以后多作联系。”（何况《金庸写给婺源族侄的一封信》）

2005 年 2 月，金庸对原籍吉安的《环球》杂志驻香港记者廖翊说：“我和你算得上老乡——我的祖籍是江西婺源，后来才迁到浙江海宁的。”

查文徵子查元修，初仕南唐，后归宋，袭父宦荫，授宋太常寺太祝。宋乾德二年（964），由婺源迁居于婺北凤山。查元修之子查甄，为大理寺评事，因无嗣，由休宁文徽公之孙查道的第三个儿子查永之承继。

金庸曾对池田大作讲过查道的故事："有一次他行路在外，途中又饥又渴，在路旁一枣树上采了些枣子吃了。为了偿还枣树的主人，他在枣树上挂一串钱，表示没有偷别人的枣子。"

至婺源（凤山）第十六世（华夏查氏第六十五世）查伯圭，仕元为校书郎，生子士琦、士璿。士璿即查福，仕元为提领；生独子查均宝，为查氏得姓以来六十七世孙。

查均宝，又名查瑜，号仁斋，为避元末战乱，翻过浙岭，直至槜李（即今日之嘉兴），最后定居于海宁园花里（袁花）龙山东南之古朴桥（后人称查家桥）。

自海宁查氏一世祖查瑜以降，第六世查绘定下字辈排行的前十六字："秉志允大，继嗣克昌，奕世有人，济美忠良。"第十七世查元偁，又拟定海宁查氏字辈排行后十六字："传家孝友，华国文章，宗英绍起，祖德载光。"（以上，主要参考汪千里《海宁袁花查氏》一文，以及《海宁查氏家族文化研究》第一章。）

金庸的父亲是"忠"字辈，叫作查枢忠。

查良镛（金庸），自然是"良"字辈。同辈的名人，有20世纪中国第一大诗人查良铮、教育家查良钊、法学家查良鑑（鉴）。四人，字辈皆"良"，名字的第二字都是"金"（钅）旁。

金庸的两个儿子是"传"字辈，即查传侠与查传倜。

金庸的祖父，是"美"字辈。

祖父查文清与金庸

据金庸说，他的祖父，"文清公，字沧珊，故乡的父老们称他为'沧珊先生'"（《连城诀》后记）。

查文清晚年，给自己另取一字，曰"退思"。

《连城诀》中凌退思的名字应该不是根据作者祖父查退思的名字起的，因为这位凌退思大人的形象实在太不堪，祖父却是金庸生平最敬佩的人。

《倚天屠龙记》中，"金毛狮王"谢逊，亦字退思。

约是20世纪80年代，大哥查良铿给金庸的书信中，讲起祖父在日，他们家东厅正中有方匾"退思轩"。我猜，这块匾，记事之后的金庸未必见过。

金庸对池田大作说过，自己出生不久，祖父就去世了。海宁市档案局主办的《海宁档案史志网》网站，写明金庸的祖父查文清逝世于1923年。2004年《丹阳日报》有一篇长文《金庸的丹阳情结》，详细介绍了金庸1986年春到丹阳寻访其祖父查文清遗踪的缘由和经过，文中也说："1923年，查文清病逝于海宁。丹阳百姓为他在公园内召开了追悼大会。"（《侠坛巨擘》第15页）如其属实，则金庸的生年，必为1923年，而非1924年。

徐世昌得知查文清的死讯，为之题写像赞："潇潇白发丹阳尹，曾并簪花竟少年。大好河山供写照，春风回首一潸然。"并遣人专程到海宁吊唁。

由"曾并簪花竟少年"一句，可以猜想，徐世昌与查文清当是"同年"，同一科的进士，二人结识于新科进士"簪花"的"恩荣宴"上。一查，果然。金庸在《连城诀》后记中说："我祖父文清公……丙戌年中进士。"这个"丙戌年"，只能是公元1886年。查文清、徐世昌二人都是光绪十二年（丙戌年）进士。查时年37岁，徐31岁，都不很年轻了，但厕身于进士群体中，仍算得"少年"，所谓"三十老明经，五十少进士"是也。

同年登科之后，查文清、徐世昌二人或许多有往还，颇有私交，"春风回首一潸然"句，寄寓怀念故人之情。

各种记载都说"总统"徐世昌派人吊唁查文清，但徐世昌1922年6月便通电辞职，不是中华民国大总统了。不是大总统的徐世昌仍可能派人吊唁查文清，那就不是公事，而完全出于私谊了。海宁乡人仍会将此事视为极大的荣耀，即便不是来自现任大总统，他们仍会说是"徐大总统"遣人吊祭查文清。不管在任或已卸任，都以某人担任过的最高职务称呼他，这在中国社会乃是常例。

查文清是海宁查家最后一名进士，官职也只做到“丹阳尹”。在查文清丹阳知县任上，当地发生了著名的“丹阳教案”。查文清为庇护烧教堂的乡民，辞职还乡。

金庸对杨澜谈过祖父与丹阳教案：

我祖父那时候在丹阳做县令，丹阳人与当地的天主教徒发生冲突，因为教士到中国来传教，在各个地方办了教堂，有一批当地的流氓、坏人就借着外国教士的势力，在外面敲诈、欺负百姓。

比义和拳还要迟一点，义和拳已经过去了，但一般老百姓对外国人还有反感。后来，天主教士和老百姓发生了冲突，老百姓就放火把教堂烧掉了。在江苏省到处都有老百姓和教士冲突烧教堂的事件，但丹阳第一个发生，所以法国人就与清朝交涉，慈禧太后当政下令，因为义和团之后，清朝很怕外国人又来打了，所以叫总督刘奎义（重按：应为刘坤一，杨澜写错了）严办。哪个放火的，杀几个人就算了。杀几个人外国人高兴了，这件事就平息了。总督就命令我祖父，当时哪几个为首的，你至少杀十个、八个来斩首，叫外国人来看看，他们就满意了。我祖父觉得老百姓和外国人交涉，双方都有不对。烧教堂固然不对，但也不可以就这样杀老百姓的头，后来他表示反对这件事，那总督又下命令说：你十个、八个不杀，至少杀两个。

…………

我祖父觉得两个也不杀，他就把两个人放了。第二天，自己写报告说：这二个人逃走了，我失职，自请离位处分。总督就写报告给慈禧太后说：这个姓查的县令办事不力，现在我已经把他开除回家了，这两个人就此得到幸免。后来我祖父在家住了多年后去世了，这两个人从丹阳很远跑来我家吊祭、磕头，感谢救命之恩。

…………

我到现在还很佩服，很不容易。因为当时做官，我祖父是丹阳进士出身，后来在丹阳做官因为有本事已经做了县令，马上可提拔做知府了，加了一个头衔叫“同知”，就是准知府这样子。

（杨澜插话：能够为了几个百姓的性命放弃自己的锦绣前程，在当时那个社会里是非常不容易的高风亮节。）在现在也不容易。（《金庸其人》第172—173页）

金庸说祖父对他有两个影响，一是使他知道外国人欺负中国人，二是要多读书。其实，丹阳教案与当时的各种教案一样，固然有“外国人欺负中国人”的因素，更有其他原因。

金庸在《连城诀》后记中引述了邓之诚《中华二千年史》关于丹阳教案的记载。邓先生也说，一面是“教士之骄横”，一面是乡民“推测附会”，“争端遂起”。

丹阳教案的兴起，据说是这样的：

……教会为拉拢百姓，广设医院、育婴堂、孤儿院等慈善机构，但背后残害婴儿入药，拿中国贫苦病人作实验品，使民间流言四起，十分恐慌。另外，教会为扩大规模广招教民，其中不乏恶霸地痞等“莠民”，而他们在教会的曲庇下，强占人妻，横侵人产，引起普通百姓的强烈不满，民教积怨很深。直到光绪十七年（1891）四月二十五日，丹阳百姓发现教堂桑林中“置毙孩尸体无数”进入教堂寻找，竟无一活婴，群情激奋，遂将教堂付之一炬……（李卓隽《金庸祖父查文清儒家思想浅析》）

教会招“莠民”入教，这事必是有的。至于“残害婴儿入药”云云，实属荒诞不经，没有可信性。我们吃过、见过的西药，都很不少，有谁听说过，有哪一种西药，需要婴儿入药？

表现于金庸的小说、社评及其他各类言说中，民族主义气息浓厚，祖父的经历对他或有影响。

尽管金庸很有几分民族主义情绪，他应该不会还相信当年喧传一时的“残害婴儿入药”的传言了。

不知当时的查文清信不信。1870 年，正在办天津教案的曾国藩，在日记中写道：“本日办一咨文，力辩外国无挖眼、剖心等事。语太偏徇，同人多不谓然，将来必为清议所讥。”相信教堂“残害婴儿入药”，在那个年月，也很正常；若是不信，就更加难能可贵了；不管信与不信，查文清“受参革之前，曾有一番交涉。上司叫他将为首烧教堂的两人斩首示众，以便向外国教士交代……但我祖父（查文清）同情烧教堂的人民，通知为首的两人逃走，回报上司：此事是由外国教士欺压良民而引起公愤，数百人一涌而上，焚烧教堂，并无为首之人。跟着他就辞官”，都是极有担当，而无可指责的，蔼然一片仁者之心。

查文清“接任做丹阳知县后，就重行审讯狱中的每一个囚犯，得知了和生的冤屈……辞官回家时，索性悄悄将他带了来”，就养在自己家里（《连城诀》后记），更是仁者心怀，令人钦敬。

金庸在《连城诀》后记中说，查文清辞官后，设立义庄，买了几千亩田地收租，租金用于资助族中的孤儿寡妇，使他们能平安过活。凡是上了中学、大学的人，每年都可分两次领取津贴，如果有人出国留学，津贴的数额更大。查玉强兄则查证指出：义庄之设，并不始于查文清，海宁查氏义庄早在明万历三十八年（1610）就已设立了。

海宁查氏义庄之设，仿照的应是北宋名臣范仲淹。范文正公“置负郭常稔之田千亩，号曰义田，以养济群族之人。日有食，岁有衣，嫁娶凶葬，皆有赡”。

查文清晚年编过一部《海宁查氏诗钞》，有数百卷之多，雕版未完工就去世了。这些雕版放了两间屋子，后来都成为金庸和他堂兄弟们的玩具。很多人都说金庸读过甚至背熟了雕版上不少诗词，我没看到金庸本人有这样的表述。说金庸背过上面的诗词，恐怕还是“想当然尔”，要知道，雕版上的字都是反着刻的，要一一辨识，其实甚难。

雕版上的诗词，金庸读过与否，也不很重要。这样的文化环境，对他一生的影响，总是大的。

1996年，金庸在日本创价大学的演讲，曾援引《左传》的话："太上有立德，其次有立功，其次有立言，是之谓三不朽。"接着，又说："能树立崇高的道德规范，成为普遍的榜样，以至改进了整个社会的道德水准，那是不朽的精神的价值。"（《探求一个灿烂的世纪》第6页）最初，是从祖父查文清身上，金庸看到了"三不朽"最近、最切身的典型，或许这才是祖父对金庸最大的影响。

金庸在最近这次修订中，为《连城诀》后记补写了几句话："一九八一年，我去丹阳访问参观，当地人民政府的领导热诚招待，对我祖父当年的作为认为是反对帝国主义、维护人民利益的功绩，当地报纸上发表了赞扬文章。"

金庸说自己到丹阳是1981年，然而，金庸逝后第二天，《丹阳日报》回顾金庸与丹阳的渊源：

1986年初春，一个细雨霏霏的日子。正沐浴改革之风的江苏丹阳，迎来了一位特殊的客人。62岁的金庸带着他的夫人从香港远道而至，第一次踏上了这块曾在祖父、长辈口中和自己梦里出现过无数次的土地……

根据当年曾参与接待金庸的丹阳正则画院老院长杨潮回忆，"金庸应该是到内地参加什么活动时，专门在日程安排里自行加上了丹阳之行……"

石胜华虽然未曾亲睹金庸在丹阳度过的一天，却曾作为一个研究者仔细询问过当年在场的众人，故能为记者还原彼时的情状。

"他那时已经是享誉海内外的作家名人，接待规格很高。书记和县长全程陪同，和他热情地交流。"而据说，金庸到丹阳第一件事，便是翻看《丹阳县志》，读到其中对祖父查文清的褒扬后，他的脸上露出欣慰的笑容……金庸也欣然挥毫，以一幅"怀先祖之遗爱，睹今贤之丰功"字卷，表达了对先祖的怀念和对丹阳的赞美。此字卷现在丹阳市档案局保存。（《武侠小说泰

斗金庸与丹阳的不解之缘》）

金庸题写的这幅字，网上很容易看到，落款是“海宁查良镛金庸敬书一九八六、五、一”。

大概率是金庸记错了，把 1986 年丹阳之行记成了 1981 年。

《查公沧珊哀挽录》

金庸说祖父查文清因丹阳教案挂冠而去后，“便在故乡闲居，读书做诗自娱”，又为查家的义庄购买了几千亩良田，还编印《海宁查氏诗钞》，两事都需耗费大量钱财。然则，查文清的钱，从哪里来？

说来话长，且从金庸家的一棵木香花树说起。

1986 年，大哥查良铿给金庸写信，谈到：

厅后院子里，靠书房那边有棵木香棚，荫半亩，传说是明季之物，赫山公建基时栽的，据说关系我家枯荣，报应不爽，传说文字之狱前后十年无花，濒于死亡。焚当毁家，前一年及当年无花，是我亲闻的，当时我四岁，无论家人外人，传述历久不衰，故我尚能记忆。（查玉强《话说赫山房》）

“文字之狱”是指查嗣庭的案子，此案对查氏打击极大，发生之前之后各十年，前后二十年间，他们家这棚木香花，一直没有开花。

“焚当毁家”，又是怎么回事？

原来，查文清辞职后，并不是像金庸说的那样，只是“闲居”和“自娱”。

查文清革职回籍后，便全身心地搞起了实业。他将家里的资金投入开办了茧行、丝行等，还将一部分余钱借给钱庄，以钱生钱。没几年，赚得了一点钱。于是，就在镇上皋木桥北堍建造了一座当铺——同仁当，开始自己做起了典当的营生。（查玉强《生于忧患的金庸——火烧同仁当、围攻赫山房的故事》）

查家先是被土匪盯上，勒索去六千银圆，继而在1923年立春前后，被负责当铺经营的远房亲戚将当铺中贵重物资席卷而去，并纵火焚毁当铺。查文清一家的家业，从此败落。查文清也于当年九月撒手人寰。

金庸“少小离家”，对家史，对祖父的经历，了解都不够深，才误以为祖父致仕后只是“闲居”。读到查玉强兄大作之前，我对查文清一直有误解，以为其钱财皆是宦囊所积，看来是冤枉查老先生了。祖父查文清遭误解、被冤枉，金庸也有责任。

书信中，查良铿还跟金庸谈起一本书，就是《查公沧珊哀挽录》。这本书，收信时的金庸还没看过，所以大哥要跟他一一细说：

犯人磕头事（从大门口起一步一跪拜，直至灵堂前），是在丹阳开追悼会会场上事，场景在《哀挽录》上刊有全幅大照片，商务印书馆承印，封面章炳麟手书篆字“查公沧珊哀挽录”，铜版印大幅照片，第一页遗像，第二页会场文字，铅印，全册录诗文挽联百余页，而无讣告等例文。其子孙名号、功名，备述于“名状”中。

《查公沧珊哀挽录》正文第一页，是徐世昌等三人分别写的像赞。徐世昌又书挽联：“浊世一官同敝屣，清门长物只遗书。”

顾维钧送的挽联：“弃官为民命，敬业绍书香。”署名“姻晚顾维钧”。“敬业”二字，应指查慎行的“敬业堂”。

查文清一生行状，出于商务印书馆监理张元济手笔，署名“表弟张元济谨状”。

王国维为查文清写赞：“罢官于壮年，以为民而受过也；服官于中年，则为亲而高卧也。山林之日长，簿领之日希。心逍遥游，貌杜德机。古之所谓：乡先生殁而可祀于社者，微先生其谁与归。”署名“乡后学王国维”。

祭文由十二人署名，包括徐世昌、张謇、蔡元培和张元济等。

丹阳教案发生在1891年，查文清逝世是三十二年后的事，而丹阳各界致送的挽幛、挽联非常多，足见其遗爱之深。

《丹阳县续志》卷十二《名宦》（1926年编纂），有查文清离丹阳，“民立去思碑，颂其德”的记载。

那姓孙的道：“……三国时襄阳属于魏，守将羊祜功劳很大，官封太傅，保境安民，恩泽很厚。他平日喜到这岘山游玩，去世之后，百姓记着他的惠爱，在这岘山上起了这座羊太傅庙，立碑纪德。众百姓见到此碑，想起他生平的好处，往往失声痛哭，因此这碑称为‘堕泪碑’。陈六弟，一个人做到羊太傅这般，那当真是大丈夫了。”（《神雕侠侣》第三十五回）

很多人都在哀悼查文清的诗文中，用到了这个“堕泪碑”的典故。

传统中国人相信“积善之家必有余庆”，金庸取得偌大成就，除了个人努力的因素，或亦是其祖父查文清行善积德所致。

祖母查黄氏与苏州评弹

查文清除了正妻何氏，还有侧室黄氏，是《查公沧珊哀挽录》上写明的。

查文清生有三子——查教忠、查钊忠和查楙忠，也在《哀挽录》上写得明白。

2004年，《南方人物周刊》记者对金庸谈到他小说中的“重男轻女”问题，金庸当时说的却是：“要说重男轻女，好像封建社会就是这样子。我就有四五个祖母。”按金庸的说法，其祖父查文清，除了正妻，不止查黄氏一个侧室，还有两三个妾侍，似乎与《哀挽录》所记有所扞格，彼此矛盾。

我的理解，查文清那两三个妾侍，或者在名分上比查黄氏略低，或者是同样的名分，而实际地位低于查黄氏，故此未载入《哀挽录》。

某人的妾侍（们）的名字，一般是不能写进他的墓志铭、家谱或《哀挽录》这样性质的书里的。

“母以子贵”，文清三子，唯长子查教忠乃是嫡子。金庸的二伯父查钊忠、父亲查楙忠（枢卿），俱为查文清的侧室黄氏所出。查黄氏之名，收进《哀挽录》中教忠、钊忠、楙忠三子合写的《显考沧珊府君行述》，称为“庶母”，应是钊忠、楙忠二子为她争取的。

查文清另两三个妾侍，在名分或实际地位上，只能比查黄氏略低一点。假如她们仅仅是“通房大丫头”那么低的地位，金庸不会说自己有四五位祖母。

查黄氏，生于1873年，是苏州人。

“苏州是我记忆深刻的城市，我的祖母是苏州人，很小的时候就吃过她做的苏州菜，也经常听她说苏州话。”金庸曾多次到过苏州，称苏州是自己“从童年就开始喜爱着的城市”。（名城新闻网《金庸病逝，他曾说听不够吴侬软语，爱苏州菜肴》）

历史上，海宁长期归杭州管辖，金庸的父母都是海宁（袁花镇与硖石镇）人，也可以说，杭州是金庸父母的城市，而苏州是他的祖母查黄氏的家乡。杭州与苏州，是金庸最喜欢的两个城市。

2004年，写下无数与四川有关人物的金庸终于第一次到了成都……当问到对蓉城的感受时，金庸笑着说：“我对成都特别有感受……我最喜欢的城市，第一是杭州，第二是苏州，第三就是成都。”（《金庸逝世，他曾说，黄蓉的“蓉”就指成都》）

金庸说他喜欢苏州的粉墙黛瓦，喜欢苏州的园林建筑，最爱清淡可口、味香醇厚的苏州佳肴。

早在20世纪50年代，金庸撰文谈费穆、费明仪父女："看过费穆先生《小城之春》的人，再去听明仪的歌，一定会发现其中有些风格是相同的，文雅而明净，但并不怎么戏剧化。这是典型的苏州气息吧，如果你到过江南，会想到那些燕子，那些杨柳与杏花，那些微雨中的小船。"（金庸《费明仪和她的歌》）此中，有金庸对费氏父女的赞誉，也有对"苏州气息"的欣赏与欣悦之感。

金庸爱"苏州气息"。

金庸喜欢听苏州话，听苏州评弹。

2007年9月，金庸到苏州——

在从机场回苏州的大巴车上，大师在与记者交流时专门提了一个要求：用苏州话。口音里有点浙江味、有点上海味的金庸毫不掩饰对苏州话的青睐，而转用"苏白"的谈话一下子拉近了我们的距离。（名城新闻网《金庸病逝，他曾说听不够吴侬软语，爱苏州菜肴》）

看来金庸会说苏州话，会说带有浙江和上海口音的苏州话。苏州话是他自幼就跟祖母查黄氏学的吧。

金庸说："我特别喜欢听苏州小姑娘讲苏州话，软软糯糯的，特别好听。"三十多年前，他在《鹿鼎记》中，已经让韦小宝对陈圆圆说："西施哪里及得上你？……西施是浙江绍兴府诸暨人，相貌虽美，绍兴人说话'娘个贱胎踏踏叫'，哪有你苏州人说话又嗲又糯。"

2007年，金庸苏州之行，为了三件事：出席评弹版《雪山飞狐》的开播仪式，接受苏州评弹学校的名誉教授荣誉，接受苏州大学的名誉博士学位。前两项，都与苏州评弹有关。

《越女剑》写的是两千年前的吴越之战。金庸是越人，却不甚喜欢越剧，而非常喜欢吴侬软语的苏州评弹。

1966年，金庸就在《一个“讲故事人”的自白》一文中说：“我以为武侠小说和京戏，评弹，舞蹈，音乐等等相同，主要作用是求赏心悦目，或是悦耳动听。”中国传统的曲艺形式那么多，他只提到京剧和评弹两项。

与苏州评弹牵手的奇妙创新，源自对苏州评弹和金庸武侠都情有独钟的香港著名实业家、慈善家、苏州市首批荣誉市民……周文轩，其实，也源自金庸内心对苏州、对苏州话的深厚情缘。（名城新闻网《金庸病逝，他曾说听不够吴侬软语，爱苏州菜肴》）

评弹版《雪山飞狐》和《天龙八部》，金庸只象征性收了一元钱版权费。

金庸的老友董千里，在1995年出版的《金庸小说评弹》一书的前言中写道：“作为金庸武侠小说的第一代读者，经常和他讨论他的小说……记得在一次闲谈中，认为电影、电视改编他的武侠总难尽如人意，想来想去，只有江南的评弹方能发挥的淋漓尽致……金庸于此有同感。”将自己的小说改编为评弹，金庸其实早有此意。

开播仪式上，当著名评弹艺术家邢晏春、邢晏芝兄妹现场表演评弹版《雪山飞狐》精彩段落时，听着自己的作品用自己最喜欢的苏州话表现出来，金庸激动得热泪盈眶。

苏州大学，算是金庸的母校。

苏州大学的前身是东吴大学。当时东吴大学的文学院、理学院都在苏州，法学院则设在上海。1944年，金庸被中央政治学校开除后，曾向湖南大学、浙江大学请求入学读书，遭拒；1947年，终于进入东吴大学法学院学习。

2007年，金庸在苏州大学动情地说：“在有生之年里，我对苏州大学的‘爱情’不会改变。”金庸一生，很少说这样亲切稠密的话语，而终于说在苏州大学，煽情的成分可以忽略不计，主要原因有二：对当年东吴大学慷慨收留他的感激之情；对祖母家乡的亲近之意，包括对祖母的感激、怀念之情。

父亲查枢卿与金庸

经过某些人刻意渲染和宣扬，金庸“吝啬”的印象，似乎已经深入人心。不能说金庸从来不吝啬，若说他在每一时刻，每做一件事，都那么吝啬，这分明是污蔑。

在大多数时候，在大多数方面，金庸比普通人，更不吝啬。

金庸是“一捆矛盾”，在各个方面都充满矛盾。例如，金庸有时很小气，有时又大方无比。金庸喜欢毛姆的小说，而毛姆在《月亮与六便士》中说：“小气与大方、怨怼与仁慈、憎恨与热爱，是可以并存于同一颗心中的。”（詹森译）

金庸晚年要退出自己一手创办的《明报》，又怕《明报》落入有政治企图的人手中，失去《明报》一贯的独立性，因此并没有卖给出价最高的财团，为此金庸损失上亿。

仅我所知的金庸捐款总额，已超人民币六千万元。金庸先是给香港中文大学捐赠港币八百万元，按当时汇率，折合人民币约一千万元；又出资港币三百二十万元，为嘉兴高等专科学校（后与浙江经济高等专科学校合并组建嘉兴学院）建图书馆（含购书款）。1991 年，长江流域遭遇洪涝灾害，金庸向北京红十字会捐赠港币一百万元用于赈济灾民。1992 年 6 月，金庸以“明报董事会”名义宣布，向“希望工程”捐款港币两千万元。1993 年，金庸捐赠人民币一百万元，作为北大国学研究院的启动资金。1994 年，金庸花费人民币一千四百万元在杭州建造云松书舍，没去住，捐了（据金庸好友、新华社香港分社原副社长张浚生告诉记者，云松书舍包括装修在内的总投资应该在两千万元之上）。1997 年，金庸捐资一百万元，成立浙江大学金庸人文基金研究会。2007 年 8 月，又向北京大学一次性捐款人民币一千零四万元。

我说金庸比普通人更不吝啬，主要不是说他捐的钱比普通人更多，即便在捐款所占个人资产的比例上，金庸也比普通人更高，高太多了。

金庸不是世界首富，连华人首富都不是。在香港《资本杂志》富豪榜上，1991 年，在香港一地，他的财产也已经排到第 64 名了。以金庸的身家论，能捐出六千万元，比绝大多数华人富翁都更慷慨，而不是更吝啬。

刘瑜《民主的细节》谈过一个统计数据：“大方的中国人人均捐款额为人均收入的 0.06%。”金庸捐款，约为其财产的 5%，超出了几十倍。我很好奇，指责金庸“吝啬”的大人先生们自己又做出了多少数额、多大比例的捐献。

金庸的多数捐款，约人民币五千万元，捐出时间在 20 世纪八九十年代。考虑到这几十年的通货膨胀因素（20 世纪 80 年代末、90 年代初，中国内地城市职工的月工资约为一百元，农村收入就更低了），以今日的币值估算，金庸捐出的，至少有折合人民币五亿元。

在私人交往上，金庸也是非常“够朋友”的。

倪匡自 20 世纪 60 年代初开始在《明报》写武侠小说，两人共事多年，倪匡说他致电金庸仅两三次，“永远都是他找我”。倪匡解释说：“我从来不主动找他，他有地位，要找他的人太多，他很忙，又太有钱，我怕他以为我想问他借钱。曾经有一次，他打开柜筒给我看，里面全都是朋友问他借钱的借据，我说我没有借过啊！查先生说就是得你一个没有，他是个仗义疏财的人，朋友要他帮忙，他不会托手踭，我知道他借过很多钱出去，那时候七几年，有个朋友问他攞了几十万的支票，还吩咐他不要告诉他的老婆，他就是这样好，肯帮朋友。”（2018 年 11 月 3 日《明报周刊》第 42 页）

《明报月刊》总编辑潘耀明和《金庸与〈明报〉》作者张圭阳一致认为，就金钱来说，金庸作为生意人，用得非常谨慎，私人的财富他有时候又很豪爽。金庸的老部下、老朋友，如王世瑜等，都提供了相似的证言。

在金钱往来上，金庸偶尔也有不近人情的表现，我的理解，多数也是激于意气，而不是出于吝啬。

金庸在大关节处，在主动掏钱的时候，并不小气。在细微处，金庸确实有些“抠门”，例如，他的《明报》给员工和撰稿者的报酬都不算高，偏低了。也只是“偏低”，不可能低得太不成话。谁也不是傻瓜，若是金庸给出的酬劳极低，《明报》一大半的员工早已出走。实际情况呢，沈西城谈到：

“一直以来，《明报》职员的变动情况全不大，不论编辑、校对、记者、字房机房工人，都很安心地在《明报》工作。”（沈西城《金庸与倪匡》第65页）若是给出的稿酬实在太低，那么多香港最有素质的作者，也不会都不离不弃，一直给《明报》供稿。

若员工出走，作者断稿，金庸的报业生涯就根本做不大。

即便只是“偏低”，说金庸在这方面有几分“吝啬”，是言之成理、说得过去的。金庸之“吝啬”，或许与他的父亲查枢卿（查树勋）有很大的关系。

金庸的妻舅杜冶秋见过查老先生。过程是这样的：

1948年，婚后查哥（金庸）去办前往香港的手续，查哥的父亲查树勋来接姐姐去海宁观光，也邀我和长兄同往。我们三兄妹随查伯伯车到硖石。船到袁花镇，老远便看到查氏宗族的深宅大院……他们和海宁相国陈阁老的后裔陈家，同属那一带的望族。

……查伯伯也经营过大钱庄，不过，到了上世纪40年代末期，查家也似乎远不如前，查伯伯手执扁担挑柴锄地样样做。那些天他整日为我们料理生活，深秋未尽的时节，他便关照家人，在我们各人的被褥里，放置一只大得出奇的“汤婆子”，生怕我们受凉了，弄得我们哭笑不得。请他别太客气，老人嘴里就不停地唠叨：“应该的，应该的，良镛结婚真麻烦你们家了！”真是一位谦和质朴的长者，令我深怀敬意。（杜冶秋《金庸在杭州的一段情》）

杜冶秋到海宁的时候，查家已是败落了，主要责任并不在查枢卿身上，是日本人在海宁的焚掠破坏让他家损失惨重。不过，在日本人打进来之前，查家已经在走下坡路了。日本人进来之后，查家急速坠落。

查枢卿办过钱庄、茧厂、丝厂，据金庸说，“也没有成功”。金庸幼时常见父亲为了业务而烦恼。（《探求一个灿烂的世纪》第84页）

2006年，金庸对杨澜谈起：

我父亲开钱庄，做企业，一个地主，但是我觉得他人很好的，但是没什么用，庸庸碌碌的，所以（对我）也没什么很重要的影响，我只有一个印象就觉得，我这个父亲好像没用。我年纪很小的时候，十三四岁就觉得父亲没用。他把钱借给人家，他有时去讨钱，带我一起去了，我觉得人家请他喝酒讲好话，父亲就好像良心很好的，就好像老朋友，这个钱你不还了就算了，人家存钱存在你这里你要还给人家的，所以搞到后来我（们）也很狼狈的，（存钱的）人家问你讨钱，（借钱的）人家借钱不还，我（们）只好自己卖田地卖了垫了还给人家，我觉得父亲没用，做生意不是这样做法的。（《"帮主"的心事谁人知》，收入《杨澜访谈录2》）

耄耋之年的金庸，说起童年的经历，语气间似有强烈的屈辱感，认为他的父亲和他的家遭人轻侮，让人戏弄了（查父从被免除债务者那里甚至没有得到发自内心的感谢，更多是欺人得逞者对他的轻蔑）。事实不见得一定如此，但童年的宜官就是如此感觉的，且感受极其强烈，到老都耿耿于怀。

金庸错了！父亲对他，并不是"没什么很重要的影响"。影响太大了，却是反向的影响。

金庸对池田大作谈到："我办报办了几十年，对于一磅白报纸的价格、一方英寸广告的收费、一位职工薪金和退休金、一篇文章的字数和稿费等等，长期来小心计算，决不随便放松，为了使企业成功，非这样不可。"（《探求一个灿烂的世纪》第165页）金庸办企业的风格，与父亲截然不同。

金庸的商业才能，部分出于天赋（遗传自整个家族），部分是由其父培养的。金庸不要像他父亲，"好像良心很好的"，而宁愿做"不肖子"。

查枢卿心太软，他的钱庄免除了不少人的债务，不仅没赚到钱，反而赔钱，如金庸所言："做生意不是这样做法。"金庸在另一场合说过，他几岁的时候就发觉父亲做生意"不精明"。在我看来，当金庸自己做起报业生意，不免以先父的吃亏为鉴戒，不想父亲的"没用"复制在自己身上，在某些情况下，矫枉过正，而锱铢计较了。

2005年，金庸说："我父亲开钱庄，从小我看他出借金钱，全凭交情面子，公私不分，就觉得他乱七八糟，没专业学问，心想自己将来要读经济，做个'合理的企业家'。"（店小二《店小二深夜密会金庸》）

金庸从父亲身上，吸取的最大教训，应该就是严控成本。如张圭阳所言："在报社经营的各类生产成本当中，稿费占了报社一个相当大的比例。因此各报社对稿费开销，会控制得比较严谨。"（张圭阳《金庸与〈明报〉》第161页）每个报社皆如此，而金庸的《明报》尤其如此，付出的稿酬就未免偏低。

至于对朋友的馈赠，与报社的经营无关，是另一回事。此时的金庸，即便出手不是十分豪阔，也绝对称不上吝啬。

倪匡忆述，当年可以在《明报》副刊写稿是很有地位的，很多人贴钱都想写，金庸却不要。他说："查先生很看重我马马虎虎写出来的文章，长期给我地盘写稿，待我也很好，但他宁愿买一万元的礼物送给我，也不肯加我一百元的稿费，他是第一流的朋友，第九流的老板，他说稿费不能乱加，加了我一个人，其他人又要加，支出就会增多，生意人有他的道理，所以常常送礼物给我，每次跟他一起去旅行都是免费的，他很喜欢哄朋友开心。"（2018年11月3日《明报周刊》第43页）

很多钱物，金庸是送给朋友的。此外，也有"借"给他们的。有很多张借条，在金庸手里。

金庸对倪匡说，仅倪匡一人没向自己借过钱，这话或许有几分夸张。大部分金庸、倪匡所共同熟识的人，都向金庸借过钱，这么说应该接近实情。

金庸像他父亲一样，天性厚道，别人开口借钱，他总不好意思拒绝（倪匡说："凡向他有所求的，很少受到拒绝。"），即便他预料到这钱借出后有去无回。朋友长期不还钱，金庸也从来不去追讨，就攒下了一柜筒的借条。

"人家请他喝酒讲好话，父亲就好像良心很好的，就好像老朋友，这个钱你不还了就算了"，幼年时金庸目睹过不少次这样的场面，印象太深了，金庸不想重蹈父亲的覆辙（"存钱的人家问你讨钱，我们只好自己卖田地卖了垫了还给人家”），“这个钱你不还了就算了”这句话，金庸很少说出口。

借条在我手里，道义上、法律上，你就必须还钱。还不上，或是不想还，这笔账就一直“挂”在那里，金庸也不会追着讨要。

只有一种情况下，金庸才会追讨欠债，那就是他自己破产或接近破产。而这一情况发生的可能性约等于零，金庸手上那些借条，其实用不上的。也不是完全没用，对金庸来说，至少是一种心理安慰，让自己不像父亲那样“不精明”，那样“没什么用，庸庸碌碌的”。

查枢卿助人，一秉至诚，毫无算计，金庸则是有算计的。

金庸说其父查枢卿“好像良心很好的”，金庸自己，其实也良心很好的，只是表现与父亲不同罢了。查文清、查枢卿、金庸，他们家三代，都是厚道人，所谓“忠厚传家”，算得“积善之家”。

金庸于历代帝王中，推崇汉光武帝等数人。史载，汉光武帝刘秀“见小敌怯，见大敌勇”。我们也可以说，金庸本人，掏大钱勇，花小钱吝。也许，一到需要讨价还价的时候，童年那段不愉快的记忆自觉不自觉地会浮现出来。

金庸在某些情况下所表现出的吝啬，也许正是出于对他父亲的慷慨的反动。反其父之道而行之，走到另一极端。

历史上的靖郭君田婴、孟尝君田文父子，与查枢卿、查良镛父子的情况，既大同，又大异。大异在于，查氏父子是父亲更慷慨而儿子稍吝啬，田氏父子是父亲吝啬而儿子慷慨。孟尝君说他爹“后宫蹈绮縠而士不得裋褐，仆妾余粱肉而士不厌糟糠”，等他自己接位，就“舍业厚遇”天下士，“食客数千人，无贵贱一与（田）文等”。大同在于，都是儿子反其父之道而行之。

2006年的金庸，说起父亲对自己“也没什么很重要的影响”，这话是不对的。金庸到老也没真正想明白，父亲如果太出色、太强势，他金庸未必有今日的造就。

查枢卿对金庸的影响，非常之重要。

现代诗坛，徐志摩名气最大，穆旦（查良铮）成就最高。

徐志摩是金庸的表哥，但金庸的母亲徐禄与徐志摩并非亲姑侄，徐志摩是金庸亲缘关系比较远的表哥。

穆旦是金庸的堂哥，亲缘关系更远。二人同为海宁查氏第二十二世，都是海宁查氏第四世查实的直系后人。查实有四子——查恒、查益、查蒙、查巽，穆旦是查恒的后人，金庸（查良镛）是查益的后人。

参酌《海宁查氏世系表》与《穆旦传》可知，穆旦与香港实业家查济民，二人的亲缘关系倒是很近，都是查氏第十六世查世芳的直系后人。穆旦是第二十二世，查济民是第十九世。

穆旦的父亲，比金庸的父亲，更“没用”。穆旦之妹查良铃谈及：“老弟兄六人，我父亲排六，因记忆力差，一直没有很好的工作，在大家庭弟兄中是不受重视的……大家庭中，父亲因没有本事，这一房人就受气，哥哥从小就不服气……讲到孙悟空时，他说，他也会变，飞出去，为国家，为父亲争口气，让母亲享福。”（查良铃《怀念良铮哥哥》）

穆旦后半生，如未遭种种横逆，将不仅代表中国现代诗歌的最高成就，且有望跻身于世界一流大诗人的行列，真正“飞出去，为国家，为父亲争口气”。

父亲健在却是无能，对儿子的成长，反而有益。求诸当世人物，以查良铮、查良镛最具代表性。

父亲如果太出色、太强势，金庸难有今日的造就。是“难有”，不是必然不能。父与子都了不起，这种情况较少，也不是从来没有。有台湾读者问金庸“对苏东坡先生的看法”，金庸答：“苏东坡什么都会……更令人羡慕的是，连父亲、弟弟都是一流的文学家，这种事机缘难求。”

1956 年，金庸回忆：“在中学读书时，爸爸曾在圣诞节给了一本迪更斯的《圣诞述异》给我。这是一本极平常的小书，在任何书店中都能买到，但一直到现在，每当圣诞节到来的时候，我总去翻来读几段。我一年比一年更能了解，这是一个伟大温厚的心灵所写的一本伟大的书。”（金庸《三剑楼随

笔·圣诞节杂感》）

在此五年之前，查枢卿先生被杀。听到噩耗，金庸在香港，哭了三天三夜，伤心了大半年。[1]是痛入骨髓的那种伤心，大半年。以后，不是不伤心了。金庸每年圣诞节翻读《圣诞述异》，感到温馨，也不是不伤心。

金庸先生去世后……木末芙蓉问我：金庸先生生前曾六次回家乡海宁，但除了1992年12月回老家袁花镇时去过镇中心小学，后来再也没有踏上过老家的土地，这是什么原因？

这个问题我也问过金庸先生……（海宁市袁花镇人大）查主任专门找到我，希望通过我向金庸先生发出邀请，请金庸先生回老家走走看看……我向金庸先生转达了他家乡人的邀请。金庸先生与我说了一段往事……

……1992年12月，金庸首度返乡，回到海宁市袁花镇中心小学。"如果一个人离开家很久，在外边住的时间一长，对故乡怀念的感觉就越深……总想老了，再回到这个地方来住。"……

金庸先生的心结并未完全打开。查建国主任在参加金庸书友会创立仪式后又数次联系我，我也数次把金庸先生家乡人的诚意转达给金庸先生。但金庸先生表示，那是查家的血光之地，自己去了会心里难过，还是不去了。但嘉兴和海宁还是会去的，自己对家乡的感情也不会因此受到影响。（万润龙《我与金庸先生的交往》）

金庸对那个新建的所谓"金庸旧居"，也很不感冒：

我老家在日本人占领的时候占领一部分，后来土改的时候已经平掉

1 金庸父亲于1951年4月26日被杀，几个月后，消息传到香港。当时嘉兴地委统战部副部长姓宓，其妻出自海宁查氏，即查伏生的大女儿。宓某将查枢卿的死讯告知其岳父查伏生，查伏生原在上海盐务局工作，1950年去香港，接其婿之信息，即告诉了金庸。金庸闻讯，哭了三天三夜。以上，由查伏生之孙查雪梅告知查玉强兄，查兄转告于我。

了，现在这个老家是嘉兴市政府、海宁县政府重新建起来，我当时说不要建，老家（是）建不起来的，本来老家是康熙年间建的，现在到了20世纪末，再建建不起来了，那些书画什么的都找不到了，不过他们还是重新建起来。我小时候住的老家不是那样的。（陕西卫视“华山论剑”活动，2003年10月8日）

语气间，无限沧桑，无尽悲凉。

金庸的商业天赋

查良镛父查枢卿，母徐禄。

金庸的父亲用过四个名字：查醂忠、查树勋、查枢卿、查荷祥。醂忠为谱名，树勋为字，枢卿为号，荷祥为家名（小名）。金庸1946年填写“东南日报社职工登记表”，“父名”一栏写的是“查枢卿”，本书一概用这个名字。

金庸的父家查氏是海宁巨族，是江南巨族，也是海内巨族。相形之下，金庸的母家海宁徐氏，就没有这样的风光。

乾隆朝的翰林院庶吉士、山东按察使沈廷芳说过：“海宁族望……自明以来，有祝氏、许氏、董氏、陈氏、杨氏、沈氏，门材日盛，又无如查氏。”（《海宁档案》）最末一句，于海宁查氏或许有几分夸大，在他说这话的乾隆年间及稍前，海宁陈氏之“门材日盛”，当不逊于查氏。海宁陈氏，且不去管它。需要注意的是，徐志摩的家族，竟不在沈廷芳所说的海宁大族之内。

钱塘江畔，流传一句民谣：“查祝许董周，陈杨在后头。”（《海宁查氏家族文化研究》第149页）七大家族中，也没有徐家的位置，而以查氏居首。

千百年来，中国有着“抑商”的传统。读书人受尊敬。靠读书而做官，更受人尊敬。商贾虽富，不很受尊敬。

1926年，徐禄的堂侄徐志摩，在《猛虎集》序中，总结家史，道是：

“我查过我的家谱，自永乐以来，没有一首可供传诵的诗。”“徐氏固商贾之家，没有读书人。”

16世纪末，意大利传教士利玛窦在给友人的书信中，谈他的中国印象：“非读书人出身的富豪，没有多少体面；士子虽然贫穷，却有光显的身份。”

海通以来，中国才有实业救国的认识，海宁徐氏这样的“商贾之家”，地位有所提高。在少年时期的金庸看来，徐志摩一家已经不仅有钱，而且有势了。

金庸晚年说：“经营企业，我是有点天赋的。”倪匡则称金庸为中国有史以来“以文致富第一人”。靠“煮字”与“爬格子”，在现代中国亦可致富，却难能成为亿万富豪。金庸之富，主要得之于他对文化产业（明报集团）的成功经营。

杨澜曾问：“如果您想自己描述一下金庸是怎么样一个人，应该怎么说呢？”金庸回答：“金庸是一个很普通的人，做生意还是相当有头脑，不太失败的，就是这样一个人。”

金庸还对陈鲁豫说：“你读的是商学院，可能我小的时候，这个经济头脑比你还好一些。”

万润龙谈到：“记得金庸曾经与我说过，15岁那年，他和同学一起编写了一本指导学生升初中的参考书《献给投考初中者》，那是他第一次赚钱。从那以后，他做事做生意就从来没有亏过。”（万润龙《金庸剑桥“论剑”》）

金庸还对《南方周末》记者说：“我天生会赚钱，这和我人好不好是没有关系的。我买美国股票经常赚钱，很少失手的，天生会做生意，会赚钱，这不是什么坏事……我办报的原则是不讲谎话，不管你给多少钱……我都绝不讲假话……有大的引诱来，坚决拒绝。自己就要想办法去赚钱，幸亏赚钱的头脑还可以，就一直走到现在这样了。”（张英《侠是一种很崇高的道德》）

金庸逝世，《明报》旧人丁望撰文悼念，谈到：“金庸不只是武侠小说大师、出色的报人和社评撰稿人，更是大富豪级的传媒老板、楼房和股票投资家，具有精于计算、严控成本效益的商人头脑。”（《明报月刊·金庸纪念专

号》第 36 页）

张纪中回忆："在房价上涨最迅速的时候，将一栋房子卖了出去……我很高兴、带点得意地跟查先生说'我卖房子赚了一百万'，查先生听了，笑眯眯地看着我，'我比你赚得多一点，我赚了一个亿'。"（《张纪中长文缅怀金庸：先生不会走远，武侠永存世间！》）

金庸的商业天赋，可能主要遗传自母家，而不是父系。

海宁徐氏之营商，真是很有传统了。始迁祖（一世祖）徐松亭，于明正德年间，经商于海宁硖石，后代就一直在此地居住，经商的非常多。徐志摩的父亲徐申如，就是一个相当成功的商人，与南通张謇友善，兴办实业，在浙江很有名。（陈从周《徐志摩：年谱与评述》第 11 页）

金庸的父系，也不是没有商业天赋。

自海宁查氏一世祖查瑜从婺源迁出后，婺源查氏仍住凤山村，族人官职不过县令，于仕途殊少建树。后裔虽仍崇文，而多数从商，活跃于商界，为徽商劲旅。（《海宁查氏家族文化研究》第 2 页）

查氏北支于明中叶迁居北京、天津一带，经商为主，家资豪富，民间称为"阔查""查半城"。四世查日乾，为"芦盐"巨富，建水西庄，闻名于世。（同上，第 7 页）"南查"与"北查"，海宁查氏与水西庄查氏，仍有来往。查日乾与儿子查为仁业盐大富后，与海宁查慎行、查嗣瑮等诗酒唱和，时相往来，十分亲密。

2001 年，金庸至天津，受聘为南开大学文学院名誉教授，顺访水西庄，并与北支后人查胜相晤。查胜回忆，两人见面都很高兴，说起了先祖的过往。有人向金庸展示了水西庄复建图，金庸当场题诗："天津水西庄，天下传遗风。前辈繁华事，后人想象中。"落款是"金庸(本名查良镛)辛巳年夏"。（单炜炜《金庸的天津情缘：论剑马蹄湖，终成南开人》）

居于海宁的南支查家人，有更好的出路，"学而优则仕"，不屑于从商。雍正年间，因为查嗣庭那场文字狱，浙江士子六年不被允许参加科考，查氏子弟更无缘竞逐于科场，这才转而投身商场，特别是经营盐业，也很成功。

（《海宁查氏家族文化研究》第 138 页）

海宁查氏家族的复兴，得力于家族第十五世查懋的苦心经营。

查懋的长兄查奕楠离开海宁，在天津水西庄设帐授徒。查懋来这里探望长兄，遇到查日乾、查为仁父子，聚谈之下一见如故，由此而入商途。

查懋长于筹算，帮忙革除了长芦盐运的积弊。不数年，家业有成，自乾隆十三年起，回海宁，捐赀二万余两，行赡族之事。族中有繁衍、婚嫁、丧葬者，凡有短缺，皆给予支助，岁给米，月给费。海宁查氏自文字狱后，家境日窘，查懋及其子孙的善举与义行，为查氏全族的重新崛起作出了特殊的贡献。

文字狱耽误了海宁查氏一代人。过了二十年，乾隆九年甲子（1744 年）十四世的查虞昌、查其昌相继中举；又十年，查虞昌中进士。海宁查氏的家声得以重振。(《海宁档案》) 海宁查氏大家族从此继续他们文宦世家的生涯，经商的查氏子弟就很少了。

近代以来，社会观念有所改变，商人不复大受歧视，又有查济民等人开始驰骋商海。

查济民（1914 — 2007），生于海宁袁花镇，就职于上海达丰染织厂及常州大成纺织厂，不数年间把染织厂的产量、销量提高了五倍，资产扩大了八倍，时人称为奇迹。娶实业家刘国钧之女刘璧如。1947 年秋，查济民去香港创办中国染厂，并任主席；20 世纪 60 年代，又去非洲加纳等国发展纺织业，成为国际著名的“非洲纺织大王”。

20 世纪 80 年代，在香港特别行政区基本法起草委员会会议上，查济民与金庸提出了“香港政制过渡应实行循序渐进的民主选举的‘主流方案’”，即“双查方案”。

母亲徐禄与金庸

2006年，我写《陈家洛：由私生子到世家子》，指出在《书剑恩仇录》最早的版本中，陈家洛的母亲叫作徐惠禄，而金庸自己的母亲叫作徐禄，金庸很可能是以自己母亲的名字，为第一部小说主人公的母亲命名，寄寓怀念亡母之情。

后来傅国涌等人，也采信了我的此一猜测。

这里可以再补充一点证据。《书剑恩仇录》中陈家洛之母徐惠禄的“赠嫁丫环”名叫瑞芳，金庸2000年所写自传体散文《月云》中，“瑞英是少奶奶（重按：即金庸之母徐禄）的赠嫁丫头”。

“赠嫁丫环”当然就是“赠嫁丫头”，而“芳”与“英”都有“花”意，“瑞芳”其实就是“瑞英”，两个名字其实就是一个名字，陈家洛母亲的赠嫁丫环，几乎就是金庸母亲的赠嫁丫头。

严家炎问：“有人说郭靖形象中有您的影子，这可能吗？”金庸答：“作家其实都有折射自己的时候，都会在作品中留下某种烙印。”（严家炎《金庸答问录》）在金庸第一部小说《书剑恩仇录》中，金庸“折射自己”最深，也最明显。

金庸的母亲叫徐禄，陈家洛的母亲叫徐惠禄，多出的那个“惠”字，又很容易让人联想到母爱；金庸之母徐禄的赠嫁丫头名叫瑞英，陈家洛之母徐惠禄的赠嫁丫环名叫瑞芳，“英”与“芳”又是近义字；由此两端，便可看出金庸将自己的出身与情感“折射”到《书剑恩仇录》一书是如何之深了。

《书剑恩仇录》写陈家洛追思亡母，极是感人，其间自有作者本人的感情投注与流露。

金庸第一次修改旧作，徐惠禄的名字就已经不见了，陈家洛之母改名徐潮生。他并于小说最末一回正文中加写一注，说：“陈家洛之母姓徐名灿，字湘苹，世家之女，能诗词，才华敏赡，并非如本书中所云为贫家出身。”

徐湘苹女士确实是“陈阁老”的夫人，只是让金庸乱点了鸳鸯谱。徐湘苹的夫君不是陈世倌，是另一位海宁“陈阁老”陈之遴。陈其元在《庸闲斋笔记》中说起陈之遴、徐湘苹夫妇的一段韵事：“少保素庵相国（陈之遴）未第时，以丧偶故，薄游苏台，遇骤雨，入徐氏园中避之。凭栏观鱼，久而假寐。园主徐翁夜梦一龙卧栏上，见之，惊与梦合。询知为中丞之子，且孝廉也，遂以女字之，所谓湘苹夫人是也。夫人工诗词，精绘事，尝以从宦不获供奉吴太夫人甘旨，手画大士像五千四十有八幅，以祈姑寿。世争宝贵，圣祖曾取入内廷，宠以御题，尤为闺阁中荣事。”

徐禄逝世七年后，1945年，金庸在他第一次写而没写完的长篇小说《如花年华》中写道：“谈及了妈妈，两人间的距离又接近了一点，心灵上的距离也随着接近了一点，因为两个都是孩子啊！没有一个孩子不爱妈妈的。”

1999年，冰心辞世，金庸作诗悼念：

六十年前，我是诵读冰心阿姨那本毛边书页的小读者，
今天，小读者成了老读者，心中仍缓缓流过你书上的那些句子。
在蓝天下，碧海上，闪烁的星星下，大船的甲板上，
你母亲抱着你，你出了一身大汗，病好了。
我为你欣喜，感觉到了自己母亲的爱，
我也生过大病，妈妈也这样抱过我。
六十年来，在艰难困苦的时候，我时时想到你那些温馨的语句，
听说你病了，在医院里，大家送鲜花，送爱，送关怀给你，
可是没有你妈妈来抱你了，
于是你倦了，你去找妈妈了，投入她温暖的怀抱，
我们失去了你，但是你找到了亲爱的妈妈。
在蓝天下，星光下，在碧海上，你在妈妈的怀里，
带着我们千千万万小读者，大读者，老读者的爱。

此诗无题，登载于1999年3月30日的《文艺报》。3月22日，金庸致

信《文艺报》总编金坚范："我从不曾写过新诗，这次因为冰心逝世，忽然想到了她充满感情的文字，不由自主地写了出来。有修养的诗人看了，不免会偷笑，真是不好意思了。"

此诗既悼念冰心，同时也在追思亡母；寄寓了金庸六十年来对"冰心阿姨"的一片情，更有七十多年来金庸对母亲的那份孺慕之情。

2000年1月，"冰心文学摄影艺术展"在香港中华文化促进中心举行。揭幕礼上，金庸致辞：

> 我从小学三四年级就读冰心阿姨的《寄小读者》……我看后很感动，离开家乡上中学也一直把书带在身边……
>
> 冰心的诗和散文充满了爱，她写的主要是写母爱，一位大文学家写的不只是一个人的爱，而实际上是扩展至全人类；所以，她写母爱，每个人看都很感动。刚才那位小妹妹背诵冰心的《纸船》那首诗，我觉得很感动，想到自己的母亲（查先生说着禁不住潸然下泪）。
>
> 我想每个人都有这种感情，当看到大文学家怀念他亲人的时候，每个读者都会怀念自己的亲人。这种爱心永远感动我们（查先生说这段话，几度哽咽泪下）。（林翠芬《冰心爱的哲学永留人间》）

此刻，金庸明确说，读或听人读冰心诗，"想到自己的母亲"。

"冰心文学摄影艺术展"之前五年，1995年3月22日，金庸突发心脏病，幸抢救及时，才得脱险。一个人无论年龄多么高迈，当生死关头，第一时间几乎都会想到母亲的。侥幸未死之后，对母亲的思念也会比平常更深挚。

金庸在《月云》一文中，说"宜官"的母亲："瑞英是少奶奶（宜官的妈妈）的赠嫁丫头，她从小服侍小姐……小姐懦弱而疏懒，瑞英就帮小姐管家。"

后来金庸接受采访，又谈起："我母亲是个很正派的女人，她不会做坏事的，就是这样一种平平常常的影响。"

在金庸眼中，母亲"懦弱而疏懒"，父亲"人很好的"，但是"庸庸碌碌”。既不是严父慈母，也不是慈父严母，金庸的家庭，算是慈父慈母了。父母对金庸，都没有很严厉地加以管束，这对金庸喜欢“且自逍遥没人管”的个性的养成，不能说没有影响。

在《鲁豫有约》节目上，金庸谈过：“对孩子我完全不管，太太就非常不赞成，觉得我对待儿女太宽松了。我说儿女天生好就是好的，天生不好就是不好的，你管他没用。我女儿非常乖，在香港很好。两个儿子，大儿子过世了。他非常好，我没管过他，他很乖，功课又好，在哥伦比亚大学读书，是自己考进去的。但他受不起挫折，在美国跟他爱人吵架，就上吊自杀了。二儿子我也没教过他，他也不是不听话，就是念书不好。他总这样讲，说自己做事不好是因为我把DNA好的因子都拿去了，不给他留下一点。”

在“上海新世纪论坛”上，金庸说：“我相信好的孩子不用教，坏的孩子教不好。”金庸自己不是父母“管”出来的，父母对他几乎“完全不管”，而金庸对自己的材质与成就，还算满意，让他觉得“天生好就是好的”，于是将这种教育方式，复制到自己子女身上。假如金庸的父母对他“管”得很严，而他同样很有出息，那他可能就不会认为“你管他没用”，也会严管自己的子女。

金庸是“一捆矛盾”。有时他说话极是滑头，有时说话极是实诚。很多人写起文章来，都不肯呈现父母在自己心目中的真实形象，只一味说好话，金庸并不如此。

父亲开钱庄，经常架不住别人三句好话，就把欠款给免了，没赚到钱，反而亏本，金庸惩于父亲的教训，办报就非常注重“严控成本”。母亲有几分“懦弱而疏懒”，金庸自己就刚强而勤力。父母对金庸的影响其实都很大。

金庸肯于说出自己对父母的真实观感，不代表他对父母的感情就更浅。

1951年，金庸在香港得知父亲被杀的消息，几日几夜痛哭。他在《月云》中写道：“从山东来的军队打进了宜官的家乡，宜官的爸爸被判定是地主，欺压农民，处了死刑。宜官在香港哭了三天三晚，伤心了大半年。”他对记者郭宇宽也说过：“我父亲是一个和善的人，只是生在这样的家庭，继承了一份家业，没有做什么伤天害理的事情，当时听到他的事情，我很难受，在香港痛哭了很久，半年多才恢复过来。”

徐禄在金庸十五岁时就去世了。“要是妈妈还活在世上，我真不知有多爱她”，这是张无忌的，也是金庸的心声。

1962年12月到1968年，金庸在他的《明报》上开了一个“明窗小札”专栏，用笔名徐慧之，先后发表文章两千篇左右。查良镛这个笔名徐慧之，我感觉就像周树人所用笔名鲁迅一样，用的是母亲的姓氏。这是除金庸而外，他用过的最久的一个笔名了，寄寓了对母亲的思念感怀之情。

以母亲的姓氏为自己取笔名，还有张中行。刘德水回忆：“先生外祖家姓蓝，当年曾以母姓，取笔名‘蓝闻’，还求金禹民刻制一方‘蓝闻之印’。这是我买到《金禹民篆刻作品选》拿给先生看时，老人指着里面的印章亲口告诉我的。”

表哥徐志摩与金庸

《射雕英雄传》第一回说，“当晚（完颜洪烈与包惜弱）两人在硖石镇一家客店中宿歇”。七百年后，硖石镇上，住着《射雕英雄传》作者的一家亲戚。

说起金庸，人们往往想起、说起金庸母亲的堂侄、金庸的表哥，出生于硖石镇的徐志摩。

实则，徐志摩于金庸，并不如何重要。金庸自述如此：

我妈妈是他的姑母，他父亲比我妈妈年纪大得多，是我的老舅舅。徐志摩在山东坠机之后，在家里开丧。我爸爸辈分比他大，但他家里有钱有势，如果去吊丧，不免有谄谀之嫌，于是派我去。那时我只是个十岁左右的小孩，但他家里当我贵客那样隆重接待，我在灵位前跪拜后，舅舅徐申如（徐志摩父亲）向我一揖答谢。舅舅的孙儿（徐志摩的儿子）则磕头答谢。然后开了一桌酒席宴请。我一生之中，只有这一次经验，是一个人独自坐一张大桌子吃酒席……两个穿白袍的男仆在旁斟酒盛饭。那时我自然不会喝酒，只做样子假装喝半口酒，男仆马上把酒杯斟满。我不好意思多吃菜肴，只做过样子就告辞。舅舅送出大门，吩咐用自己家里的大船连同船夫、男仆送我回家，再向我爸爸、妈妈呈上礼物道谢……我和徐志摩的干系，到此为止。平时因年纪相差太远，我只和他的儿子做朋友。

"我和徐志摩的干系，到此为止。"金庸此言，大体属实。

2005年，金庸回忆说，自己的父母当时都是极力反对徐志摩停妻再娶的。"因此在亲戚之间，徐志摩不得人心，不获好评，大家也不与他后来的夫人陆小曼来往。"（田家明《剑桥观礼记》）

在徐志摩丧礼上，十岁左右的金庸，受到非常隆重的接待。"舅舅徐申如"所尊重的，不是一个十岁的小孩子，更是出于对堂妹徐禄的尊重，对妹婿查枢卿的尊重，尤其是对"文化世家"查氏一门的尊重。

那个年代的商人（还有政客），多数都是尊重文化，尊重文化人，尊重有文化传承的家族。

2007年，金庸正要到剑桥大学读书。之前在港接受央视《艺术人生》采访，朱军问他之所以选择剑桥是不是跟他表兄徐志摩有关，金庸答说："小的时候，受他的影响是有的，表哥在剑桥大学念书，爸爸说大了以后，你也去念。"表哥徐志摩对金庸的影响必是有的，只不过，没有某些人想象的那样夸张就是了。

或谓，金庸是对自己表哥徐志摩有偏见，很反感，这才把小说中的"表哥"，如慕容复、卫璧、汪啸风，写得形象很是不堪。徐志摩对金庸来说，哪有如此重要？

甚至，这些人把金庸的性别都给搞错了。诚然，金庸也说过，"作家其实都有折射自己的时候，都会在作品中留下某种烙印"，但是，金庸应该不会有“易装癖”，写《天龙八部》时，把自己“代入”王语嫣这一女性角色——这样他才可以将徐志摩“代入”王语嫣的表哥慕容复，以发泄不满。偶一为之也倒罢了，金庸在《倚天屠龙记》将自己“代入”朱九真姑娘，在《连城诀》又将自己“代入”水笙女士——这这这，玩笑开大了！

如果小说中段誉、令狐冲或郭靖等人有个“表哥”，被金庸写得很坏，由此联想到金庸的表哥徐志摩，多少还有点道理。可惜不是。

报纸上，还有人说：“很多人幼时都有一个被长辈们圈定为学习楷模的人，这个人通常会是表哥表姐堂弟堂妹或隔壁家的小明。对于金庸来说，徐志摩或许就是父母时刻鞭策要他看齐的那个榜样。久而久之，金庸心里自然产生了抵触情绪，对甚少接触的表哥徐志摩也有了反感之情。”这更是大开玩笑了。

这是把金庸设定为“学渣”，猜想其心理。问题是，金庸怎么可能是“学渣”？

金庸从小学到大学，课业成绩一直是第一名，不需要父母拿表哥徐志摩的光辉榜样来“鞭策”他。

徐志摩在北大读过书，金庸读的却是中央政治学校，不是金庸考不上北大。他当年已经考取了西南联大（由北大、清华、南开三校合组），因种种原因放弃了，而就读于中央政治学校。

徐志摩后又负笈剑桥，金庸也不是考不上剑桥，因日寇入侵，家道中落，父亲查枢卿已经供不起金庸出国留学了。

徐志摩名满天下，金庸有那么二三十年，却只是知名于港台及海外，那是大时代的原因，非金庸个人所能改变。

徐志摩代表“新文学”，金庸代表“旧文学”（章回体小说，是中国固有的文学形式）。

王国维、徐志摩、金庸，是这一百年中最知名的三位海宁人。一般认为，徐志摩写的是“雅文学”（或“纯文学”），金庸写的是“俗文学”，而在王国维看来，文学强分雅俗，是顶无聊的事。

怜我世人！和生、月云

金庸不写自传，只写过两篇自传性长文。一篇是1963年的《谈〈彷徨与抉择〉》，一篇是2000年发表在《收获》杂志的《月云》。

《飞狐外传》写在《雪山飞狐》之后，但"《飞狐外传》是《雪山飞狐》的'前传'，叙述胡斐过去的事迹"。与此类似，《谈〈彷徨与抉择〉》一文写作在前，谈及自己的少年、青年和中年时期的事；《月云》写作在后，是金庸晚年所写，写的却是他的童年。

《月云》开篇，是"一九三几年的冬天，江南的小镇"，"小学里响起了当啷、当啷的铃声"，要放学了！学生们向几位老师鞠躬告别，走出校门——

男工万盛等在校门口，见到宜官，大声叫："宜官！"笑着迎过去，接过宜官提着的皮书包，另一只手去拉他的手。宜官缩开手，不让他拉，快步跑在前面。万盛也加快脚步追了上去。

两人走过了一段石板路，过了石桥，转入泥路，便到了乡下。经过池塘边柳树时，万盛又去拉宜官的手，宜官仍是不让他拉。万盛说："少爷说的，到池塘边一定要拉住宜官的手。"宜官笑了，说："爸爸怕我跌落池塘吗？万盛，你去给我捉只小鸟，要两只。"

万盛点头，说："好的，不过现在没有，要过了年，到春天，老鸟才会孵小鸟。"

"鸟儿也过年吗？它们过年拜不拜菩萨？"

"鸟儿不会过年，它们唱歌给菩萨听。到了春天，天气暖和了，小鸟孵出来才不会冻死。"

两人说着走着，回到了家，万盛把宜官送到少奶奶跟前，表示平安交差，宜官叫声"姆妈！"就回自己房去，他挂念着他的八只白色瓷器小鹅。

"月云，月云！拿白鹅出来排队！"

这个“男工万盛”，是谁？

窃以为，“万盛”就是“和生”，就是金庸在《连城诀》后记中谈及的那个“和生”：

儿童时候，我浙江海宁袁花镇老家有个长工，名叫和生。他是残废的，是个驼子，然而只驼了右边的一半，形相特别显得古怪。虽说是长工，但并不做什么粗重工作，只是扫地、抹尘，以及接送孩子们上学堂。我哥哥的同学们见到了他就拍手唱歌……

那时候我总是拉着和生的手，叫那些大同学不要唱，有一次还为此哭了起来，所以和生向来对我特别好。下雪、下雨的日子，他总是抱了我上学，因为他的背脊驼了一半，不能背负。那时候他年纪已很老了，我爸爸、妈妈叫他不要抱，免得滑倒了两个人都摔交，但他一定要抱。

有一次，他病得很厉害，我到他的小房里去瞧他，拿些点心给他吃。他跟我说了他的身世。

读《连城诀》后记，可知当年接送金庸上学的，一直都是一个人，就是和生；读《月云》，也能感觉出来，男工万盛，也是长期（而不是偶尔）接送金庸上学。当年金庸一家，经济条件还好，但也没阔到可以安排两个佣仆轮流接送孩子上学的程度，所以和生和万盛其实是一个人。

金庸写《月云》时，刻意避开描写这位男工“驼了右边的一半，形相特别显得古怪”的特征，也没有叫他和生，但还是留下一个 sheng 的读音。

和生那次病得厉害，给金庸说了他的身世。和生的身世极惨，后来金庸以此为题材，写出《连城诀》。“和生跟我说的时候，以为他那次的病不会好了，连说带哭，也没有叮嘱我不可说出来。这件事一直藏在我心里。《连城诀》是在这件真事上发展出来的，纪念在我幼小时对我很亲切的一个老人”，我们回头再看《月云》，看宜官（金庸小名）与男工万盛二人的对话，也能感知，这位男工在金庸幼小时，对他是“很亲切”的，所以，万盛就是和生，二人其实是一人。

他（和生）说：“真是菩萨保佑，不到一年，老爷来做丹阳县正堂，他老人家救了我命。”……我祖父接任做丹阳知县后，就重行审讯狱中的每一个囚犯，得知了和生的冤屈。可是他刺人行凶，确是事实，也不便擅放。但如不放他，他在狱中日后一定会给人害死。我祖父辞官回家时，索性悄悄将他带来，就养在我家里……和生到底姓什么，我始终不知道，和生也不是他的真名。(《连城诀》后记）

“再世为人”，随查文清到了海宁，这个人就放弃了自己的姓氏，也再不用自己的真名，从此，他就叫“和生”。

和生这个名字，极有可能是金庸祖父查文清给他取的。查文清是士大夫，很不可能为了讨一个“和气生财”的好口彩，给他取这个名字。取名和生，是希望他尽量淡忘以往的冤屈和仇恨，以后的生活，更和平，更平和，更和气，尽量心平气和一点。

在金庸家里，和生确实更平和了，但是，“他常常一两天不说一句话”，往日的泼天冤枉、深仇大恨，创痛深巨，哪能完全遗忘？

我爸爸妈妈对他很客气，从来不差他做什么事。他在我家所做的工作，除了接送我上小学之外，平日就是到井边去挑几担井水，装满厨房中的几口七石缸。甚至过年时做年糕的米粉，家里也到外面去雇了人来磨，不请和生磨。(《连城诀》后记）

金庸的父母，对和生如此，因为怜他年老，怜他残疾，怜他一生太苦！

他是江苏丹阳人，家里开一家小豆腐店，父母替他跟邻居一个美貌的姑娘对了亲。家里积蓄了几年，就要给他完婚了。这年十二月，一家财主叫他去磨做年糕的米粉……

……这天他收了工，已经很晚了，正要回家，财主家里许多人叫了起来："有贼！"有人叫他到花园里去帮同捉贼。他一奔进花园，就给人几棍子打倒，说他是"贼骨头"，好几个人用棍子打得他遍体鳞伤，还打断了几根肋骨，他的半边驼就是这样造成的。他头上吃了几棍，昏晕了过去，醒转来时，身边有许多金银首饰，说是从他身上搜出来的……于是将他送进知县衙门。贼赃俱在，他也分辩不来，给打了几十板，收进了监牢。

……他给关了两年多才放出来。在这段时期中，他父亲、母亲都气死了，他的未婚妻给财主少爷娶了去做继室。

他从牢里出来之后，知道这一切都是那财主少爷陷害。有一天在街上撞到，他取出一直藏在身边的尖刀，在那财主少爷身上刺了几刀。他也不逃走，任由差役捉了去。那财主少爷只是受了重伤，却没有死。但财主家不断贿赂县官、师爷和狱卒，想将他在狱中害死，以免他出来后再寻仇。

金庸的父母，"过年时做年糕的米粉，家里也到外面去雇了人来磨，不请和生磨"，是怕引起他痛苦的记忆。即便和生本人为了给家里多做点事，主动要求担负磨米粉的工作（这几乎是必有的事），也不被允许。

金庸的父母，之所以对和生非常客气，可以参看《红楼梦》：

林之孝家的又笑道："这些时我听见二爷嘴里都换了字眼，赶着这几位大姑娘们竟叫起名字来。虽然在这屋里，到底是老太太，太太的人，还该嘴里尊重些才是……怕以后兄弟侄儿照样，便惹人笑话，说这家子的人眼里没有长辈。"

宝玉笑道："妈妈说的是。我原不过是一时半刻的。"……林之孝家的笑道："这才好呢，这才是读书知礼的。越自己谦逊，越尊重，别说是三五代的陈人，现从老太太，太太屋里拨过来的，便是老太太，太太屋里的猫儿狗儿，轻易也伤他不的。这才是受过调教的公子行事。"（《红楼梦》第六十三回）

和生是老太爷查文清用过的佣仆，金庸的父母，“眼里有长辈”，尊重父亲查文清，当然要一直尊重和生。

金庸出生不久，查文清就逝世了。祖父是怎样对待和生的，金庸没见到，见到了也没有记忆，但我们可以推想：查文清并不真正把和生当佣仆看待；怕引起和生的痛苦记忆，从查文清开始，查家就不让他给家里磨米粉；查文清对和生一直非常客气。

查文清是孔子之徒，宗仰的是儒家思想，“仁者爱人”，体现在每一细节中。

查文清做过丹阳知县，也可以称为“丹阳令”。千年以前，陶渊明做彭泽（县）令时，送给儿子一个长工，并附书叮嘱：“此亦人子也，可善遇之。”可以想见，查文清对家中所有佣仆，都很不错，皆能“善遇之”，而对待和生，尤其好，尤其客气。

> 胡斐道：“以怨报德，没良心啊，没良心！”袁紫衣道：“呸！还说于我有德呢，这叫做市恩，最坏的家伙才是如此。我问你，你怎知这两个家伙放火下毒，擒来给我？”这句话登时将胡斐问得语塞……袁紫衣道：“是么？所以我才不领你这个情呢。”（《飞狐外传》第六回）

> 那村女脸一沉，说道：“你帮我浇花，原来是为了要我指点途径，是不是？”胡斐心想：“我确是盼你指点道路，但帮你浇花，却纯是为了怜你瘦弱，这时再开口相求，反而变成有意的施恩市惠了。”……当即一笑，说道：“这些花真好看！”（《飞狐外传》第九回）

“施恩市惠”，“最坏的家伙才是如此”，非君子所为。

查文清待和生，是客人，不是用人。

因为对和生有救命的大恩德，似乎由此取得此人的“卖身契”，把他当普通佣仆对待，虽非“施恩市惠”，却有“挟恩图报”之嫌。“挟恩”与“市恩"，性质差不多。查文清这样的士大夫、君子儒，不能做这等事。

那一天，金庸随万盛（和生）回家了，见过母亲徐禄，就回自己房去，他挂念着他的八只白色瓷器小鹅，让月云"拿白鹅出来排队"。讲完白鹅的故事之后，《月云》一文，讲她更多的故事：

月云的妈妈全嫂说："少奶奶，我们苦人家……学云（月云）常常吃不饱……"宜官的妈妈叹气说："真是罪过……"

……穷苦的农民常将女儿卖或押给地主家或有钱人家做丫头……

……宜官接过筷子，吃了一条，再夹一条提起，对月云说："月云，伸出手来！"月云闪闪缩缩地伸了右手出来，左手拿过一根竹尺，递给宜官，眼中已有了泪水。宜官说："我不打你！"把烘得热烘烘的一条糖年糕放在月云伸出的右掌里，月云吓了一跳，"啊"的一声叫。宜官说："烫的，慢慢吃！"月云胆怯地望着宜官，见到他鼓励的神色，似信非信地把年糕送到嘴里，一条年糕塞满了她小嘴。她慢慢咀嚼，向身后门口偷偷瞧了瞧，怕给人见到。宜官说："好吃吗？吃了还有。"月云用力将年糕吞下肚去，脸上满是幸福满足的神色。她从来没吃过糖年糕，一生之中，连糖果也没吃过几粒。过去烘糖年糕给宜官吃，闻到甜香，只有偷偷的咽下唾液，不敢给人听到见到。

过了几天，全嫂抱着几个月大的小儿子，来看望女儿……月云抱了小弟弟，送妈妈出了大门，来到井栏边，月云不舍得妈妈，拉着全嫂的围裙，忽然哭了出来……呜咽着说："姆妈，我要同你回家去。"全嫂说："乖宝，不要哭，你已经押给人家了，爸爸拿了少爷的钱，已买了米大家吃下肚了，还不出钱了。你不可以回家去。"月云慢慢点头，仍是呜咽着说："姆妈，我要同你回家去，家里没米，以后我不吃饭好了。我睡在姆妈、爸爸脚头。"全嫂搂着女儿，爱怜横溢地轻轻抚摸她的头发，说道："乖宝别哭，我叫爸爸明天来看你。"月云点头，仍是拉着妈妈不放。全嫂又问："乖宝，宜官打你、骂你吗？"月云大力摇头，大声说："宜官给我吃糖年糕！"语气中有些得意。

宜官心里一怔："吃糖年糕有什么了不起？我天天都吃。"跑上前去，将摇鼓儿摇得咚咚的响，说道："月云，这个给小弟弟玩。"

月云接了过去，交在弟弟手里，依依不舍地瞧着母亲抱了弟弟终于慢慢走远。全嫂走得几步，便回头望望女儿。

月云这样生活悲惨的女孩子，太多了，如金庸所说，"千千万万的月云偶然吃到一条糖年糕就感激不尽，常常吃不饱饭，挨饿挨得面黄肌瘦"，金庸"想到时常常会掉眼泪"，认为"这样的生活必须改变"。

《谈〈彷徨与抉择〉》一文中，金庸写到1942年"第一次见到人间的惨事"，而月云的故事、和生的故事，可能是金庸生平第一次、第二次"听到"的"人间的惨事"。

在《连城诀》后记中，金庸只字不写自己听到"和生的故事"时所感受的震动，而"这件事一直藏在我心里"。1963年，金庸写了一部明显不可能讨读者喜欢的《连城诀》。

月云的悲惨故事，也一直藏在金庸心里。

徐禄1938年去世，两年后，查枢卿续娶顾秀英为妻。有传闻说，月云就是金庸的庶母顾秀英，其实不是的。2007年，金庸谈到：

那篇《月云》是我自传体的一篇短文，巴金先生的千金李小林女士数次约稿，我又向来佩服巴老，所以写了这篇文章向她主编的《收获》杂志投稿，作为一种文字因缘。《嘉兴日报》乘机发表了一段关于我身世的报道，完全是不负责任、无中生有的生安白造，说月云原名顾秀英，后来成为我的庶母。关于我生平的故事，造谣的报道甚多，本来，我既不对人谈自己的往事，别人自也无从知悉。乘着这机会，我在这里更正一下：我的庶母确叫顾秀英，年纪比我大十岁左右，是一位温柔而勇敢的女子，曾在我家做丫鬟，叫做兰英，因为做事负责，很得我父亲和母亲的信任，曾几次派她送我去母舅家做客，她照顾我很好，在我母亲去世后成为我的庶母。她照年龄在我家的丫鬟中排第三，至于月云则排第七，她的年纪和我差不多，一直到抗战时分别，她还没有能力照顾我，对我如同朋友一样，按年龄说，她决不可能做我庶母。现在我庶母已经去世，当时我很难过。月云如果仍在世，也有八十多岁了。（明河社《金庸散文》后记）

金庸一直喜欢巴金的小说，佩服巴金晚年所写《随想录》。《月云》中也谈到："知道是一个陌生人的'不老实'……于是安心了。拿起床边一本昨天没看完的小说来看，是巴金先生的小说……后来宜官慢慢大了，读了更多的巴金先生的小说……懂得了巴金先生书中的教导，要平等待人，对人要温柔亲善。"

金庸晚年对张艺谋和他的《英雄》大加挞伐："最不喜欢《英雄》，完全否定。《英雄》把历史上有名的暴君秦始皇拍成了这个样，和历史上的形象截然相反，欺骗观众，而且有为他洗身翻案的意思，把人的价值分几等，不尊重生命，这是一部拍得很荒唐的电影。"在金庸看来，《英雄》一片，不懂得人的生命都是平等的，不懂得"平等待人"，不懂得尊重生命。

巴金、金庸，一脉相承的，是作品中的人道主义精神。

爱屋及乌，因为感激巴金作品对自己的影响，李小林女士几次约稿，金庸不好不写点什么，2000年金庸终于写出《月云》，发表于《收获》。而此前十年，此后十年，他几乎不写文章。

此外，还有一个重要原因：月云的故事，一直藏在金庸心里，他需要倾诉。

宜官的学名叫良镛……笔名叫做"金庸"。金庸的小说写得并不好。不过他总是觉得，不应当欺压弱小，使得人家没有反抗能力而忍受极大的痛苦，所以他写武侠小说。

他正在写的时候，以后重读自己作品的时候，常常为书中人物的不幸而流泪……他知道这些都是假的，但世上有不少更加令人悲伤的真事，旁人有很多，自己也有不少。

幼年的金庸，当然想不到“怜我世人，忧患实多”这八个字，但他当时感受到的，应是相似的情绪。

金庸幼年听到的和生的故事，还有月云的故事，深深影响到他后来的文学创作。

韩愈说：“大凡物不得其平则鸣。”

连载版《雪山飞狐》中，引过李渔的《赠侠少年》：“结客四方知己遍，相逢先问有仇无。”李渔另一首《吴钩行》，亦极好：“把酒看吴钩，吴钩光陆离。不平事满眼，欲试宜先谁？”

金庸深切感受到，世间的“不平事”，太多了。“欺压弱小，使得人家没有反抗能力而忍受极大的痛苦”的事，太多了。

所以，他写武侠小说。

童年，在海宁潮声中

金庸很早就喜欢英国一本童话书——刘易斯·卡罗尔的《阿丽思漫游记》，中学时期还模仿着写过自己的《阿丽丝漫游记》。《阿丽思漫游记》结尾处，有一首短歌：

顺着流水跟着过——
恋着斜阳看着落——
人生如梦真不错。

这里选用的是赵元任的译文，书名译作“阿丽思漫游奇境记”。为与金庸《阿丽丝漫游记》明显区别，下文提到卡罗尔此书，便用赵元任译本之名。金庸小时候读到的，应是这个译本。

“顺着流水跟着过”，看着钱塘江的流水，听着海宁潮的潮声，金庸的童年，一点点，一步步，一声声，过去了。

幼年的金庸，有些浑浑噩噩，又有些敏感，有时是太敏感了些。

生在江南世家，山温水软，家境优裕。金庸的父亲母亲都是很和气的人，算是慈父慈母。

除了随父亲去讨债令金庸感觉窘辱，金庸与父亲日常相处，应该很不坏。

他们整个家族，彼此间的关系，似乎也还好。2005 年，金庸在《正直精神，永为激励——悼巴金先生》一文中谈到：“《家》中所写的高家，生活情调很像我们江南的，不过我家的伯父、堂兄们在家里常兴下围棋、唱昆曲、写大字、讲小说，《家》中高家的人却不大干这些事。”查氏家族，文化气氛浓郁。围棋、昆曲、书法、小说，是金庸自幼就接触、熟悉、耳濡目染的。

1956 年，金庸回忆：“小时候被人抱到街头看傀儡戏，猪八戒高老庄招亲，被新娘子大打耳光的情形，现在还记得清清楚楚。”（金庸《中国民间艺术漫谈》第 118 页）

《鹿鼎记》中说：

> 康熙笑道：“……明朝有个正德皇帝，那才叫奇了。”韦小宝道：“这个皇帝，奴才见过他好几次。”康熙奇道：“你见过他好几次？做梦么？”韦小宝道：“不是。奴才在戏台上见过的。有一出戏叫做《梅龙镇》，正德皇帝游江南，在梅龙镇上见到一个卖酒姑娘李凤姐，生得美貌，跟她勾勾搭搭。”（《鹿鼎记》第四十三回）

依照韦小宝的逻辑，童年的金庸，也见过一次另一位明朝皇帝，就是崇祯。金庸回忆：“我九岁那一年的旧历五月二十，在故乡海宁看龙王戏。看到一个戏子悲怆凄凉地演出，他披头散发地上吊而死，临死时把靴子甩脱了，直甩到了戏台竹棚的顶上。我从木牌子上写的戏名中，知道这出戏叫作

‘明末遗恨’。哥哥对我说，他是明朝的末代皇帝崇祯。当时我只觉得这皇帝有些可怜。”（金庸《袁崇焕评传》）

金庸在他第二部小说《碧血剑》，也写到了这个有些可怜的皇帝：“大树下吊着两人，随风摇晃。一人披发遮面，身穿白夹短蓝衣，玄色镶边，白棉绸背心，白绸裤，左脚赤裸，右脚着了绫袜与红色方头鞋。袁承志披开他头发一看，竟然便是崇祯皇帝。”

金庸没见过清朝的康熙皇帝，但他从小就看熟了康熙为海宁查氏家族题写的“唐宋以来巨族，江南有数人家”的对联，对康熙一直有好感。这份好感，催生了让韦小宝看到正德帝的《鹿鼎记》。

50年代中期，金庸在“三剑楼随笔”专栏发表《也谈对联》一文，谈到：“我从前在江南故乡时很爱听说书……”金庸听“说书”，应该是从童年就开始的。1966年，金庸发表《一个“讲故事人”的自白》，毫不羞惭地以“讲故事人”自居。而“说书”，就是“讲故事”。70年代，金庸修订《射雕英雄传》，在小说开头，加上了“张十五说书”的情节。“我国传统小说发源于说书，以说书作为引子，以示不忘本源之意。”金庸这句话，流露出“微讽”之意，讽刺某些小说家和学者也太“忘本”。

小说这种文体，本是出自民间，好处正在其“俗”。新文化运动之后，不少小说家，陡然觉得自己“雅”了起来，“雅”得不得了。在他们眼中，“讲故事”竟成了低贱的、见不得人的事。这种见识，真是可怜可哀可笑。

近代以前，无论在中国，还是西方，那些最伟大的史诗、小说、戏剧的作者，几乎都拥有同一个身份：讲故事（或编故事）的人。

“很爱听说书”，金庸和他最后一部作品的主人公韦小宝，正有同嗜。倪匡很可能是韦小宝这一人物形象的“原型”之一。金庸与倪匡，也有同好。《倪匡悼金庸“真正才子只有他”》写道：“倪匡坦言，跟金庸性格截然相反，只因兴趣相投。二人都是来自江南，同样欣赏弹词曲艺……”

可能是出于天性，金庸一直对中国民间文化极感兴趣。2007年，金庸回忆：

我小时候在家乡海宁袁花镇读小学的时候，我父亲给我买了好几本童谣集，那都是商务印书馆和中华书局出版的。童谣内容大都采自江南一带，说的主要是天气和农作之类，因为内容简单，又杂有婆媳、父女、娘舅之类家庭趣事，每一句都押了韵，读来琅琅上口，很容易记忆。事实上，我家乡也有很多的类似童谣，所以没有陌生的感觉。这是我最初的课外儿童读物……对于我，这也是温馨的回忆……童谣集的内容，和我的童年是平行的。（新世界出版社再版民国初年出版的《童谣大观》，金庸为此书作序《读〈童谣大观〉》）

金庸小时候似也喜猜谜语。香港儿童文学作家周蜜蜜问他“年轻人怎样可以增强想像力”，金庸答：“发展想像力——大概是天生的！……想像力是要从小培养比较好，让小孩子多猜谜语，多联想，可以帮助发展想像力。”（林翠芬《“浪漫主义也可表现人性！”——金庸谈小说创作心得》）很可能是金庸的经验之谈。金庸天生具有异于常人的想象力，而从小就喜欢猜谜语，亦大有助于其想象力之培养、飞扬。出于对谜语一贯的喜爱，1957年1月金庸才会在《大公报》“三剑楼随笔”专栏写出《谈谜语》一文，将中外种种谜语娓娓道来。

金庸小时候，也接触了西方文化，并且是最古老、最渊厚的西方文化[1]：“希腊史诗《伊里亚特》记述赫克托和亚契力斯绕城大战这一段中，描写众天神拿了天平来秤这两个英雄的命运，小时候我读到赫克托这一端沉了下去，天神们决定他必须战败而死，感到非常难过，‘那不公平！那不公平！’”（金庸《袁崇焕评传》）

20世纪90年代，金庸对池田大作回忆昔年：“每年春天的清明节和秋天的重阳节，父亲必定带我们兄弟上祠堂，见到任何人都相互拱手作揖。那

1 1960年，金庸在《关于武侠小说的几个问题——答复香港〈新生晚报〉一位读者》一文中说：“西洋文学的两大来源是希腊神话与基督教圣经。”

时我见到族中的白胡子老公公也向我们四五岁的小孩子拱手作揖，不由得心里暗暗好笑。”（《探求一个灿烂的世纪》第 84 页）

大约是 1914 年的腊月，十九岁的徐禄嫁进查家，先后生下良铿、良镛、良浩、良栋、良钰五子和良琇、良璇二女。按照当地习惯，家人叫良铿为大阿哥，良镛为小阿哥，叫良浩、良钰为大毛弟、小毛弟。

2003 年，金庸在“华山论剑”活动中说：“茅盾是我父亲的同班同学。”金庸大哥查良铿，则是冯其庸的老师。1995 年，金庸对严家炎说：“我哥哥也上新式学校，与冯其庸是同学。”这里，金庸记错、说错了。

查良铿生于 1916 年，冯其庸生于 1924 年，年龄相差这么大，二人同学的可能性本来就很小。冯其庸晚年回忆自己与查良铿的渊源：“当时我在无锡省立工业专科学校读高中一年级，回来听人说，青城中学请了一个姓查的老师，讲课很好。我听说这个信息，就专门去听课了……经常去看望他，跟他也非常投合，文史哲各方面，我们无所不谈。”（《风雨平生——冯其庸口述自传》第 352 页）

后来的故事，请查良铿的哲嗣查传统讲述：

我父亲赋闲在家。1952 年，一次我父亲外出，在乘火车时遇到了冯其庸，冯其庸当年与我父亲在无锡国专时，曾有过一段短暂的师生交往经历。冯其庸见了我父亲这位当年的老师，知道我父亲暂时没有工作，就介绍我父亲到江苏丹阳中学去教书。于是，正在为工作犯愁的父亲带着全家便来到了丹阳。到了 1956 年，父亲又从省丹中调到了六合县中学，我们全家也随之迁往六合。父亲先在县中教了几年高中，随后又转到了六合教师进修学校任教。父亲因身体一直都不大好，所以在“文革”前还不到六十岁时候，就提前办了病退。由此，倒是因祸得福，在“文革”当中父亲没有受到什么冲击。到 1988 年，父亲因病去世了，享年七十三岁。（查玉强电话采访查传统的记录）

有人造谣，说金庸祖父查文清在丹阳教案中所救一人的后人嫁给了查良铿。查传统曾函告查玉强兄："……胡编乱造，把我母亲说成是丹阳人，是那位被我曾祖放跑的罪犯的女儿。亏他想得出？我母亲是地地道道的海宁人。"

大哥查良铿对金庸很好，引导二弟读书；小阿哥金庸对几个弟妹也很好，常给他们讲故事。

金庸晚年对池田大作谈到："在中国人的伦理观念中，朋友之谊最初从兄弟开始。在一个较大的家庭中，一个婴儿生下来，除了父母之外，就会和哥哥、姊妹接触，中国古时要求家庭中'父慈、子孝、兄友、弟恭'。兄弟之间除了骨肉之情外，还有类似于朋友的情谊，我们说'友爱'，主要就是指兄弟之情。"（《探求一个灿烂的世纪》第 139 页）

金庸一家人，整个查氏家族，彼此感情很不坏的。

我小时候在一个大家庭中长大……堂兄、堂姐都比我年纪大很多，他们都喜欢读小说。我哥哥查良铿学习古典文学和新文学。在上海上大学，他花费不少钱买书，常常弄得饭钱也不够，受到我父亲严厉责备。他买的书有茅盾、鲁迅、巴金、老舍等人的著作。我家和各位伯父、堂兄、堂姐等人所拥有的书是互相流通的，大家借来借去。所以我在小学期间，读过的小说就已不少。我父亲、母亲见我一天到晚地看书，不喜欢游玩运动，身体衰弱，很是担忧，常带我到野外去放纸鸢、骑自行车，但我只敷衍了事地玩一下，又去读小说了。（《探求一个灿烂的世纪》第 85 页）

在另一场合，金庸又回忆说："从小我爸爸、妈妈就觉得我读书时间太多，老是让我出去外边玩玩，我爸爸就陪我去踩脚踏车。他们好意让我和他们一起去乡下玩玩儿，讲了几次。我还是喜欢自己看小说，比较有兴趣。我父母认为小孩子不喜欢玩不太好，常常鼓励我出去玩。我觉得出去玩反而就有些痛苦，我情愿在家里看书，就开心了。"

金庸性爱读书，只要有书读，就开心得很了。他们家读书的条件真是得天独厚。

《月云》中的“金庸”，已经在小学堂读书了：

小学里响起了当啷、当啷的铃声……课室里二三十个男女孩子嘻嘻哈哈的收拾了书包，奔跑到大堂上去排队。四位男老师、一位女老师走上讲台，也排成了一列。女老师二十来岁年纪，微笑着伸手拢了拢头发，坐到讲台右边一架风琴前面的凳上，揭开了琴盖，嘴角边还带着微笑。琴声响起，小学生们放开喉咙，唱了起来：

一天容易，夕阳又西下，

铃声报放学，欢天喜地各回家，

先生们，再会吧……

唱到这里，学生们一齐向台上鞠躬，台上的五位老师也都笑眯眯地鞠躬还礼。

小朋友，再会吧……

前面四排的学生转过身来，和后排的同学们同时鞠躬行礼，有的孩子还扮个滑稽的鬼脸，小男孩宜官伸了伸舌头。他排在前排，这时面向天井，确信台上的老师看不到他的顽皮样子……

说着走着，回到了家……他唱了起来：“小朋友，再会吧……哈哈，哈哈，咦！”

字里行间，可以感受到小学生金庸的幸福、开心、快乐。

第二章
学习时代（上）

新旧交替时代，金庸没读过私塾

1930 年，金庸七岁，始就读于村口巷里十七学堂，后转入袁花镇上的龙山学堂。

2001 年 5 月 26 日，金庸在南开大学文学院接受《中国青年报》记者专访，谈到："我不是上私塾，我一开始上的就是现代小学。"在我看来，金庸之所以特意强调这一点，盖因那是一个新旧混杂与交替的时代，送家中子弟上私塾，还是进"现代小学"，很能反映家中长辈在"新"与"旧"之间的态度。

金庸祖父查文清，生于 1849 年，是海宁查家最后一位进士。他的长子，也就是金庸的大伯父，考取了秀才。从年代上看，金庸的大伯不见得考不中举人与进士，但他要考的时候，科举取消了。1905 年 9 月 2 日，清廷发出上谕："自丙午科为始，所有乡会试一律停止，各省岁、科考试，亦即停止。"

科举取消后，有的家族仍特别重视族中子弟的传统文化教育，有些家族就特别不重视。重视子弟传统文化教育的世家，或者送子弟入私塾，或者亲身教诲之，或者延请宿儒来家教读。

杨宪益六七岁时，家里已经为他请了两位塾师，教得不好。后来总算请到一位优秀学者当他的老师，这位魏老师在杨家待了数年，先教杨宪益读儒家经典，接着又教他学习重要的古代作家的作品。魏老师爱好旧体诗，也教杨宪益写诗。(《杨宪益自传》第13页）几年时间，杨宪益已经背熟了四书、《楚辞》、《左传》、《古文观止》、《唐诗三百首》，到杨先生晚年，《论语》《左传》《离骚》等，还背得出来。（同上，第327页）杨宪益比金庸大九岁。

大体与金庸同龄的叶嘉莹女士，生于“燕京之旧家”，就没上过公立小学，而以姨母讲授《论语》开蒙。

比金庸小一二岁的王鼎钧，晚年对记者回忆说：“我读《三字经》、读《幼学琼林》的时候，坐在椅子上两腿悬空，站在八仙桌前面，仰起脸看不见书本上的字。接着读《论语》……十六岁以前读完《中庸》《大学》《孟子》《左传》《诗经》和一大部分《礼记》，并且以小和尚念经有口无心的方式读《易经》和《书经》。”（廖玉蕙《到纽约，走访捕蝶人——散文家王鼎钧先生访问记》）

周一良八岁入家塾读书，读了十年，然后才到北京求学。周先生说，那时有些“旧家”，为了让子弟在进“洋学堂”之前打下“旧学”和古文的根底，都重视私塾教育。不过，周先生生于1913年，比金庸年长十岁，他们不算同一时代的人。

周一良是周叔弢长子，下面还有六个弟弟、三个妹妹。二妹周与良后来嫁给金庸的堂兄查良铮，金庸应该称呼她“堂嫂”。周一良的弟弟、妹妹中，有些与金庸年龄相仿，是同一时代的人。他们像金庸一样，读的是“洋学堂”，但“家里仍然一直聘有给他们补习中国古典文献的老师”（周一良《毕竟是书生》第8页）。

金庸呢，既未读过私塾，家里也没给他聘请老师来补习“旧学”。

再看比金庸小一岁，算是“同龄”与“同侪”的梁羽生。梁先生自述：“我是小时候就由外祖父教我诗词的。”（梁羽生《笔花六照》第116页）金庸就没有这样的外祖父。作诗填词，是金庸三四十岁以后的事了。1978年，金庸在《天龙八部》后记中说：“曾学柏梁台体而写了四十句古体诗，作为《倚天屠龙记》的回目，在本书则学填了五首词作回目。作诗填词我是完全不会的……这些回目的诗词只是装饰而已，艺术价值相等于封面上的题签——初学者全无功力的习作。”2003 年，金庸补写《倚天屠龙记》后记，谈到：“本书的回目是模仿柏梁体一韵到底的七言诗四十句……我不擅诗词，古体诗写起来加倍困难，就当作是一次对诗词的学习了。”

金庸的家庭并不如何重视传统文化教育，不仅表现为让金庸进现代小学而不入私塾一事，我们也看不到金庸在正式上学之前家中有谁引导他学习中国古代经典的稍为可信的记述。

1995 年，严家炎问：“您幼年读过四书五经吗？何时开始接触诸子和佛家思想？”金庸回答：“我祖父是清朝进士，大伯父是清朝秀才。到二伯父，就进北京大学国文系念书。我父亲是祖父的小儿子，他上的是震旦大学。我哥哥也上新式学校，与冯其庸是同学。我自己小时候没有进塾读四书五经，一开始就念小学。传统文化除耳濡目染外，主要是我自己慢慢学的。佛经读得更晚。”

2004 年，金庸对《北京娱乐信报》记者说：“我受的是现代教育，四书五经我看过，那是在高中阶段和大学阶段我自己找来看的，现在还在学习、补课。”

那个时代，出身于文化世家，不必然就更“保守”，更重视传统。张爱玲说：“我姑姑我母亲更是绝口不提上一代。他们在思想上都受五四的影响，就连我父亲的保守性也是有选择性的。”（张爱玲《对照记》）似乎金庸的父辈，受“五四”的影响也并不小，并不肯强求家族下一代，苦苦研习古代典籍。

1956 年 12 月，金庸在“三剑楼随笔”专栏发表《圣诞节杂感》一文，回忆起：“我不是基督教徒，但对这个节日从小就有好感，有糖果蛋糕吃，又能得到礼物，那总是一件美事。”可见查枢卿一家比较“西化”。

海宁查氏虽是绵延数百年的文化世家，但对金庸兄弟们的传统文化教育并不如何重视。金庸在经史子集上面的幼功并不好。读大学时选的专业，也从来不是文史。金庸对文史发生兴趣，与幼年的“耳濡目染”（例如拿《海宁查氏诗钞》雕版当玩具、在母亲膝上听女性长辈背诵《红楼梦》诗词）不能无关，实际内容却都是后来他自己感兴趣，慢慢学来的。

金庸具备丰厚的文史知识，对古典中国有着深入的观察与感知，但他没受过基本的学术训练。借用晚清学者陈澧的说法，金庸之“学”，并非“专明一艺”的“博士之学”，而是“存其大体”的“士大夫之学”。

金庸的学问，不是“博士之学”，细节上有很多的误读与误记。例如，《神雕侠侣》第三十五回，堕泪碑前，一人说羊祜的名字跟他们恩公的名字“音同”，在旁偷听的黄蓉就想到了：“与‘羊祜’音同字不同，难道竟是‘杨过’？”羊祜之“祜”自古就读“户”，既不读“古”，也不读“过”，这一点似乎金庸一直不知道。考虑到他并非科班出身，学问都是“自己慢慢学的”，不知“祜”字读音（不是不知“祜”字涵义，也不是不了解羊祜其人），就不算是大问题。

金庸小说的老读者，学养极深的许倬云，也坦率承认：“高中之前，我没有上过正规的学校，所以我到现在也常念别字，因为没有老师教，我能理解那个字的意思，但这个字读什么，我常常是靠猜测。”（《许倬云 VS 河西：独立之精神，自由之思想》）

一堂历史课，影响金庸一生

在龙山学堂，一堂历史课上，历史老师讲到鸦片战争，朝廷如何糊涂无能，无数兵将英勇抗敌，但终因枪炮、军舰不及英国而惨遭杀害，突然情绪激动，掩面痛哭。金庸和小同学们也都跟着哭泣。金庸说：“这件事在我心中永远不忘。”（《探求一个灿烂的世纪》第 13—14 页）

比金庸小一岁的王鼎钧，晚年写回忆录，还记得上小学时，“历史老师痛述近百年国耻记录，全班学生因羞愤而伏案痛哭”（王鼎钧《昨天的云》第 41 页）。

王鼎钧、金庸两位，竟是同班同学？

其实不是。

一个在山东兰陵，一个在浙江海宁，暌隔千里。

柏杨认为："很多武侠小说作者，都只为钱而写。只金庸先生别有怀抱，他运用熟练的历史背景对暴政下被迫害的农民，和暴政蹂躏下的人权和生命，充满了爱心和不平，对那些贪官酷吏卖国贼，则痛恨入骨。尤其值得注意的是，金庸先生笔下的民族大义，澎湃如潮。"（柏杨《武侠的突破》）柏杨并不是说，像那些高雅的"纯文学作家"一样，金庸跟钱有仇，写作从来不想赚钱，金庸只是不"只"为钱而写，更"别有怀抱"。

傅国涌在《金庸传》中，引用过柏杨这段话。接着，傅先生断言："这只是柏杨的解读，并不是金庸的初衷。"（傅国涌《金庸传》第382页）我不敢断言这一定就是金庸初衷，但很好奇，傅先生如何判断并确定这不是金庸的"初衷"？看傅先生的前文，似乎提供了答案：金庸一直不讳言自己的写作含有商业动机。

写作中夹杂商业动机，并不意味着作者不可以同时有着其他高尚情怀，例如人道、热爱本民族等等。一个人做一件事，其"初衷"未必就是非此即彼，只有一种。

以写作为赚钱的手段并不可耻，一样可以写出优秀的乃至伟大的作品来。有些文化人真是"高雅"，见不得文学艺术与"商业"有一丝一毫的沾染。也不过是有着七情六欲的普通人罢了，扮那份"清高"，唱这样"高调"，有什么意思？

柏杨比金庸大四岁，之所以"尤其注意"金庸笔下的"民族大义"，因为柏杨也上过同样一节历史课。《柏杨回忆录》第四章"上小学的日子"，写道："我最深刻的记忆是，当老师在课堂上告诉大家，日本军队侵略中国国土、屠杀中国人民时，全班小孩随着老师的嘶哑声音，哭成一团。当时老师用'千钧一发'这个成语，形容中国命运……我和小朋友们紧张得小身体都浑身淌汗，第一次为国家付出重重忧心。"（《柏杨回忆录》第17—18页）

1994年4月中下旬，金庸应企业界组织的演讲邀请，赴台一周。其间，金庸与柏杨见过面，也会见了蒋纬国。金庸后来回忆："那时候蒋纬国生病很厉害，我去看他。我就跟蒋纬国讲：陈水扁在搞‘台独’，你一定要反对‘台独’。他说：查先生，我现在每天都在反‘台独’，他（陈水扁）讲‘台独’，我就骂他。我最反对‘台独’了，我们中国人为什么要搞‘台独’呢？”（李怀宇《访问时代》第41页）

金庸与蒋纬国私交颇好，有很多的共同语言，部分原因，我想是他二人遇到过相似的历史老师，上过相似的一堂历史课。蒋纬国自述：“记忆里，小学上史地课，授课的张老师每次一说到战争、割地、赔款就捶胸顿足，常常我们所有同学也跟着哭，跟着愤恨不平！”（《蒋纬国外传》第29页）

金庸在香港特别行政区基本法起草委员会中所起的作用，金庸在台湾问题上的立场，金庸在小说中、在《明报》社评中所透露的民族主义情绪，这一切，背后都有小学时那堂历史课的影响。这堂历史课映射出的国家危亡的险境，影响了金庸，也影响了那一代很多人的一生。

1959年，金庸在他刚办起的《明报》上发表社评，说：“首先声明，本报乃民族主义者，对中国人之利益，几乎都勿肯牺牲。如美国人损害中国，本报反对美国；如苏联人损害中国，本报反对苏联。”一个民族主义者，金庸很早就是了。

记住《明报》社评中的这句话，才能理解金庸生平的许多言行，理解他的小说。

1999年10月26日，“新闻业机制改革与经营管理”研讨会在浙江大学召开，金庸作了题为“两种社会中的新闻工作”的长篇发言：“……解放军负责保卫国家人民，我们新闻工作者的首要任务同解放军一样，也是听党与政府的指挥，团结全国人民，负责保卫国家人民。我们跟随党的政策，不是甘心做党的工具，受它利用，丧失做一个诚实的新闻工作者的良心与立场，而是尽一个爱国公民的职责，保卫国家，不受外国的颠覆和侵略……我们传播媒介，如同军队、工农业一样，要为这个大战略目标服务，要遵从中央的统一指挥，各自尽力。”

《新闻记者》月刊全文刊载时加了个“编者按”：“他结合亲身经历，生动而又风趣地阐述了对新闻传媒作为政党‘喉舌’与‘工具’的理解，并用大量事实痛斥了西方所鼓吹的‘新闻自由’‘人权大于主权’的极端荒谬性，他还谈及了提高报人素质和办好新闻教育问题。这次谈话所涉及的观点，出自一位长期生活在香港的老报人之口，在与会者中引起了热烈反响。”

我从不认为金庸此举意在讨好谁。金庸说出这话的五个月前，5 月 8 日，中国驻南联盟大使馆被炸。金庸在西湖谈话中，也提及此事：“不久之前，以美国为首的北大西洋公约军事力量，悍然以导弹轰炸我国驻南斯拉夫大使馆，公然进行挑衅。”当此际，小学时那堂历史课，还有祖父身历的丹阳教案让金庸记住的“外国人欺负中国人”，一瞬间，都会涌上金庸心头，才有这样的反应，这一番讲话。

金庸的所言所行，并不因这堂历史课而变得更错误或更正确，但是，至少我们总应给予一点“同情的理解”。

1997 年，温迪雅访问金庸，在《采访札记》中说：“在我们的谈话中，虽然涉及的内容方方面面，可我能够感受的是隐隐作痛的民族主义情绪。这种感觉从少年的金庸开始，一直延续到今天。”（《温迪雅访谈》第 131 页）

温迪雅说：“看了您和池田大作先生的对话，我觉得您是一个有着强烈的民族主义精神的人。”金庸说：“我从小一直到现在，这种感情不大表露，可心中是很强烈的。”（《温迪雅访谈》第 144 页）

2007 年，记者问：“您承认自己是个民族主义者吗？”金庸答：“从我的作品里面确实体现了这种思想。”（窦丰昌、邱瑞贤、杜安娜《金庸：在江湖中寄托政治情怀》）

“可怜虫”与“独裁者”

在龙山学堂，金庸遇到了班主任兼国文老师陈未冬。这位陈老师，对金庸影响很大。金庸晚年对池田大作谈起自己生平遇到的几位“恩师”，第一位就是陈未冬先生。

陈未冬自传《我的故事》说："当时，查良镛也在本校就读，是五年级成绩最佳的学生。他听课、做事都很认真，特别是作文写得好，我对他的每篇作文都细加圈点、认真批改，作为范文在课堂上评析。我曾把他的作文本交给诸暨民报社的骆文华，他看后也认为很不错，还选了几篇在《诸暨民报》上刊登了。"

陈老师一直记得金庸这个学生，甚至把他的一本作文本保存在诸暨老家，直到"文革"期间，造反派多次抄家，作文本在劫难逃，化为灰烬。

1988 年，金庸给老师写信，谈到："当时老师在一黑色硬面蓝条簿上书写杂感，常以示生。我记得有文记叙校长张志鸿先生赴海宁县教育局追讨教师欠薪不得之情，老师自称为'可怜虫'云云，迄今印象深刻。"

金庸只说对此事"印象深刻"，他当时的感想究竟为何，却不曾说起。

不妨一猜。

我猜，金庸当年的感想，很可能是自己长大了，可不要做这样的"可怜虫"，说句套话，就是"薄教书匠而不为"！

很久很久以前，有枭雄桓温，读《高士传》，到於陵仲子的故事，将书掷下，说道："谁能作此溪刻自处！"溪刻即刻薄、苛刻。

金庸曾表示，如果有两个选择摆在面前，一个是坐牢十年，但可以自由读书；另一个是拥有自由，但不可以读书，他宁愿选择前者。查考金庸的一生，他对文化、对文学的沉迷痴恋，不逊于任何人，是真正的、纯粹的"读书种子"。但是，再看他的前半生，几乎从来看不出他有做纯粹的文人或学者的打算，他不肯这样刻薄自己。

金庸不会瞧不起他的陈老师，当然更不会鄙薄书斋中的文人与学者。他所阅读、所推崇的近代中外文学、史学著作，多数出于书斋与讲坛。他所交往、所尊重的牟宗三、饶宗颐诸先生，也都是书斋中的大学问家。金庸只是不甘心自己也这样罢了。"那都是很好很好的，可是我偏不喜欢。"挪用《白马啸西风》中李文秀女士的名言来描述金庸的态度，不怎么合适，却也不是完全不合适。

金庸很小的时候就有从政的抱负。

给陈老师的信中，金庸也回忆起小学时的自己，“年少顽皮，自封为‘独裁者’，老师颇加优容，此时思之，既感亦复汗颜”。

金庸自称小时候就对古希腊罗马有兴趣。这“独裁者”，可能指的是古罗马的“独裁官”，是“政治人物”，而且是一国最高的“政治人物”。小学时代的金庸自封为“独裁者”，他在政治上的企图心，可能只是在不经意间流露出来。

金庸先要从政，而终于从商。

1950 年，金庸到北京的外交部求职，失意而回。仕途既绝望，几年后，他又与同学沈宝新合作，办起了文化产业，逐步发展为庞大的明报集团。

据在《明报》工作过的一些人“揭发”，金庸办报，的确很有“独裁者”作风。

金庸的“报人生涯”，亦肇始于龙山学堂，多受陈未冬老师栽培。这一点，金庸在给陈老师的信中也提到了：“老师命生主编（五年级）级刊《喔喔啼》，数十年来编报，老师之指点，固无时或忘也。”这应该不是客套话。金庸编辑《明报》和管理《明报》事业的数十年间，确是感到小学时期的编辑经验与训练于己大有裨益。

1993 年 12 月 31 日，金庸辞去明报集团名誉主席职位，算是彻底退出《明报》。至少在此之前，看不出那么热爱文化的金庸，有打算做“纯文人”的丝毫迹象。

2005 年，有记者问：“您说自己晚年的心愿是做一名学者，但是你在年轻的时候第一选择是从政做外交官，后来您做了一名记者，办了一份报纸，为什么会有这样的变化？”金庸“悍然”答道：“因为记者、政治家、作家没有真正的快乐啊，我现在的想法觉得自己学问太差，如果照我自己意思，最好小说也不写，从大学开始就专门研究历史，研究外国文学，那么到现在大概跟其他大学教授的学问差不多了……我花那么多时间写小说娱乐别人，自己却没什么好处的，办报纸给人家看，自己没什么好处的，而做学问是自己得益的，可以有快乐的……”

金庸凭借他的小说、报业，获得财富、名声，种种莫大“好处”。“自己却没什么好处”云云，不是睁着眼说瞎话吗？

古人所谓的“为己之学”，追求的是在学问品德上继长增高，而与虚名、财货无涉。

金庸说“做学问是自己得益的，可以有快乐的”，这份“快乐”，略似宋儒周敦颐所心许的“孔颜乐处”：“饭疏食饮水，曲肱而枕之，乐亦在其中矣。”“一箪食，一瓢饮，在陋巷，人不堪其忧，回也不改其乐。”

问题在于，以金庸的个性，能做到这些吗？

“从大学开始就专门研究历史，研究外国文学”，为此，板凳须坐十年冷啊！金庸又哪是肯于皓首穷经之人？仍是今生的性格，却带着今天的觉悟，让金庸再活一世，他会坚定地走向纯学术的道路吗？不管你们信不信，我是不信的。

人心苦不知足。做不到的事，未免心有余憾。闲时想想，也倒罢了。说出来，就很没意思了。无论是谁，皆不宜奢望得到整个世界。“地下东南，天高西北，天地尚无完体。”这样的道理，金庸本人居然忘记？

1967 年，金庸劝胡菊人接编《明报月刊》：“菊人兄，你到外国读书，准备将来做教授，这种想法当然没有错，但你想想，说到尽文化工作者的责任，说到在文化上所能发挥的影响力，就算你在大学里当一个学院的院长，也未必及得上一个像《明报月刊》这样的杂志呀！”同样的道理，晚年的金庸忘了劝说自己。

金庸是真正的“读书种子”

金庸真是很矛盾的一个人。一方面，他从十几岁开始，就不满足于做纯粹的文人学者，先是有意从政，后来终于从商；另一方面，金庸又是天生的读书种子，对文化有着超乎常人的热爱、执着，从幼年到晚年，一向如此。

金庸晚年时，回忆起自己的幼年：“我觉得出去玩反而就有些痛苦，我情愿在家里看书，就开心了。”父母让他出去玩，怕读书太多影响健康。在衢州中学读书时，金庸从学校图书馆借书，三日一叠，五日一包，课余之暇，手不释卷，午睡时也不休息。有一天，班主任老师不由得开口训道：“看起书来，命都不要了。不顾健康，这样下去，你会后悔莫及的。”老师如父母，关心的也是金庸的身体健康。

好在读书并未影响金庸的健康与寿命。天才人物，往往聪明过人，精力亦过人。

衢州中学同学王浩然回忆：“中学时代，良镛除了上课、吃饭、睡觉，给人的印象总是一卷在握，安心阅读，什么事都不能让他分心。乱世飘零，情绪很容易急躁，没有几分定力的人，真做不到这一点。”（王浩然《金庸少年行》）

同学余兆文说眼中的少年金庸：

和孔夫子不同，他是有“学”无类，不光书本，有字的纸片他都爱看。上厕所，拿张旧报，拾张信纸，或者撕页破书，只要上面有字，不论铅印、油印的、手写的、文章不错的、狗屁不通的，他都要过一下目，方肯丢掉。他的脑子好象牛的反刍的胃，什么东西他都会消化吸收……一本威尔斯的《未来世界》，他站在书架旁边翻翻，半个钟头以后，走出书店。就能告诉我这本书的主要内容。古人说的“一目十行”，是不可能的。可他看书至少比我要快十倍，毫不夸张。

……在衢州，我们常常被邀请到同学家里去做客。金庸访友做客总是改不了他那独有的积重难返的老习惯。他每次一走进大门，便立刻在这个人家的书架、书桌等放书的地方踅来踅去，一双手忙着在书堆里抽抽插插倒腾起来。主人把瓜果茶点端出来了，他却依然我行我素、专心致志翻阅他最关心的本本册册，一直要等到把这里的书架书橱统统搜索了一遍，他才老老实实安心走到桌边坐下来。

这时，倘使有人问他这个屋里有些什么书，他准能把这里所有的，不论新书还是古籍，正确无误如数家珍地随口说出……如果这个东道人家委实没有什么新书可读。那他只能等而下之，将就把那些几乎家家都有而他却早已读熟的《三国》《水浒》《红楼梦》之类再翻看一遍，又炒一次冷饭，似乎也不嫌腻。（余兆文《忆金庸的爱好》）

金庸喜欢民歌，1945 年他在湘西，“当地汉人苗人没一个不会唱歌……听他们你歌我和地唱着，我就用铅笔一首首的记录下来，一共记了厚厚的三大册，总数有一千多首”，没有几个文学或民歌爱好者能做到这份上，肯下这样的笨功夫。

1946 年，金庸读到汤因比著作，当时的感受，如此强烈：“我如能受汤恩比博士之教，做他的学生，此后一生即使贫困潦倒、颠沛困苦，甚至最后在街头倒毙，那也是幸福满足的一生。”现在报考历史系的年轻人，对史学狂热到这种程度的，也不多吧？

金庸《读书心得》说：“除了空气、饮水、吃饭、睡觉之外，读书之于我，是‘人生中最最重要的事’。”

1999 年，《明报月刊》创刊三十三周年，金庸为之题写贺词：“万事不如书在手，一生常见月当头。”

2000年，金庸在中国文化书院演讲，说：“我自己一生最大兴趣是读书，除了读书没什么嗜好。现在每天要读大概四五个小时。人生最大的快乐就是读书。”（《侠坛巨擘》第 40 页）

2007 年，金庸接受央视《艺术人生》节目访问。记者问：“如果有十年时间让您重新选择生活，您怎么选择？”金庸答复说：“如果这十年中，一种是让我坐牢，但是给我书看；另一种我有自由，但是不让我读书，我选择第一种——在牢中读书。”

《基督山伯爵》主人公，在狱中，从法利亚长老读书十四年。狱中并无实体书可读，他读的是长老记在心里的书。

契诃夫小说《打赌》中，年轻律师和银行家打赌，自愿在监禁中度过十五年，就可以赢得二百万卢布的赌注。监禁中的律师，不断读书，“十五年来，我潜心研究人间的生活。的确，我看不见天地和人们，但在你们的书里我喝着香醇的美酒，我唱歌，在树林里追逐鹿群和野猪，和女人谈情说爱……你们的书给了我智慧。不倦的人类思想千百年来所创造的一切，如今浓缩成一团，藏在我的头颅里。”

大仲马、契诃夫，都是金庸喜爱的小说家。金庸想到谈到“愿意在监牢中读书十年”，可能受此二人影响。

金庸给自己定下的日程，是每天读书不少于四个小时。几十年以来，他做到了。不管事务多么烦冗，人有多忙，金庸每日坚持读书，从未间断。

四小时，是金庸的最低标准。倪匡听沈宝新说，金庸青年时，“每天规定自己要看十小时书，而且是认真地看，一天到晚，只见他关在书房里看书”（倪匡《金庸一二三》）。

金庸晚年常说：“只要有书读，做人就幸福。”对文化的执着、痴恋，在金庸，是一以贯之的。

大家都说，因为金庸的家庭出身与早年经历，他要是从政的话，铁定没有前途。我认为，这样的判断，太武断。1950 年金庸要是留在北京，不是完全没机会的。

金庸不是不可能做大官的，不过，免不了要像《笑傲江湖》写到的“那些热衷于政治和权力的人”一样，“受到心中权力欲的驱策，身不由己，去做许许多多违背自己良心的事，其实都是很可怜的”（《笑傲江湖》后记）。

金庸不是“禄蠹”，不是一心只想做官，主要还是想为国家做点事情。如果只为做官而欲从政的话，金庸就不会离开北京了。

金庸爱读书的天性，想来不会因从政而泯灭。不过，一边当官，一边写小说，这在世界各国都是很稀罕的事。

金庸1950年北上求职受挫，对他自己来说，是很幸运的事；对中国文化的发展而言，尤其是太幸运的事。

这一年，金庸离开北京，回返香江，当他的记者，编他的剧本，写他的小说。

1959年，金庸脱离香港左翼文化圈子，写他的小说，办他的《明报》、月刊、周刊，经营他的出版社。

从1950年以来，六十年间，金庸须臾未离文化事业，"造次必于是，颠沛必于是"，成名必于是，发财必于是。一生心力，尽瘁于此。

1966年，金庸创办《明报月刊》，完全不以营利为目的，是要"保藏中国文化中值得宝爱的东西"，这是为了"文化"；1991年，金庸将《明报》出售给出价不是很高的"智才公司"，少赚了两三亿，金庸解释说："我应当努力做对《明报》最有利的事。""我确信这事业对社会有益，希望它今后能长期存在，继续发展，对大众做出贡献。"说到底，还是为了"文化"。

金庸不满足于做纯粹的文人学者，所以要经营自己的事业，而他的事业，永远与文化相关。金庸离开《大公报》，自办《明报》，算是熟门熟路，但等明报集团的经济基础已经很稳固了，金庸也还心无旁骛，没去经营文化以外的其他事业（金庸所办翠明假期旅行社，也能跟徐霞客扯上关系，仍算文化事业）。

金庸当然天分极高，是天才人物（黄永玉眼中二十几岁还没开始写小说的金庸，"脑子真是好"，"他那种神奇的能力你很难想象"），但缺了对文化如此的热爱与坚守，金庸小说和他的《明报》都达不到那样的高度。

陈平原敬佩金庸的，"不仅是学识渊博，更包括极为强烈的求知欲望"。陈先生曾亲闻亲见金庸"眉飞色舞地谈论'考博'及'读博'的经历，那种投入感与幸福感"，让他深深感动。

金庸晚年到剑桥读书，虽有因被批评"学问不好"而激于意气的成分，但他主要目的应当不是拿个博士学位唬人，他是真的爱读书、好学问。金庸逝世，老友董桥撰文致悼，谈到："金庸先生一生读书，晚年还去英国读博士，那是他的抱负他的心愿。”

金庸为朗声新修版《金庸作品集》题词：“孔子曰：‘知之者不如好之者，好之者不如乐之者。’诚哉斯言。请从读书求赏心乐事。”正因为金庸以读书为最大乐事，才有陈先生眼中这样的金庸：“‘博雅’与‘通达’，乃传统中国读书人的最大特征。在这方面，大学里专治文史的名教授，也都不见得能在查先生面前昂首阔步。”（陈平原《金庸比许多新文学家更像中国“读书人”》）

表哥徐志摩与淫贼云中鹤

近年来，一种说法传播极广，道是徐志摩有个笔名叫云中鹤，金庸写《天龙八部》时把这名字用在了四大恶人中排最末的那个淫贼身上。

金庸确实有个表哥叫徐志摩，徐志摩确实用过一个笔名叫云中鹤，金庸小说《天龙八部》中的头号淫贼确实也叫云中鹤。金庸当真是取表哥徐志摩的笔名，为他笔下的江湖头号淫贼、天下第四恶人命名？

金庸的长辈，一面，可能因为有徐志摩这样享大名的姻亲而自豪，另一面，很可能他们更把徐志摩当成反面教材，教育金庸和他的兄弟们，可不要像这徐家大少爷一样，身为有妇之夫，追求有夫之妇，以致声名受损，英年早逝。

假如金庸受过这样的教育，这教育也完全失败了。在写《天龙八部》之前十几年，金庸重蹈表哥覆辙，身为有妇之夫，追求有夫之妇——夏梦。还不成功！金庸真要把徐志摩视为“淫贼”，那……

金庸要是早出生十几年，又爱好新诗，他还可能从新出版的刊物上猜出那个云中鹤就是表哥徐志摩；金庸要是晚出生几十年，就会从选修或必修的《现代文学史》课程中知道徐志摩用过一个笔名，叫作云中鹤。这三个字，放在徐志摩那一堆笔名中，实是亮眼得很，令人印象深刻。

金庸的堂哥发表诗作，从来不用查良铮的本名，他又只用过一个笔名——穆旦（最早写作慕旦，发表译作时还用过一个笔名梁真）。但凡对这位诗人稍有关注，就知道穆旦就是查良铮，查良铮就是穆旦。

金庸的表哥，与金庸的堂哥，可是不一样。

我家中收存的是广西民族出版社 1991 年印行的《徐志摩全集》，编者是赵遐秋、曾庆瑞、潘百生三位。书中各篇文字都注明了该文最早发表的报刊以及作者的署名。《徐志摩全集》最末的第五卷，收录徐志摩的书信、日记，不可能使用笔名。只看前四卷，总数约六百篇各类文字，绝大多数是以本名徐志摩或志摩在报刊上发表的；用笔名发表的，约二十篇。就这二十篇左右的诗文，徐志摩也不是只用一个笔名，他用了十多个笔名。

笔名云中鹤，徐志摩生平用过几次？

只得一次。

徐志摩在世，一万多天；把自己称为云中鹤，只有一天。1924 年 11 月 2 日，志摩的诗《一个噩梦》，发表于《晨报副刊》，署名云中鹤。

也许，徐志摩早有预感，四十年后他表弟查良镛会写一部小说《天龙八部》，将把徐志摩正要用的这个笔名栽到一个淫贼头上？对这样的前景，徐志摩绝望透顶，挥泪写下这首题为“噩梦”的诗，特意为他不熟识的将来要写小说的表弟，署上这云中鹤的笔名。

如果徐志摩尚不具备这样的“特异功能”，那么，可以确信，金庸 1946 年读结集的徐志摩诗的时候，压根儿不知道表哥用过笔名云中鹤；金庸 1964 年写《天龙八部》的时候，完全可能不晓得徐志摩有笔名云中鹤。

金庸逝世之前是否已知他笔下的淫贼与表哥的笔名重名，我都表示极大的怀疑。除非有好事者把这逸闻趣事告知金庸，否则，以金庸对“西洋化”过甚的中国现代“新文学”的不认同，他没有主动搜读各类《中国现代文学史》的兴趣。

查良铮与穆旦，两个名字，几乎是完全对应的。徐志摩这个人，却同时对应着像云中鹤这样的十多个笔名。

问题是，云中鹤这个名字，是否只能对应、指向徐志摩这一个人？

如果徐志摩是第一个、唯一一个将“云中鹤”这三个汉字捏合在一起的人，我上面说的那些，都成废话。淫贼云中鹤的名字用的就是徐志摩的笔名，就算不能把这做成铁案，金庸也永远洗不清这样的嫌疑。

在徐志摩、金庸这对表兄弟出生之前近两千年，有位邴原，被人称誉为“所谓云中白鹤，非燕雀之网所能罗也”(《世说新语·赏誉》)。

我认为,《天龙八部》中云中鹤的名字，与像“云中白鹤”一样高蹈超群的邴原无关，与用过笔名云中鹤的徐志摩更没关系。这名字如有出处，应是出自《小五义》与《蜀山剑侠传》。

1956年（写《天龙八部》之前八年），金庸在《新晚报》发表文章，谈书的续集：“《七侠五义》之后有《小五义》和《续小五义》……我一直看到了《九续小五义》。”《小五义》中有一人物，名叫魏真，轻功极好，在江湖上号为“云中鹤”。“云中鹤”魏真，与鼎鼎大名的“南侠”展昭，比试轻功而轻松胜之。

《蜀山剑侠传》中，与女主角李英琼的父亲并称“齐鲁三英”的周淳，即以轻功见长，曾对李英琼言道：“我别出心裁，用白绸子做了两个如翅膀的东西，缠在臂上。哪怕是百十丈的高山，我用这两块绸子借着风力往上跳，也毫无妨碍……因此人家与了我一个外号，叫作‘云中飞鹤’。”此节见于《蜀山剑侠传》第三回，这一回的回目，即是“云中鹤深山话前因，多臂熊截江逢侠士”。

人们都知道金庸与徐志摩直接接触甚少，几乎可以忽略不计，而仍相信金庸是因为对徐志摩有怨念，才会在《天龙八部》写出一个淫贼，叫作云中鹤。好像是说，表哥徐志摩太优秀，表弟金庸太低能，表弟不免有此怨念。

“重阳一生，不弱于人。”之所以《神雕侠侣》中的王重阳说出这话，我觉得，作者本人，也是这样的自负。可以说，这一刻，王重阳就是金庸的代言人。

徐志摩于沈从文有知遇之恩，沈从文又是金庸最喜欢的中国现代小说家。金庸一直说他多么喜欢沈从文小说，但他又说，对沈从文作品，佩服就够了，无须崇拜。只佩服，不崇拜，是因为自觉可以写得像沈先生一样好，或者更好。沈先生本人也是这样自信的态度，20世纪50年代，沈从文在致汪曾祺的信中写道："拿破仑是伟人，可是我们羡慕也学不来。至于雨果、莫里哀、托尔斯泰、契诃夫等等的工作，想效法却不太难。"

徐志摩与金庸都是文学家，要说金庸嫉妒徐志摩的文学成就，更是绝大的玩笑。个人认为，只要稍微摒除"雅俗之见"，即可明白，金庸的文学成就，高出徐志摩何止一个层级。金庸曾说："徐志摩是我的表哥，他的年纪比我大很多，我当时还小，跟他谈不来。我不崇拜他，到现在也一样。"（海宁市传媒中心《金庸逝世两周年：缅怀先生 江湖仍在！》）金庸崇拜或嫉妒徐志摩？没有可能的事。

改革开放之后，金庸先后于1992年、1994年、1996年、1997年、2003年、2008年，六回海宁。第一次，1992年，金庸携夫人吊祭徐志摩之墓，谈及在堂兄弟姐妹中，徐志摩的父亲是年龄最大的大哥，自己的母亲是最小的小妹妹，所以徐申如与徐禄年龄相差很远。2003年，金庸在海宁市高级中学，勉励在校学生："我们海宁是出人才的地方……伯伯辈的有王国维，叔叔辈的有徐志摩。"接着，金庸说："我金庸也不比他们差吧！"

让金庸有自卑感，不是很容易的事。但要说金庸在各个方面、每一时刻都很自信，也不见得。

海宁乡贤王国维，完全不介意文学形式之"雅"与"俗"，才会说"雅俗古今之分，不过时代之差，其间故无界限也"，金庸有时也这样想，就表现得特别自信，才会说自己不崇拜沈从文，说自己不崇拜徐志摩，说自己不比王国维、徐志摩差。有时金庸又不能从现世人们普遍认同的雅俗之见中跳出，这时的金庸就特别不自信。他最后还是加入了中国作协，还是在向"主流"的"纯文学"的圈子靠拢。

王朔批金庸小说"大俗"，看金庸的反应，他是很在意的，因为金庸对自己写作的"通俗小说""武侠小说"能否超越"雅俗"，并无充分信心。

徐志摩代表"新文学"，金庸代表"旧文学"；徐志摩代表"雅文学"，金庸代表“俗文学”；徐志摩于金庸个人并不如何重要，文学之新与旧、雅与俗这个话题可就太重要了。

不仅是徐志摩的诗文，全部的所谓“中国现代文学”，对金庸的影响都非常有限。金庸一向“喜爱古典文学作品多于近代或当代的新文学”，他解释说：“那是个性使然。”（《金庸作品集“三联版”序》）

金庸内心，对胡适首倡的现代“新文学”，未必有很大的敬意。在杜南发《长风万里撼江湖——与金庸一席谈》中，金庸谈到：“中国近代新文学的小说，其实是和中国的文学传统相当脱节的，无论是巴金、茅盾或是鲁迅写的，其实都是用中文写的外国小说……武侠小说是中国形式的小说，而中国人当然喜欢看中国形式的小说。”要学习，金庸一面学习着中文写的中国小说，就是中国古典小说；另一面他更愿意直接学习外国人写的“外国小说”，那么多真正的杰作，而不会特别看重那些“用中文写的外国小说”。

20世纪“旧武侠”与“新武侠”

金庸太喜欢读书了。特别是武侠小说。

曾任金庸秘书的杨兴安回忆，有台湾记者问金庸有没有看过以前的武侠小说，金庸想了一下，回答：我相信以前的武侠小说我全部看过。

有记者问：“你最初怎会写武侠小说的？”金庸答：“……我自小在小学中学就一直租武侠小说看，买来看，一直就喜欢，古代的武侠小说差不多全看过了，现在亦在看，很有兴趣。”（卢玉莹《访问金庸》）我感觉，在访问中，或是金庸的语言表达比较随意不够准确，或是记者的记录不够准确。这份记录稿中，金庸所说“差不多全看过”的“古代的武侠小说”，应含并不很古的民国“旧武侠小说”。

金庸晚年回忆自己与武侠小说：

我撰写武侠小说，最大的动机是在于我很喜欢武侠小说。从儿童时起，大部分的零用钱就花在购买武侠小说上，每次从家乡（海宁袁花）到硖石（海宁县最繁盛的市镇，我外婆家，亦即我表兄徐志摩、表叔蒋百里的居处）、杭州、上海这些大地方，必定请人带去书店买武侠小说。和我同好者之一，是我的一个侄女查懿德，她比我年纪稍大，但因对旧小说有同好，她借了很多小说给我看，我们也常谈小说中的人物。另外一位同好，是我姑丈的四姨太，我叫她四阿姨。那时我八九岁，她已经四十多岁了，但我们仍可一起谈旧小说。我的额外收获，是承她给我很多糖果、糯饼、冰淇淋。（金庸《关于"金庸茶馆"》）

2003年，八旬老人金庸，为《飞狐外传》后记补写了几句："现今我坐飞机长途旅行，无可奈何，手提包中仍常带白羽、还珠、古龙、司马翎的武侠旧作。"

2004年，金庸对《泉州日报》记者说："我也觉得最大的享受就是看武侠小说。"（吴泽华《对话金庸：侠之大者，为国为民》）

阅读武侠小说，是金庸终生不衰的嗜好。

一切都始于他八岁那年，读到第一本武侠小说——《荒江女侠》。

"想不到世上有这么好看的书！"很多传记都说金庸初读《荒江女侠》有此感叹。这话我没查到原始出处。金庸未必真的对人说过这句话，但这句话又确乎反映出金庸当年的真实感受。

一读《荒江女侠》就知道了。

拿《荒江女侠》与金庸十五部小说对照阅读，就看出这部小说对金庸的创作，影响实在大极了。

今日看来，《荒江女侠》在"旧武侠小说"中算不上第一流作品，但在当年却给金庸打开了一个美丽新世界。金庸若非十分喜欢这部小说，读了很多遍，绝对不会在他自己的创作中留下那么多、那么深的印记。

《荒江女侠》影响《射雕英雄传》最深。甚至可以说，如果金庸未读

《荒江女侠》，或是在二十八九岁而不是八九岁读到此书，他就不会写《射雕英雄传》，即或写出同名的小说，也必呈现出不同的面貌。

因为《射雕英雄传》的成功，金庸才有勇气自创《明报》。金庸的人生轨迹，部分是因为《荒江女侠》，而走到今天的样子。

我曾写过一篇两万字的长文，收入拙著《金庸师承考》，谈《荒江女侠》对金庸创作的各种影响，这里就不啰唆了。

1969年，金庸与林以亮等人对谈，说："从小就喜欢看武侠小说。八九岁就在看了。第一部看《荒江女侠》，后来看《江湖奇侠传》《近代侠义英雄传》等等，年纪大一点，喜欢看白羽的……还珠也喜欢的，他的想象力很丰富。"（《金庸茶馆》第三册第175页）这些作者与作品，或多或少都影响到金庸，在金庸小说中留下不同程度的印记。

没有"旧武侠小说"，就没有金庸。

1957年，金庸撰文《谈批评武侠小说的标准》。批评一部武侠小说的好坏，金庸认为，主要标准有四点：主题思想，人物的刻画，故事性与结构，环境的刻画。金庸小说的成就，高于诸位前辈，也就主要体现在这四个方面。

有人请金庸"谈谈以您、梁羽生先生、古龙先生为代表的新派武侠小说和以还珠楼主、平江不肖生为代表的旧派武侠小说"，金庸答说："我们新派受西洋文学的影响比较多一点，还珠楼主他们没受过外国文学的影响。"（谭胜《金庸访谈录》）还珠楼主应是未读西方小说，白羽、王度庐总是读过一些的。金庸、古龙等人受西方文化影响的程度，远比白羽等人更深。"新武侠"之"新"，主要"新"在这里。

曹雪芹没读过外国文学，一样写出世界上最好的几部或十几部小说中的一部。不是做不到，只是太难。金庸比还珠楼主，确实更具优势，有更多的，全世界的文化资源可供汲取。还珠楼主如果晚出生二十年，而仍创作武侠小说，当有更大成就。

金庸小说自觉利用西方思想与文化，成功地改造了中国固有的"武侠小说"这一文学形式。

夏济安曾对人言："武侠小说这门东西，大有可为，因为从来没有人好好写过。将来要是实在没有其他办法，一定想法子写武侠小说。"

夏先生是真正的通人，对一切文学形式一视同仁。他既没有特别看不起武侠小说，也不会特别看得起武侠小说。如其语气间似有看不起武侠小说的味道，是看不起之前武侠小说的创作实绩，不是看不起武侠小说这一文学形式。又似乎夏先生特别看得起武侠小说，想着出手试写，那是因为其他文类已经被很多人"好好写过"，夏先生写得再好，也不过与之前最好的作品一样好，必得与几人十几人共处一堂，"一字并肩王"。而"武侠小说这门东西，从来没有人好好写过"，一旦夏济安以自己的创作将武侠小说写到极致，写到无可再好，这份功业，已足不朽。在武侠小说的殿堂上，就是千古一帝，一人独尊了。

王国维认为，"创者易工，而因者难巧"；"盖文体通行既久，染指遂多，自成习套。豪杰之士，亦难于其中自出新意，故遁而作他体，以自解脱"。如此说来，武侠小说这种"没有人好好写过"的文体，更容易写出成绩来。

夏济安的武侠小说，终于没有写，因为看到了金庸，"真命天子已经出现，我只好到扶余国去了"！我理解的夏济安口中的"真命天子"，就是此人有才气、手腕，将武侠小说写到极致，且不是现实意义上的极致，是理想意义上的极致。别人写起武侠小说，至多像金庸一样好，再不会更好了。这个我倒不是完全赞成。金庸那一代人，绝大多数都赍志以没，未能展其长才。真正做出大成就的，就是金庸、高阳、饶宗颐、李政道、丁肇中等少数人而已。若非如此，未必无人写武侠小说比金庸更好。当然，应该不会超出金庸很多。

金庸写武侠小说，即便未达极致之境，也已经很接近了。

《红楼梦》所写，仍是才子佳人，但是极大地突破了才子佳人小说这一文类的限制，《红楼梦》就不（仅）是言情小说。金庸小说，尤其后期几部小说，也突破了武侠小说这一文类的限制，就不（仅）是武侠小说了。

《三个火枪手》与《艾凡赫》

金庸对池田大作说："在所有中外作家中，我最喜欢的的确是大仲马，而且是从十二三岁时开始喜欢，直到如今，从不变心。"金庸十二三岁开始读大仲马的小说。推算起来，大致就是小学五年级的时候。

金庸最早读到的，是伍光建翻译的《侠隐记》(今译《三个火枪手》或《三剑客》)和《续侠隐记》(今译《二十年后》)。

金庸说："《侠隐记》一书对我一生影响极大，我之写武侠小说，可说是受了此书的启发。"

《侠隐记》对《鹿鼎记》影响最大。甚至可以说，如果金庸未读《侠隐记》，或是在二十二岁而不是十二岁读到此书，他就不会写《鹿鼎记》，即或写出同名的小说，也必呈现出不同的面貌，就像我先前所说，金庸如不是八岁读《荒江女侠》，他就不会写《射雕英雄传》一样。

于后记中，金庸又说："《鹿鼎记》已经不太像武侠小说，毋宁说是历史小说。"《鹿鼎记》更像历史小说，像大仲马《三个火枪手》那样的历史小说。

金庸坦承："《三剑客》教我怎样活用历史故事。"

金庸说："我所写的小说，的确是追随于大仲马的风格。"《鹿鼎记》与《三个火枪手》之"神似"，不在情节，在文风。不仅是人物的语言，小说叙事语言也是通篇诙谐、夸张，这是《鹿鼎记》的风格，也是《三个火枪手》的风格。大仲马自称"有趣的逗趣者"，《鹿鼎记》的作者也是的。当然，金庸写《鹿鼎记》，目的不止于"逗趣"。

《鹿鼎记》一书，不仅受西方的《三个火枪手》极大的影响，也受吾国第一大小说《红楼梦》影响甚大。

至于多数论者提出的《堂吉诃德》对《鹿鼎记》有最大影响的观点，我向来不以为然。"骑士小说"的主人公，建功立业，宏图大展；《堂吉诃德》的主人公，四处碰壁，一事无成；所以，《堂吉诃德》就被视为"反骑士小说"。《鹿鼎记》的主人公，韦公小宝，可没有到处碰壁，更不是一事无成。

主人公韦小宝“侠气”不显的《鹿鼎记》，只是“非武侠”（金庸自说的“已经不太像武侠小说”），绝不是“反武侠小说”。《堂吉诃德》对《鹿鼎记》的影响，应该有的，然而，很次要。

“达达尼昂三部曲”对金庸其他小说也有影响。大仲马其他小说对金庸也有影响。

出于一种奇怪的逻辑，乃有这样一种奇怪的说法：金庸只是“中国的大仲马”，因为大仲马不是法国最好的小说家，所以金庸必然不可能是中国最好的小说家。

金庸不仅是创作风格与大仲马相似，他的创作成就也丝毫不逊于大仲马。至于说某人是“中国的福楼拜”，只是说他在中国的地位，相当于福楼拜在法兰西。实在没人了，把他拉出来，权充“中国的福楼拜”。创作成就呢，与正牌福楼拜差太远。

20 世纪中国“新文学”（或“纯文学”）在长篇小说创作上的实绩，十分寒碜。

金庸晚年对池田大作说过，他与大仲马，“如各拿十五部来平均地比较，我自夸或可略微占先”。中国现当代“纯文学”小说家，哪一位敢于自夸，各拿几部小说比较，自己比起雨果、巴尔扎克、福楼拜来，“或可略微占先”？

若无雨果、巴尔扎克、福楼拜这几个人压在头上，大仲马当然就是 19 世纪法兰西最好的小说家了。

金庸写小说，自觉追随于大仲马的风格。大仲马写小说所追随的，则是司各特的风格。

金庸 1944 年在中央图书馆工作时，读《艾凡赫》（林纾译作《撒克逊劫后英雄略》）英文原著，读汉语译本应该更早，或是在读高中时。

金庸晚年回忆：“我在念中学念初中的时候，看大仲马看 Scott（司各特）这些小说，就算是熄了灯，我还是要到厕所里去，再开灯，多看几个钟才睡觉。”又说：“法国的大仲马和英国的 Scott(司各特)，他们的书我也差不多全部看完了。”

大约在20世纪70年代，金庸撰文《谈〈射雕英雄传〉的创作》，谈到：“历史小说传统的标准是‘七实三虚’……武侠小说的自由度可以更加大些，但我基本上也不大改。大致上是遵守英国史各特、法国大仲马所遗下来的传统，细节可以虚构，大事件不能改。”

1993年，金庸在英国爱丁堡大学演讲，说起：“我之会写小说，全仗得到爱丁堡两位大师的教导指点，那是华尔特·司各特爵士和罗伯特·斯蒂文森。”（《探求一个灿烂的世纪》第283页）

1997年，金庸在与池田大作的对谈中，又说，除了大仲马和中国古典小说，“我另一个重要的师传，是英国的司各特爵士”（同上，第207页）。

西方小说家中，司各特对金庸的影响，仅次于大仲马。

司各特与大仲马的作品，皆可视为骑士文学。然而，在很多人眼中，西班牙的骑士小说，早已被《堂吉诃德》，也被历史证明，几乎全无价值，永远不会有第一流作品写出来。某些人恨不得联名央请塞万提斯，“转世”来中国，写一部“反武侠小说”，把像骑士小说一样乌烟瘴气的武侠小说一扫而光。

塞万提斯否定的，是以往拙劣的骑士小说创作，不是要否定此一文体，更不是成心要摧垮它。

文体无高下。各种文体，有所长必有所短，有所短亦必有所长。塞万提斯看“骑士小说”，并非只见其短不见其长。

塞万提斯在《堂·吉诃德》第一部第四十七章里曾经借教长之口批判了荒谬拙劣的骑士小说。不过，教长说，如果骑士小说写得好，就会“既有益，又有趣”……这些话表达了塞万提斯自己的心意。（文美惠《塞万提斯和〈堂·吉诃德〉》第52页）

神父对《著名的白骑士悌朗德传》也是青眼有加：“我觉得这部书趣味

无穷，很可解闷……老哥，你听我说句平心话，照它的文笔来说，这是世界上第一部好书。”在后面的集体控诉中，教长先生批驳了一通骑士小说之后，也不得不承认它也有一个好处：“它的题材众多，有才情的人可以借题发挥，放笔写去，海阔天空，一无拘束……如果文笔生动，思想新鲜，描摹逼真，那部著作一定是完美无疵的锦绣文章，正像我刚才说的那样，极有益，又有趣，达到了写作的最高目标。”

如此说来，对于骑士小说也要一分为二？神父还呼吁“新骑士小说”呢，“不仅闲人，就是最忙的人，读这种小说也是正当的消遣。因为弓弦不能老绷紧了不放，人是个软弱的东西，没一点适当的松散是支持不住的。”文学充分发挥休闲娱乐功能，功莫大焉。换言之，骑士小说也不是不能读，堂吉诃德“得病”，怪自己的“脑汁”存量不足，不能怪骑士小说。就像毒药，你不是拿它止渴，而是拿来杀虫子，岂不是好处大大的。

…………

……我甚至在想，骑士小说到底是害了堂吉诃德，还是成就了他呢？……是呀，堂吉诃德之可爱恰恰因为他身上有这些不合时宜的品质，那么它们来自骑士小说的影响，你就大跌眼镜了？写来写去，我感觉塞万提斯在小说里也把自己的观点给解构了。这不奇怪，一本伟大的作品，不会只有一种声音、一个结论。（周立民《读书毁过谁》）

塞万提斯并不是一概地反对所有的骑士小说……塞万提斯并不否定骑士小说这种体裁，他认为骑士小说也有个好处，就是可以发挥作者的才情和想象，创造种种有趣的人和事。塞万提斯觉得，要使拙劣的骑士小说绝迹，最好的办法，除了写一本模仿的小说（重按：即《堂吉诃德》）来讽刺它外，就是创造出一本更好的骑士小说来。（文美惠《塞万提斯和〈堂·吉诃德〉》第71页）

将《堂吉诃德》中教长，以及金庸和古龙，三个人的观点放一起看，比较好玩。

教长说："(骑士小说)的题材众多，有才情的人可以借题发挥，放笔写去，海阔天空，一无拘束。"

金庸说："小说的各类很多，根据内容性质来分，有爱情小说、侦探小说、历史小说、讽刺小说、科学幻想小说、神怪小说、社会小说、宗教小说、政治小说、风俗小说等等。武侠小说也是其中之一。"(金庸《关于武侠小说的几个问题》)

古龙说："我一向认为武侠小说的趣味，本该是多方面的，多方面的趣味，只有在武侠小说中，才能同时并存——侦探推理小说中没有武侠，武侠小说中却能有侦探推理；言情文艺小说中没有武侠，武侠小说中却能有文艺言情。这正是武侠小说一种非常奇怪的特性……"(古龙《关于武侠》)

写任何类型的人物，都能写出好作品。独独写骑士或侠客，就一定写不好？天底下没有这样的道理。

某一文体，在这一国的运气不好，不见得在他国运气必然不好；这前一时代运气不好，未必到了后来的世纪运气一定不好。

主要描写骑士，或深具骑士精神的人，写他们建功立业(而不是像堂吉诃德那样一路吃亏倒霉)的故事，这样的小说，其实皆可称为骑士小说。

司各特的《艾凡赫》等作品，可以视为19世纪英国的骑士小说。大仲马的"达达尼昂三部曲"等作品，就是19世纪法兰西的骑士小说。

塞万提斯出版的最后一部小说，就是一部"利用骑士小说形式抒发作者理想的试验性作品"(文美惠《塞万提斯和〈堂·吉诃德〉》第72页)。塞万提斯要是多了十年寿算，而肯于不断尝试骑士小说创作，终于将这一文类的最大潜力发挥出来，恐怕也不及《堂吉诃德》成就之高。但是，相差不会太大。

写任何类型的人群都可以出好作品，写骑士就必然不行？骑士中当然有倒霉到底的，塞万提斯的《堂吉诃德》自有其价值；骑士中也有很多建功立业的，就不能写他们？写了，必然下三烂？

司各特、大仲马，写具有“骑士精神”的人，写他们建功立业的故事，或许写不出世界上最伟大的小说，但在世界小说史上自有其光辉的地位。这地位，是 20 世纪中国几乎所有写作“纯文学”长篇小说的作者不能企及的。

金庸译大仲马小说及其他译著

1905 年，林琴南以文言译出《撒克逊劫后英雄略》(即《艾凡赫》)，由商务印书馆印行。两年后，伍光建风格独特的白话译文《侠隐记》(即《三个火枪手》) 出版。两个译本都接近全译，都翻译出版在金庸出生之前十几年，金庸童年少年时代就读到了。

大仲马另一部代表作《基督山伯爵》，金庸二十岁才读到全译，不是汉译，而是英译本。

金庸的同学余兆文回忆，“法国大仲马《基度山伯爵恩仇记》的英文译本，上下厚厚两册……金庸拿到了这部小说，如获至宝。晚饭后，他连忙回到宿舍，立刻坐进被窝，背靠墙，手拿书，爱不忍释阅读起来，越读越有劲，一直读到深夜，书读完了，情犹未了，深深沉迷在书中。这部书对他的思想情感似乎有点影响……”这大约是 1943 年或 1944 年的事。

余兆文后面的话，很有见地，他认为，金庸“后来的个人经历和基度山伯爵好象还不无相似之处”。

金庸最喜欢的西方小说家是大仲马，大仲马最受欢迎的小说是《基督山伯爵》。中国最早全译《基督山伯爵》的是蒋学模，以“基督山复仇记”的书名，从 1946 年到 1947 年陆续分册出版。其实，金庸有可能比他更早全译这部大仲马名著。

1945 年 2 月，金庸创办《太平洋杂志》，该刊第一期发布查良镛译《基督山伯爵》的新书预告：“大仲马最精彩之杰作，西洋流传最广之小说。史蒂文孙说：‘此书极度迷人，没有人能看了第一章而不一口气看到末一章。’……

本书第一册在印刷中。”很可能该书第一册金庸已经译完。可惜这份《太平洋杂志》因为通货膨胀只办了一期，《基督山伯爵》第一册也没办法付印了。若是杂志继续办下去，最早全译《基督山伯爵》就不是蒋学模而是金庸了。

《基督山伯爵》这样杰出，又全世界畅销的书，“西洋流传最广之小说”，销路不会太差。金庸译它而不是自己更喜欢的《三个火枪手》，当然也为后者已有伍光建的全译，珠玉在前。

金庸喜欢《三个火枪手》超过《基督山伯爵》，或许也与他读前书更早有关。童年所读的好书，我们往往对之感情更深。

1960年，夏济安就指出，金庸早期的几部小说，“其结构文字人物描写等已可与大仲马的《三个火枪手》《基督山伯爵》等相颉颃”。金庸第二部作品《碧血剑》中，袁承志拯救了濒于绝境的金龙帮帮主焦公礼，与基督山伯爵拯救了濒于绝境的老东家莫雷尔先生，两个情节的相似度很高。

莫雷尔先生的生与死，是《基督山伯爵》一书中最感人，也可以说是最“煽情”的情节，金庸模仿此节，写出焦公礼的生死故事，可惜，“抄”得并不好，并不感人。

金庸写成小说《连城诀》后，惊觉狄云在狱中得丁典授以《神照经》一事，和《基度山伯爵恩仇记》太接近了，不免有抄袭之嫌。当然故意抄袭是不至于的，但多多少少是无意中顺了这条思路。

20世纪40年代，金庸译《基督山伯爵》，没完成。1962年，金庸创办《野马》杂志，这期间，由野马小说杂志出版社出版《情侠血仇记》，署“金庸译”，此书即是大仲马所著《蒙梭罗夫人》。

承赵跃利、潘淳二兄雅意，送我一册。一看，基本确定是金庸所译，而不是挂羊头卖狗肉，别人译的而经金庸同意署名金庸。翻译风格略似伍光建，但没有伍光建译《侠隐记》那么好。金庸说自己来译《侠隐记》也未必及得上伍光建所译，确是实情。当然，《蒙梭罗夫人》本身也不及《三个火枪手》精彩。

20世纪60年代前期，金庸创办《明报》没几年，正忙的时候，怕是难有余裕翻译几十万字的《蒙梭罗夫人》，我怀疑他40年代或50年代前期已译出大半，60年代整理出版。金庸对它不甚满意，此书长期未再版，金庸后来也几乎不提自己译过此书。

60年代之后，金庸译此书，应翻译得更好一些，或不逊于伍光建译笔。

金庸生平共有八部译著：《中国震撼着世界》《朝鲜血战内幕》《最厉害的家伙》《情侠血仇记》《我怎样成为拳王——乔路易自传》《美国电影分析》《幸福婚姻讲座》和《人类的前途》，可称“金庸八部”。其中，《最厉害的家伙》和《情侠血仇记》是小说。

《最厉害的家伙》，美国小说家达蒙·鲁尼恩的短篇小说集，香港三育图书文具公司1956年4月出版。金庸在译者后记中谈到，此书“写的大都是纽约百老汇黑社会中大大小小的人物，由此可以看出美国社会的情况”。《最厉害的家伙》写得很好玩，但也不是十二分的出色。金庸对这位小美国小说家有偏吧。

《最厉害的家伙》出版五个月后，金庸第一部小说《书剑恩仇录》才写完。再过三个月，金庸第二部小说《碧血剑》连载结束。金庸翻译这部小说集，与他写作武侠小说，基本同步。

在译者后记中，金庸说鲁尼恩的小说“独树一帜，别出心裁，常有意想不到之奇”。金庸自己的小说，亦表现出相似的特质。章诗依说：“尽管金庸小说有着完全的中国元素，但读罢鲁尼恩的小说之后，不难发现两者之间的相通之处。首先，两人的小说，关注的都是江湖世界；其次，两人笔下的人物，尽管多为草莽间人，但均个性鲜明，富于奇情壮彩。”

另六种金庸译作，不属文学范畴。

金庸译《我怎样成为拳王——乔路易自传》，自1948年12月10日开始连载于《大公报》，共连载了48期，没有结集出版过。该作是世界重量级拳击冠军乔路易的生活史，自述怎样从一个农奴家庭中，通过自身的不懈努力奋斗，登顶世界拳王宝座。这是金庸唯一一部自传类译著。全文四万字。

他（金庸）以“乐宜”的笔名翻译美国著名记者贝尔登写的长篇纪实报道《中国震撼世界》，从1950年到1951年9月22日，共分为341则，在《新晚报》上连续刊登……从1952年1月开始，至当年的6月5日，金庸还以此笔名翻译了英国记者R. 汤姆逊撰写的长篇报道《朝鲜血战内幕》，共138则，也在《新晚报》上连载。（李以建《金庸的话语世界》）

金庸为译两种时事著作而搁置汤因比《历史研究》翻译，很遗憾。

1954年7月18日，金庸在《大公报》开始连载美国左派剧作家J. 劳逊的《美国电影分析》译文，每日刊出一篇，连载八十六天。

1954年10月25日，金庸在《大公报》开始连载法国作家安德莱·莫洛亚的《幸福婚姻讲座》译文，每日一期。

1963年9月3日，《明报》开始连载金庸译罗素《人类的前途》。罗素此书作于1961年，北京商务印书馆于1964年1月出版吴忆萱的译本，名为“人类有前途吗？”，仅九十七页。60年代前期金庸未必有余裕译四五百页的《蒙梭罗夫人》，翻译罗素这本小册子还是有时间的。

其他散篇的金庸译文，数量亦极夥，可能有一百万字。他在《时与潮》《太平洋杂志》《东南日报》《大公报》工作时，翻译时政文章一直未间断。

金庸与中国古典小说名著

“我从小就最爱看小说，九岁左右的时候，我先看中国的四部小说《三国演义》《水浒传》《西游记》《红楼梦》。”（贾海红《博览群书 学会做人——访金庸先生》）金庸在他的小学阶段，读中国古典小说已甚多。

金庸的武侠小说，同时直接继承了中国“旧武侠小说”（以及比“旧武侠”更“旧”的武侠小说《三侠五义》）与西方骑士文学的传统。武侠小说与骑士文学合流于金庸，就像小和尚虚竹“全身一震，两股热气竟和体内原有的真气合而为一，不经引导，自行在各处经脉穴道中迅速无比的奔绕起来”。

对金庸来说，这“体内原有的真气”，就是整个的中国旧文化，包含中国古典白话小说。

金庸谈过的中国古典小说，有《红楼梦》《儒林外史》《水浒传》《荡寇志》《水浒后传》《金瓶梅》《肉蒲团》《三国演义》《东周列国志》《施公案》《彭公案》《狄公案》《英烈传》《辽东传》《绿野仙踪》《再生缘》《笔生花》《兰花梦》《永庆升平》《三门街》《封神演义》《铁冠图》《说唐演义》《杨家将》《说岳全传》《济公传》《剪灯新话》《燕山外史》《官场现形记》《老残游记》《醒世姻缘传》《聊斋志异》《今古奇观》《西游记》《西游补》《南游记》《北游记》《东游记》和“三言二拍”等等，可见其涉猎之广。

金庸1956年谈《书的“续集”》，说起《七侠五义》有续集《小五义》《续小五义》等，《今古奇观》也有很多续集，金庸认为“除了胡闹与无聊，在这些续书中再找不到什么别的”，但他仍然读《七侠五义》的续集到《九续小五义》，读《今古奇观》的续集到《五续今古奇观》。金庸又认为，《红楼梦》的各种续书，“无一不是糟极谬极”，即便如此，他仍看完了八九种。金庸读《说唐》的续书，从《罗通扫北》《薛仁贵征东》《薛丁山征西》一直读到《薛刚反唐》。他读《杨家将》的“续书”，读杨六郎、杨宗保、杨文广的故事，一直读到《狄青平西》和《五虎平南》。由此看来，金庸没读过的中国旧小说，确实不是很多。

1997年，金庸接受“台视”访问。记者问：“先生曾经受过什么文学家影响吗？”金庸答：“中国所有古典文学对我都有很大影响的。”问：“有没有特别重要的？”答：“我从小就喜欢看中国的古典小说。古代的小说差不多……不能说都看过，从小就喜欢《红楼梦》啦，《三国演义》《水浒传》，这些书都很重要。”感觉他是想说“差不多都看过”的，觉得不够谦虚，这才改口说“不能说都看过”。

中国古典小说中，稍微写得好些的，金庸都读过；写得不好的，也读过不少，快速阅读，观其大略。

金庸一直强调自己从大仲马那里受惠良多，但与池田大作对谈时，说的却是：“《三剑客》并没有教我写人物，我写人物，是从中国的古典小说学习的。”（《探求一个灿烂的世纪》第207页）

我不认为中国古典小说的总体成就有多么高明，但是，那是我们自己的文化传统，有短处，亦有所长。今世的小说家，不该轻视这笔遗产。

古典小说自有其长处。金庸与池田大作的对谈录中，有一章节的小标题就是“中国古典小说擅长描写人物”。金庸说：“《三国演义》写人物不直接叙述其内心，单凭言语动作，人物精神自出，这是戏剧的手法。戏剧和电影只表现角色的言语及动作，但内心生活自然而然的显露出来。这是中国古典小说的高度技巧。”可惜几乎所有的“新文学家”，都“努力去学西洋小说，着重描写人物的内心思想，不但读来沉闷，人物的性格反而并不明确，这是不学习中国古典小说技法之故”（同上，第308页）。

第二流的古典小说，在人物塑造上，成就亦往往不俗、不凡，书中人物令读者久久不忘。而20世纪中国“新文学”小说，很少有如此人物，深入人心，流播众口。

中国古典小说，我们往往是先想到书中人物，然后才想起书名，或者是人物与书名同时浮现脑海。现代长篇小说，我们先想到的往往是书名，对小说中的人物却没什么深刻印象。

短篇小说写人物，能写透，难写厚。要写厚，不能不长篇。短篇小说中的人物，总是平面的；长篇小说中的人物，才是立体的。“现代文学”三十年，长篇小说一门的创作成就实在是寒碜得很。长篇小说在写人物，即人物形象塑造方面，尤其乏善可陈。

民国时期的“纯文学”，在长篇小说创作上，是最薄弱的。反而是在民国通俗小说中，有不少一流杰作。可惜，人们囿于“雅必高于俗”的“常识”，给忽视了。

某个国家在某一时代的小说成就，主要还看长篇小说。20世纪末，美国现代图书公司评出“20世纪英文小说一百强”，是完全不考虑短篇小说的，一百部小说都是长篇。接着，香港《亚洲周刊》亦步亦趋，评出“20 世纪中文小说一百强”。因为跳不出“雅高于俗”的“俗见”，排出的“百强”前四部中，竟有三部短篇或短篇小说集，也是没办法的办法。

钱谷融成为现代文学批评大家，非出本愿。他晚年回顾：“我是最不喜欢现代文学的……现代文学比古代文学差多了，也比外国现代文学差。”（李怀宇《访问历史》第 326 页）

中国古典小说，论成就，还是要看《红楼梦》与《水浒传》。

金圣叹《读第五才子书法》说：“别一部书，看过一遍即休。独有《水浒传》，只是看不厌，无非为他把一百八个人性格，都写出来。《水浒传》写一百八个人性格，真是一百八样。若别一部书，任他写一千个人，也只是一样；便只写得两个人，也只是一样。”

哈罗德 · 布鲁姆谈西方最伟大的文学家莎士比亚：“没有一个作家在语言的丰富性上能够与莎氏相比……不过莎氏最高的原创性体现在人物表现上……”（《西方正典》第 38 页）李辰冬则由中国最伟大的小说《红楼梦》谈到：“鉴别小说家伟大与否，以他创造人物的多寡和人物是否有自己的面目为定。”

以此衡量，中国现代长篇小说的总体成就，是不合格的，是不及格的。绝大多数“纯文学”长篇小说，真如金圣叹所言：“任他写一千个人，也只是一样；便只写得两个人，也只是一样。”

有朋友读了金庸小说，很喜欢，只是觉得不宜对这种“通俗”的“武侠小说”评价过高，然而，一旦他允许金庸小说中，而不是“纯文学”长篇小说中的人物，活在自己心里，这位朋友，已经对金庸小说做出至高的评价。

沈西城说得好：“韦小宝你知不知道？为什么你会知道，印象会这么深？中国当代小说家中（小说人物能被人这样牢记的），有没有？当你小说中的人物常挂在人们嘴边时，就代表着你深入民心，你的作品就是一部杰作……大文豪和普通作家是很容易分的。拿什么奖都没有用，你的人物被全世界人知道，你就是大文豪。一切都是读者讲了算的。”

一代文宗金克木，之所以对金庸小说青眼独加，是因为金庸“创出了几个吸引人而又意义非凡耐人寻索的人物”（《金克木集》第六卷第500—501页）。

郑培凯回忆：

> 与金庸相识有两个不同的阶段，一是读金庸的武侠小说……二是认识金庸的本尊查良镛先生，成为真正相识的君子之交……从我初中……四十年的时间，认识的金庸，只是一个小说家的笔名，熟悉的是他笔下的人物：郭靖、黄蓉、东邪西毒、南帝北丐、周伯通、杨过、小龙女、张无忌、令狐冲、盈盈、赵敏、萧峰、段誉、韦小宝……一提到金庸，这些想象世界的人物就飞扬跋扈，鲜活地出现在眼前，加入了其他早已镂刻在心底的另外一批丰碑式的人物，如宋江、林冲、鲁智深、曹操、刘备、关羽、诸葛亮、张飞、赵云、唐僧、孙悟空、猪八戒、西门庆、潘金莲、贾宝玉、林黛玉、薛宝钗、凤姐……成为我对世情理解的依据。有时我会想，这五六十年来，两三代的中国人，在理解人生处境的过程中，是否都与我的经验类似，有着金庸创造的想象世界，以及其中展现的各种人物性格与道德标准，当作为人处世的参考或表率？（郑培凯《那一刻，查先生颇似金庸笔下的王重阳》）

2002年，金庸在《〈金庸作品集〉新序》中说：“我最高兴的是读者喜爱或憎恨我小说中的某些人物，如果有了那种感情，表示我小说中的人物已和读者的心灵发生联系了。小说作者最大的企求，莫过于创造一些人物，使得他们在读者心中变成活生生的、有血有肉的人。”金庸的观点，似与李辰冬相近。但是，并不是所有“小说作者”，都有这样的“企求”，更不要说视为“最大的企求”了。不知他们是因为无此“企求”，才写不出“活生生的、有血有肉的人”，还是因为写不出“活生生的、有血有肉的人”，才无此“企求”。

金庸还对严家炎说过：“在语言上，我主要借鉴中国古典白话小说。”（严家炎《金庸答问录》）一干“新文化人”，太不重视对吾国古典小说的学习借鉴，语言“欧化”得厉害，缺少“中国味道”。李长之说得好：“非驴非马，把天然的语言之美的组织打破了，这是白话文运动最大的一个致命伤。差不多人人感到，各种文字的作品没有不能读的，独独现在流行的白话文不能读。”（李长之《〈红楼梦〉批判》）

金庸与池田大作谈中国古典长篇小说，谈《三国演义》最多，谈《水浒传》较少，谈《红楼梦》最少。

中国古典小说，在金庸心目中，文学价值最高的，仍是《红楼梦》和《水浒传》。

20世纪50年代，金庸谈及两部西方小说巨著《战争与和平》和《白鲸》，都引用了毛姆《文学回忆录——世界十大小说家及其代表作》的观点。既经金庸引用，则毛姆的观点应该是很为金庸认同的，但金庸也不是完全赞同毛姆，他说：“毛姆如此极度推崇未必一定正确，但（《白鲸》）这部小说是巨作，那是不容怀疑的……我国的《水浒》《红楼梦》至少就比它伟大。”

要跟西方的大小说一较短长，金庸拿出的必然是他认为的中国最好的古典小说，就是《水浒传》与《红楼梦》了。这里，金庸竟把《水浒传》排在《红楼梦》之前，应该是因为《水浒传》与《白鲸》更相似，写的都是硬汉，而不是真的以为《水浒传》的文学价值更高于《红楼梦》。

50年代前期，金庸在《长城画报》写影评，往往将《红楼梦》与《水浒传》二书并举。《故事好，讲得好》一文说：“故事不能千篇一律。公式化是艺术的死对头。《红楼梦》与《西厢记》的结局不是才子佳人大团圆，《水浒传》的结局不是一百零八将个个做大官，个个活到寿考无疾而终。”《谈电影的题材》一文说：“《水浒传》的主题是描写封建社会中农民革命的发生与失败，《红楼梦》的主题是描写封建社会中贵族家庭的腐败与没落。”

晚年金庸对池田大作说：“在中国的古典小说中，《三国演义》享有崇高之极的地位……近代的文学批评家们从纯文学观点来看，认为《红楼梦》的价值更高，我也觉得是如此……《三国演义》的社会影响，远远超过了它的文学价值。”这里金庸只提到《红楼梦》，没谈《水浒传》。

1994年，金庸在北大谈到：“我认为中国的传统文体、美的文字，一定要保留发展。有些作品我们看了一遍又一遍，如《红楼梦》《水浒传》，并非看故事，而是看文章。”这里，就把《红楼梦》排在《水浒传》之前了。

2003年，金庸在澳门，对读者说自己喜欢读的书有《资治通鉴》和《红楼梦》。同年，金庸在广州岭南大学，记者问：“您从前说最欣赏中国的《红楼梦》，现在还是不是呢？”金庸答：“《红楼梦》写的文字好，我现在在家里晚上临睡的时候，想找些好的小说看，还是找到了《红楼梦》……”2003年的这两次对谈，金庸都只谈《红楼梦》而不提《水浒传》。

还是2003年，金庸对《北京青年报》记者说：“如果有人写这些好书给我，我看莎士比亚，我看《红楼梦》，我很感谢他，幸亏他写了这么多好书给我看，《红楼梦》《水浒传》，现在看我学到很多东西。”（北京青年报《金庸为自己设计墓志铭》）这里，也是将《红楼梦》排在《水浒传》之前。

还是这次访谈中，《北京青年报》记者问：“为什么对您的毁誉如此分明，争议如此之多？”金庸回答：“毁誉分明我觉得很简单，因为实际上中国人有两种，一种喜欢武侠小说的……还有一种人根本不喜欢，连《水浒传》他也觉得不好，甚至《红楼梦》他也觉得不好。”这就很明显地把《红楼梦》看得比《水浒传》更高了。

1970年，金庸为文友散发生所著《新水浒传》写序，谈到：“中国两部最精彩的长篇小说是《红楼梦》和《水浒传》。《红楼梦》是女性的书，中心是一个‘情’字；《水浒传》是男性的书，中心是一个‘权’字。”

金庸眼中文学价值最高的中国古典小说，依次是《红楼梦》和《水浒传》。

很多人，包括我在内，都认为《红楼梦》高出《水浒传》甚多，但金庸似乎并不这样认为。在金庸看来，好像《红楼梦》与《水浒传》之间就算有差距，差距也不很大。

王国维在《人间词话》中说：“客观之诗人，不可不多阅世。阅世愈深，则材料愈丰富，愈变化，《水浒传》《红楼梦》之作者是也。”在《红楼梦评论》中说："《红楼梦》自足为我国美术上之惟一大著述。"在静安先生目中，中国最有文学价值的古典小说，也可能（依次）是《红楼梦》和《水浒传》。

对于《西游记》，金庸也作出较高评价。

1960年，金庸在《关于武侠小说的几个问题》一文中说："《西游记》与《封神榜》，无论如何不能说是反映现实生活了，现实生活中怎么有会七十二变的孙悟空？怎么有脚踏风火轮的哪吒？历来的文学批评家对《西游记》一直评价极高。"

《武侠与历史》杂志，发行到一百期，金庸写作、刊出《"武史"百期漫谈》，谈到："中国近代的小说受西洋小说影响极深，意识和技巧上都有很大进步，可是读者最多，流传最广的，还是传统的说部。《水浒传》《红楼梦》《三国演义》《西游记》这些真正伟大的小说不必说了，甚至《彭公案》……"我将该文转给严晓星兄。严兄推算，该文大致发表于1962年10月5日。

1970年，金庸谈到："《西游记》原先也不是一人一时的创作，总是附会故事，敷陈情节，刻画人物，最后辑补撰订的。其中猴子造型的来源，可以追溯到印度史诗里的英雄人物去。佛经中也利用了那些传统的民间故事，后来传入中土，踵事增华，便不只于佛家一门。《西游记》里儒、道两家的风味和理想也具有相当分量的地位，这是中国人合异取同的天性了。"（张大春《金庸谈艺录》）

1981年，在《韦小宝这小家伙》一文中，金庸谈到："中国人的性格太复杂了，一万部小说也写不完的。孙悟空、猪八戒、沙僧他们都不是人，但他们身上也有中国人的某些特征，因为写这些'妖精'的人是中国人。"

金庸晚年，曾谈及"俗文学中有极高品味者"，所举例证，便是"《西游记》、宋词、元曲等等"。

《月云》中，金庸写道："有时还讲小说中的故事给她听。他讲故事的本领很好，同学们个个爱听他讲。月云却毫不欣赏，通常不信。'猴子只会爬树，怎么会飞上天翻筋斗？猴子不会说话的，也不会用棍子打人。''猪猡蠢死了，不会拿钉耙。钉耙用来耙地，不是打人的。'宜官心里想：'你才蠢死了。'从此就没了给她讲故事的兴趣。”金庸小时候给家里的丫鬟月云讲《西游记》故事，而在《鹿鼎记》中，韦小宝也给新收的丫鬟双儿谈起《西游记》：

韦小宝道：“唐僧和尚到西天取经，这故事你听过么？”双儿道：“听过的，还有孙悟空、猪八戒。”……韦小宝道：“是啊，你真聪明。老皇帝和尚好比是唐僧，那些坏人是妖怪，我是孙猴儿孙行者，你就是……是……”……双儿笑道：“你说我是猪八戒？”……

…………

……韦小宝道：“你相貌像观音菩萨，不过做的是猪八戒的事。”……韦小宝笑道：“猪八戒真有你这样好看，唐僧也不出家做和尚了。”双儿问道：“那为什么？”韦小宝道：“唐僧自然娶了猪八戒做老婆啦。”双儿噗哧一声，笑了出来，说道：“猪八戒是猪猡精，谁讨他做老婆啊？”

二者的相似度并不很高，但不能说二者必无渊源。月云说：“猪猡蠢死了，不会拿钉耙。钉耙用来耙地，不是打人的。”双儿说：“猪八戒是猪猡精，谁讨他做老婆啊？”两个丫鬟的这两句话，还是略有三分相似的。

反写《红楼梦》，成《鹿鼎记》

研究《红楼梦》大有创获的学者中间，很有几位对金庸小说同样青眼有加，例如冯其庸、刘再复、宋淇（林以亮）、胡文彬、吕启祥，这是很有意思的事。

再有，英国汉学家闵福德，与岳父合译《红楼梦》，怎么也算半个“红学家”。译完《红楼梦》，闵福德接着翻译的，是金庸的《鹿鼎记》。

1954 年，金庸在《漫谈〈红楼二尤〉》一文中说：

对于中国的知识分子，曹雪芹那部伟大的现实主义的小说《红楼梦》发生了极大的影响，前清同光年间，流行一句话说，“开谈不说《红楼梦》，纵读诗书也枉然”，一部小说，地位提得竟比六经还高……在清代曾在许多地区被禁。然而政治力量始终不能阻止天才的文学作品的流传，关于《红楼梦》的研究竟成为一种专门学问，称“红学”。

金庸“封笔”之作《鹿鼎记》中，那句“平生不识陈近南，便称英雄也枉然”，应该就是套用了“开谈不说《红楼梦》，纵读诗书也枉然”。

1954年，金庸与朋友谈《红楼》人物，这位朋友喜欢林黛玉和香菱，金庸说自己喜欢史湘云和芳官[1]，至于尤三姐，二人都说很喜欢。约半个世纪之后，2003年，在香港三联书店，金庸与王蒙对谈《红楼梦》，又说：“找史湘云做女朋友最好，爽爽快快的……芳官我很喜欢，史湘云我也很喜欢。”谈尤三姐，又谈了很多。“如果话说《红楼梦》的话，是三天三晚也讲不完。”金庸眼中的《红楼梦》，是“说不尽”的。

金庸谈《红楼梦》较多的，就是1954年所写四五千字的长文《漫谈〈红楼二尤〉》和2003年与王蒙谈《红楼梦》的专题。很可惜，他没有更多更细的“红学”论述。

王蒙问：“您是多大岁数开始看《红楼梦》的？”金庸答：“我妈妈看时，我跟她一起看，大概12岁左右。当时不大懂。”（金庸、王蒙《笑游大观园》）金庸的母亲徐禄，一直爱读《红楼梦》，常和金庸的堂嫂、堂姐谈论贾宝玉、林黛玉等书中人物。徐禄最喜欢的书中人物是探春，其次薛宝琴。（金庸《关于“金庸茶馆”》）她们常常比赛背诵《红楼梦》回目和书中的诗词，一个人背上一句，另外的人接着背下一句，赢了的可拿一粒糖。金庸在

1 《红楼梦》有一个情节，与史湘云有关，与芳官也不是毫无关系：“湘云……见宝玉将芳官扮成男子，他已将葵官也扮了个小子……湘云将葵官改了，换作‘大英’，因他姓韦，便叫他做韦大英，方合自己的意思，暗有‘惟大英雄能本色’之语……”那么，金庸笔下“韦小宝”的名字，是不是与这个“韦大英”，稍微有点关系呢？

旁听着，觉得婆婆妈妈毫无兴趣。他真正感兴趣的是糖果。（《探求一个灿烂的世纪》第312—313页）

1999年，金庸谈到："我在浙江大学演讲时有人问怎样能写好白话文，我说可以多读《红楼梦》。"

另一场合，金庸答记者问——

> "现在的青少年没有看很多古书，怎样才能写得有点像您那样好呢？"笔者问。查大侠自谦说道："我的文字并不好，我在浙江大学演讲时有人问我怎样能写好白话文，我说可以多读《红楼梦》。《红楼梦》的白话文写得很好……"
>
> "您记得最早看《红楼梦》是什么时候吗？""忘记了，从小已看过很多次。"（林翠芬《浪漫主义也可表现人性！——金庸谈小说创作心得》）

小时候的金庸，读《红楼》，却"不大懂"；看母亲她们背《红楼梦》诗词"毫无兴趣"；但随着年岁渐长，他最推重的中国古典小说，仍是《红楼梦》。

金庸初写武侠小说时，可能对这一文类也不是多么看得起，但到了写作后期，他是有抱负的小说家、文学家。金庸心中，有一曹雪芹，有部《红楼梦》在的。1972年，他写《鹿鼎记》的结尾，提到了曹雪芹；1981年，他为这部"封笔之作"写后记，谈及《红楼梦》；与《鹿鼎记》后记同时写成的《韦小宝这小家伙》中，金庸也谈及曹雪芹《红楼梦》；2006年金庸补写《鹿鼎记》后记，又说："我当然不鼓励现代的青少年去模仿韦小宝……正如《红楼梦》《水浒传》是好小说，但在现代社会中，贾宝玉和李逵的具体行为也不能学。"

《红楼梦》的主人公是贵族，《鹿鼎记》主人公是痞子。《红楼梦》写闺阁，女子的清爽的水世界；《鹿鼎记》写市井，男人的浊臭的泥世界。两书，互补。

金庸的企图心，真是不小。

与曹雪芹的差距，金庸也还知道的。所以，《红楼梦》主人公是假（伪）的宝玉，《鹿鼎记》主人公则是伪（假）的小宝。小宝，宝玉之小焉者也。

2003年，金庸与王蒙对谈中，香港三联书店负责人李昕说："查先生，我最近看到一个研究文章，是把您的《鹿鼎记》拿来和《红楼梦》作对比研究。您看到没有？"金庸虽马上谦称"不敢当"，接着却说："是北大一位学生写的，但是我觉得他讲得很有道理的。"

还是2003年，在《新闻会客厅》节目中，记者问："从金庸先生您内心来讲，是不是希望自己的这些作品，或者是其中的某几部，真的能够成为经典，像《红楼梦》那样能够流芳百世？"金庸完全不加否认，他是这样说的："希望归希望，但是不能受自己控制。"之后，记者问："您的好友倪匡曾经说过，金庸的作品在文学史上将会达到《红楼梦》一样的高度。您怎么看？"金庸答："这是好朋友的拔高。《红楼梦》在中国小说中写情最好，我的作品自愧弗如，还达不到曹雪芹那样的高度。"最后这句话，似谦实傲。虽然达不到"写情最好"的《红楼梦》的高度，但比起其他小说家，就是另一回事了。

董千里说："（我）对古典小说独推《红楼梦》，也只为唯有此书独具雅俗共赏的多重层次，而且似乎永远没有尽头……金庸作品也能够做到雅俗共赏，层次或不如《红楼梦》之多而且高，亦已为以后所仅见。"（董千里《武戏文唱与雅俗共赏》）

二百年来，金庸小说最接近《红楼梦》的高度。

金庸在《鹿鼎记》后记中宣布"封笔"："如果没有特殊意外（生命中永远有特殊的意外），这是我最后的一部武侠小说。"这个"特殊意外"，在我理解，就是他终于想到一个题材，大有发挥余地，可以写到，至少是接近《红楼梦》的高度，金庸便会再写小说。

《红楼梦》第五回中铺陈警幻仙姑之美的那篇赋，想来也在十二三岁的金庸背诵过的《红楼》诗词之列。等金庸写起第一部武侠小说《书剑恩仇录》，第一回说："突然间眼前一亮，一个黄衫女郎（霍青桐）骑了一匹青马，纵骑小跑，轻驰而过。那女郎……当真是丽若春梅绽雪，神如秋蕙披霜，两颊融融，霞映澄塘，双目晶晶，月射寒江。”其中“春梅绽雪”“秋蕙披霜”“霞映澄塘”“月射寒江”数语，皆出于《红楼梦》此赋。最近这次修改，金庸把这部分改掉了。我觉得改得很没必要。

1969年，金庸对林以亮说：“在写《书剑恩仇录》之前，我的确从未写过任何小说……有时不知怎样写好，不知不觉，就会模仿人家。模仿《红楼梦》的地方也有，模仿《水浒》的也有。我想你一定看到，陈家洛的丫头喂他吃东西，就是抄《红楼梦》的。你是研究《红楼梦》的专家，一定会说抄得不好。”（《金庸茶馆》第三册第185页）

再如，《红楼梦》第五十七回：

贾母道：“……若吃好了，我另外预备好谢礼，叫他亲自捧了送去磕头；若耽误了，打发人去拆了太医院大堂。”王太医只躬身笑说：“不敢，不敢。”他原听了说“另具上等谢礼命宝玉去磕头”，故满口说“不敢”，竟未听见贾母后来说拆太医院之戏语，犹说“不敢”，贾母与众人反倒笑了。

《书剑恩仇录》中也有一位大夫，叫作曹司朋，周绮对他喝道：“你只要叫一声，我就剁你的狗头。”曹司朋大夫就连说：“不敢。”周绮怒道：“你说我不敢剁？我偏偏剁给你看。”说着拔出刀来。曹司朋忙道：“不，不，不是姑娘不敢剁，是……是小的不敢叫。”

《书剑恩仇录》模仿《红楼梦》的地方所在多有，到了“封笔之作”《鹿鼎记》，几乎再看不到与《红楼梦》相似之处了。

但金庸在《鹿鼎记》，仍未忘怀曹雪芹、《红楼梦》与贾宝玉。

在小说结尾，金庸以戏谑笔调提起了曹雪芹的祖父曹寅老爷子。

在《鹿鼎记》后记中，金庸解释“小说并不是道德教科书”，又说：“林黛玉显然不是现代妇女读者模仿的对象。韦小宝与之发生性关系的女性，并没有贾宝玉那么多，至少，韦小宝不像贾宝玉那样搞同性恋，既有秦钟，又有蒋玉函。”

在《韦小宝这小家伙》文中，金庸说：“《红楼梦》反对科举功名，反对父母之命的婚姻，颂扬自由恋爱，是对当时正统思想的叛逆。”

金庸写《鹿鼎记》，写韦小宝，有《阿Q正传》的影响，更有“达达尼昂三部曲”的影响，最大的影响却是来自《红楼梦》，尽管《鹿鼎记》与《红楼梦》的风格看起来那么不一致。

《鹿鼎记》与《红楼梦》的风格，韦小宝与贾宝玉的性格，也不仅是不一致，是正相反。

二百年来，金庸小说最接近《红楼梦》的高度，虽然仍有很大的差距。

韦小宝就是贾宝玉的“反面”。

贾宝玉生于“钟鸣鼎食之家，诗书簪缨之族”，是贵族子弟；韦小宝则是丽春院中下等妓女的儿子，是流氓无产者。

贾宝玉是诗人，倒不是他的诗写得多好，是他一言一动都有诗意，“一身诗意千寻瀑”；韦小宝身上不仅无诗意，凡是与“诗意”相反的品质，皆荟萃于其身。

《红楼梦》第十九回：“谁想贾珍这边唱的是《丁郎认父》《黄伯央大摆阴魂阵》，更有《孙行者大闹天宫》《姜太公斩将封神》等类的戏文。倏尔神鬼乱出，忽又妖魔毕露。内中扬幡过会、号佛行香、锣鼓喊叫之声，闻于巷外……独有宝玉见那繁华热闹到如此不堪的田地，只略坐了一坐，便走往各处闲耍。”令贾宝玉最反感的这些戏文，却正是韦小宝最喜欢的。

贾宝玉的心极是柔软，有着广大深刻的同情心；韦小宝心太硬，有时太狠，当他离家出走经年，重新回到丽春院，听到鞭子着肉声、呼痛声、哭叫声、喝骂声，响成一片，知道是老鸨买来了年轻姑娘，逼迫她接客。他睽别已久，这时又再听到，倒有些重温旧梦之感，也不觉得那小姑娘有什么可怜。

贾宝玉认定，女儿是水作的骨肉，男人是泥作的骨肉，见了女儿便清爽，见了男子便觉浊臭逼人；韦小宝正是具有典范意义的烂泥做的骨肉，尤其是“渣滓浊沫”。

贾宝玉爱惜女儿却无力庇护她们，到《红楼梦》前八十回，已经有金钏、晴雯两个，几乎就死在贾宝玉眼前，宝玉全然救不得；韦小宝不尊重女性却有大能量，足以保护她们中的每一个。

贾宝玉在秦可卿给他准备的一个房间休息，抬头看见一副对联，写的是“世事洞明皆学问，人情练达即文章”。贾宝玉看了这两句，纵然室宇精美，铺陈华丽，亦断断不肯在这里了，忙说：“快出去！快出去！”韦小宝的长处，却正是这“世事洞明”“人情练达”，也正是从这一意义出发，（小说中的）陈圆圆小姐，才许他为当世“大才子”。

韦小宝是贾宝玉的“反面”，《鹿鼎记》也就是《红楼梦》的“反面”。“闺阁”的对面是“江湖”，《红楼梦》写“闺阁”，《鹿鼎记》写“江湖”。

“索隐派”所言也有道理，但至少在明面上，曹雪芹极力避免提到当时的朝政，《鹿鼎记》却将康熙朝前期的几乎所有朝堂大事一一写出。

这一切，我认为，我臆测，并非巧合，是金庸有意“反写”《红楼梦》。

周汝昌认为：“雪芹对《金瓶梅》一书，是既承又翻，而以翻为主，一切内容、风格、境界，都有意与之背道而驰。”（周汝昌《红楼小讲》第116页）金庸写《鹿鼎记》，对于《红楼梦》一书，更是“以翻为主”，更“有意”在一切内容、风格、境界上与之背道而驰。

《红楼梦》第五十二回，勇晴雯病补孔雀裘，好容易补完了，说了一声：“我也再不能了！”1972年9月23日，《鹿鼎记》在《明报》上连载完毕，金庸于焉“封笔”，他“也再不能了”！正是在这一天，《鹿鼎记》最后的连载中，金庸写道：“后人考证，《红楼梦》作者曹雪芹之祖父曹寅，原为御前侍卫，曾为韦小宝的部属，后被康熙派为苏州织造，命其长驻江南繁华之地，就近寻访韦小宝云。”

以上，纯属臆测。之所以有此臆测，因为在太多小说家的心中目中，都有一部《红楼梦》在，张恨水、林语堂等人也真的写出了自己能写出的自己的《红楼梦》，更因为金庸自己说过，他一直想着要“反写”那部“在中国的古典小说中享有崇高之极地位”的《三国演义》。

《三国演义》，“仁者无敌”？

金庸自言，读《三国演义》，在小学时代，“有许多文句不懂，但故事和人物的吸引力太大，终于跳过不懂的部分，一路读完”。推算起来，大致与读《红楼梦》的时间差不很久，而稍早。

金庸读《三国演义》，很投入的。他后来回忆：“我小时候读《三国演义》，全面站在刘备的蜀汉一方，决不承认蜀汉居然会比东吴、魏国先亡，为此和我大哥激烈辩论了几个小时。大哥没有办法，只好搬出他的中学历史教科书来，指着书上清清楚楚的几行字，证明蜀汉为邓艾、钟会所灭，我才悻悻然服输，生气大半天，流了不少眼泪。”（《探求一个灿烂的世纪》第303—304页）

金庸小时候，爱读冰心的《寄小读者》。巧合的是，金庸的“冰心阿姨”，小时候读《三国演义》，也流了不少眼泪，也是很久以后才有心思读诸葛亮死后的故事：“七岁时开始自己读……《三国演义》……我第一次读到关羽死了，哭了一场，把书丢下了。第二次再读时，到诸葛亮死了，又哭了一场，又把书丢下了。最后忘了是什么时候才把全书读到‘分久必合’的结局。”（冰心《忆读书》）两者可以对照。

金庸最初读《三国演义》，“自诸葛亮在五丈原归天，以后的故事我就没有心思看下去了”；金庸读《红楼梦》，“第一次看到七十九回以后就不看了，后来长大了才看，当然觉得差劲一点”（金庸、王蒙《笑游大观园》）。二者可以对照。

金庸一生对历史有兴趣。这份兴趣，很大程度上，是从几岁时读历史小说《三国演义》起步的。

2004年，金庸在央视《面对面》节目上说，自己的创作“受到中国传统小说《水浒》《三国演义》《红楼梦》，间接不知不觉的影响，一定是有的”。

金庸写人物，主要是从《三国演义》等中国古典小说中学习的。《三国演义》人物，他最喜欢的是赵云，“其次喜欢的是马超和吕布。当时我年纪小，只重视战斗力高强的战将……这两人在戏台上扮相英俊漂亮，在我心中也加了分”，从这里可以看出金庸对小说的爱好，还有对中国传统戏曲（主要是京剧）的爱好。

金庸说：“《三国》故事成了中国大众精神生活的一部分，人民从其中接受道德教育与价值标准。应当像刘备、关羽那样重视对朋友的义气。”他后来写作的“武侠小说”这一文体，本身就极为重视“义气”。可以说，无“义气”，就不是“武侠小说”。

金庸又说：“要爱护人民，决不可像曹操那样忘恩负义，为了自己的利益而做奸诈毒辣的事。”由此发端，金庸一生坚持孟子的“仁政”思想，在他的《明报》社评中时时表露出来。

1963年，金庸写道：

> 中国历史学家总结三千多年的历史，施政的两个根本原则是“爱民”和“纳言”……一部《资治通鉴》，反反复复的说来说去，其实就是“爱民”和“纳言”四个字。它以无数的例子证明，要统治长久，政权巩固，第一是爱惜百姓，第二是接纳忠言……中国的政治哲学家们认为，“仁”不但是道德的，而且也是于政权本身有利的……中国人对于皇帝的分类，向来很是简单，一曰“明主”，一曰“昏君”；对于臣子的分类也很简单，一曰“忠良”，一曰“奸佞”。分类的标准，也就是“爱民”和“纳言”两点。不爱百姓，不听忠言，是为昏；欺君虐民，谄谀顺恶，是为奸。历史书中是这样写，所有的戏剧也都是这样演。（金庸《谈〈彷徨与抉择〉》）

金庸还说过：“如果参与政治之中，最起码要讲公道，不能恃强凌弱，要讲是非，谁对，谁不对。掌握力量的人不应当欺压弱小，靠暴力主宰秩序，使得人家没有反抗能力而忍受极大的痛苦。无能为力的时候，我为那些不幸的人感到难过，对那些欺凌别人的事非常愤怒。”（郭宇宽《对话金庸》）由金庸所说“最起码”一词看来，他并非不具备现代思想，只是向来反对过分急躁、欲速则不达的做法，“仁政”应该是金庸的底线，是他对古今政治人物的基本要求，因此在小说中对宋太祖、高太后（北宋宣仁皇后）、清圣祖等人多有肯定。

金庸认为：“李世民做皇帝的二十二年，在中国历史上最是黄金时代。”他为唐太宗列出了七个成功的秘诀，“第六点成功的秘诀，是他用人只取其所长，并不求全责备”。李世民说：“朕见贤者则敬之，不肖者则怜之，贤不肖各得其所。”金庸认为：“一个‘敬’字和一个‘怜’字，包括了大领袖待人的仁心。”（金庸《谈〈彷徨与抉择〉》）

《鸳鸯刀》中，庙堂与江湖上各路英雄，你争我夺，都想得到双刀中隐藏的那个“能无敌于天下的大秘密”，等众人凑近看时，只见鸳刀的刀刃上刻着“仁者”，鸯刀上刻着“无敌”。《鸳鸯刀》结尾一句话：“‘仁者无敌’！这便是无敌于天下的大秘密。”这仅是金庸的良好愿望，理想中应该是这样，就相当于金庸小时候“决不承认蜀汉（至少在小说《三国演义》中代表了更仁德的一方）居然会比东吴、魏国先亡”。

“仁者无敌”四字，出于《孟子》第一章。

金庸也知道现实并非如此，因此在《笑傲江湖》后记中又说：“政治上大多数时期中是坏人当权。”这就相当于金庸小时候的“悻悻然服输”，不得不承认仁德的蜀汉并不无敌。

历史上，“仁者”并不“无敌”，甚至是“不仁者”才“无敌”于天下。《笑傲江湖》写出的，就是一个“不仁者无敌”的江湖。

少林、武当两派更仁德，日月神教更残暴，表面上看来，是少林派方证大师和武当派冲虚道长笑到了最后，实则不然。日月神教教主任我行如非（在金庸安排下）猝死，几乎必然击败少林、武当联盟而“一统江湖”。

小说已经提示过了，当令狐冲拒绝加入神教，任我行心中已然定下大方略：声称要与“正教”会战于恒山，却派重兵袭击（因增援恒山派而实力空虚的）少林寺，再半路邀击武当派，正所谓“攻其无备，出其不意”。而方证大师和冲虚道长竟天真地相信了任我行的宣战书，调集“正教”所有精兵聚集恒山，神教与“正教”这次决战，要真的打起来，“正教”必大败亏输。

《孙子兵法》第一篇就说：“未战而庙算胜者，得算多也；未战而庙算不胜者，得算少也。多算胜，少算不胜，而况于无算乎！吾以此观之，胜负见矣。”在“庙算”上，方证与冲虚输得一塌糊涂，吾以此观之，胜负见矣。金庸谋杀了任我行，这才阻止——其实只是延缓——了日月神教的“一统”进程。

金庸认为，《三国演义》“不是赞扬奸诈狡猾的曹操与司马懿的成功，不是否定为人仁义的刘备、诸葛亮的失败”，这就是“不以成败论英雄”。虽不以成败论英雄，但是刘备、诸葛亮总归是失败了，曹操与司马懿却往往成功。

金庸在《笑傲江湖》后记中说，任我行等“政治人物”，“每一个朝代中都有”。曹操、司马懿、司马昭这些历史上的“政治人物”，就是那个时代的任我行，这样的“不仁者”，往往“无敌”于“江湖”乃至“天下”。

《三国演义》对于蜀汉一方的刘备、诸葛亮、关羽等人，确乎有所美化，尤其夸大了他们在赤壁之战中的作用。身为浙江人（三国时代应在孙吴政权治下），金庸对后者尤其不满意，经常自逞想象，在自己脑子里玩玩“东吴主体三国演义”的文字游戏，但他终于没有写，因为“真的笔之于文，未免辛苦，亦无必要”。

从 1955 年到 1972 年，金庸“辛苦”了十七年，写出千万字的小说，已然不易。作为读者，我当然喜欢金庸多写一两部作品，写的是武侠小说，还是历史小说，都好。然而，考虑到他曾经那么“辛苦”，他的“封笔”，很可以理解。

很多人都以为金庸既然写的是“通俗”的“武侠小说”，且是为报纸写连载，必然写作态度非常轻率，粗制滥造。不是这样的。

金庸在台湾答读者问时，也谈过此事：“我曾有意另写一部关于三国的历史小说，抬高周瑜、赵云、顾雍、陆逊、羊祜等人的地位，但后来想《三国演义》写得这样好，又已深入人心，我另写历史小说，一定及不上罗贯中先生，这个主意就不去实行了。”（《金庸其人》第 247 页）

从这句“及不上罗贯中先生”，可以看出来，金庸确是一个“完美主义者”，某件事只要做了，总要尽最大努力，做到最好，他要真写起“反《三国演义》”来，自我要求必然更高，要写得像《三国演义》一样好或更好，最低标准是即便不及原著也不能相差太大，否则岂不贻笑天下？

“我另写历史小说，一定及不上罗贯中先生”，可能是在“写得这样好”和“深入人心”这两方面，都“及不上”；也可能是说，“写得这样好”这方面可以“及得上”，而在“深入人心”这方面，金庸的新小说，怎么也“及不上”几百年来国人熟悉无比的《三国演义》。

假如金庸真的写出这部“东吴主体三国演义”，并且其文学价值不比《三国演义》更低，“然而这是和全国民间根深蒂固的传统思想作对，后果必定不佳”，金庸的这种认知，还是非常准确的。

金庸是非常谦虚的，也是极为自负的，他所期待的，是达到甚至超过罗贯中的高度。

《水浒传》与《连城诀》《书剑恩仇录》

1965年，金庸写《穿裙子的大人物》，说最喜欢的小说家，是施耐庵、司各特、斯蒂文森和大仲马。

身为普通读者的金庸，亦当“最喜欢”这四位小说家。身为武侠小说家，金庸对他们，在“最喜欢”之上还要加几分“格外喜欢”，因为这四人的作品，是最接近“武侠小说”的。

1997年，温迪雅谈及金庸“在自己的小说中，构筑了一个具有自己道德、准则的‘江湖社会’”，金庸说：“这不是我想出来的，以前的小说中就有这样的假设。比如《水浒传》这部小说，他里面描写的故事和人物，如宋江、武松……本身就是‘江湖社会’中的故事和人物。当然它也有对一般人民的描写，但主要的还是对特定的江湖社会的描写。”（《温迪雅访谈》第

134页）

“武侠”一词，出现其实甚晚。最早可能见于1904年的《小说丛话》，该文评论《水浒传》：“遗武侠之模范，使社会受其余赐，实施耐庵之功也。”

“主要的还是对特定的江湖社会的描写”的《水浒传》，就是武侠小说，然而，写得实在太好，不太像武侠小说，所以就不（仅）是武侠小说。

一部小说，写得太好，写到极致，仍给它贴上某一“类型文学”的标签，太嫌多事，很没意思。

金庸前期作品仍未写到极致，应仍算“武侠小说”。他后期三部大小说——《天龙八部》《笑傲江湖》《鹿鼎记》，就不（仅）是“武侠小说”了。

金庸对池田大作说，《水浒传》“基本上是一部反叛的小说，歌颂反抗当权者的英雄人物，重点是反抗朝廷，向不公道的权威作斗争，基本精神是反抗……它主要的魅力在于对不公正的欺压奋起反抗，因而令人心大快”。

梁实秋则说：

> 第一部影响我的书是《水浒传》……我读到《水浒传》才眼前一亮，觉得这是一部伟大的作品……《水浒传》的主题是“官逼民反，替天行道”。一个个好汉直接间接的吃了官的苦头，有苦无处诉，于是铤而走险，逼上梁山，不是贪图山上的大碗酒大块肉。官，本来是可敬的。奉公守法公忠体国的官，史不绝书。可是一朝权在手便把令来行的贪污枉法的官却也不在少数……《水浒》写的是平民的一股怨气。不平则鸣，容易得到读者的同情，有人甚至不忍深责那些非法的杀人放火的勾当。有人以终身不入官府为荣，怨毒中人之深可想……我读了《水浒》之后，我认识了人间的不平。（梁实秋《影响我的几本书》）

有论者批判武侠小说，说是不讲法制、反法治，认为武侠小说所传达的精神内涵与现代法治精神相违背，梁实秋这段话，可以回答他们。

2003年，金庸在湖南涉外经济学院谈到：“中国人也讲王法，但以前的法律是不完备的，所以侠义思想就盛行了。”

小说写到的古代，根本没有法治可言，小说这种文体，哪有本事，且如何能够推进法治？按这些人的思路，那就不仅是武侠小说不该写、不该读，《水浒传》一书也该禁绝了。

梁实秋又说：“英国俗文学中之罗宾汉的故事，其劫强济贫目无官府的游侠作风之所以能赢得读者的赞赏，也是因为它能伸张一般人的不平之感。”然而，按某些人的思路，司各特等人就不该写罗宾汉的故事，今天英美两国也不该拍罗宾汉的电影，写了拍了，也绝不能让民众看到。

金庸在《连城诀》后记中写到的家中长工和生的故事，真是太冤、太惨了。现代社会，我们遇到纠纷，自然可以一切循法律途径解决。然而，在和生的时代，他遭受这么大的冤屈，如何解决？法律能保护他吗？

1961年，柏杨写《两件怪事》，赞同胡适“对武侠小说表示轻蔑，盼望改写‘推理小说’”的意见，二十年后，他为此文加一“按语”：“以上种种，乃我老人家一九六〇年代的见识。一九八〇年代，这见识改变，变成原则上不反对武侠小说。今日之我，所以与昨日之我宣战，是感觉到，只要中国的法治精神不立，小民就只好喜欢武侠小说。”

1961年的柏杨，似乎还没读过金庸作品。后来他的想法就大变，对金庸小说称扬备至，认为是“武侠（小说）的突破”。

有些人似乎以为，禁绝了《水浒传》和“武侠小说”，“法治社会”便水到渠成。这样的见解未免天真。

“法治社会”下，西方人仍然喜欢罗宾汉的故事，我们也仍爱《水浒传》，只是再没有那么强的“代入感”。

1960年，金庸在《关于武侠小说的几个问题》一文中说：“《水浒》正是经典性的武侠小说，是每个武侠小说作家的主要范本。”其中“每个”一词，用得并不妥当。但至少，金庸本人是以《水浒传》为自己创作的“主要范本”的。

我读金庸的散文与访谈颇多，感觉金庸给自己定的努力方向和目标，中国的是施耐庵和曹雪芹，西洋的是大仲马和莎士比亚。施耐庵与大仲马，算是同一等级的小说家。曹雪芹与莎士比亚，也是同一等级的文学家。

受《水浒传》影响最大的金庸小说，是《书剑恩仇录》。《水浒传》与《书剑恩仇录》，写的都是“人物群像”。水泊梁山是一百零八位头领，金庸第一次写小说，气魄没这么大，只写了红花会十几位头领。

金庸说：“我学《水浒》写《书剑恩仇录》，书中领袖陈家洛与清朝皇帝妥协，受到欺骗，结果十分悲惨，实际上主题是反对向封建官府投降、妥协，含有必须反抗到底的意义。”金庸第一部小说是这样的态度，他最后一部小说《鹿鼎记》却不反对向封建官府妥协，不主张反抗到底了。

怎么回事？

写《书剑恩仇录》时，金庸在《大公报》工作，当时的《大公报》已经“转向”，金庸的工作环境是比较“左”的，在他本人思想上也有所表现，这才有主张反抗到底、绝不妥协的《书剑恩仇录》写出。后来，金庸脱离了《大公报》，自立门户，他本人思想也有所转变，才会写《鹿鼎记》。

金庸要是仍在《大公报》，而居然写出《鹿鼎记》，必遭严厉批判，一顶“投降主义”的大帽子是免不掉的。

金庸认为：“《水浒传》对落草为寇的强人有很大的同情心，对于他们的所作所为作了同情与认可的描写，叙述他们受到不公平的压迫，不得已而被‘逼上梁山’。然而书中滥杀无辜、挖人心肝等等场面，以现代的观点来看，未免过于残暴。”李逵等人滥杀无辜的弱者，确实很下流，很下作，金庸小说（以及绝大部分新武侠小说）中的正面人物，就不会做这种事了。《笑傲江湖》中的向问天做过这等事，此人必不是正面人物。

金庸最喜欢的《水浒传》人物，不可能是“黑旋风”李逵，而应是“花和尚”鲁智深。他在《笑傲江湖》写出一个与鲁智深相似度极高的大和尚不戒大师，应该是在向施耐庵致敬。

金庸读《水浒传》，从童年读到晚年，不断重读。金庸自己说，小说中的故事已经熟到无可再熟，他所爱的是《水浒传》的文字。

金庸对严家炎说："在语言上，我主要借鉴中国古典白话小说，最初是学《水浒》《红楼》，可以看得比较明显，后来就纯熟一些。"（严家炎《金庸答问录》）

对金庸小说语言影响最大的一部书，应该就是《水浒传》了。金庸写的都是江湖的故事，不少是宋朝的故事（《金庸作品集》三十六册中，十三册的时代背景为宋），彼此相通。

《水浒传》中很多人物自称"小人"，金庸小说中也有不少人物自称"小人"。有些，用得就不很合适。杨过虽然民族意识淡薄，但面对率军侵宋的忽必烈而自称"小人"，我总觉得不妥。陈近南是何等地位、格局、气度，哪怕面对郑成功、郑经父子，自称"小人"都不该的，"失大臣之体"，居然在《鹿鼎记》中对归辛树自称"小人"，没道理。

1981年，金庸发表长文《韦小宝这小家伙》，谈到："《水浒》中武松，李逵，鲁智深等人既粗暴，又残忍，破坏一切规范，那不要紧，他们讲义气，所以是英雄。许多评论家常常表示不明白，宋江不文不武，猥琐小吏，为什么众家英雄敬之服之，推之为领袖。其实理由很简单，宋江讲义气。"金庸笔下的英雄们，少了"粗暴"和"残忍"，继承了《水浒传》人物的"讲义气"。2000年，北大和香港作家联会共同主办"北京金庸小说国际研讨会"，在未名湖畔，金庸说："我的思想很保守，我倡导文化中国的理念。不过虽然我头脑中士大夫的思想很重，但我仍觉得江湖义气重于仁义道德。"

宋江这个人，被金圣叹老先生判定为"伪"，但我认为，宋江身上，确有一"真"，他爱英雄的心是真的。《水浒传》多次写他与武松等人相处时"心中喜悦"，施耐庵在这些地方，并不是故弄狡狯，故意说假话。宋江欣悦于与各色英雄相交相知，并且，这一刻，在这份欣悦中，想着日后如何统驭他们、利用他们的心思，并不很多。

第三章

学习时代（中）

明朝、民国，倭寇两次肆虐海宁

1936年夏，金庸小学毕业。小学期间，成绩年年是班上第一名。秋天，金庸考入嘉兴初级中学，成绩在全部考生中排第六。

金庸在嘉兴中学，第一学期结束时，取得班上第一名的名次（严晓星《金庸年谱简编》）。

第一学年，金庸读完了学校图书馆三分之一的藏书。

岁月静好。

然而，然后，日本鬼子，来了！

这所学校，这个国家，再也放不下一张平静的书桌。

1937年8月15日，日机轰炸海宁。

8月16日，日机空袭嘉兴、平湖。

10月，嘉兴中学师生转移到二十里外的新塍镇，租屋为教室，继续上课。

11月5日，二十万日军在杭州湾金山卫登陆。

11月20日，日寇侵入海宁硖石。

12月23日，海宁县城（盐官）沦陷。

金庸的家乡袁花镇被日军占领。

查枢卿、徐禄夫妇带着全家，于11月18日，渡过钱塘江，逃难到余姚县庵东镇。后来，徐禄得了急性菌痢，无医无药，几日里腹疼沥血，食不下咽，几至虚脱。查枢卿亲自采摘草药，和着鸡汤让妻子服用，但妻子最终病亡。查枢卿悲痛欲绝，日夜守灵不肯离开。这年，他们最小的儿子查良钰只两岁。

《倚天屠龙记》写道：

俞岱岩赶到傍晚，到了一个小镇上，一问之下，却是余姚县的庵东镇。由此过钱塘江，便到临安，再折而西北行，要经江西、湖南两省，才到武当。晚间无船渡江，只得在庵东镇上找一家小客店宿了。

据金庸族人查玉强考证，庵东镇是金庸母亲在1938年7月15日逃难到钱塘江对岸的埋骨之地，金庸对此始终难以忘怀。1981年，金庸由其妹陪同，专程来到庵东镇，凭吊母亲，拈香跪拜，伏地不起。

约1937年底，金庸的四弟查良栋，亦因病早夭。

1938年8月1日，日寇再度进犯袁花镇，几天后，纵火焚烧数日。1963年，金庸回忆道："我故乡是浙江海宁的一个小镇，叫作袁花，镇上给日本兵烧得一根柱子也没剩下。我的家当然也是烧得干干净净，衣物财产毁了，倒也没有甚么，只是数百年祖宗积下来藏书的毁灭，曾使我父亲和哥哥大哭了几场。当时我还不知道书籍的宝贵，现在想起来，觉得自己也真应当大哭一场才好。"（金庸《谈〈彷徨与抉择〉》）

海宁的袁花镇，袁花镇上的查家，受日本人祸害，这也不是第一次了。

数百年前，袁花镇就是倭寇入侵内陆的通道口，是倭害为祸最烈的重灾区。嘉靖三十一年（1552，壬子年），袁花镇已经让倭寇烧了一次。这一年，倭寇汪五峰率部七百余人，入侵尖山四十余日，焚烧袁花市镇，民死不可胜计。

海宁查氏南支九世查尚贤，"以倭入寇，劫公去（时年虚龄十五）。有主仆同被掳者……倭偏掠三吴，公潜扶其幼主去，而令其仆为应名，竟得护还”。这位少年时即从倭寇手下死里逃生，顺便救人一命的查尚贤，正是穆旦（查良铮）的直系祖先。

金庸很难对日本人与日本文化有好印象。

2003年，金庸为《雪山飞狐》后记补写了几段。其中谈到：“我用几个人讲故事的形式写《雪山飞狐》，报上还没发表完，香港就有很多读者写信问我：是不是模仿电影《罗生门》？这样说的人中，甚至有一位很有学问的我的好朋友，我有点生气，只简单地回复：请读中国的《三言二拍》，请读外国的《天方夜谭》，请读基督教圣经《旧约·列王纪上·一六—二八》，请读日本芥川龙之介小说原作《罗生门》的中文译本。自从电影流行之后，许多人就只看电影，不读小说了……一般人受了这电影的教育，以为如果有两人说话不同，其中一人说的是假话，那就是‘罗生门’。”1959年给朋友写信时，金庸“有点生气”。四十几年后写出这节文字时的金庸，犹有几分愤愤之意。

金庸之所以如此“情绪化”，窃以为，主因有二。

一则，这些指认金庸模仿《罗生门》的读者的见识太过浅陋，完全不明白“自古以来，一切审判、公案、破案的故事，基本结构便是各人说法不同，清官（或包公、彭公、施公、狄公、况公、所罗门王）或侦探（或福尔摩斯、或白罗、或范斯）抽丝剥茧，查明真相，那也是固定结构”（《雪山飞狐》后记），而径自算作了《罗生门》导演黑泽明的首创与专利，如此一来，金庸就成了对黑泽明亦步亦趋的学步者与跟风者，显得很有几分“趋时”与可笑，让金庸很是不爽。

二则，我一直感觉，金庸对日本文化、日本文学并不如何尊崇重视。

清末之前的两千年间，中国文化人对周边各国的文化与文学，基本就是无视的态度。金庸很传统，继承了这种“上国心态”（他对池田大作说过“中国以文化、文明交给日本”），对日本文化缺乏敬意。

20世纪60年代的金庸，对日本报业的发展规模表示惊叹，对日本经济恢复之迅也表达过赞佩之意，但他几乎从来没有主动谈起日本文学。

有记者问到了，金庸也跟着谈过日本的武士小说《宫本武藏》。他并不像清末以前的国人一样，对日本文学完全无视，好歹还是读过一些的。

关于吉川英治的《宫本武藏》，当时金庸是这样回答的："吉川先生的想象力比我更夸张了。我写陆高止，完全没有受到吉川先生的影响。我写陆高止金针钉苍蝇是在一九五五年。我至今不能阅读日本文，读到吉川小说的中译本，至少是在写陆高止的二十年之后了。吉川先生写宫本武藏，最好的一段情节，我以为是他能从高手以长刀劈削花枝的手法中看出高手的刀法来。一般而言，日本武侠小说中所描写的武技，远不及台湾、香港武侠小说的多彩多姿。"（《金庸其人》第 249 页）

金庸读《宫本武藏》最早不过 1975 年，而 1972 年金庸已经写完《鹿鼎记》，从此"封笔"不作了。

中国的武侠小说、西方的骑士文学与日本的武士小说，这三种文体是比较接近的。金庸对西方骑士文学和日本武士小说的态度却是大异。

欧洲的骑士文学不仅局限于中世纪这一时代，或是西班牙一国。英国司各特、法国大仲马的多数作品，皆可归于骑士文学的行列。

金庸终生视司各特、大仲马为师，多次表达感恩之意。他对日本的武士小说恐怕就没这么看重，更多是平视乃至俯视，只是出于好奇，随便翻翻的态度，看看他们怎么写、写些什么。

金庸的个性，更喜明亮大气雄浑宏壮一路，与日本文化的气味也不十分相投。

新武侠小说两大家中，古龙受日本小说，尤其是日本的武士小说影响很大，金庸所受影响很小。

金庸一直爱好周作人的文章，但他似乎并未受知堂影响而爱好日本文化。钱锺书在小说《猫》中，狠狠嘲弄了知堂老人一把，字里行间也可见出钱先生对日本文化的态度与金庸很相似，就是不亲近，不重视。

也不仅是钱、金二人，民国时代"欧美派"（或"留欧派"）的知识分子普遍看不起"留日派"，也更不重视日本文化。

不少人参观过金庸的书房，好像没有谁留下了日本著作很多的印象。甚至没有一个人谈及，在金庸书房中，看到有哪一本日本著作。

金庸说过："我看的英国书多，受那边大学的影响也深，我也喜欢法国、意大利。每次去这些国家就去瞻仰古迹。这种心情又跟我回大陆一样。"他年轻时虽不曾如愿到剑桥读书，思想观念上与"留欧派"很接近的。

金庸的父亲很早就应许儿子，送他去剑桥。金庸从小学到大学，成绩几乎总是第一，考剑桥应该没问题的。不得踏上剑桥，还不是让日本人害的！家业因日寇入侵，几乎败光，没钱去留学了。

《金庸作品集》翻译为日语，金庸为之写序，出于礼貌，不能不主动谈日本文学了。金庸是这样说的："我读过若干翻译的日文文学作品，从《源氏物语》直到当代的推理小说，像吉川英治、井上靖、司马辽太郎等作家的作品，我是相当喜欢的。"语气很有节制，"若干""相当"二词，尤其显得淡漠，不像他谈及英国或法国文学那样热情流露。

这段话之前，金庸说的是："我少年时候正逢中日战争期间，我全家被日本军队烧得干干净净，我母亲和一个胞弟都因战时缺乏医药而过早去世，从少年时候起，就因民族情感及亲身经历的苦难而深恨日本人。但当进入日本社会，受到双方共同文化的感动，对日本人的敌意就逐步消失了，此后更结交了好几位日本人好朋友。"联系后面他说自己读过"若干"日本文学作品而"相当"喜欢，可以推论：金庸（曾经）特别排斥日本文学，因为日本侵华给金庸的国家和家庭造成太大的伤害。

这种排斥，后来有所减轻，总还是在的。

金庸"此后更结交了好几位日本人好朋友"，这个"此后"很可能是他1972年"封笔"不写小说之后。

金庸写这篇《致日译本的读者诸君》是在1996年9月，两个月之后，他展开了与日本学者池田大作的漫长对谈，或有在日本造势，推销自己小说的用意。

金庸生平最长的一次对谈，谈话对象居然是一个日本人。不见得是他对池田大作有兴趣，我感觉金庸某种程度上是把日本人池田大作看作英国大历史学家汤因比的“未亡人”。金庸崇拜汤因比，而汤因比与池田大作的对谈录影响深远。汤因比已逝，能与和汤因比长谈过的池田大作谈谈，也是好的。金庸对池田大作说：“我很久以前已经拜读过池田先生与汤恩比博士的对谈集《二十一世纪的对话》，当时深受感动。今次有机会与先生您对谈，对我而言乃是荣幸之至！”（《探求一个灿烂的世纪》第4页）

金庸对池田大作谈过吉川英治所写《三国志》，更多是他对三国这个时代和《三国演义》这部中国古典小说感兴趣，想看看日本人怎么写、写什么，随便翻翻罢了。

金庸与池田大作，谈《希腊罗马名人传》，谈大仲马，谈雨果，谈《三国演义》，谈巴金，谈鲁迅，话题广泛，唯独极少谈及日本文学。金庸个性很厚道，是最肯为人着想、舍己从人的。与朋友聊天，一般会多谈对方感兴趣的话题。他与日本学者谈话，而少谈日本文学，或者是他本人对日本文学缺乏兴趣，或者是他对日本文学了解有限，更可能是他对日本文学缺乏兴趣，因而了解有限。

金庸对池田大作又说起：“日本军队曾占领大半个浙江，造成极大的破坏与损害……我的母亲因战时缺乏医药照料而逝世。战争对我的国家、人民以及我的家庭作了极重大的破坏。我家庭本来是相当富裕的，但住宅给日军烧光。母亲和我最亲爱的弟弟都在战争中死亡。”这样亲身经历的家仇国恨，很难让金庸对日本文化有亲近意。

假如有人说金庸某部小说的整体思路与写法，完全是在模仿某部英国作品，金庸听了，也不会很舒服；有人说《雪山飞狐》完全是在模仿一部日本作品，金庸尤其不能忍，愤恚之心尤其强烈。

沈西城先后有四本书写到金庸：1984年4月的《香港名作家韵事》，同年12月的《金庸与倪匡》，2008年的《香港三大才子：金庸、倪匡、蔡澜》，2018年的《金庸逸事》。

最早的《香港名作家韵事》，我得书最晚。2023年2月，读到书中说：

“有次我见到他（金庸）时，想起他家藏书甚丰，便告诉他日本的松本清张也有书库。金庸说日本作家他知道的并不多，但松本清张的大名他是听过的……”由这句“日本作家他知道的并不多”，基本证实约十年前我就发布在《羊城晚报》的一个猜想：金庸并不甚关注和喜欢日本文学。

沈西城早年留学日本，金庸没说这句话，他不会误记为说过，他也没有动机为金庸编造出这句话。

我发布过的关于金庸的猜想，后来有机会验证的，极少被“证伪”。

我不记得有。

随校南迁，生平第一次关键抉择

1937 年 11 月 5 日，日军进迫，嘉兴危急。嘉兴中学的学生，或自行回家，或由家长接走了，还有很多家乡已处于危境的学生留在学校，一时人心惶惶。

嘉兴中学校长张印通，不顾经费不足和前途莫测，毅然决定带领这些师生南迁。

11 月 11 日，他们匆忙离开新塍，踏上流亡之路。

到了桐庐，半夜里，学生在睡梦中被叫醒，匆忙集合出发，队伍刚刚走过浮桥，身后火光熊熊，浮桥烧断了。

学生大多是十四五岁，年龄最小的只有十二三岁，不少同学脚上都起了水泡，水泡磨破了出血不止，靠木棒或竹竿支撑，一步一移。

张印通校长和二十多位老师、全体学生同行、同吃、同住，每到宿营地，都是稻草在地上一铺，就地而卧。

流亡途中，老师仍要抓紧时间给学生上课。没有教室，没有课本，没有学习用品，学生就坐在树荫、屋檐下，老师凭着一块很小的黑板上课。

等学校再开学时，日本帝国主义已在全力进攻上海。他们在新迁的学校内坚持上了一个月的课，就不得不向后方转移。

起初，张印通校长召开全体教师会，在会上说：“嘉兴中学的师长不忍看着几百个学生沦陷在嘉兴当亡国奴。校长和师长有责任带领学生撤离即将沦陷的嘉兴！”

于是学校宣布：凡是家乡尚未沦陷的同学，一律离校回家；凡是家乡已沦陷的同学，一律随校迁移。学校的决定宣布后，家乡尚未沦陷的同学纷纷离校，尚有一百多位师生已无家可归，须随校迁移。查良镛家乡（海宁袁花镇）尚未沦陷，他本来可以回家，但他热爱学习、热爱集体生活，所以没有回家，随校一起南迁。（高玉阶《抗日烽火中的中学生时期》）

这当是金庸一生中，第一次独立做出的重大抉择，当时根本没有与家人商量的余裕，金庸自己决定随校南迁。他要是留在海宁，跟家人在一起，可能就是另一种人生了。

“在家千日好，出门万事难”，而“志在四方”的金庸，终于踏上南迁之路。此后近十年间，他转徙各地，行了万里路，也读了万卷书。金庸晚年对记者说：“我的生活平平无奇，童年生活比较不幸，日本人打仗，家里房子被烧掉，逃出来读书，十分艰苦。”若不是随校南迁，金庸早年的经历就更平平无奇了。

这次，金庸没有回家安居，而是随嘉兴中学走上流亡之路，略似《天龙八部》中段誉的离家出走，在奔走中，在江湖上，金庸和段誉，完成了他们自己。

金庸的中学同学楼学礼回忆昔年的学生生活：

张印通校长和许多老师都和学生一道，一日三餐等待学生的值日队长发出“稍息”、“开动”的口令，才进用粗粝的饭菜。极大多数学生没有经济来源，是靠当时政府设置的战区学生救济金（包括伙食全免、半免等）维持生活的。同学中不少人一年四季是赤脚草鞋，夏天的日子比较好过，暑假期间男同学常光身泡在大溪中，把脱下的衣裤搓洗一下，晾在岸边石头上，等晾干了再上岸穿上（所以我们人人会游泳，而且本领过硬）。冬天的日子比较难过，我们有一大批人就是靠了一件卫生衫和单制服在寒风中抖抖瑟瑟熬过来的。（楼学礼《我所知道的碧湖联高》）

金庸回忆："在抗战时期，有很多时候我趴在地上躲避战火的袭击，而炸弹就在身边炸响，机关枪也在周围扫来扫去的。流浪的时候，我只能够穿草鞋，饥寒交迫，无家可归。"真是艰苦备尝，但金庸接着说："如今回想起青少年时期所经历的困苦磨练，也是我人生的一笔财富。现在的年轻人生活得太舒适了，衣来伸手、饭来张口，缺少生活的砥砺，这并不是一件好事情。我们应该提倡挫折教育，这对于青少年的身心健康成长大有益处。古人常说的生于忧患、死于安乐就是这个道理。"（贾海红《博览群书学会做人——访金庸先生》）

金庸对池田大作说："日本军队侵略我的故乡时，我那年是十三岁，正在上初中二年级，随着学校逃难而辗转各地，接受军事训练，经历了极大的艰难困苦……不过战争也给了我一些有益的磨炼。我此后一生从来不害怕吃苦。战时吃不饱饭、又生重病几乎要死，这样的困苦都经历过了，以后还有什么更可怕的事呢？"

抗日战争期间的困苦经历，塑造了金庸，深刻影响了他的性格和小说创作。

庄敬自强，大教育家张印通

师生一行走到金华时，淞沪前线总指挥张发奎将军听说了张印通校长带领师生艰难南迁的事迹，深为感动，派人送来一千大洋，缓解了嘉兴中学经费不足的困难。

1937年12月下旬，流亡师生经过近两个月的跋涉，到达丽水县碧湖镇，算是安定下来了。

嘉兴中学南迁，行程上千里，历时一个多月，竟无一人掉队。

途中，曾有教师提议解散学校，让学生自谋生路，以致人心浮动。关键时刻，张印通召集全体师生讲话："只要有我张印通在，我就要对学生负责，坚持到底！"当年嘉兴中学的一位学生吴慧芳说："虽事隔近半个世纪，当时情景，犹历历在目。这响当当的几句话，至今犹铭刻在我的心中。"

金庸的同学高玉阶回忆：

抗战爆发后，日寇金山登陆，张校长在战乱中，率领师生南迁途中。记得是在金华附近，当时形势很紧张，上海已经失守。原淞沪前线总指挥张发奎所部（号称"铁军"）也正南撤，其部走浙赣线，有段时间和嘉中师生走在一条公路上。有一天上午，师生们已出发上路，突然驰来一辆绿色小型军用车，在嘉中师生面前突就停下来，车中走出一位身材魁梧、口操山东口音的军官，声称要见张校长。原来他是张发奎将军的高级参谋，姓高。张发奎在抗战前任国民政府军事委员会苏、浙、皖三省边区绥靖公署主任，其司令部就设在嘉兴，因此他对嘉兴的情况比较了解，对张校长的人品和为人十分敬佩。这时他听说张校长正率领嘉中年幼的学生步行南迁，生活艰难，十分同情，就派这高高参送来银洋壹仟元，以个人名义赠给嘉中师生，以解决生活困难。他对张校长说："张长官吩咐，不需要正式收据，只要张校长写一便条就行了。"可见他对张校长的信任。可是张校长说："这怎么行？怎可以我个人名义收这笔款子？"坚持不收。高高参又说："你不收，叫我如何向张长官交待？"两人你推我让，僵持不下。这确又是个两难的问题。张发奎是位爱国将领，他的赠款，完全出于对嘉中师生的同情，如果拒收，不免辜负了他的一片好意。况且冬天将到，师生衣食堪虞，也确需要经济的支助。如果当时就写一张便条，收下这笔款，在全体师生及张发奎方面是决不会产生疑问的。可是若干年后，难免有第三者会发生"当时赠款究竟有多少，是否已用在师生上”的疑问。又是在这“两难”的情况下，张校长叫已出发的队伍停下来，从路旁农家借来一张长凳，自己站在长凳上，当着高高参的面，向全体师生宣布了这笔赠款，并代表全体师生向高高参，并通过他向张发奎将军表达了全体师生的深深的谢意，并邀请高高参向师生讲话。这样做不仅使赠款的代表与受款者直接见面，使高高参（代表张发奎）亲身感受到师生的感谢之情，同时也等于把赠款公开化，置于公众监督之下，使无论多久之后，也不会产生以上的疑窦。这样又圆满地解决了一个难题。（高玉阶《精诚所至，金石为开——记已故张印通校长办学二三事》）

到了碧湖之后，嘉兴中学师生将一枚张发奎所赠的银圆加工制成纪念章，上面镌刻了“甘苦同尝”四个字，赠予他们的校长，表达感激与敬意。张印通校长在答谢时说：“在我的一生中，有两件事情是最值得我纪念的，一件是学生时代曾获得计先生的一枚奖章，另一件就是今天了。”

1938 年 8 月，七所省立中等学校组成浙江省立临时联合中学，分高中部、初中部和师范部，张印通出任该校主任委员兼高中部主任。

1939 年，联合中学的高中部、初中部和师范部又各自独立，初中部改名为浙江省立临时联合初级中学，高中部改名为浙江省立临时联合高级中学。张印通是联合高中的校长。

张印通虽只是一所中学的校长，确为一位伟大的教育家，人格伟大。可惜，张先生 1954 年受到不公正处理，被安排回家务农，1969 年 2 月病逝。

张印通有大恩于全体南迁的嘉兴中学学生，对金庸个人也有大恩德。

1986 年 4 月 5 日，香港明报社社长查良镛致张印通先生纪念会电文说：“张印通老师是我恩师，对我一生教导嘉惠良多，数十年来时时思念，不敢忘怀他的恩德。得悉六日举行纪念会，既悲且喜，泣下良久。惜为事务所羁，未克来禾在恩师遗像前鞠躬致敬。谨驰电深致感念之情。”

20 世纪 90 年代，张校长的旧弟子们合力为他塑造铜像。

经费的来源：我们的原则是立足于自筹，1992年我们向知道通讯处的部分老同学发出集资函，得到海内外同学的积极响应……1993年12月金庸同学捐赠港币10000元，1994年12月1日，本息共计港币10169.51元，折合人民币11211.88元……以上合计共收入人民币23451.53元。（徐承铎《张印通校长铜像筹建经过》）

金庸所捐，占捐款总额的一半稍弱。

金庸题字："敬爱的张印通校长 弟子金庸敬题。"同学回忆："1994年6月他（金庸）如约寄来题词，横写竖写各若干幅供我们选用。"

金庸本来答应在铜像揭幕纪念集上撰写纪念文章。1995年3月29日，他原定专程前来参加老校长铜像的揭幕仪式，不意离港前两天突然患病，未克前来，因此纪念文章未写，但他对张校长深切感念之情是人所共知的。（同上）

2003年，金庸重返母校，来到张校长铜像前，深深地三鞠躬，又题字留念："当年遭寇难，失哺意彷徨。母校如慈母，育我厚抚养。去来五十载，重瞻旧学堂。感怀昔日情，恩德何敢忘。"金庸的旧诗词，很少有写得好的，这首诗还不坏，有更多真情实感在其间。

金庸称呼今日嘉兴一中的在校生为"小师弟""小师妹"，身为"大师兄"，金庸对他们说："刚才我在张印通校长铜像前鞠躬时，想起了当年恩师对我的教诲，一个人要一生一世记得人家对你的好处，我们做人不能忘本，将来要记得报答。"（《乡踪侠影——金庸的30个人生片断》第30页）

七十多岁的金庸与日本学者池田大作对谈，仍念念不忘老校长："说起我的恩师，一位是小学五年级时的班主任兼国文老师陈未冬先生……另一位是中学的校长张印通先生。我因壁报事件被学校开除，张校长曾极力为我争取较轻的处分，但那位训育主任是国民党分子，权力凌驾于校长之上。后来张校长努力帮我转学，这份大恩大德对我一生影响极大。去年张校长的纪念铜像揭幕，碑额是我书写的。”

当时金庸对池田大作说：“‘父母之恩’、‘师傅之恩’、‘三宝之恩’，前两者是当然之义。”

张印通校长帮金庸转学之事，联合高中同学高玉阶在《抗日烽火中的中学生时期》一文中，写得较为详明：“《阿丽丝漫游记》，是查良镛摹仿英国童话作家莱维斯·卡洛尔的同名童话小说而写的讽刺小说，内容是讽刺学校训导主任粗暴的管理方法……这篇文章令训导主任大为恼怒。文章立刻被撕下，并向教育厅作了汇报。不久，教育厅命令学校把查良镛开除出校。这使张印通校长十分为难……他曲意为金庸周旋，力图减轻他的处分，使他能继续留校上学。但‘胳膊扭不过大腿’，张校长的努力没有成功。于是张校长就把这件事搁下来，直到学期终了，考试完毕，张校长把学期成绩单和公费证明书一齐交给金庸，又亲自为他写了介绍信，让他继续到衢州中学去上学。”

2003年，金庸回嘉兴一中，到张印通校长铜像前献花，三鞠躬之后，悲不自胜，失声痛哭。直到进学校大礼堂入座，面对着近千位老师和同学，仍然抑制不住自己的感情，用哽咽而沙哑的声音，说出第一句话：“同学们，你们一定要感恩自己的父母，感恩自己的老师！”

2007年，金庸写《感恩这一课》：

人生在世，受到别人的恩惠很多。如果不是父母的养育大恩，我们怎能生到这个世界上来，而且成长成人？第一是要感谢父母的大恩。其次是感谢师长教育的大恩。我们有许多人没有机会受到正规教育，但我们从小自亲友身上、社会的朋友们身上，学到很多的东西，我们从一无所知的孩童，成长为一个对社会有用的人才，所有的技能，都是别人教的，也是我们从别人身上学的。这些人的教诲，不管是有意还是无意的，我们都要感激，感谢他们的好意美德。我们如果能有机会受到大学教育，大学中有必修课，也有选修课。“感恩”这一课，大学中没有列为必修或选修课，但在我们心底，却必

定列为必修课，这不但是大学的必修课，而且是人生的必修课。（2019 年 1 月《明报月刊》第 24 页）

第一本畅销书《献给投考初中者》

金庸和老师同学一起，终于在碧湖安顿下来，像多数从沦陷区出来的同学一样，完全靠政府发给的“战区学生救济金”维持生活。一切应缴的费用全免，所有外穿的制服、书籍、伙食全部靠国家供应，每月发几元零用钱，可以买纸张、文具。

初三这年，金庸面临升学问题，学习压力陡增。他自己在考高中，想到的却是正在考初中的小朋友们，推己及人，想办法减轻他们的压力，节约他们的时间，帮他们考上初中，当然金庸自己也要赚钱的。金庸把自己的想法和两个要好的同学一说，获得热烈支持，于是就有了他生平编著的第一本畅销书：《献给投考初中者》。凭借此书，失去家庭接济的金庸，经济状况有所改善。

金庸晚年回顾：“那本书，内容平凡，只是搜集了当时许多中学校的招考试题，加以分析解答，同时用一种易于翻查的方式来编辑，出版得到很大成功。我们在浙江南部的丽水出版，书籍一直行销到福建、江西、安徽各地。这本书的收益，支持我们合作的三人顺利从高中毕业，再到重庆去进大学。”

到重庆读大学的，是金庸和张凤来。金庸就读于中央政治学校，张凤来读的是中央警官学校。《献给投考初中者》另一位编者马胡蓥，则在上海的交通大学读书。

南窗兄翻查资料，发现直到 1949 年，报纸上还有《献给投考初中者》的广告。严晓星《金庸年谱简编》说：“一九四六年十月，《献给投考初中者》‘胜利后增订一版’由广州南光书店出版。一九四八年一月，推出‘三十七年一月最新版’；一九四九年三月，推出‘三十八年最新版’。”

卖得这么好，又这么久，可见此书编得很不坏，也可以看出来，同类的学习资料在这之前即使有，恐怕也极少。金庸说："对于一个十五岁的少年来说，表示我能了解到消费者的需要，用简捷的方式来满足他们。以后我创办《明报》而得到成功，大概就源于这种洞悉读者心理的直觉能力。"

金庸是很有创意的。

该书序中写道："中国著名的煤矿有那些？这题目，读者只见得这是一个很简单的题目，其实我们在这题目上所化的精力不在少数。我们查到这题目在这些教科书中发现九次，在小学升学指导中发现十二次，在各校试题中发现十三次。所有的题目都这样计算后，我们再把发现次数最多的编入本书。"似乎在当时这种编写参考书的方式还比较新奇，今天一大半的参考书却都是以此方式编成的。

假如哪天有人专门从事参考书历史研究，发现金庸他们竟是第一批这样编书的，则后世亿万幸福地遨游于题海中的学子，将如何感谢他们呢？

金庸曾以自己为例，说明读武侠小说不影响学业："我从小看武侠小说成绩还是很好，初中高中大学甚至毕业都是考第一名。"（《金庸茶馆》第五册第 29 页）金庸这么说，不很合适，没有说服力，因为根本没有普遍性。智力一般的人，如我，读小说太多，确实会影响学习成绩，而且影响不小（综合影响如何，是另一个话题）。

关于选专业与择业问题，2003 年，金庸说："在大学里我也告诉学生，选择功课一定要选择自己喜欢的，不要一窝蜂地都去选那些热门的专业。你要想一想，我现在选的功课，以后可能自己就是从事这个工作。几十年中，每天一打开办公室的门，八个小时做的就是这份工作，要问问自己，到底是不是喜欢这个工作。不要管这个专业吃不吃香，吃香的专业是会变化的，现在热门的经济贸易、生物工程，学的人多了就不吃香啦。应该做自己喜欢的事情，饭可以不吃，但工作不能不做。做人保持心理的平衡，让自己心里高兴是最重要的。"（广州日报《独家专访金庸：修改原著绝非为了版税》）

2004 年，金庸又对《北京娱乐信报》记者谈到："读书为自己，这和追求女朋友一样，父母之命是奉不得的。读什么书、考什么专业，首先都要自己感兴趣，赶时髦是靠不住的。比如一个并不喜欢法律的学生，不得不去念法律的书，结果念书不开心，后来上班了也不开心，始终不开心，做人又有什么意思？（《金庸：最大心愿是和平统一》）

这种观点，我也不完全赞成。聪明人选专业，可以更多考虑自己的兴趣爱好。智力一般的人，不能不多考虑较为热门的专业与职业。

黄永玉见到的不是十几岁而是二十几岁的金庸，“他很可爱、很温和，那种神奇的能力你很难想象，他在念中学的时候就出版过一本书，叫《中学汇考指南》，真是了不起，脑子真是好。我就不一样了，我看《汇考指南》也看不懂”，金庸脑子之灵之好，不是常人可及的。

黄永玉几乎没有经历正规的学校教育，“我看《汇考指南》也看不懂”这话，实事求是，不是夸张的自谦。

金庸编撰学习参考书，既“畅销”，也“长销”，后来他写小说，也是如此。

金庸说：“这本书和文学修养无关，而是商业上的成功。”当真与文学修养（完全）无关？不见得啊不见得。《献给投考初中者》正文前有一篇《读本书的方法》：

这下面有十九点重要的原则，读这册《献给投考初中者》定要遵照这十九个方法：

1. 使身体康健（睡眠充足，食物合宜，运动适度等）。

2. 读书时的环境，像光线、衣食、温度、桌、椅等都要使得适宜，读本书时需要的簿子铅笔地图等，都要备好。

3. 读本书最好有一个固定的处所，在这地方不做其他的工作，那一到了这地方，马上会提起读书的精神。

4. 每天规定时间读，不要有一天间断，时间也不要改变。

5. 一到了规定读本书的时间，应该立刻就读，不要迁延。在读书之前，要有一个读得愈快愈好的决心。

6. 读书时要全神凝集，用心记忆。

7. 不到不得已时，不要请别人帮助。不懂的地方，自己先想，实在想不出再翻答案或问先生。

8. 每天开始读书时，要将昨天读过的复习一遍。

9. 大部分的时间和精力要用在自己最薄弱的地方，假如自己算术不好，就要对算术多费功夫。不要多化费时间在容易的地方，而自己以为满足。

10. 对于要紧的地方应该记得很熟，不可以暂时勉强能够记得就算。

11. 每次读本书的时间不要太长或太短。最好是上午读两个钟头，下午读两个钟头；不要都在上午或下午读四个钟头……

…………

这明显是模仿清代文学批评家金圣叹的《水浒传》读法。据金庸同窗好友余兆文说，金庸那一时期很喜欢林语堂的幽默文章。林语堂又很喜欢模仿金圣叹。

《读本书的方法》明显是金庸手笔，受金圣叹与林语堂的影响而写成。

《投考》代序，涉嫌虚假宣传

《献给投考初中者》这本书，并不像金庸说的那样，“和文学修养无关”。《读本书的方法》之前，那篇《致小学教师及六年级同学（代序）》，更是充盈着文学家的天才的想象力。

金庸比较欣赏的英国文学家王尔德说：“文学就是撒谎。”代序第一段，就写满了谎言：

编辑这书的动机，是起于民国三十年十二月，那时我们三人有几个弟妹要投考初中，可是没有适当的参考书。要靠几本小学教科书及古旧的升学指南之类的帮助来应付考试，实在感觉到太不够。于是我们就着手搜集适当的材料来给弟妹们作参考。靠了这些材料，弟妹们是全部录取了。后来我们想到凡是要投考初中的同学，都会感到这种缺少参考书的苦闷。可是他们不会每个人都有哥哥，即使有，他也未必愿意或能够为弟妹们找到适当的材料和给他们以良好的指导。于是我们决定把我们底材料印出来献给需要的同学们。

1940 年 5 月，金庸与张凤来、马胡蓥合编的《献给投考初中者》一书，已经付浙江印刷厂印刷，由丽水会文书店总经销了，这是毫无疑问的事。怎么可能到第二年，1941 年 12 月，金庸等三人才有了“编辑这书的动机”？

古董是越旧越值钱，参考书却是越新的越实用，越好卖，故此金庸他们三人假造年月，将应该在民国二十八年（1939 年）兴起的“编辑这书的动机”推迟了两年，改为民国三十年（1941 年）。

金庸自己修改家谱中关于自己的内容，将自己的生日定为 1924 年农历二月，而我仍认为他生于 1923 年的可能性更大，一个原因就是金庸假造年月是有“前科”的。

代序后文，说此书“出版一年，印行二十次，销数二十万册”。或者“销数二十万册”是注水数字，或者二十万册属实，但不是“出版一年”的销量，是从 1940 年以来三年的销量。

代序没有写明写作时间，推算起来，很确定是 1943 年写的。

代序后文说：“我们又搜集了所有国定教科书及商务、中华、世界等书局出版的国文、算术、自然、社会等共一百余册，从民国十八年以后所出版的小学升学指南书共七十余册，又向本省及江西、广西、福建等邻近省份讨到历年的入学试题共四百二十四份。”这些数字，都大有水分。可以肯定地说，以金庸他们三人当时的经济状况，根本买不起这么多参考书。

代序中所有的数目字，打个五折，都嫌太保守了。

代序后文接着说：“我们邀请了数十位同学计算每个题目在上面这些材料中的发现次数。”实际上只有十几位同学参与编写。

同学胡杨根参与了该书编写，据他说："（查）良镛负责编写国文与史地，（马）胡鋆编写算术与理化。张凤来不写什么，只是总管出版、订购、收款、寄发等事项。良镛博闻强识，才思敏捷，他与胡鋆不舍昼夜，不用多时，就悄无声息地将书编写了出来。"

代序第一段所说，在《投考》一书编印之前，"我们三人有几个弟妹要投考初中……我们就着手搜集适当的材料来给弟妹们作参考，靠了这些材料，弟妹们是全部录取了"，是真的吗？我觉得大有可疑，至少大有水分。

金庸的几个弟弟妹妹，后来写文章或接受采访，没有谁说自己或另一兄弟姐妹，在《投考》一书出版之前，是靠着金庸提供的资料考上初中的。[1]金庸后来谈及这本书也从来不提帮弟弟妹妹考上初中的话茬了。金庸的任何一位同学，也没有谁说金庸、马胡鋆、张凤来三位中的哪位曾以提供资料的方式帮助弟弟妹妹考初中。

同学楼学礼说："从学校创建开始，学生的伙食就是由学生选组的膳食委员会负责办理的。因为几乎全部是住校生（这在旧中国是罕见的）……"楼学礼像金庸一样，是由联合初中考入联合高中的。这篇文章的题目是《我所知道的碧湖联高》，说联合高中几乎都是住校生，相信联合初中基本也如此。也就是说，《投考》一书的三位主要编者可能都住在学校，根本没有和弟弟妹妹住在一起，怎么可能经常对其进行辅导？

金庸是住校的，马胡鋆也是海宁人，基本可以确定也住在学校。唯一不确定的，是张凤来。而据同学胡杨根回忆，出书过程中，张凤来几乎没有参与编撰，做的是营销方面的工作。

三人中有一人，在《投考》一书出版之前，为一个弟弟或妹妹提供资料，帮他或她考上初中，还是有可能的。代序的胃口却是极大，三人各帮一个弟弟妹妹仍不满足，居然说帮助"几个弟妹"都考上了初中。

---

1 查良钰说："1948年我小学毕业后准备报考省立杭州初级中学，良镛小阿哥得知这个消息后，主动把他亲自编写的、200多页的'升学指导'教材邮回了袁花镇。"这已经是《投考》一书出版八年后的事了。

代序后文说："自从本书出版后，最近见同类书籍出现很多……完全是东抄西录，纯粹营业性质的。"金庸他们编的《投考》当然不是"纯粹营业性质"，而是体现了深厚的兄弟姐妹之爱。用"感情牌"，才更能打动消费者。

"我们编了这本《献给投考初中者》，也不知道管不管用"，消费者一听这话，没几个肯买的吧。编印这本《献给投考初中者》之前，我们提供的资料，已经帮助"几个（！）弟妹"考上了初中，这是一本神奇的参考书，小朋友都快来买啊。这样才有说服力。

就算金庸、马胡蓥与张凤来三人真的都给弟弟妹妹提供辅导资料，他们也都考上初中，两件事也不必然存在因果关系。或许若不用这些资料，弟弟妹妹考试成绩更高呢。

代序又说，"全国各地优秀之小学都采本书为六年级必修课本"。这句话里面，有水分，有"极限用语"，放在今天，明显违反新《广告法》。此言，可以看出金庸的文学虚构能力、商业天赋（或称商人本性）与自得之情。

什么意思？没买这本《投考》的小学，就不是"全国各地优秀之小学"？

现在买，还来得及嘛。买了此书的学校，马上就可跻身于"全国各地优秀之小学"。

金庸比较欣赏的美国文学家马克·吐温，也很有商业头脑。

马克·吐温在密苏里州办报时，收到一个订户来信，信中问："马克·吐温先生，我在报纸里发现了一只蜘蛛，请问您这是吉兆还是凶兆？"马克·吐温回信说："这不是什么吉兆，也并非什么凶兆。这蜘蛛不过想爬进报纸去看看，哪个商人没有在报纸上登广告，它就到哪家商店的大门口去结网，好过安安稳稳的日子。"

代序中这句"全国各地优秀之小学都采本书为六年级必修课本"，与马克·吐温不讲逻辑说出的歪理，如出一辙。

金庸说："文学的想像力是天赋的……同样一个故事，我向妻子、儿女、外孙儿女讲述时，就比别人讲得精彩动听得多，我可以把平平无奇的一件小事，加上许多幻想而说成一件大奇事。我妻子常笑我：'又在作故事啦！也不知是真的还是假的。'”他十几岁时候写的这篇代序，已然充分体现了此一“天赋”。[1]

写《阿丽丝漫游记》，第一次被学校开除

1939年6月，金庸从联合初中毕业，以全部考生第二名的成绩考入联合高中，仍在丽水县碧湖镇上学。

在联合高中，金庸的学业成绩仍然极好，而将大量精力投入阅读。

联合高中图书馆藏书不少，有“万有文库”“国学基本丛书”“汉译世界名著”及《大英百科全书》等，鲁迅、茅盾、冰心、巴金等人的著作都有，邹韬奋的《萍踪寄语》、范长江的《中国的西北角》，甚至斯诺的《西行漫记》也可以借到。报刊架上有《大公报》《东南日报》《译报》等，有《中学生》《科学画报》《国文月刊》《全民抗战》等，其中《大公报》是金庸喜欢读的报纸。

高一那年，金庸写过一篇《虬髯客传的考证和欣赏》，登在学校的壁报上。其时教高中三年级国文的老师钱南扬是研究元曲的名家，对金庸此文颇加赞扬。

钱南扬赞过少年金庸的文章，未必给他上过课。《碧血剑》中温南扬的名字，可能与钱先生有关，也可能无关。

金庸一直很喜爱《虬髯客传》，许之为“武侠小说的鼻祖”，后来他读唐人传奇，每翻到《虬髯客传》，往往又重读一遍。

虬髯客本有逐鹿天下的野心，一见“精采惊人、神气清朗、顾盼炜如”

1　极大概率，代序出于金庸手笔。当然，另两位参与编辑的同学，也会提供意见与思路。

的李世民，知道自己没戏了，乃率“海船千艘，甲兵十万，入扶余国，杀其主自立”。金庸1970年谈《虬髯客传》：“郑振铎在《中国文学史》中认为陈忱《后水浒传》写李俊等到海外为王，是受了《虬髯客传》的影响，颇有见地。”

金庸1956年撰写《碧血剑》，结尾是“（袁承志）这日检点行装，忽然检到那位西洋军官所赠那张海岛之图，神游海外，壮志顿兴，不禁拍案长啸，率领青青、何惕守、哑巴、崔希敏等人……远征异域，终于在海外开辟了一个新天地”，应是同时接受《虬髯客传》与《后水浒传》影响。

1940年上半年，金庸在学校的壁报还发表过一篇文章——《阿丽丝漫游记》，应该是同时受到了刘易斯·卡罗尔的《阿丽思漫游奇境记》和沈从文的仿作《阿丽思中国游记》的影响。

因这篇《阿丽丝漫游记》，金庸被联合高中开除。

金庸的同学叶炳炎在《查良镛在联合高中》一文中谈及此事：

> 某日课余，忽然人头挤挤，有数十人在围观图书馆外走廊的壁报，前排有人高声朗诵，后面谛听的，无不拍手称快。原来壁报上刊有《阿丽丝漫游记》一文，描述阿丽丝小姐不远千里来到联高校园，兴高采烈遨游东方世界之际，忽见一条色彩斑斓的眼镜蛇东游西窜，吐毒舌，喷毒汁，还口出狂言威吓教训学生：“如果……你活得不耐烦了，就叫你永远不得超生……如果……”眼镜蛇时而到教室，时而到寝室，或到饭厅，或到操场，学生见之纷纷逃避。文章讽喻训导主任沈乃昌。他戴眼镜，讲话时常夹着“如果”二字，学生就以“如果”作他的绰号。这是一位令人讨厌的、不近情理的训导主任，人皆敬而远之。文章假阿丽丝之口，讲出了学生们想讲而不敢讲的话。故读壁报者拍手称快。文章的作者就是查良镛。文章刊出后，当天全校师生都知悉。沈乃昌大恚，恼羞成怒，下令查办。几天后，沈乃昌逼校长作出决定，开除查良镛。以后良镛转入他校学习……

联合高中当时的校长，就是张印通。

金庸后来对池田大作回忆说：“我高中一年级时，在学校壁报上撰文讽刺训导主任沈乃昌先生而被开除，是我一生中最大的危机之一。因为给学校开除，不但失却了继续求学的机会，连吃饭、住宿的生活也发生问题，后来终于在原校长张印通先生及旧同学好友余兆文君的帮助下进入衢州中学，那是生死系于一线的大难。”

触发金庸写这篇讽刺文章的直接原因，据他自己说，是这样的：“我们下午一起有空下来就下棋，下棋他也来干预，他说不准下棋。我觉得非常没有理由，当时觉得很气愤就写一篇文章讽刺他一下。”（《杨澜访谈录：走近金庸》）

金庸这次被联合高中开除，还有后来被中央政治学校开除，都不能说责任全在校方，都是学校的不是。

几乎所有金庸传记，都站在金庸的立场上，指斥校方，体现了一种思维定式：在万恶的旧社会，只要学生和校方发生冲突，必然曲在校方，学生是从来不错的。我不认同这种思维。

当年的训导主任，做这份工作的人，普遍讨人嫌，被人讨厌的程度有所不同而已。沈乃昌主任的毛病是教育理念太陈旧，死板，太不人性化，不见得就是坏人，故意要去伤害哪个学生。金庸在壁报上将沈乃昌譬喻为一条“眼镜蛇”，已涉及严重的人身攻击，令沈先生在全校颜面扫地。沈乃昌坚决主张开除金庸，可见其心胸狭窄，本来可以给予更轻一点的处分的。即便如此，也不能说沈先生就是坏人。

金庸在接受陈鲁豫访问时，也谈起这次被开除的经历：“我写一篇壁报，我们这个训导主任很凶的，老是没有道理骂同学，那么我写了一篇文章讽刺他，结果训导主任说你这样讽刺老师，开除，（就）这样。”陈鲁豫接口说：“那也不能算是你的错，那老师也有一半的错。”这句话未必经过深思熟虑（她的预设前提是被开除一般全是学生的错），却大有道理。整个事情里面，沈乃昌与金庸，都有错处。

有记者问：“您这辈子做过错事没有？”金庸回答：“很多。给学校开除就是做了很大的错事。”（《南方人物周刊访金庸：拒绝理想主义》）我相信金庸说这句话是比较真诚的，年纪大了，对别人的处境和感受，有更多的体谅和宽容。

我们今天谈金庸被开除的经历，觉得此事蛮好玩的，但作为身历者，金庸当年的感受，非常糟糕。《笑傲江湖》中，有这样的情节："盈盈正色道：'……你师父将你逐出华山门墙，你可别永远将这件事放在心头，自觉愧对于人。'盈盈这几句话，正说中了令狐冲的心事，他生性虽然豁达，但于被逐出师门之事，却是一直既惭愧又痛心，不由得长叹一声，低下了头。"

少年查良镛，个性实在太强。然而，个性不强，世间就没有"金庸"这个名字了。

叶炳炎这篇《查良镛在联合高中》，收入萧乾主编的《两浙轶事》，1992年由上海书店出版。1993年，江泽民在北京接见金庸。"临别时，他（江泽民）拿了一叠书送给我，都与我家乡有关，一共十七本……其中有一本《两浙轶事》，是浙江省文史研究馆所编，是萧乾先生所编文史笔记丛书中的一套。江总书记笑说：'这里面有一篇关于你中学时代的事，很有趣，说到你在中学时给训导主任开除的经过。'"（金庸《北国初春有所思》）

接受陈鲁豫访问时，金庸也说起："后来江泽民接见我，他哈哈哈笑，查先生你中学时候给人家开除了，我说是啊，你怎么知道，他说我见你之前，我查过你的资料。"

"绨袍之赠，永世难忘"与杨过

中学时期，金庸还有一位非常要好的同学和朋友，就是后来成为著名农学家的沈德绪。

很早就在网上读到一篇《金庸与沈德绪》，一直查不到作者是谁。此文可信度很高，作者应该是访问过沈先生。该文开篇就说："金庸是海宁袁花镇人，沈德绪是嘉兴新塍镇人，都是1923年出生，金庸比沈德绪略大几个月。”二人同岁的事，如果是沈先生告诉作者的，就又添了一个金庸生于1923年而非1924年的证据。

金庸与沈德绪在嘉兴中学是同学，在联合初中又是同班同学。二人亲密无间，可谓形影不离。有一次，金庸读了《鲁滨逊漂流记》后，约了沈德绪等小队同学到距校园九公里的丽水碧湖由瓯江冲积而成一个孤岛上野营，自己做饭，生活了三天。

据这篇《金庸与沈德绪》说，金庸中学时代，学习方法特别，上课从不记笔记，听讲却十分专心，考试成绩非常优异，初中升学考试成绩全校第二。金庸课余特别爱好文学，看小说又多又快，一目十行，而又过目不忘，两三个钟头就看完一本书。他的字也写得既快又好。他跟沈德绪说：“写字一要清楚，二要快，三要漂亮。”

当时金庸得了疟疾，在当时极为缺医少药的情况下，沈德绪日夜陪伴和照料金庸，直到一星期后病情好转，再后来完全康复。

1953年春，金庸曾由香港回过内地，又见到了老同学。西子湖畔，沈德绪与金庸及金庸的胞妹合影留念。

1981年8月的一天，金庸、沈德绪、朱帼英等几位老同学聚会，酒至三巡，金庸请他夫人、儿子站起来，当着全体宾客，朝着沈德绪说：“我们一道向沈伯伯敬酒，我的命是沈伯伯救的！”

对老校长，对老同学，金庸是知道感恩的人，受人恩惠，永志不忘。

金庸晚年到浙江大学做人文学院院长，沈德绪当时是浙江大学园艺系的博士生导师。两位老同学，又走到一起。

金庸在中学期间，结交的朋友当然不止这几位。

他帮过很多人。例如，高玉阶同学急着探望母病，可是交通要道被日军封锁，无路可走。金庸主动出谋划策，让他住到自己新迁的家里，那附近偶尔还有船过江，可通往高家。高玉阶就在金庸家里住了十几天，临别，金庸之母徐禄尽家里所能给他一笔路费。王浩然回忆说：“大大小小的善事，良镛做过很多次。”

很多人也帮过金庸。90年代初，金庸在给《联初通讯》的回信中说：“(衢州中学同学)斯杭生曾送我棉衣御冬，绨袍之赠，永世难忘。”(斯杭生《我和金庸的一段友情》)

2022年，查玉强兄问起斯老赠衣之事，斯老说大约是1941年冬，“当时我看他身上就穿了两件单衣，这怎么过冬啊，我就叫家里多拿点衣服，于是给了他一件棉袄和一件大衣。送就送了，这件事也过去了，我差不多也就忘记了……查良镛在多少年后又重提这件事，他还记着这件事，记得这个滴水之恩。所以说良镛这个人是很重情的。”

“绨袍之赠”，典出范雎故事。

高适《咏史》：“尚有绨袍赠，应怜范叔寒。不知天下士，犹作布衣看。”《神雕侠侣》中，杨过的一段经历，与此诗暗合。“(杨过)心念一转：‘我不如装作潦倒不堪，前去投靠，且瞧他们如何待我。’……杨过此次原是特意要装得寒酸，对方愈是轻视，他心中愈是得意…… ”范雎当年“为微行，敝衣间步之邸，见须贾”之时，也是同样的心情。

在帮师父小龙女夺得英雄大会的盟主之前，“风尘困顿”的杨过，颇为郭芙和武氏兄弟等人所轻，“郭芙对杨过固无好感，亦无厌憎之心，只当他是个落魄无能之人，无足轻重”，这就是“不知天下士，犹作布衣看”。

郭芙“眼见他这副困顿情状，与武氏兄弟丰神隽朗的形貌实有天渊之别，不由得隐隐起了怜悯之心”，就相当于“尚有绨袍赠，应怜范叔寒”了。

令金庸难忘的，不仅是当年的“绨袍之赠”，更是那一段回不去的青春岁月，就像罗大佑歌中所唱：“是否你还记得过去的梦想，那充满希望灿烂的岁月。你我为了理想历尽了艰苦。我们曾经哭泣，也曾共同欢笑。但愿你会记得永远地记着，我们曾经拥有闪亮的日子。”

1963年，金庸在《谈〈彷徨与抉择〉》中说：“偶然听到远方一位旧友的消息，往往会感到几分喜悦，几分惆怅。日子是永远永远的逝去了，但在心底深处，过去的事总是不能忘记。年青时代的欢乐与哀伤，偶然的，会在汽车声和电话铃中，蓦地里闯到脑海中来，于是，忍不住眼眶有些湿润，手掌有些颤抖……旧日朋友们的争执和吵闹都忘记了，只是记着他们的亲切。”

1992年，金庸两次致信斯杭生，道及：“神驰怀想，深感眷念之意，祈请多珍重，愿不日重逢，欢然道故。”“昔日在碧湖情景，仍历历在目，临风想念故人，仍有温暖之感。”（斯杭生《我和金庸的一段友情》）

三十年后，2022年，斯老对查玉强兄说：“也因为他（金庸）待人真诚，重情谊，所以同学们也都乐意与他交往，也都愿意尽自己的能力去帮助他。比如余兆文帮他申请转学，马胡蓥送他《英汉大辞典》，王浩然帮他代付伙食费等等。本地的同学，在学校放假时，还把他请到家里去玩，去作客，他在同学当中有很好的人缘。”

也不是所有同学都跟金庸交好。刘衍文回忆：

> 暇时则酷爱看侠客小说……在衢州中学读高中时，我和查君良镛有一年的同学之缘，不过在同一年级的不同班级，他也常在报纸上发表文章，但我俩相互之间却颇有些“文人相轻”。后来他以“金庸”的笔名撰写新武侠小说，名满天下，那些作品我却一本也没读过，倒不是老尚相轻，而是爱好转移，对韩非所说的“五蠹”之一的“带剑者”兴味索然了。(《“谁是诗中疏凿手，暂教泾渭各清浑”——刘衍文教授访谈录》)

金庸与刘衍文同学的关系就很一般了，甚至是彼此“相轻”。二人读衢中时，若是好朋友，少年时代就酷嗜武侠小说的刘先生，未必肯读完金庸全部作品，总不至于“一本也没读过”。“老尚相轻”？并不严重，但也不是毫无这个因素。

“三驾马车”与“武当七侠”

1940年的秋天，王浩然正在衢州中学读高二。开学不久，班上多了一个插班生，“他来时，肩上挂着一个大书袋和简单的行李，手中捧着两盒围棋”。这个插班生，就是金庸了。

金庸对于围棋，真是沉迷。如今被联合高中逐出校门，居然手捧着两盒围棋，施施然就来新学校上学了。

金庸1956年在“三剑楼随笔”专栏写《围棋杂谈》，谈及：“凡是学会围棋而下了一两年之后，几乎没有一个不是废寝忘食地喜爱。古人称它为‘木野狐’，因为棋盘木制，它就像是一只狐狸精那么缠人。”这篇文章中，金庸也谈及自己中学时代对围棋的热爱：“汪振雄抗战时在桂林主持围棋研究社，那时我还在念中学，曾千里迢迢地跟他通过几次信。汪先生笔力遒劲，每次来信很少谈围棋，总是勉励我用功读书。我从未和这位前辈先生见过面，可是十多年来常常想起他。”

熟识后，金庸常教王浩然下围棋，耐心地讲金角银边草肚皮的道理。金庸这么耐心，未必就多么无私，多半是想，尽早培养出一个陪自己下棋的对手。

王浩然与同学江文焕甚为知心，再加上新来的金庸，就是所谓的“三驾马车”了，“经常出没在静岩的道路上”。

三人天天同出同进，宿舍的床位连号，教室的座位基本上排在一起，吃饭也在同一桌了。有几天夜自修下课后，到小店加餐，三人同吃一大盘炒年糕或炒面，格外津津有味。

只要天气允许，每天晚饭以后他们都外出散步，沿着溪旁通往衢州城的大路徐徐前进，欣赏落日余晖下田间和山野的风光，笑声朗朗，消除一天来学习的疲劳。每逢星期六下午或星期日上午，他们常常到石梁校本部借书、还书。

以上两段，都是王浩然在《难忘金庸在衢州中学的日子》一文中的记述，我只把“我们”改成“他们”，其他一字未改。

王浩然真是“君子人”，完全不提他本人及其家庭对金庸的帮助。然而，金庸自己不能忘、不敢忘。

金庸对王浩然的父亲，尤其印象深刻：

浩然的父亲是衢州乡下的一个小地主。学校放假时，我不是到文焕家里，便是到浩然的家里度假，因为我自己的家在沦陷区，没法回家。浩然的父亲是忠厚长者，收藏着一些赵之谦、余绍宋、吴昌硕等浙东名家的字画，主要兴趣是种橘和鉴赏书画。(金庸《谈〈彷徨与抉择〉》)

金庸的艺术修养，受王浩然父亲影响可能很大，也可能很小。《射雕英雄传》中，陆乘风庄主身上或许有王父的一点影子。

金庸看到王父拿出一卷卷书画收藏，狂喜程度或不及《笑傲江湖》中丹青生看到向问天展示范宽《溪山行旅图》真迹。

金庸回忆：

写着这篇文字时，我自然会想着，二十多年前和文焕、浩然同窗共砚的亲密情形。我们三个人的零用钱从来不分开，始终一起使用。我最穷，当然也是最占便宜。有一次，我们的公共财产只剩下相当于港币二三毫子，文焕拿去买了一块粉蒸肉，放在我的饭碗底下，让我吃到一半时忽然发现，得到了意外的惊喜。那时我们除了缴学费外，每学期还要缴一百多斤谷作膳费，浩然的父亲从来不等我开口要求，每学期开学时，他家里长工挑到学校来的谷子，有他儿子的一份，也总有我的一份。有一年冬天，浩然和他父亲冒着大风雪走了三十多里路，接我到他家里去过年。(金庸《谈〈彷徨与抉择〉》)

金庸说《倚天屠龙记》："这部书情感的重点不在男女之间的爱情，而是男子与男子间的情义，武当七侠兄弟般的感情。"金庸自己，也曾感受过同学朋友之间"兄弟般的感情"。

金庸中学时期当然不止结交了王浩然与江文焕这两位好友。帮金庸转学到衢州中学的余兆文，与金庸也是相交甚厚。

金庸说："在衢州中学的两年，是我最快乐、最难忘的时光。"

1941年的金庸，却曾目送一位好友走向死亡，他自己也与死神擦肩而过：

我高中最后两年，是在浙东的衢州中学读的……第二年春末，我又目睹了一件人类历史上的大残酷事。日本军阀奈何不了坚毅不屈的中国人，于是在浙东用飞机散播鼠疫细菌，衢州是他们攻击的重点。

……没有亲身经历过这种惨事的人，很难想象到其中惊心动魄的恐怖。在抗战时期的医药条件，一染上鼠疫便是死亡，那是无可医治的。染上了鼠疫的人被放在一条小艇中，艇中放一些食物，流在衢江之中，过得三天，一把火便将小艇烧了，没有人理会他当时是死是活……我们学校在乡下，但鼠疫细菌还是散到了。我同班好友毛良楷，突然间染上了鼠疫。他是江山人。深夜两点多钟，他在床上呻吟起来，那时候，人人都知道鼠疫的症状，立刻全校震动。我们的老师姜子横先生化了两个月的薪水，才雇到两个乡民，用担架抬着毛君送到他家里去。我和另外两个同学提着灯笼，和姜老师跟在担架后面护送，心中也不知难过更多，还是害怕更多。山道旁树林中的猫头鹰在啼叫，毛君躺在担架上不住问："这是鬼叫么？我是得了鼠疫么？"我们只有安慰他，说绝对不是，渐渐的，他神智迷糊了，只是叫唤："我不要死，我不要死！我要骑马，我要骑马！"声音慢慢微弱，没到家就断了气。

学校里养得有四匹马，每星期体育老师教一次骑术，毛良楷是学得最热心的。他是天才的运动家，田径和各种球类无一不精。然而从日本生物实验室中出来的鼠疫细菌，钻到他的肺里。一个生龙活虎的少年，深夜里在山野中呼喊："我不要死！我要骑马！"（同上）

"山道旁树林中的猫头鹰在啼叫"，金庸后来在小说中多次写到猫头鹰啼叫与死亡的神秘关联。

这里，金庸说的是将毛良楷同学送回家。三十年后他与池田大作对谈，说的则是将毛君送上"衢江中的一艘小船"。应该是后者更准确。1963 年的金庸，没忍心将这样残酷的现实完整地呈现出来。

金庸是班长，心中虽然害怕，仍觉义不容辞，担当起极危险的责任，所谓"临难毋苟免"。他后来对池田大作说自己在战争期间唯一自觉有点勇敢的事就只这么一件。

金庸勇敢，江文焕与王浩然两位好朋友同样勇敢。金庸回忆说：“等我们回到学校时，校里的同学都已逃光了。文焕和浩然还在等我。”金庸当时很可能染上鼠疫的，等他的江文焕与王浩然也就可能由金庸而染上，他们不可能不知道危险，而仍在等，这就是同生共死，“过命”的交情了。

三人也急急离开学校——

当天，我们逃到了文焕深山中的家里。《十日谈》中那十个逃避鼠疫的男女，每天讲的是恋爱和私情的故事，而我们在文焕家中，想到的只是疫病的恐怖、战争的残酷、良友的永别。在那段时期中，我们惊吓实在太过厉害，少女的俏影对我们都失却了意义。（同上）

王浩然回忆：“事后有人‘侠肝义胆、义薄云天’的赞誉有加，良镛仍然谦和地说，哪里啦，兄弟一场，应该的。”（王浩然《金庸少年行》）

危机过去，衢州中学的师生陆续归来，继续上课学习。

衢州有机场。侵华日军为了防止援华美军使用衢州机场，每天飞机来投炸弹。

1942 年，日军进攻浙赣线，5 月底，龙游沦陷。

程正迦女士记得，飞机炸弹爆炸声听得很清楚，5 月份学校宣布停课解散，给每个学生发了流亡学生证明：一张小奖状大小的纸，上面印着证明文字，盖衢州中学的公章。

金庸的高中生涯结束了。

“千人中之一人”，渴望友情

半年后，从 1942 年 9 月 3 日开始，金庸（署名查理）的长文《“千人中之一人"》分五天在《东南日报》副刊"笔垒"连载。文中说：

"真正的友谊是一个灵魂存在于两个躯壳中。"……我们寻找不到其他适宜的语句来叙述这种关系——这种你与你"千人中之一人"（假如你幸而已经找到）间的关系。

…………

"千人中之一人"的友谊真是人类所能得到的最大幸福，你假如能得到，你真是世界上最快乐的一个人！……你们互相爱，大家不爱自己，由一种精神一种意志牵制着你们两颗心。你能恬然地享受幸福，安然地忍受不幸，因为一切都要过去的，只有你和他的感情长存……

…………

人生中假使没有友谊，我真不知道生活将变成如何地丑恶的一个东西。你想哪，一个没有花儿的春天，一朵没有色香的花儿。生活中失去了主要的精神享受，我们靠着什么的支撑来面对这苦难的人生呢？西塞罗以为这简直是如从宇宙中摘去了太阳。

…………

一个能有"千人中之一人"爱他的人真是值得最高的艳羡！你无论走到哪里，他的友谊永远不离开你。你成功了，他会比你自己更快乐。你失败了，他会比你自己更难过……你求得了生命与生命律令之间的和谐，得到了真、善、美至高理想的实现……你穷，其实是富的；你弱，其实是强的：因为"千人中之一人"的友谊是一宗最大的财富，最大的权力。

"这样的人，我们去寻访罢，即是二十年也算不得苦！"因为《马太福音》中写着："你们祈求，就给你们，寻找，就寻见！"

金庸后来对池田大作说过："我在高中时期曾从头到尾精读过基督教的新旧约全书。"金庸的高中时期结束不久后写成的这篇《"千人中之一人"》，结尾就引用了《新约全书·马太福音》上的话。

全文表达的是对友情、友谊、友道的珍惜与礼赞。其中的“一人”，主要指向的是金庸的忘年交，《东南日报》“壁垒”副刊主编陈向平。

友情，在武侠小说中，一般被称为义气。

1942 年，金庸在此文中写道：“中国似乎是一个特别注重友谊的民族，朋友是列为五伦之一。”约四十年后，结束了武侠小说的写作和第一次修订的金庸，在《韦小宝这小家伙》一文中，老调重弹：

> 所谓“在家靠父母，出门靠朋友”。父母和朋友是人生道路上的两大支柱。所以“朋友”与“君臣、父子、兄弟、夫妇”的关系并列，是“五伦”之一，是五大人际关系中的一种。西方社会，波斯、印度社会并没有将朋友的关系提到这样高的地位，他们更重视的是宗教，神与人之间的关系。

金庸与池田大作对谈，所谈最多的与生活有关的事，还是友情。金庸说：“我的经验是，年纪渐大后结交知己朋友相对的比较困难了，因为已不像少年时候那样毫无利害关系、毫无机心的可以推心置腹、毫无保留地吐露心事。我最要好的朋友，都是中学时代结交的，那时候大家一起吃饭，住同一个宿舍，一起上课学习，生活亲密。”金庸在他的中学时代刚结束时所写这篇《“千人中之一人”》中，也谈过同样的意思：“友谊的产生是完全由于纯洁的自然流露，其中没有一点利益的希冀。”还有这句：“人是不会懂得幸福的，如果没有与一个对你心中不存丝毫利害观念，却永远准备为你尽力的人在一起度过一段时候。”

《“千人中之一人”》一文中，还有一句重要的话：“在情感的宇宙中，是没有任何社会条件的区别的。你试看一下……伯牙与钟子期那种互相深信深知的友谊。”三十年后，金庸写《笑傲江湖》，“正教”与“魔教”誓不两立，而“正教”的重要人物刘正风与“魔教”长老曲洋，像俞伯牙与钟子期一样，彼此知音，莫逆于心。刘正风笑道：“……你我今晚合奏，将这一曲《笑傲江湖》发挥得淋漓尽致。世上已有过了这一曲，你我已奏过了这一曲，人生于世，夫复何恨？”金庸送一套《笑傲江湖》给《大公报》“音乐天空”特邀主笔孙颖，并题词：“孙颖小姐，自古知音难，知己更难，书中曲洋、刘正风邪正不同，因知音而成知己。”（孙颖《金庸喜爱用〈天方夜谭〉伴跳芭蕾舞》）

金庸在寻找“千人中之一人”，《雪山飞狐》中胡一刀与苗人凤其实也一直在寻找（虽然他们自己不知道），找到了彼此，胡一刀死亦无憾。

你们祈求，就给你们！寻找，就寻见！

少年到老年，金庸一直爱好体育

1940年10月，一个星期六的下午，王浩然邀请江文焕和金庸到他家里做客——

我母亲张罗晚餐时，我带他俩出去散步，向村子西南走……忽见一位像从前线退下来的伤兵模样的人，伤势严重，艰难地由东向西爬行，好像要爬回福建老家似的……我跑回家取药，他俩扶他到前面一个凉亭休息……我们帮这位可怜的伤兵服下药，喝足开水，目送他继续爬行前进，直到从视线里消失……这件事使我们的心灵受到极大震撼，回去的路上，都默默不语，严肃地思考着问题。（王浩然《金庸少年行》）

金庸当时不会想到后来他写在《倚天屠龙记》中的“怜我世人，忧患实多”这八个字，但他感到的“极大震撼”中，应当包含类似的感受。

1941年寒假，王浩然又邀金庸到他家小住。王浩然刚写了封信给同班女生，金庸得知，就让王浩然把情书背给他听。王浩然也就一字不漏地背出情书全文，金庸听完大加赞赏，连说：“写得好，写得好，十有八九会有回信。”后来，果有回信，王浩然且与这位女同学终成眷属。

金庸与王浩然，在这种事上，居然是如此“不见外”，有点像《倚天屠龙记》中殷梨亭与张翠山：

张三丰笑道：“岳父送礼来啦，翠山，你去迎接宾客罢！”张翠山应道：“是！”

殷梨亭道：“我跟五哥一起去。”张松溪笑道：“又不是金鞭纪老英雄送礼来，要你忙些甚么？”殷梨亭脸上一红，还是跟了张翠山出去。（《倚天屠龙记》第十回）

在衢州中学毕业后，金庸、江文焕、程正迦、程正返、王浩然、朱卿云等八位同学，结伴赴大后方求学。八个人中，后来有两对，结为眷属。

程正迦嫁了江文焕。

朱卿云是江文焕姨父的侄女，王浩然的情书就是写给她的。1992 年，金庸致信王浩然，末尾致意：“向卿云姊问好。”

2008 年，金庸致信王浩然：“甚盼你我老年之时，得能仍如兄弟姐妹相处，与你、卿云、文焕、兆文等杭州相聚。不料兆文及卿云先后归天，思之泫然。”此时，“卿云姊”已辞世。连载版《倚天屠龙记》中有这么一句：“张三丰瞧着郭襄的遗书，眼前似乎又看到了那个明慧潇洒的少女，可是，那是一百年前的事了。”耄耋之年的金庸写到已故的女同学（朱）卿云名字的时候，想到的可能也是她年轻时候的形象，“眼前似乎又看到了那个明慧潇洒的少女”，可是，那是六十多年前的事了。

王浩然又回忆：“江文焕、查良镛和我，在衢州中学成为友谊的三驾马车。良镛从小就有记日记的习惯，我尊重朋友隐私，从不翻看，但有人在征得同意后看过，说里面凡写到我和江文焕的，都称作‘焕哥’、‘浩弟’。”

金庸在日记里，对江文焕、王浩然称兄道弟，不是当面对人说客套话，也不是出于江湖习气，他是真的把这两位同学视为情逾骨肉的异姓兄弟。

金庸七十多岁的时候，对池田大作谈到：“我最要好的朋友，都是中学

时代结交的……这些好朋友现在还经常联系，争取机会见面。”（《探求一个灿烂的世纪》第 127 页）

“（《倚天屠龙记》）情感的重点……是男子与男子间的情义，武当七侠兄弟般的感情……”我将金庸小说中的“武当七侠”与金庸中学时代“友谊的三驾马车”联想在一起，并不觉得有何不妥。

刘勃称许《笑傲江湖》“很多细节描写的生活化”，例如“具体写到华山弟子之间的关系的时候，很容易让人联想到大学同窗的友谊”（刘勃《金庸江湖志》第 24 页）。“生活化”，是因为作者本人是有生活的。但是，鉴于金庸读大学只一年即遭开除，他写“同窗的友谊“，主要还是来源于自己的中学生涯与生活。

华山派弟子在衡山一座小茶馆中，互相嘲谑，七嘴八舌讲大师哥的故事，真是写得好。从中我们可以约略想象，当年金庸与江文焕、王浩然等好朋友在一起时的欢欣与胡闹。

王浩然说金庸“从小就有记日记的习惯”，金庸的另一位中学同学高玉阶记得，1937 年金庸在随嘉兴中学南迁的路程中，还在“不断写日记”。

金庸的长处在“有恒”。我想不出他中断写日记习惯的理由。金庸还有一点“理学家”气息，通过记日记，以自省，以修身，也是可能的事。

此后数十年生涯中，金庸的这个习惯，或许还一直保持着。只是，以他的个性，不太可能主动对外界说起：我天天都在写日记呢！

希望金庸写有一生的日记，希望这些日记就算眼前不能公开，也能得到妥善保存。三十年后公开，也是好的。以金庸经历之丰、交游之广、成就之巨，这份（可能存在的）日记的价值，当不止有益于金庸研究。

章诗依注意到“日本与土耳其游记，都是金庸在旅行过后的第三个年头里写的，两篇文章细节都颇为详实”，由此猜想四五十岁的金庸或有记日记的习惯。章先生要是知道金庸记日记的习惯至少保持到中学时期，对自己的猜想应该更多几分信心与期待。

金庸在小说及政论写作上，在报业上，都有非凡的成就。一则，他才气过人，更兼精力过人。

金庸的体质，算是极好。而这又得益于他少年时期的体育锻炼。王浩然回忆：

良镛也喜欢体育，篮球、排球、跑步、游泳等都很投入，也是真喜欢，但有一个方面他就不如我——我总算也有比他强的地方。1941 年冬，衢州要举行乒乓球赛，体育老师特推荐我作为衢州中学代表前往。

乒乓我撂荒多年，肯定技不如人，缺乏信心。另外我想战火燎原，偌大的祖国放不下一张平静的书桌，哪有什么心情打乒乓？所以坚拒。

但良镛鼓励我去，说越是兵荒马乱，越是要打乒乓——这正可说明我们是文明人，怎样的野蛮都奈何不了我们。如果愿意，他可向老师请假翘课，陪同我前往衢州参赛。在他的鼓励下，后来我还是硬着头皮前往衢州城，他也没有食言，前前后后地陪着我，我说耽误你时间和功课了，他说哪里啦，兄弟一场，应该的。（王浩然《金庸少年行》）

2022 年，另一位同学斯杭生，回忆金庸："查良镛这个人首先给人感觉是个书生，就是个读书种子，他儒雅、稳重，喜好读书，天资很高，考试总得第一名。但他又不是一个一头扎在书堆里的人，他也爱好体育与文艺活动……"

老同学何英豹说，中学时代的金庸，也是一名体育运动爱好者，连续几届校运动会，最后一项径赛"高中男生武装负重赛跑"，总是首先冲刺到终点。

查良钰也谈及"小阿哥"金庸对游泳运动之"投入"："1946 年夏天，小阿哥抽空回乡住了 20 多天……白天，小阿哥总带着三哥和我去游泳。那时我不会水，小阿哥就让我趴在他背上，背着我游。他游泳的动作非常好看，我们都很佩服他。"

有记者对金庸说："据说您在学生时代体育成绩很好，爱好运动……"金庸笑着回答："不是体育很好，我很喜欢体育……"（吴泽华《对话金庸：侠之大者，为国为民》）金庸这是谦虚，说他“学生时代体育很好”，并不算失实。

20世纪50年代初，金庸在香港，偶尔也去看足球比赛。

50年代中期，金庸写影评《电影为什么会沉闷？》，谈到：“对话多常常能使观众听得心烦，那不错，然而有些并无一句对话的电影，比如说什么运动会的纪录片，里面的动作紧张热烈之极，根本没有一个人说话；但如果拍摄的技术不高明，比如一九四八年那张世运会的纪录片，我就看得气闷之极。”当时金庸看过一些“运动会的纪录片”，因为他爱好电影，也爱好体育。有些让他“看得气闷之极”，他是对纪录片不满意，不是对运动会不满。

1948年，金庸就在《大公报》发表与世运会（奥运会）相关的《世运前奏曲》《世运漫谈》《世运比赛项目漫谈》《世运会的摔角》《棒球大王比俾罗夫》《体育逸话》等文章。写这些文章固然是工作需要，也是金庸兴趣所在。

1948年12月到1949年3月，金庸翻译《我怎样成为拳王——乔路易自传》，连载于《大公报》。

2004年，《厦门日报》记者问：“您在中学时代很喜欢体育，像今年的奥运会您有收看吗？”金庸答：“从头看到尾。”又问：“中俄女排的决赛您看了吗？”金庸答：“哪能不看？比赛的最后阶段太紧张了，我都吓得闭上眼睛。”

2006年，金庸在剑桥读书时，对记者回忆：“中学时候喜欢踢足球，打排球。”（《剑桥金庸访谈录》）他在《鲁豫有约》节目上说：“我踢足球守门的，一守门，这个足球来，把这个手指碰了，把门守住了，但这手就碰起（受伤），他对方踢的力气很大的，本来在学钢琴，后来钢琴就不能学了。”

中学时期的金庸，体质极好。女同学程正迦记得，他们八人一起流亡到大后方，“连续赶路，日晒雨淋，吃不好睡不好，除了查良镛，七个人病倒了。”

同学程正迦与《射雕英雄传》程瑶迦

王浩然的父亲，“土改”中被杀，在故乡衢州。早前，1949年4月，一个夜里，江文焕等六名共产党员，被国民党活埋在衢州东门外的荒野里。

2004 年 10 月，年逾八旬的金庸回访母校浙江省衢州第一中学（原衢州中学），在老同学江文焕的遗像前，停留了好久。

更早前，1963 年，金庸回首前尘，感慨系之："难道人的生活，就必须这么残酷么？如果我们几个人，还能像二十多年前那样，在火炉旁边吃着糖年糕，听浩然的父亲解释赵之谦书法的笔意[1]；如果我还能像二十多年前那样，将文焕一封情意缠绵的书信，送到他爱人的手里，因而赢得一个温柔的感激的眼波……"（金庸《谈〈彷徨与抉择〉》）

江文焕的爱人，就是程正迦。金庸说他们"在学校里时就仿如是亲密的恋人……文焕毕业后便和正迦结婚，那是十年恋爱的美满结合。但两人结婚不久，文焕就被国民党的特务活埋了"。

2011 年，九十岁的老人程正迦对记者说起婚前的自己："你看，我和文焕两个人就是互相照顾一路走过来，感情是蛮深的。但我与文焕要好，心照不宣的。我们很规矩的，最亲热的动作就是拉拉手吧。我虽然敢自由恋爱，但毕竟受中国传统教育，'非礼勿视，非礼勿听，非礼勿言，非礼勿动'，真的，顶多就是拉拉手。"后来，金庸在小说中，写出很多这样以礼自持的情侣。

程女士也谈及金庸，谈及他们共同到大后方那段经历："查良镛就是大名鼎鼎的金庸金大侠。他与文焕同班，叫文焕'焕哥'……后来他到香港《明报》当记者，成了写武侠小说的顶尖高手。与查良镛一起流亡很值得写写，可惜那段经历细节我想不起来了。"（程正迦《流亡路上》）

程正迦女士知道金庸已经"成了写武侠小说的顶尖高手"，但我们不知道，她是否读过金庸的小说，是否至少读过《射雕英雄传》？如果读过，她是否注意到小说中一个并非不重要的人物，叫作程瑶迦？

程正迦，像《射雕英雄传》中的程瑶迦一样，也出身于大家世族。

---

1 金庸对书法的鉴赏、爱好，或始于此时。以王浩然之父对他的陶冶为基础，金庸写"丹青生"这样的书法家，才可以写得这样好。

程正迦的大妹妹叫程正返，字辈都是“正”，“迦”与“返”又都是“辶”旁；海宁查氏查良镛、查良铮、查良钊这一辈堂兄弟的名字，字辈都是“良”字，最后一字都是“金”（钅）旁；情形是一样的。萧湘A微博说得极好：“林洙的前夫程应铨，我第一反应是与历史学家程应镠相关，果然是兄弟。又看人提到译者何祚康，推测与物理学家何祚庥相关，又然。民国的士绅之家，取名都非常规整，除了字辈相同，另一字偏旁（金、广）也一致。”

“迦”字，用为女孩子的名字，并不多见。程正迦与程瑶迦，都以“迦”为名，且皆以“程”为姓。程正迦字辈所用的“正”字，在《射雕英雄传》中，被“瑶”字代替。瑶，是美玉。金庸喜欢给小说中的女性人物起一个带“玉”的名字，例如仪琳、岳灵珊、丁珰、阿珂、阿琪、瑛姑……

金庸本人的四个妹妹（同父同母的两个和同父异母的两个）查良琇、查良璇、查良琪、查良珉[1]，名字也用“玉”旁。

1956年5月，第一部小说《书剑恩仇录》还没写完的时候，金庸第二次结婚，妻子名叫朱玫，又名朱璐茜。“玫”与“璐”中，皆有“玉”在焉。

金庸写完《书剑恩仇录》不久，1955年10月5日，在《新晚报》发表《漫谈〈书剑恩仇录〉》，谈及书中人物是否全部凭空捏造，还是心中以某人为模型，他的答案是，有的是出于想象，有的却是写生。并举例为证：“如俏李逵周绮，那就是我认识的一位小姐的写照，此人绰号‘胡涂大国手’。天真直爽，活泼可爱。”金庸能以熟识的某位女士为原型塑造出周大小姐这一人物，当然也可能会以曾与自己千里同行的一位女同学的名字，为小说中的程大小姐命名。

程大小姐的爱人同志江文焕，王浩然，还有何英鹗，是衢州中学最初的“友谊的三驾马车”。

金庸转学到衢州中学，适逢何英鹗刚离开，金庸乃与江文焕、王浩然组成新的“三驾马车”。

---

1 也有说名为查良敏的。良珉、良敏，应是同一人所用的同音不同字的名字。

后来，王浩然又介绍金庸与何英鹗认识，“这是江文焕离开后，临时拼凑起来的三驾马车”。（王浩然《难忘金庸在衢州中学的日子》）

何英鹗也是金庸当年交情很深的朋友，“（后）三驾马车”之一。《笑傲江湖》中，嵩山派掌门左冷禅有位师弟，名为汤英鹗。英鹗之名，或许正是从老友何英鹗的名字而来。

金庸暗恋程正迦之妹程正返?

程家姊妹，姐姐程正迦嫁了江文焕，妹妹程正返嫁给王祖康。

《射雕英雄传》中，程瑶迦的姓名，九成九是从金庸老同学程正迦的名字而来。此事此情，我觉得有点微妙，2015 年写过一篇短文：《金庸对程瑶（正）迦，有情？》。

2023 年，从查玉强兄处得知王祖康堂侄女、南京鼓楼医院神经内科专家王岚的说法，符合我的预期，也超出预期。

王岚说，金庸一直暗恋程正返。当时金庸与王祖康两人都追求程正返，最后王祖康修成正果。这当然是孤证，却接近我的预期，我就比较愿意采信。

金庸晚年在《鲁豫有约》节目上说，二十几岁之前，“很普通的女孩子（追过我），我也不喜欢，我喜欢的女孩子，人家不喜欢我”，算是半个旁证。

我读程正迦自印的回忆录，感觉她与《射雕英雄传》中的程瑶迦在性格上极少相似之处。或许程瑶迦的性格，更像程正迦的大妹妹程正返。

王岚说：“刚问了我爸（原名王祖宁），程正迦是我五伯母程正返的姐姐。我五伯母就是当年金庸青少年时的梦中情人，金庸和我五伯（王祖康）一起追求她。金庸……出名以后被请回大陆，据说当时通过杭州教委找过五伯母，还一起见过面，当时我五伯还在。”

从查玉强兄处，我看到金庸与程正返二人晚年的合照。照片上方贴了一长条白纸，上书：“1992、12、7 与查良镛合影于浙大邵逸夫科学馆。”很可能是程正返亲笔所书。还有一张是金庸与程正迦、程正返三人的合照，应是同时同地拍摄的，因程正返穿的是与上述照片中一样的服装。

当年金庸与程正迦、程正返、江文焕等八人一起西行到内地求学。其实程正迦是半路折返的。程正迦回忆："查、王、朱先行，我与妹妹正返及文焕、文俊、汝榕五人同道去赣州……一天，我表妹朱韶云来信通知我，速去桂林等待上海盐务分局的便车，赴重庆。妹妹则由王祖康（当时是我妹的恋爱对象）陪同回家乡衢州。"似乎程正返比姐姐程正迦更多一点"娇气"，也就更像《射雕英雄传》中的程大小姐瑶迦一点。她的西行之旅，也有点像程瑶迦那趑迟迟疑疑的牛家村之旅。

金庸极有可能追过程正返，却不是那种轰轰烈烈、死缠烂打的追求，程正返感觉出来了，而旁人未必看出来，或看出而不能确定，所以程正迦、王浩然、余兆文回忆中学时代的文章中都没有谈到金庸追过程正返。

张无忌听得朱九真的娇笑之声远远传来，心下只感恼怒，五年多前对她敬若天神，只要她小指头儿指一指，就是要自己上刀山、下油锅，也是毫无犹豫，但今晚重见，不知如何，她对自己的魅力竟已消失得无影无踪。张无忌只道是修习九阳真经之功，又或因发觉了她对自己的奸恶之故，他可不知世间少年男子，大都有过如此胡里胡涂的一段初恋，当时为了一个姑娘废寝忘食，生死以之，可是这段热情来得快，去得也快，日后头脑清醒，对自己旧日的沉迷，往往不禁为之哑然失笑。(《倚天屠龙记》第十六回）

张无忌不知，而金庸知道，"世间少年男子，大都有过如此胡里胡涂的一段初恋"。金庸本人，即在这"大都"之中。张无忌单恋朱九真，写的是金庸本人的情感经历。

假如程正返读过《倚天屠龙记》，是否怀疑，她可能是小说中朱九真的原型之一？小说家和诗人，追忆拒绝过自己的"狠心的女郎"，可能想象得特别好，也可能特别坏。程正返即便是朱九真之原型，也不会那么坏的。

金庸同时爱上程正迦、程正返姊妹的可能性，也不是完全不存在的。

程正迦晚年回忆：“我只知道查良镛是海宁人，跑到衢州来读书的。查良镛年纪最小，话很少，一路听文焕拿主意。我印象里查良镛个子没文焕高，是个忠厚老实的小弟弟。”金庸当时常为她与江文焕传递情书，年轻时候的她，对金庸并不如何注意和在意。然而，听她话里的意思，似乎比较过金庸与江文焕，觉得还是江文焕更好。可能是她晚年拿他们二人作比较，也可能是在年轻时候。

程正迦算是金庸好朋友江文焕的未婚妻，而金庸后来在谈《虬髯客传》时说：“我国传统的观念认为，爱上别人的妻子是不应该的，正面人物决计不可有这种心理，然而写现代小说，非但不必有这种顾忌，反应去努力发掘人物的内心世界。”我为金庸这位现代人物写传，似也“不必有这种顾忌”。

通行的《天龙八部》版本中，姐姐李秋水是有名字的，李秋水的“小妹子”却没有名字。《射雕英雄传》中，金庸借用姐姐程正迦的名字为小说中的程瑶迦取名，却不用妹妹程正返的名字。

程瑶迦、程正返姊妹，都没有爱上《天龙八部》的作者。金庸在《天龙八部》中就让李秋水姊妹终生苦恋师哥无崖子。

文学不总是而往往是“意淫”。有记者问：“您不会武功，为什么能写得那么出神入化？”金庸竟由武功谈及美女：“这就是一个想像力的问题了，正如我笔下也写过许多美女，生活中，我也没法和这么多美女接触，但想像力帮我实现了。”（宋智明、黄圣达、楚燕、年月《金庸：办报很难，写武侠小说痛快》）

当然，以上仅是我的臆想与臆测，当不得真，做不得准。

流亡途中，读英文版《圣经》

1942年，金庸与王浩然、朱卿云、江文焕、程正迦、程正返等同学商量决定，一行八人，踏上西行流亡、求学之路。几十年后，王浩然还记得“良镛的负担更重，他的背包里还塞满《综合英汉大辞典》《高级英文写作和选读》以及英文版的《圣经》”，“徒步出发，背着背包前进，搭过短程的火车，接着被迫在江西东南部连绵不绝的崇山峻岭中艰苦跋涉。但查良镛的行装中还带有这本《综合英汉大辞典》及《圣经》英语本（纯然英语学习需要），这额外负担，他一路愉快地毫无怨色地承受着”。

背负《综合英汉大辞典》，固是“英语学习需要”，利于深入了解西方文明（英语是重要工具，也许是最重要的工具），金庸行装里另一本厚厚的书，《圣经》英语本，不见得是“纯然英语学习需要”。

金庸始终是深刻的文学爱好者，而新旧约全书本身即可以文学视角来读，托尔斯泰甚至认为《圣经》是人类有史以来最伟大的文学作品。

1960 年，金庸说：“西洋文学的两大来源是希腊神话与基督教《圣经》。”

2002 年，金庸说：“我（写小说）是想努力描述一下历经世代都不曾改变的人们共有的爱憎情感……文学讲的是人性、个性、人的感情，作家关注的是美丑。人性和人的感情总是相通的。中国文学的源头是《诗经》，里边有很多大胆描写爱情的诗。而西方的文学可以说是从《圣经》起头的，《圣经》中的《雅歌》也是优美的情诗。”

2003 年，金庸在补写的《雪山飞狐》后记中，还引述“《圣经》中的故事，是说古时以色列有二妓女各生一子，一妓不慎将己子压死，夜中偷换，另妓见死者非己子，告到所罗门王处，二妓各执一词。所罗门王命取刀来，要将活孩劈为两半，各分一半。其母怜子，宁愿不要，另妓无动于衷，觉得不妨一拍两散。所罗门王判孩子归其真母，重罚另妓”，以证明《雪山飞狐》的写法自古就有，不需要取法黑泽明电影《罗生门》。

这都明显是以文学视角看《圣经》。

西行路上，金庸负载《圣经》而行，不“纯然是英语学习需要”，同时在阅读伟大的文学作品，溯源西方文学的“起头”。

有传闻说，1994 年 9 月 18 日，梁羽生在悉尼受洗成为基督徒。金庸后来问他："你对传统文化如此痴迷，怎会去信仰一个和中国文化隔山隔水的西方信仰呢？"

此问可信度极低。

十八年前，1976年，金庸已然皈依佛教。佛教又何尝不是一个"和中国文化隔山隔水的西方信仰"呢？这个道理金庸早该知道，也在《天龙八部》中说明白了：

> 乔峰……说道："久仰'天竺佛指'的名头，果然甚是了得。你以天竺胡人的武功，来攻我本朝太祖的拳法。倘若你打胜了我，岂不是通番卖国，有辱堂堂中华上国？"
>
> 玄寂一听，不禁一怔。他少林派的武功得自达摩老祖，而达摩老祖是天竺胡人……众家英雄之中，原有不少大有见识的人物，不由得心想："咱们对达摩老祖敬若神明，何以对契丹人却是恨之入骨，大家都是非我族类的胡人啊？……"

基督教是近代人眼中的"西方文明"，佛教则是中国古人眼中的"西方文明"，玄奘"西天取经"的故事，就这么传下来的。

对《圣经》文明，金庸从小并不陌生，更不拒斥，甚至曾两度差一点成为基督徒。

金庸与池田大作对谈，说其父"曾在上海震旦大学求学"，这份对谈在发表前经金庸阅看，该不是对谈的记录者给记错了。《查公沧珊哀挽录》写的却是查枢卿毕业于复旦大学。二选一，当然是经查枢卿阅看后印刷的《哀挽录》更准确。也不排除他曾先后在震旦、复旦两校就读。

震旦，是那个时代最知名的教会大学之一，1905年部分师生脱离出来，成立复旦大学。看查枢卿的年龄，不属于最早这批由震旦转复旦的学生。

1956年，金庸回忆："我不是基督教徒，但对这个节日从小就有好感，有糖果蛋糕吃，又能得到礼物，那总是一件美事。"看来，查枢卿、金庸一家，比较“西化”。金庸从小就过圣诞节这个“洋节”，每个圣诞节都有圣诞礼物可得。

金庸读初中时，父亲曾在圣诞节送他一本狄更斯的《圣诞述异》（或译《圣诞欢歌》）。此后，每当圣诞节到来的时候，金庸总去翻来读几段。金庸说他在高中时期曾从头至尾精读过基督教的新旧约全书。“精读”二字，需要留意。他最初读的应是和合本汉译《圣经》，然后就是西行路上，他负载并阅读《圣经》英文本，也就是“英王钦定本”《圣经》。

《圣经》在金庸那个阶段的写作中留下很深印记。《“千人中之一人”》一文中，金庸说朋友之间，当如《撒母耳记》中所说的那样，“约拿单的心与大卫的心深相契合，约拿单爱大卫，如同爱自己的性命”。该文结尾说：“这样的人，我们去寻访罢，即是二十年也算不得苦！因为《马太福音》中写着：‘你们祈求，就给你们，寻找，就寻见！’”

1945年，金庸写作的第一部长篇小说《如花年华》卷首引录“一切有为法，如梦幻泡影，如露亦如电，应作如是观”（《金刚般若经》）和“这是我的爱子，我所喜悦的”（《圣经·马太福音》）。

《“千人中之一人”》与《如花年华》中，金庸引录《圣经》的三段话，都很难说是仅取《圣经》的文采而在思想上一无所取、一无所得。

最终，金庸在《金刚经》与《圣经》之间，选择了《金刚经》，皈依于佛。

金庸晚年与池田大作对谈，回忆：“读（《汤因比与池田大作对话录》）时，我已读了不少马列主义的著作，对汤恩比过分推崇基督教精神的看法有了比较清醒的保留，不再像以前那样无条件的拜服。”也就是说，曾经有一个阶段，他几乎没有保留地接受汤因比对基督教精神的推崇，“无条件的拜服”。这是金庸第一次差点成为基督徒，大约是20世纪40年代后期。这次，就算成为基督徒，金庸也未必会受洗礼，是思想上而不是组织上的基督徒。

1948年3月30日，金庸到香港《大公报》工作。临行前，27日，未婚妻杜冶芬送他到上海，替他理行李，送他上飞机。临别一句话：“我们每人每天做祷告一次，不要忘了说，但愿你早日回到上海。”（金庸《来港前后》）金庸第一任妻子杜冶芬，很可能是基督徒，至少她（和她父母一家）是亲近基督教的。有一段时期，金庸似乎受杜冶芬陶冶，养成了“每天做祷告”的习惯。

金庸最终没有信仰基督，除了马克思，或许也有罗素对他的影响。汤因比和罗素这两位金庸最佩服的西方学者，相互抵消了。罗素一部著作即名“为什么我不是基督教徒”。

第二次，是 1976 年，金庸长子查传侠自杀后——

此后一年中，我阅读了无数书籍，探究“生与死”的奥秘……这个疑问，当然只有到宗教中去求解答。我在高中时期曾从头至尾精读过基督教的新旧约全书，这时回忆书中要义，反复思考，肯定基督教的教义不合我的想法，后来我忽然领悟到（或者说是衷心希望）亡灵不灭的情况，于是去佛教书籍中寻求答案。(《探求一个灿烂的世纪》第 155 页）

当金庸有重大问题“只有到宗教中去求解答”时，第一时间想到的是新旧约全书，这也反证基督教思想曾带给他很深的震动。金庸最终皈依佛学，并不因基督教信仰“和中国文化隔山隔水”，只为“不合我的想法”。

“你对传统文化如此痴迷，怎会去信仰一个和中国文化隔山隔水的西方信仰呢？”倘必有人问过梁羽生这个问题，由金庸提出的可能性也微乎其微。存疑。只是存疑，我并不断定金庸绝对没有这样问过梁羽生。一个人说话做事，不可能百分百符合他一贯的思想主张。

令人不解的不是梁羽生晚年信仰基督，而是他居然会信仰任何宗教。

“宝剑烈士”，赠以《英汉大辞典》

金庸难忘幼年时其父所做的让自己到剑桥读书的承诺与期许，上学期间，特别重视英语学习。

金庸先后在联合高中与衢州中学读高中。据傅国涌查证，在联合高中读高一时，金庸两个学期的英文成绩分别为 87 分、92 分，国文 73 分、80 分。只看分数，他当时的英文成绩远高于汉语文。在衢州中学，金庸的英文成绩一直很好，四个学期分别为 85 分、91 分、91 分、90 分，毕业会考 90 分，以 89.6 分的平均成绩毕业。

何英豹《回忆金庸在衢中》说："衢中的教师和高年级同学，也经常说起他的国文和英文根底深厚……我更钦佩他的英语基本功。1941 全校举行双十节文艺会演，他自己编导并主演的英语话剧《月亮升起》在石梁街广场演出。观众虽听不懂，却感到别致新颖。全校英语教师则一致称赞演员们发音正确流利。每学期一次的全校性独唱比赛，唯有他唱的是英文歌，声调高亢而凄厉。"

衢州中学同学斯杭生回忆："衢高的英语课本《高中英文选》的内容全是由英美文学名著的简节本选辑而成，相当难读，英语老师总是选读书中的部分课文教我们，我们已觉相当吃力。查良镛总是把全本书读完，而且还经常到图书馆去借阅英文世界名著原文来阅读。"（斯杭生《我和金庸的一段友情》）

1940 年，金庸与马胡蓥、张凤来合作，编印《献给投考初中者》，同年遭联合高中开除，转学衢州中学，在衢中与王浩然、江文焕组成友谊的"三驾马车"。

1942 年，金庸与王浩然、江文焕同行，到大后方读书，身上带着马胡蓥赠送的《英汉大辞典》。

五年后，1947 年，金庸将此书转赠王浩然。

五十几年后，王浩然撰文《宝剑烈士之意》，将此事记述出来。

1940 年，金庸得到衢州中学可以转学过去的允许，曾回联合高中办手续、拿行李，同班同学马胡蓥送给他一本商务印书馆 1939 年新出版的《综合英汉大辞典》。这本辞典在当时国内算是最好的英汉辞典。后来金庸在辞典首页空白处，深情地写下："辛巳年夏，道出碧湖，与胡蓥深夜促膝聚谈甚欢，及至英文，益自相得，即出此以赠，盖红粉佳人宝剑烈士之意也。书此以志其拳拳至情，并自警惕，愿勿负其初望焉。"下款落笔"良镛志于衢中"，并加盖私章。

分别在即，不知何日再相见，马胡蓥也是敬佩金庸写《阿丽丝漫游记》讽刺训育主任的勇气，乃以新买到的，价值不菲的，自己也非常需要的《英汉大辞典》慨然相赠。这份情义，甚是贵重。

马胡蓥考入交通大学，1949年后在上海，任中国唱片厂的总工程师。1981年，金庸回内地访问，致信余兆文："你和马胡蓥、沈德绪、王浩然四人，是我最盼望会到的好友……最好是在杭州相聚。"

金庸身上背负着英文版《圣经》，还有这本《英汉大辞典》，与王浩然等一行八人，从浙江迤逦行至重庆。两本书的分量都很重，《辞典》上朋友的情义尤重。

王浩然回忆：

1943年夏，查良镛和我考入国立政治大学学习。他进了外交系……十分努力学好各门功课，尤其倾注心力于英语、法语和国际法。当时该校藏书丰富，该系拥有一些专家学者，还有英国籍的语言教授，都有利于他外语的深造，加上那本从浙江带来的英汉大辞典，遇到困难随时可以查阅讨教……除了通过扩大英语文学作品的阅读外，他又另辟蹊径，有计划地通读这本辞典，也就是把辞典的重要词汇自始至终研读一遍或两遍，有的甚至三遍；研读的范围自然包括单词的语音、拼法及用法，重点则在常用词的基本用法。这样每天看一小部分（可以积少成多），并在背读过的单词旁边做记号，标明那些已看过一遍，那些看过两遍或三遍。这些记号在这本大辞典上至今犹清晰可辨。（王浩然《宝剑烈士之意》）

抗日战争时期，金庸的堂兄查良铮（穆旦）也曾背诵下来一部英语辞典。

这样天资卓异之人，也都肯下死功夫。

遭国立政治学校开除后，金庸进中央图书馆工作，后来到了湘西。在湘西，他计划编译一本《牛津袖珍字典》，最终没有完成。此时的金庸，二十岁出头。

金庸离开湘西，到《东南日报》做记者，采访浙江大学校长竺可桢时，金庸向竺校长提出，自己很想进浙大，想读的是“外国文学硕士”。此时的金庸，二十四五岁。

1947 年冬，金庸辞去杭州东南日报社英语翻译职务，准备到上海《时与潮》杂志社做编辑，王浩然赶往东南日报社为他送行，金庸将这部辞典转赠与他，亦是“红粉佳人宝剑烈士之意”。这部辞典对王浩然后来的学习、工作，助益亦大。

金庸对池田大作回忆：“来到香港在《大公报》工作，工余就着手翻译汤恩比博士（《历史研究》）这部大著的节本，因西洋史的修养不足而遇上困难时，就自行恶补而应付之。”（《探求一个灿烂的世纪》第 8 页）此时的金庸，三十多岁。

倪匡说：“查先生的英文虽然有些口音，但是英文程度很深。我记得四十多年前到他家里，有一个很大的柜子，后来一看，是一张张卡片，全部是英文，有几万张。”说的是四十多岁的金庸。

2004 年，金庸对《南方人物周刊》记者说，他每天拿出两个小时在学德文，这是八十岁的金庸。

金庸学法语，应始于读中央政治学校那一年。被开除后，主要靠自学。

金庸逝世后，浙大人文学院教授、中国法国史研究会会长沈坚追忆七十几岁的金庸——

1999 年金庸出任浙大人文学院首任院长，那时沈坚是学院的副院长，也是跟金庸工作上接触较多的人……“……很少人知道的是，金庸先生对世界历史同样了解深刻。”沈坚从事法国历史研究，在跟金庸交往中发现，他不仅懂法语，更深谙法国历史，每当聊天时说到法国的人名、地名时，金庸脱口而出的就是法语。他举例称，法国历史上有一个教派——胡格诺派，很多人甚至不知道这个教派，而金庸却直接能用法语说出。(《浙大感念“大师兄”金庸，近期拟举行追思会》)

沈坚和金庸第一次见面，他介绍自己是研究法国史的，没想到金庸也有一种“法兰西情结”，他们从罗伯斯庇尔，聊到拿破仑。沈坚惊奇地发现，金庸也能说一口流利标准的法语。在聊天中他获知，金庸能够无障碍地阅读法语小说。后来他们聊过很多法国的问题，金庸给他的信全部用法语写的。

沈坚发觉金庸还懂意大利语，甚至几次看到他为了要写中国通史，随身带着拉丁文的书籍翻阅。“先生说，搞懂中国文明的历史还不够，还要注重周边少数民族的感召。”

其时，国内舆论对于金庸出任浙江大学人文学院院长多有微词，主要出于对金庸学术背景的质疑。而经过与金庸的接触，沈坚马上为金庸的学识所折服。

沈坚回忆：“金庸先生在担任人文学院院长期间，还邀请了原联合国（副）秘书长、牛津大学圣安东尼学院院长高定爵士来浙江大学为师生做关于国际关系问题的讲座，金庸先生亲自做口译，不仅英语水平极好，也表现出对国际问题的熟稔。”（沈坚《忆金庸先生二三事》）

沈坚还记得：“有一次招生题目他自己出的，一个是中文的，一个是历史的，两个题目都出得非常有水平。金庸先生知识广博，通过这样的接触我深有体会，他确实是一位大家。”（《怀念永远的大师兄——浙江大学举办金庸先生追思会》）

沈教授认为：“这是一位睿智博学的专家和学者，出任浙江大学人文学院的院长应该是浙江大学的荣幸。”（沈坚《忆金庸先生二三事》）

“中国本位”，却一心想出国

1945年，金庸答应到湘西帮忙经营农场，主要原因是农场主王铠安允诺可以送他出国读书。

长期以来，金庸迫切希望能出国，满世界走走看看。

之前我一直强调，金庸说他选择到中央政治学校读书就是想游历世界的说法不很可信。我认为，他是很有政治上的企图心，或者说是野心的。

这里，要给他说句公道话。

政治上的企图心和游历各国的愿望，都是他选择中央政治学校外交系的重要原因，各占一半吧。

杨澜谈到：“我知道您年轻时候的志向并不是当一个作家或者报人，而是想当一个外交官，但是最后没能如愿。”金庸接着说：

> 这个出发点主要我从小喜欢看外国文学，所以对外国社会很有兴趣，想亲身去看了。在那边生活了一段时候，有一个很热烈的愿望。但后来我中学就发生抗战了，一直到高中毕业，还是在抗战时期。当时的情况下，像你个人出去，到外国去游历根本没有可能，外国留学也是很难很难，很多很多钱才有可能。当时好像唯一可以到外国去见识见识的，一是做外交官，或者是在大公司做事，公司派你出去，但这种很渺茫的。那么我在抗战时期，正有一个学校在招生考试，有一课是外交的，我也去报名，考取了。当时就觉得如果能够做外交官，做一个外交领事馆的小职员，也可以派到外国去。（杨澜《听金庸先生谈文学、历史和人生》）

只有政治上的企图心，金庸还是会读政治学校，但未必会选择外交系。

金庸游历世界的愿望，想来并不是要到世界各国的重要景点拍几张照片，或者题刻“查良镛到此一游”的书法，他应该是想深入了解世界，尤其是西方世界。

敝邑烟台，乡贤翻译大家张谷若，当年报考北京大学，之所以选择英文系，盖因家乡被殖民帝国侵略，“身为一名读了书的中国人，就有一种迫切愿望，要仔细弄清楚它们到底是怎么回事”。金庸早年一心想出国，到西方走走看看，应该出于同样的心情。

中国被打败了！并且这次不像以往被游牧民族打败那样，只是军事上的失败。至少表面看起来，中国在各个领域都被击败，就是胡适所说的“百事不如人”。

金庸对于西方，既痛恨，也佩服，有一种憎羡交织的情结。深入西方社会，了解西方文化、西方历史，才能找到我们失败的缘由，更找到民族复兴的办法。

金庸旅游，仅仅为了游山玩水？

章诗依在《行万里路的侠客——金庸游记文章管窥》一文中谈到：

金庸一生，令人艳羡地践行了行万里路、读万卷书这样的古典人生理想。单说旅行，早在上个世纪七十年代初，他就自承，自一九四九年以来，去过中国内地八次，欧洲五次，美洲、中东、非洲、澳洲、日本、甚至东欧的南斯拉夫也去过了，东南亚各国差不多去遍，新加坡和马来西亚更是不计其数，考虑到在这二十余年里他写下过十五部长篇武侠小说、堪称海量的社评与专栏文字，而犹能拿出时间做此壮游，实在不能不令人拍案惊奇。

金庸不但热爱旅行，也留下一些质量颇高的游记文字……

根据学者李政亮的研究，从十九世纪中期西方大举进入东亚开始，东亚国家出现一项极为特别的文体——它们或被以“游记”、“日记”等不同名称命名，但是，就内容而言，这些作品却有极大的相似之处，即均非抒发游山玩水心得的感性之作，而同样都是对西方国家进行不同面向的考察，其中，西方文明之道更是这些作者所强烈关心的焦点。在这些作品中，梁启超的《新大陆游记》堪称中文旅行纪实的翘楚。

金庸成长、受教育于民国时代，具有强烈的民族与国家情怀，综观他的游记作品，不难发现，它们与梁启超所代表的旅行纪实文章在精神旨趣上一脉相承，即关怀者大，哪怕是短小的篇什，也非一般意义上的游记文字，而是关注大问题、大是非。

温迪雅问："您年轻时想做外交官，除了想游历世界的意愿以外，恐怕还有一种年轻人的抱负在里面？"金庸答："也有，那时候爱国心很强，我觉得应该为国家做点事。"金庸的山水情怀，与"民族与国家情怀"，联结一起，分不开的。

金庸对陈鲁豫说过，他在中央政治学校时，可以被派到外国留学的，这个"外国"就是土耳其，"我觉得土耳其念了没什么用就没去"。他希望从中央政治学校毕业后能到法国或德国工作，"最好做大使，当然最好了"。

2007年，台湾政治大学（前身是中央政治学校）办"八十校庆"，金庸也参加了。他后来回忆说："我在政治学校是念外交系，现在外交系这些年轻学生都是我的师弟师妹了，他们让我去演讲：我们现在台湾念外交有什么出路？我说：你们学外语，现在台湾外交当然没有什么希望，你们学一些偏门的外文像阿拉伯文或非洲的文字，将来你是全中国唯一懂阿拉伯文、非洲文的人，人家如果跟他们做生意，非得请教你不可。这些师弟师妹们很兴奋，见了我就问学什么文字好？我说东南亚这些小国家文字、伊朗文、土耳其文都有用，他们以后就去研究这些文字了。"（李怀宇《金庸：办报纸是拼命，写小说是玩玩》）金庸自己不去土耳其，不学土耳其语言，如今却劝他的师弟师妹们去学，说什么"土耳其文都有用"。此事好玩。

金庸本人的关注点，他的目光，始终朝向西方。

钱穆早年在常州府中学堂读书，也参加过学潮，作为学生代表，反对学校的修身课，要求开设希腊文课，因反对无效而退学。

文化保守主义者，如陈寅恪，如钱穆，如金庸，从来不反对学习西方。他们所反对的，是那种邯郸学步式的学习，"未得国能（'西能'），又失其故行矣，直匍匐而归耳"！

金庸一直想要深入了解认识那个让他“羡憎交织”的西方世界，可能的途径有二：到西方做外交官，或者到西方留学。

到西方，最好是到英国留学，是金庸一生的梦。了解了这一点，我们对他八十多岁还要留学剑桥，就不会感觉奇怪了。

校工陈师傅，或许影响金庸

王浩然回忆他们在衢州中学读书的时候，“良镛博览群书，记性又好，差不多能过目不忘。记得有一次，他说英国有一所名校的看门人，凡是在该校进出的陌生人，只要报过尊姓大名让他照面过一次，隔再多时日他也能够一一认出、叫出名字。他这样说时，表情淡然，仿佛在说，这没什么稀奇的，我也能做到。书看得多，记性又好，他学业上的表现就越来越出色。”（王浩然《金庸少年行》）

像这位英国人那样“只要报过尊姓大名让他照面过一次”，“他也能够一一认出、叫出名字”的人物，在金庸小说中，也出现了：

宋青书猛地立定，叫道：“赵灵珠师叔、贝锦仪师叔，请向离位包抄，丁敏君师叔、李明霞师叔，请向震位堵截……”

他随口呼喝，号令峨嵋派的三十多名弟子分占八卦方位……只听得韦一笑的声音隔着尘沙远远传来：“峨嵋派居然有这等人才，灭绝老尼了不起啊。”这几句话显是称赞宋青书的……

灭绝师太……呆了半晌，瞪目问宋青书道：“我门下这许多弟子的名字，你怎地竟都知道？”宋青书道：“适才静玄师叔给弟子引见过了。”灭绝师太道：“嘿，入耳不忘！我峨嵋派哪有这样的人才？”（《倚天屠龙记》第十八回）

万润龙回忆：

2003年10月6日，金庸先生在经过短暂的休息之后，又风尘仆仆地来到古城西安……金庸先生还点名请《金庸茶馆》的工作人员随行，“上次去湖南是杨希，这次请苏虹去”，先生随即又补了一句，“下次要请沈群陪同了”。我们都很惊讶金庸先生的记忆力。我们之间见面的机会才两三次，聊天的时间也不长，金庸先生居然把几位编辑的名字都记住了。（万润龙《希望不要把有商业性质的东西带进来——我与金庸先生的交往》）

对自己照相机式的记忆力，金庸一向很自负。

金庸小说中，除了宋青书，还有不少记忆力惊人的人物：《射雕英雄传》中黄药师的妻子阿衡、《天龙八部》中的王语嫣和神山和尚、《笑傲江湖》中的令狐冲……

王浩然还对衢州中学的一位普通工作人员印象深刻：“校工陈师傅……专管作息时间。那时候不敲钟，是司号，他不光将时刻拿捏得分毫不差，届时还校门口一站，精神抖擞，吹起号来荡气回肠，我们亲切地叫他‘洋号兵’。这个校工，对我日后的做人也大有影响。一个人，能够把琐屑小事做得一丝不苟，也是一种境界啊。”（王浩然《金庸少年行》）

这位陈师傅，对王浩然“日后的做人也大有影响”，我们不能由此认为，陈师傅对王浩然的中学同学金庸日后的做人同样“大有影响”。这么说，就太武断了。

陈师傅做事的风格，可能对金庸日后的做人，大有影响；也可能只有不很大的影响；甚至，可能对金庸几乎毫无影响；即便是毫无影响，金庸一生做人做事的风格，与这位陈师傅（以及王浩然同学），总是很相似的。

潘耀明说：“金庸自己对文字的东西，从来都是一丝不苟的。记得，我开始编《明月》时，收过他二、三次字条，大抵是他翻阅《明月》时，发现那一篇文章有误，诸如题目不达意，那一页有若干异体字，那一处标点符号不当……”（潘耀明《我与金庸》）

金庸的老同学王浩然，说他们的校工陈师傅“把琐屑小事做得一丝不苟”；金庸的老搭档潘耀明，说金庸对《明报》所刊文章，小到一个标点符号，“从来都是一丝不苟的”；陈师傅和金庸，作风相似。

2018年初，倪匡在电视节目上聊金庸。倪匡说金庸“做事不怕麻烦，好仔细，好详细，做得一板一眼……好认真”。

“新文学”小说家中，金庸最爱沈从文。1982年，沈从文在家乡的吉首大学的讲话中，很谦虚地表白：“人家说我有什么‘天才’，其实，我文化是最低级的，我是最不相信‘天才’的，学音乐或者什么别的也许有，搞文学的，不靠什么天才，至少我是毫无‘天才’，主要是耐心耐烦，改来改去，磨来磨去……至于我，写东西是一个个字改出来的。”

沈从文、陈师傅、王浩然与金庸，四人的共同点，就是这份“耐心耐烦”。

记者宋元问：“您一手创办《明报》，又一手把它办成一张大报，有什么‘秘诀’吗？”金庸答：“也没什么‘秘诀’，就是要努力和投入。”又问：“回顾您的人生理想，您觉得是如何去实现的？”金庸再答：“做任何一件事，都要全力以赴。有十分的力气，绝不使九分。即便是小事情，也要认真对待。总之要不怕失败，不气馁，做事情要坚持到底。”（宋元《金庸谈创作、修订与出版：我在写一些自己做不到的事》）

湖南卫视主持人问：“你认为自己是个很聪明人吗？”金庸答：“我不聪明，我是个很努力、很用功的人。”

沈从文说自己不是天才，金庸说自己不聪明，都带有几分自谦。金庸是很聪明的，“记性又好，差不多能过目不忘”，即是其聪明之一例。他不仅是聪明，还那么努力，那么用功，更加可惊、可敬。

曾与金庸过从甚密的李文庸说：“由于《明报》社评深受本港居民和政府关注，所以（金庸）下笔时心理负担较重，三四个钟头写一篇不足为奇。”（《金庸其人》第51页）

即使写的是在世人眼中还很“通俗”的“武侠小说”，金庸也用尽全力，一字一句，细细斟酌。

一位“金庸茶馆”的网友问金庸：“您的许多大作都剧情复杂交错且能

自圆其说，想知道您写小说是先构思好结局再填充剧情，还是想到哪里写到哪里？您的作品中的人物及情节构造是先构造出人物及世界，还是写到哪里算哪里？……您的写作进度大约是每天多少字？……”金庸回答：“当然是先构思呢，想到哪写到哪不乱套了。我平时写作都是每天先花上几个小时构思，再写一个小时。”（《金庸其人》第 262 页）这与金庸以前对沈西城说的“一千字的稿，往往是改了又改，起码花两个钟头”，并不矛盾。

不写小说的十几个小时中，金庸稍有余暇，就会构思这天的小说连载，断断续续加起来，怎么也有两个小时了。等他坐到书桌前，正式要写稿了，也不是马上动笔，把先前想过的，再认真想，决定取舍，理清头绪，一个小时就过去了。然后，他拿起笔来，写了一个小时。这一小时中，也是“改了又改”。

金庸自己也对记者说过，每天编一段故事，先想再写，只要一小时就写好了，而想的时间则不一定。“如果灵感来了，一下子就想通了，有时故事结构摆来摆去都不满意，想的时间就长了。”（《八旬老人侠士风骨》）

从 1970 年开始，金庸先后两次大幅修改他的十五部小说。

金庸第一次修改，耗时最长，达十年之久。1981 年，刚改完旧著的金庸，在一次访谈中说：“一个人一生所做的事业，不论大小，总应该能令自己回想起来感到欣慰……做不做得到是另一回事，不过总得尽力去做。所以，办报纸也应该办一份最好的报纸……开计程车，就希望自己能开得最好，朝向最好的目标走。”（《金庸茶馆》第五册第 14 页）开计程车，在中学做吹号的校工，两样工作，一样普通。金庸说的这段话，与他老同学王浩然说校工陈师傅的那段话，意思也多有相近之处。

金庸在衢州中学上学时，长期接触到的这位“专管作息时间”的校工陈师傅，对金庸日后的做人，可能只有很小的影响，但是，也可能像对同学王浩然一样，有着很大的影响。

数学老师章克标的幽默

蒋百里、徐志摩，都是海宁硖石镇人。硖石还有一位比较著名的人物，就是章克标。

章克标，生于1900年，1918年留学日本学数学，1926年回国，1928年进入开明书店，主编开明数学教科书和1932年版《开明文学辞典》，是《申报·自由谈》《论语》等报刊的撰稿人，又与邵洵美合办时代图书公司，出任总经理。

1935年9月，章克标回到家乡，应校长张印通聘请，到嘉兴中学教书。翌年金庸考入这所学校，给他们上数学课的就是章先生。

金庸对这位老师一直印象深刻，念念不忘。

1957年，金庸谈到章老师："我在初中读书时，教我数学的是章克标先生。他因写小说而出名，为人很是滑稽，同学们经常和他玩闹而不大听他讲书。他曾写过一部《数学的故事》，其中说到有一个欧洲青年花了极长的时间，把圆周率推算到小数点后六百多位。"金庸的个性是不喜欢受人管束的，"同学们经常和他玩闹而不大听他讲书"，在金庸看来，应该是章老师的优点，不是缺点。

章克标晚年写信跟傅国涌说，他教金庸，"不过两三个月罢了，那时学校在战乱中马上分散了"。

金庸读过章老师的书，而且读得甚早，或者是章老师教他的时候，或者是不久之后，就找来拜读了。

据金庸中学时代的同学、至交余兆文回忆，当时的金庸，"很喜欢看林语堂的幽默文章"。1932年，章克标曾协助林语堂创办幽默刊物《论语》。金庸很可能读过这份刊物。当然，他读到的，只能是"过刊"。

1989年2月21日，金庸给老师写信："克标吾师尊前……得悉吾师安健，至以为慰。生当年在嘉兴中学读一年级时，蒙授以数学，吾师笑貌风采，至今不忘。"

1992年12月，金庸回到故乡，听说章老师来了，赶忙到宾馆会客室迎接，握手，鞠躬，扶着老人家入座。对老师说起："分别五十多年了，今天才看您……这几十年来当记者，办报纸，写小说，承蒙老师的教诲……章老师很幽默，一次晚自习，有个调皮的学生故意问章老师'English'怎样读，老师随口道'洋格里稀'。"

1998年2月，章先生九十八岁生日，金庸从香港发来贺电："今吾乡诸公为师称觞贺寿，良镛远在海隅，未克举觞当面为师祝贺，谨书数语，愿吾师身体康宁，欢乐颐养，数载之后，良镛当造门祝寿，更受教益也。"

1999年，章先生的回忆录《世纪挥手》出版（原著一百多万字，可惜只出了不足三十万字的节本），金庸题写了书名。

金庸早年不打算皓首穷经、终老书斋，他一直想要从政，但金庸一生都亲近文化，亲近文化人。1979年，金庸在香港中文大学说最喜欢和有学问的人聊天，希望以后退休了，在沙田买个房子住下来，这样就可以时时来大学旁听（《金庸茶馆》第三册第214—215页），应该不完全是客套话。

海宁比较有名的文化人，王国维、蒋百里、郑晓沧诸先生，少年金庸都没见过，也只见过徐志摩二三次。金庸真正亲炙的，就是章克标老师了。

章先生是有人格魅力的。看金庸的谈话，最吸引他的，是章老师的滑稽、幽默。

章老师的幽默，他的学生金庸没学到，也学到了。

生活中的金庸，不是很有幽默感。金庸甚至有些拙于言辞，沈西城说他"并不擅于辞令，讲话很慢，似乎每字每句都要经过细思才说出来。有时，给问得急了，他便会涨红脸，讷讷的，半晌说不出话来"（沈西城《金庸与倪匡》第10页），因此金庸的幽默只能"偶尔露峥嵘"。一次，金庸夸一个女孩子"美丽成长率最高"，对方一听，觉得每个都是好词，细思才知，金庸是说我小时候长得丑啊！

多数时候，金庸的幽默感，只能倾泻于他的小说。后期三部作品——《侠客行》《笑傲江湖》《鹿鼎记》，是第一流的幽默文学。

金庸小说的幽默，受初一数学老师章克标的影响可能很大，也可能很小，但不会丝毫没有影响的。

金庸私淑的两位西洋老师——司各特和大仲马，都是幽默之极的大小说家，对金庸的影响，应该更大些。

师从俞芳学数学，受益匪浅

金庸文理科都很优秀，他不偏科，从小学到大学，才可以一直考第一名。

章克标是金庸读初一时的数学老师，后来俞芳老师也教过他数学。

高玉阶回忆起他与金庸昔年同上的俞芳先生的数学课：

> 俞芳先生绍兴人，北京师范大学毕业后就来嘉中任教。二年级时，俞老师教我们代数。后来南迁到丽水碧湖，进入联合初中后，又教我们几何，并兼任班主任。她对我们这些十四、五岁远离父母的孩子，在生活上无微不至地照顾，既象一位大姊，又象一位慈母。因此，俞老师是我在中学时代受师恩最深重，令我终身感恩不尽的一位师长。俞老师讲课有两个特点，一是语言十分简洁，上课时从来不讲半句与教学无关的话。她把课堂中的每分每秒都用在教学上，从不浪费一点时间；二是俞老师讲课条理十分清楚，如教代数中每一步的推论，教几何时，从“已知”条件，到“求证”中间的每一步的论证，都交待得清清楚楚，在学生的脑海中留下十分清晰的印象，这样就有力地培养了学生逻辑思维能力。因此，在上世纪九十年代，金庸（查良镛）在祝贺俞老师执教六十周年的贺电中说：“当年老师教我代数、几何，每事凭公理公式规律求证，条理分明，推理精密严谨，于生一生治事为人处世撰文受益不尽，至今感恩。”（高玉阶《抗日烽火中的中学生时期》）

俞芳少年时与鲁迅一家交往密切，金庸就读联合初中的时候，应已读过不少鲁迅作品。然而，从已有的资料看，俞芳老师在数学课上没讲过鲁迅，师生二人在课后也不曾谈过鲁迅。

网上《她是鲁迅小友、金庸恩师，用一个世纪换天下桃李！》一文，查不到作者，但我感觉写得很认真，也很真实。从中既可以了解俞芳老师，也助于了解金庸和他的同学抗战时期读书的艰难：

那个特殊年代生活的艰苦，是如今的我们难以想象的：寺庙当校舍，茅屋当教室，师生流离失所，连基本的吃饱穿暖都难以保证。早饭常常是很稀的稀饭，有几个豆子当菜就算是改善生活了。学生衣被单薄，即使冬天穿的都仍是草鞋，甚至身上生满虱子。

在俞芳先生的回忆里，在"碧湖联初"她晚上批作业时用的是浙西南一带用几根灯草作为灯芯的民间菜油灯。她常常给学生烧开水来烫衣被上的虱子，有时还要替痒得难熬的学生抓虱子。

俞芳老师从教六十周年，金庸不仅发了贺电，且撰文致谢：

教我们数学的，是一位年轻的女教师，比我们学生大不了几岁。我现在还是记得很清楚，她穿一件淡蓝的旗袍，白鞋白袜，干净健康，精神勃勃，倒像是我们的一位大姐姐，拿了粉笔在黑板上写得清楚利落。一行行的都是算式，然后用清脆的北京话解说。那便是俞芳老师……俞老师的教导和训练，使我一生受用无穷。一直到现在，感激的心情也丝毫不减。年纪越大，越感到受益的恩惠。我写小说，布置情节，办企业，想要达到什么目标，就要逆推使用什么方法和步骤。甚至在玩游戏时，例如下围棋和打牌，都要用到逻辑思维、推理求证的思考，不知不觉间都用上了俞芳老师所教的方法和步骤。数十年常在海外，每到杭州，必会同老同学齐去向俞老师致敬问安。今欣逢老师从教六十年的喜庆，谨致数十年来常在心头出现的温暖情怀，向老师热烈祝贺，并祝健康长寿，安享退休悠闲生活。

受业学生查良镛（金庸）敬书

一九九五、十一、廿二

金庸“每到杭州，必会同老同学齐去向俞老师致敬问安”，但“欣逢老师从教六十年的喜庆”日子，金庸不在杭州，发贺电，写文章，以表感念。此外——

纪念俞先生任教六十周年时（1995年），我（楼学礼）曾写过一篇论文，我觉得是表达了我的心意的。后来大家倡议由查良镛的贺寿款项中用一点，集同学们的祝贺文章，印一个小册子，大家推荐我作编辑，并建议用我所写小文的题目作为书名《化育深恩永铭心》。俞先生十分谦虚，命只印一百本，绝不容扩大，仅限寄给与她有较多联系的学生。(《楼学礼致斯杭生札》)

印这本《化育深恩永铭心》纪念册，只用了金庸寄赠贺寿款的“一点”，可见这笔款子数额不小。

章克标只教过金庸数月，令金庸印象深刻的，是他的滑稽幽默。真正对金庸的数学学业有大帮助的，则是俞芳老师。

俞芳老师从教六十周年，金庸发贺电、寄赠款、写文章，“三致意焉”！他对俞老师，怀有很深的感恩之情。

1996年，金庸致信学姐朱帼英，说：“得悉俞芳老师身体安好，精神奕奕，至以为喜。”当时金庸自己，做了心脏搭桥手术不久，还在养病过程中。约2008年，金庸又在给朱帼英信中写道：“俞芳老师已经97岁，身健脑灵，十分欣慰……见到俞老师时，请代我问好。”

俞芳老师生于1911年，逝于2012年，老师百岁生日时，金庸书写了一首自作的七绝，表达感恩与祝贺：

金戈铁马儿女情，百变千端合人心。

代数几何符逻辑，细思其理感大恩。

余少年时于嘉兴碧湖学数学于俞芳老师门下，

今当老师初度百岁寿诞，谨志数语以志老师大恩也。

受业门生金庸谨书

俞芳曾任湖州中学校长、杭州大学教授、浙江省教育工会筹备委员会主任、杭州大学附属中学学军中学校长等职，“文革”中致残。好在俞老师乐观开朗，得享遐龄。

仁者寿。

王芝簃老师与大侠乔峰

严家炎问：“有人说郭靖形象中有您的影子，这可能吗？”金庸答：“作家其实都有折射自己的时候，都会在作品中留下某种烙印。”（严家炎《金庸答问录》）

金庸说他“很喜欢段誉对什么都无所谓，连女朋友对他不好也无所谓的个性”，也许，写作《天龙八部》的金庸，部分将自己“代入”段誉，在段誉身上，“折射”出作者的某些品质，且为他填补上作者本人所不具备，而希望具备的美质。

经由金庸安排，段誉终于邂逅乔峰于无锡松鹤楼：

段誉见这人身材甚是魁伟，三十来岁年纪，身穿灰色旧布袍，已微有破烂，浓眉大眼，高鼻阔口，一张四方的国字脸，颇有风霜之色，顾盼之际，极有威势。段誉心底暗暗喝了声采：“好一条大汉！这定是燕赵北国的悲歌慷慨之士。不论江南或是大理，都不会有这等人物。包不同自吹自擂什么英

气勃勃，似这条大汉，才称得上英气勃勃四字！”（《天龙八部》第十四回）

段誉初见乔峰（萧峰），深为倾倒，甚或有几分自惭形秽。如此强烈的感受，金庸本人可曾有过？

1998年，金庸与池田大作对谈，曾经说起：“初中时的国文老师王芝簃先生也是我的恩师，他给我的主要是身教，他刚毅正直、勇敢仁厚的侠气使得我一生时时暗中引为模范，可惜我出身于山温水软的江南，而家境富裕、养尊处优，完全学不到他那种燕赵悲歌慷慨的豪气。”

金庸与段誉，都“出身于山温水软的”“江南或是大理”，同样“家境富裕、养尊处优”。

金庸在嘉兴中学的国文老师王芝簃，与《天龙八部》中的大侠乔峰，皆为“燕赵北国的悲歌慷慨之士”。

金庸对王先生“刚毅正直”“勇敢仁厚”“侠气”的印象，移用到乔峰身上，是否合适？

尤其“侠气”一词值得注意。金庸遇到王老师之前，已经读过五六年的武侠小说了。初见王老师，金庸很可能已将这位老师与他在小说中读到的豪侠人物联想到一起。

1994年，金庸在北大演讲《我的中国历史观》也曾忆念起王先生：“我念初中时候的班主任王芝簃先生也是北大毕业生，他学识渊博，品格崇高，对我很爱护。虽然现在时隔五、六十年了，我还常常想念他。”

金庸的老师王芝簃，与金庸笔下的乔峰，确有不少相似。

王芝簃，即是乔峰的原型？

很可能。

更可能，王芝簃只是原型之一。

“人物的模特儿也一样，没有专用一个人，往往嘴在浙江，脸在北京，衣服在山西，是一个拼凑起来的角色。”鲁迅是这样做的，恐怕多数小说家也是如此。

王芝簃不等同于乔峰，但应该是金庸塑造乔峰这一人物形象所用“模特儿”之一。

金庸将恩师“一生时时暗中引为模范”，当他连载《天龙八部》于《明报》时，化暗为明，将王老师最卓异的品质部分地让渡到自己笔下最具光彩的英雄身上，此事何等自然，又何其美好！

王芝簃未必如《天龙八部》乔峰般神勇完满，所谓艺术源于生活而高于生活是也。

金庸说他对于王老师，“一生时时暗中引为模范”，这话应该是很真实、很诚实的，又说自己“完全学不到他那种燕赵悲歌慷慨的豪气”，就是谦辞了。那么长期而投入地学习，完全学到不可能，完全学不到也不可能。

金庸一生都以王老师为模范，激励自己，砥砺自己。王芝簃老师对金庸人格的塑造、性格的养成，都是有影响的。影响多大，不好估计。

金庸是南方人，是江南人，而兼有北方人的性格特点，其间有王芝簃老师的影响。

我自己虽是北方人，倒不敢说北方人性格就比南方人更好。我只是认为，对于小说家而言，人格越复杂，性格越矛盾，越能写出好作品。

要不是在十二三岁时遇到王芝簃，金庸写小说，像胡一刀、乔峰这样的北方豪侠，就不会那么精彩。

《天龙八部》第二册，写乔峰（萧峰）故事。这一册书，扉页上，金庸用的是清人鞠厚履所刻“虎啸风生，龙腾云萃”印章。这八个字，出自金庸最喜欢的唐人传奇《虬髯客传》。金庸用此印，可能也在隐晦表示乔峰的形象与虬髯客有几分相似、相通。虬髯客，当然是北方性格，北方人物。

2007年，金庸对广东卫视记者解释自己何以“在香港生活了这么久，后来的小说很少提到广东的事情”：“因为对广东的事情不熟悉。武侠小说有南派、北派。我写北方的事情叫北派，南方的方世玉、洪熙官这些，都是广东英雄的，黄飞鸿这些。”又说自己对浙江以北的事情比较有兴趣。（吴晓靓《广东卫视“文化珠江”访金庸》）金庸虽生在江南，生活在南粤，却以

“北派”自居。

或谓，中国北方的作家，能写实而少想象，南方的人，善于想象，而欠缺实际生活。金庸是想象力极丰沛的南方人，而又能写实，实兼有南北之长。

阿城说：“北人写南，或南人写北，都有一种说不出来的好，道理不知道，但我们算一下古今以来的作家，差不多是这样。”

“南人写北”，江南小说家金庸写北方人物，写最好的，一是乔峰，一是郭靖。

金庸在长文《在台所见·所闻·所思》中说：“中国人的传统习惯，父亲是那一县的人，儿子也是那一县的籍贯，跟他本人的出生地无关。所以我的儿女算是浙江海宁人……”同理，郭靖虽生在外地，却算是杭州（临安）人。

郭靖，家在浙江杭州，一生事业则在湖北襄阳。杭州、襄阳，都算南方，却是北方人物，因为他生于北地，长于漠北，性格经了大漠风沙十几年的磨砺。《神雕侠侣》推举“新五绝”，郭靖称为“北侠”，不仅是继承已逝恩师“北丐”洪七公之“北”，郭靖实是北方性格、北方人物。

金庸对严家炎坦承，将一部分的自己“折射”在郭靖身上。郭靖与金庸，是杭州老乡，都是江南人，但金庸为了郭靖的成长，安排他出世在漠北茫茫大草原。

张天锡……为孝武所器。每入言论，无不竟日。颇有嫉己者，于坐问张：“北方何物可贵？”张曰：“桑椹甘香，鸱鸮革响，淳酪养性，人无嫉心。”（《世说新语·言语》）

金庸对北方、对少数民族地区的向往，在《书剑恩仇录》《白马啸西风》《雪山飞狐》等小说中，都有流露。

王芝簃外，金庸另几位中学老师

1994年，金庸在北大，获名誉教授荣衔。金庸谈起自己与北大的渊源："我的亲伯父查钊忠（钜侯）先生就是北大的毕业生……我念初中时候的班主任王芝簃先生也是北大毕业生……"

金庸的中学同学高玉阶，回忆王芝簃老师和金庸：

> 国文老师王芝簃先生，北平昌平县人。北京大学毕业，写得一手好字，书体介于王羲之与赵孟頫之间，又擅长篆刻。讲课十分认真，往往引经据典，广征博引。王先生从《古文观止》上选了清人彭端淑的《为学》、柳宗元的《小石潭记》、苏东坡的《赤壁赋》、诸葛亮的《出师表》作为课外补充读物，为学生学习古文打好基础。王先生又选了黄花岗烈士林觉民的《与妻书》作为补充教材。林觉民烈士为推翻反动、腐败的清政府，甘愿与爱妻诀别而慷慨牺牲。书中字字血泪，催人泪下。他的可歌可泣的爱国精神深深地感动了我们的心灵。王先生在课余之暇常叫秋一甲班的查良镛和秋一乙班的我同到他的住所去吃"小锅饭"——向我们灌输一些课本之外的文史知识，讲解某些政治时事问题，以扩大我们的知识领域，提高我们对时事的认识水平。查良镛是海宁袁花镇人，我是嘉兴新丰镇人，虽然俩人同时进入嘉中，但不在一个班，原来俩人并不相识。但由于俩人经常在王先生的住所见面，就渐渐熟悉起来，并成了好友。两人的友谊在此后的患难生活中更加深厚了，直到一九四〇年良镛被迫离开联合高中而暂时告中断。这种在患难的生活中建立起来的同窗情谊，首先应归于王先生对俩人的关怀。（高玉阶《抗日烽火中的中学生时期》）

后来，王老师、金庸和高玉阶，三人还曾相见于"陪都"重庆。高玉阶晚年对记者谈到，当时他考取了设在重庆的中央大学，金庸则就读于中央政治学校，恰巧他们最敬爱的王老师也任职重庆，约他们到他家里会面。（宋

扬《金庸同窗说金庸》)

金庸另一位同学张敬夫，曾对《嘉兴日报》记者谈起：“当时有个北大毕业的年轻老师，经常带着几个成绩优异的学生一起座谈、一起出去玩……有时大家还在老师的带领下，相伴去同学家里玩。”（陈苏《金庸与同窗·相敬如兄》）这位老师，应该也是王芝簃。

王芝簃确是很有人格魅力的一位老师，所影响的，不仅是金庸一人。

金庸的中学时期，先后上过四所学校：嘉兴初级中学、联合初中、联合高中、衢州中学。将金庸在各校遇到的老师，这里一并介绍一下。

王国维的弟弟王哲安，是金庸在嘉兴中学读书时的英语老师，对金庸影响很大。

张印通校长重视教师质量……聘王哲安先生为教务主任。王先生毕业于上海圣约翰大学，是著名文史学者王国维（静安）之弟，在大学、中学任英语教师多年，不但学问精湛而且教法新颖，他常把英文大陆版的密勒氏论坛报中的片段选为教材，让学生读，因为都是当前时事，明白易懂，学生进步很快，深受学生欢迎和尊敬。（张庆云《张校长办学谨严、实干的片断》）

金庸一向重视英语学习。进入《时与潮》《东南日报》和《大公报》三份报刊工作之初，他都是翻译英美报刊、电台的时事新闻，而能胜任愉快，或应感谢王哲安老师帮他打下的根基。金庸后来为自己的《明报》写社评，写“明窗小札”（社评加上“小札”，总计约千万字，等于甚至超过金庸十五部小说的总字数），更要时时翻读英文报刊。

金庸在联合初中初三时的语文老师是斯伦，斯老师对金庸期许很高：

查良镛原在嘉兴中学读书，我（斯杭生）则在杭州初中读书，联中成立后，我们都迁到碧湖去读书。查良镛比我高一学期，当时我们并不认识，我只听到我的堂叔、曾是杭初和联初的语文老师斯伦（志彝）对我们说起过，他说他在联中初三教语文，班上有个嘉兴中学来的学生叫查良镛，他的语文基础很好，文章写得很有新意，是我们杭初的学生所不及的。（斯杭生《我和金庸的一段友情》）

斯伦，字志彝。1990年，金庸致信学姊斯士渊："令尊斯志彝老师教过我国文，得悉逝世，甚为伤感。"

金庸从联合高中"退学"之后，转到衢州中学。斯杭生从联初毕业后，进入衢中读高中。两个人又成了同学校友。斯杭生晚年回忆：

衢中是浙西有名的学府，建校很早，以"敦品励学"为办学宗旨、办得颇有成绩，附近闽、赣、皖地区也多送子弟来此求学。当时校长先后为沈天白、陈博文，都是一心办学的教育家，老师也多是学问渊博，经验丰富。抗战期间，又延聘一些原来杭州、上海高中教书的有名老师来此就教。如语文老师陈友琴、袁学中，英语老师徐宝珊、丁梓峰，数学老师毛以泉、章作人，生物老师李文正，历史老师江世禄，体育老师李宝书等，教书都很严谨，要求也很严格，因而在战乱困难的环境里，依然培养出一批批有爱国热忱和优良学识的青年。（斯杭生《我的中学生活》）

这些老师中，可以确定教过金庸的，有李宝书、李文正两位。金庸的同班同学王浩然说：

当时教我们这个班的体育老师是东北沦陷区来的李宝书先生，门板似的身材，性格豪爽，操一口东北口音，爱国心特强。他总说，要抗日，先要把身体练得棒棒的。学校利用山边平地，开掘出一个临时操场，李先生把体育课上得虎虎有生气。后来还替学校养了两匹军马，早晚好生伺候，白天就拉出来让学生跨骑，说大家练成了马术，就驰骋战场，砍小日本脑瓜去……

从杭州高级中学逃难出来的李文政老师，在那样的战乱年代，仍然孜孜

于教学和研究，课后进行野外考察，在当地发现了古代恐龙化石，带我们寻找和参观，考古成果轰动一时。（王浩然《忆少年金庸》）

金庸、王浩然的生物老师，到底叫李文正还是李文政，待考。

70年代初，金庸回忆："高中一年级那年，在浙江丽水碧湖就读，曾写过一篇《虬髯客传的考证和欣赏》，登在学校的壁报上……其时教高中三年级国文的老师钱南扬先生是研究元曲的名家，居然对此文颇加赞扬。小孩子学写文章得老师赞好，自然深以为喜。"钱南扬欣赏金庸这篇文章，但并没有真正教过他。[1]

1956年，金庸在《大公报》"三剑楼随笔"专栏，写《马援与二征王》，谈到："马援在越南时，在万里外写信给他侄儿们，大大反对他们模仿一个出名的豪侠杜季良（"画虎不成反类狗"的成语出于他这信中）……"马援的这封信，金庸是在联合高中的国文课上学到的。金庸晚年在《说侠节略》中说："我在浙江丽水念高中时，国文教科书中就有此信，所以印象很深，当时很不明白，学做豪侠有甚么不好……"

金庸的中学同学高玉阶回忆："在联高二年级时，语文老师何一骑先生除了讲授课文外，还选了一些其它古文，印成讲义作为补充教材。其中的一篇就是黄宗羲的《明夷待访录》的首篇《原君》。文章对我国几千年来的封建专制制度作了最深刻、最猛烈的抨击……这是对几千年来封建专制制度的严厉批判！它闪耀着近代民主主义思想的光辉，真使人震耳发聩，石破天惊，给我的心灵以极大的震动，使我感动得几乎流下泪来。"可惜，金庸在联合高中只读到高一，应该没机会听何一骑老师讲读《原君》，而联合高中崇尚民主自由的校园文化，仍对他有很大影响。

金庸很崇敬黄宗羲。

---

1 张兴民《为人师表的一生》中说："他（张印通）十分同情师生疾苦，常为教师们送温暖……谁都不愿意离开这位心心相连的好校长。据我所知：如钱南扬老师是知名的元曲专家，当时中山大学、齐鲁大学、广东文理学院等校纷纷来电争相延聘，都被一一婉言谢绝……"（《纪念张印通先生》第81页）

1972年，在《鹿鼎记》一书的尾声中，金庸更直接让康熙皇帝朗读黄宗羲的《原君》。

黄宗羲亦是金庸的老师。金庸私淑黄宗羲。

1975年，金庸在《袁崇焕评传》中说："必须由见识高明、才能卓越、品格高尚的人来管理国家大事。一旦有才干的人因身居高位而受了权力的腐化，变成专横独断、欺压人民时，人民立刻就须撤换他。"这是三年前他写康熙皇帝读《原君》的延续和升华。

1949年，金庸在《大公报》发表《从史实文件看中苏关系》系列文章，称陈博文为"业师"。陈博文，名绶章，毕业于北京大学法科经济系，曾任上海商务印书馆编译所编辑，杭州高级中学教务主任、代理校长，浙江教育厅秘书、首席督学，衢州中学校长。1945年至1949年任浙江图书馆馆长。可能是在衢州中学，他教过金庸功课。

第四章

学习时代（下）

《一事能狂便少年》，可知其生平抱负

“嘤其鸣矣，求其友声。”歌颂友情的《“千人中之一人”》，并非金庸在《东南日报》发表的第一篇文章。

第一篇是《一事能狂便少年》，发表于 1941 年 9 月 4 日，当时金庸还在衢州中学读书。

据同学余兆文回忆，1941 年初夏的一天，有位跟金庸非常亲近的同学，为了一点小事，和一位老师争吵起来。那位老师三十多岁，盛气凌人，一边恶狠狠地谩骂那位学生，一边走向前去想动手动脚，还口口声声扬言要开除他。那位学生被逼得忍无可忍，心一横，豁了出去，毅然拾得一块砖头，声言：“如果这样无理开除我的学籍，那我就宁可杀头，也先要开除你的生命籍。”幸亏这时走来几位同学，尽力从中斡旋，又劝又拉，这才避免了一场鏖战。因此事，金庸撰文《一事能狂便少年》。文中说：

是王国维先生说过罢：“一事能狂便少年。”狂气与少年似乎是不可分离的……

…………

“狂气”，我以为是一种达于极点的冲动，有时甚至于是“故意的盲目”，情情愿愿的撇开一切理智考虑底结果。固然，这可以大闯乱子，但未始不是某种伟大事业的因素。像我们不能希望用六十度的水来发动蒸汽机一样，一件惊天动地的事业要以微温的情感、淡漠的意志来成就，那是一件太美好了的梦想。我要这样武断地说一句：要成就一件伟大的事业，带几分狂气是必需的。

…………

在现在，固然那些假作疏狂、装装才子风流的像晋代的纵酒傲世、披发箕踞的也未始不有，但那已经不值得一哂：就是如陶潜的洁身自好，阮籍的明哲保身的消极狂态，也遭遇到它们的没落了。我们不需要温德莎公爵、安东尼的“不爱江山爱美人”的狂，拿破仑、希特勒的征服全世界的狂，因为这种狂气发泄的后果，小则使世界动荡不安，大则将使全人类受到祸害。

我们要求许许多多的，像法国大革命时代一般志士追求自由的狂，马志尼、加富尔的复兴民族的狂，以及无数的科学家、艺术家、探险家等对于真理、对于艺术、对于事业的热狂。

此文发表一年后，金庸考入中央政治学校外交系。

金庸晚年辩说，自己读外交系，主要目的就是想到各国游历。这话，我不很相信。看这篇《一事能狂便少年》，可见其生平抱负。子曰：“君子疾没世而名不称焉。”终生碌碌无为，金庸是不甘心的，少年金庸尤其不甘心。

《一事能狂便少年》里面有“一件惊天动地的事业”，有“成就一件伟大的事业”，有“伟大一定是与众不同”，正可见少年金庸之意气风发、志大心雄。他选择外交事业，既不属于“玩票”性质，必然要做到最好，做到最高（例如顾维钧那样）的位置。游历很重要，在外交上，在仕途上，有所作为更重要。

我在 2006 年写《金庸的“政治情结”》，引用过孙文“要立志做大事，不要做大官”的观点，认为金庸在政坛上是要“做大事”，而不以“做大官”为主要目的，“做大官”也是为了“做大事”。后来读到金庸 1963 年所写《谈

〈彷徨与抉择〉》，文中居然也引用过孙文的这句话。

《笑傲江湖》写出了各种类型的具有代表性的政治人物形象，1980年，金庸在小说后记中说："这种形形色色的人物……大概在别的国家中也都有。"他十几岁时在《一事能狂便少年》一文中谈及的拿破仑与希特勒，应该就是《笑傲江湖》刻画的任我行这一类型的政治人物。

十几岁的金庸说："拿破仑、希特勒的征服全世界的狂……小则使世界动荡不安，大则将使全人类受到祸害。"六十几岁的金庸又在《笑傲江湖》后记中说："只着眼于自己的权力名位、物质欲望，而损害旁人的，是坏人。"2003年，近八十岁的金庸在央视《新闻会客厅》，谈及张艺谋影片《英雄》时还在说："英雄两个范畴，英雄是发展个性，建功立业，做伟大的事业，但这个事业可能对自己有利，也可能没有利，也可能对人家有害的。张艺谋讲秦始皇这个英雄，对全国老百姓有害的，但捧他为英雄……英雄也有好的，有坏的。如果照顾老百姓，是真正的英雄，但有一种英雄，拿破仑也是英雄，害了很多人，杀了很多人……"金庸本人，不想做这样的政治人物、这样的"英雄"。

"努力目标是为大多数人谋福利的，是好人"，这才是少年金庸从政的初衷所在。

真的踏入政界，金庸能否抱持素志而不改，那就是另一回事了。金庸也说过："因掌握大权而腐化，那是人性的普遍现象。"

《一事能狂便少年》发表于"笔垒"副刊，且是头条文章。后来，金庸见到了副刊主编陈向平。所有金庸传记都说，陈向平看到作者竟是一个高中学生，而大感讶异。这是不可能的，是不真实的。

金庸（发表文章时署名查理）是正在衢州中学读书的中学生，陈向平主编看到这篇《一事能狂便少年》时已经知道了。

由文章题目"一事能狂便少年"，可以猜到作者是"少年"；文中说"我的一位好友被训育主任叫到房里去"，由此可以猜到金庸和他的好友都是学生娃儿；最明显的，文章中明明写着"我不愿意使自己对这位训育主任有什么不敬的意见，因为我知道我和他几乎相差三十岁的年纪”，“训育主任”不太可能六七十岁，文章的作者也就不可能三四十岁；文章由衢州中学发出，寄到报社。综合以上因素，若居然想不到作者正在衢州中学读高中，陈主编的阅读理解能力可就太差了！

当然，衢州中学还设有“初中部”。如果当时陈向平看到的是一个初中学生，想必大为惊异。看到正在读高二的金庸，陈主编该不会莫名惊诧的。

让陈向平莫名惊诧的，不是看到金庸这个人，而是当初看到金庸这篇文章。

金庸这篇文章写得很不坏，却也算不上“天地间之至文”，唯其出于一个十几岁的少年之手，才了不起。

陈向平读过的古今好文章，太多了。一个少年而有如此胸襟、抱负、识见，才真正令他吃惊，因此渴望见一见这位小友。

很可能，对于少年金庸，陈向平是以“国士”“国器”目之的。后来陈先生指点金庸去报考西南联大，也是出于一片为国惜才的雅意。

2017 年，我将自己的此一推测，发在《羊城晚报》上。不久，吾兄南窗写出《最好交情见面初》一文，以非常难得而可靠的资料，证实了我的推测：陈主编读《一事能狂便少年》之时，已知金庸是高中学生。

南窗兄发掘出陈向平给金庸“简短作序”的那篇文字：

我在这里要推荐一位少年笔耕者于读者诸君。

本刊在金华时，曾经在无数来稿中，发现一篇使编者十分注意的杂文，叫做《一事能狂便少年》。作者署名查理，是浙江一个高中里的学生。我看见了，而且从他老师处知道他还是个未冠的少年。这就使我对他有点惊奇。

我写了封信去，请他到金华来相见一次。可是信发出不久，我就离开了金华，他那学校听说也向常山方面撤退。

一天傍晚，我在江山大街上走，忽然迎面来了一个学生，他戴着度数很深的近视眼镜，走近我身边来，细细谛视了我胸前所佩的徽章之后，就问我：

“×× 先生你知道他在何处？”

“在这里。”

“哪里？”

“你有什么事情吗？”

到这里，我们无须再讲什么介绍词，彼此都“心里有数”了。手掌抵着手掌，默默之中，我们心里一时相互传递遍了万语千言！我问他：

“作何打算？”

他说：“到昆明去进联大读书。以后三四年内，也许不可能有见面机会，这回过江山是来特地看你的。”

我们在大街来回走着。从身边琐事到天下大势，无边无岸的倾谈开去。直到店家都关上排门，小巷口只剩下几盏卖“夜点心”的灯火，我们一直忘情地沉浸在热情的谈话里，从未停过脚步。

我在他言谈举止之间，看见了大时代中生长着的新中国新青年的模型。

第二天一早，我去送他时，他已和同学们走了。过了两天，他寄来了一篇文章，题目是《千人中之一人》。他说是别后在旅途上写成的，以它作为我们友情开始的纪念。(《东南日报》1942 年 8 月 30 日）

很明显，不需要等到二人见面时，陈向平已知金庸是高中学生。

之前我推测“陈先生指点金庸去报考西南联大，是出于一片为国惜才的雅意”，半对半错，并不准确。一半是错的，金庸投考西南联大，并非出于陈先生的指点，而是早有此心；一半是对的，陈先生看待金庸，确乎存了一份为国惜才的心意，当时的陈先生，在金庸的言谈举止之间，“看见了大时代中生长着的新中国新青年的模型”。

数年后，金庸进入新闻界，也与陈向平有极大关系。

我们是 1945 年 5 月初去湘西的，过了 3 个月，日本向盟军无条件投降了……挨到第二年初夏，金庸再也不愿在湘西这个荒山野岭的地方呆下去了。

他终于辞去了农场里的职务，要返回阔别已久的海宁老家去看看亲人了……

做父亲的不由得忧心忡忡地问道："还要从大学一年级ABC读起？这也太轧闷（纳闷）了。"话音是相当悲凉的。

金庸低头听着，一时哑口无言，只是苦笑而已……只是抱着试试看的心理，写了一封信给陈向平。陈向平接到了来信，竟义不容辞，欣然应允荐金庸进《东南日报》工作……果真不负陈先生厚望，金庸进入《东南日报》，迅即脱颖而出。（余兆文《我所知道的金庸》）

从少年时代开始，金庸既热爱文学（文化），亦热衷政治。新闻业，则处于"文"与"政"之间。[1]金庸被中央政治学校开除后，进入新闻界，是很自然，但不是必然的事。可以选择的职业，有千种万种，假如金庸生命中没有出现过陈向平这个人，他不必然以新闻为志业。

读《人比黄花瘦——读李清照词偶感》偶感

1941年12月7日，正在衢州中学读书的金庸，又在《东南日报》发表《人比黄花瘦——读李清照词偶感》，刊于"笔垒"副刊的版首。其中说到"人类的弱点应该得到同情，但这同情不应该由这弱点的保有者故意地去求得"，尤其值得注意。读懂了这句，就很能理解金庸后来在捐款问题上的态度了。

金庸生平捐出五六千万的财产，他毕竟不是什么顶级富豪，按捐款占总财产的比例而言，金庸比大多数甚至绝大多数中国富豪都更大方，而不是更吝啬。

金庸捐款，都是按自己的意愿做的，多半用在文化事业上。

---

1 民国时期尤其如此，很多人都是由新闻界走入政坛。1938年，金庸的表亲蒋百里就对记者陶菊隐说："现在国家的中坚人物，哪个不是新闻记者出身？你莫妄自菲薄。"

有人以种种好听的名义来找金庸捐款，金庸的态度是敷衍；有人以极低的姿态来找金庸捐款，造成一种“要是不捐这钱，你简直就不是人”的压力，金庸的态度仍是敷衍；金庸个性极强（令狐冲对田伯光说，他不想做的事，就算师父师娘，五岳盟主，玉皇大帝也没法勉强），他不喜欢被“逼捐”，不喜欢道德绑架，不喜欢“由这弱点的保有者故意地去求得”同情。

罗孚应该是深知金庸这丝毫不肯受人勉强的个性，这才在需要向黄永玉、金庸二人求助时，对妻子叮嘱：“黄和查的为人不同，对他多请托几句无妨。在查目前，话要说得适可而止，不要给他一个苦苦哀求的印象……”（罗海雷《重读查良镛与父亲信札有感》）我的理解，“苦苦哀求”会让金庸产生“不能不帮”的压力，这种情况下，他反而真的不肯帮忙了。

罗孚在书信中，只对妻子说金庸的“为人”与黄永玉不同，但没有说他与金庸的交情比与黄永玉更浅。他还是很把金庸当朋友的。

罗孚生前很可能没读过金庸十几岁时写的这篇《人比黄花瘦》，至少他1986年给妻子写信时是不可能读到的。假如他读过此文，当会对“不要给他一个苦苦哀求的印象”这一点，有更深的体会。

林燕妮眼中的金庸，“谈吐温文，但性格可说刚多于柔，强多于弱”。她也没读过金庸早年这篇《人比黄花瘦》。此文确是她说金庸性格“刚多于柔，强多于弱”的最佳印证。

黄永玉回忆年轻时候的金庸，“他很可爱、很温和”，可以印证林燕妮说的“谈吐温文”，更印证了金庸“我天性与贾宝玉相通”的自我认知。

然而，这篇《人比黄花瘦》更多表露出的，是金庸与贾宝玉极不相通、极不相同的一面。我甚至怀疑，金庸写这篇文章时，不自觉地在抵抗和抵制自己身上那贾宝玉的一面。

通篇文章看下来，此文很有些偏执，作者简直就是“拗相公”一流人物。明了文章写作的历史背景（此文也写到了“抗战的巨潮”；金庸晚年对池田大作回忆：“在我的少年时代，国家民族面临生死的严峻关头，全国一心为民族之存亡而挣扎奋斗。”)，对于少年金庸写出这样的文章，才不会觉得奇怪。[1]

金庸十五部小说，始终透出一份“救亡”的焦灼。当然，他的“救亡”重点在“救”华夏文明之“亡”，与我们熟知的那个“救亡”不完全是一回事。

金庸创办《明报》，定下了四条选稿标准，之一就是“不喜长吁短叹”。

1941 年，往前推一百年，就是鸦片战争。金庸很小的时候，便由祖父的经历，记住了外国人欺负中国人的耻辱。还有金庸小学时那堂历史课，历史老师讲到鸦片战争，突然情绪激动，掩面痛哭。金庸和小同学们也都跟着哭泣，“这件事在我心中永远不忘”。

金庸说：“英国经过鸦片战争而割占香港……任何中国人在谈论国事、关心民族前途之时，无不为之痛心疾首。”(《探求一个灿烂的世纪》第 13 页)

1941 年，大半国土沦于倭人之手，“亡国灭种”的威胁似乎迫在眉睫。我们无言的痛苦已经太多了，而这个民族仍然没有真正起来。

日本人对中国所造成的长远的伤害，实在太大。

1941 年的金庸说：“有些人常常以得到别人的同情而骄傲，但我却认为是一种羞耻。因为，无疑地，人家的同情只能证明你是一个弱者、失败者。”

这个“你”，说的是谁?

“你”，是所有的“中国少年”，尤其是所有的中国的少年男子。

这个“你”，其实也可以理解为华夏民族整体。

概括金庸这篇文章的“中心思想”，就是曾子说的一句话：“士不可不弘毅，任重而道远。”面对“三千年未有之大变局”，华夏民族遭遇前所未有的挫败，要起来，要复兴，尤其任重道远，尤其不可不弘毅。

金庸要“对现代一切吟风弄月，缺乏战斗精神的思想提出抗议”。这个“现代”，是一个国力衰微的时代，国人因此更需要战斗精神，金庸才会对当时一切吟风弄月的作风提出抗议。

---

1 到了 20 世纪 50 年代，金庸三十岁的时候，就不复少年时的偏执激烈。他在影评《悼周璇》中说：“她的生活始终是不幸的，在婚姻上尤其不幸……更不幸的是，她是极度的善良，甚至到了懦弱的地步；是极度的纯洁，甚至到了幼稚无知的地步。”对这位柔弱不幸的影星，深致同情。

《南方人物周刊》记者问金庸怎样看待“木子美现象”，金庸回答：“如果是在抗战、内战时，大家全心全意艰苦奋斗，这个现象不会出现，因为整个社会也比较严肃。现在大家生活没有忧虑了，这种作品可以满足社会上一部分人的要求。”(《八十金庸：拒绝理想主义》,《南方人物周刊》2004年第10期)

读《历史研究》，始信中华之再兴

金庸写成这篇《人比黄花瘦》的六年后，1947年的金庸——

抗战胜利后从西南回到故乡，在上海西书店里买到一本 A. Toynbee（汤恩比）大著 *A Study of History*（《历史研究》）的节本，废寝忘食地诵读了四分之一后，顿时犹如进入了一个从来没有听见过、见到过的瑰丽世界，料想刘姥姥初入大观园，所见所闻亦不过如是。想不到世界上竟有这样的学问，这样的见解。汤恩比根据丰富的史实而得出结论：世界上各个文明所以能存在，进而兴旺发达，都是由于遇上了重大的挑战而能成功应付。我非常信服这项规律。这本书越是读下去，心中一个念头越是强烈：我如能受汤恩比博士之教，做他的学生，此后一生即使贫困潦倒、颠沛困苦，最后在街头倒毙，无人收尸，那也是幸福满足的一生。

来到香港在《大公报》工作，工余就着手翻译汤恩比博士这部大著的节本（他这部大著共十二卷，当时还未写完），因西洋史的修养不足而遇上困难时，就自行恶补而应付之，我把这些困难都当作是汤恩比博士所说的“挑战”……此后数十年中，凡是汤恩比的著作，只要能买得到、借得到的，一定拿来细读。（《探求一个灿烂的世纪》第8页）

汤因比、罗素、陈寅恪与钱穆，是金庸最佩服的四位历史学家。他初读《历史研究》，是抗日战争胜利后，“亡国”的威胁暂时解除。我感觉，金庸自能独立思考以来，便为一个最大的问题所困扰，即中华文明究竟有没有前途和未来？

当日的中国，是“二战”五大战胜国、联合国安全理事会五大常任理事国之一，我们胜利了，但整个国家疮痍满眼。

假如当日的中国，在各个领域，都称得上世界一流强国，金庸读到《历史研究》一书，也会很兴奋，不会兴奋至此；也会感到震动，不会如此震惊；也会对此书很“信服”，不会如是“信服”。

《历史研究》一书，缓解了金庸精神上的大苦恼，令他对华夏民族的光明未来更具信心。

1989 年 5 月，《明报》创刊三十周年，金庸撰文《感恩与报答》，引用汤因比的话：“一种文明的生存，在于能成功地应付挑战。”

1994 年 10 月，金庸在北大演讲，谈及汤因比：

英国对二十世纪影响最大的一位历史学家名叫汤因比，他写了一部很长很长的《历史研究》。他在这部书中分析了很多世界上的文明，说明世界上的很多文明都在历史进程中衰退或消亡了，直到现在仍真正兴旺发达的文明只有两个，一个是西方的欧美文明，一个是东方的中国文明。而中国文明历史悠久且连续不断，则又是世界唯一的。虽然古代有的文明历史比中国早，有的文明范围比中国大，如巴比伦的文明、埃及的文明、希腊罗马的文明，但这些文明却因遇到外力的打击，或者自己腐化而逐渐衰退、消亡了。他说：一种文明总会遇到外来的挑战，如果该文明能很好地应付这个挑战，就能继续发展；如果不能很好地应付挑战，就会衰退，甚至消亡……

……他认为西方文明的优点在于不断地发明、创造、追求、向外扩张，是“动”的文化。中国文明的优点在于和平，就好像长城，处于守势，稳、调和，是“静”的文化……现在许多西方人把希望寄托于中国，他们希望了解中国，了解中国的哲学。他们认为中国的平衡、和谐、团结的哲学思想、心理状态可能是解决整个人类问题的关键。

如金庸在北大所言，到汤因比“快去世的时候，他得出一个结论：世界的希望寄托于中国文明和西方文明的结合”，而“在他初期写《历史研究》这部大著作的时候，并没有非常重视中国”。但是，由“挑战”与“应对”的思路出发，金庸可能很早就对中华文明有了足够信心，相信，更希望，中华文明足以“应对”西方文明所带来的绝大的“挑战”。

金庸那一代知识分子，往往都是“带着问题读书”，读学术著作时更是如此。而他当时最关注的问题，应该就是中国的前途，或者说，中国到底还有没有前途。读《历史研究》，想中国前途，是很自然的事。

2009年9月，在岳麓书院“千年论坛”，金庸再谈：“英国一个大历史家叫汤因比，他写了一本《历史研究》，这本书很有思想内容。它最后的结论就是说，西方国家已经走到尽头了，他这个哲学这个方式行不通了，将来全世界人类的出路怎么样，就是要东方哲学，以及中国的哲学。中国是讲究调和的，讲究大家合作。大家要开放的互相融合的，用这种方式，将来人类才会有前途。我很同意他的意见……互相融合，互相合作的。这个世界战争可以避免，人类才有光明前途。”

金庸两次谈及《历史研究》的演讲，都同时谈及中国的前途、未来与希望。

金庸对《历史研究》以及汤因比其他著作的理解，未必十分准确，但他确实借由这个人写出的这部书，树立起对本民族光明前途的信心。

金庸狂热地爱中国，爱中国文化。“中国文化是我生命的一部分，有如血管中流着的血，永远分不开的”，金庸爱中国文化，就像他爱自己。

希望中国复兴，希望中国文化在世界上有更高地位，希望中国文化对世界有更大贡献，应是金庸毕生莫大的心愿。1973年，金庸说：“我相信中国最大多数人民所盼望的，就是这样一个政府，希望大陆和台湾将来终于能够和平统一，组成一个独立、民主、中立，人民享有宗教自由、信仰自由、言论自由、企业自由，人民权利获得充分保障的民族和睦政府。我这一生如能亲眼见到这样的一个统一的中国政府出现，实在是毕生最大的愿望。”（金庸

《在台所见・所闻・所思》)

1994 年，在北大，金庸先是引用了《泰晤士报》前总编辑李斯・莫格勋爵的观点（“十九世纪世界的经济中心在伦敦，二十世纪初转到了纽约……而二十一世纪肯定要转到中国”），接着他表示：“依我看，（经济中心）在北京或在上海都不是问题，只要是在中国就很好。”说到这，他的演讲，就结束了。

北大演讲中，金庸还谈到：“我们的国歌中有一句：‘中华民族到了最危险的时候’，这句话是在抗战前后写的，它表示了一种忧患意识。那时候我国遭受外族敌人的侵略，处境确实非常危险。”1945 年，抗战刚结束，此时的金庸，感于国家忧患，因为内心的焦灼，读到《历史研究》，真如拨云见日，此心一片光明。

“一种文明总会遇到外来的挑战，如果该文明能很好地应付这个挑战，就能继续发展”，这是金庸在北大谈《历史研究》时讲过的话。金庸相信华夏文明本身具有力量，能很好地应付眼前的大挑战，金庸努力使自己相信华夏文明可以应付眼前的大挑战。

何平认为，在金庸“最感人的故事里，洋溢的……是知其不可而为之的烈士精神。”我为何先生补充一句：“知其不可而为之”中的这个“其”，就是汤因比所说“遇上了重大的挑战而能成功应付”。

金庸写的是古代故事，故事中，却寓有作者深切的现实关怀。

金庸写小说固是出于偶然，他的写作固然带有一定的商业性，但不妨碍他将自己的理想、愿望、思考倾注于小说中的故事与人物。

当时《历史研究》一书还没写完，写完的那部分，也很少直接谈及中国。金庸由这半部著作，燃起对民族复兴的信心。

1994 年，金庸在香港大学发表演讲：“我对中国的文化传统、中国人应付困难和战胜极端趋向的超凡才能，充满着十足信心。”（金庸《大众传媒与开放社会》）

金庸当然不会因为汤因比的（疑似）指出中国的希望，而以为万事大吉。华夏民族要“成功地应付挑战”，太艰难了，而卫璧、汪啸风这样“少爷”式的人物，在当代中国“应付挑战”的过程中，完全“没用”，就是废物。

金庸将民族复兴的希望，寄托于另一类型的人物。

金庸说：“我最喜欢写的人物就是在艰苦的环境下仍不屈不挠、忍辱负重、排除万难、继续奋斗的人物。这不是我刻意去这样写，而是我认为不屈不挠、忍辱负重正是我们中国人的形象。”（陈雨航《如椽飞笔渡江湖》）这是与“少爷”们完全相反的人物形象。对于“少爷”们，金庸的态度是鄙视厌弃。对于前者，金庸却是一种神往与礼赞的立场和态度。

类似的话，金庸也对池田大作说过：“我最想写的人物，是在困境中仍本着不屈不挠的精神忍耐下去，排除万难而奋斗的人。”（《明报月刊·金庸纪念专号》第71页）

“第一次见到人间惨事”与罗素

金庸看重郭靖这样有担当的人物，他对韦小宝这种人其实也不乏敬意，佩服韦小宝身上那源源不绝的生命力和适应环境的能力，金庸最看不上的就是（小说中）郑克塽这样“没用”的货色。

《鹿鼎记》故事中，金庸很欢乐地，又满是恶意地，纵容韦小宝不断地“凌虐”郑公子，真好像他本人与郑克塽（这种人）有什么深仇大恨似的。

金庸与郑克塽（这种人）应该没有私仇，他所痛恨的，就是他们的“无用”，“于国于家无望”。

金庸要是也写一篇《五蠹》，一定有郑克塽这种人的位置，“邦之蠹也”。

金庸说，在日本人打进来之前，“我们是一群生活在山温水软、环境富裕的江南，不知天高地厚的幸福青年，若非经历八年抗战的艰苦生涯，恐怕到现在还是浑浑噩噩，过着醉生梦死的生涯”（《探求一个灿烂的世纪》第245页）。

金庸本人出身于富贵之家，即便没有遇上大战乱，感觉他成长为纨绔子弟的可能性也不是很大，不过，战争期间的艰苦，也确实磨砺了他的意志，而令他后来写起的小说更显厚重。金庸说："战争也给了我一些有益的磨炼。我此后一生从来不害怕吃苦。战时吃不饱饭，又生重病，几乎要死，这样的困苦都经历过了，以后还有什么更可怕的事呢？"池田大作也说："金庸先生这样坚强的人格是在青年时代练就的。"

金庸在战争期间，很受了些苦，精神上也遭遇很大的震撼。

1941年11月，衢州中学发生反对训育主任杨筠青的学潮，金庸被列入"过激学生"名单，江文焕则遭开除。

1942年5月，衢州中学停课疏散，金庸的高中生涯结束了。

不久，"三驾马车"又凑到了一起。程正迦女士回忆：

> 过了几天，江文焕找到我家，对我说，他已经与王浩然、查良镛、黄文俊、吴汝榕商量好了，不在沦陷区当亡国奴，一起去大后方读书。问我去不去。
>
> 我一口答应：去！……
>
> 我说，正返（我大妹妹）也想跟我一起去大后方。
>
> 文焕说，好啊，朱卿云（我姨父的侄女）也要跟我们去，你们三个姑娘正好结伴。
>
> 我很高兴，马上同正返一起整理随身必带的衣裳物品，还有路上吃的炒米，第二天一早赶到航埠乡王浩然家里集中，一起出发去火车站。（程正迦《流亡路上》）

金庸、江文焕、王浩然这"三驾马车"，加上江文焕的女朋友程正迦，程正迦带上大妹妹程正返，还有江文焕姨父的侄女朱卿云，另有黄文俊、吴汝榕，一行八人，逶迤西行。从浙江到重庆，行程数千里。

程正迦女士回忆那段旅程：

> 凭流亡学生证明坐火车免票，我们背着行李挤上去江西的火车。

车上都是逃难的人。男女老少挤得贴贴实实。车开出浙江，天就下雨了，雨越下越大，到江西贵溪，暴雨引起山洪，洪水冲塌了前面好几段铁路路基，火车停开……

浙赣铁路中断了，一时半会修不通。我们八个人在贵溪站台上商量，决定还是继续去大后方，火车不开，靠两条腿走。

听说日军要进攻江西。为了避免遭遇日军，我们走山路。

我们背着行李，男生背重的，女生背轻的，人生地不熟啊，我们只能靠随身带的指北针把握方向往西走。

山路曲曲弯弯。好几次我们顺着一条小路走到头，没路了，下面是悬崖峭壁。只好回头重新找路。有时钻过盘根错节的杂树林、毛竹、灌木丛，不小心踩到蛇、爬虫，吓出一身冷汗，路却找到了。

山上渺无人烟。渴了，我们喝山泉水；饿了，吃带来的炒米。炒米吃完了，幸亏还带了生米，怎么吃呢？我们随身带着课本、铅笔盒。铅笔盒是铁皮的，我们把米放在铅笔盒里添点水，捡干树枝点火，把铅笔盒架在火上做饭吃。

我们怕撞到日军又怕碰到野兽，如惊弓之鸟，听到一点可疑的声音就钻进树丛草丛躲起来。

走到南丰，才知道日军刚刚占了南城县。我们与日军几乎同时走在两条平行线上。日军行进的大路与我们相距不过10公里！好险啊。

连续赶路，日晒雨淋，吃不好睡不好，除了查良镛，七个人病倒了。

我们住进一户人家，房东老大娘收留了我们……这一带医生全逃难去了，药房关着门。我们只好躺着熬日子……

硬撑五天，日军没有来犯，医生陆续回来，药房也开张了，我们便找医生看病吃药，这样一来，钱花了不少。

八个人再商议怎么走。查良镛说他要去长沙找老同学；王浩然、朱卿云提出要去投靠亲戚。这样，查、王、朱三位同学就与我们分手了。（程正迦《流亡路上》）

金庸则回忆起另一些细节："日本飞机沿途猛炸，路边看到的尽是死尸。我们每个人带着一辆单车，但公路早已掘得寸步难行，变成不是人骑单车而是单车骑人，必须把单车托在肩上，通过一条条独木桥似的窄梁。"

路上看到的一件惨事、一副惨象，令金庸深感震撼，永生难忘："我们在浙赣边境的路旁看到一个被日本飞机炸死的农妇，她身旁有一个四五岁的孩子，抚着妈妈的尸体，呆呆的坐着。那死去的农妇身上没半点血，脸色黄得可怕，她是给炸弹震死的，不知怎样，那孩子却没有受伤。农妇身旁散开着一个包袱，有孩子的衣衫和小鞋。我们已是自顾不暇，除了给孩子几个烧饼之外，没有什么办法，三个女同学一面走，一面流眼泪。对于我们这八个十六七岁的少年，那是第一次见到人间的惨事。"

金庸六七岁时，家人看着当地特有的叫作"梁山伯""祝英台"的一对蝴蝶，给他讲了梁祝的故事，让他第一次知道世间有哀伤和不幸。然而，那毕竟只是他听到的一个悲伤而又美丽的传说，如今，一个抚着母亲尸体的四五岁的孩子，才真正是他"第一次见到人间的惨事"。

金庸对池田大作谈他在抗日战争期间印象极深的一件事，可能也发生在这段旅程中："日本空军投掷的炸弹在我身旁不远处爆炸。我立刻伏倒，听得机枪子弹在地下啪啪作响。听得飞机远去而站起身来后，见到身旁有两具死尸，面色蜡黄，口鼻流血，双眼却没有闭上。附近一个女同学吓得大哭，我只好过去拍拍她肩头安慰。"(《探求一个灿烂的世纪》第76页)

在江西广昌，金庸他们看到墙壁上挂着的两幅照片，图中是几千个骷髅堆成的一座山，每个骷髅上双眼和嘴巴的三个大孔，阴沉沉地对着看照片的人。过了几天，他们到了宁都，又看到了一张类似的照片，只是那座骷髅山更高大。这些人死于战争。诚朴而善良的农民并不怨恨，"他们只哀伤自己的不幸，想着：父亲是这样慈爱，丈夫是这样好，儿子是这样乖……他们的头颅，都去堆成骷髅山"。从此之后，经常困恼金庸的噩梦，除了考不出数学，又多了这三张骷髅山的照片，纠缠住他。直到1963年，金庸写长文《谈〈彷徨与抉择〉》时，"仍是常常梦到，经历到很大的痛苦"。

金庸慨叹："战争使我们失去了许多亲人，如果不是这些战争，我父亲、母亲、弟弟，那些亲爱的人一定还好好的活着，团聚在一起，至少，我们总能常常会面。这些永难弥补的悲痛，决不只是我一个人的经历。然而，世界上居然还有人高声叫嚷战争……他们就是没有想到，那将是多少母亲的眼泪，多少情人的鲜血，多少深情和友谊的破灭，多少家庭和幸福的摧毁。"（金庸《谈〈彷徨与抉择〉》）目睹"骷髅山"照片十四五年后，金庸写出《射雕英雄传》，结尾乃有这样的情节：

> 郭靖沉吟片刻，说道："大汗武功之盛，古来无人能及。只是大汗一人威风赫赫，天下却不知积了多少白骨，流了多少孤儿寡妇之泪。"……又道："自来英雄而为当世钦仰、后人追慕，必是为民造福、爱护百姓之人。以我之见，杀得人多却未必算是英雄。"成吉思汗道："难道我一生就没做过甚么好事？"郭靖道："好事自然是有，而且也很大，只是你南征西伐，积尸如山，那功罪是非，可就难说得很了。"……当晚成吉思汗崩于金帐之中，临死之际，口里喃喃念着："英雄，英雄……"

孟子说："行一不义，杀一不辜，而得天下，皆不为也。"金庸的反战思想，有孟子的影响，有罗素的影响，而最大的影响，源于金庸本人亲身见识到战争之惨酷，以及他几十年的噩梦里，那三座"骷髅山"。

金庸的反战思想，有罗素的影响。金庸1963年在《谈〈彷徨与抉择〉》一文中就写道："罗素说，在一场核子大战之后，不论是那一方面胜利，人类都是再也没有信心活下去了。但愿人人都同意这两句话。"

影响金庸最大的西方学者，除了汤因比，就是罗素了。

金庸对金耀基等人说："我比较信服理性的思想结构，主要是近代罗素、卡尔·波普等哲学的理性主义思想。"（刘晓梅《文人论武——香港学术界与金庸讨论武侠小说》）

金庸对严家炎说："我并不排斥西方。西方哲学家像罗素、卡尔·波普，我也很喜欢。”[1]

在剑桥读书时，金庸对记者说：“第一次和罗素通信，那时你们可能还没有出生呢（笑）。那时我在办报纸，我想访问他。他的秘书和我通信，说罗素有个规矩，传媒访问他，他可以见一个钟头，但是要50镑。但50镑不是他自己要的，他那时有个course在world peace，是提倡世界和平的捐款。那我说好，没有问题，我就捐50镑给他。但罗素当时不在剑桥，在Windsor。”(《剑桥金庸访谈录》) 金庸此时说到的这次，他并没见到罗素。

金庸还对《中国青年报》记者说过：“有四位历史学家，中国两位，一位陈寅恪先生，一位钱穆先生；两个英国人，一个汤因比，一个罗素。钱穆我跟他见过很多次面，罗素我也见过他，其他两位没有见过面，这四位我当他们是老师。”看来，在别的时候，金庸还是见过罗素的。

1963年3月27日，金庸在《明报》的“明窗小札”专栏，以笔名徐慧之发表《罗素的信仰》一文，说罗素“是本报最佩服的当代伟人”。《明报》的立场其实就是金庸的立场，罗素爵士是金庸最佩服的当代伟人。

还是在1963年，9月3日，《天龙八部》开始在《明报》连载。同一天，《明报》开始连载金庸所译罗素著作《人类的前途》，抨击核武器对人类的危害。金庸加了“译者按”：“罗素的智慧烛照当代，胸襟广博，举世少有人及……”部分是受罗素爵士影响，金庸一向反对核武器，后来对核电站的安全性也深表忧虑。

1966年，金庸翻译了《一个科学家为民主而呼吁——罗素论著选译》，作为《明报月刊》9月号的首篇文章。

1970年2月2日，罗素逝世。2月4日，《明报》刊出金庸的社评《一代巨人，罗素逝世》。2月5日的《明报》社评，说的还是罗素，题目是“罗

1　金庸与池田大作对谈时，也谈到罗素与波普尔：“罗素的理论与例子，容易了解，另一位英国大哲学家卡尔·波普的理论就相当艰深，他的名著《历史命定主义的贫困》只不过一百多页，但我研读此书所花的时间精力，超过了阅读他另一部更出名的两大本的《开放社会及其敌人》。”1994年，金庸在香港大学作《大众传媒与开放社会》的演讲。“开放社会”的理念当是出于波普尔。

素反对崇拜领袖”。当年的《明报月刊》3 月号更发表“悼念罗素先生逝世专辑”，占了十七页的篇幅。

1998 年，七十五岁高龄的金庸，在香港英国文化协会图书馆，现场朗读罗素所著《不受欢迎的文章》一节，表示自己喜爱这位诺贝尔文学奖得主批判教条主义给人历久弥新的启发。

“我渴望任何一个国家、种族或主义，都屈服于每一个生命个体的自由、价值与尊严之下”，罗素爵士如是说。罗素所言，与张艺谋《英雄》一片所表达的，价值观正相反。

金庸晚年圆滑世故，事不关己，很少对当世知名人物有所讥弹。却对张艺谋和他的《英雄》大加挞伐：“最不喜欢《英雄》，完全否定。《英雄》把历史上有名的暴君秦始皇拍成了这个样，和历史上的形象截然相反，欺骗观众，而且有为他洗身翻案的意思，把人的价值分几等，不尊重生命，这是一部拍得很荒唐的电影。”

罗素曰：“假使我是一个中国人，当我自问应该如何救国的时候，那么，我觉得应当有两个方针：一个是保守，一个是改进。因此，一方面应该保存那些从中国古代文化遗留下来的精粹，并且是西方所没有的精粹；另一方面，也需尽量采用和传播西方从科学上得来的知识和技能，以辅助中国文化的不足。”这也是金庸一以贯之的思想主张。

弃西南联大，读中央政治学校

与江文焕、王浩然等同学离别后，1942 年冬天，金庸辗转到了湘西，带的钱已经剩下不多了。好在有同学家在这里，可以借住。金庸住在农场，一边帮同学的哥哥管理农场，一边复习功课。1943 年初夏，联考的考期将临，金庸才匆匆赶到重庆。

王浩然、江文焕先后也到了。“三驾马车”，都考取了西南联大。2004

年，金庸重返母校衢中，回忆起“我与江文焕、王浩然等三人同时考上了西南联大外文系，衢州中学的名气由此更大了”。[1]

金庸 1994 年在北大，谈及自己与北大的渊源：“抗战时期，我考大学，第一志愿就是报考西南联大，西南联大是由北大、清华和南开三所大学合办的。我有幸被录取了。或许可以说，我早已是北大的一分子了。不过那时因为我没有钱，西南联大又在昆明，路途遥远，没法子去，所以我不能较早地与北大同学结缘。”

金庸和王浩然都选择了不收费的中央政治学校，江文焕独自到西南联大入学，还替他俩办理了保留一年学籍的手续。

西南联大“路途遥远”，根本不是问题，江文焕同学有法子去读书，金庸不该“没法子去”。那就是经济条件不允许，就是金庸说的“我没有钱”，这才与西南联大失之交臂？看来，“三驾马车”中，王浩然与金庸当时的经济状况都很坏，而江文焕同学最宽裕？

事实并非如此。

金庸家里，本来是最富的，但海宁城被日本人烧毁，金庸家业荡然。家庭还算富裕的，是王浩然。金庸说过，他在衢州中学的学费、膳费都是王浩然父亲帮忙代交的。

到西南联大读书的江文焕，不仅不是最富，而且是最穷的。他当时的恋人、后来的妻子程正迦女士说：“文焕比我大两岁，是双桥乡人，家里很穷。那时家庭贫困的学生可以享受公费，但必须是学习成绩前几名。文焕成绩好，从小学到初中到高中，一直到考进西南联大，他都是享受公费的。”这次结伴流亡到重庆，江文焕身上带的不过是“他妈老早埋在地下的几块银元”。（程正迦《流亡路上》）

出发时，江文焕只带了几个银元，金庸带的钱，应该更多。金庸和两位

1 晚年金庸说，除了中央政治学校，他还同时考取了中央大学、西南联大和四川大学，选的都是外文系。

同学合编的《献给投考初中者》还在卖，卖得还好呢。就算流亡中联系不到出版社，暂时拿不到版税，他之前赚的、攒的钱，应该比江文焕所有的那几个银元更多，至少多几倍吧。金庸自己也说过："这本书的收益，支持我们合作的三人顺利从高中毕业，再到重庆去进大学。"

"家庭贫困的学生可以享受公费"，江文焕享受到了，金庸上小学时，家境极好，不可能享受公费，但他现在已经是流亡学生，家庭完全无力接济他，按理说，到了西南联大，也该享受公费的。

即便只有学习成绩最好的前几名，才能享受公费，江文焕成绩好，金庸的成绩比江文焕只有更好。

所以，金庸 1994 年在北大那几句话，可能并不很诚实。我感觉，他之所以弃西南联大而取中央政治学校，读外交系，更多是想在政治上、在外交上有所作为。

抗战期间，大后方的各学校（不只是大学）对于流亡学生的学费问题是格外通融的，我一直有这样一个模糊的印象，但对这个问题了解有限，不敢自信，经胡文辉转介，求教于林建刚。林先生回复说：

因为对民国的校史有兴趣，我看了一些西南联大的史料。我发现，只要考上西南联大的学生，基本不需交什么学费。如果学生没有去昆明的路费，学校甚至会汇去前往昆明的路费。

抗战后期，随着通货膨胀，西南联大的学生连饭都吃不饱，如何来交学费？何兆武、邹承鲁、杨振宁等西南联大的学生都去昆明的中学教书，由此维持生计。

刘老师认为，金庸并非没钱去昆明，金庸之所以弃西南联大而取中央政治学校，读外交系，还是要想在政治上、在外交上有所作为的。这一观点，我是完全赞同的。因为金庸当时最大的梦想是做外交官。金庸要做外交官，当然要去国民党主办的中央政治学校，当然要成为天子门生，当然要在战时的陪都重庆。

所以，金庸说自己没钱所以没去西南联大，更大程度上是出于拉近与北大学子关系的场面话，不能太当真。这是我的个人看法。

我的个人看法，与林先生很接近。感觉金庸在北大所说，基本上就是场面话。

2018 年 10 月，金庸逝世。他的友人谈起与金庸生前最后一次见面，说金庸已经不能说话，而尝试用“摩斯密码”交流。我不认为金庸的兴趣广泛到会主动去学习“摩斯密码”，这应该是他当年在中央政治学校学到的技能。学习过程中，金庸觉得这密码蛮好玩，那倒非常有可能。

加入中国国民党，嗣后“脱党”

1946 年，金庸进入《东南日报》，有他一份“东南日报社职工登记表”保存下来。这份登记表的照片，收入红旗出版社 2015 年出版的《乡踪侠影——金庸的 30 个人生片断》，在第 61 页。

这种表格如非出于极特殊的情况，总是由本人填写。看笔迹，更无疑出于金庸亲笔。金庸的字体，六十年来，变化不大。

看到“已否入党团”一栏上，金庸亲笔写出的“入党”二字，我有些震惊，慢慢想来，感觉也不很奇怪。

国民党的入党审查并不严格，入党手续甚至有些儿戏。1926 年 9 月，冯玉祥五原誓师，宣布全军所有官兵，一个不漏，集体入党。国民政府定都南京之后，又推行“党化教育”，某些大学中的全部教授也可能（被）集体入党。

这些大学的全部教授可能集体入党，金庸就读过的那所中央政治学校，就不止于教授了，该校的全部学生都可能集体入党。

杨玉清《略谈国民党中央政治学校》中，写得清楚：“不管你愿意不愿意，学生一进校门，就是当然的国民党员。”

“已否入党团”后一栏是“入党年月”，金庸填的是“33 年 3 月”；再后一栏是“党证字号”，金庸填“校字 10923”；再后两栏“入团年月”“团证字号”未填写，看来金庸没加入过“三民主义青年团”。

登记表像是用钢板蜡纸刻印出来，不是铅字印刷品。上面原有的“党”字和金庸填写的“党”字，都写作“党”而不是“黨”。“党”字古已有之，并不是新字，文字改革就是把“黨”字给废掉了，而以“党”代之。1935 年 8 月 21 日，国民政府教育部发布第 11400 号部令，正式公布《第一批简体字表》，其中就有以“党”代“黨”。这一汉字简化政策很快就废止了，其影响却难能很快而全部地消除。

整个登记表的第一栏是“姓名”，第二栏是“出生”，填的是“民国纪元 12 年 2 月”。我了解的更多资料，也显示金庸出生于民国十二年，也就是公元 1923 年（夏历 2 月 6 日），而不是人们惯常以为的 1924 年。

金庸的“入党年月”是民国纪元的“33 年 3 月”，也就是公元 1944 年 3 月。

1943 年夏，金庸考入中央政治学校，读外交系。次年 3 月，加入中国国民党。该校校长一直都是蒋介石。可能，金庸就是随大流，跟所有同学一起加入了国民党。

金庸主动要求、自觉加入国民党的可能性很小，但也不是完全不可能。

1956 年，金庸在“三剑楼随笔”中称孙文为“革命伟人”。1961 年 10 月 11 日，金庸在《明报》社评上说：“孙中山先生临死时不断说‘和平、奋斗、救中国’，直到今天，这七个字还是每个中国人心向往之的目标。”1975 年金庸写《袁崇焕评传》，谈到：“在孙中山先生的时代，高贵勇敢的人去反抗专制，为人民争取民主自由……孙中山先生的功业极大。”

金庸当时是要从政做外交官的，加入执政党有现实必要性。金庸对孙文又向来崇仰，主动加入由孙文创立而高唱“三民主义吾党所宗”的中国国民党，未必有很大的心理障碍。

金庸曾说：“其实我当时也考取了中央大学、西南联大和四川大学的外文系，但是经济上负担不起，而中央政治学校不收费，我便去了……衣食住行样样供应。”我们选择大学或职业，需要考虑太多了，金庸大致也是如此。我相信省钱是金庸选择中央政治学校的一个原因，但不信这就是唯一的动机。既要从政，则中央政治学校的同学、老师甚至校长，都可以视为政坛上的重要人脉，日后可以彼此扶持提携。

金庸对池田大作说：“这个外交官之梦虽然破灭，却未尝不是好事。我大学的同班同学后来不少担任国民党政府的驻外大使、总领事等高职，后来一个个的失却职务，失意闲居，对国家社会毫无贡献，自己的生活也十潦倒。”（《探求一个灿烂的世纪》第95—96页）

金庸自称他1950年是感觉“一个党外人士肯定不会受到重视，恐怕很难有机会作出贡献”，才离开北京，彻底放弃了做外交官的梦想。他的不利条件有三个：出身地主家庭，在中央政治学校读过书，还有一个是他没谈过的，就是他参加过国民党。一个曾经的国民党党员，在当时的政治气氛下，是严重“历史问题”，很难一展长才。

金庸加入国民党是在1944年春天；这年夏天，放暑假前，教育长程天放在全校师生参加的“总理纪念周”上宣布，这一学年全校总成绩第一名是查良镛；这年秋天，这个第一名的查良镛就让学校给开除了。

金庸说：“在这所训练干部的学校里，学生多对国民党很忠心，有些守旧的同学甚至会把一些思想比较开明的同学拉到台上去打。我看了很气愤，就去找训导主任辩理，主任反把我骂一顿，说我多管闲事，还说这些打人的同学是见义勇为，打的是异己分子。我说就算不喜欢异己分子，要打人也要讲证据，况且不能这样侮辱同学。但是我人微言轻，终究说不通，就离开了。”金庸对严家炎说：“那个学校国民党控制很严，国民党特务学生把很多人看作‘异党分子’，甚至还乱打人。我因为不满意这种状况，学校当局就勒令我退学。”

《笑傲江湖》这部书，尤其是该书后记，寓有作者很多的人生经历、经验和感想在内。后记中说：“参与政治活动，意志和尊严不得不有所舍弃，那是无可奈何的……为了大众利益而从政，非事人不可……”金庸要从政，他入读中央政治学校，甚至（可能是主动地）加入国民党，都是可以理解的。

“不顾一切的夺取权力，是古今中外政治生活的基本情况”，金庸年轻时颇有志参与“政治生活”，但他还做不到为了获取权力、为了做官而“不顾一切”，是有底线、守原则、有思想、爱自由、易冲动的，也可以说是有“侠气”，并不是“精致的利己主义者”。

金庸早年在政治上的企图心

有记者问金庸：“一生唯一的遗憾应该就是从政的失利了，报国无门吧？”金庸答说：“我一点不遗憾，我觉得幸亏没有从政，完全不遗憾，运气很好。我本来年轻的时候想做一个外交官，现在想幸亏没有做外交官，做外交官就不自由了……我当时想做外交官就是想周游世界，现在不做外交官一样周游世界，想去哪里就去哪里。”

听起来，似乎年轻时的金庸胸无大志，只想做一名普普通通的外交官，在低层或中层外交官的位子上混日子，而唯一目的就是“周游世界”。

这话，我不相信，因为这与金庸的其他说法实在太矛盾了。

1941 年，十七岁的金庸在《东南日报》发表《一事能狂便少年》，说道：“要成就一件伟大的事业，带几分狂气是必需的。因为事业的够得上称一声‘伟大’，一定是‘与众不同’。”可见少年金庸志向远大，而直指“伟大”的境界。做一名普通外交官，太不“与众不同”，太不“能狂”，太不“伟大”了。

温迪雅女士对金庸说：“很少有人知道您年轻时的愿望是做一名外交官。”金庸回答：“我想做驻外记者的愿望是在抗战的时候产生的，我当时很想周游列国，到全世界去看看。”问的是“外交官”，答的却是“驻外记者”，也不知是金庸听错了，还是温迪雅记错了。然而，大致还是可以由此推定：金庸起意要做外交官，和他写这篇《一事能狂便少年》，时间上相差不远，十七岁左右的事。少年金庸，一面自期“伟大”，一面只想做普通外交官，怎么可能？

1981年，金庸说：“一个人一生所做的事业，不论大小，总应该能令自己回想起来感到欣慰……做不做得到是另一回事，不过总得尽力去做。所以，办报纸也应该办一份最好的报纸……你是开计程车，就希望自己能开得最好，朝向最好的目标走。”（《金庸茶馆》第五册第14页）金庸如果以开计程车为业，就想开得最好；金庸“当初办报就是想办全世界最大最好的中文报纸”；可以推论，金庸年轻时要做外交官，必然也想成为最好的外交官。

1993年，金庸撰文《第三个和第四个理想》，说：“对于我，第一个理想是，少年和青年时期努力学习，得到相当知识和技能。第二个理想是，进入社会后辛勤发奋，做几件对自己、对别人、对社会都有利的事。”只顾周游世界，就不符合他的第二个理想，就做不出“对别人、对社会都有利的事”。

20世纪90年代，金庸到牛津做了半年访问学者，回到香港，对记者说：“本来打算静下心来做学术研究，然而我个性不合，学术的基础也不好，现在努力，已做不成世界一流的学者了。”金庸做学问，就想成为“世界一流的学者”。可以由此推论，他做外交官，就想成为世界一流的外交家。

2004年，《南方人物周刊》记者问金庸：“据说您是您那个时代写影评最好的？”金庸很“认真地”回答：“我不是写得最好的，但我是最用心的。”到了2009年，金庸又对《时代周报》记者李怀宇说：“我写武侠小说还是比较认真，比较用心的。”金庸先是写影评，“最用心”；后来写小说，也是“比较用心”；一旦他真的做了外交官，很难想象他会不用心，成天只想着游山玩水，周游世界。

周游世界，对于金庸不是不重要，总归不是最重要的。“人生抓紧要大闹一场”，金庸一直这么说。在最宝贵的青年时期，只想着做普通外交官，成天游山玩水，怎么好“大闹一场”？

金庸还说过：“年轻的时候当然希望到外国去，看看外国小说写的是不是实际情况。当时能够到外国去的唯一途径就是做外交官，因为以个人名义出去是不大可能的，留学也很难。所以我当外交官不是出于政治的动机，而是游历的动机，就想去开开眼界，看看全世界的情况。”到外面的世界走走看看，确是驱使金庸选择外交官为人生理想的重要动力，但说只有“游历的动机”，毫无“政治的动机”，就是欺人之谈了。潇潇洒洒，游历一辈子，他的“第二个理想”（“进入社会后辛勤发奋，做几件对自己、对别人、对社会都有利的事”），如何实现？

也许金庸只想做几年外交官，满世界走走看看，然后再选择一个真正能实现“第二个理想”的终身职业。但是，看起来怎么也不像这回事。1943年，金庸考入由国民政府创办、蒋介石做校长的中央政治学校，读外交系，那时他想的是做外交官。1950年，金庸应梅汝璈之邀，到中华人民共和国外交部报到，此时的金庸想的仍是做外交官。外交是他长期的兴趣和理想所在，不是“玩票”的态度。

1950年之前，金庸的理想一直是从政，做外交工作。1950年以后，他才真正安心于文化事业。

有问：“您自己可能是下一世代眼中的历史人物，您如何看待自己这个位子？历史人物与政治之间，究竟应持何种态度？”金庸回答：“中国整体社会习惯，对政治特别重视，除了政治人物，历史书中的其他人物都被安置在比较不重要的位置……至于我个人是否能成为历史人物并不重要，我只希望一、二百年后，还会有人喜欢读我的书，还能有一席地位。”（《金庸一百问》）仔细分析这段话，基本可以断定，金庸从少年时期起始，心中就想着“伟大”，念着“不朽”，最初他是希望从政，在历史上留下自己的名字和印记，最终却以小说传世。

少年金庸，从政的目标何在？我觉得他早已说过很多遍了。例如1994年，金庸在台北，讲《历史人物与武侠人物》，说道：“过去也有人问过我最想当中国历史上的哪两个人？我说我想当范蠡和张良这两个聪明人，他们建立了很大的功业，但后来成功后功成身退。”（《金庸散文集》第235页）人们看到了金庸想要像范蠡、张良那样“身退”，却往往忽略了范蠡、张良二人前半生的“功成”。

从少年时期开始，金庸就想在政治上建立范蠡与张良那样的大功业。

1998年，台湾“金庸小说国际研讨会”上，金庸的老朋友沈君山致辞，说金庸最佩服的人物其实是范蠡：范蠡拥绝代佳人西施而功成身退，归隐江湖；范蠡“亿则屡中”，聚财无算；范蠡还曾为“帝王师”，教导勾践如何“十年生聚，十年教训”，卧薪尝胆。他可惜金庸只实现了前两个理想，着实感慨了一番。沈君山与金庸相知有素，明白他的心事志趣，才会有这番感慨。

巧合的是，范蠡与张良，都带一点“外交家”的色彩。勾践将越国的外交事务主要交付给了范大夫。《越绝书》上说：“之越，勾践贤之。（文）种躬正内，（范）蠡治出外，内浊不烦，外无不得。”如何对付秦军将领、项羽集团，怎样对待“半独立”的韩信、彭越、黥布，怎样拉拢所有不听话的诸侯，大方针都是张良为汉高祖定下的。

金庸曾说：“作家其实都有折射自己的时候，都会在作品中留下某种烙印。”（严家炎《金庸答问录》）金庸真正将自己“代入”的书中人物，既不是郭靖，也不是令狐冲，是《越女剑》中的范大夫。如果说金庸将自己“代入”郭靖有两成的话，他将自己代入小说中的范蠡至少有八成。金庸将自己的胸襟怀抱、政治理想，都寄寓到了范蠡身上。

金庸在浙江大学做教授时，与学生座谈。他主动提起一个话题：“你们知道谢安和谢玄吗？”学生们都知道。接着金庸就说：

> 谢安有一次和众子侄聚会谈天，谈及了《诗经》，谢安问：“你们以为《诗经》中哪一句最好？”谢玄说：“昔我往矣，杨柳依依；今我来思，雨雪霏霏。”谢安说：“我最喜欢‘讦谟定命，远猷辰告’这一句，含有高雅而深远的意义。”谢安引的这两句诗，意思是说：朝廷中筹划方针政策，定下了确定的施政方向，深思熟虑而规划长期路线，但要时时刻刻使得众所周知。谢安是宰相，朝廷大计对他特别有吸引力。但就文学性来说，谢玄引的这四句就感人得多了。东晋之后的许多诗人，在谈及这件事时，都赞成谢玄的选择。（金庸《我在浙大教什么？》）

由此或可以读出，金庸一面也觉得谢玄引用的四句诗“感人”，另一面，“朝廷大计对他特别有吸引力”中那个“他”，既是谢安，也是金庸自己。

除了范蠡、张良，金庸对诸葛亮和谢安也很钦仰。范蠡、张良是前半生当大官做大事，后半生做隐士，诸葛亮、谢安则是早年为隐士，而终于出山执政。

民国时期，顾维钧、颜惠庆两位，都是从外交官做起，终于做了国务总理。只是当日国势不振，他们成就的功业也有限。或许，金庸想走的，就是顾维钧、颜惠庆已经走过的路，而做出更大的功业。

金庸后来极力淡化自己曾经的在政治上的企图心，也不难理解。一个人，很早就想在某一领域做出绝大的成就，结果八字都没一撇，根本没做到，甚至可以说就没有起步。这个人一般是不会大力宣扬自己当年的那个远大理想的。[1]

1997年前，有金庸想做香港特别行政区首任行政长官的传闻，而为金庸本人所否认。

1950年，金庸如留在北京，并不是没机会做外交官周游世界的，只是需要先到“外交学会”学习罢了。金庸回忆说：“我愈想愈不对劲，对进入外交部工作的事不感乐观。自己的思想行为都是香港式的。对共产党也不了解，所以未必可以入党。而且，一个党外人士肯定不会受到重视，恐怕很难有机会作出贡献。”照我理解，所谓“对进入外交部工作的事不感乐观”，并不是不能进入外交部，而是可能“不会受到重视，很难有机会作出贡献”，难以实现他的“第二个理想”，更不要说做范蠡、张良了，于是离京返港，从此安心做他的文化事业。

金庸本人的能力如何暂且不说，当日形势确实不太具备让他在仕途腾越

---

1 林毓生自述：“我在中学时代，已经产生了强烈的爱国意识……常思将来当尽一己之力，设法改革中国的种种缺陷，以便同胞们可在将来，生活得合理、富足、有尊严……曾直觉地感到：在许多待决的中国问题中，最根本的问题是政治领袖的素质问题……中国将来的希望在于像我这样的自知确实具有道德热情、公正心胸与相当不错的才智的人，应该出来从政，最好将来能成为国家的领袖，这样国家才真正有希望、有前途……在我少年的心灵中，遂有这样当仁不让、很令自己感到兴奋的想法。（因为怕别人会以为我大言不惭，过于天真，所以除了家人与一二知交以外，从未向别人道及。）”

的外部条件。金庸后来说自己对于没当外交官“一点不遗憾”，倒也不是说假话。但是如果他本来有很大希望成为范蠡、张良那样的人物，而自己放弃了，终以小说家名世，金庸就未必“不遗憾”了。

在台湾，金庸说那句“除了政治人物，历史书中的其他人物都被安置在比较不重要的位置……只希望一、二百年后，还会有人喜欢读我的书，还能有一席地位”，言辞之间，并不是完全“不遗憾”的。

外交从属于政治。金庸可能也有由外交而政治做顶级政治家的企图。那野心似乎不会特别强烈。我感觉他还是更想成为范蠡、张良式的人物。

我曾引用过章太炎、梁鼎芬的一则逸事，来解析《天龙八部》中虚竹小和尚“发过菩提心，决意要做菩萨、成佛”：

梁鼎芬为西湖书院山长，某一日，询于太炎先生：“听说康有为欲作皇帝，真的吗？”太炎先生答说：“我只听说他想做教主，没听说想做皇帝；其实人有帝王思想，也是常事；只是想做教主，未免想入非非！”梁鼎芬为之大骇！

金庸说：“我在十二三岁的时候想考外交大学，想做外交官，是想改变中国外交的面貌，而且我觉得当外交官可以到全世界去看看。”（方勤、冯明访问金庸所记《侠之大者笑傲江湖》）这句“想改变中国外交的面貌”极为重要，基本证实了我金庸早年在政治上企图心甚大的猜想。“到全世界去看看”也是金庸想做外交官的原因，却只能排第二位。

金庸逝世，老同学、好朋友斯杭生撰文悼念，谈到：“他一生忧国忧民，满怀报国之情，埋头攻读政治、法律，深恨国民党当局腐败无能，希望通过民主、法治，使国家富强起来。”这可能是斯杭生个人的合理猜想，也可能少年金庸曾对他谈过这个意思、这样的志向。

细读《资治通鉴》，一生所爱

中央政治学校是国民党“党立的最高学府”。金庸进入这所学校之后，可能有些后悔。不为别的，这学校规矩太严了！

中央政治学校的教育方法、课程配置都很特殊，强调军事训练、军事管理制度，第一学期即以军训为主。学生见到教官要立正敬礼，敬礼时，脚要用力蹬一下，双脚合拢，挺起胸膛。

时至今日，世界各国也还都有这样“军校”或“半军校”性质的学校，这很正常的。只能说金庸入校前对该校了解不足，入校之后，不免深以为苦。

金庸是喜欢“且自逍遥没谁管”的那种人。

> 我只说我自己这一生过得自由自在、随心所欲，不必受上司指挥和官职的羁绊，行动自由、言论随便，生活自由舒服得……外交官的行动受到各种严格规限，很不适宜于我这样独往独来、我行我素的自由散漫性格。我对于严守纪律感到痛苦。即使作为报人，仍以多受拘束为苦，如果我做了外交官，这一生恐怕是不会感到幸福快乐的。年轻时企望做外交官，主要的动机是周游列国，现在我可以随便到世界上任何地方旅行，不受丝毫限制，更加自由自在。现在独立的从事文艺创作，作学术研究，不受管束和指挥，只凭自己良心做事，精神上痛快得多了。（《探求一个灿烂的世纪》第 96 页）

金庸在中央政治学校读外交系时，对于严守纪律已经深感痛苦；一旦他真的做了外交官，确实也会感到痛苦的。

金庸一直说他最崇仰的古人是范蠡和张良。我感觉，达到范、张二人那样的政治地位和精神境界，就是金庸的仕途理想了。范蠡与张良，可不需要读什么“政治学校”，受种种纪律约束！二人得君行志，可不是从官场的底层一步步“爬”上去的。

刘备任命庞统为耒阳县令，官职也不算很低了。《三国演义》中的“凤雏先生”很不惬意，“不理政事，终日饮酒为乐，一应钱粮词讼，并不理会”。诸葛亮是他知己，对刘备解释说：“大贤若处小任，往往以酒糊涂，倦于视事。”

金庸对杨澜说过，“自己‘文人性格’太重、不是当政治家的料”。他对温迪雅说的是：“我自己是自由散漫的人，不太守规矩，不愿受约束……我这个人的个性不适合做官，因为我不喜欢接受命令。”其实，他这样“独往独来、我行我素的自由散漫性格”，不是不适合政治生活，而是很难适应那种从官场的底层一步步“爬”上去的政治生活。2005年，金庸在《鲁豫有约》节目上说：“他们说我这种个性当不了外交官，我不守规矩，不守纪律，自由散漫惯了，经常说不该说的话，第二天就会被开除。”

在中央政治学校，大一到大二的那个暑假里，多数同学都休假回家，金庸和其他流亡学生，无家可归，仍住在学校。重庆有“火炉”之名，天气炎热，金庸就躲在教室里读书。读得倦了，便大汗淋漓地蜷曲在窄窄的长凳上睡觉，醒来再读。长凳只有半尺来宽，就是《阿Q正传》中所说的那种“条凳”，睡了一个暑假居然从来没有在梦中掉下来过。金庸日后回思，他在《神雕侠侣》中写小龙女在一条悬空的绳子上睡觉，灵感或许由此而来。

这个假期，金庸主要读了三种书籍：司马光的《资治通鉴》、威尔斯的《世界史纲》和莎士比亚戏剧。“《资治通鉴》是中华书局出版的线装本，字体很大，薄薄的书本拿在手里颇有古典之乐。《世界史纲》是大开本的插图本，既厚且重，必须摊在桌上，一面欣赏书中的图画，同时欣赏威尔斯以漂亮的文笔叙述世界史事。”（《探求一个灿烂的世纪》第7页）

威尔斯是大小说家，著有《世界史纲》；另一位极为金庸所欣赏的英国大小说家狄更斯，著有《英国简史》；中国大小说家金庸，晚年想写一部《中国通史》：

金庸表示……之所以还要写一部《中国通史》，理由有三条：已有的中国通史古文太多，青少年学生难以卒读；（二三条，略）他要反其道而行之，改变一下写作手法，用白话文，用小说体写历史，使青少年学生更容易阅读……

金庸告诉记者，他会用“当代语言”来写《中国通史》，使读者尤其是青少年读者有兴趣阅读。只有产生兴趣，才能对中国历史、中华文化有更多的了解。金庸表示，他在写作过程中也会适当引用一些古代文献中的原文，但一定会提供白话文的注释。（万润龙《金庸：我将写一部通俗易懂的〈中国通史〉》）

金庸想“以漂亮的文笔叙述”中国历史，可能有威尔斯《世界史纲》和狄更斯《英国简史》的影响。

《资治通鉴》可以算是“中国史纲”。这个暑假，金庸同时在阅读“中国史纲”与“世界史纲”，“以中西两部精彩的历史书为伴，过得充实而快乐”。

金庸对中国文化与西方文化（莎剧代表其最高成就），都有着极大的兴趣，他既想了解中国史，也要了解世界史，主要是西方的历史。金庸一生保持着这两种兴趣，至老不衰。

莎士比亚戏剧对金庸小说创作的影响非常大，未必在大仲马对他的影响之下。

金庸说过：“《资治通鉴》比较好看，容易看，我小时候在家里没有事，看《资治通鉴》像看故事一样，我觉得文笔好。”（李怀宇《金庸：办报纸是拼命,写小说是玩玩》）想来他“小时候”读到的《资治通鉴》，只是很少的片段。而这个“小时候”，应该不是太小，怎么也得在金庸十几岁的时候吧。

在中央政治学校的这个暑假，金庸所读《资治通鉴》，是“中华书局出版的线装本，字体很大，薄薄的书本拿在手里颇有古典之乐”。这个版本，读来也有难处。1963 年金庸自述：“我在学校时，有一年暑假的读书计划，中文是读《资治通鉴》，英文读四部莎士比亚悲剧。莎氏悲剧有详细的注释和分析，虽然是外国文，读起来反比中文容易得多。《资治通鉴》是中华书局的四部备要本，一共有九十册，要读通它的标点，就要化相当力气，至于难字难句、典章制度，更是查不胜查。结果只读到六十余册，暑假就完了，

学校开课，于是和世界上大多数读书计划的命运相同，我的计划也无法完成。”（金庸《谈〈彷徨与抉择〉》）

后来金庸所读《资治通鉴》，就是中国内地所出的新版本了：“我们在香港买到的中共出版的古书，那真是精采。每一部都是由全国第一流专家校订和注释。版本极佳，错字减少到了最低限度。例如《资治通鉴》和《续资治通鉴》，现在阅读起来多么方便！……披卷夜读，综览千载，几乎是像读历史小说那样容易，那样的兴味盎然。”（同上）

1944 年，金庸在中央政治学校，读《资治通鉴》，恐怕也不全是出于对史学的兴趣，而更多是因为对政治感兴趣。大史学家必读《资治通鉴》，要做大政治家，更不得不读《资治通鉴》。

金庸同时还在读世界史，读莎剧，不全是出于对史学与文学的爱好，也是职业需要。金庸如果满足于做一个混日子的普通外交官，当然不需要读这些。要做世界第一流的大外交家，必得深读精读。

金庸一生钟爱《资治通鉴》，得益甚多。金庸有小说家和报人这两个身份，他的文章，主要是十五部小说和上万篇《明报》社评这两大部分。《资治通鉴》同时深刻地影响着金庸这两重身份、两样文章。

20 世纪 90 年代，金庸对池田大作说，《资治通鉴》“任意挥洒，典雅优美”。更早前，金庸还说过：“我读《资治通鉴》，总是兴味盎然，古文的简洁高雅，其文字之美，一直是我希望学到的。当然还差得很远。”（刘晓梅《文人论武——香港学术界与金庸讨论武侠小说》）可见《资治通鉴》一书对金庸的语言风格深有影响。

金庸在 1959 年脱离香港左翼文化团体，创立《明报》。此后，金庸几乎每天都要写一份社评，对国内、国际局势做出了极其精确的预测、分析，被金耀基推许为“知识丰富，见解卓越，同时有战略有战术，时常有先见之明，玄机甚高，表现出锐利的新闻眼”。

金庸自称：“我读《资治通鉴》几十年，一面看，一面研究。”“《资治通鉴》令我了解中国的历史规律，差不多所有中国人也按这个规律行事。”掌握此一规律，其社评就预测奇准。

除《通鉴》外，事实上金庸还有另一系统的更简捷的密码，见于董桥《孔夫子视富贵如浮云》一文："查先生当年在《明报》天天写社评议论世局国事，有口皆碑，不少人想知道他判断政情为什么都那么准。查先生私底下总爱说，人是自私的，推测个人或政府的用心和行动，必须推己及人，先从其自私的角度衡量其得失，然后判断其下一步之举措，一定不会离题太远。"

1972 年 8 月 15 日，金庸为《明报》写社评，谈到："政治领袖向来第一抓住自己的权力和利益，第二照顾本集团的利益……君为贵，社稷次之，民为轻。"（张圭阳《金庸与〈明报〉》第 235 页）

金庸写小说，将自己（部分地）"代入"书中某些人物。他写社评，某种程度上亦将自己"代入"某些政治领袖。《三国演义》中，庞统说："曹操、孙权，吾视之若掌上观文。"金庸也很可以吹嘘：肯尼迪、赫鲁晓夫，吾视之若掌上观文。

上万篇《明报》社评后面，隐藏着一个没得到"上岗"机会的政治家。金庸在政坛上的理想终于没有实现，没有坐上那么高的位置。然而，那些大人物所玩的花样，瞒得过他人，瞒不过金庸，就像当年曹操、孙权所玩的花样瞒不过庞统一样。

金庸是"有政治抱负的小说家"（陈平原语），更是有政治抱负，"有志不获骋"，转而论政的政论家。

第二次被学校开除的金庸

金庸回忆说，在中央政治学校读书，唯一好处就是方便，不受家庭的约束。学校是国民党训练干部的地方，衣食住行样样供应，以至于他跟家庭几乎断绝联系了。当然，他的家庭如今也没能力资助他了。当时金庸完全依靠公费生活，经济上并不宽裕。

1963年，金庸回忆二十年前自己在中央政治学校的岁月：

一九四三年秋天，我在重庆南温泉中央政治学校外交系读书，蒋先生是我们校长。蒋的侍从室第三处，也是在南温泉，就在学校隔壁。第三处中有几位股长股员很喜欢下围棋，我和他们结成了棋友。逢到“刑法概要”、“民法总则”、“三民主义”这些索然无味的功课时，我总是溜出课堂，和他们下棋去。那一年十月间有一天，一位棋友兴匆匆的来找我，说：“这几天你有没有考试？如果没有，我们下三天棋。”我问他为什么这样空闲，不必办公。他说：“先生到开罗去了。你不知道么？”蒋先生到开罗去和罗斯福、丘吉尔开会，那是国防大秘密，如果给德国人和日本人知道了，自然会不顾一切的派出大队飞机来拦截。可是蒋先生动身的第二天，中央政治学校中倒有一大半人已经知道了。（金庸《谈〈彷徨与抉择〉》）

1944年，金庸写过一篇短篇小说，题材是泰国华侨的生活，采用新文学的形式，题为“白象之恋”，参加重庆市政府的征文比赛，获二等奖，署的是本名。

在碧湖，一篇《阿丽丝漫游记》几乎使金庸失学。此事对他打击不小。在中央政治学校，金庸只想埋头读书，校中派系斗争很激烈，他本不想介入，“我是很个人主义化的，我对校政虽有不满，但却没有兴趣加入对抗校方的政治活动。我只抱着现时西方学生的那种心态，希望多点个人发挥的自由。读书归读书，不要有太多的管束”。

金庸是天性爱自由的那种人，终于没有忍耐得住。他回忆说：“在这所训练干部的学校里，学生多对国民党很忠心，有些守旧的同学甚至会把一些思想比较开明的同学拉到台上去打。我看了很气愤，就去找训导主任辩理，主任反把我骂一顿，说我多管闲事，还说这些打人的同学是见义勇为，打的是异己分子。我说就算不喜欢异己分子，要打人也要讲证据，况且不能这样侮辱同学。但是我人微言轻，终究说不通，就离开（退学）了。”

当时，他激动地对训导主任说："好的领袖，好的三民主义是值得我们去拥护的，但是不能说不容他人怀疑、讨论。"金庸后来对记者说："蒋介石是我们的校长，一听到蒋介石的名字要立正敬礼，我就说：'对校长当然要尊敬了，可是这样子就像对希特勒一样。'那些学生就打我：'你为什么把我们校长比作希特勒，怎么可以比呢？'后来学校就把我开除了，说：'你污辱校长。'我说：'我对校长很尊敬的。'"

金庸在重庆中央政治学校只读了一年两个月，1944 年 11 月又一次失学。

1962 年，金庸在《民食不足是谁之过》一文中暗讽"一听到蒋介石的名字要立正敬礼"之事：

汉文帝直到临死，还在关怀百姓。他叫群臣百姓在他死后不可服丧太久，以致妨碍正常生活……两千多年之后，我们读到这遗诏，仍是不免有心酸之感。当政者爱民以德，老百姓自然拥护。他不必自称是"英明的、伟大的"，也不必叫人在听到他名字时必须"立正致敬"，相反地，他总是念念不忘于自己的"不德"，念念不忘于"无以佐百姓"。

1967 年至 1969 年所写《笑傲江湖》，里面的令狐冲，身上有金庸的影子，至少有青年时期的金庸的影子——

令狐冲站在殿口，太阳光从背后射来，殿外一片明朗，阴暗的长殿之中却是近百人伏在地下，口吐颂辞。他心下说不出厌恶，寻思："……我身一获自由，加盟神教，也可商量。可是要我学这些人的样，岂不是枉自为人？……男子汉大丈夫整日价说这些无耻的言语，当真玷污了英雄豪杰的清白！……"又想："……这样一群豪杰之士，身处威逼之下，每日不得不向一个人跪拜，口中念念有词，心底暗暗诅咒。言者无耻，受者无礼。其实受者逼人行无耻之事，自己更加无耻。这等屈辱天下英雄，自己又怎么能算是英雄好汉？"（《笑傲江湖》第三十一回）

令狐冲的愤怒，某种程度上，就是1944年的金庸所感的愤怒。

金庸晚年回想当年："中央政治学校是国民党的党校……有一批职业性的学生……他们就要求一听到蒋委员长这个名字马上要站起来，脚这样一靠。要立正……当时我们鞋也没有，袜子也没有，很穷，（蒋介石）校长到学校来见学生，要发新的鞋，新的袜子，所以大家很欢迎他来的，但是你这样一靠，好像很……看不惯，好像有点无耻这样子。有的同学说我不赞成……这些反对派就说，你不该这样，你是异党分子……拉到台上去打他，叫他们跪在地下忏悔，我就跟训导主任去交涉，我说，大家用武力暴力叫同学跪在地下，这个不应该了。"（《杨澜访谈录：走近金庸》）

令狐冲在黑木崖上，看到神教教众所言所行，也是"看不惯，好像有点无耻这样子"；金庸在中央政治学校，也是看到有人逼迫学生行无耻之事，说无耻之言，而深感愤怒，耻与为伍。

当然，金庸写这一情节，有多重来源、多种感受，不是完全复制当年自己在中央政治学校的遭遇与感受。

中央政治学校给金庸留下的，也不全然都是不愉快的记忆。

中央政治学校是国民党"党立的最高学府"，前身为中央党务学校，1927年成立于南京，蒋介石亲任校长。1929年，改名为中央政治学校。1946年，中央政治学校与中央干部学校合并，改名为国立政治大学。

2007年，台湾政治大学"八十校庆"，金庸也赶到台湾，参与庆典。

金庸后来对李怀宇说起："这一次到台湾去，现在政大的校长说：'查先生，以前我们把你开除了，很对不起，现在言归于好，好不好？'我说：'我当时应该开除的，我把校长比作希特勒。'他说：'我们言归于好，送你一个文学博士，你接不接受？'我说：'当然接受，不是言归于好，是我向你们道歉。'我和张忠谋、林怀民三个人一起拿了文学博士。"（李怀宇《金庸：办报纸是拼命，写小说是玩玩》）

虽然没毕业，金庸仍对母校甚是感念，尤其外交系的国际司法、国际关系等课程，至今仍觉受用。金庸开场即说，若他今天有小小的成就，都是因为当年政大老师教得好。现场马上响起如雷掌声，金庸接着不疾不徐地补上一句：“当然我自己也很用功。”

金庸为《明报》写社评，谈及国内局势，也谈及国际局势。谈国际局势，确实很得益于当年在中央政治学校所学国际司法、国际关系等课程。

金庸回忆，在中央政治学校读书时，印象中校长蒋介石非常严肃，但曾任财政部长的孔祥熙教书时却很风趣。他记得有次孔祥熙演讲完，对同学说“对不起，我想小便”，就神态自若地在司令台一角小便起来。

孔先生之所以如此略带一点魏晋风度，在我看来，原因有二：中央政治学校的女学生很少；中央政治学校是国民党自己的学校，孔祥熙真的把中央政治学校学生看作“自家子弟”，没把他们当外人。假如他到其他大学演讲，不会如此脱略行迹的。

当年历史学家钱穆的演说也让金庸印象深刻。因为钱穆说的是无锡方言，同学们都听不懂，而金庸正好懂一些，便在台下帮同学们同步翻译。（2007 年 5 月 22 日《中国时报》综合新闻版）

1978 年，金庸与胡菊人一起，采访过钱穆，称之为“伟大的学者”。

金庸晚年说过，他最佩服的中国历史学家，是陈寅恪、钱穆两位。陈寅恪也很欣赏、认同钱先生的，曾对张其昀说，“最近这里的报纸上有一篇大文章，你一定要读。”张其昀问文章题目，陈先生答：钱穆的《国史大纲·引论》。

钱穆说：“‘五四运动’以来，一般知识分子觉得中国人样样不如外国人，有的要我们全盘西化，将中国字拉丁化，要打倒孔家店，不要中国传统……”在这样的背景下，钱穆更多强调中国的优点，如此“纠偏”，完全必要，十分可贵。

20 世纪 60 年代，蒋梦麟对钱先生说：“我已经读你的《国史大纲》到第五遍了，似乎你的书说古代的优点太多，说缺点很少。”钱先生反问：“书中所写的优处，有没有不妥当的地方？”蒋梦麟答：“没有。”钱先生说：“既然没有，那就无妨。如今国人喜欢批评中国旧传统，却绝口不提优点，我的书可以矫正这个偏颇。你觉得如何？”蒋先生点头称是。

金庸在他的小说和各类文章中，表现出与钱穆相似的倾向，都不赞同新文化运动对中国旧传统的过分否定。

金庸与余兆文，“相交最深”

池田大作问起金庸“十七岁时因写文章而过早遭遇人生的困扰”，金庸答：“我高中一年级时，在学校壁报上撰文讽刺训导主任沈乃昌先生而被开除，是我一生中最大的危机之一。因为给学校开除，不但失却了继续求学的机会，连吃饭、住宿的生活也发生问题，后来终于在原校长张印通先生及旧同学好友余兆文君的帮助下进入衢州中学，那是生死系于一线的大难。”

金庸视张印通先生为“恩师”，余兆文则是与金庸“相交最深”的挚友。

1981年金庸回中国内地访问前，致信余兆文：“极希望你能在这期间到沪杭，畅叙友情，并与老朋友共聚。你和马胡蓥、沈德绪、王浩然四人，是我最盼望会到的好友。”1985年，金庸致信余兆文，说“诸同学中，你和我相交最深”，而憾恨“临到老年却见面甚稀”。

几年后，余兆文写《看〈射雕〉忆金庸》一文，文章开头，忆述二人相交之始：“五十多年前，我们曾同窗共读。那是在抗日战争第二年，我本是杭州中学学生，他原在嘉兴中学读书，沪杭沦陷后。浙江的杭中、嘉中等七个学校合并，在丽水碧湖成立了省立联合中学。我俩从初三同班学友，后来又一直自愿编在一个小组，朝夕相处，颇为知己。”

二人是联合初中的同学，初中毕业后，金庸到只招收流亡学生的联合高中就读，而余兆文的家乡不属沦陷区，乃入衢州中学。余兆文说：“初中毕业，我们分别了。当时，我们这些流亡学生身无分文，他（金庸）赠给我的礼物是他的一本作文簿。”

语文课每隔两周做一次作文……差不多是每次，良镛总是第一个交卷，内容精彩，见解深刻，得分最高，老师给的评语总是赞誉有加。所以每次发作文本子，大家抢良镛的作文看。（王浩然《忆少年金庸》）

联合初中毕业时，金庸赠余兆文作文簿，王浩然则是金庸在衢中的高中同学，时空背景不同，但我们仍可推想，金庸初中时候的作文也常得老师夸奖而为同学们所争看。初三教他语文课的斯伦老师，也确曾对堂侄斯杭生说："班上有个嘉兴中学来的学生叫查良镛，他的语文基础很好，文章写得很有新意，是我们杭初的学生所不及的。"金庸赠余兆文的，应是一本写满了他的初三经历与感受的作文簿。

余兆文没有说自己回赠了什么。来而不往非礼也，想来会有回赠的。这就像是《射雕英雄传》里写到的"结安答"了。金庸与余兆文没有正式结拜，确是情若兄弟。

金庸在联合高中读书不到一年，即遭开除。此时余兆文极力向衢州中学校方说项，再加上张印通校长给金庸写的推荐信，金庸才得转入衢州中学。

我读与余兆文相关的资料，有两个突出印象：此人办事能力强，人缘极好。

如同学斯杭生所说，中学时期的金庸在同学中有着很好的人缘，我感觉，余兆文的人缘比金庸更好，余兆文年轻时是很有人格魅力的。

金庸曾回联合高中办理转学手续和搬行李，到衢州中学时，除了行李，还带回一个网篮，"网篮里全是盒盒罐罐吃的东西，有饼干、糖果、月饼等糕点，还有不少罐温州炼乳"，都是联合中学的老同学们听说余兆文患病住院，给他补养身体的。这是战时！人人都很困苦，物力维艰，这一网篮吃食，礼不轻，情更重。

同学马尚骥回顾昔年的老友，"除去一起在杭初就读两年的余兆文、张许南、周士健、张秉令等之外，比较接近的要数查良镛了"（马尚骥《六十年前少年行，年逾七十更关心》）。余兆文在1949年后很不得意，有些灰头土脸，而马同学仍置之于好朋友第一位，一则见马尚骥的不势利，更可见其珍视昔年与余兆文的友情。

同学斯杭生回忆："查良镛早我一学期毕业于联初……我有一个在杭初读书时的同班好友余兆文，他和查良镛是联初的同班好友……当时联初毕业到衢高读书的同学很少……课余饭后我们常在一起玩乐。又由于余兆文的关系，我就和查良镛熟识起来了。"（斯杭生《我和金庸的一段友情》）爱屋及乌，斯同学看重与余兆文的友情，乃推爱及于金庸。

金庸喜欢学问好的朋友，也喜欢能办事的朋友。余兆文的办事能力，应为金庸特别欣赏。包括为金庸转学事，直接找到衢州中学校方交涉，而且把事情办成了。晚年的余兆文，并不肯居功，几万字谈金庸的文章里，没有提到自己在金庸转学过程中的重要作用。

青年时代的余兆文与金庸，有点像《鹿鼎记》中韦小宝与康熙。

一张照片，金庸题字："一九八六年四月二十八日与总角之交余兆文之女余小亚、其婿毕春生、外孙女毕晔共摄于南京。欣喜无已。查良镛。"《鹿鼎记》中，金庸说："他（康熙）和韦小宝是总角之交，互相真诚。"余兆文与金庸，亦是总角之交，更互相真诚。得知金庸在香港取得绝大成就，余兆文为之欣喜。这份真诚的欣喜与狂喜之情，弥漫在他写金庸的文字中。

多大程度不好说，我相信金庸写《鹿鼎记》中康熙与韦小宝的感情，有一部分是"折射"了自己当年与余兆文的友情。康熙与韦小宝的性情大不相同，但相互吸引，又可以互补，相交莫逆，金庸与余兆文，似亦如此。我并不是说余兆文性格与韦小宝多么相似，是他与金庸的关系与感情，像是韦小宝之于康熙。

康熙自己做起来不方便的事，总交给韦小宝去做。金庸遇到重要的事情，总拉着余兆文一起做。

1945 年，金庸要去湘西管理农场，就劝说余兆文办理休学，一同前往。除了可以有一个说得来的朋友相伴不至于太寂寞，或许也是看重余兆文的办事才干。

1948年，金庸被派往香港《大公报》——

刚接到调动通知，金庸自然而然又想到了余兆文。他把余兆文叫来，要他再休学同去香港。习惯了随时召唤余兆文的金庸，此时他却忘了，余兆文已有家室之累，再也不能随自己去干那些说走就走的事了。最后两位好友互相抱着莫大的遗憾与不忍，就此别过，一人去了香港，一人留在大陆。（查玉强《金庸的好友余兆文》）

此一别，再相见已是三十三年后。

假如余兆文随金庸到香港，其在金庸香港生涯中的地位，约等于沈宝新加王世瑜。

《明报》第二股东沈宝新也是金庸的中学同学，上学时两人并不相熟。有余兆文在，金庸第一时间想到的应该是他，当然也可能是三位同学共创大业。

王世瑜是金庸在香港时最喜欢的后辈，余兆文则是金庸去香港前最喜欢的同龄朋友，莫逆之交，“相交最深”。

余兆文，大学毕业后，先在母校衢州中学任教。到1952年10月，调往南京，先后在南京四中、南京四女中任教。到了1957年，祸从天降，以博学多才被人称为“活字典”的余兆文被划为“右派”，并因“性质严重”，在1958年被发配到南京青龙山农场进行劳动改造，在青龙山农场待了三年多，一直到1961年10月才结束了劳改。随后，发还原单位接受群众监督。

当余兆文回到学校后，早没了居所，他先被安排在图书馆边上一间只有几平方米的小偏屋，过了一年后便搬到了面积稍大一点的一间地下室里。住进地下室后，每逢大雨，地下室里的水，常常要淹到小腿，每次都要不停地扫水出屋。余兆文自从回学校后就沉默寡言的，在平时则尽量避开人们的视线，整天只知道埋头干活，完全像变了个人似的。（查玉强《金庸的好友余兆文》）

余小亚在《我的父亲余兆文》一文中说："我们家的床，桌子，凳子都是租用学校的，自己除了一些衣物及生活必需品，还有的就是一些书籍（其中不少还是借来的图书），没有其他什么东西。"

陆庄主道："老弟鉴赏如此之精，想是家学渊源，令尊必是名宿大儒了，不知名讳如何称呼。"黄蓉道："小可懂得甚么，蒙庄主如此称许。家父在乡村设帐授徒，没没无名。"陆庄主叹道："才人不遇，古今同慨。"（《射雕英雄传》第十三回）

古今同慨，那个时代尤甚！余兆文竟连"在乡村设帐授徒"，亦不可得。

1981年……那次会面时，神采飞扬的金庸看到了早就磨光了锐气，显得拘谨木讷的余兆文，总觉得他哪地方有点不对劲，但一时又弄不明白。最后分手时金庸就带着几分疑虑回了香港。到了1986年4月，金庸……再到南京市里去找余兆文……当金庸来到余兆文家，看到自己好友竟居住在这样简陋的地方，鼻子一酸，停顿了很长一会，然后对着余兆文，用一种不用商量的口吻说了一句："我要给你在南京买房子！"余兆文听了，则表示坚决不同意，而金庸也不让步，说一定要买房子，相互争了一阵子。最后，金庸看到了老友的始终不松口的样子，考虑到再坚持下去可能会伤及老友的自尊心，于是改变了主意。事后，便多次从香港汇钱过来以接济老友。（查玉强《金庸的好友余兆文》）

金庸还是不了解内地的情况。1986年就算余兆文同意，那时候也几乎没有商品房可买。

1992年元旦，金庸致信余兆文："住房问题进行如何？如款项不够，请告知，可再汇来。"同年6月19日，金庸致信王浩然："你的居屋要购商品房，如上次所汇之款不敷，请不客气告知，你我情若兄弟，义当相助。兆文兄新址我一时找不到，请费神转此信给他一阅，他的住屋问题情况相同，我也可以增汇款项。在海外赚钱比较容易，虽然大家年届古稀，少年情谊，丝毫不减也。”内地住房改革之初，余兆文、王浩然这两位老朋友买房，金庸都是帮过忙的。

1995年，金庸心脏病初愈，就给余兆文写信，详述患病及治疗的过程。信末殷殷问讯：“你身体好么？有否可能考虑戒烟？我病中常挂念你，因你身体不甚健旺，且烟龄甚长，最好能尽快戒烟。弟良镛于香港。”

2004年，余兆文逝世。

> 临终前，他嘱咐家人，丧事简办，火化后江葬，所有朋友一律不作通知。
>
> 金庸也是在余兆文去世好长一段时间后，才得知这个消息。那天，他把自己关在办公室里，整整一天没有见人。（查玉强《金庸的好友余兆文》）

一个人关在《明报》办公室，金庸哭了吗？

> 康熙六次下江南……为什么他以前从来不到江南，韦小宝一失踪，当年就下江南？巡视河工，何须直到杭州？何以每次均在扬州停留甚久？又何以每次均派大批御前侍卫前往扬州各处妓院、赌场、茶馆、酒店查问韦小宝其人？查问不得要领，何以闷闷不乐？（《鹿鼎记》第五十回）

假如在康熙五十六年，老皇帝寻寻觅觅数十年，终于得悉总角交、老朋友韦小宝的讯息——已于半年前去世——衰迈的“小玄子”，也会哭吗？

余兆文说金庸拒参军，可信吗？

1946年，北大开学典礼，校长胡适有一个很简短的讲话，结尾说：“我送诸君八个字，这是与朱子同时的哲学家文学家吕祖谦说的：‘善未易明，理未易察’。我以老大哥的资格把这八个大字，送给诸位。”

“善未易明，理未易察”，很多事实的真相，亦未易明察，或察明。

金庸为何遭中央政治学校开除，余兆文的说法是：

国民党遽然一个劲儿鼓吹“反攻，反攻”，大张旗鼓地开始招兵买马，声言：“十万青年十万军。”这次主要是招募大中学生，即后来所谓美式装备的“青年军”。

金庸所读的中央政治学校，在这次招兵中规定：所有学生，不论哪个年级，也不管什么科系，都要有“投笔从戎”的壮志和“为国捐躯”的决心，自己先报名，校方后审批。这是国民党官老爷们搜肠刮肚，挖空心思，苦想出来的似有民主色彩的巧妙手法……可金庸偏不报名，拒不参军。后果怎样呢？那就是你不参军，他们并不勉强，只是另请高就，滚出学校。（余兆文《我所知道的金庸》）

余兆文这一说法，可信吗？

只有一二成的可信度。

余兆文虽是金庸至交，但他与金庸同在中央政治学校上学吗？

并不。当时余兆文就读于中央大学。

有没有跟金庸一起考入中央政治学校的中学同学？

有的。就是王浩然。

金庸之所以被开除，与他同在中央政治学校的王浩然，是怎么说的？

1943 年良镛和我考取了西南联大和政治大学，因西南联大路远，而政治大学是公费待遇，我们就进了政治大学。1944 年良镛则因挑战专横的学校训导长，被开除，随后进入中央图书馆积攒学问去了。（王浩然《忆少年金庸》）

当然是与金庸同校的王浩然更了解情况，其说法更可信。

王浩然说金庸，“因挑战专横的学校训导长”而遭开除，与金庸自言“我就跟训导主任去交涉……后来到了学期终，也不是开除，他说你在我们学校思想不是完全党国化，所以应该退学”，基本吻合。

虽然更了解情况的王浩然提供了与余兆文相反的证词，我仍不排除余兆文的说法还有二成的可能性与可信度，因为“善未易明，理未易察”。

余兆文追忆金庸的文章，是否很严谨呢？

抱歉，并不严谨。

也是《我所知道的金庸》中，余兆文写道：

《一事能狂便少年》的发表，可说是一文惊人，不久《东南日报》有位名叫陈向平的老资格记者……一再思忖：“自己远道来衢，何不趁便登门造访，亲谒其人。查理（金庸当时的笔名）先生究竟何许人也，今日流落至此？”……那位看门人抿着嘴笑道：“这里是有个查理，可他是学生，并不是先生。”

陈向平一听，大为惊骇。他脑海中时隐时现的那个老成持重文人的身影，顿时变成了一个满脸稚气的少年模样……

一个弱冠少年，只写了几句文章，竟逗得一位资深记者如此神魂颠倒，思绪不宁，直至最后还要踽踽独行，躬身趋访，有似朝圣拜佛，这确是世间罕见之事。

原文写此事，敷演近千字，极尽渲染之能事。然而，抱歉，事实是陈向平见金庸之前早知道他是高中学生了。我在本书的“《一事能狂便少年》，可知其生平抱负”一节，已有详细分析。

周伯通……道：“刚才你说了一个很好听的故事给我听，现下……”郭靖插口道：“我说的都是真事，不是故事。”周伯通道：“那有甚么分别？只

要好听就是了……”（《射雕英雄传》第十六回）

讲述往事，余兆文是“周伯通派”，“故事只要好听就是了”，王浩然则是“郭靖派”，在他回忆少年金庸的几篇文章中，未发现如余兆文这样明显与事实不符的记述。陈向平访金庸之事，王浩然也写过：“1941 年春季，高中全体学生奉命到金华接受军训检阅。其间，陈向平先生就到学生驻地来寻访‘查理’。为一个初出茅庐的少年作者，一家大报的编辑能够屈尊远道下访，也是不寻常的事情。”（王浩然《忆少年金庸》）写得很平实，不事渲染。

余兆文在《我所知道的金庸》中还写道：“读初中时，一位语文教师看了他的作文，竟毫不掩饰地在学生面前流露出一副望尘莫及的样子，喟然叹道：‘说实话，要我再读二十年书，恐怕还写不出这样的文章。’”我感觉，此事应非子虚乌有，描述总难免夸张之处。

直到 20 世纪 80 年代前期，主旋律仍是只要跟国民党对着干，都是光荣的，都是英雄壮举。余兆文讲金庸被国民党学校开除的故事，明显是把此事看成国民党而不是金庸的污点。

余兆文皮里阳秋，明褒暗贬，以这样的方式揭露老同学老朋友金庸的丑事？总不至于如此。

余兆文只是不严谨，不是蓄意编造故事。“善未易明，理未易察”，很多事实的真相，亦未易明察。也许是当时余兆文就误信了传言，也许是几十年过去，记忆出现偏差。

金庸的个性，内向，内敛，并不喜欢过多谈论个人私事，尤其是对他伤害较大的人与事，很多时候他都憋在心里，不肯轻与人言，对老朋友，对妻子，也未必肯说。查夫人林乐怡说：“跟他相处了五十年，我有时候仍然无法知道他在想什么。”金庸本人也说：“没有诉苦，我这个痛苦快乐，我自己个人是很保守的，什么感情都放在自己心里，跟人家没关系的。”

当时金庸应对余兆文说过自己被学校开除，至于细节和缘由，未必说过。余兆文知道此前很多大学中很多学生有拒绝从军的，想当然地认为：金庸必是因拒从军而遭开除。以上，我仅提供一种思路，一种可能性，不敢断言必然如此。

我写金庸与余兆文的几篇文字，烦劳查玉强兄转余兆文之女余小亚，表达我对她提供宝贵资料的谢意以及对余兆文老先生的敬意。余小亚老师反馈："关于我父亲写有关金庸的故事，我估计，可能有的方面需要修改到编辑满意，报社好发表，有其时代的限制。因为当时我不与父母住在一起，听我弟弟说过，似乎约稿者提过些建议，修改多次。"

余兆文所说金庸因为拒参军而遭学校开除，只是"孤证"，与金庸同校的王浩然则提供了完全不同的证词，所以，余兆文的说法，只有二成可信度。余兆文回忆金庸的同一篇文章中，有一千字的内容完全不符合事实，他关于金庸遭开除一事的说法，只剩一成的可信度了。

"孤证不立"是基本的学术规范，"孤证不能定谳"是基本的司法规范。余兆文提供的，不是当事人本人提供的"孤证"，甚至也不是作为当时金庸同校同学所提供的"孤证"。太多人根本无视基本规范，完全不讲逻辑，就认定这一"孤证"为绝对事实。

我并不打算为金庸讳饰，只希望尽量接近事实真相，所以拜托查玉强兄亟亟问询金庸还健在的几个同学，若有同学提出与余兆文相似的证词，那就不是"孤证"，余兆文所言的可信度就由一二成瞬间提高到五六成。可惜，查兄问过斯杭生，斯老说自己不了解此事——不是推托之词；朱帼英女士年过九十，查兄探望过她，但她已不能清晰地回答问题了。此路不通。

胡适说："有几分证据，说几分话。有一分证据只可说一分话。有三分证据，然后可说三分话。治史者可以作大胆的假设，然而决不可作无证据的概论也。"很多人只拿着余兆文一人提供的只有一分可信度的证据，不妨碍他们表达十分的义愤，并以十二分的力气，对金庸口诛笔伐。这一点，傅国涌做得很好，守住了学术底线，未肯采信"孤证"而实行"有罪推定"，没有大肆铺陈渲染。而我比较尊敬的历史学者谌旭彬，竟亦未能免俗。

《金庸的进化：李自成从黄衣黄甲，变成了黑衣黑甲》一文中，谌旭彬就拿着余兆文提供的“孤证”，将“孤证”视为绝对事实，分析了个虚无寂寞。他似乎提供了“旁证”，但那是什么“旁证”？当时全国各大学中，真正自愿响应“知识青年从军运动”的寥寥无几（很可悲，但事实如此），而在中央政治学校，明确反对从军的学生又不在少数。

谌旭彬提供的证据，只能证明金庸当时拒绝从军是可能的——仅是有可能，并不能充分证明金庸必在明确反对“从军”之列，更不能证明金庸因此而遭开除。

目前来看，金庸是否因拒绝从军而遭学校开除，彻底“证伪”是不可能的，彻底“证实”亦不可能。

完全还原真相做不到，须尽可能接近真相。前面我已经说出了今后可能“证实”的途径：搜集当时中央政治学校全校学生的资料，看看有没有，以及有多少同学，因为拒绝从军而遭开除。这才是真正有说服力的站得住的“旁证”。

找到了同一时期有三四十位中央政治学校同学确切因拒绝参军抗日而遭开除，那么我们才可以说：金庸大概率也是如此。迄今，别说三四十位，连一位这样的金庸的同学也没找到，一个靠谱的“旁证”也无，有些朋友已经急着要给金庸定案，岂不荒唐？

谌旭彬几千字的文章，竟无一字提到除了金庸还有谁被开除，采信“孤证”，“旁证”全无，给人定罪如此儿戏。进而，谌旭彬又断言金庸的动机，就是怕死。

金庸回忆：“我们读外交系的，大多数都报名参加国防部外事局，做美军和英军的翻译。”此言甚是合乎情理，而做美军和英军的翻译，安全系数比普通兵员高数倍，战死的概率很低很低。

金庸不是“舍生取义”的志士，断定他怕死却没有“旁证”，只有“反证”。

金庸被中央政治学校开除的三年前，他在衢州中学读书，同学毛良楷染上鼠疫。其时只要沾染上鼠疫，必死。同学皆瑟瑟畏避，是金庸冒着生命危险伴同班主任送毛良楷回家。金庸比所有的同学都不怕死。不是只有金庸自己说过，几位同学王浩然、斯杭生等等，也都撰文谈及此事，对金庸的勇气甚表钦敬。

斯杭生回忆："查良镛班上有几个同学染上鼠疫，他还常去看望染病的同学，后来有一个同学死了，他又去处理后事。"（斯杭生《我和金庸的一段友情》）这"一个同学"，就是毛良楷。除了为毛良楷同学处理后事，金庸还曾冒着生命危险，看望过其他染上鼠疫的同学。

少年、青年时期的金庸，岂是怕死之人？

金庸晚年回顾："每一个阶段中，在坚持自己的主张时，都面对沉重的压力，有时甚至成为暗杀目标，生命受到威胁，但是非善恶既已明确，我决不屈服于无理的压力之下。"考其一生，尤其前半生的行迹，此言并不失实。

有这么多"反证"，不能排除在中央政治学校读书时金庸百分百不会因"怕死"而拒绝从军，问题是毫无证据。不仅没有"旁证"，连"旁证"所依附的"孤证"也是没有的，纯出于臆想。

金庸怕死，连"孤证"也没有，提供金庸拒绝从军这一"孤证"的余兆文，并没有提出金庸因怕死而拒绝之"孤证"，余兆文认为金庸反感的是"被自愿"，金庸个性极强，很难接受那种"似有民主色彩的巧妙手法"。

1963 年，金庸在《谈〈彷徨与抉择〉》一文中回忆：

不久日本军队就撤退了，重庆复归平静，大学生参军的事也就不了了之。可是学校中对付"异己"的运动却紧张的进行了起来，与国民党组织有密切关系的学生，开始清算不响应"校长号召"的学生。接连半个多月，学校中的气氛非常紧张，凡是平时对政府有不满言论的、对校长个人或党团说个讽刺话的，许多人被拉到介寿堂（那是庆祝蒋先生诞辰而建造的大礼堂）去，跪在"校长"的戎装油画大像前面，一面予以拳打足踢，一面要他对校长忏悔。

我自己幸而没有身受其辱，但目睹这种场面，心中气愤之极而无力反抗。

照金庸的说法，中央政治学校几乎没有开除拒绝从军的学生，只在校内对其进行侮辱。谌旭彬或哪位先生，能找到其时中央政治学校开除很多学生的证据，金庸的“谎言”自然不攻自破。始终找不到这样的证据，就要给金庸定罪，真是太过分。证据不足的情况下，谌旭彬当然可以将自己的猜想写出并发表，但他不该那么言之凿凿、铁口直断。

我无意为金庸讳饰，只望尽量接近事实真相。假如哪天“旁证”充足，令余兆文所言之可信度提高到八九成，我亦乐见其成。

2003年12月8日，梁羽生给《梁羽生传》作者陶钢写信，说：“我的生日是1924年旧历二月十八日（折合新历应为3月22日）。到了我18岁那年，为了逃避兵役，家父将我‘报小’两岁。”梁羽生当时已将届成年，抗战时怕战死沙场而逃避兵役，这个责任不能全推给老父陈玉信。尽管如此，我不认为自己有资格在道德上批判梁羽生。

曾子曰：“上失其道，民散久矣！如得其情，则哀矜而勿喜。”我对拒绝参加抗日部队的梁羽生，只有哀矜之情，并无鄙薄之意。

从小学读到大学的金庸

金庸读小学时，自称“独裁者”。

中学时期的金庸——

1938年，马尚骥回到远在丽水碧湖的联合中学初中部复学，读初三上，那个时候初三分甲、乙两班，他和金庸都在乙班。“那个时候流行为班级命名，取什么名呢？大家让平时喜欢舞文弄墨的查良镛（即金庸）取，后来我和他商定，乙班取名为‘亚历山大级’。”（金丹丹《金庸有个同窗》）

小学时以“独裁者”自居，中学时以亚历山大大帝为自己的班级命名，都体现了金庸个人很早就有从政的愿望，也有极大的企图心，自期甚高。

金庸读过两所小学：在村口巷里十七学堂，读初小；在龙山学堂，读高小。

金庸读过两所初中学校：在嘉兴中学，读完初一；初二金庸在嘉兴中学读了几个月，日本人打进来了，嘉兴中学并入浙江省立临时联合初中，金庸在联初读完初中。

金庸读过两所高中学校：浙江省立临时联合高中和衢州中学。

金庸读过两所大学：中央政治学校和东吴大学。

金庸被学校开除过两次：先被联合高中开除，后被中央政治学校开除。

金庸遭联合高中开除后，转入衢州中学，然后考入中央政治学校，又开除。金庸在衢州中学，因参与学潮，被列入“过激学生”名单，险些又遭开除。

金庸晚年谈过：“从中学到大学，我曾被浙江省联合高中开除，被中央政治学校勒令退学，另外在衢州中学也惹过祸。我这个学生看来当的不太好。”（王卫华《金庸：但求去惑不为师》）

这两次（可以加“半”）被开除的经历，对金庸的打击应该不小，此后他的锋芒磨损了不少。

台湾“金庸茶馆”的“店小二”问：“您说个性影响命运，您的小说人物也常为挣脱个性制约所苦，您呢，曾不曾颇为自己哪一部分的个性（而）奋斗挣扎？”金庸答：“就是冲动吧！年轻的时候总是冲动，现在慢慢比较好了。”（店小二《店小二深夜密会金庸》）

2003 年，金庸谈到：“我最喜欢大学生活，我快 80 岁了，最大的愿望还是到大学去做学生，从一年级念起。学习是最开心的，念念书啊，学一门语言、技术啊，将其他东西抛开。大学生活是最好的生活。”（金庸、王蒙《快乐的君子》）由此我们可以想象，20 岁时被中央政治学校逐出校园，对金庸的打击有多大。

离开中央政治学校，约二年后，金庸想进浙江大学读研究生，但因浙大的校规不容许他一边工作一边读书，只好放弃了。虽未能入读浙大，金庸一直对浙大老校长竺可桢很是感念，铭记着竺校长对他说的："一个人求学问不一定要有学位，到哪里都可以做学问。做学问也是为了服务社会，你现在当记者也是一样的。"（严晓星《金庸年谱简编》）

1946年12月6日，《东南日报》青年版第十九期，金庸发表《访问东方的剑桥大学——浙江大学》，署名查良镛。这是他进入《东南日报》之后，作为外勤记者的第一篇访问记。（赵跃利《金庸笔名知多少》）

其时，浙江大学教务长是海宁人，就是金庸晚年对池田大作提到的郑晓沧，"（《小妇人》等）三部书的译者郑晓沧先生是美国留学生，是我故乡海宁的出名文人"。似乎，金庸此次求学浙大，没有与郑先生接触。

1945年，金庸还试图到湖南大学借读。

在湖南省档案馆，有一件珍贵的档案，记录了当年金庸致信湖南大学校长，请求进入该校借读的经历……湖南省档案馆工作人员告诉记者……2004年，在整理这些档案的过程中，工作人员发现这封信，并意识到它的重要价值，便将其收入特藏馆。

在工作人员提供的复印件中，记者看到，这封信起首便是"庶华校长先生道鉴：学生原籍浙江海宁"。最后的落款处，清晰地写着"学生查良镛谨启"，印章也是"查良镛印"四个字，写信的时间是"中华民国三十四年八月八日"。

……在信中，金庸写道："恳请先生准予在贵校借读以成生负笈后方之志，如蒙允许，生愿受严格之编级试验，或请准予暂在四年级第一学期试读，如成绩不及格可即予开除，但求能赐予一求学机会。自知所请于贵校规定或有未合，惟请先生体念沦陷区学生环境之特殊、情况之艰苦，准予通融借读或试读。"此外，金庸还提到自己为求学辗转突破日军三道防线的艰难经历。

在湖南省档案馆……除了书信内容，还附有湖南大学关于信件的批示记录。记者从中发现，当时校方并未给予金庸特权允其入学借读，学校批复上

言明："关于借读需向教部请求分处，本校不能直接收容。"（邵阳网《金庸曾致信湖南大学请求做个借读生》）

1938年，湖南大学内迁至湘西辰溪县办学，而1945年金庸正在不远的湘西泸溪浦市镇经营管理农场，能借读湖大，重续学业，自是大佳。惜乎遭拒。

1947年下半年，通过在东吴大学法学院做兼职教授的堂兄查良鑑的关系，金庸以中央政治学校外交系的学历，插班进入东吴大学法学院攻读国际法专业。

金庸在校期间留下了一篇论文《日本赔偿问题》，刊于《半月新闻》创刊号，后收录于中国政法大学出版社2015年版《东吴法学先贤文录·国际法学卷》。该文分五小节：为什么日本要赔偿、应该赔偿多少、中国实际上能得多少、当前问题的症结、中国的主张。金庸提出：

据现在中国政府拟就之方案，大抵谓中国在对日作战中，自七七事变起至结束止，公私物资之损失总计四五百万万美元之巨，此数尚不包括军费在内。因此中国要求将来在日本对盟国之赔款中，至少应得百分之四十……

因吾人在参加太平洋战争各国中，受害最重，吾人要求自日本获得之资产总额较他国为多，吾人亟欲取得对吾人有价值之任何事物，中国对日本并无恫吓或报复之念，但求对自身公正而已。

2007年，金庸在苏州大学（前身为东吴大学），说起："回到苏州大学，我就好像回到了家一样，特别高兴！我受聘过很多大学的名誉博士，但是从来没有得过第一。刚才苏州大学的领导告诉我，我是苏州大学聘请的第一位名誉博士，这对我来说太珍贵了。我与母校苏州大学的感情永远不变。"（《金庸：我对苏州大学的爱情永远不变》）

2013年，复旦大学教授顾易生题字："我爱读金庸先生武侠小说，神往于其塑造之大侠形象，及观先生书法亦仿佛有剑气纵横焉。（金庸）先生与余为同乡、同龄，又在一九四七、八年曾为东吴大学法学院同学，一年级上学期且在同教室上课。惟该班有新生八十余人，座位较远者或不相识，遂与大文豪失诸交臂，为可惜也。”其中稍微透露出一点当时细节。此外，金庸在东吴大学的经历，就很难查考了。

在东吴大学，金庸应该是一边工作，一边就学，又因时局大变，几个月后就在该校草草毕业了。这段经历，金庸对记者说过：“我大学没有毕业，曾经在上海念书，但没有拿到学位就离开了。当时上海快解放了，一打仗什么毕业考试都没有了。我没有大学文凭。”(《外滩画报专访金庸：走进查先生的香港办公室》)

可以说，1944 年 11 月，当金庸离开中央政治学校，他背起书包上学堂的时光就基本结束了。

结束了吗?

其实，并没有。

2005 年，八十多岁的金庸，又做起了学生，到剑桥大学读书。之前，2003 年 11 月，他在香港浸会大学说：“我最喜欢大学生活，我快 80 岁了，最大愿望还是到大学去做学生，从一年级念起。”

当时有电视台访问金庸，主持人开玩笑地问，现在是否背着书包上学，哪知金庸回答，他真的是背着小学生那种样式的书包，在剑桥上学。

2007 年，《广州日报》采访金庸，也提到金庸妻子的说法：“他读书相当用功，每天像学生一样肩上斜背着书包，装满当天上课要用的书和资料。在上学路上，遇到有‘金迷’请求签名合影，每每都婉言谢绝，‘现在不方便，等我上完课。’”(《广州日报访金庸：回归后，港人怕老婆不怕政府》)

了解了金庸 40 年代中期那段艰难的、四处求告的“求学”经历，当能理解，他说自己“最喜欢大学生活”其来有自，并非虚言。

得不到的，总是最好的。

金庸读大学仅一年，就被开除了。今天我们说起此事，觉得蛮好玩的，但我感觉，被开除一事，对当时的金庸，伤很大，并且这个伤痕一直都在。

金庸比一般人更想回归大学校园，更在乎国内外各家大学所授予的学位，主要原因，即在于此。

以金庸的智力和他从小学到大学一直考第一的经历，假如他家不因日本入侵而败落，年轻时如愿到剑桥大学留学，拿个学位，绝非难事。

好在，机会总是有的。被中央政治学校赶出校门，一甲子后，金庸终于如愿上学读书去也，读的还是从少年时代就梦想着的剑桥。

2007年，金庸和他的剑桥导师麦大维共同接受访问。金庸说："我非常严谨、认真重视这个学校，连到图书馆也抱着尊敬的心去。我早年求学非常波折，不守规矩，被很多学校退学过。这是我这辈子念书的最后机会，不能再被开除了！"（陈宛茜、赖素铃、张幼芳《笔下写帝王，金庸最想当唐明皇》）

第五章

漫游时代

进中央图书馆，任借阅组书记

中央政治学校之于金庸，像日月神教，也像华山派。《笑傲江湖》中，令狐冲突闻变故——

方证微微一笑，说道：“……少侠，你眼下已不是华山弟子了，你自己只怕还不知道。”令狐冲吃了一惊，颤声道：“我……我……怎么已不是华山派门下？”方证从衣袖中取出一封信来，道：“请少侠过目。”……令狐冲隐隐感到大事不妙，双手发颤，抽出信纸，看了一遍，真难相信世上竟有此事，又看了一遍，登觉天旋地转，咕咚一声，摔倒在地。

金庸对中央政治学校的感情，不可能这么深，但他写令狐冲得知自己被逐出华山派时的心情，应该有他自己当年被中央政治学校（还有之前的联合高中）开除那番经历的影子。

金庸走出“政校”，漂泊无依，找到了正在国立中央图书馆任馆长的蒋复璁。蒋先生给他在图书馆安排了职位。

金庸同族姑母查品珍是蒋百里的原配妻子，蒋复璁是百里先生的侄子，所以蒋复璁与金庸是表亲。这层亲戚关系，其实很疏远。

金庸的二伯父当年在北大与蒋复璁是同班同学，这层关系就比较近了。

1977年，金庸写《连城诀》后记，谈到："前些时候到台湾，见到了我表哥蒋复聪（璁）先生。他是故宫博物院院长，此前和我二伯父在北京大学是同班同学。他跟我说了些我祖父的事，言下很是赞扬。那都是我本来不知道的。"

蒋复璁并不研究海宁世家的历史，为何知道那么多连金庸都不知道的关于金庸祖父的事？金庸对池田大作说过："我祖父查文清公反对外国帝国主义者的无理压迫，不肯为自己的官位利禄而杀害百姓，他伟大的人格令我们故乡、整个家族都引以为荣。"蒋复璁也是"我们故乡"海宁人，对查文清老人的人格极为钦佩，"引以为荣"，1944年当他得知查文清老先生的孙子需要帮助，应该很痛快、很慷慨地愿意出力。

金庸从1937年后一直漂泊在外，也不是没回过故乡，待的时间很短，他极为敬佩热爱祖父，但很难有机会详细了解祖父的一生作为，竟从蒋复璁那里听到那么多，当时的心情，有些如饥似渴吧。

蒋复璁是江南著名藏书家蒋光煦的曾孙，我国著名军事学家蒋百里的本家侄子……1940年出任国立中央图书馆首任馆长。走投无路的查良镛，便从小泉来到两路口找表兄蒋复璁，在蒋的帮助下查良镛进了中央图书馆，任书记职务。

国立中央图书馆坐落在重庆两路口复兴路（今长江路）56号，即两路口通往复兴关方向左侧的半山坡上。是一座三层楼的大厦……国立中央图书馆当时有在册职员65人，馆长以下的职务还有：主任、编纂、人事管理员、干事、助理员、书记。书记是最低一级的职务，共有22人，查良镛排位16名。职能部门设有：特藏组、编目组、采访组、阅览组、总务组。查良镛被安排在阅览组，具体工作是登记借书和还书；工作时间为每天下午两点到晚上十点，比较轻松，当然薪俸也不算高，但足以糊口。

档案记载：馆长蒋复璁的月俸是国币 560 元，而刚进馆上班的查良镛的月俸仅为 50 元，不过另外还有生活补助费。1944 年 12 月馆长的生活补助费是 7600 元，查良镛是 2500 元，到了 1945 年 2 月，查良镛的生活补助费就增加到了 4250 元。重庆档案馆，至今还保存着查良镛在国立中央图书馆的职务、薪俸、生活补助费金额等原始资料。（颜坤琰《金庸先生在民国中央图书馆》）

离了“中央（政治学校）”，金庸又进“中央（图书馆）”。

中央图书馆藏书量惊人，嗜书如命的金庸，正得其所哉。金庸在图书馆里一边管理图书，一边读书。一年时间里，集中读了大量西方文学作品，有一部分读的还是英文原版。他比较喜欢大仲马、司各特、斯蒂文森、雨果的小说。在他看来，这些 18、19 世纪的作家，他们的作品有共同点是“故事性”，金庸继承的就是这个传统。金庸认为，以“伟大文学”而论，大仲马与雨果的作品正是实至名归。大仲马能在世界文学史中占一席地，自然并非由于他的小说中情节的离奇，而是由于书中人物的生动。能创造一个活生生的人物，是小说家极高的文学才能。

严家炎问过金庸：“您何时开始大量接触外国作品？在欧美文学方面，您喜欢哪些作家作品？”金庸答：“我只好转而到中央图书馆去工作……在图书馆里一边管理图书，一边就读了许多书。一年时间里，我集中读了大量西方文学作品，有一部分读的还是英文原版。我比较喜欢西方十八九世纪的浪漫派小说，像大仲马、司各特、斯蒂文生、雨果。这派作品写得有热情、淋漓尽致，不够含蓄，年龄大了会觉得有点肤浅。后来我就转向读希腊悲剧，读狄更斯的小说。俄罗斯作家中，我喜欢屠格涅夫，读的是陆蠡、丽尼的译本。至于陀思妥耶夫斯基、列夫·托尔斯泰的作品，是后来到香港才读的。”（严家炎《金庸答问录》）

古希腊文化对金庸的小说创作影响极大，主要表现于《天龙八部》这部小说和乔峰（萧峰）这一人物。

许倬云认为，金庸私淑狄更斯。

黄维樑记得，1979 年金庸到香港中文大学座谈，“讲中西古今小说，喜欢的外国作家有大仲马等，好像也提到狄更斯”（黄维樑《金庸：雅俗广泛的文学存在》）。

金庸与狄更斯最早的渊源，应在这里：“在中学读书时，爸爸曾在圣诞节给了一本迪更斯的《圣诞述异》给我……迪更斯每一段短短的描写，都强烈地令人激动，使你不自禁的会眼眶中充满了眼泪……这本薄薄的小说中充满了多少矛盾和戏剧、多少欢笑和泪水呀！兄妹之爱、男女之爱、父子之爱、朋友之爱，在这个佳节中特别深厚地表现出来。”（金庸《三剑楼随笔·圣诞节杂感》）

推测起来，金庸读狄更斯《圣诞述异》应该是在 1936 年的圣诞节。他在这一年进入中学读书，第二年因为日寇入侵，随学校流亡，与父母之间的联系就很少了。

金庸大量阅读狄更斯作品却是在被大学开除后，在中央图书馆工作期间，有些还是英文原版。

金庸在 1963 年回忆起约十年前他在《大公报》工作时的一事：“大公报附属的‘文宗出版社’初成立时，出版了几本英文对照的小册子，叫作《中国的光荣》……全书译就后，主持翻译工作的杨历樵老先生叫我写一篇英文序言……榆瑞一看之下，立刻就说：你的英文是维多利亚时代的，太不时髦。我说：‘快给我修改一下。’他毫不客气的提笔就改，将长句子缩短了些，将迪更斯小说中所用的字眼，改成了《时代周刊》中所用的现代化语句。结果是流畅得多，简洁得多。”（金庸《谈〈彷徨与抉择〉》）从这里，也很能看出金庸对英文原著的狄更斯小说是如何的熟悉。

在这篇《谈〈彷徨与抉择〉》中，金庸还说过：“我们这些写连载小说的人、电台中讲故事的人，从伟大的迪更斯、柳敬亭以至最没出息的笔耕者和舌耕者，所以能够生存，主要就依靠于一般人的好奇心。”由此更可见出，金庸对狄更斯的推崇。

像金庸一样，狄更斯也给报纸写连载小说，创作也带有一定的商业性，这并不妨碍狄更斯成为伟大的小说家、文学家。

金庸解释自己何以不断修改旧作时，也谈到：“一个作者（或任何艺术家）修改自己已出版的作品，是国际通行的惯例，英国小说家狄更斯在他的《锦绣前程》出版后，变动了结局另写……你问学术讨论中的版本问题，我以为新旧都可读。可以说改得好，也可以说改坏了。对于狄更斯的《锦绣前程》，后世的评论有人认为改为大团圆结局较好，也有人喜欢维持原来轻微的哀愁气氛较有韵味。”（《金庸其人》第 248 页）

金庸与狄更斯，最大的相似处，是弥漫于作品中的人道主义精神。

办《太平洋杂志》，编《时与潮》

在中央图书馆工作期间，金庸经常阅读《时与潮》。该刊由几个东北青年创办于 1938 年 5 月，发行人是齐世英（《巨流河》作者齐邦媛女士的父亲）。《时与潮》迅速将国际上关于政治、经济、外交、军事等方面的文章翻译过来，很受读者欢迎，每期销到两万份。

金庸见猎心喜，也想办一份相似的刊物。联系到三个老同学，办起了《太平洋杂志》，刊登从国外翻译过来的文章。

美国有一份历史悠久、声誉卓著的《大西洋杂志》（通译为《大西洋月刊》），金庸为自己的刊物取名《太平洋杂志》，应是仿此。

金庸在中央图书馆工作，近水楼台，可以充分利用图书馆丰富的藏书、资料，每天上班时，一有空就着手编他的杂志，算是利用公家的时间“干私活”了。

一下班，金庸就带着英汉词典，匆匆忙忙赶到离中央图书馆不远的美军俱乐部，抢译由美军飞机直接带来的最近出版的西方报纸杂志。

稿件已经编好，几个穷学生四处借钱，也没有筹到印刷费，好不容易找到重庆大东书局，勉强赊账给他们印了一期，创刊号印了三千册，很快就销完了。但由于纸价飞涨，当他找大东书局印第二期时，他们说什么也不答应赊欠，《太平洋杂志》只出一期就停刊了，创刊号成了终刊号。(《挥戈鲁阳：金庸传》第32—34页)

《太平洋杂志》发刊词开头就说："一本理想的综合刊物应该能传授广博的智慧，报导正确的消息，培养人们高尚的艺术兴趣与丰富的幽默感。"后面又谈到："就是要使人家笑也是非天才不行。古时候不是说有一个皇帝吗？如果他听了人家说的笑话而不笑，那么说笑话的人就要砍头了。"可见，金庸对幽默之重视。1988年，金庸为自己创办的《明报周刊》发行一千期写《一千个星期》，很有幽默感地重提这个话头："林燕妮当然美丽，可惜她常常断稿，在古代的阿拉伯，一晚断稿，第二天脑袋就不见了（最有资格的大概是亦舒）。"

余兆文说，他所认识的三四十年代的金庸，"很喜欢看林语堂的幽默文章"。1945年金庸主编的这期《太平洋杂志》，加发刊词、编后记也只十三篇文章，其中就有一篇找朋友翻译的林语堂的《数学与和平》。

发刊词又云："外国人说我们是一个'微笑的国家'，但是我们近来渐渐忘记笑了。在野外，在屋子，难得会遇见一张明亮愉快的笑脸。有什么事值得这样严重呢？古希腊人是快快乐乐的生活，快快乐乐的去死。我们笑吧！笑的响朗，笑的勇敢。"

"说我们是一个'微笑的国家'"这句话，可能跟金庸一向敬仰的"外国人"罗素有点关系。1920年，罗素来华访问，曾到杭州游玩。归国后他在《中国问题》一书中写道："我记得有一天，天气很热，我们几个人坐轿子翻山。山势陡峭，山路高低不平，轿夫很是辛苦。走到山顶的时候，我们停了下来，让轿夫歇息十分钟。他们很快坐成一排，拿出烟斗，说说笑笑，仿佛世上没有什么愁心事。"

金庸吹嘘自己正在翻译的《基督山伯爵》，"译文流畅，语句美丽"。

金庸经常用到"美丽"一词。1945年，他为自己创办的《太平洋杂志》

所写的发刊词说："让我们来欣赏那美丽的东西……真理、善良、美丽，都是十分宝贵的东西，为了要获得这些，几千年来不知道有多少人尽了终生的努力，甚至牺牲了生命……我们这本杂志就集拢这些美丽的东西献给你。"里面三个"美丽"。该刊编后记中，金庸又说："一本书就像一个女人，一碟菜，一朵花。要做到真正美丽是一件难事，但要讨你喜欢，却是可能的。"再一个"美丽"。金庸为《太平洋杂志》所写《如花年华》小说中，更出现八次"美丽"。

1959 年，金庸为自己创办的《明报》写发刊词，表明《明报》的办报宗旨是"公正、善良、活泼、美丽"。

1977 年，金庸在《倚天屠龙记》后记中，很遗憾地说："这部书中的爱情故事是不大美丽的。"新修版《射雕英雄传》，金庸增写一注，说："任何野蛮民族皆有美丽深情的爱情故事。"

2004 年，金庸接受《北京娱乐信报》访问，说："侠义真的是个很远大很美丽的世界。"他又解释何以再次修改旧作，是因为"还有一些，当初很美丽的创意没有实现的"。

金庸如此爱"美丽"，或许稍受王国维"最高之理想，存乎美丽之心"观念的影响。

在 1946 年那份"东南日报社职工登记表"上，"经历"一栏，金庸填写的是"中央图书馆干事、《太平洋杂志》主编"。"主编"确是真主编，但他这主编，只干了那么几天时间。同理，中央图书馆"干事"这个职务，可能金庸也是在填表时给加了水分，拔高了自己在图书馆的职位。这也是人之常情，不足为病。我们在新的工作场所，往往夸大自己在旧职场的重要性，人皆如此，并不稀奇。

《太平洋杂志》是金庸主办的第一份刊物。读高小时，金庸已经办过级刊《喔喔啼》，但那是在老师指导下做的，不作数。

这份《太平洋杂志》很失败，因为只出了一期。这份杂志办得很成功，唯一出版的一期，三千份很快就卖完了，如果有条件的话，他们可以加印，卖到五千乃至八千份，而当时流行的《时与潮》发行量也不过两万份。

金庸懂得与人合作，能用人，知道如何将合适的人放在合适的位置上。他十五六岁正在考高中时，想到了编著《献给投考初中者》，马上找两个同学合作，大获成功。如今金庸想到要办《太平洋杂志》，仍是找同学合伙一起做，成绩不俗。

到了香港，金庸办《明报》，发行量从来不是全港第一，但《明报》培养出的人才，支撑起了香港报业的“半壁江山”。

金庸认为：“作领袖者，能用人是最根本的本事。宋江文不及吴用、萧让，武不及林冲、关胜，游泳不及张顺，偷鸡不如时迁，然而能领导梁山泊一百零七条好汉，主要便是有用人的大才。”（金庸《谈〈彷徨与抉择〉》）

1907年，袁世凯、张之洞由封疆外任同入军机，当时老袁对德国公使说：“张中堂是讲学问的；我是不讲学问，我是讲办事的。”揆之金庸，他是“讲学问”的（时政评论写得好，已经是极大的“学问”了），更是“办事”之人。

金庸读书做学问，也是为了办事做事。他晚年对《环球》杂志说：“知识分子一定要有入世精神。我的一生，都在学以致用。”

《太平洋杂志》在天地间，只存在了一期，金庸与它缘分已了。《太平洋杂志》模仿的是《时与潮》的风格，金庸与《时与潮》缘分未了。

1947年，金庸接受了《时与潮》杂志社的聘请，贸然离开了风景如画的杭州，转到十里洋场上海滩去了。

抗战时期的《时与潮》可以说是重庆最畅销的杂志。日本投降后，《时与潮》也和其他一些内迁单位一样，想方设法回迁，迁到了文艺人才荟萃的上海。国民党立法委员邓莲溪当了《时与潮》的后台老板……

邓莲溪的神通广大非凡。他为《时与潮》搞到的房子，那是特等超级的……

1947年冬，有一天，我路过上海，特地下车去看望金庸，只见他一个人，单独坐在那个圆形编辑室里，不慌不忙从一大堆新到的外国报刊里挑选文章，先剪下来，分寄给各个特约译稿去译。待那些译文寄回来后，再由他核阅修改。他名为主编，可手下并无其他编辑协同工作。因此，这个半月刊实际上只是他一个人包干，完全由他独立支撑。

我问："你在杭州《东南日报》工作，邓莲溪和你又不熟悉，他怎会打你的主意，把你从杭州拉到这里来？"

"不瞒你说，我为《时与潮》曾经翻译过一些文章。大概看我的动作比较快吧。在杭州《东南日报》时，我一收到这里寄去的原文，先看一遍，立刻动手翻译。一、二千字的文章两个多小时脱稿，一般不需要誊清重抄，当天寄回。这样译了一些时候，不知怎的，《时与潮》后来便聘请我。而我也觉得上海新闻界、文艺界比杭州活跃得多，所以就决定接受聘请来上海了。"他说话仍是不快不慢的，脸上带着笑容。他是相当自信，可并不显得自满。

那个邓莲溪可说是个精透得近乎悭死的人。那座花园洋房，我看见有几个高级套房被封锁起来空着。金庸是为他邓老板的《时与潮》撑台的唯一主编。他却只让金庸住在阁楼上，真是太不像话。

金庸转到《时与潮》不久，也象是时运亨通，适逢上海《大公报》缺人。他又进而在《大公报》兼任了记者……他从此在《时与潮》与《大公报》两处同时兼任编辑，工作起来，好像也并不显得怎么忙累，都还是胜任愉快的。（余兆文《我所知道的金庸》）

金庸自己，也在《时与潮》杂志，发表过不少翻译文章。

长篇《如花年华》，惜乎未完成

生平中有两次，我惊叹于金庸的天才。

第一次，大约十五岁，初读金庸三十五六岁所写《射雕英雄传》，惊为天人与绝作。

那时我已读过一些中国小说，而尚未来得及建立（或盲从）“雅高于俗”的庸俗观念，只简单地将中国小说分为两种，一种是古典小说，一种是现当代小说，前者比后者好太多，没有可比性。

最早读金庸小说，我不相信他是活着的小说家，不相信当代人可以写出这样的作品，而不自觉地将金庸小说放在中国古典小说名著的光荣行列。于今看来，金庸当然不是古人，他的小说当然不是“古典”，却延续了中国古典小说的伟大的写作传统。

当时有位同学跟我解释，金庸是当代人，作品却是改写自古代小说，才写得这么好。我恍然大悟，疑窦尽释，深信不疑。

同学应不是自己编瞎话骗我。十几岁的小孩子应不至于如此擅长撒谎，多半如《鹿鼎记》中康熙说的那样：“这自然是胡说八道，不过瞧他样子，也不是说谎，多半人家这样骗他，他就信以为真。”

可能是以讹传讹，将聂云岚改写王度庐小说一事套在金庸头上。据聂云岚之子说，聂云岚“原来一直以为王度庐是清代人，没想到王度庐先生也是现代人”。

有机会问问这位同学，到底是不是故意骗我。恐怕他已不记得，毕竟是三十多年前的事了。

第二次惊叹于金庸的天才，是我五十岁的时候，读到金庸二十二岁写的这篇没完成的长篇小说《如花年华》。

并不是因为《如花年华》出自金庸，我才高看一眼。恰相反，因为是金庸的“少作”，我本打算更苛刻地审视它。朋友发给我《如花年华》，我搁置了几个月才看，以为好也好不到哪去，可看可不看。

读后，大惊讶。《如花年华》当然算不上多么杰出的小说，却处处可见天才的闪光。

这篇小说的主人公，“本来是一个很有天才的人，只是年纪轻，又像普通一个有天才人一样，各种好玩的东西都喜欢，在多方面发展。绘画上的练习不足，所以技巧的圆熟修养还没有达到能够表现他天才的地步”。这是写这篇小说时二十二岁金庸的自况。

《如花年华》这部长篇小说，写作、发表的第一部分，字数已经很多了，不好占用太多篇幅，节录于下：

春天是花的季节，恋爱的季节，是青年人的季节。

放春假了，春假后二星期校中就要开美术展览会，王哲想在春假中完成几幅写生。谁也不知道他真能完成几幅，他妈妈不知道，先生不知道，他自己更不知道。也许是六七幅，也许是一幅也没有。

一清早，王哲拿了画具出去，口中吹着口哨，随着淙淙的小溪走去，一路上杨柳桃花，正是江南醉人的早春天气。风景太好了，随便在哪一处坐下来，面前就构成一幅绝好的风景画：两个燕子轻轻掠过柳梢，偶然落下的几片花瓣在水上流，远远的海面上飘着几个白帆。早晨的太阳晒得人浑身软软的不得劲，空气中浮动着花的甜香，鸟的歌唱。他走到那坐惯的溪边的石上坐下，张开了画布。景色中就似乎缺乏了一种什么东西，花盛开着，太阳照着，鸟叫着，春天的美丽一切都完备了，但他总感到还缺少了一种什么东西，这说不上来，不过心中的空虚确是明明感到的。这幅画中似乎没有生命，他想到一个没有指挥者的交响乐会，各种乐器都动人的演奏着，可是不和谐。

有些花在枝上盛开着，有些花却落在地上，水上。这些花瓣该用胭脂来画才好，这样方才有香气，花不是香的吗，他想，但怎样画唱歌的鸟呢？

正在冥想着，溪水中飘来了一只小小的纸船，乘着水流与微风，正向下流飘去。儿时的回忆，春天的刺激，他立刻就跳下溪去。溪水的急流使他来不及脱鞋袜，水还有点寒冷，接触到水时，心中感到无限的喜悦。也没有思想的时间，一跑过去就拿了起来。随即一面看一面走上岸来。

白色道林纸折成的一只小船，做的很精巧，就像八九年前他妈妈给他做的一样，底上糊着油纸，也糊了一张小帆，帆上写着：

“风呀，带我到妈妈那里去。”

歪七斜八的字，比我写的字还坏。

王哲完全忘记画了，他想把船再放到水里去，就像小时候那样跟着船跑。忽然，“还我！”听到一种柔软清脆的声音。

抬起头来，见在溪水边，一个八九岁的小女孩子正在向他走来，手伸出着，一个小白狗奔在她前面。女孩非常美丽，淡红绸衣在风中飘动着，手中拿着一束白色的花。王哲心中一动，这幅画不是完成了吗？他把小船放在背后，笑着说：

“是我拾起来的。”

“是我做的。”小女孩说着，走近来，离开王哲五六步时站住了。睁着圆圆的眼睛，好奇地看着他。

“跟着水飘下去还不是没有了吗？”

“我是送给妈妈的。”小女孩慢慢一步步地走近来，王哲把船拿在胸前，偏了头仔细看。

“妈妈在那里？”

“妈妈在西方最最快乐的地方。”小女孩认真地说，有一种使人家不得不相信的力量。谈到了妈妈，两人间的距离又接近了一点，心灵上的距离也随着接近了一点，因为两个都是孩子啊！没有一个孩子不爱妈妈的。

王哲今年十九岁，在当地的滨海大学念外文。父亲是南洋的一位侨商，遗下一笔极大的遗产去世了，母亲有着极高的美术素养，孑身一人把这位宝贝儿子养大，就像宝贵一件美术品那样珍重爱惜，就像创作一件美术品那样刻意雕作。儿子并没有负了母亲的期望，成为一幅色彩艳丽，线条和谐的画，在心灵上，身体上，都是每一个母亲的安慰。生得很俊美，也爱美的东西。从小就流露出对图画的特殊天才，爸爸有钱，妈妈有脑子，孩子的天才就十分发展了。王哲在六岁时，就开始拿起了画笔东涂西抹。只是一向生活在妈妈温柔的怀里，所以有些过分的顽皮，过分放任。在学校中，也会装出一些大学生的气派，可是在妈妈跟前，跟十年八年前的小哲儿还是没有多大分别。

妈妈有了独生子才觉得生活并不完全像沙漠一样的可怕。儿子呢，深信妈妈是世界上最美丽最高贵的女人，承袭了她高尚的性格，也承袭了挑剔与审美的性格。他愿意在泥污里打滚（虽然妈妈从来不许他这样做），可却永不愿穿上一套色彩不调和或恶俗的衣服。

“你知道这溪水流到东方呢？还是西方？”王哲指着溪水笑着问她。

迷茫的眼色，看着王哲摇摇头，又看向溪水流去的方向，眼睛向着初升的太阳，有些耀眩。

王哲笑着问她，“看见太阳吗？”点点头。

“太阳从哪方向出来？”

这件事小姑娘知道了。“爸爸说的，太阳从东方出来。”

“那么水是流向东方了。船儿到东方，妈妈在西方，怎么收得到呢？”

小姑娘想想，就清脆地笑起来。银铃一样的笑声，脸儿甜美得像开了一朵花。

“船儿送给你吧！小花，回家去了。”

小姑娘回转身去要想走了。

王哲没有想到她这样，立刻又喊住她：

“你看我的鞋子，袜子，都打湿了。”故意皱皱眉头，哭丧着脸。

小姑娘又回转来，敛上了笑容，看看他的脚。这时王哲故意把皮鞋里的水，特别咕吱咕吱的踏出响声来。她隔了一息，轻轻地说：“回家去换一下罢！”软语商量的口吻。

“那不行，我要你赔！”无赖的口气。

（中略）

玩了一息，小姑娘决定要走了。上岸来穿鞋袜，王哲只觉目前的愉乐的可贵，什么吃饭，读书，全不在考虑之中，硬不让她回去。

“我叫小花陪你好不好，等一下它自己会回家的。”

“不！”

“我明天再来跟你玩。”

“不！”他还是偏着头反对。

小姑娘觉得很为难。孩子们间的友谊是很容易建立的。半天情投意合的相处，已使他们心中互相存着很大的好感了，小姑娘很不愿违抗他的意思，可是不回家，爸爸又等着。

王哲觉得逗得她够了："你以后每天来跟我玩？"小姑娘想了一下说，"好的！好的！"两个人笑着分别了。

他看看这个小小的人儿，戴着花冠，在阳光中慢慢地消失。

主人公的姓名，叫作王哲。十几年后，金庸在《射雕英雄传》和《神雕侠侣》书中，写了古代的"王哲"，也就是王重阳的故事。

王重阳，本名王喆。喆即是哲。

金庸小女儿查传讷说："爸爸就是王重阳。"假如这不仅是她个人的观察和感悟，而是从金庸本人日常的态度与话言中看出来、听出来的，那么《如花年华》主人公王哲的名字，大概率与历史上的王重阳相关，而周伯通所言"他（王重阳）是天生的了不起"，就是金庸的自我认知，一直都是。

假如金庸从 1945 年这篇《如花年华》开始，像他后来那样勤勉地写作，不出五年，最晚到 1950 年，即可以成就一位大小说家，而不必等到 1955 年才写作《书剑恩仇录》。

金庸晚年说："哪个小说家要写哪一种体裁的小说，有时是出于偶然的因素。那时候《新晚报》需要武侠小说，我就写武侠小说，如果他们需要爱情小说，可能我就写爱情小说了。"（冷夏《文坛侠圣——金庸传》第 399 页）1945 年，金庸自办《太平洋杂志》，觉得杂志需要爱情小说，他就写《如花年华》（署名查理）。

《如花年华》仅发表了第一章，看这近万字，发展下去，应是爱情小说。

约是 20 世纪 70 年代，台湾学者金恒炜说："如果金庸先生写文艺小说的话，我相信一定也是成功的。"可惜这位金先生没读过《如花年华》，读过了，当对自己的断言更多几分自信。金庸最喜欢的现代小说家是沈从文。《如花年华》是文艺小说，风格与沈从文相近的文艺小说。

"在她纯洁简单的心灵中，两人间的友谊已成立了。白纸上容易写清晰的字，少年人的心是容易得到的”，“他确定是一位很漂亮的青年……一种洒脱，无所谓的神情确然是很逗人爱的。他听到过很多人这样称赞他，老年人在当面，青年人在背后”，都很像是沈从文的语言与叙事风格。

同学余兆文记得：“有一天，在书店里，他津津有味看过了沈从文的《边城》，禁不住赞道：‘这本小说，人物很少，情节简单，篇幅也不长，但很有诗情画意。’”（余兆文《忆金庸的爱好》）《如花年华》已发表的第一章，只有王哲和小姑娘两个人物，“情节简单”，“但很有诗情画意”，引人入胜，显示出金庸讲故事的天才。

“小姑娘手中拿的那丛白花，给他染成了红色。因为他觉得这样色彩才是更调和。王哲有一种脾气，使自然迁就图画。他是忠于艺术而不忠于真实的。”金庸写作小说，亦“忠于艺术而不忠于真实”。

王哲从袋里摸出几块糖来，数了一数，一共是六块，分三块给小姑娘，她拿了说：“谢谢你！”王哲的朋友们都是伸手到你袋里来摸，你拿出来便抢的一些家伙，所以对她这种有礼的态度，有些不习惯。

掏兜互抢东西，完全来自金庸本人的生活，是他与同学们经常做过的事。这样的生活经历，金庸后来敷演为《笑傲江湖》中华山派师兄弟间的玩闹胡调。

1966年4月19日，马来西亚报纸报道，金庸乘机抵达吉隆坡，在马来西亚和新加坡作两个周的访问。这是金庸第一次到访东南亚。金庸写东南亚华人的故事，却在二十多年前。

写《如花年华》之前一二年，金庸还写过一个短篇小说。他对严家炎说：“我在重庆时，曾经写过短篇小说，题目为《白象之恋》，参加重庆市政府举办的征文比赛，获得二等奖，署的是真名‘查良镛’。题材是泰国华侨的生活，采用新文学的形式。”

《白象之恋》以“恋”为题，看来也是爱情小说，写的是“泰国华侨的生活”。《如花年华》主人公王哲的亡父亦是华侨，或可见出金庸看重华人的对外开拓。他第二部武侠小说《碧血剑》的主人公袁承志及其部属，最终也做了海外侨民。

“大海是一种诱惑，吸引着每个人的心，尤其对于年青人，这种神秘的诱惑是难以抗拒的。”《如花年华》及金庸后来的武侠小说，都有海的气息。

金庸小说如海宁潮，是江水，也是海水，一半是流过中国大地的钱塘江水，一半是贯通世界又回涌大陆的海水。

金庸写海最多的小说，是《倚天屠龙记》。黄子平认为，那个远涉北冰洋的金毛狮王谢逊，原型是美国大小说家梅尔维尔《白鲸》中的亚海勃船长。

《倚天屠龙记》有西方海洋小说的影响，也有写出“望洋兴叹”故事的庄子的影响。连载版《倚天屠龙记》中，提到庄子篇章极多，大部分在后来的修订版中删去了。

《如花年华》是《神雕侠侣》初稿

1945年起笔写《如花年华》的金庸，阅读中外古今小说的数量，超过很多小说爱好者毕生的阅读量。见猎心喜，阅读别人的小说，想着怎么写好自己的小说，是正常心理和普遍现象。

《如花年华》是用心之作，也是金庸多年积淀，厚积薄发而成。

《如花年华》只写出了第一部分（发表在《太平洋杂志》第一期）和第二部分（没机会发表，稿子遗失），并没有最终写成。金庸这篇小说的构思与灵感，倒也没有完全遗失或废弃，很多用在他后来的十五部武侠小说，尤其是《神雕侠侣》一书中。

《如花年华》中这位小姑娘的性格，像郭襄更多，也稍微像郭襄之母黄蓉。

“你想念妈妈？”

“想的……爸爸说等他老了，我长大了，我们就一起到西方去，我同爸爸说好了的，我们约好，谁也不准像妈妈一样一个人先去。假使他先去，我就只有一个人了，没有人爱我，没有人保护我，他心里一定难过得要哭。假使我先去，爸爸说他一定同我去的，他一个人孤零零的，没有人同他说故事，他哭的时候没有人安慰他……”

“你爸爸也哭吗？”

…………

“妈妈到西方去后，爸爸时常要哭，他不让我看见，但我是知道的。每当他心里难受的时候，我就坐在他身边不离开他。因为他一个人的时候，伤心得更是厉害。”

这位小姑娘的父亲思念亡妻，像黄药师思念黄蓉的亡母阿衡。黄药师一直想随亡妻而去，《如花年华》中的这位父亲也想的，要竭力摒除此念，才会跟女儿约定“谁也不准像妈妈一样一个人先去”。

《如花年华》与《神雕侠侣》，都围绕过一个手帕做文章。《如花年华》写道：

小姑娘……从袋里找出一块小小的角上绣着花的小手帕来，“你怎么不用手帕擦汗。”

“我素来不用手帕，一块手帕，用不到半天就会不见的。”

“怎么会不见呢，人家拿去吗？”

“不是，”王哲笑着说，“是它自己跑掉的。”

“手帕不会跑，”小姑娘认真的说，“手帕也没有生脚。”

“唉！是我自己丢掉的。”

“为什么要把一块手帕丢掉呢？”

小姑娘还是没有明白，不过她不再问了。

《神雕侠侣》写道：

杨过从袖中取出一块手帕，拈在拇指和食指之间，笑道："你是找这个么？"……郭襄道："你抢了我的手帕去，不是欺侮我么？"杨过笑道："你自己掉在地上，我好心给你拾了起来，怎说是抢你？"郭襄笑道："我跟在你后面，我的手帕便是掉了，你又怎能拾到？明明是你抢我的。"其实郭襄跟随身后，杨过早就知晓，故意加快脚步，试试她的轻功……发觉她在雪地摔倒，生怕她跌伤，急忙赶回，见她身后数丈之处掉了一块手帕，当即给她拾起，只是他行动奇速，倏去倏回，虽然在前却能拾到她的手帕。

郭襄跟在杨过后面，手帕便是掉了，杨过又怎能拾到？《神雕侠侣》中郭襄的手帕，真的像《如花年华》说的那样，似乎"生脚"了，可以"自己跑掉"，杨过则"虽然在前却能拾到她的手帕"。

《如花年华》中的小姑娘，念念不忘自己很快到来的九岁生日：

"你有几岁了？"王哲问她。

小姑娘屈着手指说："八岁十个月零六天。"

王哲见她说得这样准确，又笑起来："你记得真清楚！"

她点点头："再过一个月又二十四天，就是生日了。"

"生日很好玩，是吗？"

"嗯，从前爸爸妈妈都买东西给我的，"她又补上一句："现在就只有爸爸了。"

《神雕侠侣》中的郭襄，也相似。

郭芙道："十五是英雄大宴的正日……"

郭襄"啊"的一声。

郭芙问道："怎么？"郭襄道："没甚么，廿四恰好是我的生日。你们推举帮主，这么一乱，妈妈再也没心思给我做生日了。"郭芙哈哈大笑，道："你这小娃儿做生日，又打甚么紧了？怎么能拿来和推举帮主这等大事相比？……"

郭襄涨红了小脸，道："……你说是小事，我却说不是小事。我满十六岁了，你知不知道？"郭芙更加好笑，讥讽道："到那一天啊，襄阳城中几千位英雄好汉，都来给我们郭二小姐祝寿，每个人都送你一份厚礼。因为咱们的郭二小姐满十六岁啦，不再是小娃儿，是大姑娘啦！哈哈，哈哈！"

《神雕侠侣》此处，有一个明显的错误。杨过再次见到郭襄是在十六年后，十六年前他竭力救护的婴儿长大了。中国的传统，一直算虚岁，郭襄应该是十七岁，不是十六。

《如花年华》中："小姑娘仔细看王哲的脸，忽然说：'你生得真是好看。'王哲呆了一瞬时，立刻哈哈大笑起来……听一个小女孩在当面这样天真地赞美他却是第一次。"

《神雕侠侣》第三十五回："郭襄……道：'我要你取下面具，让我瞧瞧你的容貌。'……眼前登时现出一张清癯俊秀的脸孔，剑眉入鬓，凤眼生威，只是脸色苍白，颇形憔悴。杨过见她怔怔的瞧着自己，神色间颇为异样，微笑道：'怎么？'郭襄俏脸一红，低声道：'没甚么。'心中却说：'想不到你生得这般俊。'"

两部小说中的小姑娘，都惊叹一个年长男子之俊之美。

《如花年华》接着写：

"小妹妹，再过十年你就不会这样说我了。"王哲拉了她的手取笑她。

"为什么？再过十年你不好看了吗？"小姑娘怀疑地问，一个人会变得不好看，她没有这种经验。

"不是，那时候你大起来了。"

大起来，就学会了口是心非或口非心是，不能随便称赞异性之美。

金庸在《太平洋杂志》创刊号“本期内容”栏目中，介绍小说梗概：“《如花年华》长篇创作，描写孩童的天真，青年的热情，爱情的真挚，人生的命运等。格调高超，意境清艳，每章自成一段落。”由这句“每章自成一段落”，再联系小说中王哲与小姑娘探讨的“十年后”，可以想象，《如花年华》后面的故事，某前后两章（两个段落）之间，很可能会像《神雕侠侣》第三十二回“情是何物”与第三十三回“风陵夜话”之间相隔十六年那样，间隔十年左右。

十六年后，郭襄长大了，十六七岁了。约十年后，小姑娘也会长大，十六七岁了。

“十年”是约数，八九年约略也可算是十年。八九年后，《如花年华》中这位八岁的小姑娘就到了十六七岁，长大了。

王哲痴痴地看着她的脸，这样秀丽的脸型是前所未见的，“比妈妈还要美丽。”他有些昏昏然的想。年轻人相信一切神迹与不可能。丽莎吗？海伦吗？他想到那些名画中的人物，都不是的。这小姑娘，要柔和得多，不像那些画中人那样的美艳而不可逼视，她是可亲的。

此处，金庸有些“穿越”，或“魔怔”了。一个八岁的小女孩，不该联想到丽莎与海伦，金庸意念中看到的，分明是成年后的她，与丽莎、海伦相似又不一样的成年后的她。

更合适的比拟，是但丁遇到八九岁的贝雅特丽齐。但丁是真的遇到这位小姑娘，金庸应只是在心里遇到她。

这个小姑娘一直在金庸心里，是他理想中的女性。金庸心中的双眼，看着她由八九岁长到十六七岁，到成年……

金庸意念中这个理想的、完美的女性，可以叫“小姑娘”，可以叫“婉华”，也可以叫“郭襄”。

《如花年华》《三恋》与《神雕侠侣》

《如花年华》写于1945年，没写完，似是爱情小说。

《神雕侠侣》写作始于1959年5月20日。其时，应该还没有“五二〇我爱你”的说法。只能是巧合，五二〇这天，金庸开始写最像爱情小说的武侠小说《神雕侠侣》。

《如花年华》与《神雕侠侣》之间，20世纪50年代中期金庸还写出《三恋》剧本，1956年由李萍倩导演拍摄完成。看片名，便知是爱情影片。

当时金庸在《长城画报》，写影评《短篇小说式的电影》，谈及他的《三恋》：

> 在电影中，二次大战后也流行起一种新的形式来，那就是集合几个短片而成为一部长片……
>
> 法国是短篇小说之王莫泊桑的故乡，他们曾以莫泊桑的三个短篇小说拍过三部短片……
>
> 英国曾拍过毛姆的三个短片集，包括他的十个短篇小说……
>
> 美国根据奥亨利的一个短篇小说而拍了《锦绣人生》，另外一部包括三个故事的《人海情潮》不论在艺术性和故事性上都非常成功。
>
> 苏联在此前曾根据契诃夫的短篇小说拍过一个短片集……
>
> 长城公司这次在这形式上作了首次的尝试，那就是《三恋》的开拍。想到以往这类影片的成功，我们实在有不胜惶惊之情。好在这次尝试只是一个开端，第一次创作中的缺点，我们希望能在第二，第三次中得到改进。

拍《三恋》这种“短篇小说式的电影”，应出自金庸倡议。金庸晚年回顾：“我以前曾写过三四十个电影剧本，从来没跟人家合作过，总是自己一个人独自写，我不接受文艺创作合作的方式，因为每一个人有自己完整的思路、完整的创作风格。”先是金庸写出这种“短篇小说式”的剧本，而为导演及长城公司的管理层所接受认可。

《三恋》(1956)讲述的是三个爱情故事，酒店里三个互不相识的男人互诉心声，相当于三个短篇小说。《神雕侠侣》的“风陵夜话”发生在客店，与《三恋》中的酒店是同等性质的场所。“风陵夜话”这一回，其实也是“短篇小说式的”，由不同的几个人，讲着同一个人（杨过）的不同故事。《三恋》则是三人各自讲着各人的故事。

《三恋》中的第一段故事。影片是一个头发花白的中年男子殷兆宗对逝去爱情的回忆：殷由香港去到一个郊区的湖边消解被女人欺骗的情伤，晚上划船时遇到一个躲在船上的小女孩艾婉华，婉华性格倔强，但当感受到殷兆宗对她好，她也会接受并乐于相伴。并告诉殷她父母双亡，只有一个对她不好的酗酒舅父。二人结伴游玩，殷回香港后，未几婉华亦来港找殷，得舅父的同意由殷照顾她。殷安排她入学，几年之后，婉华已是亭亭玉立的少女，二人越见亲昵。殷见到快将成年的婉华与男同学把臂同行时，会有点不是味儿。一向敢作敢为的婉华反而直白大胆向殷示爱，并希望结婚。殷以婉华未成年，赞成先订婚。后来殷发现婉华藏有一批不给他看的书信，他私下拆来看，都是情信。殷大受打击，以为又被女人欺骗，饮至大醉，向婉华恶言相向，倔强的婉华最厌恶人喝醉酒，也不辩白，在殷威胁下离开。第二天，婉华的女同学来找殷索回她暂放婉华手中的情信，殷才知自己错怪婉华。从此遍寻婉华都找不着，就这样已经过了八、九年了。（蒲锋《从林欢到金庸：由电影剧本到小说的写作轨迹》）

《三恋》女主角艾婉华，是《如花年华》中那个小姑娘到《神雕侠侣》中郭襄之间的过渡。

艾婉华这个名字，也隐隐与《如花年华》四字对应。“艾”即“爱”，爱上如花年华，或者说，如花年华可爱如斯。“婉华”可以理解为“宛华”，即宛（如）华（花）。

“直白大胆向殷示爱，并希望结婚”的艾婉华，还未成年，也就十六七岁。《神雕侠侣》中，杨过再次见到的郭襄是十六七岁。所以我猜，《如花年华》后面的故事，是王哲与小姑娘分离八九年，再见时小姑娘也已十六七岁了。

金庸最爱“如花年华”郭襄

小说中众多女性角色，金庸喜欢谁？金庸曾几次列出很长的名单。

喜欢的众多女性角色中，有没有金庸最爱的唯一，唯一的最爱？

有的。

金庸逝后，聂卫平谈起：“女性角色里，他说自己最喜欢的是郭襄，这个你猜不到吧？”

这是别人转述的，做不得准。金庸本人，是否真的这么说过呢？

说过。

2004年，在四川成都，金庸说：“黄蓉是我觉得在所有美女中最漂亮的一位，她与成都很有关系，因为她的‘蓉’正是成都的简称。我最喜欢的人物是郭襄，她也是峨嵋派的创始人。”

这是金庸在峨嵋派创派人郭襄的大本营四川说的，或是为了与四川人套近乎，做不得准。那么，金庸在别的地方、别的场合，是否也说过“最爱郭襄”呢？

说过的，并且不止一次。

2005年，香港记者问金庸“最满意自己作品中的哪位女主角”，答：“要是做老婆，是任盈盈，做女朋友当推郭襄。”似乎在金庸心目中，任盈盈与郭襄并驾齐驱，但也要考虑男人一般觉得女朋友比妻子更可爱，金庸看郭襄还是比任盈盈高半格？

凡是开列“可爱女子”的长名单，金庸总是把郭襄放在最前。

2003年，金庸补写《飞狐外传》后记，说："每次写到她（程灵素），我都流眼泪的，像对郭襄、程英、阿碧、小昭一样，我都爱她们，但愿读者也爱她们。"

金庸"心中对之有柔情、有爱意、愿意终生爱护她的女子（和妻子不同）"的名单是郭襄、小昭、仪琳、双儿、阿碧、阿九、程英、公孙绿萼、甘宝宝。"这一类小姑娘，我愿意爱护她、怜惜她，认她做义妹，收她为徒弟，心里偷偷爱她，但不敢发展爱情，那是一种'已婚男子'的秘密感情。"

《如花年华》中那个小姑娘，也是，更是，金庸"愿意终生爱护她的女子"。

王哲觉得这位小姑娘真是有趣，又得到这种真诚的赞美，心中非常高兴。胸中突突的就似乎有一股力量要迸发出来，只想为别人做些好事情。"如果这小姑娘有什么困难，我能够帮助她，那该多好呢？"

杨过待郭襄，也是这样。书中写道："杨过目不转瞬的瞧着她，脑海中却出现了十五年多以前怀中所抱那个婴孩的小脸……杨过胸中涌起了一股要保护她、照顾她的心情，便似对待十多年前那个稚弱无助的婴儿一般。"

"假使有人敢欺侮你，我一定要打他，打得很凶，打得他大哭，就是他讨饶我还要拼命的打他，就像这样，"王哲用力打着身边的草地，他心中确实是这样想，如果真遇到这种事，他确实是要这样做的。

"你真好，不过假使他讨饶，你就不要打了。"……

"不行，如果有谁敢欺侮你，我要把他的鼻子拉掉，耳朵扯下，眼睛挖出，舌头割去……"

金庸在《如花年华》中，让王哲发愿，将欺侮小姑娘的人的"耳朵扯下"，还仅仅是一个构思，十几年后，他写《神雕侠侣》，让这个构思成为事实：

郭襄探头往袋口一张，大吃一惊，叫道："是耳朵！"史伯威道："正是！五只皮袋之中，共是两千只蒙古兵将的耳朵。"郭襄尚未会意，惊道："这许多人的耳朵，我……我要来干么？"……史伯威才答道："神雕侠言道：郭二姑娘身在襄阳，今日是她十六岁生辰，蒙古蛮兵竟敢无礼前来进犯，岂不是要惊吓了郭二姑娘？……"

两千只耳朵，被割下、扯下，只为耳朵的主人太不识相，干扰郭二姑娘庆祝她的十六岁生辰。

郭襄一直在金庸心里。他二十二岁写的《如花年华》中那个小女孩，就是郭襄的雏形。

金庸谈及郭襄，就像是她真的存在过，活过，从来没有死过。

金庸在台湾说："武当的真武观请我去过好多次，我也没去。我本来还想去郭襄的出生地襄阳，可是因为坐火车不舒服，也还没去。"襄阳在《射雕英雄传》《神雕侠侣》两书中，多少重要人物来来往往，又发生了多少大事，金庸首先想到的，只是郭襄的出生地。

2000年，在上海新世纪论坛，有网友问金庸在浙江大学是否已收到弟子，金庸答："没有收到。我希望收到一个好弟子，我想像金轮法王招郭襄。"此时的金庸，甚至不忌讳化身为"大反派"金轮法王。

《神雕侠侣》写金轮法王非要收郭襄为弟子，极其不合理。写的时候，或许金庸已经把自己化身为金轮法王了。

2000年11月，金庸在杭州，《中华读书报》记者问他，最喜欢笔下的哪位女性，金庸想了想说："郭襄，聪明善良。可惜没写完，很有余味。"这句话，表达的不仅是"可惜"，还有"庆幸"意。幸亏"没写完"，这才"很有余味"。

1959至1961年的《神雕侠侣》，写郭襄"没写完"。1945年的《如花年华》，整部小说就"没写完"。1956年的《三恋》，艾婉华离去，不知所踪，这个人物"没写完"，殷兆宗心中的婉华，永远十六七岁。

金庸心中的郭襄，永远在"如花年华"。

金庸少年时代，情感一片空白

行文至此，不妨用一些篇幅，展开谈谈或许与《如花年华》有关的人物和“情结”。人物其实是“学习时代”的人物，而前文特意未及。

金庸一生，三段婚姻。第一任妻子杜冶芬，第三任妻子林乐怡，都是在十六七岁，与金庸相识相爱。

金庸投入感情最多最深，受伤也最深最重的，恐怕还是第一段婚姻。他与杜冶芬，不仅是初婚，很可能还是彼此的“初恋”！

金庸晚年，在《鲁豫有约》节目上，被逼问到他的“初恋”：

陈鲁豫：您是属于年轻时候招女孩子喜欢那种人吗？

金庸：也不见得。

陈鲁豫：有人追过您吗？

金庸：有是有的，很普通的女孩子，我也不喜欢，我喜欢的女孩子，人家不喜欢我。

陈鲁豫：那时候的初恋都多大啊？

金庸：……我自己大概二十几岁才有初恋机会。

金庸与杜冶芬相识、相恋，是在1947年，金庸二十四岁，符合这个“二十几岁”。此前两三年，金庸或居无定所，或长期在湘西的僻壤，很难与合适的女孩子发展较长期的恋情。

杜冶芬即使不是金庸的“初恋”，也必然是“二恋”，他短期“初恋”后的“二恋”。

金庸1945年所写《如花年华》开头：“春天是花的季节，恋爱的季节，是青年人的季节。”写出这句话的金庸，可能根本没有恋爱过。

小说家的第一部长篇小说，往往更有自传色彩。金庸第一部没写完的长篇小说《如花年华》的主人公王哲，和第一部武侠小说《书剑恩仇录》的主人公陈家洛，比他其余十几部小说的主人公，都更像是金庸自己。

《如花年华》中，王哲“永不愿穿上一套色彩不调和或恶俗的衣服”,《书剑恩仇录》中，乾隆皇帝对陈家洛说：“你总是眼界太高，是以至今未有当意之人。”都与金庸说自己的那句“很普通的女孩子，我也不喜欢”，相通。

金庸不是向读者与世人解释，是一直在想自己的“初恋”为何如此之晚，想到的原因，不自觉流露于两部最早的长篇小说。

1947年，金庸在《东南日报》编辑“咪咪博士答客问”专栏，与一个小读者书信交流，继而结识了小读者的姐姐杜冶芬女士，陷入情网。1948年，金庸被《大公报》派往香港工作，当年10月，二人在香港结婚。后来，杜冶芬出轨，背弃了金庸。

金庸投入感情最多的，是与杜冶芬的恋情与婚姻，是“初婚”，还可能是“初恋”，唯其如此，受伤也最深最重。

1946年11月，金庸入《东南日报》做记者，次年夏天，认识并追求杜冶芬。中间的大半年，可以确定，金庸没有与别人发展恋情。

陈鲁豫：有那么浪漫吗，您喜欢什么样的女孩那个时候，长头发的，漂亮的？

金庸：是不是长头发不知道，总之漂亮当然很重要的，在杭州的时候，我在《东南日报》，我报馆有个电影院的，有很多女孩子来找我，她说目标就是我带她去看电影不用买票，我们报馆的同事带个朋友去看戏不用买票了，那么有些女孩子，很多女孩子找我，不知道她们是不是喜欢我，还是因为目的是看电影。

陈鲁豫：都有了。

金庸：可能都有。

陈鲁豫：都有，也喜欢看电影。

金庸：完全不喜欢我大概也不会来找我。

陈鲁豫：对。

金庸：后来这些，对面的一个女子学校，我跟她们老师什么都认识的，跟老师倒没什么太要好的关系，这些小女孩她常常来找我，带她们看电影，我带她看电影，跟她说了，有时候带她们出去玩玩，划船都有。

金庸没有与这些女孩子中的任何一个相恋，仅止于看看电影、划划船，没有进一步发展。再则，假如金庸此前已有女朋友，他自己不好意思，女朋友也不会容许他与这么多女孩子亲密交往。结论是，金庸在遇到杜冶芬之前，没有恋人。

陈鲁豫并没有提问，金庸自己补充说明："这些女学生大概十六七岁了。"

林燕妮说金庸"最爱美人"。金庸自己，是否也这样说？

金庸说："我也是喜欢美女的，天下没有哪个男人不喜欢美女的……宋玉的《登徒子好色赋》中'增之一分则太高，减之一分则太矮'，美得不得了，全世界的小说没有一本是否定美女的，这一点来看，我是传统的。"

另一场合，金庸又说："我不喝酒，但美女是喜欢的。男人说不喜欢美女那是骗人的话。"

有记者问："您最崇拜的历史人物是谁？"金庸答："范蠡和张良。因为范蠡有美女西施相伴，又很会投资经营。"

2007 年，记者问："唐代的皇帝你最想当哪位？"金庸："我想当唐明皇！因为他的妃子杨贵妃是最漂亮的女人，而且他的一生都很快乐。"

记者问："您三十多岁写小说，对爱的体会是惊心动魄的，那么现在呢？"金庸答："虽然老了，心境却和从前差不多，人老心不老。其实人最痛苦的是年纪大，年轻时看到美女可以写出一篇爱情小说，年纪大了，看到美女只能欣赏一下。"

2000 年，在岳麓书院，年近八十的金庸，说："我从小就听桃花江的歌，我想象到湖南来可以见到很多漂亮的小姐。实际上当然还是见到了，不过见到了，也只是看看罢了，没有下文。"他不讳言，从小到老，一生都喜欢漂亮的姑娘。

同学余兆文回忆读初三时，十五六岁的金庸：

他有两件小东西很有意思：一本小笔记簿，一把扇子……那个笔记簿，第一页是以诗代序，有二十来句。里面有句“天一方，望美人”，我们看了这首诗，曾笑着相对做了个怪脸，意思是想不到组里竟来了个草鞋才子呢。（余兆文《看〈射雕〉忆金庸》）

金庸一生，最爱美人。但他在1955年开始写作小说之前，其情感经历，并不如何丰富。一则，因为性格内向，很难死皮赖脸地去追求他真正欣赏喜欢的女孩子，也因为他眼界太高，真正欣赏喜欢的女孩子并不多。

金庸一生，最爱美人，最最爱西施、杨玉环那样美到极致的女子。1972年，他“封笔”之前，遇到过哪些美到惊心动魄乃至惊天动地的女人呢？

已知的，金庸自己说过的，只有两位。一位当然是夏梦，另一位，是他读联合中学时的图画老师孙多慈。

暗恋孙多慈老师，写出小龙女？

1961年7月，金庸完成《神雕侠侣》写作与连载，一年有半，1963年4月，开始在《明报》连载长文《谈〈彷徨与抉择〉》。该文谈及：

王映霞后来跟了浙江省教育厅厅长许绍棣，可是他们的姻缘也不长久，许绍棣终于娶了一位美丽的女画家孙多慈。孙先生做过我中学时的图画老师……孙老师那时是位年轻小姐，每个同学都觉得她美得不得了，她上课的时候，坐在后排的学生往往会找个什么借口走到前排去，好仔细的多瞧她几眼……

此文谈孙多慈老师，两次用到“美（丽）”。可以想见，十几年前，金庸师从孙多慈之时，其人之美，给他留下如何深刻的印象，多大的震撼、震动。

孙先生是金庸读联合中学时的图画老师。金庸被学校开除后，转学衢州中学。衢中同学程正迦记得当时的金庸“个子不高”，另一位衢中同学叶珉更记得金庸“当时总是坐在教室的前排”。金庸在联合中学，不太可能“坐在后排”，如是，也可能“找个什么借口走到前排去，好仔细的多瞧她几眼”。

《神雕侠侣》写的是“师生恋”，孙多慈与老师徐悲鸿之间发生的“师生恋”尽人皆知，而她在联合中学教过的男同学，“暗恋”她的，也不在少数。这是没有发生的“师生恋”，是“师生暗恋”“师生单恋”。

“暗恋”孙多慈老师的男同学中包括金庸，这种可能性，没有理由排除。

一般认为，《神雕侠侣》女主角小龙女的原型是夏梦，可是，夏梦的性情气质与小龙女很不相似，甚至是完全不相似。

《神雕侠侣》中，小龙女出场：

那少女披着一袭轻纱般的白衣，犹似身在烟中雾里……杨过抬起头来，与她目光相对，只觉这少女清丽秀雅，莫可逼视，神色间却是冰冷淡漠，当真是洁若冰雪，也是冷若冰雪，实不知她是喜是怒，是愁是乐……

金庸的联合中学同学高玉阶记得：

在联高时，同学们都十分敬爱孙先生。她对教学工作十分认真耐心，对同学总是循循善诱，悉心指导。同学对她总是充满了景慕之情。但我们似乎很少见她脸上有过笑容，她的表情总是十分严肃，一层轻纱似的愁云长年笼罩着她的面容。

小龙女与夏梦，绝少相似之处，与孙多慈，却有七八分神似。

小龙女“披着一袭轻纱般的白衣”，孙多慈则经常围着一幅很长的白围巾。她很重要的一张自画像，还有徐悲鸿所画《台城月夜》（以南京的玄武湖畔台城为背景，徐悲鸿席地而坐，孙多慈侍立一旁，围巾飘扬，天际一轮明月），都有白围巾在画中。

有人认为："金庸不需要写传记，他每一部小说，如果做平行阅读，都有他的影子，反应那个时期的心态。写《神雕》时，他经营困难，心境颇为凄凉，又遭前同事冷嘲热讽，一腔孤愤，所以杨过是个性格倔强叛逆的人，绝望的人，反应了他当时的心态。"说得很好，但没有说透。

金庸一生，不是只有一个叛逆时期。他的《神雕侠侣》与《笑傲江湖》，都同时反映着他在前后两个不同叛逆时期的经历和感受。

第一个叛逆时期，不始于金庸遭联合高中开除的壁报事件，壁报事件却是一个标志，然后他转学衢州中学，又差点被开除。

金庸被中央政治学校开除，并不是他第一个叛逆时期的结束，确是叛逆的高峰。

第二个叛逆时期，不始于金庸脱离"长城"、《大公报》等左翼组织，这次脱离却是叛逆的标志。1967年"六七暴动"（又称"五月风暴"），金庸被列为第二号暗杀目标，并不是他第二个叛逆时期的结束，确是叛逆的高峰。

《笑傲江湖》融入金庸写作时（1967年至1969年）的经历与感受，更有他被中央政治学校开除那个叛逆阶段的经历与感受。

《神雕侠侣》融入金庸写作时（1959年至1961年）的经历与感受，更有金庸中学叛逆阶段的经历与感受。

说小龙女的原型是夏梦或孙多慈，都是瞎猜。夏梦就是小龙女的猜想，更不靠谱。

假如金庸写小龙女以夏梦为原型，相当于将夏梦"空投"到了终南山活死人墓。活死人墓外，重阳宫中，尹志平[1]、赵志敬等人的原型，都没有着落。

杨过师父小龙女的原型，假如是金庸读联合中学的图画老师孙多慈，那

---

1 新修版改为"甄志丙"。

么赵志敬就像是那个被金庸写壁报讽刺的训育主任沈乃昌，最终娶了孙多慈的许绍棣就相当于尹志平与公孙止的合体。

浙江省教育厅厅长许绍棣，是有身份有地位的。绝情谷谷主若不是隐居不出，在江湖的地位，并不低于省教育厅厅长在政界。“杨过认得他是丘处机座下的大弟子尹志平，在重阳宫第三代弟子中地位最高”，等尹志平做了全真教掌教，江湖地位是高于厅长的。

许绍棣大孙多慈十三岁，尹志平与杨过之父杨康是师兄弟，公孙止的女儿公孙绿萼与杨过年龄差不多。

许绍棣对联合中学很苛刻，联合中学学生普遍对许绍棣不满，“相看两讨厌”。

“联高”的教育质量为全省之冠，在社会上享有崇高的声誉。但它不仅不为顶头上司、国民党教育厅长许绍棣所肯定，反而遭到他的忌恨。原因是当时联高校长张印通先生和大部师生对这位“顶头上司”不是事事“唯命是从”。在他看来，联高是“不听话”“不易管”的下属……一九四〇年又发生了查良镛（金庸）在墙报上发表了《阿丽丝漫游记》讽刺训导主任的事。教育厅又训令学校开除查良镛的学籍。张校长先是曲意为他周旋，竭力想化解此事，但终于没有成功……由此种种，都使教育厅长许绍棣对联高师生积怨甚深。[高玉阶《联高逸事（三则）》]

许绍棣主事的省教育厅派下沈乃昌这个训育主任，又逼着学校开除金庸，金庸对此公，尤其厌恶。

联合中学同学最敬爱的老师（之一？）孙多慈，竟嫁与同学最厌恶的许绍棣，得知此事的他们，想来心中五味杂陈吧。

1942年，日寇进逼碧湖，联高迁往南田前夕，许绍棣适在碧湖，进步学生朱帼英等带头包围许绍棣，要求解决迁校中具体困难，当时许绍棣与联高教师孙多慈新婚未久，住在一起，弄得他很狼狈，因此对张（印通）先生更加不满，张先生因之去职。（骆志强《我心目中的张印通校长》）

等我赶到雅园巷三号许绍棣住地时，已有很多很多的同学在高声唤呼，叫他出来答话。记得后来孙多慈老师在楼上窗口答了话，大意是迁校费会很快发下来的，她保证，劝同学们回去休息。可是同学们仍然不散，表示信不过。最后，经过崔东伯老师的劝说，大家才散去。（吴立道《高风亮节坦荡君子——我心目中的张印通校长》）

同学们包围许绍棣的住宅，或许有很复杂的心理因素，表达的是对许绍棣的不满，恐怕也含有对孙多慈老师嫁他的不满吧。

“不是冤家不聚头。”1946年11月，金庸进入杭州《东南日报》当外勤记者，而《东南日报》恰好也是许绍棣的“势力范围”，其间二人似无交集。许绍棣未必知道报馆一位新来的记者，就是自己在厅长任上开除的一个联合中学学生。

金庸爱好绘画，多受孙多慈影响

金庸的中学同学高玉阶，在《千古画艺未尽才——缅怀美术老师孙多慈先生》一文中说：“国民党撤离大陆，孙先生随夫去了台湾，从此几十年来一直音讯杳然。直到八十年代初，香港查良镛首次回国，才带来孙先生不幸辞世的噩耗。”

孙多慈老师，一直在金庸等联合中学同学的心里。

即便排除金庸“暗恋”老师孙多慈的可能性，孙老师对他的影响也不能低估。

假如孙多慈没有做过金庸中学时期的图画老师，金庸第一部长篇小说

《如花年华》的主人公或许就不是一个十九岁的很有天分的学画少年，由金庸编剧、1956年摄制完成的电影《三恋》，第三个恋爱故事的主人公亦有可能不是一个为了贫困及筹措结婚费用而在酒店打工的画家。

斯杭生回忆："初中部（重按：即联合初中）设在沈家祠堂和叶家祠堂……徐悲鸿大师的高足孙多慈就做过我们的图画老师。"看来，金庸也早在初中阶段，即从孙多慈学画。

高玉阶回忆："后来我由联初升入联高上学，孙先生也由联初调入联高执教，并继续担任我们的美术老师，我也能继续在孙先生指导下学习绘画。"金庸升入联合高中之后，读高一那年，应该也仍师从孙多慈。金庸因壁报事件遭开除，没在联合高中读高二。高玉阶则整个高中阶段皆从孙多慈学画。高玉阶回忆：

> 当时同学中有很多人在孙先生引导下，积极攻习美术，在校园中形成一股浓厚的美术空气。孙先生又在校园里办起画刊，把同学的优秀作品定期公布出来，在校园中成了一道引人注目的风景线。
>
> …………
>
> 我们在课余之暇常到孙先生住所去向孙先生请教，也趁机浏览了孙先生丰富的藏画。记得那时孙先生已出版了一本素描集，里面有徐悲鸿作的序。此外有徐悲鸿、张大千的画集，又有文艺复兴以来西方美术大师的杰作，以及我国古代八大山人、石涛等人的画集。孙先生丰富的藏画使我们这些爱好美术的中学生大大地扩展了视界，提高了对美术的认识和欣赏水平。
>
> …………
>
> 通过孙先生，我们这些深受战争苦难，远离家乡的莘莘学子第一次受到艺术的美的熏陶和教育。孙先生向我们打开了一个无比绚烂、美妙的艺术天地，一个纯净、高洁的精神境界。（高玉阶《千古画艺未尽才——缅怀美术老师孙多慈先生》

孙多慈是高玉阶“第一次”遇到的，这么好的美术老师。金庸的求学经历与高玉阶有同有异。在孙多慈之前已经有非常好的美术老师教导过金庸，这种可能性不能排除，总是微乎其微。

高玉阶说：“在孙先生的引导下，不少同学此后就走了与美术事业相关的人生道路，其中不乏成就卓越者。”而他自己，“虽然没能在美术方面继续深造，但对美术的爱好伴随了我这一辈子。在漫长而崎岖的生命旅程中，它使我陶冶了性情，滋润了心田，增益了心智。尤其是在人生的逆境中，是抚慰心灵的甘泉和佳酿。这一切都应感谢孙先生启蒙之恩。”

金庸同样“没能在美术方面继续深造”（他第一部长篇小说《如花年华》的主人公，设定为一个颇有天分、“从小就流露出对图画的特殊天才”的十九岁学画青年，或许隐隐表明金庸曾经一度希望“在美术方面继续深造”），“对美术的爱好”同样伴随了他一辈子。金庸也当“感谢孙先生启蒙之恩”。

金庸一生，热爱世间一切美的东西，当然包括对美术本身的爱好与痴恋。

湖南卫视著名节目主持人张丹丹的丈夫是沅陵沙金滩人，所以对沅陵比较熟悉。前些年，她在湖南卫视栏目中采访金庸时问：“我也是半个沅陵人。你的小说写沅陵的不少，你怎么知道沅陵呢？”金庸笑着说：“抗战时，我曾随国立艺术专科学校迁址到沅陵读过书。我是个好动的人，好奇嘛，休假日我就和同学往乡下到处跑。沅陵山川秀美，文化神奇，叫我终生难忘！”

查良镛就读的国立艺专，是中央美院的前身。1938年，按国民政府教育部命令，由杭州、北平两所艺专在湖南沅陵合并组成，以林风眠为主任委员，赵太侔（原国立北平艺专校长）、常书鸿为委员，教职员和学生一共不到200人，校址设沅江南岸的老鸭溪。（梁波《金庸先生与湘西的侠义之缘》）

该文作者梁波“根据有关资料分析”，说“金庸在此就读的时间比较短暂”。这个“分析”，很可能是错误的。

20世纪30年代末，国立杭州艺术专科学校确曾迁至湖南沅陵，与国立北平艺术专科学校合并为国立艺专。但该校在沅陵的时间并不久。金庸到（沅陵所在的）湘西是1942年，第二次到湘西是1945年。无论哪一次，国立艺专都已不在沅陵。

三种可能性：我掌握的关于国立艺专的资料有误；金庸说错了，说谎了；张丹丹或梁波说错了，说谎了（这种可能性极小）。

假如金庸确如他所言，曾求学于国立艺专，说明他对绘画艺术的热爱。假如金庸并没有而非说自己曾求学于国立艺专，更能说明他对绘画艺术的热爱。

编造这段履历，对金庸并无丝毫益处。他可能更多是“自欺”而不是“欺人”，太想到国立艺专学艺，日思夜想，竟将愿望当成既成事实，随口对记者说出来了。

此事，待考。

1970年，金庸开始大幅修改十五部小说，1974年开始由自办的明河社陆续出版，配以精美的封面和彩图。彩图以中国画为主。

1975年，金庸为修订版《书剑恩仇录》写后记，说：“《金庸作品集》……每一册中都附印彩色插图，希望让读者们（尤其是身在外国的读者）多接触一些中国的文物和艺术作品。如果觉得小说本身太无聊，那就看看图片吧。”

配以彩色插图，在经济上，毫无利益可得。没有彩图，书的成本降低，书价更廉，书的销量会增加很多，金庸及明河社赚钱更多。所以，在三联版之前，内地几十家出版社所出金庸小说，都没有彩图，三联版《金庸作品集》也没有彩图，朗声版最早也没有彩图。

为《金庸作品集》配以彩色插图，是出于金庸对“中国的文物和艺术作品”之热爱，他希望自己的读者也爱“中国的文物和艺术作品”。

金庸为作品集所选封面、彩图以及为彩图所写文字说明，与小说正文，是一个整体，不该分割的。

朗声的典藏版《金庸作品集》，终于有了彩图。

可以在金庸原定彩图基础上有所增益，不该撤换。这一点，台湾远流出版公司一个版本处理得非常好，封面是自己设计的，而将金庸选定的封面以彩图形式放在内页。

《金庸作品集》与中国传统文化是一体的，《金庸作品集》与中国画（书法、印章，可以宽泛地归入中国画范畴），是一体的。

东西方绘画，皆为金庸深沉眷赏

1992年元旦，金庸致信罗孚："我在香港《明报》之行政工作，已于一九八九年五月《明报》创刊三十周年时交卸……可有较多闲暇时间来从事自己所喜爱的写作及艺术研究。"金庸是相当自负的，他自觉，自己所懂的，有能力研究的，不仅是文学，还有"艺术"，包括音乐、绘画、雕塑等等。

1986年，他答应为《当代中国绘画》作序，写出《向中国画的大师们致敬》一文，就体现了这种自负。金庸写道：

中国艺术数千年来具有独特的风格，虽然中间也曾受到印度和西域的外来影响，但这些外来因素很快就融入了中国的传统之中。中国艺术的基本源泉，一方面来自民间，一方面是士人的创作……西方传统艺术中民间的因素远比中国为少，主要是贵族和知识分子的趣味。

中国艺术又讲究融会贯通，流注中国文化的整体精神……中国艺术固重功力，更求意境，徒有技巧而无深意，即落"匠气"。

中国画和传统西洋画的主要分别，还不在透视、描绘笔法、构图等等的技巧，而在于对绘画的基本构想。传统西洋画求逼真的形似，绘画本身是目的……中国画却是手段，目的在抒写画家本人的感情、思想和美学上的意境……

就表现方式而论，近代中国画毕竟还保存了固有传统。尽管国画中混入了西洋画法，基本上终究是国画，洋为中用，中国画并没有变成西洋画。中国的新诗、小说、音乐（民歌除外）、话剧，却连形式也完全西洋化了……中国戏曲和中国画，目前是我国传统艺术的两大支柱……说我国近百年来主要的传统艺术成就是在绘画，此言当不为过。

这次全世界中国绘画的大师们群集香港，实是难得的盛事。他们属于不同流派，各有各的独特风格，但有两点是共通的：第一，他们都继承了中国绘画的优秀传统；第二，他们在自由创作之中发挥了个人风格。无中国传统即非中国艺术；无创造、无个人风格则不足以成大师。

个人风格和社会意义并不互相矛盾而排斥，任何优秀的艺术作品都是全人类的、民族的宝贵资产。从长期观点来看，“自由创作”始终是增加世界文化资产的必要条件。

《当代中国绘画》，如金庸序文中所言，是“全世界中国绘画的大师们群集香港”的成果。金庸肯为之作序，一则是他热爱中国画，有话要说；二则，他自觉懂得中国画（及西洋画），不会说外行话，以致贻笑方家。

在文学（含小说）与艺术（含绘画）创作上，金庸都反对过分的西化、欧化。他并不排斥西洋画法与画风，只是坚决反对中国文化主体性的丧失。

早在20世纪50年代，金庸就在影评《电影的民族形式》中谈及：“所谓民族形式，当然不是永远不变，而是不断在发展的，各国文化的互相交流，不可能不对各族人民的生活发生影响，各国艺术的形式也自然会起相应的变化。例如我国的国画中现在已吸收了西洋画的成份……”

影评《民族遗产与电影》中，金庸又说：“西洋的艺术形式传入我国后，我国的艺术工作者拿西洋艺术与本国文化结合起来，有了许多珍贵的创造。”

金庸既爱中国画，也喜欢西洋画。

50年代，金庸在《大公报》“三剑楼随笔”栏目发表《永恒神秘的微笑》，谈达·芬奇的《蒙娜丽莎》。

金庸不喜欢西方“现代派”文学，却很能欣赏“现代派”艺术。

1954年7月，金庸谈美国歌舞片《刁蛮公主》："舞台装置是用了一点功夫的，很有意大利当代大画家基里各绘画中的情调，有点超现实主义色彩……"基里各即基里科。

《明报月刊》创刊第一年（1966），由金庸主编，他整天在一个大书房里查资料、翻图片、编稿件。他说："许多欧美出版的，相当精好的图片历史书、美术画册等，原是适应自己兴趣而购下的，没想到现在办月刊时派上了用场。"由此看来，1966全年十二期《明报月刊》中的图片，都是金庸选取的。

《明报月刊》第3期中，就有毕加索的《母与子》，还有一张"毕加索穿中国装"的照片。而新修版《天龙八部》后记中金庸谈到的"一幅画中一个女人有朝左朝右两个头"，亦出自毕加索手笔。

1966年6月《明报月刊》有凡·高的《自画像》和《邮差》。《邮差》图片旁边有文字说明："梵高的画风受到日本画的重大影响，也即是间接受到中国水墨画的影响。本图用芦管笔所绘，隐隐有中国水墨画的意味。"1986年，金庸在《向中国画的大师们致敬》中谈及："东西文化互相接触之后，西洋画从日本画里间接得到中国画家的基本意念，放弃了'求形似'，转而创造自己的风格。"互相对照，基本可以判定《明报月刊》对凡·高的介绍也出于金庸手笔。

1966年8月的《明报月刊》，有罗丹的两件雕塑作品的照片：《吻》和《上帝之手》。

1966年10月的《明报月刊》，有德加的《娇无那·白莱丽像》。后来，金庸记林燕妮："有一天晚上，五六人在林燕妮家里闲谈，谈及了芭蕾舞，林燕妮到睡房去找了一双旧的芭蕾舞鞋出来。鞋子好久没穿人但仍留存着往日的爱娇与俏丽，她慢慢穿到脚上，慢慢绑上带子（Degas 粉笔画中的神姿吗？），微笑着踮起了足尖，onpoint 摆了半个 Aiabesque。她眼神有点茫然，记起了当年小姑娘时代的风光吗？"这里说的"Degas 粉笔画"，是德加另一幅画作——《调整舞鞋的舞者》。

1966年11月的《明报月刊》，有德国雕塑家弗利茨·克利姆施（Fritz

Klimsch）的《少女与蛙》。

由金庸主编的《明报月刊》，收录最多画作的西方画家，是雷诺阿（《明报月刊》译作韩诺埃）。1966 年 8 月，有雷诺阿的《日光下的裸女》；10 月，有雷诺阿的《买橘少女》；11 月，有雷诺阿的两幅画作，《农女》和《“浴女图”的习作之一》；12 月，有雷诺阿的《浴女背像》。

新修版《神雕侠侣》后记中，金庸谈到“法国印象派大画家塞尚等人”。

国学与西学，金庸的文化修养，是相当全面的。他对西方的历史、哲学、文学与艺术，都有不浅的了解、认识和领悟。

欣赏西方的音乐、舞蹈、绘画、雕塑等等，似乎与金庸的小说创作全无关系，毫无助益，其实不然。正是以这样多方面的文化修养为基石，令金庸小说“一言以蔽之曰，有意境而已”。

金庸与余兆文，管理湘西湖光农场

金庸热爱东西方艺术，更爱东西方文学。

金庸虽则嗜书如命，据我推想，他在少年、青年、壮年时期，从来不满足于做埋首自家书斋、大学课堂或大图书馆中的纯粹的学者或文学家。

“谁能作此溪刻自处！”

金庸短期在中央图书馆工作，潜心读书，感觉很快乐，但他不可能长居于此，早晚总要离开的。

金庸离开中央图书馆，去往湘西。

1942 年冬，金庸由衢州去往重庆求学，路上盘缠告罄，投奔同学王铎安的哥哥王铠安。金庸在他家里借住大半年，受其委托，协助农场经营，办得很成功。直到 1943 年夏，金庸才离开湘西这家农场，赴重庆求学，考入中央政治学校。

如今，金庸的这位老东家有事到了重庆，恳切邀请金庸再度去湘西，助他经营农场，并承诺农场经营好了，就送金庸出国读书。金庸同意了。

金庸第一次到湘西，傅国涌说他“在同学哥哥开办的私人农场一边干活，一边复习功课”，严晓星则说金庸“受委托开办农场，经营得很成功”，稍加斟酌，便知严先生的说法更可信。懂经营的人，太难得，能在农场干活的人则满地都是。若非金庸当初在湘西表现出极为突出的经营能力，这位同学的哥哥就不会给他开出这么优厚的条件，以为招徕。

金庸的办事能力，甚是可惊。

金庸十五岁那年，和同学一起编写了一本指导学生升初中的参考书《献给投考初中者》，那是他第一次赚钱。从那以后，他做事、做生意，就从来没有亏过。

1989年的金庸说：“经营企业，我是有点天赋的，在我初中三（年级）时，就曾与三位同学共同出版过《给投考初中者》一书……十七岁时，我在湖南又曾受当地农民委托，开办农场，同样办得成功。我想，我成功的地方是喜欢思考，不墨守成规，遇到有困难时，通常很快就找到解决的办法。”（吕家明《查良镛的“且自逍遥无人管”》）

资料仍少，不妨推想。金庸同学王铎安的哥哥王铠安是很仗义、很够朋友的朋友，见弟弟的同学有困难，来投奔，当时也不知金庸有经营能力，仍即慨然收留。金庸无以图报，便为王铠安的农场筹谋料理，尽心竭力。王铠安刮目相看，而宾东甚为相得。

如今王铠安再邀金庸赴湘西为自己管理农场，既是请金庸帮忙，也未始没有帮忙金庸的用意。金庸既遭学校开除，求学之路遇阻，栖身于中央图书馆，近于临时工性质，终究不是长久之计——

正在这时，那位很想成为桐油大王的湘西农场场主，因事千里迢迢从湖南到重庆出差，这位场主非常赏识金庸的才华，这回又礼贤下士，敦请金庸再到湘西去为他经管那个私人农场。他慨然提出：只等农场开垦出来，种上了油桐树，就送金庸出国留学，金庸也不是个计较一时薪金报酬的人，只求有个陪伴，要带我同去，待遇也和他一样，这也是有待农场有了出息以后的事，算不上苛求……我们又没有什么细软或大包大件要打点的，两人只带一卷铺盖一只箱，说走就走。金庸很快办理了图书馆的离职手续，就轻装简束启程去湘西走马上任了。（余兆文《我所知道的金庸》）

我读过几种金庸传记，对金庸在湘西农场种的是什么作物，都语焉不详。我猜是油桐树，这种作物在当时是最值钱的。若不是种它，农场主王铠安不太可能开出送金庸和余兆文出国读书的优厚条件。我猜到了，苦于没有证据。直到2022年查玉强示以所编《同学眼里的金庸》（余兆文此文即收入其中），才最终证实。

余兆文自谦，说金庸拉他同去湘西农场是“只求有个陪伴”。不是这么简单的。

金庸是少数事业成功的文学家，但他一生创业，其实只有三次半：编《献给投考初中者》是一次；创办《太平洋杂志》是一次；创办《明报》是最后一次；而到湘西管理农场，金庸是“职业经理人”身份，并不是出资方，只好算半次。

每次创业，金庸都不肯单枪匹马，都找协助者共襄大举，找的又都是中学同学。

编《献给投考初中者》，金庸找的是马胡蓥、张凤来两位同学。编《太平洋杂志》，金庸找的又是张凤来等同学。创办《明报》，金庸找的是同学沈宝新。

这次金庸到湘西管理农场，为自己找的得力助手，就是余兆文同学。

余兆文说金庸拉他同去“只求有个陪伴”，是自谦。后来他自填的一份履历表上说，1945年5月到1946年6月，自己曾任“湖南泸溪浦市私立湖光农场管理员”，确非自夸。他与金庸一起管理农场，金庸非常倚重他的管理才能。

农场主王铠安可以因金庸“只求有个陪伴”而同意余兆文来农场工作，

但金庸为余兆文争取的是与自己同等待遇，就需要有个说法了。金庸说话不啰嗦，言简意赅，他当时对王铠安所表达的就是余兆文其才不在我查良镛之下的意思。金庸所表达的此意，又不是替老朋友吹嘘而言过其实。王铠安信任金庸，当即同意以同等待遇聘用余兆文。

王铠安与金庸彼此信任。余兆文说："双方毋须讨价还价，也不必立据订约，只是君子协定，开诚布公几句话就谈妥了。"这印证了韦小宝的名言："大丈夫一言既出，什么马难追，你说过的话，可不许反悔。"

余兆文若是与金庸同在香港，金庸大概率会找他而不是沈宝新一起办报刊（未必还叫《明报》）。金庸说过："我们两人是初中、高中同班同学，沈宝新先生比我大几岁，所以当时并不是很熟悉，他是大朋友，我是小朋友。后来在香港碰上了，老同学相见，自然很亲热，以后大家就常来往。"他与沈宝新先前并不熟，并不像他对余兆文那样知根知底。

余兆文比沈宝新更有灵活性，更通权达变，也更具开拓性，行事不依常规，更容易做出局面来。当然，沈宝新的某些优点应该也是余兆文所不具有的。

1991 年，《资本杂志》的"90 年代香港华人亿万富豪榜"上，沈宝新名列第 112 名。

金庸是有知人之明的（看错于品海，是极少数的走眼），余兆文很可能是被时代所耽误的经营奇才。

让余兆文从中央大学休学，陪自己一起去穷乡僻壤办农场，乍听有些不近人情，若非对待最要好的朋友，怎么好意思这么干？

金庸拉余兆文同去，有个说得上话的朋友，破除一些乡居生活的孤寂，这是"有难同当"。

金庸着眼将来，期待能与好朋友一起到欧美同一个国家、同一个大学，再续同窗之谊，这是"有福同享"。

金庸说自己"天性与贾宝玉相通"，拉着余兆文一起到湘西，也是"喜聚不喜散"的表现，好朋友永不分离之意。与金庸、沈宝新一起创办《明报》的潘粤生记得："当时查良镛说办报纸很辛苦，希望大家办好《明报》，把《明报》作为自己的事业，永不分手。"

金庸曾说他一向很自信，他对余兆文也有信心，觉得二人联手，天下事无不可为，乃携余兆文一起赴湘西创业。

金庸生平三次半创业，一头一尾，编《献给投考初中者》、办《明报》，都非常成功。

中间创办《太平洋杂志》不很成功，不是刊物卖得不好，是当时通货膨胀，纸价疯涨，这才只出了第一期，无疾而终。

携余兆文一起到湘西办农场，也不太成功，我猜，一则是余兆文所说"在这个偏僻的山区，垦荒植桐极其艰难"（《连城诀》写"西边都是荒山，乱石嶙峋，那是连油桐树、油茶树也不能种的"，有金庸的亲身经历在），再则是因为"二战"结束了！

桐油是"二战"期间最重要的战略物资之一，位列中国控制换汇物资之首。"二战"一结束，桐油的国际需求量跌到谷底，价格暴跌。桐油以往都是主要销往国外，一国的内战支撑不起桐油价格，只能越来越便宜。农场主王铠安不能践诺，金庸、余兆文中途离开，都是不得已。

余兆文自填的履历表上，"为什么离开"一栏，余兆文写的是："个人无发展。"表格所限，写得比较简略，就是说留在农场看不到发展前途。

金庸和余兆文是 1945 年 5 月到湘西，9 月初，"二战"结束。求全责备的话，可以说金庸没预见到"二战"这么快结束，是一大失误，但两颗原子弹让日本赶忙无条件投降，也真难以预料。

"二战"若延长半年，金庸和余兆文可能已在国外读书了。当然，为了自己能出国读书宁愿战争延续，生灵涂炭，金庸和余兆文当不会这样想。

余兆文应该也不会抱怨金庸让自己荒废了一年多辰光，但金庸会觉得对朋友有亏欠，好在青山不改，以后可携手再创业，有所补偿，没料到 1948 年二人一别，从此天各一方，再相见已是三十年后。

金庸给余兆文写信，在"诸同学中，你和我相交最深"之后，还有四个字："共经患难。"所谓"患难"，一是金庸被联合高中开除后余兆文帮他转学衢州中学，再就是在湘西农场共处的这一年零一个月。

二人感情本来就好，又在湘西农场共处这么久，日夕相对。也许，到湘西农场之前，余兆文早就表达过与金庸相同的愿望：出国读书。金庸这才拉他一起去，为他向农场主争取到与自己一样的待遇。

余兆文回忆："在湘西这个荒山野岭地方，无书可买，也无处可借。到后来，百无聊赖，他（金庸）只能动手译书以自娱了。1942 年那回在农场，他试译了一部分《诗经》。这次是按初来的计划，编译《牛津袖珍字典》。这两次翻译都是半途而废，未能译完，固然是憾事。但在翻译中掌握了大量词汇，使他的英文有了更扎实的基础，这对他日后的创业是至关重要的。"

二十年后，余兆文也在做一部词典。其女余小亚回忆："编写英汉词典是他为了要在学校由教历史课改教英文课而得到的副产品……那时他下班回家，得空就长时间做他的中英文卡片……我们家住在地下室的光线不好，阴暗潮湿，但不论寒暑，他都非常专注于此……做卡片的过程就是一个积累，所以后来他教英文课，学校的人都称他为'活字典'。"

《牛津袖珍字典》，金庸没译完。余兆文这部英汉词典是编成了，惜乎一直未能出版。

也知道出版的可能性极小，余兆文仍长年累月专注于此，原因当然是多方面的，也许其中一个原因，是以此怀念一个远隔千里而曾专注于编译《牛津袖珍字典》的好友？

金庸当年在湘西编译《牛津袖珍字典》，原因当然是多方面的，也许其中一个原因，是为一两年后有希望成行的出国留学做准备？

金庸出国读书，首选还是英国。英国大学，首选还是剑桥。父亲查枢卿曾对他说："你表哥徐志摩在剑桥留学，长大后你也到剑桥。"

1981 年，金庸和余兆文在分别三十三年后，第一次再相见，余兆文问："你几十年来一直当记者，要东奔西跑，采访新闻，什么地方都去过，忙吧？"金庸答："除了南美洲，世界上一般国家都去过了。你到过什么地方？”余兆文答：“我呀，我从前扛得动锄头时，常常到农村去，农村是广阔的天地，是大有作为的。”此时，他们想起了少年时出国留学的梦想吗？

金庸在香港，出国如家常便饭，然而，如愿到剑桥读书，已是21世纪的事了。

2005年10月，金庸赴剑桥大学攻读硕士、博士学位，实现了六十年前他与余兆文出国留学的梦想。上一年，余兆文逝世，竟是不及见了。

湖光农场在湘西泸溪浦市镇

查玉强兄欲了解余兆文的入学时间，询问到余兆文之女余小亚。热情的余小亚老师，为查兄提供了一份从南京市人民中学档案室调出的余兆文履历表。查兄又公诸同好。我再转发给曾伯凯、南窗等朋友。大家一致认为资料难得，出乎意外的珍贵。

虽是一张纸片，对了解金庸与余兆文那段经历，却是关系非小。以此为线索，方可确定二人当年的工作地点、时间以及农场主姓名等等。

查玉强兄写有《金庸在湘西》，曾伯凯兄写有《金庸湘西行历管窥》，这节“湖光农场在湘西泸溪浦市镇”多取材于查、曾二兄之文，很多都是直接照抄，偶尔我自己稍作发挥。

以前是不知道农场名称的，余兆文履历表显示是叫“湖光农场”。《泸溪县志》第256页记载：“麻溪口种羊场位于沅水中游西岸，地邻浦市、李家田、上堡三个乡镇地界，面积1.2780万亩。民国时，宁乡人王侃在此办湖光农场……1956年在此创办畜牧场。”第262页记载：“民国29年（1940），岳阳人王侃在麻溪口办的湖光农场内开辟第一个苗圃，育油桐苗10亩。”由此确定，金庸当年寄居的湖光农场，就是现在的湘西州泸溪县浦市镇麻溪口村种羊场。而据曾伯凯兄查证，《泸溪县志》所记“王侃”之名有误，此人姓名实为王铠安。王铠安是金庸同学王铎安的大哥，都是192师师长王堉之子。[1]

金庸晚年回忆："192师在我们浙江北部布防，抵抗日本人。当时我们在浙江南部念书的人对那一支部队很亲厚，常常去慰劳他们，觉得这些湖南老乡帮我们守卫家园，不容易。王师长是湖南临湘人，他的两个儿子在我们学校读书，跟我同学，和我是好朋友，还带我去部队看过。"

2022年，查玉强兄在微信请教金庸的同学斯杭生，谈及王铎安。据斯老回忆，他与王铎安是同班同学，而金庸比他们高一级，王铎安的弟弟，则低王铎安一级；金庸与王铎安并不同级同班，但跟金庸很熟悉，曾带金庸、斯杭生等几位同学到父亲的部队看过；王铎安为人很好，虽然他父亲当师长，是个大官，但他并不摆谱，1941年，日本人打过来，王铎安跟父亲走了，离别时，给了斯杭生一张他父亲的名片，说这或许能派点用场，斯杭生和几个同学在出逃途中，就是凭着这张名片，在沿途的乡公所要饭吃，名片真的派了大用场。

看来王铠安、王铎安兄弟都是非常慷慨重义、乐于助人的人。1941年，王铎安留下的一张名片帮了斯杭生等同学很大的忙。1942年，王铠安收留了几乎走投无路的金庸。

金庸两次到湘西泸溪，住了约两年。这两年的湘西生涯，在他的小说中，留下很多、很深的印痕。

金庸晚年在湖南岳麓书院演讲，说："我的小说中最好的女人是湖南人，最好的男人也是湖南人。最好的男人就是《连城诀》中的狄云。这个角色武功不是很高，人也不是太聪明，但他个性很淳朴，对朋友很忠实，对所有的人都非常好。而那个最好的女人，则是《飞狐外传》中那个洞庭湖边的程灵素。"这话未必完全属实。

金庸到了某地，往往有些言过其实地赞誉该地，并强调自己与该地的渊

1　参见曾伯凯（笔名牛阿曾）《他曾两度济金庸——湖光农场主姓名身份考》，2023年10月22日发表于微信公众号"金庸江湖网"。

源。例如金庸在成都说："黄蓉是我觉得在所有美女中最漂亮的一位，她与成都很有关系，因为她的'蓉'正是成都的简称。"这也不尽属实。他未必认为黄蓉是自己小说最漂亮的唯一，当是最漂亮之一。至于说给黄蓉取名的时候，联想到成都的简称，更是欺人之谈。

狄云应该只是金庸小说中品质最好的主人公之一，而金庸对湘西人民怀有很美好、很深挚的感情，并无虚假。

《射雕英雄传》中提到："经常德、辰州，顺沅江而上，泸溪与辰溪之间有座形如五指向天的高山，那就是铁掌山了。"郭靖、黄蓉两人到达山下，"望见五座山峰耸天入云，峭兀突怒，形似五根手指竖立在半空之中"。泸溪与辰溪以沅江为界，"铁掌山"自是屹立于沅江边。遍览两岸群山，唯有辛女岩形如五指向天。辛女岩在泸溪县浦市镇铁柱潭村，与湖光农场直距仅几公里。

在《倚天屠龙记》和《笑傲江湖》中，还出现了湘西排教。排教即排帮，旧湘西从事木材营生的人结成的帮会。浦市是当时排帮的重要交易码头，金庸耳闻目睹，便将排帮写进了小说。

金庸小说写湘西，《连城诀》最多，《射雕英雄传》次之，而我感觉《侠客行》主人公石破天，虽然小说明确写他幼年生活在"豫西卢氏县东熊耳山之枯草岭"，其实也有与湘西人很相似的品格。石破天如浑金璞玉，真率热忱，而又很自然，毫不扭捏地表达对阿绣的爱意，不是"文明人"所能为，而与湘西人比较接近。

也是以余小亚提供的其父履历表为线索，李焱华写出《金庸先生在泸溪》一文。该文想象，金庸在泸溪，"或聆听盘瓠传说，或欣赏辰河高腔目连戏，或踏寻伟大诗人屈原的足迹，或探上古悬棺之谜，或上天桥山看千年古银杏，或去辛女岩下砍樵……徜徉于沅水之畔、辛女岩下的金庸，他看到过沅水两岸悬崖峭壁的悬棺残迹，一线碧流的武水拖蓝，牧樵晚归的长岭美景，巫傩面具的神秘恐怖，他听到过苗疆女孩的放蛊故事，辰河高腔的高亢粗犷，凄美痴情的爱情故事。"稍嫌过于想当然，这些事金庸未必都做过，而这种想象仍自有其价值，金庸那两年的生活环境、文化环境，确是这样的。

曾伯凯兄大作结尾说，1946 年离开湘西，金庸便再也没能回来。许多年后，水阔山遥，湘西已在万重之外，他修订小说，让李沅芷做了金庸江湖头号出场人物（连载版《书剑恩仇录》最先出场的是李沅芷的师父陆菲青），“这一笔，真可谓隐于不言，细入无间了”。

沈从文的湘西，金庸的民歌

1942 年，金庸一到湘西；1945 年 5 月，金庸二到湘西。沈从文的湘西。

50 年代的金庸回忆起：“抗战时我曾在湘西住过两年，那地方就是沈从文《边城》这部小说中翠翠的故乡，当地汉人苗人没一个不会唱歌，几乎没一个不是出口成歌的歌手，对于他们，唱歌就是言语的一部分。冬天的晚上，我和他们一齐围着从地下挖起来的大树根烤火，一面从火堆里捡起烤热了的红薯吃，一面听他们你歌我和地唱着，我就用铅笔一首首地记录下来，一共记了厚厚的三大册，总数有一千余首。这些歌中谈情的数量固然最多，但也颇有相当数量的歌曲是诅咒当时政治的，然而在一般印行的民歌集子中，却很难看到这些东西，那当然是因为怕犯当政者之所忌的关系。”（《三剑楼随笔·民歌中的讥刺》）

金庸晚年在《三湘都市报》演讲，说：“我年轻时有三年多时间在湘西生活，湖南人尤其湘西人给我留下了深刻印象。我从小喜爱音乐，对湖南的楚辞俚曲十分陶醉，年轻时把听到的这些歌一首首地记录下来，装订了厚厚的三大册，共一千多首。这些成为我后来写小说的宝贵素材。”（万润龙《我与金庸先生的交往》）最末这句话，值得关注、三思。金庸小说之“大成”，离不开湘西民歌等中国民间文化的滋养。

金庸写旧体诗，也写白话诗，数量都不多。他的白话诗，散见于《飞狐外传》《白马啸西风》等小说，更多见于 50 年代他为长城电影公司编写的剧本。

金庸的白话诗，既不像徐志摩，更与穆旦诗风迥异。徐志摩受西方诗作的影响太大了，穆旦受欧美诗歌的影响比徐志摩只有更大。金庸的白话诗，与他们渊源不同，主要继承了中国的民歌传统。

1986年，金庸《向中国画的大师们致敬》中说：

> 中国艺术数千年来具有独特的风格，虽然中间也曾受到印度和西域的外来影响，但这些外来因素很快就融入了中国的传统之中……
>
> 中国艺术又讲究融会贯通，流注中国文化的整体精神……
>
> 就表现方式而论，近代中国画毕竟还保存了固有传统。尽管国画中混入了西洋画法，基本上终究是国画，洋为中用，中国画并没有变成西洋画。中国的新诗、小说、音乐（民歌除外）、话剧，却连形式也完全西洋化了，所以中国老百姓颇难接受，只有洋化的知识分子才喜欢。中国的传统戏曲也能保持原状……中国戏曲和中国画，目前是我国传统艺术的两大支柱。（《金庸散文集》第70—71页）

由此节文字可知，梁羽生把金庸称为“洋才子”，金庸必是很反感的。金庸可不想把自己和“洋化的知识分子”搅在一起。

金庸不喜欢中国现代的“新诗、小说、音乐（民歌除外）、话剧”，不是因为其中包含的外来因素，是反对这些外来因素没有“融入中国的传统之中”，不再“流注中国文化的整体精神”，“连形式也完全西洋化了”。金庸把自己纳入中国老百姓的行列，对这些作品，就“颇难接受”。

金庸说中国这些年的音乐，连形式也西洋化了，而“民歌除外”。

金庸喜欢民歌的调子，也喜欢民歌的歌词，一直都喜欢的。

金庸谈湘西民歌的那篇文章，题为《民歌中的讥刺》，金庸从汉代民歌说起，历历如数家珍，显示着他对民歌的喜爱与博览。

1942年，金庸拟将《诗经》译为英文，只译出一部分，就作罢了，译文也早散失。《诗经》中很多诗歌，就是民歌。

金庸说："就像中国的小调，我们觉得悦耳动听，可是外国人听来却觉得简单无聊。"《书剑恩仇录》中玉如意以及《鹿鼎记》中韦春芳她们唱的小调，也可归入到广义的"民歌"范畴。

金庸还说过："拿我来说，一个地方有世界一流的音乐会，另一个地方是中国京剧、民谣，我觉得听京剧、民谣要更接近自己的兴趣，多半是与传统有关系。"（刘晓梅《文人论武——香港学术界与金庸讨论武侠小说》）

金庸读书的态度，或者有点像林语堂。

吾好读上流书或极下流书，中流书读极少。上流如佛老孔孟庄生，下流如小调童谣民歌盲词，泼妇骂街，船婆毒咒等，世界作品百分之九十五居中流，居中流者偷下袭上，但皆偷得不好。（林语堂《烟屑》）

尤好民间歌谣和苏州船户的歌曲。大多数的著书都是由最下流的或最高尚的剽窃抄袭而来，可是他们剽窃抄袭永不能完全成功。如此表示的人生中失了生活力，词句间失了生气和强力……欲求直接的灵感，便不能不向思想和生命之渊源处去追寻了。为此特别的宗旨，老子的《道德经》和苏州船户的歌曲，对我均为同等。（《林语堂自传》）

郑振铎认为，山歌（民歌）是"活人口上的东西，是活跳跳的生气勃勃的东西"。金庸喜欢的，亦是民歌中的"生气"和"强力"，是中国的、活着的声音。

1954 年底，当金庸还不叫金庸，没开始写武侠小说的时候，他谈起梁山伯与祝英台的故事：

明代的戏曲选本中有三部都称为《同窗记》的关于梁祝的戏，这三个曲本讲的都是梁祝故事中最精彩的《十八相送》。

第一个题作《英伯相送回家》的徽池调，内容最为质朴真率，保存着最多的民间气息。这里引几段其中的唱词："（旦）哥哥送我到墙头，墙内有树好石榴，本待摘与哥哥来吃，只恐知味又来偷。（生）来到此间，乃是井边。（旦）哥哥送我到井东，井中照见好颜容，有缘千里能相会，无缘对面不相逢……哥哥送别转书堂，说起教人泪汪汪，你今若知心下事，强如做个状元郎。"

另一出弋腔经过文人重写，因此失去了很多民间文学中牧歌般的风采……那一出却完全是掉书袋，用典故，民间故事中想象丰富的比喻，初恋少女的心理情怀，在这戏里荡然无存。（金庸《中国民间艺术漫谈》第94—95页）

金庸对这三个曲本的褒贬，是显而易见的，他喜悦的是"质朴真率"，爱好"保存着最多的民间气息"的作品。

1965年，金庸写《穿裙子的大人物》，说自己最喜欢的诗人是彭斯和李白。两位大诗人，一西一东，一英一中，共同点是都最能从民歌吸取养分，作品最有民歌风味。

金庸的白话诗，几乎不受徐志摩等人的新诗影响，而直接继承了民歌的风格。

金庸最好的白话诗，是20世纪50年代他为电影《不要离开我》写的插曲《门边一树碧桃花》："门边一树碧桃花，桃花一枝头上插，村前村后少年郎，有事没事他来到我家。东家的郎君长得俊，西家的哥哥力气大，还有后山的那个人儿，嘿！他天不怕来地不怕。瞧着这个好来那个也不差，这可真正急坏了我的妈妈。她细细来问咱细细问咱，好教人说来羞答答。我早思夜想放心不下，早思夜想放心不下，啊呦，老实说吧，心儿里可另有一个他。"纯然一派民歌风，有点像罗大佑的《船歌》。而《船歌》与林语堂所说"苏州船户的歌曲"是同一性质的东西。

金庸还有《梅心曲》："梅花村旁，湖水清，不知湖水有多深，抛块石子试深浅，唱个山歌试郎心。满湖落花不知深，不知郎心真不真，灯草拿来两头点，碰头才知一条心。看花要到梅花林，梅花越冷越精神，种树要种芭蕉树，从头到根一条心。蜘蛛结网在梅林，蛛丝虽细黏得紧，由他飘东与飘西，黏东黏西在眉心。”亦是朴质清新可喜的民歌风格。

金庸学民歌写诗，他自己也谈过：“我国的谜语千变万化，在农村中流行的有许多闪烁着很灿烂的智慧的光芒。有一种体裁是‘流水谜’，猜了一个又一个，有些是押韵的对唱，形式很是活泼新鲜。我曾学习这种民歌式的体裁，替影片《小鸽子姑娘》写了一个‘猜谜歌’。”（《金庸散文集》第219页）

金庸写旧体诗，也写白话诗。金庸旧诗写得不好，新诗写得也不佳。他当年在湘西抄写上千首民歌，岂不白费？

我认为，金庸仍可称为“诗人”，因为他的小说诗意浓厚，见于《金庸作品集》每一页，而不限于其中的回目、诗词。而这诗意，是全然中国的。

金庸非常欣赏哈代的小说。一位英国批评家认为哈代的《苔丝》“是强烈意义上的诗化小说……它也像一首诗一样优美，一样具有诗的特征”。

与湘西人民打成一片的日子

三年的湘西生涯，对金庸影响很深。

2003年9月23日，金庸先生携夫人一起抵达湖南长沙……金庸先生告诉在场的记者，自己在湖南有过三年的生活经历，那是在自己最穷困潦倒的时候。1942年，日军的轰炸使金庸先生中断了高中的学业。当时，他的母亲已经过世，家中的亲人都外出避难了。金庸先生把目标定位于陪都重庆，希望在那里继续自己的求学之路。经过长途跋涉，金庸到了湘西，微薄的路费差不久就花完，重庆还遥遥无期。进退维谷之际，一位湖南的同学将金庸先生带回了老家，那是湘西泸溪的一个农场。这趟经历，让金庸先生对湘西有了刻骨铭心的印象，湘西人的淳朴，苗寨的风情，在金庸先生心中留下了许多故事。1945 年 8 月，日本宣布投降。金庸先生开始作返乡的计划。此时，他与湘西同学及其家人已经建立了深厚的友谊。同学全家盛情挽留。直至 1946 年夏天，金庸才告别湘西，回到故乡。

在接受记者提问时，金庸先生对湘西人的“义”大加赞扬。他说，湘西人的“义”让我终身难忘。“义”是人的一种性格精神，或者说是一种特别的情谊，都属于人的感情。侠义是人类感情中一种比较特别的东西。（万润龙《“华山论剑”，79 岁的金庸是如何上山的？——我与金庸先生的交往之十一》）

严家炎问金庸：“在中国新文学方面，您接触或喜欢过哪些作家作品？”金庸回答：“中国新文学作家中，我喜欢沈从文。他的小说文字美，意境也美。鲁迅、茅盾的作品我都看。但读茅盾的作品，不是很投入。”（严家炎《金庸答问录》）

《南方人物周刊》记者问：“一百年来的中国作家，您比较喜欢的有哪些？”金庸答：“一百年有很多人啊。沈从文吧，文字好，路子好。”（《南方人物周刊访金庸：拒绝理想主义》）

在台湾，有读者问：“您最喜欢的作家？”金庸答：“国内的作家，我喜欢的是沈从文；国外的作家，我喜欢的是大仲马。”

2000 年 9 月，金庸在岳麓书院说：“现代作家中间，人家问我最喜欢哪一个？我说喜欢一位湖南作家沈从文。我从小就喜欢看他的作品，现在还是喜欢看。”

《连城诀》中，狄云、戚芳就出生在湘西，在“沅陵南郊的麻溪铺乡下”。

还是在岳麓书院，金庸说：“我的小说中，最好的女人是湖南人（重按：程灵素也），最好的男人也是湖南人……最好的男主角是很忠厚、老实、朴素，受了委屈也不怪人家，武功不是很好，对人很体贴的狄云，湘西沅陵一带人……我从小就听桃花江的歌，我想象到湖南来可以见到很多漂亮的小姐。实际上当然还是见到了，不过见到了，也只是看看罢了，没有下文。”

沈从文一生都自命为“乡下人”，金庸的《连城诀》，第一回回目是《乡下人进城》。金庸笔下，“进城”的“乡下人”，非只《连城诀》这一部小说中狄云这一个人。金庸的小说，除《鹿鼎记》外，其余十四部，都有一个“乡下人进城”的母题。

笔调最接近沈从文的金庸小说，不是写湘西的《连城诀》，而是《白马啸西风》。金介甫认为“《边城》总的来说是写人类灵魂的相互孤立”，感觉《白马啸西风》正有这种况味。

胡河清认为：“和曹雪芹一样，金庸出身在一个破落的旧贵族家庭……‘破落’又使他们降入中国老百姓的生活之中，领略到了民间情感生活的深广天地。”（胡河清《金庸小说的情感系统》）其实，金庸的生活圈子仍是太窄。二十岁以前他主要生活在校园，接触的多是老师和同学。后来他又主要从事文化事业，打交道的多数都是文化人。真正与人民群众打成一片，“领略到了民间情感生活的深广天地”，就是他在湘西的那段岁月。

1963年的金庸，回顾湘西岁月：

抗战期间，我曾在湘西农村中住过一段时期，就是沈从文小说《边城》所描写的那个地方。那年春天，农村中发生了天花。我所住地方附近的三个农村，十分之七八的大人和小孩都染上了。农村中没有半点医药设备，短短一个月之内，我所相识的农民死了五十多人，幸而没死的，脸上也都留下了难看的疤痕。我当然知道，只要事先种了牛痘，就可以防止天花的传染，即使在染上之后，如果有适当的医药照料，大多数人也可以保全生命。但这些农村之中，大多数人家是数代没有一张桌子没有一张椅子的，在大雪纷飞的严寒天时中也是没有鞋子袜子穿的，一百人中是难得有一个人识字的，谈得上什么种牛痘和看医生？

那时候和我最好的是一位姓覃的农民朋友。他不识字，然而是唱山歌的好手。他比我稍大几岁，我常跟着他去捉鱼、钓田鸡、打山鸡。那时他正和邻村的一个姑娘在热恋之中。湘西农村中的恋爱很是罗曼蒂克，男的女的隔着一条小溪、躲在茶花后面你一曲我一曲的唱着山歌。这些山歌的调子很少变化，歌词是每个人即兴编造。他和那位姑娘在晓风之中，明月之下，不知已唱了几千几万首山歌，每块岩石、每一株桐树都记住了他俩缠绵的深情的歌声。忽然之间，他也染上了天花。他母亲、哥哥、妹子，都在这场天花中死了，家中只剩了他一人，只有邻居和那位姑娘帮他煮饭烧水。

这天我去看他，带了几斤米和一只鸡去。刚坐下不久（坐在草织的圆垫上，没有凳子的），县里来了催钱粮的税吏。我朋友的田早在七八年前就卖了给人，但那买田的有钱人设法不转钱粮户册，每年的钱粮仍是要我朋友家缴纳，长期来交涉和哀求都没有用……

后来我的朋友病好了，一个英俊的青年变成了满脸痘疤。他一头牛和三口猪都卖了，用来埋葬他母亲、哥哥和妹子，从此成为赤贫。小说和戏剧中的女主角都忠于爱情，不计较情郎的贫富，但现实生活中却并不都是这样。我朋友的姑娘不久就嫁了别人。田野间和山坡上仍旧飘扬着醉人如酒的恋歌，可是永远和我朋友无份了。他成日痴痴呆呆，对什么都失却了兴趣。我想同他一起到县政府去交涉，改了粮册上名字，他也一样不关心了，只说："没有用的，命中注定的。"他一生之中再也没了幸福，或许，他还是死了的好。（金庸《谈〈彷徨与抉择〉》）

与金庸最要好的，是一个不识字的农民朋友。在湘西的这段时间，金庸真正"领略到了民间情感生活的深广天地"。

1963 年，金庸还谈及他在湘西时当地人的关系：

湘西有许多苗人，千百年前就被汉人赶到了贫瘠的山里。汉人的官吏和土豪恶霸常常欺侮他们，每过十年八年，苗人忍无可忍，便会爆发一次武装反击。我在湘西时，最近一次的汉苗冲突过去还不久，农村中流传着各种各样汉苗互相杀戮的事迹。汉人有新式枪械，人数又多，每次冲突自然总是苗人失败。我在乡下的市集上看到苗人和汉人交易，苗人总是很少说话，对于轻薄汉人的侮辱和嘲笑只是默默忍受，交易上吃了亏，也不敢有什么争执。有一晚天下大雪，我在一家农民家里作客，听到一个保长喝醉了酒，口齿模糊地吹嘘他如何手执快枪冲入苗寨，如何奸淫苗人的姑娘、抢劫他们的财物。火堆旁的听众大都是贫穷的农民，但他们都觉得，欺侮苗人是很应该的，他这样做不是不道德，反而是个英雄。我忍不住向那保长挺撞了几句，说："如果别人这样欺侮你的女儿，你心中怎样？"他大怒之下，从此和我成了仇人。（同上）

金庸是见不得人欺负人的，一直都是。这是金庸武侠小说的精神骨架之一。《倚天屠龙记》中，张翠山道："人之异于禽兽，便是要分辨是非，倘若一味恃强欺弱，又与禽兽何异？"

金庸笔下的侠，只欺负一种人，就是那惯于欺负人的人。

1959年，《明报》创办十几天，金庸发表第一篇社评《我们的立场》，提出帮助社会实现"公正与善良"的办报立场。他写道："我们重视人的尊严，主张每一个人应该享有他应得的权利，主张每个人都应该过一种无所畏惧、不受欺压与虐待的生活。"

金庸谈到：

明报报馆的转角处，晚上总有几个盲了双眼的女人站着。他们戴了黑眼镜，脸上木然没有表情，在等待着一种屈辱的来临。往往，我上报馆去时看见她们凄凉地站着，过了几个钟头下来，她们仍是这样凄凉地站着，连站立的位置也一步没有移动。我听人说，在从前的广东，人们买了很俊的穷家女孩，将她们眼睛刺盲，迫使她们终身暗无天日，迫使她们终身做暗无天日的事。

人间的惨事，我见到的听到的，千万分之一也不到。我相信每个年纪稍大的人，一生之中如果不是身受其酷，也一定见过听过旁人的剧烈痛苦。（同上）

《南都周刊》记者问："您的作品中英雄人物最终结局常常不是杀身成仁

就是退隐江湖，远离政治。我想这是否也有您自身精神困境的写照？”金庸回答：“圆满的人生是很难的，如果参与政治之中，最起码要讲公道，不能恃强凌弱，要讲是非，谁对，谁不对。掌握力量的人不应当欺压弱小，靠暴力主宰秩序，使得人家没有反抗能力而忍受极大的痛苦。无能为力的时候，我为那些不幸的人感到难过，对那些欺凌别人的事非常愤怒。”（郭宇宽《对话金庸》）

金庸逝后，林燕妮和年轻人分享阅读金庸武侠的经验：“我从金庸学到很多武侠的道理，我是个很有道德的人，我不喜欢欺负人。”（《缅怀泰斗·拥抱鸿篇——细味金庸传奇一生》第27—28页）这话，我有同感。不喜欺负人，最见不得有人欺负人，有自幼所阅读的金庸小说的影响。

“十年磨一剑，霜刃未曾试。今日把示君，谁有不平事。”对人间不幸的强烈同情，对欺压虐待的极大愤怒，成就了金庸的小说创作。

金庸晚年所写《月云》的结尾处，又说：“金庸的小说写得并不好。不过他总是觉得，不应当欺压弱小，使得人家没有反抗能力而忍受极大的痛苦，所以他写武侠小说……他写佛山镇上穷人钟阿四全家给恶霸凤天南杀死时热血沸腾，大怒拍桌，把手掌也拍痛了。他知道这些都是假的，但世上有不少更加令人悲伤的真事，旁人有很多，自己也有不少。”

那么美好的湘西，也有那么多不平事，那么多不幸的人。

金庸第一次到湘西，待了大半年，离开后考入中央政治学校。第二次来湘西，待了一年多。加在一起，约两年。这两年的岁月，对他的影响应该是相当大的。可惜，资料贫乏，难以进一步展开分析。

1945年8月15日，日本正式宣布无条件投降。金庸得知喜讯，当如当年的老杜一样喜悦：“……初闻涕泪满衣裳……漫卷诗书喜欲狂。白日放歌须纵酒，青春作伴好还乡……”当年年底，他回了一趟海宁老家，住了约半个月，旋即重回湘西。

湘西毕竟太小了，农场办得再怎么成功，毕竟出息不大。到湘西，在金庸本是权宜之计。若不能实现从政的夙愿，金庸当会从商，但不会长期从事完全没有文化气息的商业活动。即使农场办得极为成功，金庸最终也会离开。

1946 年初夏，金庸辞别主人，又一次回到家乡，回到浙江，回到江南。

急急还乡之旅，怡怡兄弟之情

终于回家了！

然而，物是人非，触目凄然。四弟查良栋，已经不在了，见不到了。尤其母亲徐禄已经不在了，再也见不到了。

金庸 1955 年所写《书剑恩仇录》中陈家洛回到海宁时的感受，基本上就是 1945 年金庸自己的感受："离家十年（重按：对金庸来说，是八年），此番重来，见景色依旧……回忆儿时母亲多次携了他的手在此观潮，眼眶又不禁湿润起来。"

他们家上千亩土地，应该是收回来一部分了。1938 年日本人一把火，他们家的房子已经被烧掉大半，胜利后翻盖，规模、气派不能与旧宅相比。

金庸、查良钰兄弟都回忆过查家当年的旧宅。金庸说："我曾祖父有两个儿子，我祖父是大儿子，住在一座大宅子的东半部，我叔祖父住在大宅的西半部。这座大宅子有五进，前厅挂着一块大匾，是康熙皇帝给我祖先查升写的堂名，'澹远堂'三个大字周围有九条金龙作装饰。"（《探求一个灿烂的世纪》第 83 页）查良钰说："我家在镇上是大户，家居在一个五进院的大宅子里，院内有 90 多间房子和一个大花园。"（《金庸是我的"小阿哥"》）

金庸这次回家，多数的房屋和大花园都看不到了。"唐宋以来巨族"像当时的许多大家族一样，衰败了。

金庸回家，见到了老父查枢卿，还有继母顾秀英。徐禄病逝于 1938 年，两年后，查枢卿续娶顾秀英为妻，先后生了四子二女。

金庸（查良镛）同父同母的兄弟有四位（良铿、良浩、良栋、良钰），妹妹有两个（良琇、良璇）。他同父异母的弟弟还有四个（良钺、良楠、良斌、良根），妹妹又两个（良珉、良琪）。

金庸兄弟的名字，近半数用的是“金”（钅）旁，金庸四个妹妹的名字用的都是“玉”旁，或寓“金玉满堂”之意。

金庸兄弟几个，除了查良斌，名字或有“金”，或有“木”，或有“水”，这样命名应该是与五行有关了。金庸给《射雕英雄传》中的“五绝”，还有《倚天屠龙记》中的五行旗旗主起名，也都按五行学说来的。

很多人，包括傅国涌，都误以为金庸继母顾秀英就是金庸晚年所写自传体散文《月云》中那个“月云”。其实不是。

金庸最小的胞弟查良钰，回顾过二哥（“小阿哥”）金庸抗战胜利后的两次还乡。第一次是这样的：

打我记事后，小阿哥首次回家是抗战胜利后的1945年底……小阿哥给家里来信说，要回来住一段日子，然后再离家出外谋职，接到小阿哥的来信后，全家人都非常高兴，每天念叨着他的归期。

几年没见，小阿哥归家后给我的第一印象是衣着简朴。穿的是一件普普通通的长衫；一直面带笑容，对来家探望的人非常客气，但话语不多。因为良镛小阿哥同我和三哥相差10多岁，所以待我俩十分亲热。家有空房子他不住，非要同我和三哥住在一起。那时，他见了外人讲话很慢，还有些口吃。但同我们在一起却完全变了样儿。每天晚上，小阿哥都给我们讲故事。他的故事都是现编现讲，可编得天衣无缝，讲得引人入胜，常常是讲到兴头上，一下子跳起来站在床上，连比划带摹仿，手舞足蹈的，有意思极了。

小阿哥在家里住了近半个月的时间，我和三哥缠着他讲了近半个月的故事。那段日子，是我记事以来最开心、最难忘的，至今回忆起来，都觉得像在眼前。

小阿哥要走了。上次走后，四年多才见面，这次一走，不知何时才能再见到小阿哥。我心里非常难过，站在他面前一个劲儿抹眼泪。小阿哥把我搂进怀里：“小毛弟，好好读书，小阿哥会常回来看你的！”

金庸第二次回乡，是这样的：

1946年夏天，小阿哥又抽空回乡住了二十多天。这次他回来，正赶上学校放暑假，每天我和三哥都缠在他左右。白天，小阿哥总带着三哥和我去游泳。那时我不会水，小阿哥就背着我游。他游泳的动作非常好看，我们都很佩服他。

小阿哥还带我们观看过“海宁潮”……

晚上，小阿哥照例为我和三哥编故事。有时已经很晚了，为了让我们早点睡觉，他就编一些鬼怪故事，我们被吓得闭上眼睛连大气都不敢出。小阿哥见我们睡着后，就钻进家里的书房去看书。

金庸晚年回忆说：“我哥哥查良铿学习古典文学和新文学。在上海上大学，他花费不少钱买书，常常弄得饭钱也不够，受到我父亲的严厉责备。”金庸酷爱读书，出于天性，他们家的读书气氛又很浓厚，此外，可能就多少受这位爱读书的大哥的影响了。一般情况下，弟弟总会模仿大哥的行为的。

金庸上小学时读《三国演义》，一边哭，一边跟大哥争辩，认定蜀汉政权绝对不可能比曹魏更早灭亡。这一场面，很好玩，也很温馨。

20世纪80年代，有位苏宏时，访问过金庸的大哥查良铿，2009年写出《查良铿先生和我聊的“话题”》。

据查良铿说，“三年困难时期”，“有国外的学生和朋友通过邮局寄给我奶粉及其他食品和外汇，香港弟弟（即金庸）也曾通过邮局邮来物品”，几年后他就因此背上了“里通外国”的罪名，扫街、请罪之类的事，都做过。

由此文看出，80年代，金庸的弟弟查良浩正在上海纺织局某单位工作，查良钰在淮南某工厂任总工程师，妹妹查良琇住在临安，查良璇住在杭州。

2000年，宾语、潘泽平三次采访金庸的弟弟查良钰，写出《金庸是我的“小阿哥”》。前文关于金庸回乡的两段文字，就是从这篇引用的。

查良钰还谈及他与“小阿哥”后来的来往：

1948年，我小学毕业准备报考省立杭州初级中学。远在香港的良镛小阿哥得知这一消息后，当时就把他亲自编写的200多页的“升学指导”教材寄给我。他的心很细，有许多事情，你还没有想到，他就已想到，为你办好了。

1950年，我父亲查枢卿被作为“反动地主”在家乡受到镇压后，由于父母均已不在，我的生活遇到了严重的困难。1951年，他知道我北上抚顺上学的消息后，立即汇来100元钱，从那以后，每学期都把钱按时寄到抚顺。那时，三哥良浩也在上学，他也是在小阿哥的资助下才顺利完成学业的。

……家里接连添了六个孩子……小阿哥知道了我的情况后，不但很快寄来了钱，还专门为孩子寄来了小衣服、糖、奶粉、饼干等。要是没有小阿哥对我们的关心和爱护，真不知道能不能熬过那段困难的日子。小阿哥对我们的关心和爱护，使我们感受到父爱、母爱般的温暖……

1994年我在浙江温岭出差时突发脑溢血，被送进温岭县人民医院。当小阿哥接到我妻子的电话后，立即打电话与有关方面联系，第二天就把我转到了杭州邵逸夫医院。小阿哥几乎每天都打电话，询问治疗和恢复情况，还两次派人到杭州探望我。

1995年，小阿哥本打算要来淮南看望我，因突发心脏病，一直未能成行。即使在他病重的那段日子，也坚持让人给我打电话，叮嘱我注意养病……

1996年7月3日晚，我……忽然呕吐不止，浑身抽搐，在淮南住了一段时间医院，也查不出毛病。小阿哥知道后，又亲自安排我转到杭州邵逸夫医院……

为了早日见到我，1996年11月2日，小阿哥从北京坐飞机到杭州，因为有大雾，飞机不能起飞，他在机场等了整整一天。见面后，小阿哥亲自推着我进行锻炼。

金庸的父亲和生母逝世都很早，后母顾秀英没有收入来源，金庸便照顾后母直到她去世，经常嘘寒问暖，其生活费都由他一人承担。同父异母的弟弟要盖房子，他二话不说就帮忙。查良楠说：“母亲临走前有遗言，希望我能见二哥一面，感谢他对母亲的照顾。”

金庸在兄弟情分上，看得很重，做得已经很够意思了。只要弟弟遇到困难，总是尽心尽力帮助、扶持。

但是，金庸好像没有一次性地拿出一大笔钱，让弟弟妹妹和他们的后人都不需要工作就过上非常优裕的生活。金庸有这样的经济条件，而没有做。

金庸应该是很看重“自立”的。这一点，从他少年时写的那篇《人比黄花瘦》可以看出来，从他对小说中那些“少爷”的蔑视可以看出来，从1990年他为查良钰所写的那幅字（“待人以诚，治事则谨；知足常乐，不取非分；谦可受益，满必招损；尽心竭力，为国为民”）更可以看出来。

金庸本人是“不取非分”的，不会去占人便宜，他也不会随随便便施惠于人。沈西城说：“金庸是一个十分注重细节的人。你送他一件礼物，他必定回送，不拖不欠，谁也不亏谁……当然你也别想在他身上打什么鬼主意。”这种作风，很像孟子所说：“可以取，可以无取，取伤廉；可以与，可以无与，与伤惠。”[1]

当亲人遇到困难时再援之以手，金庸这种做法，绝对无可非议。有些人发财后馈赠亲人大笔财富，这种做法也没有错。各有各的道理。

难得的是，金庸留在内地的亲人，丝毫没有表现出“红眼病”和“吃大户”心理，没有谁觉得金庸欠自己的，这笔债怎么都还不清。这样大家族出身的人，虽然经历了各种磨难，还是不一样的。

2018年12月，李泽厚《重视武侠小说的文学地位——悼金庸先生》一文谈到：

> 但有件事却至今未忘，九十年代初我出国，单枪匹马，赤手空拳打天下，得一美国客座教席，虽努力教学，但并不稳定，路过香港时，他知道我的情况，便邀我去其家，赠我六千美金。

---

1 其实，梁羽生也是这个态度和做法，给妹妹陈文珠的书信中，梁羽生说：“我会力求恰如其分地照顾家庭的，所谓‘恰如其分’就是按照家人的具体情况，适当地帮忙他们……”

这当然是好意，但我心想如此巨人，出手为何如此小气，当时我还正接济国内堂妹寄出工资中的三千美元，我既应约登门拜访，岂能以六千元作乞丐对待，于是婉言而坚决地谢绝了。他当时很感惊讶。聊天后，我告辞时，他一直非常客气地送我至其山上别墅的大门以外。

此事除同往的耀明兄和再复知道外，我未向任何人提过，因对他对我这均属小事，不足言及，今日赞歌漫天、备极哀荣之际，既无话可说，就说出来，算作不合调的悼念吧，因虽出手不够大方，但他毕竟是一番好意呀。

把金庸曾打算送自己六千美元一事当作金庸的污点提出来，且是在悼文中提出来。这件事，是李泽厚的污点。

此前，谁也没错。金庸送他六千美元，挺好的；李泽厚嫌少不要，也挺好的。

李先生悻悻然提出此事，对金庸的形象丝毫无损，却对李先生自己伤很大。

将某位遭遇困境的朋友“养”起来，金庸有这个能力，没这个动机，更没有这样的义务。实则，对朋友也不够尊重，并非待友之道。

“救急不求穷”，金庸一向如此。对朋友如此，对亲戚亦然。

查良钰住院期间，金庸在寄钱寄物的同时，经常打电话，询问弟弟的身体状况后，总不忘对弟妹说几句感谢的话，让她非常感动。

《连城诀》后记中，金庸谈及“我爸爸妈妈对他（重按：指家中的老长工和生）很客气”。金庸待人，继承了父母的厚道。查良钰曾到金庸香港的家里住了两个月，看到金庸“让孩子们叫司机‘陈叔’。他们全家对长期在家服务的菲律宾女佣也非常好，完全像对自己家人一样”。

金庸固然以海宁查氏显赫的家族历史自豪，但他待人向来谦恭有礼，没看到他有盛气凌人的不良记录，未见得金庸品格便如何高尚，但作为海宁查氏后人，金庸有着世家子弟第一等的好教养。

《金庸是我的“小阿哥”》一文分析

宾语、潘泽平采访查良钰写出的《金庸是我的“小阿哥”》一文中说：“我母亲姓徐，是徐志摩的亲姑姑。”这是错的，徐禄是徐志摩的堂姑，不是亲姑。

此文又说，查慎行是“我们（兄弟）的高祖”。这话更错得离谱。

高祖是祖父的祖父。查文清是金庸、查良钰兄弟的祖父。按照这篇文章的说法，查慎行就是查文清的祖父了。实则，查慎行生于1650年，查文清生于1849年，中间隔了二百年呢。金庸、查良钰兄弟是海宁查氏第二十二世，查文清是第二十世，查慎行是第十二世（要真是金庸的高祖，他应该是第十八世）。

查慎行也不是金庸、查良钰兄弟的直系祖先。海宁查氏第六世查绘有三个儿子，查慎行是查绘第二子查秉彝的后人，金庸是查绘第三子查秉衡的后人。（参考《海宁查氏家族文化研究》书后附录《海宁查氏世系表》）

查良钰十几岁时，父亲就被枪毙了。查氏家族数百年的辉煌，在那个时代，反被视为耻辱，家人会尽量避免谈及的。他对家史不是很了解，并不奇怪。

查良钰又说，金庸告诉他，金庸十岁那年的圣诞节，父亲查枢卿送了狄更斯的《圣诞欢歌》（又名《圣诞述异》）做礼物。金庸本人20世纪50年代亲笔写下的，却是在中学时期的某个圣诞节，感觉金庸自己写的更准确。

查良钰与二哥金庸相差约十岁，在查良钰记事之后而金庸到香港之前，金庸一直在外读书、工作，兄弟二人相处的时间非常有限。那些年，查良钰亲见亲闻的二哥的事并不多，多是别人（金庸或其他家人）后来告诉他的。别人告诉他，他又告诉记者，每个环节都可能有失实的情况发生。

1948年后，二哥对他持续几十年的关心、扶助，这些事查良钰当然记得清，文中所述应该是准确的。

《金庸是我的“小阿哥”》一文中，说金庸在抗战胜利后，在1945年底和1946年夏天，两次回到海宁老家，这一记述是否准确，我不能断定。

傅国涌写到金庸这段时间回家的经历，很容易就能看出来，主要取材于《金庸是我的"小阿哥"》一文。但是，傅先生说金庸战后第一次回家是在1946年夏天，把查良钰所说金庸两次回家发生的事搅在一块，都说是发生在1946年。

1945年的查良钰已经记事了，而且他又说那年他与小阿哥相处的"那段日子，是我记事以来最开心、最难忘的，至今回忆起来，都觉得像在眼前"，按理说，不可能记错的。

问题是，从1945年底到1946年夏，这大半年时间，金庸到哪里去了？

金庸进入《东南日报》工作是在1946年下半年。之前的大半年，如果照着《金庸是我的"小阿哥"》的说法，竟是一片空白。

孔子说："饱食终日，无所用心，难矣哉！不有博弈者乎？为之，犹贤乎矣。"金庸在他的前半生，除了下围棋（属于"博弈"的范围），从来不肯浪费时间，不会"慢就业"，不可能"饱食终日，无所用心"。半年时间，无所事事，绝对不会。

严晓星在《金庸年谱简编》中也说，金庸从湘西回海宁是在1946年7月。

我参酌各方面的说法，在前文"与湘西人民打成一片的日子"中推测，抗战胜利当年年底，金庸就回到家乡海宁过年，然后回到湘西继续经营农场，1946年夏天才彻底告别湘西农场，回浙江找工作。我没说清楚，这里澄清一下：这只是我个人的推测。

傅国涌或许有更可靠的资料（在他的《金庸传》里却没有提供），证明查良钰的记忆是错误的，或许是没看懂查良钰口述的这篇《金庸是我的"小阿哥"》，把金庸的两次回乡误解为一次。

金庸由湘西回到浙江，后到《东南日报》工作。金庸本人对池田大作说："我在1946年夏天就参加新闻工作，最初是在杭州的《东南日报》做记者兼收录英语国际新闻广播。"（《探求一个灿烂的世纪》第113页）傅国涌则写道："杭州东南日报社档案1947年3月的《职工名册》中关于他进社日期一栏是'三五年一一月二〇日'，即1946年11月20日。"然而，曾伯凯兄找到另一份《东南日报职工名册》，则写着"(民国)三十五年七月十日"入职。真实时间，似仍待考。

这份《东南日报职工名册》中有金庸的经历：中央政治学校外交系毕业，曾任中农行沅陵农场场长、《太平洋杂志》主编。这三项，都是有水分的。金庸在中央政治学校读书，但没有毕业。金庸在沅陵农场确实负责具体事务管理，但未必有"场长"的实职。金庸是《太平洋杂志》主编，但没写明这份杂志只出版了一期。

在《东南日报》，供职仅一年

《东南日报》当时的社长是胡健中。胡先生写过一篇《东南日报小史》，是这样说的："《东南日报》创刊于民国十六年四月，原名《杭州民国日报》，隶属于浙省党部；廿三年六月改称今名，由中央党部浙江省党部与本党同志公私合营……陈果夫先生出任本报董事长。"(何扬鸣编《老报人忆〈东南日报〉》第309—310页)

在胡社长看来，《东南日报》是百分之百的国民党报纸。1947年，他给杭州版的员工训话时说："《东南日报》是国民党扶植起来的，当然要以国民党为立场。"(同上，第253页)金庸当时正在杭州版《东南日报》工作，没有特殊情况的话，他也在现场恭聆了胡社长的"训话"。

《东南日报》是国民党的党报，明了这一点，就知道金庸填写的那张"东南日报社职工登记表"为什么会有"已否入党团"那一栏了。职工是否国民党党员与三青团团员，当时很多报纸不会这么重视。

名为党报，《东南日报》仍表现出极大的独立性。

1946年下半年，金庸加入东南日报社。主要工作是收听英语的国际新闻广播，翻译、编写国际新闻稿。

《东南日报》总编辑汪远涵还记得，金庸初来编辑部，汪先生了解他的英语水平相当高，就请他负责收听外国电台如“美国之音”、BBC的英语广播，择其可用的译出来，偶尔汪先生也会选一些英文报上的短文让金庸翻译、备用。金庸一接手，马上动笔译好交卷，给汪先生留下良好印象。

同学余兆文来杭州，听说他的工作是收听英语广播并将之译成中文，感到很吃惊：“外国电台广播，说话那么快，又只是说一遍，无法核对，能听懂，就已经不错了，你怎么还能逐字逐句把它们直译下来？”他解释说：“一般说来，每段时间，国际上也只有那么几件大事，又多是有来龙去脉的，有连续性。必要时，写下有关的时间、地点、人名、数字，再注意听听有什么新的发展，总是八九不离十，不会有太大差错。”可见当时金庸对国际问题有着比较深的了解和认识，应该主要得益于他在中央政治学校那一年打下的基础，此外，更需要极佳的记忆力——这是金庸的强项。

陈鲁豫问金庸，做记者时采访过哪些人，金庸答说采访过陈立夫等。又问，觉得自己是个好记者吗，金庸答：“也不算好记者，他讲的话我都记下来了。”这话说得好像很谦虚，其实是很以自己的超强记忆力而自豪。

2003年，《广州日报》记者问：“您认为您最富有才华的方面是什么？”金庸回答：“我认为我拿手的就是记忆力非常好。以前当记者的时候，我采访时从来不用录音机，也不用笔记，都记在脑子里。我采访邓小平，都谈几个钟头，我不拿笔记，回去以后再整理。我们坐在那里，老朋友一样的谈话，可以谈出很多东西。（广州日报《独家专访金庸：修改原著绝非为了版税》）

台湾“金庸茶馆”的“店小二”问金庸：“运气之外，也必有一些个人特质，才能成就这一番事业吧？”金庸回答：“哈哈，我自小记忆力很强，对感兴趣的文史哲书籍，可谓‘过目不忘’。”金庸的妻子在旁接话，说金庸有三百多箱藏书，都是他亲手整理摆上书架，哪本书放在哪本书旁边，他一清二楚，从不曾出错。（《店小二深夜密会金庸》）

杨兴安先后给金庸和李嘉诚做过秘书工作，在他看来，两位老先生的一个共同点是“超人的记忆力，而且精力过人”。杨先生认为，记忆力在人的智力构成中相当重要，“是智力的根基，也是创造力的重要部分”。（杨兴安《我给金庸李嘉诚当秘书》）这话说得极好。

在《东南日报》，金庸还编过一个“咪咪博士答客问”专栏。1988年，金庸给老上司汪远涵写信，还提到它：“承不以浅薄见弃，遽授以编辑一版幽默副刊，我以咪咪博士之笔名与读者嘻嘻哈哈。相隔四十年，往事仍如在目前。”

这个专栏，往前看，有金庸的初中老师章克标的影响在；往后看，对金庸在小说中表现出的幽默感，多少也有一点影响。

这个专栏结束后，金庸继续在“东南风”副刊上写《咪咪录》，有一则是这样的：有人讲故事，他认识一个人知道自己的死期，还知道如何死法，死在哪里，及准确时刻，结果完全相同。大家都不相信，其中一人问：“他怎么会知道的呢？”“法官告诉他的。”

从《射雕英雄传》女主人公黄蓉身上，可以看出，金庸读中国古代的笑话书非常多，非常熟。从《咪咪录》可以看出，金庸读外国的笑话书，应该也不少。

汪远涵还记得，金庸从《东南日报》辞职离开时，还送了汪先生一本“英文娱乐书”。猜想起来，这本“英文娱乐书”就是我们也常见的那种西方的幽默故事书。

金庸离开《东南日报》，到《大公报》工作。1947年12月5日《大公园地》刊载金庸编译《自扁其说录》：

有一张地方报纸对于当地的市议会深觉不满，于是发表了一篇社论，标题是：“议会中的议员有一半是流氓！”社会人士大哗，议会要求报纸更正。报纸答允更正，第二天社论的标题是：“议会中的议员有一半不是流氓！”

一位记者问总编辑：“什么是新闻？”他说：“狗咬人不是新闻，人咬狗才是新闻。”

由这篇《自扁其说录》，更能看出金庸看过不少外国幽默故事。

金庸赞赏蔡澜所讲的笑话："绝顶卓越，听来只觉其十分可笑而毫不猥亵，那也是很高明的艺术了。"从中更可见金庸对各类笑话的关注喜爱与广览博闻。

2001年1月9日，在陈晴女士散文集《蝴蝶飞》（金庸为此书写序）首发式上，金庸直言讨厌四种文风，"第四种很讨厌的文章就是，一上来就嘻嘻哈哈讲笑话，油腔滑调的文章"。金庸说，我是很喜欢听相声的，讲笑话有幽默感很好，娱乐性很高，但文章一开始就油腔滑调就不好看。（赵健《金庸直言不喜欢四种文风》）

看来，金庸对于相声、笑话、幽默文章等，都强调要有分寸，不可油滑，不可猥亵。

2005年，金庸在《鲁豫有约》节目上说，他不喜欢被人指挥，"如果人家叫我干什么，我就偏偏不干。以前报馆有上司要指挥我，我偏偏不做，而是往外边走，说一个钟头回来，我准时交卷就是了。老板说你这样子不行的，所以我给人家打工很困难，要自己做老板。"这个曾经"指挥"金庸做事的报社的上司，一定不是汪远涵。汪先生不是颐指气使、盛气凌人的那种人。在金庸眼中，汪先生是个好好先生，谦和平易。在这样的上司手下做事，金庸的心情不会多么不愉快。金庸对汪先生的印象一直非常好。

1993年，金庸在海峡两岸及香港新闻研讨会上说起："前《东南日报》总编辑瑞安汪远涵先生已数十年没见了，但仍有书信往还。"

汪远涵谈起过他们后来的书信来往：

1988年，我收到了多年未通音问的金庸热情亲切的来信……修书遥候，关切之情，溢于言辞。良镛在杭州《东南日报》工作时间不长，大约仅一年多光景，可是和我却有缘分……

金庸在信上说："记得吾公喜食鲥鱼，鲥鱼初上市时，辄先尝鲜。现在香港食此鱼时，每每忆及。"这些小事亏他一一留在心坎，他一提及，使我脑海里重新出现了40年前同在天香楼喝陈年花雕，以鲥鱼佐酒的情景……金庸在香港食此鱼，自不免兴起莼鲈之情，因此怀念故人。

汪远涵说自己“一开始就非常喜爱（金庸）这个年轻人”，然而，后来他对金庸的看法有所改变。1999年6月，汪远涵给人写信说：

十年前我是获悉胡耀邦接见金庸并由廖承志宴请他们夫妇之后方才和他开始通信的。当时来信都表现他对老同事的热情与友谊。近年通信稀少，一因他成了海内大名人，来往者都是名人，再无闲暇顾及旧侣……（何扬鸣）编《老报人忆〈东南日报〉》时曾向国内外《东南日报》旧人约稿，美国赵浩生、沈达夫（风人）都应约寄稿，唯查大侠到杭大演讲时，何先生向他面恳写稿，他没写一个字。据何先生说，他来杭大由他像是其孙女模样的年轻夫人陪同前来，后来才知道他已离婚数次，这是他最新的夫人。所以我也对他无话可说。（傅国涌《金庸传》第59页）

金庸近二十几年来的情况，汪远涵和何扬鸣两位先生不是很了解，才会对他没给《老报人忆〈东南日报〉》撰文一事，有这么大的意见。

这二十几年间，金庸几乎不写散文了，公开发表过的文章屈指可数。杨兴安给金庸做过三年秘书，他曾经谈过：“金庸改完自己的15部小说后就不太写东西了，几年来发表的文章不到五篇。有两方面的原因：一是金庸身体已经大不如以前，自三四年前得过心脏病后，比较容易累。毕竟是老年人。二是金庸写作态度非常严肃认真，认为不好就不发表，发表的就一定要好。”（杨兴安《我给金庸李嘉诚当秘书》）

金庸谈他为什么要从《明报》彻底退出，一个重要原因，就是希望从此“只有在兴之所至的时候，才写一些文章”。

金庸晚年拒绝写自传，也不写自传性和回忆录性质的文章。唯一写过的自传体散文《月云》，讲的都是他“小时候干的营生”，完全不涉及他的社会交往。

金庸在长城电影公司工作好几年，晚年没写过“我在长城的日子”这样的文章。

金庸在《东南日报》只待了一年，他在《大公报》工作可是有十年的光景，晚年没写过“我与《大公报》”这样的文章。

2009 年，金庸重访《大公报》，为《大公报》题字，署名“金庸敬赠旧主人《大公报》”。金庸那么尊敬《大公报》老板胡政之，晚年也只为《回忆胡政之》一书写了一幅字，印在该书目录之前。《老报人忆〈东南日报〉》一书，只有文章，没有收录任何一张图片。如果当时编者请金庸题词，而不是写文章，金庸未必就不写一个字。

金庸创办《明报》，服务三十多年，晚年也没写过相关的回忆文章。

我们应该尊重每个人自由选择的权利。赵浩生肯为《老报人忆〈东南日报〉》撰文自是好的，金庸不想写也不是坏的。因为赵先生写了，而金庸不写，就认定金庸做错了，这没道理。

金庸没写回忆文章，不能由此认定“他对老同事的热情与友谊”就是假的。

我们请人办事，别人为我们办了，这是极大的情分；别人因种种原因，终于没办，也是极平常的事。所求不遂，便即怨气填膺，这不合适，这种心态不正常。

先是何扬鸣对金庸有怨念，传达到汪远涵那里，令汪先生也“对他无话可说”。假如何先生在向金庸约稿时，表现出你要不写可就太不像话的态度，那金庸更不会写了。原因很简单，就是金庸在《鲁豫有约》上说的“如果人家叫我干什么，我就偏偏不干”。

我感觉，金庸一个鲜明的性格特点，就是宁可被人指责为不近人情，也绝不肯听人指挥，受人摆布。

对于金庸的离婚与再婚，他的老上司汪先生也很看不惯。看来汪先生不仅是金庸眼中的“好好先生”，也是一位“道学先生”。“道学先生”不是坏话。世上固多假道学，也自有真道学在。相信汪先生即使生活在香港那样的花花世界，有钱更有名，他也绝对不会跟妻子离婚，或是搞什么“婚外情”。这样律己极严、洁身自好的人，总是有的。

《大公报》是“中国最好的报纸”

1947年10月6日，金庸向《东南日报》总编辑汪远涵和副总编辑徐世衡递交了一份要求请长假的报告：“窃职至社工作将近一年，深感本身学识能力至为不足，故工作殊乏成绩。现拟至上海东吴大学法学院研究两年，恳请准予赐请长假，俾得求学之机会，而将来回社服务或可稍能胜任也。”

此前，金庸已应聘于《大公报》。

1947年六七月，上海《大公报》招聘三名电讯翻译，金庸在109名应聘者中脱颖而出，顺利通过严格的笔试和口试，第一个被录用。

2004年，金庸在央视《面对面》栏目上说：“我本来在杭州报馆，《东南日报》做记者，做新闻记者，后来做国际新闻的翻译，《大公报》报社报考国际新闻翻译，我想《大公报》比杭州的小报纸好得多了，我就去投考，结果考取了，在上海《大公报》工作。”

要到东吴大学读书，要到“在中国报界最有地位”的《大公报》工作，应该都是金庸离开《东南日报》的主要原因。东吴大学法学院在上海，留在《东南日报》就没办法上学读书。

2003年，在浙大紫金港校区的竺可桢学院，浙江大学文学院院长金庸对浙大学生说起：“那年我在杭州《东南日报》做记者，有一次去采访竺可桢，我们坐下来喝茶，他说我可以去做学问，我说可以试试。那年浙大招研究生，我考上了，但我想一面读书一面工作，写信给竺，问他可否通融。竺说不行，这是校规，不能为你一个人破坏，但你可以自学成材，只要你努力，多读书，过二十年回头看看，说不定就很有学问了。”（梁建伟《与金庸

一起“读书”》）

《东南日报》与浙江大学，都在杭州。如果金庸能入读浙大，他应该会在《东南日报》工作更久些。

读浙大的路走不通，之后，金庸才到上海的《大公报》应聘，插班进入上海的东吴大学法学院，攻读国际法专业。

1947年10月底，金庸进入《大公报》工作。

金庸后来回忆说：“我进上海《大公报》是考进去的，担任电讯翻译，那时白天还在东吴大学法学院读书。”（金庸《谈〈彷徨与抉择〉》）由此看来，他是白天上学读书，《大公报》的工作，主要是晚上来做。

1963年，金庸仍忘不了当年《大公报》的“自由与温情”：

在那个法币和金圆券疯狂贬值的时代，我们在报馆中当一个小职员，生活勉强还可以安定。《大公报》在伦敦、纽约以及全国各大都市都派得有特派员，只要你有才能，工作努力，不愁没有升迁的机会。编辑部的重要人员，每星期有三天至四天的休息。像萧乾，他从英国回上海后担任报馆的社评委员，每星期只须写一篇社评，其余的时间就供他自己读书进修。工作到了一定年限，报馆就分给股份……

最值得羡慕的，是报馆内部思想上的自由。报馆并不干涉工作人员个人的思想，在任用编辑和记者时，也唯才能是尚，不考虑你的政治倾向……

《大公报》这“大公”两字，原是每个报人的理想。国民党时代的《大公报》，有时固不免成为某些野心家的政治工具，但整个说来，它已接近于自由主义者知识分子心目中的理想报纸。在报馆内部，也是充满着自由和温情的空气。报馆内部发行一种刊物，专供津沪渝港四处分馆及各地办印处的同人阅读，那是许君远先生编辑的。这刊物代表了报馆同人间融洽亲切的感情。

…………

《大公报》本来的社训是“不党、不私、不卖、不盲”。作为一张理想报纸的信条，我们实在想不出另外有更好的八个字……不党是不依附于任何集团；不私是不因自私自利的目的而歪曲事实；不卖是不接受贿赂，不受人收买；不盲是有独立见解，不是盲目的人云亦云。大公报原来的西文名是一个法文 L'Impartial，那便是无党无派、不偏不倚、独立公正的意思……但在今日香港，许多人却以为无党无派、大公无私乃是脚踏两头船，是左右逢源……报纸的力求公正，乃是全世界与中国报业的最佳传统……（金庸《谈〈彷徨与抉择〉》）

金庸说："《大公报》还有一点蛮有意思的，它上自总编，下至工人，全报馆的工作人员对外一律自称为'记者'，就是报馆的负责人王芸生也不例外。"金庸部分继承了这一作风。1973 年，他访问台湾地区，与蒋经国会面，用的就是"《明报》记者"的名义。

《谈〈彷徨与抉择〉》一文中，金庸还回忆："(《大公报》）编辑部半夜里吃的宵夜，醉鸡、炸虾仁、烧卖、白粥的水平之高，大概是香港任何上海馆子所不及。即使像我这种小职员，报馆中的茶房也是不停送上雪白滚热的毛巾，以增加你工作时的舒适。"后来金庸办《明报》，虽不及《大公报》阔气，总体上还是追随着《大公》的旧轨："《明报》有个非常好的传统，就是报馆包办员工的膳食，到楼顶的有盖露台上吃工作餐，分文不收。我给《明报》翻译日本报刊的文章，不是员工，也常去沾光，从没有人说过半句闲话。"（沈西城《金庸与倪匡》第 52 页）

1963 年的金庸，说起《大公报》，仍有不胜低徊之意："那时我在大公报和新晚报工作，对报馆当然有爱护之心，就是到现在，我承认在感情上对它仍是有温暖的联系。"（金庸《谈〈彷徨与抉择〉》）

金庸晚年不写回忆录性质的文章，但他在各类访问中，不断谈及旧《大公报》，称许为"中国最好的报纸"，强调《大公报》对自己的绝大影响。

杜南发问金庸："究竟是怎样一种力量和使命感在推动您，使您会办出(《明报》）这样一份高水准的报章呢？"金庸回答："我个人一离开学校就进入《大公报》。当时在中国它是最有地位（但销数不算很多）的报纸，对舆论也很有影响力，我从学生时代起就很喜欢这样一份报纸……我认为，一个人一生所做的事业，不论大小，总应该能令自己回想起来感到欣慰……办报纸也应该办一份最好的报纸。”

2001 年，《中国青年报》记者问：“您曾经在《大公报》工作过，那么这份报纸对您后来的工作有什么影响？”金庸回答：“很多技术问题都是我从《大公报》学来的……与办《明报》关系很大。我投身《大公报》，心里很佩服《大公报》当时的不党不卖，评论事件很公正，完全报道。”（《我现在讲话就很雅，没有“文字暴力”》）

初到香港，“有点到了乡下地方的感觉”

1948 年 1 月 25 日，胡政之带着费彝民、李侠文等骨干奔赴香港，筹备《大公报》香港版的复刊工作。3 月 15 日，《大公报》在香港正式复刊。3 月 30 日，金庸乘机抵达香港，从此长期工作于香港《大公报》。

两次到香港，影响了金庸一生。1948 年，金庸第一次到香港，是被动地接受报社安排，1950 年，金庸第二次回港，则是自己的主动抉择。

第二次到港，金庸在长文《谈〈彷徨与抉择〉》中谈过很多。第一次到香港，金庸则有短文《来港前后》。

《大公报》香港版此时急需一名电讯翻译，原来定下的人选并不是金庸。1948 年，金庸在《来港前后》一文中说，原定人选是张契尼，因妻子临产，而未能成行。金庸晚年则说原定人选是李君维。《时代周报》记者李怀宇谈及自己访问过当初与金庸同时考入《大公报》的李君维，金庸接口说：“他是圣约翰大学毕业的，跟我一起考进《大公报》的。我到香港来跟他有关，本来要派他到香港来，他刚刚结婚，不来，那么，报馆就派我来了……”

金庸的老领导罗孚，记得金庸所顶替的是李君维（李姓翻译）。其幼子罗海雷说：

查良镛、梁羽生、周榆瑞等都是第二批去港或后来在香港加入的……由于这位李姓翻译刚刚新婚，报馆征得查良镛（金庸）意见后，暂派金庸前往香港工作。没想到，这一去就是半个多世纪，经历完全不同的人生。就是一次工作变迁……也是他们一生中十分重要的一个转折点……（罗海雷《我的父亲罗孚》第53页）

无论原定人选是谁，金庸都是因此人有事不能来，这才来到香港。

赴港之前，金庸去了一趟家乡海宁，去了一趟南京，去了两趟杭州。1948年3月29日，上海的报馆同事为他饯行。第二天早晨，金庸就坐上了飞往香港的飞机。

在飞机上，金庸才记起自己身上竟然一分钱港币也没带，急得出了一身冷汗。幸好邻座的香港《国民日报》社长潘公弼见他的样子有点异样，忙问究竟发生了什么事。金庸如实相告，潘先生立即借给他港币十元，金庸这才有钱搭船过海，到《大公报》的香港报馆报到。

中午，香港版《大公报》的新同事为他接风洗尘。

几十年后，金庸为自己得到来香港的机会而庆幸。然而，1948年3月底，刚到香港的金庸，却很不自在，想尽快回上海。

半个世纪后，金庸对池田大作谈起他到香港的整体感受："初到香港最鲜明的感觉是天气炎热，以及一句也不懂的广东话，想不到在这陌生的城市一住就达五十年，大半个人生都在这里度过。我在香港结婚、生儿育女、撰写小说、创办报纸，家庭和事业都是在香港建立的。和我曾久居过的上海相比较，那时的香港在经济上、生活上、文化上都比较落后，有点到了乡下地方的感觉。不过一般香港人坦诚直爽、重视信用、说话可靠，我很快就喜欢了他们。觉得香港的人际关系比上海好，香港的格调不像是一个国际性的大都市，有些类似内地的中型城市。不过这种情形很快随着工商业的繁荣兴旺而转变。"（《探求一个灿烂的世纪》第114页）

2001年，金庸还对《南风窗》记者说过："我是1948年从上海到香港的。感觉是从大城市到了一个小地方。当时香港的城市建设比上海差好几倍，甚至连杭州都不如，真有些看不起哩。”

金庸来港后，仅仅十几年，香港发展已经很好了。

我相信，一个文学家写出的作品，与他所处的时空有着微妙的联系，其间确有“气运”存焉。

假如香港一直原地踏步，一直如乡下地方，金庸还是可以写出好小说的，例如《射雕英雄传》就是在香港经济、社会并无显著进步的背景下写出来的。

好在，香港一直在飞跃前进。1948年，金庸刚到香港时，全城人口约180万，各方面都很落后，如今已经是700多万人口的国际性大都会。

1963年，金庸在社评《香港人的精神和品质》中说：“在香港面临各种各样的困难的时候，我们从来不唉声叹气，总是希望住在这个小岛上的人民经常乐观，经常勤奋。像古希腊时代的雅典，中世纪的威尼斯，香港虽小，也尽可成为举世闻名的工商业都市，以至成为一个文化艺术的都市。”

1964年金庸说：“日本、西德、香港这三个地区工业的发展，是战后经济上的三大奇迹。”（《金庸散文集》第283页）

1966年，金庸发表社评《香港人的平均收入》，谈及香港平均每年每人收入395美元，居亚洲第三，远东第二。香港蕞尔小岛，绝无自然资源，能有此成绩，亦足自豪。

1971年12月30日，金庸发表社评《本港工资，亚洲第二》。

金庸说自己“亲身见证了，香港随着工商业的繁荣兴旺，逐渐成为国际大都会”。若无香港的飞跃发展，金庸1964年至1972年写出的《天龙八部》《笑傲江湖》《鹿鼎记》三部作品，可能就不是我们今日所见的那样堂皇正大、气象恢宏。

金庸晚年回忆，自己“当初从上海来香港时，见到一家单车公司的名字叫‘顺英’，很不是味道”。（林翠芬《金庸谈〈天龙八部〉》）

金庸本无意长居于此，然而，阴差阳错，竟一住就是七十年。七十年来，金庸与香港一起经历患难，一起成长，与“东方明珠”一起发光闪亮。

金庸幼弟查良钰回忆他 1990 年在香港金庸家里住过的那两个多月，“有时候，小阿哥也和我们一同去看京剧。许多人认识小阿哥，走在路上，不时能听到“查先生好”的问候，小阿哥总是点头微笑”(《金庸是我的“小阿哥”》)。

1995 年 3 月，金庸突发心脏病，幸得抢救及时，转危为安。期间，香港各界都大为关注，令金庸深为感动。

几十年来，香港并不曾亏负金庸，金庸自己也知道的：“我只身南来，赤手空拳，一无所有，终于在香港成家立业，建立事业与名誉，有了一个幸福家庭和幸福生活。这一切虽有自己辛勤努力，但全是出于香港这一环境之所赐。”(《探求一个灿烂的世纪》第 25 页)

金庸的第一次婚姻，娶杜冶芬

金庸被《大公报》派往香港后不久，便与当初在《东南日报》工作时结识的杜冶芬女士结婚了。二人并没有生儿育女。

二人相识于 1947 年，那时金庸还在杭州《东南日报》编辑“咪咪博士答客问”。

“咪咪博士答客问”栏目有这样一个问题：“买鸭子时需要什么特征才好吃？”“咪咪博士”回答：“颈部坚挺结实表示鲜活，羽毛丰盛浓厚，必定肥瘦均匀。”少年杜冶秋不以为然，写了一封信去“商榷”：“咪咪博士先生，你说鸭子的羽毛一定要浓密才好吃，那么请问，南京板鸭一根毛都没有，怎么竟那么好吃？”“咪咪博士”回信：“阁下所言甚是，想来一定是个非常有趣的孩子，颇想能得见一面，亲谈一番。”杜冶秋回信：“天天有空，欢迎光临。”

杜冶秋的“商榷”，若是出于成年人，就很有些浅薄无聊可笑了，唯其出于一个十多岁的孩子之口，便觉天真可喜。金庸不是很外向爱交际的人，竟为这封短信而想一见这位小朋友。或许是他与杜冶芬女士的缘分，或许，十年离家在外的金庸，感到寂寞。

《倚天屠龙记》开头两回，写的都是寂寞。郭襄的寂寞，无色大师的寂寞，“琴剑棋三绝”何足道的寂寞，少年张三丰的寂寞，还有隐居不出的杨过与小龙女也都是寂寞的。红颜寂寞，侠士寂寞，江湖寂寞，人类寂寞。

杜冶秋的父亲在上海行医，母亲喜欢清静，在杭州买了所庭院，平时与女儿一起住在这里，杜冶秋则跟着父亲在上海上学，假期才来杭州。

金庸在一个星期天下午登门拜访，邂逅了十七岁的杜家小姐杜冶芬。第二天，他再度登门，送去几张戏票，盛情邀请杜家一起去众安桥的东南日报社楼上观赏郭沫若编剧的《孔雀胆》。之后杜冶秋和父亲回上海，金庸却成了杜家常客，与杜冶芬女士两情弥笃。[1]

1948 年 3 月，《大公报》要派金庸到香港工作，金庸写信到杭州，征求杜冶芬的意见，她的答复：“既然报馆中有这些不得已情形，如果你去一个短期，我答应的。假使时间很长，我不肯！”金庸把女朋友的意思，转达杨历樵，杨先生转达许君远，许先生转达王芸生。一一通过。王先生对金庸说：“你去半年再说！”

赴港前金庸两去杭州，就是为了与情人道别。

3 月 27 日，杜冶芬送他到上海，替他整理行李，送他上飞机。临别前交代他一句话：“我们每人每天做祷告一次，不要忘了说，但愿你早日回到上海。”

金庸到了香港，就想早日回到上海，主要原因应该就是想念杜冶芬。

1948 年 10 月，金庸回到上海，与杜冶芬结婚。随后杜冶芬随金庸到了香港。

金庸曾以笔名林欢写影评、编剧本，这个笔名的来历，他本人没有作过任何说明。杜冶秋说，“林”是因为他们夫妇两人的姓氏“查”和“杜”中

---

1 金庸老同学毛信仁另有说法：“我和他（金庸）在一个星期日上午，在杭州英士街口湖滨陈英士先生铜像前漫步时，有幸邂逅当年杭州名中医杜重光先生的千金杜冶芬小姐，她当时正值豆蔻年华，年轻貌美，良镛兄见到她惊若天人，一见钟情了。于是我就陪他接连几个星期日一早就去学士路杜老医生府上苦苦追求。功夫不负有心人……他和冶芬小姐终于在 1948 年冬，在他行将离沪去港担任《大公报》英文编译工作前夕，在上海喜结良缘了。”（转引自查玉强编《同学眼里的金庸》）

都有一个“木”字，双“木”成“林”，而“欢”是他们当时男欢女爱、生活幸福的写照。

1921年，杨小楼与梅兰芳合组“崇林社”，之所以崇“林”，因为杨、梅二姓，都是“木”旁。有人问：“您喜欢听什么音乐？”金庸答：“我喜欢听平剧。”平剧，就是京剧。金庸对京剧的热爱，非同一般。虽则如此，前者（林欢）未必便受了后者（崇林社）多大影响。

金庸的老同事罗孚说，杜冶芬在长城电影公司担任过场记，后来不知怎么，两人分了手，她一个人回杭州去了。

金庸在《大公报》的同事说，杜冶芬是杭州人，不懂粤语，在香港感到生活苦闷，加上当时金庸收入不多，她在吃不了苦的情况下，离开了，离弃了金庸。

那个当年写信给金庸的少年杜冶秋，晚年回忆说：“有些报纸说查、杜分离是因为查欲求职‘外交官’遭妻子反对，迫不得已才分手的，实际上是无稽之谈。”他认为，姐姐、姐夫离婚的主要原因，“恐怕还是‘爱尚且存在不足’”。

金庸自己，在晚年，对记者说：“现在不怕讲，我第一任太太 betrayed（背叛）了我。”他还说过：“第一次结婚的时候，她很爱我，我很爱她。但事后离了婚，你问我后悔不后悔，我说不后悔。因为在当时条件下，大家好真心真意的，事后变故，大家没办法知道。”

金庸在接受香港电台《杰出华人系列》纪录片访问时，则表示，“现在她儿子都这么大了也不妨说，其实是她 betray 我，和其他人拍拖。这当然对我是很大的打击。”

假如金庸所说妻子“背叛”确是实情，则《飞狐外传》中“终于，在一个热情的夜晚，宾客侮辱了主人，妻子侮辱了丈夫，母亲侮辱了女儿”这段文字，就不能与作者的这段感情经历全无干系。

金庸写《飞狐外传》这段文字时，对杜女士可能还有很深的怨愤之情，几十年后，他说起妻子的背叛，“现在不怕讲”，这怨愤之情，不是更深而是更淡，差不多已经“放下”了。

罗孚是新武侠小说的催生者之一，但他一直以来都坚持武侠小说是俗文学，而俗文学写得再好也是二流的观点，于此，我深觉惋惜，不赞同。除此之外，罗孚的观点都很通达，例如，他谈说金庸的第一次离婚。

有记者问罗孚，金庸在接受采访时说是太太背叛他，是怎么回事？罗孚回答："他是这样讲，我们当时也不是很清楚。"

金庸说妻子背叛了他，可能是真的（又不是什么光彩事，人们一般不会无中生有，给自己编一顶绿帽），毕竟一面之词，未必完全属实。

男女情事，外人难以确知，也没必要过分关心。

金庸生平离婚两次。

第一次，就是与杜冶芬女士离婚。

未必是妻子"背叛"了他，至少，是她遗弃了他。

> RTHK的节目《杰出华人系列》中，金庸亲口说，第一任太太，对不起我……当时金庸携妻子来港，（杜冶芬）因为语言不通，加上生活水平下降，颇有不满。不久黄永玉在港办画展，画展的摄影师和金庸第一任妻子结识，逐渐走近，最后她跟他回国。（肖灿《金庸一些事》）

都没有大错。二人性情不投和，即使杜女士真的"背叛"了金庸，也不算大错，所以，金庸晚年会说："在当时条件下，大家好真心真意的，事后变故，大家没办法知道。"金庸的第二次离婚，是金庸先"背叛"，后遗弃了妻子。于此节，亦当作如是观。

只要某人不是做得太过分，太不像话，对于他或她的私生活与私德问题，我们局外人，实在没必要"代入"太深，不必要说太多，做过分的指责——毕竟我们自己也不是无瑕无垢的天使。

"希望成为意中人某种使用的衣物"

1970年初，金庸写《卅三剑客图》。第二十篇《维扬河街上叟》谈及：

（黄损）赠给未婚妻裴小姐的词是一首很香艳的《忆江南》，流传后世，词曰："平生愿，愿作乐中筝。得近玉人纤手子，研罗裙上放娇声。便死也为荣。"

希望成为意中人某种使用的衣物、得以亲近的想法，古今中外的诗篇中很多。连不愿为五斗米折腰的陶潜如此正人君子也有一篇《闲情赋》……想做意中人身上的衣领、腰带、画眉黛、席子、鞋子。

比陶潜更早的……张衡之愿，见义勇为，似乎是一片卫护佳人之心，但想做佳人的席子帐子，毕竟还是念念不忘于那张床，反不及陶潜的坦白可爱。

廿多年前，我初入新闻界，在杭州东南日报做记者，曾写过一篇六七千字的长文，发表在该报的副刊"笔垒"上，题目叫做"愿"，就是写中外文学作品中关于这一类的情诗，曾提到英国雪莱、济慈、洛塞蒂等人类似的诗句。少年时的文字早已散佚，但此时忆及，心中仍有西子湖畔春风骀荡、醉人如酒之乐。

《愿》即《"愿……"》。最后一段，三处有误：此文并不是发表在《东南日报》杭州版的副刊"笔垒"，而是发表于该报上海版的"长春"副刊上，2018 年，杨新宇终于将这篇佚文发掘出来；此文没有六七千字那么长，只有两千八百字，这也很正常，就像"记忆中小时候吃过的饼子格外大"一样正常；文中"没有金庸记忆中的雪莱、洛塞蒂（罗塞蒂），但丁尼孙、济慈、雨果是有的"（杨新宇《金庸早年的诗歌随笔〈"愿……"〉》）。

杜冶秋说："当年偌大个杭州城，叫得响的就那么一份《东南日报》，枯燥乏味，唯有其中'咪咪博士答客问'像万宝全书，文字精妙，逗人开怀，是人人都抢着看的。这'咪咪博士'正是金庸。"这里面，有因个人感受而夸大的因素，但是，基本可以确定，金庸主持的这个栏目，是《东南日报》办得最好的专栏之一，由此可见青年金庸之才气。

杜家一直在看《东南日报》，金庸与杜冶芬又结缘于《东南日报》，这篇以查良镛本名发表的《"愿……"》，杜女士几乎不可能读不到。此《"愿……"》，应该就是金庸对她发"愿"，一封"公开的情书"。

此《“愿……”》，这封情书，指向金庸生命中另一位女子，我不排除这种可能性，但总感觉可能性不是很大。

十三年后，金庸忘不了这篇文章，忘不了“西子湖畔春风骀荡、醉人如酒之乐”，更忘不了他与杜冶芬女士在一起时的旖旎情怀。

一直忘不了的。

杜冶秋回忆：

20世纪80年代初，我在上海戏剧学院的学友杨在葆因主演影片《原野》赴港，金庸……得知杨在葆与我是大学同窗好友，高兴地请他带话：“那您回去后一定代为问候，我们是亲戚，不过我和他姐姐早已分手了。”……

……上世纪60年代初，大陆物资供应极端匮乏，他主动寄来猪油等食品……

1981年金庸首次回大陆……途经杭州时兴致勃勃托熟人去母亲处，表达要见见家人的意愿。可叹老家楼下正在大修，不便待客。而且实在是“十年浩劫”的阴影太深，母亲心有余悸，最后决定改去兄嫂家聚首。由于事出突然，姐姐略有尴尬，但她还是赶过去了。不料接待人员已将兄嫂驱车接往西湖饭店，让她扑了个空。那时又没有手机之类可通话，兄嫂和查哥又都不知姐姐扑空之事，日后也没机会解释。

1985年，我家收到一纸汇单，去银行取款时，方知是查哥寄来的。为此，我一直认为他秉承了当年的诺言：“我们还是朋友！”……查哥没有亏待过我们。（杜冶秋《金庸在杭州城的一段情》）

金庸一直把杜府一家当作家人看待。

杜冶秋直到晚年，也是以“查哥”“查哥哥”称呼金庸。可见，杜府一家，至少是杜先生自己，在那几年与金庸相处得很是融洽。之后几十年，心中念中也一直把金庸当朋友、兄长看待。

杜冶秋说：“姐姐的青年时代，纯净慧敏，至少给查哥的生活和文思，留下美好的瞬间。”金庸1947年之《“愿……”》，应该就是杜冶芬给他的文思，留下的第二个“美好的瞬间”。

《“愿……”》的结尾，署有“宝宠录之二”。何谓“宝宠”？我的理解，就是“宝”她、“宠”她的意思。哪一年，“宝宠录”的第一篇，乃至可能存在的“之三”“之四”，也得出土，就可以验证我的推测：必与男女之情相关。

金庸写《卅三剑客图》，由黄损这个人和他“赠给未婚妻裴小姐的词是一首很香艳的《忆江南》”这阙词，想到了自己年轻时所写《宝宠录》。黄损的《忆江南》写给未婚妻裴小姐，金庸的《宝宠录》，也是写给未婚妻的。

《“愿……”》中，金庸说：“因为中国的诗读得不多，一时想不起中国诗人是否尽有（希望成为意中人某种使用的衣物、得以亲近）这一类愿望的表白。”这句话，很值得玩味。似乎，1947年的金庸，自觉读西洋诗比读中国古诗更多更熟。金庸受西方文学乃至西方文化、西方文明的影响，是非常深的。

王浩然回忆他与金庸在衢州中学时，到收藏颇丰的校图书馆借书，“我们借的书大多是西方文学名著汉译本及部分英文原著，还有一些世界历史”。为求得安静一点的读书环境，金庸、王浩然和江文焕这“三驾马车”，合租了一间村民的旧阁楼，“落课之后，回到我们的‘陋室’，或抒鸿雁之志，纵论天下兴亡；或谈莎士比亚、狄更斯著作之妙”。（王浩然《金庸少年行》）

后来他们中学毕业，同学八人结伴到西南考大学的路上，“道路险峻难行，每人肩上负担沉重，个个汗流涔涔，气喘吁吁。良镛的负担更重，他的背包里还塞满《综合英汉大辞典》《高级英文写作和选读》以及英文本《圣经》”！

另一衢州中学同学斯杭生回忆：“查良镛总是把全本书读完，而且还经常到图书馆去借阅英文世界名著原本来阅读。”（斯杭生《我和金庸的一段友情》）

到了1996年，《名人名家》摄制组，在金庸的书房里，“看到的几乎全是精装本的外文书籍”（葛继宏《叩访名家》第43页）。

这句“中国的诗读得不多”，虽有几分自谦的成分，但也基本印证了本书“新旧交替时代，金庸没读过私塾”一节中金庸幼年、少年时无人引导他学习中国古典文学的判断。若是幼年开始就有人引导金庸读古诗词，金庸在这近二十年的时间内一定读得太多（不可能不爱读），再谦虚，也不会在1947年说自己读中国诗不多。有人说，大哥查良铿很早就教二弟金庸学习中国古典文化，那是他自己在编故事。

金庸对中国古典文学与西方文学的学习，都不出于他人引导，而出于个人爱好，靠自学。金庸熟读古典诗词，主要是他写这篇《“愿……”》的1947年后十几二十年的事。

《“愿……”》中，金庸说：“作了一次旅行。这次旅行使我懂得为什么我永不会喜爱那些写实的作品，因为我发觉自己脑子中充满了太多的幻想。在火车中只带着这次经过上海时购的两本书，一本是温莎的 *Forever Amber*，一本是 Strauss 的 *Famous Waltz* 曲谱。”后一句，可证金庸受西方文化影响之深。前一句，也验证了我十几年前的判断，金庸是“一捆矛盾”。身为“报人”和“社会活动家”，金庸固然是现实主义者，他的本性，却是再浪漫不过了，这才“脑子中充满了太多的幻想”。金庸身上有“道学气”，更有“才子气”。

两代报人，金庸悼念胡政之

旧《大公报》三巨头，就是张季鸾、胡政之、吴鼎昌三先生。

金庸最崇敬的，应该是张季鸾，可惜，在金庸进入《大公报》工作的六年前，张先生已然仙逝。

吴鼎昌于1935年入阁做官，有悖于《大公报》一向坚持的不党、不卖、不私、不盲的“四不”方针，公开辞去了《大公报》社长一职。

金庸加入《大公报》时，主持报务的是胡政之（胡霖）。

金庸在《谈〈彷徨与抉择〉》中说，在《大公报》，“只要你有才能，工作努力，不愁没有升迁的机会”，“在任用编辑和记者时，也唯才能是尚”。能有这么好的风气，当然与《大公报》主政者之一胡政之分不开。

梁羽生1949年入《大公报》，其时胡政之已逝，毕竟逝世不久，梁羽生还是通过各种渠道对胡先生有所了解：

在香港这段时间，胡政之住在赞善里八号四楼，是报馆的宿舍……宿舍是再普通不过的旧楼，楼高四层，四楼连接天台，活动空间较大，“环境”算是最好的了。我之所以记得如此清楚，是因为我后来也在那里住过，正好也是住四楼。胡政之住的是一间单人房，卧床以外，只能容纳一张书桌。但若按“人均量”计算，他所占有的空间则较多。当时和他一起住在四楼的“大公人”，年纪最大的是谢润身，人称老谢；年纪最小的是查良镛，大家都叫他小查……另一位级别和老谢相当的是翻译科主任蔡锦荣。还有一位人称“何大姐”的何巧生，是翻译科的副主任，年纪比老蔡还大……

胡政之是《大公报》的“至尊”（三巨头只剩下他了），老谢、老蔡等人则只能算是“中层”，双方相处，亲若家人。看来“等级森严”这种观念，在“老大公人”的脑袋里，似乎尚未形成。（梁羽生《胡政之·赞善里·金庸》）

最后这句话，很有意思。梁羽生似在暗讽：胡政之逝后，在《大公报》，慢慢形成了“等级森严”的局面和观念。

金庸到港后，与胡政之同住赞善里八号四楼。

金庸对于他见过的人，真心佩服的，应该不算很多。在中央政治学校见过的钱穆算一个，金庸称之为“伟大的学者”。到了《大公报》香港报馆，金庸见到的胡政之，也是他衷心佩服向慕的，称之为“伟大的报人”。

金庸在《来港前后》中，介绍《大公报》香港报馆的情况：

港馆情形一切简陋……办公室一小间，大概同沪馆资料室那么大……宿舍在后面山上，我睡在四层楼的走廊上。中午十二时必须起来，自己固然饭可以不吃，但别人要坐在你的床上吃饭。胡政之先生每天必轻手轻脚经过我床边到盥洗室，其实我大都是老早醒了。

金庸是1948年3月底到香港，4月24日夜，胡先生突然发病，膀胱膨胀，小便闭塞，27日，被迫离开香港飞回上海就医。金庸在他们宿舍门口看着胡先生离去。

1949年4月14日，一代报业巨子胡政之与世长辞。一周之后，金庸在《大公报》发表纪念文章《再听不到那些话了》：

与胡先生相处只有一个多月，在这一个多月中，因工作、吃饭、睡觉都是在一起，这位伟大的报人对于一个年青的新闻工作者生活和学习上所发生的影响是极其深远的。我常常想起他那些似乎平淡无奇其实意义精湛的话来，现在却永远再听不到那些话了。

港版初创，内容与“香港文化”似乎格格不相入。有一次吃饭时胡先生说：“报纸的任务是教育读者，以正确的道路指示读者，我们决不能为了争取销路，迎合读者的心理而降低报纸的水准，歪曲真理。”

当胡先生病况渐深时，有一次与寿充一兄及我谈起他的病因，他说：“我这病种因于少年时候，当时年青力壮，不论工作生活，一任性之所趋；现在年纪老了，当时隐伏的病根都发出来了，所以年青人决不可自恃一切拼得过，身体务须好好保养。”

一个下午，胡先生与谢润身兄及我谈及工作问题时，问及我本来学什么，我说“外交”。他说：“外交不是根本的学问，以后当多看一点历史与经济的书籍。”这句话我依照做了，而且已得到很多好处。后来谈及美国人，他说：“肤浅，肤浅，英国人要厚实得多。你不要看美国现在不可一世，不出五十年，美国必然没落。这种人民，这种作为，决不能伟大。”近来看了一些书，觉得胡先生这句话真是真知灼见，富有历史眼光。

去年，也是在这个季节，也是这种天气，胡先生离开香港。我站在报馆宿舍门口，看着他一步一步走下坚道的斜坡。临别时他说：“再会。”我问他：“胡先生，你就会回来么？”他说：“就会回来。”说了淡淡地一笑，我从这笑容中看到一种凄然的神色，我立在门口呆了许久，心中似乎有一种不

祥的对命运无可奈何的预感。果然，他永不会再回来，这些话也永远不会再听到了。(《回忆胡政之》第30页)

这篇文章写得好，因为“笔锋常带情感”，从中很能读出金庸对胡政之这位“伟大的报人”的崇仰之情、亲近之意。

2009年，《回忆胡政之》一书由天津人民出版社出版，金庸为之题词。题词格式是旧传统的自上而下、自右而左。最右一行大字：“名言谠论，终身受益。”然后是三行小字：“胡政之先生主持香港《大公报》时，晚每晚亲聆教言，获益良多。今遗作出版，敬书数语，以志感怀。金庸谨书。”

从“今遗作出版”一语看来，这份题词是为2007年出版的《胡政之文集》所写，而用在了《回忆胡政之》一书。这两本书的编者，都是胡玫和王瑾。

胡政之与金庸，两代报人，共同点是都有“霸气”，也都能用人才、善用人才，“我在日月神教，本来只是风雷堂长老座下一名副香主，你破格提拔，连年升我的职”，像任我行提拔东方不败这样的事，胡先生与金庸都做过不少。

2000年，金庸题赠马云：“善用人才为大领袖之要旨也。刘邦刘备之所以创大业也。愿马云兄常勉之。”

胡政之在61岁时逝世，与金庸相处仅一个月，如果老先生更多十年寿算，而仍实际掌握《大公报》的控制权，也许金庸的人生历程会有所变化。

古希腊悲剧与普鲁塔克《希腊罗马名人传》

2003年，金庸回忆：“那时我在香港大公报工作……对文学有兴趣的同事，有萧乾和袁水拍两位前辈先生……跟他们谈的是希腊悲剧等等话题。”(金庸《关于“金庸茶馆”》)

他在《袁崇焕评传》中写道：“希腊史诗《伊里亚特》记述赫克托和亚

契力斯绕城大战这一段中，描写众天神拿了天平来秤这两个英雄的命运，小时候我读到赫克托这一端沉了下去，天神们决定他必须战败而死，感到非常难过。”由此可知，金庸接触古希腊文化为时甚早，早到“小时候”。

1944 年，金庸在重庆国立中央图书馆工作时，“比较喜欢西方十八九世纪的浪漫派小说，像大仲马、司各特、斯蒂文生、雨果。这派作品写得有热情、淋漓尽致，不够含蓄，年龄大了会觉得有点肤浅。后来我就转向读希腊悲剧……”

1997 年 5 月，金庸步出雅典卫城，深有感触：“希腊是西方文化发源的地方，到希腊就是接近西方文化的源泉，有另外一种文化上的感觉，在希腊罗马的感觉都是一样，我希望将来读书读些古希腊文、拉丁文，直接接触到西方文化的源流。”

1997 年 12 月，金庸在《秦桧问题的真相》一文中说，他当时正在学习和探讨古希腊史和古罗马史。

金庸对古希腊文化的热爱，自幼到老，并不衰减。

金庸也经常谈及古希腊戏剧。

约 1956 年，金庸由黄梅戏影片《天仙配》，谈及古希腊戏剧：“他反抗宙斯的命令而将火种给了人，这使人的力量大增，但他自己也因此受宙斯的苦刑。古希腊的大悲剧家伊斯齐勒斯在他关于柏洛米修斯的三部曲中，描写了他这种伟大的反抗精神……在古希腊大喜剧家亚里斯多芬所写的喜剧《鸟》中，人联合了鸟而组织‘鸟国’，隔断了神与人的交通，使宙斯不得不大丢其脸的服输求和。”（金庸《中国民间艺术漫谈》第 115—116 页）

1963 年，由不能因杨四郎有汉奸嫌疑而禁演京剧《四郎探母》，金庸谈到：

在任何伟大的文学和戏剧中，主角都是有弱点的，不一定要求他在道德上是个完人，相反的，正因为他性格中有矛盾，内心恩怨纠结，难以自已，这才显出了人生的真实，表现出悲剧中的深刻意味……那些传诵千古的希腊大悲剧，有的主角娶母亲为妻，有的杀死了父亲，以惊心动魄的罪孽，构成惊心动魄的悲剧。

……黑格尔于古今悲剧，最推崇希腊沙福克里斯的《安蒂琪》，认为古今戏剧，以此为首。安蒂琪是一个美丽而刚烈的少女。她哥哥为争王位，借了敌国的兵来攻打自己祖国第伯斯，在战斗中被杀死了。他是卖国贼，当无疑问。第伯斯国王克利昂下令，有人敢收葬这卖国贼的尸体，便处死刑。安蒂琪轻生重义，毅然把她哥哥的尸骨收葬了。安蒂琪是国王之子希蒙的未婚妻。国王经过一番内心的矛盾，终于将她绞死。希蒙心伤情人之死、唾弃父亲的不仁，也自杀了。安蒂琪的故事，有些类似我国战国时的聂嫈，她不怕严法而收葬弟弟聂政的尸体。郭沫若先生曾以此为题材写过一部话剧《棠棣之花》，我不知道他是否因《安蒂琪》而触动创作灵感，但由此受到若干影响，想来在所不免。

《安蒂琪》的故事虽和《四郎探母》不同，但有一点是相同的，那便是人情和国家观念的冲突。（金庸《谈〈彷徨与抉择〉》）

1970年，金庸对张大春也谈起："希腊的古典悲剧总是强调着'命运'，人受制于它，并与之抗争，然后遭受到永恒的挫败……希腊悲剧似乎总是一连串的惊疑和恐怖，观众可以眼看着剧中人一步一步踏入命运的牢笼，无法解脱。"（《金庸茶馆》第五册第25页）金庸小说人物中，最染有希腊悲剧人物色彩的，就是乔峰（萧峰）了。我们读《天龙八部》，眼看着乔峰一步一步踏入命运的牢笼，无法解脱。

1975年，金庸写《袁崇焕评传》，谈到："古希腊英雄拼命挣扎奋斗，终于敌不过命运的力量而垮了下来。打击袁崇焕的不是命运，而是时势。虽然，在某种意义上说来，时势也就是命运。像希腊史诗与悲剧中那些英雄们一样，他轰轰烈烈的战斗了，但每一场战斗，都是在一步步走向不可避免的悲剧结局。"

金庸十几岁时写《人比黄花瘦——读李清照词偶感》，"对现代一切吟风弄月，缺乏战斗精神的思想提出抗议”，后来他读古希腊悲剧，对于“古希腊英雄拼命挣扎奋斗”“轰轰烈烈的战斗”，正有无限的赞佩向往，两者的精神是一致的。

20世纪90年代，金庸与池田大作“漫谈世界名著”，他们谈到的第一部书，是普鲁塔克的《希腊罗马名人传》。

萧乾、袁水拍两位，都在1949年离开香港《大公报》，到北京工作。金庸与他们谈论古希腊悲剧，时间只能是在此之前。

金庸与萧乾、袁水拍讨论古希腊悲剧，大约是1948年的事。金庸研读《希腊罗马名人传》，大约是1955年的事。在这两件事中间，大约1952年，金庸在翻译汤因比的《历史研究》。

金庸对池田大作回忆说：“来到香港在《大公报》工作，工余就着手翻译汤恩比博士这部大著的节本（他这部大著共十二卷，当时还未写完），因西洋史的修养不足而遇上困难时，就自行恶补而应付之，我把这些困难都当作是汤恩比博士所说的‘挑战’。后来因为工作上的需要……把《历史研究》搁下了。”

金庸翻译《历史研究》，应该不仅是出于对历史学的兴趣。“己欲立而立人”，金庸自己凭借《历史研究》一书，树立起对民族复兴的信心，他可能是希望这本书让更多国人读到，令国人也对华夏民族之振兴更具信心。

民族复兴，谈何容易？需要更多国人具有春秋战国或汉唐盛世时祖先那样的精神气度，需要更多国人像古希腊古罗马的英雄那样，坚韧不拔、意志力特别强韧，拼命挣扎奋斗，轰轰烈烈地战斗。

那段时间的金庸，先是细读（并与人讨论）古希腊悲剧，接着翻译《历史研究》，最后研读《希腊罗马名人传》，这三件事，并不各自孤立。

那时《历史研究》没有汉译本，《希腊罗马名人传》亦无汉译，金庸读的是诺斯的英译本，自言曾“苦苦研读”，当时自己“已过三十岁”，我由此推想金庸读此书大约是1955年。正是从这一年开始，金庸连续写了十五部近千万字的小说。像《希腊罗马名人传》“所记载的英雄”一样，金庸笔下的英雄，也多是意志力特别强韧之人。

金庸还对池田大作说过：

我写的武侠小说并没有想宣扬什么主题思想……真正的宗旨，当是肯定中国人传统的美德和崇高品格、崇高思想，使读者油然而起敬仰之心，觉得人生在世，固当如是。虽然大多数读者未必做得到（作者自己也做不到），但若能引起“心向往之”的意念，那也是达到目的了……文学的目标，是用文字创造一些人物、故事或感情（诗歌通常无人物、故事）来表达某些美的、善的、纯真的感情或价值。这些感情或价值，在人生中本来就有的，艺术家加以精练、安排组织，令读者受到感动，接受其价值的观点。

当时他们所谈的话题，已经不是普鲁塔克《希腊罗马名人传》了，但金庸这段话，仍让人不自觉想到普鲁塔克自述他为何写作《希腊罗马名人传》：

我开始着手为英雄豪杰写作传记的目的是为了娱乐别人，等到陷身其中不能自拔，才知道所有一切完全是嘉惠自己。这些伟大人物的德行对我而言就像一面镜子，以人为鉴主要是指点我们的人生道路。实在说，我们只有在日常作息和亲朋交往方面，能与他们一较长短。因而对于这些功成名就的贵宾，我们检验的重点如同赞誉阿奇里斯的诗句，在于“君子之风，山高水长”。为了叙述他们的言行举止和生平事迹，全部经过特别挑选，不仅高贵而且值得流传广为人知，让阅读者打内心油然而起“当若是也！不亦悦乎？”况且，吾人必以风行草偃，日以精进为功。

金庸曾说，自己写小说，“自娱之余，复以娱人”；普鲁塔克也说自己“着手为英雄豪杰写作传记的目的是为了娱乐别人”。

金庸说，要“使读者油然而起敬仰之心，觉得人生在世，固当如是”；普鲁塔克亦希望“让阅读者打内心油然而起‘当若是也！不亦悦乎？’”之念。

金庸小说，受《希腊罗马名人传》影响很深。

面对池田大作，金庸谈到：“伯利克里斯是我最佩服的古希腊人……说雅典是一个自由人的社会，宝爱自己的生活方式；雅典人愿意倾听别人的意见，但雅典人决不会去干预别人的生活，也不希望别人来干预雅典人的生活。”金庸笔下的任我行与此截然相反，眼中唯有自己的绝对自由，绝不容许教徒有点滴的自由存在，肆行自己的意志，干预每个人的生活，不仅要在版图上，更要在思想上“一统江湖”。

接着，金庸又借伯利克里斯“时间是最好的忠告者”的题目自我发挥：“这真是真知灼见。对于过份急躁的‘欲速不达者’，与其固执己见，认为缓进派的主张一定错误，不如多想一想古希腊这位大政治家的忠告。”这里，金庸含蓄地在为自己当年身为香港特别行政区基本法起草委员会政制小组召集人时的做法稍作辩护。

金庸又说：“伯里克里斯临死时的一句话我更加佩服。他重病将死时，大批亲友和下属赞扬他的丰功伟绩和造福于国家人民的大贡献。他在昏迷中听到了，接口说：这些胜利和成就，别的将军与领袖们如果运气好，也是可以做到的，他自己真正伟大的成就，却没有人提到，他觉得奇怪，他说自己一生最卓越的了不起的功绩是——‘没有一个雅典人曾为了我的缘故，而不必要的为他亲人服丧。’”（《探求一个灿烂的世纪》第 183 页）这一点，与孟子“行一不义，杀一不辜，而得天下，皆不为也”的思想一致，共同为金庸所信仰。因此，《射雕英雄传》中，乃有郭靖对一代天骄的诘问：“你杀这么多人，流这么多血，占了这么多国土，到头来又有何用？”晚年的金庸表示要写一部“与从前的历史观完全不同”的中国通史，“立场完全站在老百姓一边”，以老百姓的日子是否“好过”作为评价那个时代的标准。金庸对张艺谋《英雄》一片的反感，当然也出于这种思维。秦始皇的“天下”，就是任我行要“一统”的“江湖”。

金庸书中最伟岸的英雄乔峰（萧峰），宁愿杀灭自身，也不乐见汉与契丹两族残杀，不必要地为亲人服丧。

博览《尤利西斯》等西方文学名著

萧乾是1949年8月离开香港的。之前那段时间，金庸向他讨教的，不仅是古希腊悲剧。

1963年，金庸回首前尘："香港大公报内部没有派系，没有甚么结党把持的情形。那时我年纪轻，职位低，他们对我都很照顾。尤其是萧乾先生，他对西洋文学的爱好，自由主义者的气质，特别和我谈得来。詹姆士·乔埃士那部现代派技术的小说《攸利赛斯》，我读来读去不懂的地方太多，工作之暇，常常向萧先生请教。他总是很热心的指点……萧乾先生是我西洋文学的导师……"（金庸《谈〈彷徨与抉择〉》）

几十年后，萧乾与夫人文洁若合译《尤利西斯》，不知此时的金庸对此书是否还有当年那份好兴致，读过这个译本没有？[1]

金庸既曾研读《尤利西斯》，这部"天书"对他的小说创作有无影响？可能稍微有一点。《尤利西斯》全书的故事，都发生在1904年6月16日这一天，而金庸的《雪山飞狐》，整个故事也是只发生在乾隆四十五年三月十五这一日。当然，《尤利西斯》与《雪山飞狐》的叙事、篇幅都大不相同，因此我说，前书对后书，可能稍微有一点影响。

金庸对西方文化的了解，比较深入。

晚年一次访谈中，金庸说他当时阅读的，主要是佛学和西洋哲学。西方哲学家，金庸曾经谈过苏格拉底、柏拉图、亚里士多德、休谟、培根、笛卡尔、康德、卢梭、尼采、黑格尔、弗洛伊德、荣格、卡莱尔、罗素、卡尔·波普尔、亨利·柏格森、托马斯·莫尔、马克思等人。

1989年，金庸对记者说："希望能把大部分报社工作托出去……或者再

1　1993年，金庸在《北国初春有所思》一文中说："临别时，他（江泽民）拿了一叠书送给我，都与我家乡有关，一共十七本……其中有一本《两浙轶事》，是浙江省文史研究馆所编，是萧乾先生所编文史笔记丛书中的一套。"金庸特别提到这套书是萧乾先生所编，或感念起萧先生之旧恩。当年萧乾与金庸"特别谈得来"，金庸看萧乾，在师友之间。他多次到北京，按理应该奉访，但我没看到相关报道。

写点小说……如果要写，就写哲理性小说，以哲学为内容，希望新的东西能有新突破。”他似自觉对于哲学，包括西方哲学，还是颇有会心的。

金庸对于西方文学，就更熟悉了，他在不同场合谈及的作者与作品，包括《圣经》新旧约全书、荷马史诗、古希腊悲剧、《贝奥武甫》、《罗兰之歌》、《熙德之歌》、《十日谈》、西塞罗、但丁、阿里奥斯托、莎士比亚、易卜生、歌德、席勒、戈哈特·豪普特曼、卡夫卡、托马斯·曼、笛福、狄更斯、司各特、奥斯汀、艾米莉·勃朗特、杜穆里埃、哈代、吉卜林、王尔德、金斯莱、高尔斯华绥、毛姆、斯蒂文森、威尔斯、D. H. 劳伦斯、乔治·奥威尔、布拉姆·斯托克、詹姆斯·乔伊斯、柯南道尔、克里斯蒂、范达因、西默农、托尔金、麦卡洛、罗琳、弥尔顿、彭斯、华兹华斯、柯勒律治、拜伦、雪莱、济慈、罗塞蒂、斯温伯恩、斯特雷奇、约翰逊博士、兰姆、刘易斯·卡罗尔、J. 德莱顿、萧伯纳、雨果、波德莱尔、大仲马、小仲马、左拉、巴尔扎克、司汤达、梅里美、福楼拜、莫泊桑、法朗士、罗曼·罗兰、莫洛亚、艾吕雅、凡尔纳、加缪、萨冈、普希金、莱蒙托夫、赫尔岑、别林斯基、果戈理、托尔斯泰、陀思妥耶夫斯基、屠格涅夫、阿·托尔斯泰、高尔基、法捷耶夫、费定、朗费罗、梅尔维尔、马克·吐温、霍桑、爱伦·坡、奥尼尔、菲茨杰拉德、福克纳、欧·亨利、海明威、露易莎·梅·奥尔科特、亨利·詹姆斯、赛珍珠、纳博科夫、杰克·伦敦、詹姆斯·M. 凯恩、普佐、谢尔顿、安徒生、密茨凯维支、裴多菲、柯埃略。还有一些不是很出名的西方小说家、剧作家，金庸也都读过、谈过，这里就不一一举出了。

上面这个不完整的金庸读过的外国文学家名单中，对金庸影响特别大的，应是古希腊悲剧三大师、莎士比亚、屠格涅夫、狄更斯、司各特、大仲马、斯蒂文森和毛姆；对他影响比较大的，应是托尔斯泰、雨果、哈代、王尔德、梅尔维尔、亨利·詹姆斯与克里斯蒂。

金庸有三个半“全看过”：中国旧小说，他几乎全看过；旧武侠小说，他几乎全看过；19 世纪及之前西方重要的文学作品，他几乎全看过；那个时代的中西方电影，他几乎全看过（电影与文学相关，但不直属于文学，算半个）。查良镛成为金庸，只靠天分是不够的。

香港学者孙立川认为，金庸的武侠小说，采用的是中国传统小说的形式，但环环相扣、引人入胜的情节设计，则与他对西方小说的大量阅读、翻译，以及对西方电影的熟稔不无关系。

在《说〈梁祝协奏曲〉》一文中，金庸说："（《梁祝协奏曲》作者何占豪）创作中国音乐，说目标是'外来形式民族化'、'民族形式现代化'。我很佩服这两句口号。我写中国小说，也追求'外来形式民族化'、'民族形式现代化'。"这段话，金庸明白道出，他的小说受西方文学、西方文化的影响极大。

已故香港著名学者、出版家余也鲁曾在日记中记述，20世纪70年代，宋淇、马蒙、赖恬昌、金庸与余也鲁发起成立香港翻译学会，学会的发起宣言便是金庸起草的，余也鲁还说，很少人知道金庸对翻译有这么浓厚的兴趣。（章诗依《金庸的文字江湖》）

金庸所读西方文学作品，大多数止于19世纪。他对19世纪及以前的西方文学作品是极为熟稔的。

金庸曾对记者谈起自己的阅读经历："我从小就最爱看小说，先看中国的四部小说；中国的小说没的看了就看外国的翻译小说……外国翻译的小说，也以旧小说为主。"这个"旧小说"，所指当是18、19世纪的西方小说。

金庸提到过的20世纪西方"现代派文学"作品（鲁尼恩、克里斯蒂、托尔金、罗琳等人的作品，写于20世纪，但不属"现代派"），却非常少。

2001年，金庸接受《南方周末》采访，谈及不少晚辈的小说家。他谈王小波："不是文字暴力，他是蛮幽默的文风，趣味性的。"谈贾平凹："文字也很好的，他也不是文字暴力，他有时候写像《废都》这样的内容，描述西安青年的性生活，这倒不是文字暴力，是对实际情况的描写，我觉得也是可以的。"谈莫言和余华："莫言的文字我很接受，很欣赏。莫言有些文章写得很好的。《檀香刑》我还没有看过。莫言我看过他的一些短篇，写得很好。""中国文坛，莫言的余华的这些都是写得很好的。"谈王安忆："王安忆我喜欢的。"

金庸读过的19世纪及以前的西方文学作品，比起他谈及的这些晚辈小说家，只多不少，所受到的影响，也可能更大。

金庸有个优势，他的英文很好，可以直接阅读英美文学原著和其他西方国家作品的英译本。而且，金庸在写作小说之前或当时，翻译过超过一百万字的西方文学和非文学作品。歌德说“不懂外语的人对自己的语言一无所知”，德国汉学家顾彬则曰：“不懂外语使中国作家不能够从另外一种语言系统看自己的作品。”金庸不存在这个大问题。

还有优势，是金庸的“旧学”修养更深。

当然，这两者都是时代原因造成的。比金庸晚一两辈的小说家，在他们受教育的时期，“旧学”与“西学”，被视为“封、资、修”，整体是不受重视的，甚至是遭排斥的。

2001 年，金庸说：“欧化的文字我情愿去看英语法语。”此时他的法语程度应该也很不错，可以直接阅读法文原著。林燕妮谈金庸学法语：“查先生要强，或者那也是天生的性情吧……学法文，跟太太一起上课，但他用功得很，进步一日千里，弄得查太大发娇嗔：‘我不学了，跟他不上。’”（林燕妮《香港第一才子查良镛》）然而，在金庸 1972 年“封笔”不写小说之前，他的法语未必有这么好。金庸读西方著作，应是以英文居多。

金庸读过的 20 世纪西方文学作品很少，受其影响很小，这是金庸的劣势。

谈及朱文的小说，金庸说：“我看过，写得很新潮、很前卫的，我看了一下，不大看得下去，我觉得他在文字上文风结构不像中国话，比较欧化一些。欧化的文字我情愿去看英语法语，不用去看中国人写的了。”金庸还说：“才写的这些过分意识流的我就不太接受了。”（《金庸 VS 文字暴力》）

金庸不喜欢太新潮、太前卫、太“意识流”、太“现代派”的小说。西方的这种作品他不喜欢，中国的，他就更不喜欢了。认真拜读研究“现代派技术的小说”《尤利西斯》，对于金庸来说，是少见的几次例外之一。

金庸有些狭隘了。小说创作应该不断尝试新的写法、新的思路，残雪女士这种类型的小说作品，自有其价值。然而，当代西方文学界，一味求新求变，他们认定拉伯雷、菲尔丁、狄更斯那样的写法，到了20世纪，便已完全过时，绝对写不出杰作，这种观念何尝不是另一种狭隘。就像有些人认定，曾出现《红楼梦》与《水浒传》这样伟大作品的章回体小说，在新文化运动之后，绝对再不出杰作一样，是同一性质的偏见。

金庸的狭隘，与人无害（至多不过害己），中国与西方今日于文学上普遍存在的一味求新的观念，却有大害，因为它已成为现时代不容怀疑的“常识”（爱因斯坦认为：“常识就是人到十八岁为止所累积的各种偏见。”），事实上限制、阻碍了小说创作的发展。

对于新的写法应该鼓励，对于已经写出伟大作品的旧的写法，也不该废弃。新写法丰富了旧写法，却不该替代与淹没旧写法。如此，小说创作的路子才能越走越宽。

志在从政，到外交部谋职

1963年，金庸回忆十几年前：“当国共双方在大陆上进行激烈斗争之时，中国大部份知识分子对共产党抱有希望，有一种敬意，期望中国由贫弱变为富强。等到中共在大陆取得了绝对胜利，大部份知识分子都是兴高采烈，看到前途无限光明，都希望贡献一己的才能，在中共的领导下为国家出一番力气。”（金庸《谈〈彷徨与抉择〉》）

1949年的金庸，已经读熟了汤因比的《历史研究》。如今，他看到了中华民族成功应对汤因比所说的那种“挑战”、实现民族复兴的绝大希望，“期望中国由贫弱变为富强”，自然是欢欣鼓舞的，想“为国家出一番力气”。

1949年11月18日、20日，金庸六千字长文《从国际法论中国人民在国外的产权》，分两次在《大公报》刊出，他依据国际法知识——主要是英美法院的判例和英美法学家的著作，论证中国的海外资产应当归属新政府所有。

不久，梅汝璈读到金庸发表的文章。

金庸在近五十年后，对池田大作回忆说："我年轻时企盼周游全世界，所以曾有做外交官的志愿……一九五零年，我到北京去，想入外交部工作，是当时外交部顾问梅汝璈先生邀我去的。梅先生是国际法学家，曾任审判日本战犯的东京国际法庭的法官，看到了一些我所发表的国际法论文（其中若干曾译成日文），邀我去外交部做他的研究助理，连续从北京发来三封电报。年轻人得到一位大学者的赏识，毫不考虑地就答应了。"（《探求一个灿烂的世纪》第94—95页）

金庸还对杨澜说过："（梅汝璈）看到我写的文章，他觉得中国好像研究国际法的人还是比较少的，外交部需要这种人，所以他到了外交部的时候，就打了五次电报来要我上去。"（《杨澜访谈录：走近金庸》）

金庸所写国际法论文能得到国际法方面的大学者梅汝璈赏识，并不奇怪。

金庸对池田大作回忆说："高中毕业后，到重庆升大学，考取了中央政治学校的外交系，其后又因与国民党职业学生冲突而被学校开除，战后到上海入东吴法学院读国际法，继续研读同一门学科。"

在中央政治学校，国际法是最重要的课程之一。这所大学在外交、在国际法方面，是全国最好的，至少是最好的之一。而金庸，在中央政治学校读大一那一年（大二时，他就被开除了），是全校成绩最高的。

东吴大学法学院更是名震海内外。

东吴大学法学院，1915年成立于上海，是中国在教授中国法之外惟一系统地讲授英美法的学院……中国最著名的法学院之一。

从1930年代到1990年代，国际法院一共有过6位中国籍法官，从顾维钧开始，一直到1997年的联合国前南国际刑事法庭法官李浩培，都是东吴法学院的教授或毕业生。

该校校史上最值得夸耀的一段是在1946年：东京审判采用的是英美法程序，由于一时找不到合适的人选，当时的国民党政府急了，最后，蒋介石点名从东吴大学要人，其结果是———中国赴远东军事法庭的法官、检察

官、顾问等人，几乎全部来自该校。（万静波《被遗忘三十年的法律精英》）

可以说，金庸的国际法水平，在同代人中，是最好的几个或十几个人中的一个。

1994 年左右，金庸对池田大作解释自己何以愿意参加香港基本法起草委员会："我充分了解香港的一切，同时我在大学里是学法律的，对国际法相当熟悉。"

1997 年香港回归前夕，金庸对记者说，他不会写一般性的庆祝回归的文章，要写也是写讨论法律方面的文章，讨论如何保持香港的繁荣发展，因为他早年学的就是国际法。（葛继宏《叩访名家》第 40 页）

1999 年，金庸说，他还为浙大的理学院、工学院和农学院讲课，讲的是一般人文知识、青少年问题和时事问题。例如科索沃问题，学生特别感兴趣，金庸就跟他们分析，从国际法和主权问题上应怎样看，"我自己以前是学国际法的，他们听得很感兴趣。我讲学主要是讨论书本上没有的问题。"（林翠芬《"浪漫至义"也可表现人性！"——金庸小说创作心得）

可见，半个世纪之后，金庸对自己在国际法方面的造诣，仍很自负（"对国际法相当熟悉"一语，尤显自负之情）。似乎也可推想：这半个世纪，金庸对国际法知识保持了长期的兴趣，一直都有涉猎，未曾抛荒。

因为所写几篇国际法论文受梅汝璈赏识，金庸应梅先生邀请，于 1950 年春来到北京，见到了梅先生，然后又去见在香港已经熟识的乔冠华，二人谈及这几篇国际法论文——

有一天，他约我到中共外交部去见他……主要是谈谈我所写的一些关于国际公法的文字。他谈话的要点是这样说：你这些论文分析细致，立场也稳，但是有一个要点没有认识到，国际公法整个系统是资本主义国家的法学者发展起来的。这些国际法的基本原则，在于维护西方国家既得的掠夺利益。他们不重视落后国家的主权，不承认被压迫者的革命权利，反对弱小民族求解放的斗争。他说，我们在和西方国家交往时，在一般习惯上遵守全世界通行的国际法，然而决不能让资产阶级学者定下的法律，牢牢的缚住我们双手。他举例说，如果我们遵守国民党政府的戡乱法，共产党领导的解放运动还能成功么？乔木那番话的中心思想是这样：革命的利益高于一切，国际公法中公平合理而于革命有利的，我们遵守，于革命不利的，我们或者要求修改，或者反对。决不能以西方国家所谓“权威学者”的著作，作为理论根据。（金庸《谈〈彷徨与抉择〉》）

金庸很早就在重庆《新华日报》上读过乔冠华的国际评论，极为欣赏。1946年至1949年，乔冠华是新华社香港分社负责人，常以笔名乔木在《华商报》谈说国际局势。《大公报》“左转”之后，乔冠华经常到《大公报》参与座谈，与金庸比较熟悉。

1949年，金庸在座谈会上询问：“乔木先生，将来全国解放后，香港和澳门问题怎样处理？”乔冠华用手指轻弹茶杯，想了一想说：“反对中国人民的，主要是美国政府。我们以后的重要工作，是社会主义经济建设。据我个人看，香港的现状是否保持，要看对我们的社会主义经济建设是不是有利而定。各国帝国主义在本质上没有什么不同，但我们不能够一下子将全世界所有的帝国主义者都打倒了。”乔冠华这段话，对金庸了解中国政府的香港政策是有一点影响的。1967年，香港发生反对港英当局的群众运动，当时有人移民出去，金庸却逆向操作，以非常低廉的价格，买下渣甸山一座别墅。

20世纪末，金庸回顾：

在朝鲜战争期间，中国派遣志愿军支援北朝鲜，和以美军为首的十四个国家联军血战数年，长期僵持。当时中国受到联合国的封锁禁运，军队所需的许多通信器材、医药用品等等依赖从香港走私输入，对于“抗美援朝”之战起了很大作用。后来中共与苏联交恶，战争如箭在弦，一触即发，香港对于中国的战略上又具极大重要性了。中苏如果说爆发大战，上海、天津、大连、宁波、厦门、湛江等等港口必遭轰炸破坏，所有依靠外来支援的物资全部无法运入。香港由英国统治，是中立港，苏联海空军不能攻击香港。中国就保持了一条宝贵的通道……由于这些实际的考虑，毛泽东和周恩来制定的香港政策是“保持现状，充分利用”。香港只有积极保持现状，才对中国有用，既然有用，就长期而充分地利用之。这个政策一直不变。（《探求一个灿烂的世纪》第15—16页）

赴京前，金庸已从《大公报》辞职，然而，并没有断了与《大公报》的联系——

一九五〇年春天，我在北京大公报办事处住了一段时期……那时李纯青也住在办事处，我跟他去游故宫、游颐和园，去看煤山上崇祯皇帝吊死的那棵树。我们一同耻笑这个末代皇帝的察察为明和自以为是，此时回思，当时情景宛在目前。有一天，李纯青、谭文瑞（重按：这两位都是金庸在《大公报》的老领导，谭文瑞后来回忆，金庸在京主要是通过杨刚联系外交部的，而不是乔冠华）和我三人到天坛去，只见一排排数百年的老树都只剩下一个树根，原来那是傅作义守北平时，他部下士兵将古树都砍下来筑了工事，忽然，迎面一个警察高歌而来：“叹杨家，秉忠心……”音调苍凉，韵味悠然，他经过我们身畔，渐渐走远，还是在唱：“……大宋扶保……”突然之间，我似乎感到了这古老中国千百年来的脉搏跳动。（金庸《谈〈彷徨与抉择〉》）

这位警察，唱的是京剧《李陵碑》。

1956年，金庸又谈及这部戏：“我亲眼见过一个英国朋友听《李陵碑》的京剧唱片而泫然泪下，可是他是不懂中国话的，他所以感动，完全是由于音乐中那种苍凉悲壮的情感和气氛影响了他的心灵……艺术的巨大感染力使人不能冷静。”（《金庸散文集》第31页）

1967 年金庸写作《笑傲江湖》，第二回中，“门口伊伊呀呀的响起了胡琴之声，有人唱道：‘叹杨家，秉忠心，大宋……扶保……’‘金沙滩……双龙会……一战败了……’”此处，京剧《李陵碑》选段的歌唱者，是莫大先生。而杨兴安认为，莫大先生身上，有着金庸本人的影子。

金庸在《袁崇焕评传》中，再次谈及他的北京故宫之游：“一九五〇年春天，我到北京，香港《大公报》的前辈同事李纯青先生曾带我去了崇祯吊死的煤山观光怀旧，望到皇宫金黄色的琉璃瓦，在北京秋日的艳阳下映出璀璨光彩，想到崇祯在吊死之前的一刹那曾站在这个地方，一定也向皇宫的屋顶凝视过了，尽管这人卑鄙狠毒，却也不免对他有一些悲悯之情。”这几句话，录自新修版《袁崇焕评传》，以往版本中写得比较简略，时间也略有不同：“一九五〇年秋天，我在北京住了一段时候，曾去了崇祯吊死的煤山，望到皇宫金黄色的琉璃瓦。”

2003 年 11 月，金庸在中山大学，对记者说：“这里我还要澄清一件事，当年第一选择做外交官是希望可以游历天下；对外交本身我并没有多大的兴趣。”（《大义精诚，侠士人生》）似乎，在外交工作上，在仕途上，这个人胸无大志，无可无不可，其目的只在“游历”，只要能不断转换“游历”的国度，就是在各国的使领馆永远做一个普通的小职员，金庸就很满足了。

这层意思，金庸在别的场合也说过，说过好几次。

然而，我不信。

这种说法，与金庸谈自己的其他说法，是完全矛盾的。

1941 年，金庸写了一篇意气风发的《一事能狂便少年》，两年后就考入中央政治学校外交系，这一点前面已经谈过，这里不细说。

金庸说，1949 年的时候，“大部份知识分子都是兴高采烈，看到前途无限光明，都希望贡献一己的才能，在中共的领导下为国家出一番力气”，难道金庸自己没有这样的想法？自己没有这样的想法，却要为这样想的“大部份知识分子”代言？难道金庸竟属于剩下的那“小部分”知识分子？难道他 1950 年到北京外交部谋职，就是想看着大部分人都在贡献一己的才能，都在为国家出一番力气，至于他自己，只想着游历，游历，不断地游历？

金庸做所有工作，哪怕开出租车，都希望做得最好，只有做外交工作除外？满足于不断游历，这算“尽力去做”吗？真要如此，“能令自己回想起来感到欣慰”？

2004年，金庸在厦门大学说：“我当初办报就是想办全世界最大最好的中文报纸。”（李晓红《金庸：我真正擅长的是做报纸》）难道他要长期从事外交工作，就不想成为全中国，乃至全世界最好的外交家？

仕途绝望，黯然离京返港

1963年，金庸在《谈〈彷徨与抉择〉》一文中写道：“那是一九五〇年的一个春夜，我从北京回到香港来。”

1950年的春天，金庸从香港来到北京，又从北京回到香港。

《谈〈彷徨与抉择〉》篇幅很长，有七万字，可能是金庸生平写过的最近于自传的文章了。文中，金庸谈及他十三年前的北京之旅，但完全没说到他为何而来，为何而去。

《谈〈抉择与彷徨〉》一文中，金庸谈及他与乔冠华在北京外交部讨论他写的国际法论文，不曾谈及其他。实际上，乔冠华与金庸二人当时曾谈及一些更重要的话题。金庸晚年时说：

> 那时候外交部副部长乔冠华，周总理的助手，跟我是相当认识的，他们邀请我去的。但是我跟他见了面以后，他就对我讲，他说你的出身不好，又不是共产党员，不是共产党员到外交部当外交官，不太有前途的。要我上人民大学，再入党，做了党员，再到外交部做工作比较好。我当时觉得入党了，我想我知道共产党，我想你们规定的纪律，什么规定都很严格，服从纪律，服从党的指挥。我这个人个性格很散漫的，文人的性格，服从纪律不大做得到的，我

在大学，被学校开除，好多次就是因为不守纪律，我想被党开除以后，一生没前途了。我不做了，外交官不做了。（央视《面对面》节目，2004 年）

我到了北京之后见到乔冠华——乔冠华我在这（香港）就认识了。他是新华社社长，我在这里《大公报》编辑国际版的。常常见到面的，他跟我私人关系还可以，还不错……他跟我比较关系好的。他就很亲切地讲：你在外交部工作，一定要是共产党员，但现在也不能马上入党的，你现在就到中国人民大学去，再去经过人民大学一个短期的学习，在中国人大毕业，我再给你介绍入党。（《杨澜访谈录：走近金庸》，2006 年的访谈）

金庸应该是认真考虑了乔冠华的建议，而终于没有接受。

有说金庸回到香港后差点被《大公报》拒之门外，金庸自己却说《大公报》希望他回报社工作，两种说法都有可能（回忆往事时，突出自己的重要性和受欢迎度，是人之常情）。不过，考虑到金庸初到北京，“在北京大公报办事处住了一段时期”，又曾与李纯青同往故宫和颐和园游览，似乎金庸自己的说法更可信一点。

李纯青在当时的《大公报》，地位非常重要。金庸说：“香港《大公报》便靠向中共，这其间所起作用最大的，当是杨刚和李纯青，他们都是有长期党龄的共产党员。等到总编辑王芸生从上海来到香港，香港《大公报》的态度已非常明确……”（金庸《谈〈彷徨与抉择〉》）

在这样的背景下，《大公报》编辑金庸，到北京外交部求职，这样的“跳槽”企图，算不上“大逆不道”，可以容忍。

杨澜第二次采访金庸时，问他：“回顾自己的一生，您觉得自己的这一生成功吗？”金庸回答：“我觉得不能说成功，只能觉得自己一生运气还不错，蛮好的，碰到一些关键问题，常常自己做的选择做得比较好的，都对自己有利的。”（《杨澜访谈录：走近金庸》）金庸这几句话，似乎很谦虚，再仔细想想，其实不是。

金庸，是“大傲若谦”的一个人。

2005年，金庸又说："我想我这一生运气很好，在关键时刻刚好都遇到对的人，做了对的选择。"（店小二《店小二深夜密会金庸》）

罗海雷在《我的父亲罗孚》一书中说："一九五零年，金庸兴冲冲只身北上，赴京到外交部求职不成，重返香港《大公报》。"在《查良镛与〈大公报〉的小秘密》一文中，他又说："经过深思熟虑，查良镛就像当时决定北上一样，迅速而坚定地做出回香港的选择。从这次北上经历看出查良镛既有冒险进取的性格，也有灵活应变的能力。要知道当年北上的人很少愿意空手而回。"

"曾经南北东西路"[1]的这些年

金庸一直有志于做外交官，1943年考入中央政治学校，读外交系。第二年，被学校扫地出门。

从1944年开始，金庸走过很多地方。

先是到中央图书馆打工，接着到湘西经营农场，抗战胜利后回海宁老家住了半个月，到杭州《东南日报》工作，到上海《大公报》工作，到香港《大公报》工作，到北京谋职，重新回到香港，仍在《大公报》工作。

1950年，金庸重回香港，算是真正安定下来，在这里长居近七十年。

"漫游时代"的金庸，见过很多人，看到很多事。有好事，也有坏事——

抗战胜利后，有一次我在上海搭火车，在火车站上看到一队国民党的士兵。那正是赤日炎炎似火烧的盛暑天气，七八名士兵凑钱买了一个西瓜，在月台上分了吃。营长来了，认为他们不守纪律，穿着皮靴的腿立刻将西瓜踢得稀烂，大概他有意在许多候车的绅士淑女面前显显威风，喝令这七八名士兵跪在轨道上晒太阳，一直晒了大半个钟头，直到火车远远驶来，才令这几

---

1 "曾随南北东西路，独结冰霜雨雪缘。"这是金庸祖先查慎行的诗，金庸用为《鹿鼎记》第三十五回的回目。此诗是咏"敝裘"的，所以"曾随"，我用在这里就不太合适了，擅改为"曾经"。

名吓得面无人色，晒得全身湿透的小兵起来。（金庸《谈〈彷徨与抉择〉》）

面对这样的惨相，金庸深有所感："猛兽杀害生物，只不过为了将之作为食料，人类却发明了使人下跪的屈辱，人折磨人，不是因为自己肚饿而要将他吃了，只是自己的'尊严'饥饿了，要将别人侮辱一番，以满足自己的虚荣。许多政权迫害'异端'，不但是为了维持统治，往往还有这种虐待狂的心理在作祟。"（同上）

1937 年，日本人打到海宁、嘉兴，此后七年间，金庸也走过不少地方，然而，他在这七年，很少离开学校和同学们，社会接触面比较窄，所以，我没有把这七年归到金庸的"漫游时代"。

1937 至 1944 年，金庸也增长了不少见识。

在联合高中，金庸和同学参观图画老师孙多慈举办的画展，"有几幅油画画的是嘉陵江上的纤夫，身上都是赤裸裸地一丝不挂。同学们看了都很惊讶……我们不相信世界上竟会有不穿衣服而在户外劳作的人。"后来——

过了好几年，我坐上了嘉陵江中的大船，亲眼看到那些纤夫确实不穿衣服。十多个纤夫之中，有三个还只是十二三岁的孩童，他们弓着背，在火热的太阳下，将一艘大船拉着逆流而上。傍晚时分，船泊了岸，纤夫们一起吃饭，一个小纤夫替船老大装米汤，不小心将汤泼在他的身上。船老大拳足交加，狠狠打了他一顿，最后提起他身子，投入了江里。虽然那小纤夫挣扎着爬了上来，但流的鼻血始终不止，哀哭的声音和江水一同呜咽。第二天早晨，这个小纤夫又蹒跚着在拉纤了。当时我只是心中很难过，现在我自己有了儿子，有时想到我自己的儿子如果不幸是个小纤夫，这样的受人虐待……（金庸《谈〈彷徨与抉择〉》）

在《射雕英雄传》第三十二回"湍江险滩"中，就出现了这样的场景：

每名纤夫躬身弯腰，一步步的往上挨着，额头几和地面相触，在急流冲激之下，船只竟似钉住不动一般。众纤夫都是头缠白布，上身赤膊，古铜色的皮肤上满是汗珠，在烈日下闪闪发光，口中大声吆喝，数里长的河谷间呼声此伏彼起，绵绵不绝……又见纤夫中有几个是花白头发的老者，有几个却是十四五岁的少年，都是面黄肌瘦，胸口肋骨根根凸出，（郭靖）蓦地里觉得世上人人皆苦，不由得喉头似乎有物哽住了。

“世上人人皆苦”，这里所写，几乎就是作者本人的经历和感受，区别仅在于，由嘉陵江改到沅江，还给纤夫穿上了裤子（想来是为了照顾小姑娘黄蓉）。

从 1937 年到 1950 年，金庸读了万卷书，也行了万里路。

金庸“漫游”，有谁见证？就是马胡蓥赠金庸后金庸转赠王浩然的那本《综合英汉大辞典》。王浩然回忆：

当他在 1948 年转赠这本大辞典给我的时候，他已经在战火纷飞年代携带它艰苦跋涉，从浙江流浪到四川，再从四川返回浙江，两次通过惊险的长江三峡，行程一万多里，历时八年之久（包括在四川苦读时间），最后也在这辞典首页开白处心情沉重地记下“浙、赣、粤、湘、桂、川、鄂、皖、苏”字样，表示他曾经同它日夜相依，经历过浙江、江西、广东、湖南、广西、四川、湖北、安徽、江苏诸省。（王浩然《宝剑烈士之意》）

1947 年或 1948 年，金庸将《综合英汉大辞典》赠予王浩然。这本书没有陪金庸到香港，到北京，再回香港。

王浩然 2004 年撰文说：“我家珍藏着查良镛同学（即金庸）赠送的一本《综合英汉大辞典》。”近二十年过去，这部辞典今日应还在。在我看来，是很珍贵的文物。

金庸自陈：“我们是一群生活在山温水软、环境富裕的江南，不知天高地厚的幸福青年，若非经历八年抗战的艰苦生涯，恐怕到现在还是浑浑噩噩，过着醉生梦死的生涯。”（《探求一个灿烂的世纪》第245页）

经历这么多艰苦，对金庸的小说创作助益极大。

与古今中外许多大文学家相比，金庸的游历还是不够广（1950年后，他的活动范围主要就局限于香港一城了），经历的人与事仍嫌太少，否则，金庸小说应该写得更好——假如他仍写小说的话。

金庸1959年开始独立办报，不再是单纯的读书人了。其社会经验、江湖阅历，从此大为丰富。阅人更多，对人性的认识更深刻。这些，都不能不影响到他后期的小说创作。

梁羽生的经历，就简单多了。日本人打到他家乡广西蒙山县和他上学的桂林，已经是1944年、1945年的事，不久日本人就投降了。二十一岁前，梁先生从来没离开过广西。1945年，梁羽生进入岭南大学读书，四年后毕业，直接进了《大公报》工作，工作到退休。梁先生小说情节缺少变化，所写人物个性很不复杂，良有以也。

王国维在《人间词话》中说：“客观之诗人，不可不多阅世。阅世愈深，则材料愈丰富，愈变化，《水浒传》《红楼梦》之作者是也。”

罗孚说：“比起既写武侠，又搞电影，又办报，又写政论……的金庸来，梁羽生显得对武侠小说更为专心致志。”（罗孚《侠影下的梁羽生》）事实上，这份“专心致志”，不能提高，反而限制了梁先生的创作成就。

这一点，梁羽生自己应该也意识到了。1988年，梁羽生谈到：“文艺的主流是写实主义，我在‘左报’工作，自是不能不受影响，于是决定走白羽的路子，但写下去就渐渐发觉实在是不适合我走的了。‘写实’来自生活的体验，白羽有着丰富的人生经历……我却是出身于所谓的读书人家，一出校门，就入报馆。”（梁羽生《笔花六照》第11页）

第六章

做编辑，做编剧

“以为我要跳车自杀”

这些年，金庸走过很多路，看过很多事，见过很多人。

就在金庸从北京回香港的火车上，金庸又认识了一个人——朱寿龄。

朱先生 1949 年以前做的是中国农民银行襄理，后来也在香港《大公报》工作。长期接触后，金庸对朱寿龄的印象越发深刻：“在任何场合之中，他都喜欢以‘小丑’的姿态出现，但他决不是‘小丑’。这是任何文学作品中都未描写过的角色，复杂的性格中充满着丰富的矛盾。”

金庸小说中未必有哪个人物是以朱寿龄为“原型”（朱寿龄与《倚天屠龙记》中朱长龄的名字倒很相似，“长龄”就是“寿龄”，意思一样，但这二“龄”之性情，绝少相似之处），然而，识得如此独特的人物，加深了金庸对“人性”的认识，对他的小说创作仍是有影响的。

在火车上，二人第一次相识，颇为戏剧化。

金庸《谈〈彷徨与抉择〉》第三小节的题目是“以为我要跳车自杀”，讲的就是这位朱寿龄：

火车缓缓地爬过巨龙般的钱塘江大铁桥，空气中有初春的花香，也有大江的水气。那是一九五〇年的一个春夜，我从北京回到香港来。我是浙江海宁人，儿童和少年时期在海宁和杭州两个地方长大，钱塘江日夜潮汐，西湖畔杨柳桃花，那是我生命的一部份。当火车带着我慢慢离开杭州时，窗外江南春夜的风，似乎用葡萄酒醉人的气息来酿成的。我凝望着西子湖边的万家灯火，灿烂的月光铺在滚滚的江水之上。铁桥上巨大钢柱的阴影，在窗子上迅速掠过，一回头，高高的六和塔耸立在江边。六和，那是六种和谐，是中华民族几千年成熟文化结晶，这六和塔在庄严和雄伟之中孕育着温柔和平的精神。[1]钱塘江大桥却是现代中国人的骄傲……

从火车窗中望到对江，那是萧山和余姚，是大哲学家王守仁和黄宗羲的故乡……瞧着江水，心中想着这些杂乱的念头时，我脸上的表情一定很是古怪。突然间，一只手臂伸过来挽住了我的左臂，一个人靠到了我的身旁。我惊异地转过头来，朦朦的灯光下看到一张戴着眼镜的圆脸，是一个陌生的旅客，四十左右的中年人。他向我温和地微笑，说道："心里不高兴么？"我摇摇头，说道："离开故乡，有些难过。"他放心地松开了手臂，问道："到广州？"我说："是的，再到香港，你呢？"他兴奋地说："那好极了，我也到香港。我们有伴了。我去香港《大公报》工作。你在香港那里得意？"我有些奇怪，道："我是香港《大公报》的编辑。"

这样的会见实在很是戏剧化，原来他见我忧郁地望着江水，以为我要跳车自杀，好心地来拉住了。这个故事，大公报许多老同事都是知道的，以后常常引为笑谈……（金庸《谈〈彷徨与抉择〉》）

这位朱寿龄，实在太敏感，近于神经质了。看到车上有人因舍不得家乡从眼前越来越远而情绪低落，就怀疑他要自杀。

也许，金庸的情绪低落，不仅因为"离开故乡，有些难过"？

也许，朱寿龄观人入微，有着极为敏锐的观察力，看到了当时金庸从每

1　金庸第一部小说《书剑恩仇录》中，乾隆皇帝就被红花会囚禁在这六和塔内。

个身体语言上表现出的极致的失望与沮丧？

身在北京而决定要返回香港，金庸做这个决定，应该经历了激烈的内心冲突，此后他的情绪一直很低落，如今看着家乡从自己眼前越来越远，心情更糟，车上都是陌生人，也没必要掩饰情绪，这才让朱寿龄虚惊一场。

金庸一直以从政为终身职志，如今这条路已然阻绝。今后他只有两条路可走：文化事业和商业。完全为赚钱而从事商业，亦非金庸所喜。金庸其实只剩一条路，就是文化事业，以及文化方面的商业经营。

况且，舞台又那么小。

金庸对池田大作说过："一想到中国，立刻就出现'庞大'的概念……我们投入这样一个大家庭之中，真正是前程无限，什么事情都可以做，什么事业都有无穷无尽的可能性。对于一向精打细算、小眉小眼的香港人，真像是'小人国'的人物走进了'大人国'，岂仅是《红楼梦》中的乡下女人刘姥姥进入富丽豪华的大观园而已。（笑）"（《探求一个灿烂的世纪》第 55 页）20 世纪 70 年代末、80 年代初，金庸感到自己和自己的小说可以重新回到整个中国这个大舞台，那时他有多么兴奋昂扬，1950 年离京返港时他就有多么消沉沮丧。

1950 年离开北京前的金庸，应该是一直以为自己的舞台在整个中国，面对亿万人民，"真正是前程无限，什么事情都可以做，什么事业都有无穷无尽的可能性"，形格势禁，今后却只能在香港一千余平方公里、几百万人口这么逼仄的小舞台上演出了。

1941 年的金庸说："要成就一件伟大的事业，带几分狂气是必需的。"又谈及"一件惊天动地的事业"。九年后，火车上的金庸，"狂气"犹在，"惊天动地"的心志犹在，但他应该知道，实现读书时生平志业的希望已然渺茫。

这是金庸一生中最关键，也是最艰难的抉择。

香港对于金庸来说，太小了。

龙游浅滩（香港有一处很出名的海景，叫作浅水湾），虽未遭虾戏，精神上的痛苦仍将是深巨的。

金庸回到《大公报》工作，此前，《大公报》的发行范围，已经仅限于香港一地了：

广州解放初期，香港《大公报》销到广东各地，销数直线上升，报馆同事都很兴奋。但李纯青说："这种情形不会维持很久的。广州人有广州报纸，不能长期容许香港《大公报》内销。我们的整个计划，应当以不内销为基础。"当时许多同事都不大相信……但后来事实证明，李纯青确有先见之明。（金庸《谈〈彷徨与抉择〉》）

1950年春天，火车上的金庸，离开"庞大"的祖国内地，到"小眉小眼"的香港，就像要从"大人国"跑到"小人国"生活，就像要与"大观园"永别到乡下过活（金庸1948年到香港已经"有点到了乡下地方的感觉"），再加上离开故乡海宁的感伤，心情出奇地恶劣，极度的沮丧都写在脸上，令朱寿龄竟以为他要跳车自杀。

1950年的金庸，可能经过激烈思想斗争（"天人交战"），决定离开北京，回香港。

"在理智层次，我始终不能接受香港……可以成为我长期居留之地，我当时一心一意以为只有中国本土才是我安身立命的所在"，"我一意要回中国本土，为自己国家尽力"，金庸之所以离开香港，回北京谋职，或出于同样的心理。

金庸回到香港，仍做国际电讯翻译和编辑。

1951年4月26日，查枢卿在海宁被杀。父亲的噩耗传到香港，金庸哭了三天三夜，伤心了大半年。

从此家乡旧居成了金庸的伤心地。后来金庸多次回浙江，回海宁县城，但再也没有踏入海宁袁花镇赫山房。弟弟妹妹们推测，"父亲的死仍是他心中不愿触碰的痛"。

1985年7月22日，浙江省海宁县委、县政府，嘉兴市委统战部、市侨办联合组织调查组，对三十多年前的查枢卿案进行复查，发现是错案、冤案，由海宁县人民法院撤销原判，宣告查枢卿无罪，予以正式平反。

父亲既被杀，金庸从政的理想，更加没有实现的可能。

香港当时受英国殖民统治，从政也不会有什么大出息。香港又太小了。20世纪80年代，金庸对于以后担任特首可能也动过心，终未付诸实践。

仕途既绝望，金庸只能潜心从文。

金庸1948年第一次到香港，1950年第二次回香港工作。

1950年之前，金庸在《东南日报》和《大公报》工作那几年，金庸写过的文艺性作品寥寥可数，主要就是把外国的电讯译为中文。

1950年后，几十年间，金庸在文化事业方面，四面出击，无所不为。编副刊，评电影，谈京剧，说莎剧，写剧本，做导演，写小说，论时政，终于创办了庞大的明报集团。

一条线下来，金庸这几十年，做的都是文化事业，和文化方面的商业活动。等他有钱了，慷慨捐出数千万资产，几乎都用在文化教育方面。

1963年，金庸写《谈〈彷徨与抉择〉》，回忆十二年前（1951年），自己与《新晚报》三位年轻同事商量办一份《新杂志》，而获报纸话事人许可（后来变卦，杂志流产），四人欣喜，“在几个年青人的眼中，薄暮时分的寒雨变成了阳光。对于从事文化工作的人，创造的喜悦是最大的喜悦”。从20世纪50年代开始，至2018年逝世，近七十年的时间，金庸执着于“文化工作”，此心始终未改。

新办《新晚报》，想办《新杂志》

1950年6月25日，朝鲜战争爆发，香港《大公报》《文汇报》这些左派报纸“一般不用外国通讯社的稿件，特别是关于朝鲜战争的消息，更是拒用外电”。可是新华社的消息来得比较慢，为了及时报道战况，当时新华社香港分社考虑办一张“灰色”的晚报。10月5日，《大公报》分出部分人力，创办《新晚报》。

《新晚报》就是一份大公晚报。为了使读者更易于接受，报纸决定采取中间而灰色一点的面貌，不像大公、文汇那样左倾。这就不宜用大公晚报之名，而要换上一块新的“招牌”……

《新晚报》在筹备出版时，是花了一点心力的。当时香港《大公报》编辑部的精干力量都暂时抽调出来为《新晚报》开办而工作。李侠文是总的负责人，李宗瀛负责写时事评论，陈凡主持香港新闻，罗孚则编发要闻，兼管副刊。这个副刊曾特邀……梁厚甫帮忙设计、组稿。坚持了三十多年的两个基本副刊“下午茶座”和“天方夜谭”的刊名，也是他代为拟订的。

罗孚与这张《新晚报》的关系十分深远。他自创刊之后不久，即担任该报总编辑。（刘维群《梁羽生传》第286—288页）

金庸转入《新晚报》，做的是“下午茶座”副刊的编辑。

严晓星在《金庸年谱简编》中说，金庸到《新晚报》是1952年上半年。傅国涌也说是1952年。金庸自己在1963年所写的《谈〈彷徨与抉择〉》一文中，则说1951年（“十二年前”）他已经在给《新晚报》写影评了，并且是在《新晚报》做翻译，兼编“下午茶座”。我征询过严晓星的意见，严兄认为，还是金庸自己的说法更为可信。

从1950年10月到1951年9月，金庸翻译美国记者贝尔登的长篇纪实报道《中国震撼着世界》，以笔名乐宜连续341天刊载于《新晚报》。笔名乐宜，可能源自金庸的乳名宜官。

从1952年1月至6月5日，金庸又在《新晚报》翻译、连载了英国记者汤珊逊撰写的《朝鲜血战内幕》，用的还是笔名乐宜。

金庸这两部译著在《新晚报》连载完成后，都由文宗出版社出版。据金庸自己说，《中国震撼着世界》一书卖得很好。

1951年10月，金庸还翻译过一篇较短的文章《朝鲜美军被俘记》，连续八天，连载于他自己编辑的“下午茶座”副刊。(《香港当代作家作品选集·金庸卷》第32页)

1951年秋天，金庸与三位同事凑在一起——

……十二年前的秋天，一个斜风细雨的傍晚，我和（周）榆瑞，（刘）芃如，（朱）寿龄四个人，在山顶缆车站旁的茶室中喝茶。我们在等一个人——等费彝民先生。

…………

……在芃如的发起下，我们计划出版一本杂志，一本文艺性的学术性的杂志。我们不准备在这杂志中讨论政治，只是介绍外国的文艺作品，包括小说、散文和诗，也包括图画、音乐、电影、戏剧和舞蹈。我们介绍中国人最光采的才华，也介绍外国人最诚恳的成就。我们想，为了适合海外读者的胃口，我们应当办得尽可能的通俗。把乌兰诺娃和玛哥芳婷美丽的图片，放在一起，把戴维罗的漫画和黄永玉的装饰画放在一起，我们评论美国电影和香港电影，也评论明星和导演……这本杂志的名字叫做“新杂志”。

……我们满怀信心，年青人的精力过剩，觉得国家前途光芒万丈，报纸的发展步调迅速，我们每天下午与其在咖啡馆中闲谈过去，不如替报馆多做一些工作。

我们已草拟了整个计划，这天约了费先生来，再跟他详细商量一下。天气突然的寒冷，细雨从窗中不住的飘进来。到了约定的时刻，费先生来了。他以一贯的兴高采烈，替我们叫了许多食物，又以一贯的兴高采烈，接受了我们的计划。他说：‘良镛负责编辑，寿龄做经理，芃如负责国外的组稿，榆瑞负责国内的组稿。我先去筹一万元向华民政务司登记。’我们向他郑重声明，这些工作完全是义务的，绝对不要任何报酬。在几个年青人的眼中，薄暮时分的寒雨变成了阳光。对于从事文化工作的人，创造的喜悦是最大的喜悦。榆瑞提议：这本杂志第一期出版后，我们五个人每人手中拿一本杂志，再到这里来庆祝，‘不过我还要带一瓶香槟！’……

但“新杂志”并没有能够出版。

我们所计划的“新杂志”没能出版，那是在山顶之会后的数天，费彝民先生通知我们的。他所说的理由是“社务委员会”没有通过。我们相信这是真实的理由。因为我们计划中的杂志，主要目的是为新中国的文化作宣传，就像初期的《新晚报》那样，没有强烈的政治色彩，但以新中国的好处，潜移默化的传达给读者。我们不接受从这杂志中得到任何报酬，也不想宣扬自己的名字。至于经费，那是没有问题的。费先生是一个很慷慨的人，他在香港有许多很有钱的上海朋友……随便要谁拿出一两万元来赞助一件文化事业，都是轻而易举，何况，这杂志未必会赔本，而费先生自己也有钱。

…………

所以，我们杂志的流产，不是在于计划的本身，不是在于经费。问题在于，我们这四个人的作风太自由散漫，太没有组织和纪律的观念。将这计划“越级”去向费先生提出，本身就是违反纪律的事。我们以旧社会中天真幼稚、漫不在乎的方式，企图在一个左派机构中推行一个小小的计划。在十二年后的今天想起来，我们在政治上实在是不可饶恕的无知而单纯。

我谈到这小故事，决不是对《大公报》和《新晚报》的领导者表示抱怨，如果当时我是《大公报》的社务委员会之一，或许也否决这个计划的。当然，榆瑞、芃如、寿龄和我四人失望之余，不免在咖啡馆中大发牢骚，指摘这个人眼光太小，那个人胸襟太窄，但我们就没有指摘自己的无知，没有责备自己缺乏必要的政治经验。

……我们四个人后来各有了不同的道路，那是这大时代中，香港知识分子的四种不同的道路。道路之不同，似乎主要决定于这个事实：他能不能放弃或改变自己的个性，以服从团体。芃如的路已走完了，我们三个人还在走着。（金庸《谈〈彷徨与抉择〉》）

金庸一直有志于办刊物。1945年，他和几位同学合办《太平洋杂志》，只出了一期。如今，这份拟想中的《新杂志》永远只在拟想中，连一期也没办成。

《新杂志》的发起人中，刘芃如当时在《新晚报》做翻译，兼编《大公报》的“文艺”副刊，1962年死于飞机失事，1963年的金庸才会说“芃如的路已走完了”。

刘先生次女刘天兰，后来成为闻名全港的形象设计师。她在自传《原来天兰》中谈到，20世纪50年代初，他们一家人与同事合住在摩利臣道的房子里，“同屋共煮的头房中间房尾房住了很多人，包括查良镛先生……隔壁房间还有一位丁当马头的梁羽生先生，那时还叫他陈文统叔叔”，邻居还包括黄永玉、黄苗子、吴祖光、罗孚、曹骥云、严庆澍（唐人），日子过得都很艰苦。

刘家的老邻居梁羽生，在1980年写过一篇《记刘芃如》，怀念故友：

> 他是英国留学生，专攻文学，中英文造诣都很好，德文和意文也懂得一点。回国后曾任四川大学外语系讲师，一九五零年南来香港，从事新闻工作，最初是在《新晚报》做翻译，后来担任英文杂志《东方月刊》的总编辑……他搞翻译，也写过新诗和散文，译作《沉默的美国人》曾在中国出版，甚获好评……
>
> 他在担任《东方月刊》总编辑期间，每期都有他用英文写的一篇《编者的话》之类的文章。我的英文程度不够谈论它的好坏，但据他的好友韩素音说，他的英文文章已经有了个人的风格，文字优美，颇受欧美作家重视……
>
> 刘芃如对翻译的要求很高，他说：“要翻译，绝不是单单依靠几本或几十几百本字典辞典就行的。还必须熟悉原作中所表现的时代精神、生活方式、文物制度，以及原作者的思想和风格——他遣词，造句和比喻的种种特性。”“如果慌慌张张把一个西洋美人拉过来，给她胡乱披上一身中国衣裳，谁还能够欣赏她的美呢？”（梁羽生《笔·剑·书》第85—89页）

如梁羽生所言，刘芃如是一位“学兼中外的才子”，可惜英年早逝。

朱寿龄，就是在火车上要“挽救”金庸，不让他跳车自杀的那位先生。金庸说，火车上他们谈不到一分钟，立刻就很亲热。他父亲朱老先生，是国民党政府的监察委员，浙江省监察专员公署的主任，与金庸家有些世谊，金庸在杭州时见过几次朱老先生。他弟弟朱启平，是《大公报》驻纽约特派员，从美国回来后，在香港《大公报》工作过一段时间，和金庸同在编辑部的国际组，晚上坐在一张桌子旁。

周榆瑞则是《侍卫官杂记》作者。这部小说，经金庸之手发表。20世纪60年代初，周榆瑞出版了一部引起很大争议的《彷徨与抉择》。

1963年4月至7月，金庸在报上连续发表长文《谈〈彷徨与抉择〉》。文中，金庸回忆起十二年前自己与周榆瑞等几位朋友想办一份杂志的梦想。杂志胎死腹中，梦想终是一梦。还是在1963年4月，金庸以笔名徐慧之在“明窗小札”专栏发表《一个梦想，一个杂志》，谈的是金庸此时的梦想、将来要办的杂志：

> 有一次和朋友们闲谈，大家觉得海外缺少一本供知识分子阅读的、比较高级的杂志……
>
> 《明报》的知识分子读者越来越多，在读者的来信之中，有很多人要求我们把报纸办得更高级些……但报纸毕竟是一种通俗的读物，在报纸上讨论哲学思想、历史问题等等，终究是不适宜的。我们有这样一个想法，在适当时候，由《明报》出版一本很正派的、比较高级的刊物。在政治上，他仍然严守《明报》那种独立自由、不偏不倚的风格，但刊登一些正规的文艺创作、批评散文、学术论文、政治思想……在目前，这只是一个梦想……（《香港当代作家作品选集·金庸卷》第244—245页）

有《太平洋杂志》和《新杂志》失败在前，1963年的金庸对自己的新梦想不表特别乐观：“或许这梦想将来终于能变成事实，或许，过得三年四年，朋友们聚在一起闲谈时，仍旧会感叹海外没有一本比较好的中文杂志。”

结果，“过得三年”，1966年，《明报月刊》诞生。

1951年，金庸想办的《新杂志》胎死腹中，十五年后，《明报月刊》顺产，到今日，已经五十七岁了。金庸说：

> 出版《明报月刊》这样一份刊物的心愿，蓄之已久，当我在香港《大公报》《新晚报》当副刊编辑时，我曾和刘芃如兄（十多年前因飞机失事逝世）、周榆瑞兄（目前在英国）一起筹划，但没有成功。（金庸《“明月”十年共此时》）

《明报月刊》，可以视为《新杂志》第二次投胎。

“下午茶座”看电影

在1959年创办《明报》之前的八年时间内，金庸所写，一是散文，二是剧本，三是小说。有时他同时写两种，有时同时写三种文体。

为了避免凌乱，我不打算按时间顺序，而是按三种文体来谈。先谈他这些年所写散文，再谈剧本，最后谈小说。

1951年，金庸由《大公报》转到《新晚报》。《大公报》系重要人物罗孚说：“《新晚报》其实就是《大公报》的晚报，日、晚报是一家，两个编辑部在同一层楼里。”（罗孚《两次武侠的因缘》）

到了《新晚报》，金庸仍做翻译，兼编“下午茶座”副刊。他自己在这个副刊发表了大量文章，主要是影评，用的是林欢和姚馥兰两个笔名。

金庸姓查，他当时的妻子姓杜，各有一“木”，二木欢好而成林，很可能是林欢之名的由来。

至于后者，金庸自己说的很清楚：“‘姚馥兰’就是从英文 Your Friend（你的朋友）的读音得来的，我是以一个女性的身份来写影评。那时我在编

《新晚报》副刊，副刊的男性化偏重，于是我就以一个女性化的名字写影评来冲淡一下。”（冷夏《文坛侠圣：金庸传》第399页）

后来，金庸写影评，还用过笔名姚嘉衣，据说也是从姚馥兰“女士”而来。夏梦因金庸所用姚馥兰笔名，开玩笑称呼他为“姚家阿姨”，金庸顺水推舟，就成了姚嘉衣。这虽是传闻，但可能性很大。

此外，写影评的金庸，还用过笔名萧子嘉和林子畅。

倪匡说：“在这个时期内，金庸对电影工作有了兴趣。这种兴趣的由来，大抵是由于他在报上撰写影评之故。”其实金庸二十岁的时候，就极其喜欢看电影。余兆文回忆：

他对电影的兴趣还是很浓厚的。他的电影知识也十分丰富。1943年夏末秋初，我们在重庆，在大学尚未报到入学的那段时间，每逢电影院放映名片，他一定邀我同去观看，那时放映的多是美国影片。

我们去看过秀兰·邓波儿的《绿野仙踪》，也观看过狄安娜·窦萍的《小鸟依人》和英格里·褒曼的《爱德华大夫》等等。

……有一天，金庸为了看电影，又兴冲冲跑来邀我：“快去，我们去看卡通片《白雪公主》。”我笑道：“咦！卡通片是给小孩子看的，有什么意思？”

他道：“《白雪公主》非同一般，不可小看，是美国卡通大王华特·迪斯尼的名片，得过大奖的。”

后来，我们看过了《白雪公主》。确实非常满意……

最使我永世难忘的还是观看美国武侠明星埃洛尔·弗林主演的《罗宾汉》。这部影片在重庆开始放映，金庸便津津乐道对我宣扬古时罗宾汉其人其事……赶到电影院一看，不胜惊愕……售票窗口……乱糟糟、黑压压一大片人……他这个书香子弟却当仁不让，毅然请缨，奋不顾身钻入人群……竟安然冲出重围，一手捏着电影票，一手护着眼镜，满头大汗，气喘吁吁，显得筋疲力尽，元气大伤。但一个文弱书生能如此奋勇拼搏，志在必得，不亦

可歌可泣？（余兆文《忆金庸的爱好》）

1948年，金庸刚到香港，就在《来港前后》一文中说："平生除看电影外无嗜好。"看电影，写影评，固然是工作需要，却也是他兴趣所在。

倪匡接着说，金庸当年所写的影评，只怕已全散失不可追寻了，但曾读过的人，都说文笔委婉，见解清醒，是一时之选。承朋友雅意，以他搜集的约百篇金庸影评相赠。拜读一过，写得确实不错。

《新晚报》总编辑罗孚，1987年回忆说："他（金庸）在《新晚报》工作的那一段日子应该是得意的。他编的副刊，写的影话，都受到读者的欣赏。"（罗孚《金色的金庸》）

金庸还是很重视这份工作的，当时他在《电影与报纸》这篇影评中说："报纸和电影之间，相互也有密切的连系……影评的重要性越来越强，各国著名的报纸都争取最有修养或最有号召力的影评家撰述评论。在二十年前，影评远不及对音乐、文学、绘画的评论受人重视，但在今日，影评已成为最重要评论。影评家如英国的李察威宁顿的逝世，成为电影界和新闻界的一件大事，甚至波及到英国政坛，许多议员都撰文纪念追悼，因为他们平时看什么电影，都是受他文章所左右的哩。"

当时，金庸跟潘粤生半开玩笑地说："人家说我的影评写得好，我看除了我就是你了。"（《明报月刊·金庸纪念专号》第33页）后来，《南方人物周刊》记者问金庸："据说您是您那个时代写影评最好的？"金庸很"认真地"（《南方人物周刊》记者语）回答："我不是写得最好的，但我是最用心的。"

金庸晚年对池田大作谈起当时自己写影评，是如何的"用心"：

我编过报纸的副刊，要处理、编辑，同时自己撰写关于电影与戏剧的稿件，我对影艺本是门外汉，由于工作上的需要，每天如痴如狂地阅读电影与艺术的理论书，终于在相当短的时期内成为这方面的"半专家"，没有实践的经验，但理论方面的知识和对重要戏剧、电影的了解与认识，已超过了普通的电影或戏剧工作者。从此以后，“即学即用”便成为我主要的工作方法。不熟悉我的人以为我学问渊博、知识面极广。其实我的方法是，若有需要，立即去学，把“不懂”变作“稍懂”，使得自己从“外行”转为“半内行”。（《探求一个灿烂的世纪》第92—93页）

金庸的天分固是极高，但他的成就靠的不全是天分，更在这份“用心”，这样的“如痴如狂”。

“下午茶座”是一个消闲性的副刊栏目，金庸在自己编的这个栏目上写的，主要是影评，应该不都是影评。

1953年，金庸离开《新晚报》“下午茶座”，被调回《大公报》，编辑“大公园”，他的影评写作并没有停止。从1953年到1958年，金庸在长城电影公司旗下的《长城画报》上又发表了大量影评。

这几年金庸所读的电影与艺术的理论书，很多都是英文原著。1954年，他将《美国电影分析》一书译为中文，在《大公报》连载发表。同年，金庸还翻译了《荷里活的男主角》一文。1955年，金庸还翻译过《论〈码头风云〉》，分三天在报上连载。（李以建《导读：金庸的话语世界》，收入《香港当代作家作品选集·金庸卷》）

这六七年时间，金庸几乎每天都流连于电影院，看得最多、评得最多的是外国电影。

金庸小说中许多情节，都取材于他人的作品，莎士比亚也是如此。1998年，在科罗拉多大学举办的金庸小说与二十世纪中国文学国际学术研讨会上，金庸说：“从古人书中取材，文学创作向来如此，歌德的《浮士德》、莎士比亚的历史剧，故事均非独创。”（《金庸散文集》第274页）

1954年，金庸还没开始写武侠小说的时候，就说过：“莎士比亚剧作的故事情节全部取材于别人，但这丝毫没有妨碍他的伟大。他的伟大是在于作品内容的深刻和人性刻画的生动。”（同上，第133页）

2016年7月，香港书展以“一代风气开金梁——清谈武侠巨人梁羽生、金庸”为题举办讲座，请来了研究梁、金的两位专家杨健思和杨兴安。杨兴安曾是金庸的秘书，也是金庸研究专家。他在讲座上说起：

有一次台湾记者问金庸，你的很多小说里涉及很多影视技巧，你是不是很喜欢电影？金庸说，我从1952年开始，连续五年每天看一部电影，回去写影评。

你算一算，他这五年间看过多少部电影？有多少题材印在他脑海中？他不是看完就算了的，他看各国电影，之后要写影评，因此他脑中有很多素材。

记者还问他，有没有看过以前的武侠小说。查先生想了一下说，我相信以前的武侠小说我全部看过。仅仅是这两个答案，我想当世应该很少人可以讲出同样的话。

金庸小说中的很多情节，都是从他读过的《荒江女侠》等“以前的武侠小说”直接“挪用”的。可以想见，金庸也会从他看过的几千部电影中，“挪用”某些故事、某些情节或某些意念。

80年代，金庸为《明报》所写《在制度而不在种族！》社评中，谈及一部50年代的美国电影《飞燕金枪》：

主角安妮是神枪手，参加杂技团演出，表演射击，百发百中。她爱上了团中的男射手。可是那男射手见了她就远而避之，不愿亲近。安妮十分苦恼，不明原因，到最后才明白了，于是在一次盛大的射击比赛中，她故意射歪，显得枪法不及男射手。她心上人心理上得到满足，便即向她求婚，皆大欢喜。

安妮对那男射手说，她事事都做得比他更好。她枪法既好，人又能干，确是事实，但未必能解决问题。

金庸在20世纪60年代创作的《侠客行》中，则有这样的情节：

石清缓缓道："梅姑娘，我不知道，你样样比我闵师妹强，不但比她强，比我也强。我和你在一起，自惭形秽，配不上你。"

梅芳姑出神半晌，大叫一声，奔入了草房之中……忽听得丁不四大叫："芳姑，你怎么寻了短见？……"

此节，不可能完全未受《飞燕金枪》影片的影响。

金庸从电影中收获的，不仅是故事情节。金庸谈过电影对他小说创作的影响：

我在电影公司做过编剧、导演，拍过一些电影，也研究过戏剧，这对我的小说创作或许自觉不自觉地有影响。小说笔墨的质感和动感，就是时时注意施展想象并形成画面的结果……中国人喜欢具体思维，较少抽象思考，我注意这种特点，尽量用在小说笔墨上。这些或许都促成了我的小说具有电影化的效果。

我在小说中也确实运用了一些电影手法。像《射雕英雄传》里梅超风的回想，就是电影式的。《书剑恩仇录》里场面跳跃式的展开，这也受了电影的影响。一些场面、镜头的连接方法，大概都与电影有关。（严家炎《金庸答问录》）

林以亮则以《射雕英雄传》中"轩辕台前"一节为例，指出："他描写的方式吸收了现代电影的手法：有画面，画面之中有全景、远景、中景、特写；有音响效果；有人物和动作。"（《金庸茶馆》第三册第 163 页）

1958 年后，金庸看电影少了，也还在看。之前每天看一部电影，之后是几天看一部。

金庸创办《明报》之后，很少再写影评了，却也不是"金盆洗手"，一篇不写。

1965 年，金庸由电影《木马屠城记》谈及《荷马史诗》："海伦虽然是王后，她的真正地位可并不比那女奴高多少……在当时这些王子贵族心中，海伦并没有自己的人格，她只是一件宝贵的货物，被大家抢来抢去而已。”五年后，在《鹿鼎记》中，陈圆圆面对韦小宝，说起自己多年前的那段不堪的经历，终于感慨万千：“李闯把我夺了去，后来平西王又把我夺回来，我不是人，只是一件货色，谁力气大，谁就夺去了。”海伦与陈圆圆，都是改变历史的女人。身为“货色”，被人夺取后，其原主人“冲冠一怒为红颜”，大战爆发，天下震动。

谈《荷马史诗》，金庸也没忘莎士比亚，认为：“在精神上，与其说（《木马屠城记》）这部影片是‘荷马式’的，还不如说它是‘莎士比亚式’的更为接近。”文中还谈到：“莎士比亚有一部剧作叫作《特洛阿斯和克蕾西达》，也是描写希腊攻打特洛伊城的故事……荷马把希腊诸王写成英雄，而莎士比亚把他们写成恶徒。”（《金庸散文集》第 152 页）

几十年后，有台湾记者问：“如果宇宙飞船邀您去太空，但只能带一本书去，您会选您的武侠小说吗？”金庸回答：“我不会选自己的作品，自己看自己的没意思。只能带一本嘛，嗯，带莎士比亚全集吧！”（《金庸一百问》）

金庸对莎士比亚，确是“真爱”。

“百世的宗匠”莎士比亚

从 1954 年到 1957 年，金庸写了十三篇文章，谈由莎剧改编的、包括《罗密欧与朱丽叶》在内的七部电影，还有一部芭蕾舞剧纪录片《罗密欧与朱丽叶》。金庸这些“莎学”文章，不能说写得很深、很高明，至少有自己的理解、自己的见解，字里行间又无不流露出金庸对莎剧的推崇与热爱。

金庸认为：“莎士比亚所以成为文学上百世的宗匠，决不是由于他作品中情节的离奇曲折，而是由于他对人性深邃的了解与刻画。他所有戏剧的故事情节，都是从别人作品中得来的。”“百世的宗匠”一语，当是从本 · 琼生

“他不属于一个时代，而属于所有的世纪”诗句中化出。

金庸还引用小泉八云的说法，认为每隔十年应该重读一遍莎士比亚，“因为一个人人生经验越丰富，就愈能懂得莎士比亚的伟大”。金庸自己就是这样做的。莎士比亚，常读常新。

金庸在衢州中学读书时，与王浩然、江文焕在校外合租了一间村民的旧阁楼，“落课之后，回到我们的‘陋室’，或抒鸿雁之志，纵论天下兴亡；或谈莎士比亚、狄更斯著作之妙，常常忘记时辰”（王浩然《忆少年金庸》）。比金庸低一级的斯杭生则回忆：“高一时，就读莎士比亚作的一篇名著《威尼斯商人》了。”（斯杭生《怀念母校衢中》）想来金庸高一时，课堂上跟着老师读的，也有《威尼斯商人》。

1944年，金庸就读于中央政治学校，暑假期间给自己定的读书计划，中文是读《资治通鉴》，英文则是读四部莎士比亚悲剧。

没读过汉译而直接阅读英文莎剧，这种可能性是很小的。金庸在1944年，也就是他二十一岁之前，应该已经读过一些莎剧的中文译本了。

1956年，金庸看芭蕾舞剧纪录片《罗密欧与朱丽叶》。芭蕾舞剧当然没有对白，但是“有一些简单的片外发声的解释”，金庸说：“那是孙道临念的，似是根据曹禺的译文。”曹禺所译《罗密欧与朱丽叶》，1944年初版于重庆。我猜，正在重庆上学的金庸当时就读过了，时年二十岁出头。

三十岁出头时，金庸苦苦研读《希腊罗马名人传》（用伊丽莎白时代的英文翻译，就是当年莎士比亚所读的英译本，很难读），“起因在于研究莎士比亚几部戏剧……的来源”（《探求一个灿烂的世纪》第185页）。

1977年，金庸为《侠客行》写后记，又谈到：“由于两个人相貌相似，因而引起种种误会，这种古老的传奇故事，决不能成为小说的坚实结构。虽然莎士比亚也曾一再使用孪生兄弟、孪生姊妹的题材，但那些作品都不是他最好的戏剧。”显见得，金庸对于莎剧，熟到不能再熟。

1957年，金庸谈《理查三世》：“这剧本把一个政界的大坏蛋描绘得神采奕奕，在莎士比亚戏剧中所有的政治人物中，理查三世最为突出。他生龙活虎般的行动，才气纵横的计谋，不禁令人为之倾倒。”金庸本人后来所塑造的血刀老祖和任我行身上，即有几分理查三世的神采。

金庸接着写道：

> 英国著名的文学批评家约翰·巴尔默在《莎士比亚的政治角色》一书中分析了理查三世所用的各种政略，他说，近几十年中许多政界领袖的手腕和行动，有许多地方实在与理查三世没有分别。这因为莎士比亚观察敏锐，挖掘到了这个“奸雄”灵魂的深处。尽管现代的环境与当时完全不同，但政治上“奸雄”的性格，并没有多大区别。

这段话，很可以与《笑傲江湖》后记相对照。金庸是这样说的：

> 这部小说通过书中一些人物，企图刻划中国三千多年来政治生活中的若干普遍现象。影射性的小说并无多大意义，政治情况很快就会改变，只有刻划人性，才有较长期的价值。不顾一切的夺取权力，是古今中外政治生活的基本情况，过去几千年是这样，今后几千年恐怕仍会是这样。任我行、东方不败、岳不群……林平之、向问天、方证大师……这种形形色色的人物，每一个朝代中都有，大概在别的国家中也都有……
>
> 因为想写的是一些普遍性格，是政治生活中的常见现象，所以本书没有历史背景，这表示，类似的情景可以发生在任何时代、任何团体之中。

从1955年，金庸第一部小说《书剑恩仇录》开始，部分是受了莎士比亚影响，金庸一直在写“政治生活”与“政治人物”，而《笑傲江湖》一书，是这方面的集大成之作。金庸写“企图刻划中国三千多年来政治生活中的若干普遍现象”的《笑傲江湖》，或有从莎剧获得的启示。

后世若有人写一部《金庸的政治角色》，金庸泉下有知，或当拈花微笑？

2004年底，金庸请辞浙大文学院院长，次年1月9日，接受《中国新闻周刊》采访，说起："我的兴趣很广，现在还在研究莎士比亚，好几百本书呢。当然别人讲过的，我不会再讲，要从新的角度来讲。""好几百本书呢"，真是不得了！

离开浙大，金庸又去剑桥读书。有记者问："有没有喜欢的作家？像以前的报道中有写过您喜欢大仲马和斯考特（重按：中国内地译为司各特）。现在年纪大了，读书更多了，有没有什么变化？"金庸答："大仲马我从小喜欢。莎士比亚我有很多新的创见。在这里跟老师念莎士比亚还是很好的，可老师不收我。"（《剑桥金庸访谈录》）

金庸说，他"把小说场面舞台化，当然受了西方戏剧的影响"。刘绍铭曾经提到过《射雕英雄传》里郭靖的"密室疗伤"，是"戏剧式的处理"。

金庸对池田大作说："我写人物，是从中国的古典小说学习的。"他对严家炎说的则是："戏剧中我喜欢莎士比亚的作品，莎翁重人物性格、心理的刻画，借外在动作表现内心，这对我有影响。"可见，金庸写人物，主要得益于学习中国古典小说，而莎士比亚对他的影响也并不小。

金庸认为："他文采斐然的笔触碰到哪个人物，哪个人物就活了，即使只有几句对话的一个仆人、一个使者，莎士比亚都使他栩栩如生。"金庸本人一个极大的长处，也在于能够写"活"人物。可以说，自曹雪芹而后二百多年来，金庸在人物塑造方面所表现出的功力，在长篇小说作者中，无人可及。

然而，金庸所写，只是通俗的武侠小说，如何与莎士比亚、曹雪芹相比？

金庸与莎翁、曹翁相比，差距确实很大，那是因为他写得不够好，却与他所写文体是否通俗完全没关系。曹雪芹写《红楼梦》时，小说这种文体，整个就被认作通俗、不入流的。莎士比亚写剧时，戏剧这玩意儿，在世人眼中，也毫不高雅。

1969年，金庸对着林以亮等人也谈起："像莎士比亚的作品，最初在英国舞台上演，也是很简陋，只是演给市井的人看。那个有名的环球剧场都是很大众化的。忽然之间，有几个大才子出来了，就把这本来很粗糙的形式，大家都看不起的形式，提高了。"金庸由此谈及武侠小说的前途："假如武侠小说在将来五六十年之内，忽然有一两个才子出来，把它的地位提高些，这当然也有可能。”林以亮提出：“那么金庸本人是否就是这样一个才子呢？”（《金庸茶馆》第三册第187页）此时的金庸，自然不可能自称他就是这样的“才子”的。——这是一种“中国人的谦虚”。

自古以来，绝大多数大大小小的文学体裁，都是出自民间，最初都是通俗的，都是“很粗糙的形式”，然而，生气勃勃，生机郁郁。

人们往往以为文体决定成就，通俗作品一定不入流、永远不入流。实则不然，作者的才气才是决定因素。高雅作品出于庸才之手，仍是庸作。天才写出的通俗作品，仍是杰作，更是杰作，如王国维所言：“盖文体通行既久，染指遂多，自成习套。豪杰之士，亦难于其中自出新意，故遁而作他体，以自解脱。”

我一直认为，文体并无优劣之分，创作者的实际成就却有高下之别。

金庸还说过：“莎氏的许多悲剧中经常有小丑出来说几句笑话，缓和一下紧张的空气。”金庸小说中，多有南海鳄神、桃谷六仙这样的“搞笑人物”，应该很受莎剧影响。当然，更受中国古典小说影响，还受京剧等中国传统戏剧的影响。

在台湾，有人问：“像查先生小说中有种丑角式的人物（比如桃谷六仙、包不同）就非常有意思，这类人物在你小说里头扮演什么角色？”金庸回答：“这其实也是中国艺术的传统，在打斗当中当然也该有些欢乐的气氛，在中国戏剧中丑角的地位很高。”（《金庸茶馆》第五册第42页）

梁实秋在《罗密欧与朱丽叶》译序中，认为这部戏剧“里面没有莎氏所惯用的‘滑稽的穿插’，丑角彼得没有多少发挥而且没有趣味”。“滑稽的穿插”是莎氏，也是金庸所惯用的。金庸大多数小说都有类似“丑角”的角色，充分发挥，为作品增添了趣味。这应该是金庸从莎士比亚那里学到的。当然，这方面金庸不是只有莎翁一位老师。中国很多传统戏剧和小说也有同样的特色。

梁实秋译本不像朱生豪译本的流畅漂亮，但我觉得有更强的表现力，更有回味。

莎剧《驯悍记》中就有一位丑角——斯赖。女店主骂他“流氓”，斯赖回骂：“你是个烂污货！你去打听打听，俺斯赖家从来不曾出过流氓，咱们的老祖宗是跟着理查万岁爷一块儿来的。”这声口，与鲁迅笔下丑角阿Q所说“我们先前——比你阔的多啦！你算是什么东西”，几乎毫无二致。如金庸所言：“精神胜利的意念……不是中国所独有的。”莎士比亚似乎司空见惯，只如实写出一个擅长“精神胜利”的英国人斯赖，而并不认为盎格鲁-撒克逊民族的“国民性”有毛病。

华夏周边不存在更高文明的邻国（隔着青藏高原，印度与中国，地理上是近邻，交通上却是远邻），一直自我感觉良好，到了清末，突然遭遇现代的西方文明，被欺负得太惨，心理落差太大，很多国人缅怀旧日风光，兴起“我们先前——比你阔的多啦”的想法，这是很自然的事；不能由此得出中国人的“国民性”有毛病的结论。

清末，中国与西方那么大的差距，地理因素很重要。现代文明只可能产生并发展于几大文明交界的地方。中国离得太远了。

“我喜欢听平剧”

金庸晚年说，他最喜欢的莎剧是《哈姆雷特》和《罗密欧与朱丽叶》。金庸三十几岁时，谈莎士比亚的十二三篇文章中，有两篇谈《哈姆雷特》，谈《罗密欧与朱丽叶》的，竟有四篇之多。

1954年，金庸先看了电影《铸情》(《罗密欧与朱丽叶》)，两个月后，又看到越剧电影《梁山伯与祝英台》，写了篇《谈〈梁祝〉与〈铸情〉》，谈到：“外国人看了这部电影，都说是中国的《罗密欧与朱丽叶》。”

金庸这次看《梁山伯与祝英台》，又流泪了。

梁山伯与祝英台的故事是民间传说，罗密欧与朱丽叶的故事也是意大利很古老的民间传说。金庸认为《罗密欧与朱丽叶》“因为经过莎士比亚天才的笔触，想象力更为丰富，文辞更为华赡”，除此之外，《梁山伯与祝英台》都更优于《罗密欧与朱丽叶》，“梁山伯比罗密欧可爱，祝英台至少与朱丽叶不相上下，而就故事结构说，也是《梁祝》更为动人”。

金庸对中西这两部戏剧的评价未必正确，但他敢于说出中国文化在某些方面并不比西方文化更差，非常难得。

清末有很多士大夫仍执拗地认定，中国在精神文明方面还是世界第一，每个方面都比各类“夷狄”更高明，这样的论调是十分可笑的。新文化运动之后，很多人又一致主张，中国文化在每一方面都不行，“百事不如人”，这样的论调同样可笑。

除了《梁山伯与祝英台》，金庸还喜欢越剧《碧玉簪》《红楼梦》《西厢记》，越剧却并非浙江人金庸最爱的剧种。

《北京青年周刊》记者问金庸，到香港之前，在内地工作时，业余时间做什么，金庸回答：“经常去看京剧。虽然上海那一带很盛行越剧，但我就觉得越剧很低级，远远不及京剧。艺术是个不能比较的东西，一旦比较差距就很明显。看惯了高级的艺术就无法接受低级的艺术了。”

金庸在《鲁豫有约》节目上也说，当时主要的花费，就是看京剧。

在《谈〈彷徨与抉择〉》中，金庸自称“一个旧戏的热烈爱好者”。

金庸于1966年创办的《明报月刊》，在海外影响甚大，半个多世纪以来，盛誉不衰。可惜，内地读者长期无缘见此“明月”。内地一家出版社编印了“明报月刊文丛”，我才有机会尝鼎一脔，略慰饥渴。

文丛第一卷《大家大讲堂》收录1978年对大导演胡金铨的访谈，其中多次谈及“评剧”。此前，我只知道胡先生自幼喜爱京剧，没想到他对评剧也有这么大的兴趣。接着读下去，才知胡金铨先生口中的“píng剧”，根本就不是“评剧”，而是“平剧”。北京曾改名为北平，所以京剧也曾相应改名为“平剧”。

金庸看京剧，始于何时，难以考究，总不会太晚的。

京剧等中国传统戏曲对金庸的小说创作的影响，可以说很大，也可以说很小。

张大春问过金庸："同样是对古代社会的部分反映，民间戏曲是否提供了武侠小说某些素材或张本呢？"金庸回答："武侠小说的创作的确是在试图逼近古代的社会。从历史的资料里，我尽可能地把所接触到的生活层面包括进去，其中也许还包括文人们琴棋书画、诗词歌赋的情怀（重按：应该是除了民间戏曲外，还包括这些），这是就生活面而言……我仍然要强调：从民间艺术中即使未曾直接吸取些什么，间接的启发和影响于我而言却是难免的。中国的艺术大约都是互通的。有很多国画大师喜欢去看京剧，他们能从舞蹈之中捉摸作画的灵感，那也许是一根线条，或者一个笼统的轮廓，但是'美'的印象是鲜明而且流通的。在我创作的过程当中有时也有类似的体悟。"可见，京剧对金庸的影响，仍是很大。

逆存磊《金庸的"文史参证"》中说："说起京剧，金庸显然是一位段数极高的戏迷，从他评京戏之如数家珍可以看出。我觉得京剧对他的影响，可能不在于那种程式化的表演与结构方式，而是从中熟谙这个民族的文化心理。"我有同感。当代呢，金庸应是少数几个真正懂得中国和中国人的中国人，之一。

我也有保留地赞同梁羽生的认识："金庸接受西方文艺（包括电影）的影响较重。"

从 1953 年到 1958 年，金庸为香港长城电影公司主办的《长城画报》写过五十篇电影评论及电影理论文章，有一篇题为《向京戏学习》，发表于 1956 年 7 月。标题过于简略，金庸此文的主旨，是电影应该"向京剧学习"。

金庸小说受电影影响重，金庸又认为电影须学习京剧，他的小说，受电影的影响固然很大，但有些影响未必源自电影，而直接受自京剧。

这些年，吴宇森、陈凯歌、冯小刚、陆川、张艺谋等人，纷纷涉足古装片。拍出的片子，却是既不"中国"，更不"古典"。现今的导演，真该集体"向京剧学习"。

然而，金庸还对张大春说："就艺术的造型来说，传统的戏曲和现在的小说中间就差异显然了……从发展的形式上看，京剧可能有某一方面的缺憾，却正是和小说难以契合的地方。在过去，舞台的照明设备不健全，音响效果也未必好，脸谱便往往成为人物造型上最重要的条件。演员一登台，善恶分晓、忠奸毕露——而且往往很难将人比较复杂的个性呈现出来，仅止于典型式的划分。这对反映人生来说，是比较粗糙的。一般说来，京剧或者其他的民间戏曲的目的，也未必是在通过一个戏剧化的故事来表现人生，或许它的重心在于歌舞与表演艺术本身的成就。小说则不然了。"（张大春《金庸谈艺录》）

1983 年，金庸还曾说过："人生没有定式。以平剧来表现人生常是将人生定式化，平剧的艺术功能偏于教训的意味，无法呈现较真实的人生实境；而且对唱工、做工这些形式艺术特别讲究，平剧的故事则将人生太定式化，反映人生不够真实。"（《金庸茶馆》第五册第 76 页）

京剧的脸谱化、定式化，是金庸写小说时一直注意避免的，从这个角度来说，京剧对金庸小说的影响又很小。

1999 年，金庸将《笑傲江湖》版权售予央视，仅收一元钱。有人猜测，金庸试图借助央视版《笑傲江湖》，令自己的名字为更多人所知，也可以卖出更多纸质书，获利长远。金庸此举，既为名，且为利，这一猜测，虽难能确证，确也大有可能。

2001 年，金庸又授予武汉市京剧团（今武汉京剧院）《射雕英雄传》京剧版改编权，仅象征性收取人民币一元。金额一样，金庸收京剧团一元钱，比较他从央视收一元钱，更无出于功利心的嫌疑。金庸极爱京剧，看到自己的小说以自己喜爱的表演形式演绎出来，老先生很开心的。武汉京剧团团长向记者介绍说，金庸发来亲笔传真，表示对《射雕英雄传》能搬上京剧舞台"欣然热烈支持"。稍后，金庸又表示，此次并非独家授权，如有其他京剧团另行改编，只要并非抄袭武汉京剧团的音乐、唱腔，也可以找他授权。

金庸在《射雕英雄传》后记中说："《射雕》中的人物个性单纯，郭靖诚朴厚重、黄蓉机智狡狯，读者容易印象深刻。这是中国传统小说和戏剧的特征，但不免缺乏人物内心世界的复杂性。”这部小说，确实更适合改编为京剧。

1956年6月23日，金庸撰文《谈〈庆顶珠〉》（收入《中国民间艺术漫谈》一书），说：“在京剧所有的剧目中，《庆顶珠》是极精彩之一。”《庆顶珠》全剧中，最精彩的两场，就是《打渔》和《杀家》。

《谈〈庆顶珠〉》中，金庸说：“桂英舍不得家中用具，既表示了小儿女的柔肠，也显出萧恩的心境是怎样的无可奈何。”半年后，金庸在《射雕英雄传》第一回，写出这样的情节：

杨铁心道：“还收拾什么？统统不要了！”包惜弱心中一酸，垂下泪来，颤声道：“那么这个家呢？”杨铁心道：“咱们只要侥幸逃得性命，将来我和你在别处重整家园。”包惜弱道：“那些小鸡小猫呢？”杨铁心叹道：“傻孩子！还顾得到它们么？”

我们也可以说，《射雕英雄传》中，包惜弱舍不得家中猫鸡，既表示了小妇人的柔肠，也显出杨铁心的心境是怎样的无可奈何。

连载版所写而被金庸删除的秦南琴的故事中，更有：

南琴呆了一呆，道：“爷爷，那么这屋子、这些桌子椅子怎么呢？”秦老汉叹道：“傻孩子，性命还顾不了，还顾瓶儿罐儿呢！……孩子，咱们生来命苦，你也别伤心。”

秦南琴与《庆顶珠》中的萧桂英一样，都是“舍不得家中用具”，相似度更高。

金庸一生爱京剧。2016年秋天某一日，刘再复最后一次见到金庸。金庸对他说，自己现在只听荀慧生的京剧，别的没有兴趣，也没有能力了。（《明报月刊·金庸纪念专号》第84页）两年后，金庸逝世。

《中国民间艺术漫谈》

1956年6月、7月，中国民间艺术团到香港演出，左派文化团体（如《大公报》《新晚报》）成员纷纷予以赞扬。

2006年，作家出版社出版《金庸散文集》，该书第一辑是《看戏》。金庸补记当年写这些谈戏文章的背景："这些戏评当年均为《大公报》所写，对来自北京的京戏赞多弹少，略有政治偏见，但尚不失公正。"

为何"赞多弹少"？为何要强调自己的戏评"有政治偏见"而"尚不失公正"？

1963年，金庸就谈过这个问题：

> 对中共剧团演出的评价，左派报纸自是一贯的喝采叫好……在具有艺术良心的人们看来，有时会觉得这种宣传不免价值不高……我们在左派报纸上看到的评论，似乎凡是来自大陆的艺术，都是好得无以复加，而美国和台湾的电影，简直是一无是处，我认为大陆派到香港来的戏曲表演有极高的艺术水平，但并非每一个节目都好，更不是每一个人都好到了极处。（金庸《谈〈彷徨与抉择〉》）

20世纪50年代，正在左派报纸工作的金庸，躬逢其盛，观看节目当日在《新晚报》发表评论文章，"采用的是一种个人漫谈、随意抒发己见的形式"。当年10月，长城画报社将这些文章结集出版，书名《中国民间艺术漫谈》，署名林欢。此书分歌舞、京剧和电影三辑，收录二十三篇文章。

"京剧"一辑收文九篇，"电影"一辑中《秦香莲》一文，谈的也是京剧影片。《中国民间艺术漫谈》一书谈京剧的文章共有十篇，几占半数。其中谈裘盛戎剧目的文章有五篇，正好又是半数。

金庸对裘盛戎的表演艺术推崇备至。

看《除三害》，金庸说："裘盛戎嗓音沉厚，工架至美……在艺术上，这是宗师的身份。"

金庸连看了三次《姚期》，"每一次有每一次的感动。画了这样的脸谱，脸上的表情本来是大受限制，但裘盛戎还是显现了如此深的感情，真是京戏艺术的一绝"。

金庸看《盗御马》："裘盛戎演窦尔敦，我们只见到他的'威风'。丝毫不感到'杀气'，演一大盗而如此醇，如此厚，在艺术上真是到了极高的境地。"

金庸看《斩雄信》："裘盛戎演单雄信这角色，表现了他视死如归的神态，同时也显得满怀怨毒和悲愤……我想单雄信当时正是这种心情。"

几年后，1963年，金庸又说："最近我看了北京京剧团的《秦香莲》，裘盛戎演的包公，在艺术上令我倾倒备至。"

除了谈京剧，《中国民间艺术漫谈》一书中，金庸还谈及越剧电影《梁山伯与祝英台》、黄梅戏电影《天仙配》。

金庸时时为艺术作品而感动。他为《梁山伯与祝英台》而洒泪，看《天仙配》又流泪了——

听到董永唱"听她说出肺腑言，倒叫我又是欢喜又辛酸。董永生来无人怜，这样的知心话，我未听见"这几句话时，忍不住流下泪来。这两场本来都是欢乐的场面，却令人在喜悦之中受到极度的感动。我想，这因为在欢乐之中，也蕴蓄着真诚的深厚的感情，而这种感情使人流下泪来。因为真诚的友谊、纯朴的爱情、受到怜惜时的感激，都会强烈地打动人心。

……《天仙配》强调的是人。七位仙女赞美世人，羡慕凡间的生活而把人间的渔樵耕读都赞上一赞，这与欧洲文艺复兴以后那些伟大的作品在精神上是相通的。赞扬人的品质，肯定人间的生活。（《中国民间艺术漫谈》第106页）

1963年，金庸在《谈〈彷徨与抉择〉》一文中说，1949年后，“最优秀的戏剧，是京剧、潮剧、越剧、川剧、汉剧”。这些剧种，金庸应该都看过，才敢做此判断。有些剧种他看得多，有些看得少些。

《中国民间艺术漫谈》第三辑中有一篇谈“中国民间歌舞”，第一辑中有四篇谈中国的舞蹈，还有两篇分别谈黄虹和周小燕演唱的中国民歌。

金庸酷爱民歌。40年代在湘西，他记录了一千多首民歌。20世纪50年代，他说：“啊，这样的民歌，真的是令人听得心跳。”（同上，第126页）

书中一篇谈的是敦煌壁画，虽然金庸没到过敦煌，但他可以通过纪录片等形式，了解敦煌这个地方，了解这个地方的壁画。

金庸小说写到的名山大川，写作前，多数他都没亲身游览过，但写得神味不失，应该也是这个道理。金庸通过纪录片、书籍、图片等渠道，时时“神游故国”。

金庸这些文章是1956年6月和7月写成的，10月结集为《中国民间艺术漫谈》一书。金庸第一部小说《书剑恩仇录》，则于同年9月在《新晚报》结束连载。

《中国民间艺术漫谈》的写成、出版，事出偶然。假如当时中国民间艺术团没有到香港来，金庸就不会写这些文章、出这本书。

但是，《中国民间艺术漫谈》和《书剑恩仇录》几乎同时完成，此事仍微妙地揭示出金庸小说与中国民间文化艺术之间的联系。

国内评话名家金深伯[1]曾前往香港说书，其时已是武侠名家、《明报》社长的金庸闻讯前去听书，并在金深伯说完书后，请他前往居所便饭……（金深伯）将自己的评书创作经验一一说出，金庸边听边以纸笔记录，每记下一点，都点头向金深伯郑重致谢，口中不断说：“谢谢，谢谢！”其好学虚心如此，使多见国内作家的金深伯感慨不已。

1　似应为金声伯。

金庸求教的评书艺人自然不只金深伯一人，所以金庸小说中传统话本的创作笔法多有成功运用的实例，为其作品生色不少……

所谓“书筋”，是评书艺人行话，指评书中妙趣横生、亦庄亦谐，具有幽默色彩的人物，他们往往貌丑心美，行事歪打正着，他们在书中插科打诨，可以调节全书气氛，令听众听来轻松愉快……评话艺人有“书无筋则不俏”之语，说明书筋的重要。金庸的作品中大多有具有书筋作用的人物，如《射雕英雄传》《神雕侠侣》中的老顽童周伯通，《倚天屠龙》中的周颠，《笑傲江湖》中的桃谷六仙，《天龙八部》中的南海鳄神等。如果金庸不运用传统评书中“书筋”这一重要技巧，其作品显然会减色不少。

可见，对中国传统评话的学习、借鉴、运用，是金庸小说成功的一个重要原因，在其他武侠作者的作品中，我们很难找到能如此全面表现传统评话创作技巧的地方。

满腹诗书、名满天下，犹能虚心向寻常作家瞧不起的没有文化、不是科班出身的民间艺人学习讨教，金庸若不成功，那是老天爷浑不讲理了。（瞿湘《大师金庸》）

2001年，在《笑容在我看来是一种蒙太奇》一文中，金庸谈到：“我在报纸上写‘每日连载’的长篇小说。连载小说每天一篇中都要有‘钩’，钩住读者明天非追着看不可。这是一种技巧，运用得最精彩的是苏州的评弹艺人，以及其他地方的说书人[1]……我曾听侯宝林先生说相声，他板起了脸往台前这么一站，脸上没半丝笑容，满堂观众已哈哈大笑，掌声如雷。这是喜剧技巧，很难学的。”

1　金庸学习的不仅是中国的民间文化，世界各国的民间文化对他都有影响。1988年1月，金庸为他创办的《明报周刊》发行第1000期，撰写纪念兼祝贺文章《一千个星期》，说：“木匠的祖师是鲁班，医生的祖师是神农氏，我们在香港写连载小说的人，奉这位《天方夜谭》的女主角希哈拉查德小姐为祖师，因为她的故事连续不断，每一节收束处的钩子具有巨大吸引力，叫人非跟下去不可。”怎样以“钩子”吸引读者或听众，金庸从《天方夜谭》也学习到很多。

2002年4月29日中午，王洁与男朋友一起，在城隍庙“绿波廊”宴请金庸先生夫妇俩……楼梯上遇到一位中年人擦身而过……那位中年人主动介绍自己：“金先生，我是上海滑稽剧团的王汝刚，‘王小毛’就是我。”金庸先生一听说是“王小毛”，马上握住王汝刚的手说：“晓得，晓得，我晓得侬这位滑稽演员。”……金庸先生告诉王汝刚，自己年轻时在上海读书，就很喜欢听滑稽戏，“我只是没有亲耳听过先生的戏。”……王汝刚马上接口说：“既然金庸先生喜欢听，我就即席为先生说一段。”……金庸先生夫妇拍着手连声叫好。

金庸先生正式邀请王汝刚共同进餐。王汝刚却……告诉金庸先生：“今天是老一辈滑稽演员姚慕双、周柏春的85岁生日，暨他俩从艺60周年庆典，喜筵也设在‘绿波廊’……”金庸先生一听，立即就说：“我该去敬个酒，姚慕双、周柏春、杨华生、绿杨、笑嘻嘻，他们的戏我都喜欢。”说着，就让王汝刚前面引路，陪他过去敬酒……金庸先生对我说，这次上海之行，收获不小。刚才听了“王小毛”的戏，算是意外的收获。（万润龙《我与金庸先生的交往》）

金庸小说植根于中国文化。他既受各种文化典籍的影响，同时深受中国民间文化的影响。前者令金庸小说更有深度与厚度，后者令金庸小说更有活气与灵气。

漫谈西方音乐、歌剧、舞蹈艺术

在漫谈中国民间艺术的同时，金庸还写过《漫谈〈大歌舞会〉》《〈大歌舞会〉的编剧》《“任是无情也动人”》等文章，谈歌剧、交响乐、芭蕾舞等西方艺术。

金庸爱听歌剧，但更爱京剧，最爱的还是裘盛戎。1963年，金庸在《明报》“明窗小札”专栏上说：“裘盛戎是好到极点的演员，再看一千次，听一万次也不会厌的，他的《坐寨》《姚期》《铡美》，我看全世界任何歌剧表演都是难以企及。香港的洋派人士只崇拜卡鲁沙，要不然便是俄国的查里亚平，但卡鲁沙和查里亚平的唱片我们今天在香港仍是能买到的……只要听，这其中的感情，那决计及不上裘盛戎的苍凉豪迈，深沉浑厚。有些人以为什么都是外国好，中国的任何东西都及不上外国，我劝他们去听听裘盛戎。相较之下，当世歌王什么基里、皮尔斯，简直是何足道哉。”（明河社《明窗小札 1963》第 378 页）

金庸办《明报》，秉承“事实不容歪曲，评论大可自由”原则，对他上面所说这段话，亦当作如是观。既听过足够多的京剧，又听过足够多的歌剧，以这一“事实”为前提，才有资格“评论”哪一位京剧或歌剧的演唱者，独出一头地。金庸听过的歌剧唱片，应该是非常多的。重要的歌剧演唱者，金庸基本都听过。

2007 年，金庸在《鲁豫有约》节目上，说起自己的爱好，下棋、看书之外，“听音乐也喜欢，听钢琴啊，听交响乐，听歌剧最喜欢，自己不会唱”。

《古典作曲家排行榜》的作者认为：“若把音乐史上最伟大的歌剧作曲家削减到只剩下两名，那将是威尔第和瓦格纳。”金庸既然喜爱歌剧，就不太可能没看过或没听过威尔第名作《阿依达》。他在《射雕英雄传》一书中写出郭靖请求赦免撒麻尔罕全城百姓的情节，就不能说完全没受到威尔第这部歌剧的影响。

《阿依达》男主人公拉达梅斯率领埃及军队，击败了入侵的埃塞俄比亚军；《射雕英雄传》男主人公郭靖，率军以“从天而降”的奇计，攻破了花剌子模都城撒麻尔罕。

埃及法老王对拉达梅斯说：“现在请求你最想要的东西。在这样的日子里，没有什么不被允许的。我以皇冠及神圣的诸神起誓。”蒙古大汗铁木真对郭靖说的是：“你要甚么？但有所求，我无不允可。”

拉达梅斯终于向法老王恳求：“国王，透过神圣的神祇，透过您辉煌的皇冠，您发誓要答应我的愿望，（国王：我发过誓），既然这样，我请求您赐予埃塞俄比亚战犯生路和自由。”郭靖也终于恳求：“你说不论我求你甚么，你都允可，是么？（成吉思汗点头微笑）……大汗言出如山，我求你饶了这数十万百姓的性命。”

埃及人众的呼声是“处死国家的敌人”，蒙古人的反应则是“诸将都向郭靖横目而视……攻破撒麻尔罕城后本可大掠大杀数日，这么一来，破城之乐是全盘落空了”。

身为征服者，拉达梅斯和郭靖，都请求国王，赦免被自己征服的人。郭靖身上，有拉达梅斯的影子。

法老王赦免了除阿依达和她父亲之外的所有埃塞俄比亚俘虏，接着就要将女儿嫁给拉达梅斯；成吉思汗赦免撒麻尔罕城之后，虽未马上为女儿华筝和郭靖举办婚礼，却也让黄蓉误解郭靖“见到华筝妹子，这才不肯向大汗辞婚”。

拉达梅斯所爱的不是埃及法老王的女儿，而是阿依达；郭靖所爱的不是蒙古大汗的公主，而是黄蓉。

《阿依达》与《射雕英雄传》，有这么多相似之处，说后者受了前者影响，不算多么武断。

中学时期的金庸，学过两年钢琴。打球伤了手指，他的学琴生涯被迫终止，但他对西方音乐的爱好没有停止。

他 20 世纪 50 年代的几篇文章，对于西方的作曲家、演奏家，已是历历道来，如数家珍。此后几十年，西方的音乐，他一直在听。

倪匡说金庸对西方古典音乐的造诣极高，随便挑一张古典音乐唱片，放上片刻，他就能说出这是什么乐曲。

后来，金庸谈起武侠小说何以为国人所欢迎：“也有人问武侠小说为什么那么多人喜欢看，我觉得最主要的大概是武侠小说比较根据中国的传统来着手。现代一般文艺小说，似乎多少受西洋文学的影响，跟中国古典文学反而比较有距离。虽然用的是中文，写的是中国社会，但是他的技巧、思想、用语、习惯，倒是相当西化。现代中国艺术中间，跟中国传统比较接近的，一个是戏曲，还有一个是国画……事实上，中国的传统对于中国人而言，是根深蒂固的。拿我来说，一个地方有世界一流的音乐会，另一个地方是中国京剧、民谣，我觉得听京剧、民谣要更接近自己的兴趣，多半是与传统有关系。”（《金庸茶馆》第三册第 239 页）金庸喜欢歌剧，但更喜欢京剧。金庸喜欢西方音乐，但是更喜欢中国音乐。

唯独在舞蹈上，似乎金庸更欣赏的是西方的舞蹈艺术。金庸认为：“唐代以后，舞蹈艺术就逐渐衰退。”

金庸说起：“每当我看到十分精彩的舞蹈的时候，我会非常的兴奋，会手心里和背上出很多很多的汗，会听到自己心跳的声音。总之，会很高兴但又很难过，会紧张得坐立不安。”（《金庸散文集》第 61 页）这里，金庸说的是所有的舞蹈艺术，对他在视觉上、在情感上的冲击。

金庸说起《天鹅湖》：“那样的音乐、那样的舞蹈，真使人想到了心就会跳得更快。”（同上，第 55 页）

金庸对艺术的感受力极强，他更是芭蕾舞的狂热爱好者，因此才会去学习芭蕾，才会在《新晚报》的一次联欢活动中表演芭蕾舞。

金庸专门跟一个英国老师学过芭蕾舞，和他一起学芭蕾舞的还有左派电影公司的导演兼演员张铮。有一次他们在舞蹈室练舞，张铮与一位体胖的女学员共舞，要不时托起女伴，一不小心把手落在女伴的胸部，尴尬之下，手一松，女伴摔在了地上。英国老师大骂张铮，并指责中国人食古不化，跳舞都要讲究男女授受不亲。金庸为张铮感到不平，就站出来说话，英国老师大怒，把他俩双双赶出了舞蹈班。（杨莉歌《金庸传说》第 42 页）金庸学芭蕾舞不成，但在报馆的一次文艺晚会中，他曾穿上工人服，独跳芭蕾舞。罗孚回忆说：“尽管在艺术上那是不及格的，却是使人能够留下印象的。”（罗孚《南斗文星高》第 129 页）

三十多岁的金庸学习芭蕾，完全没有功利性的目的，他也不可能真的想做职业芭蕾舞演员，而纯是出于对这门艺术的狂热的爱好。

金庸逝后，香港资深媒体人林浩雨谈及，金庸当年对芭蕾舞十分了得的毛妹有爱慕之意，这才勤练芭蕾。可备一说。然而，假如金庸本身对舞蹈艺术没有足够爱好，只为有机会一亲香泽即投入芭蕾舞学习，我觉得不可信。爱上芭蕾舞者的男人很多，没听说有几个，为了求爱，自己也去学的。

2012 年，金庸外孙女赵明回香港探亲。她和外公相聚时，分享自己学习芭蕾舞的心得。赵明回忆，那时外公年纪已经很大了，听到她分享芭蕾舞时，外公说，自己小时候对芭蕾舞特别着迷，还有点研究。说着说着，金庸站起来，摆出芭蕾舞的“一位动作”和“二位动作”，向外孙女展示舞姿，有模有样。这段分享成为赵明难忘的回忆。(《金庸外孙女赵明：跳芭蕾圆武侠梦》) 此时金庸虚岁九十了，而仍如此钟情于芭蕾。我不认为他对芭蕾之爱，都是为了毛妹。

金庸一直欣赏爱慕乌兰诺娃，六千字长文《漫谈〈大歌舞会〉》，半数篇幅在谈她。金庸谈《罗密欧与朱丽叶》的四篇文章中，有两篇谈的就是乌兰诺娃主演的芭蕾舞剧。

金庸翻译了乌兰诺娃的《我怎样学舞》，于 1955 年 4 月 11 日、12 日、13 日，连载于《大公报》。

金庸欣赏西方艺术，常感叹其“美”。这个“美”字，他文章中常常出现。

陈世骧看金庸小说：“借先贤论元剧之名言立意，即王静安先生所谓‘一言以蔽之曰，有意境而已。’”

金庸认为：“文学应该是审美的，有美的观点，并不是真或善。”

金庸小说的故事背景，都设定在中国古代。故事中不可能出现歌剧、交响乐、芭蕾舞，但是金庸在这些西方艺术中感受到的“美”，仍自影响了他的小说，令金庸小说“一言以蔽之曰，有意境而已”。

金庸的艺术修养，相当全面，而皆出于兴趣。家庭没有培养他，金庸培养自己。

金庸的前半生，是求知若渴的，是锲而不舍的，是勇猛精进的，“吾见其进也，未见其止也”。

1993 年 4 月 2 日，金庸在《明报》发表《第三个和第四个理想》一文，谈到："每个人的理想各有不同。对于我，第一个理想是，少年和青年时期努力学习，得到相当的知识和技能。第二个理想是，进入社会后辛勤发奋，做几件对自己、对他人、对社会都有利的事。"自强不息、发奋为雄，自少年时代起始，一直是金庸的自我要求。

再后来，金庸给汪明荃的《荃记录》一书写序，先引用曹丕所云"少壮真当努力，年一过往，何可攀援"，然后发挥说："光阴短促，一过即不可追返，所以必须充分利用时间。"（金庸《人生短促，艺术长久》）

2008 年，香港国际书展期间，潘耀明主持的明报出版社推出"培养作者计划"，金庸为之题词："铢积寸累，日进有功。金庸书勉青年朋友。"（《明报月刊·金庸纪念专号》第 23 页）

当时并辔，合写"三剑楼随笔"

《新晚报》"天方夜谭"版，是新武侠小说的摇篮。梁羽生、金庸、百剑堂主三人连续在这里发表小说。

1954 年 1 月 20 日，梁羽生的《龙虎斗京华》开始连载，"新派武侠小说"由此诞生。

1954 年 8 月 11 日，梁羽生接着发表《草莽龙蛇传》，1955 年 2 月 5 日连载结束，三天后，金庸的《书剑恩仇录》开始在《新晚报》的"天方夜谭"版连载。

1956 年 9 月 5 日，《书剑恩仇录》在《新晚报》连载结束，当天预告："我们已约得武侠小说名家百剑堂主为撰《风虎云龙传》，日内开始连载。"

这位百剑堂主，给梁羽生的《草莽龙蛇传》题诗，为金庸的《书剑恩仇录》单行本赋词，用的是另一个笔名中宵看剑楼主。金庸在当天的"天方夜谭"致各位读者，说"百剑堂主是一位著名作家的笔名，《书剑恩仇录》单行本第一集的那首《满庭芳》词就出于他的手笔。堂主文采风流……"

几十年后，人们才知道，这位百剑堂主和中宵看剑楼主，就是名记者陈凡。

好记者未必能写出好小说。金庸的好友周榆瑞后来也在《新晚报》发表过一部《异域英雄传》，可惜小说中人物的性格模糊，故事缺乏高潮，男女侠士动不动就结婚，因之报馆中有一个同事在背后挖苦说："这小说的书名应当改作《侠客结婚记》。"陈凡的情形与此类似，只写了这部《风虎云龙传》，反响不佳，便洗手不写了。

《风虎云龙传》从1956年9月9日开始连载，到1957年7月29日结束。

武侠小说连载刺激了《新晚报》的销量，其母报《大公报》也来"借势"。1956年10月22日，《大公报》的"大公园"副刊刊登一则预告：

《三剑楼随笔》：自梁羽生先生的《龙虎斗京华》《草莽龙蛇传》《七剑下天山》，金庸先生的《书剑恩仇录》《碧血剑》，百剑堂主的《风虎云龙传》等武侠小说在本港各报连载后，大受读者欢迎，成为武侠小说中一个新的流派。现在我们约得这三位作者给"大公园"用另一种笔法撰写散文随笔，日内刊出，敬请读者们注意。

1956年10月24日，金庸写出专栏第一篇《〈相思曲〉与小说》。此后三人轮流执笔，每天一篇，到1957年1月30日，共写了八十四个题目，如果不计百剑堂主写的结语，三人各写了二十八篇。

《大公报》属于左派文化机构，"三剑楼随笔"的三位作者不可免，也带有一定倾向性。即以金庸为例，《马援见汉光武》一文的结尾说："今日的情况当与从前帝王的争天下完全不同，但做领袖的人如有风度有见识，自能使人一见钦佩，这在古今都是如此。"含蓄地表达了一份揄扬之意。

《"大国者下流"》一文，金庸由《道德经》谈大国与小国的关系，说："我们最近见到一篇份量很重的长文，其中特别提到了反对大国沙文主义与小国民族主义的偏向……我想，这种胸怀和想法，那才真是所谓泱泱大国之风。”

黄子平为金庸编选散文集《寻他千百度》并写序，谈及“三剑楼随笔”中金庸《马援与二征王》一文：“金庸读史……到后来，则往往聚焦于民族冲突与民族融合这样的大关节。本来是要讲汉代‘伏波将军’马援的威水事，笔锋一转，谈起了被马援镇压的两位女性敌手：‘二征王’，说她们是‘汉光武帝所执行的大国主义的牺牲者’……熟读《天龙八部》的读者，晓得乔峰／萧峰的身份认同如何在胡汉之间兜兜转转，当能明白金庸的‘民族立场’在这里的倏然翻转。”这样的联想，我不赞同。

黄子平很可能没有注意到金庸写作此文时的工作环境和历史背景，才会将二征王与“乔峰／萧峰的身份认同”联想在一起。

《国家人文历史》杂志刊载的李响《越南历史上的“抗华”情结》一文谈到：“1955年6月底，胡志明同志率领越南党政代表团对中国进行第一次正式访问，毛泽东在双方第一次会谈中就提到，中国在古代曾侵略过越南。1956年11月，周恩来访问越南，亲自到河内‘二征庙’献花圈，对‘一千九百多年前因抗击中国汉朝马援率领的侵略军而牺牲的两位女王’表示敬意……周恩来选择参拜二征庙是为促进新时期中越关系，但客观而论，东汉时期越南并非独立国家，而是隶属于东汉版图之内的郡县。”

周恩来到二征庙献花圈，是1956年11月的事。11月28日，金庸就在《大公报》副刊“三剑楼随笔”专栏发表了《马援与二征王》。这篇文章，其思想脉络，与金庸1955年写作的《书剑恩仇录》相通，与1964年至1967年写出的《天龙八部》中“乔峰／萧峰的身份认同”，没什么关系。

“三剑楼随笔”第一篇《〈相思曲〉与小说》中，金庸说：“作为一个随笔与散文的专栏，越是没有拘束的漫谈，或许越是轻松可喜。”完全不受拘束，倒也不见得，总体上还是一种少有拘束、随意漫谈的态度。从金庸所写二十八篇文章中，也就很能看出他当时兴趣所在。

金庸嗜棋。《谈各国象棋》也谈及围棋，《围棋杂谈》也谈及象棋。《历史性的一局棋》谈的是吴清源“新布局法”。后来金庸所创造的“独孤九剑”，其灵感，主要就来自这“新布局”。

金庸热爱东西方的舞蹈艺术，所以写《舞蹈杂谈》。

金庸爱听民歌，《民歌中的讥刺》一文，谈历代民歌。

《顾梁汾赋“赎命词”》《也谈对联》《月下老人祠的签词》《谈谜语》诸篇，谈的是中国文化各方面的问题。《谈谜语》也谈及西方的谜语，延续的是金庸当年在《东南日报》主编的那个“咪咪博士答客问”专栏的风格，显示了他对西方幽默短文的熟悉。

金庸也爱西洋唱法的歌曲，所以写《费明仪和她的歌》。《钱学森夫妇的文章》一文中，金庸回忆：“十年之前的秋天，那时我在杭州。表姐蒋英从上海到杭州来，这天是杭州笕桥国民党空军军官学校一班毕业生举行毕业礼……她唱了很多歌，记得有‘卡门’、‘曼侬·郎摄戈’等歌剧中的曲子。不是捧自己亲戚的场，我觉得她的歌声实在精彩之极。她是在比利时与法国学的歌，曾在瑞士得过国际歌唱比赛的首奖。因为她在国外的日子多，所以在本国反而没有什么名气。她的歌唱音量很大，一发音声震屋瓦，完全是在歌剧院中唱大歌剧的派头，这在我国女高音中确是极为少有的。”

金庸对国画感兴趣，对西方绘法也有兴趣，写《看李克玲的画》。“三剑楼随笔”专栏结束一年多后，金庸还写过一篇《永恒神秘的微笑》，谈达·芬奇的《蒙娜丽莎》。1986 年，金庸又写《向中国画的大师们致敬》，比较了中国画与西洋画的异同。

金庸对摄影感兴趣，写《摄影杂谈》，认为摄影只能算是“半艺术”。

金庸对科学也有兴趣，所以写《圆周率的推算》。文中忆念到初中老师章克标。

喜爱中国传统戏曲，金庸写《看三台京戏》。《郭子仪的故事》《代宗·沈后·升平公主》两篇，则是由晋剧《打金枝》生发出来的。

《书的“续集”》谈的是中国古典小说，《圣诞节杂感》谈西方小说。

金庸喜欢西方的电影，更喜欢西方小说。《相思曲》和《无比敌》都是根据美国小说改编成的电影，金庸《〈相思曲〉与小说》《〈无比敌〉有什么意义？》《〈无比敌〉有什么好处？》这三篇文章，谈电影很少，重点谈的还是小说原著。

二十八篇“随笔”中剩下三篇谈的都是电影。

《从〈小梅的梦〉谈起》由苏联拍的这部木偶戏谈及中国的木偶戏。

《从一位女明星谈起》谈及武侠小说受欢迎的原因，“模仿了古来作品的形式来写，因而合了中国读者的心理”。

《快乐和庄严——法国影人谈中国人》一文，结尾说：“这是一次很愉快的谈话……有人向石慧开玩笑说：‘怎么他老是说夏梦，不说石慧呢？’大家都笑了，因为在法文中表示‘动人、可爱’等意思的Chatmant，声音就像在叫‘夏梦’。几位法国先生在谈话中大赞中国与中国人，所以不断听到‘夏梦、夏梦’之声。”

金庸总归是忘不了电影，忘不了他的“仲夏夜之梦”。

为夏梦主演《绝代佳人》编剧

金庸早年以笔名林欢写影评，提出：“一部电影的风格主要决定于编剧和导演两个人。”那段时间，他先是写影评，接着同时编剧本，后来又做起了导演。

1951年金庸调入《新晚报》，编辑“下午茶座”栏目，写影评于他，是工作需要。

金庸说自己当年所写影评“不是最好的”，但他写得“最用心”。金庸算得是一个“完美主义者”，一件事只要做了，总是尽全力，做到最好。

为了写好影评，金庸阅读了大量关于电影和戏剧的书籍。金庸在影评中，谈过苏联戏剧艺术大师斯坦尼斯拉夫斯基的《演员的自我修养》、法国制片人柯恩的《论电影的哲学原理》、匈牙利人贝拉·巴拉兹的《电影理论——一种新艺术的性质与成长》等电影理论书籍。掌握这么多相关知识，而只写影评，太浪费了，于是直接为长城电影公司写起了剧本。

长城电影公司也是左派机构。

50年代的港人，经济上很少有宽裕的。金庸写剧本，既出于对电影的爱好，也为多挣点钱，改善生活条件。

金庸以林欢之名写剧本。蒲锋在《从林欢到金庸》一文中说："林欢为长城编剧的影片共有七部戏：《绝代佳人》（李萍倩，1953）、《不要离开我》（袁仰安，1955）、《三恋》（李萍倩，1956）、《小鸽子姑娘》（程步高，1957）、《兰花花》（程步高，1958）、《有女怀春》（程步高、林欢合导，1958）和《午夜琴声》（胡小峰，1959）……越剧《王老虎抢亲》是他与胡小峰合导，却不是编剧。"（郑政恒编《金庸：从香港到世界》第396页）

蒲锋又说："在七年的编剧生涯中，他只写了七个剧本，平均一年一部，足见只属兼职性质。"这句话是有问题的。金庸所写不只七个剧本。这七个是拍出来的。据金庸自己说，还有不少剧本不被批准拍摄。2000年，金庸在《笑容在我看来是一种蒙太奇》一文中谈到："我开始学写电影剧本，写了二三十个，其中有的还算成功。"2003年，他对香港亚洲电视主持人说，"曾写过三四十个电影剧本"。

金庸以笔名林欢为《长城画报》写影评，谈及《不要离开我》："'人民爱好和平反对战争'这个主题，许多影片曾用不同的方式来表现：《西线无战事》强调现代战争的残酷、《桃花劫》用希腊古代的讽刺喜剧来反映、《我们坚持和平》展览世界人民爱好和平的决心、《不要离开我》描写战争对普通人幸福的损害（虽然在艺术上它当然不能与前面那些影片相提并论）……"

金庸当时谈《兰花花》："拍摄舞台纪录片在艺术上有很大的困难，常常不能符合电影艺术的要求，只是机械地拍摄舞台演出……长城公司目前拍摄的《兰花花》，企图在另一个角度中，在一个较小范围内，部分的解决这问题，那就是把舞台剧和电影打成一片。影片中包括了《大雷雨》《棠棣之花》《回春之曲》《放下你的鞭子》《春耕大合唱》等著名舞台剧的片断，希望能综合电影与舞台两者之所长。”

金庸谈电影音乐时，提到与自己相关的两部影片：“电影歌曲有各种不同的作用……有的是作为全片的音乐背景，衬托整个影片情调风格，如《兰花花》的主题曲；有的是整部影片思想的概括，如《绝代佳人》的‘彩舞曲’，其中表示了反对战争以及爱国爱民的主题。”

金庸所写剧本，最早拍成电影的，是1953年的《绝代佳人》。

《绝代佳人》一片，讲的是信陵君窃符救赵的故事，说是改编自郭沫若的《虎符》，其实与郭剧关系不大，相似的台词都没有几句。当时金庸在为《长城画报》写的影评《古装电影的要旨》中谈到：“郭沫若先生在《虎符》中把如姬写成是琴师的女儿，一个年轻琴师为了妒忌而害死了如姬的父亲，信陵君手下的一个门客用催眠术查出了凶手……《绝代佳人》把如姬的父亲写成因抗秦而被害……《虎符》与《绝代佳人》中的两种想像完全不同……”

金庸可能借用了郭沫若的思路，就是强调如姬这个人物的重要性。郭沫若《虎符》中，如姬像信陵君一样重要。金庸的《绝代佳人》，从片名就能看出，如姬在电影中比信陵君还要重要。

既是为长城电影公司写剧本，写的又是“绝代佳人”，只要投拍，担任女主角的只能是“长城三公主”夏梦、陈思思、石慧这三人中的一位。有说《绝代佳人》是金庸量身定做为夏梦写的，这种可能性很大。

如姬在电影中的戏份更重，不代表金庸不看重信陵君。电影中如姬说信陵君是“战国四公子”之首，这就是金庸本人的态度。

两年后，金庸写第一部武侠小说《书剑恩仇录》，第一天连载，就写道：“陆菲青隐姓埋名在陕西隐居……那知给这位女弟子在窗外偷窥，发现了秘密。陆菲青还想隐瞒，神色自若的道：‘唔，你睡过了吧？今天我来讲《史记》中的《信陵君列传》！’”金庸后来修改《书剑恩仇录》，书中人物的整体文化程度都降低了，金庸在《书剑恩仇录》后记中写道：“陈家洛在初作中本是解元，但想解元的诗不可能如此拙劣，因此修订时削足适履，革去了他的解元头衔。”应该是因为这个缘故，陆菲青这才不再给女弟子讲读《信陵君列传》，而是给他讲起诸葛亮三气周瑜的故事。

金庸改完《书剑恩仇录》，并撰写后记，是 1975 年的事。同一年，金庸写《袁崇焕评传》，说道："当年七国纷争的是非成败，在今天已没有多大意义了，但荆轲、屈原、蔺相如、廉颇、信陵君等等这些人物的生命，却超越了历史与政治。"在"战国四公子"中只提到信陵君一人，可见金庸对信陵君的推崇。

《绝代佳人》中，魏安釐王对弟弟，一直称呼他的名字"无忌"。历史上叫无忌的不是只有信陵君一人，《倚天屠龙记》主人公名字叫作无忌，不见得只与信陵君之名有关，但绝不会毫无干系。

金庸写《绝代佳人》，为了夏梦，也为信陵君。

信陵君救赵，靠如姬，也靠侯嬴和朱亥帮忙。《书剑恩仇录》中写道："三人饮酒吃黄河鲤鱼，谈论当年信陵公子在大梁大会宾朋、亲迎侯嬴的故事。陈家洛叹道：'大梁今犹如是，而夷门鼓刀侠烈之士安在哉？信陵公子一世之雄，竟以醇酒妇人而终。今日汴梁，仅剩夷山一丘了。'酒酣耳热，击壶而歌，高吟起来：'闲过信陵饮，脱剑膝前横，将炙啖朱亥，持觞劝侯嬴。三杯吐然诺，五岳倒为轻，眼花耳热后，意气素霓生……'"可以说，金庸是将自己部分地代入了陈家洛这一角色，而这一刻，陈家洛又将自己部分地代入了信陵君这一历史人物。

到了小说《侠客行》开篇，金庸引用此诗全文，接着说："李白这一首'侠客行'古风，写的是战国时魏国信陵君门客侯嬴和朱亥的故事，千载之下读来，英锐之气，兀自虎虎有威。那大梁城邻近黄河，后称汴梁，即今河南开封。该地虽然数为京城，却是民风质朴，古代悲歌慷慨的豪侠气概，后世迄未泯灭。开封东门十二里处，有个小市镇，叫作侯监集。这小镇便因侯嬴而得名。当年侯嬴为大梁夷门监者……夷门监者就是大梁东门的看守小吏。"可见金庸是如何钦慕侯嬴、朱亥那"悲歌慷慨的豪侠气概"。

金庸为《长城画报》写影评《电影中的冲突》，谈过："观众所以对这部影片感兴趣，因为这故事有一个没有解决的问题，看戏的人要知道结果到底怎样……在看《绝代佳人》的时候，要想知道信陵君是否拿到兵符而去救赵国。观众迫切需要知道答案……在《绝代佳人》，基本的冲突一方面是信陵君救助邻国的主张与如姬的爱国思想，另一方面是魏王惧怕强秦的懦怯心理。一切戏剧中的情节都经这基本冲突中发展出来。”

《史记》中的如姬，是这样的：

侯生乃屏人间语，曰：“嬴闻晋鄙之兵符常在王卧内，而如姬最幸，出入王卧内，力能窃之。嬴闻如姬父为人所杀，如姬资之三年，自王以下欲求报其父仇，莫能得。如姬为公子泣，公子使客斩其仇头，敬进如姬。如姬之欲为公子死，无所辞，顾未有路耳。公子诚一开口请如姬，如姬必许诺，则得虎符夺晋鄙军，北救赵而西却秦，此五霸之伐也。”公子从其计，请如姬。如姬果盗晋鄙兵符与公子。

这本来就是一个了不起的奇女子！她知道感恩、报恩，报父母之恩，报为父亲复仇的信陵君之恩。郭沫若《虎符》中，如姬在父亲墓前自杀；金庸《绝代佳人》中，如姬被收捕，下一步就可能被魏王杀害。“君怜无是非”，如姬窃符，未必遭遇郭沫若与金庸设想的那样惨酷的结局，但风险仍很大，付出生命代价至少是可能的，她仍坦然做了。

金庸给了她国籍，如姬成了赵国人，父亲死于长平之战。一个赵国的大商人在长平建议降秦，四十万赵人因此被坑杀。这个后来受到秦国优遇的大商人，这个“赵奸”，就是电影中如姬的杀父仇人，如此一来，如姬央求信陵君杀死大商人，就不仅是为了报私仇，更为报国恨。

金庸八岁时读到的《荒江女侠》中有“为国为民”四字，金庸三十岁所写《绝代佳人》剧本有“为民为国”四字，到了《神雕侠侣》，郭靖就说出了“侠之大者，为国为民”八字。

《绝代佳人》的剧本写得还不错，拍得也好，1957年，这部影片获得中华人民共和国文化部颁发的优秀影片荣誉奖，作为编剧，金庸获得一枚编剧金质奖章。

当时，金庸（林欢）撰写影评《优秀影片的标准》：“四月间，香港电影界因一个消息而得到了极大的鼓励，每个电影工作者都感到兴奋和喜悦。因为，在这次文化部举行一九四九——九五五年间优秀影片评奖时，香港在这七年之中所制作的影片里，也有五部被评选为优秀影片。那就是南国公司的《珠江泪》，长城公司的《绝代佳人》，龙马公司的《一板之隔》，凤凰公司的《一年之计》，以及中联公司的《春》……作为香港的电影工作者，我们觉得我们有五部影片被评选为优秀作品，一方面固然是感到光荣和兴奋，但另一方面，我们很清楚地觉得，与其说这是成绩的确定，还不如说是一种鼓励。”

离《大公报》，进长城，又离开

1953 年，金庸写出《绝代佳人》剧本，也是在 1953 年，金庸离开《新晚报》“下午茶座”，被调回《大公报》，编辑“大公园”，而仍继续写作影评，发表在《长城画报》和他的“大公园”。

1957 年，金庸决定离开《大公报》。

金庸 1947 年考入《大公报》，1950 年到北京求职失败重回《大公报》系，1951 年、1952 年在《大公报》的子报《新晚报》工作，1953 年到 1957 年一直就职于《大公报》。他在《大公报》系统工作，正好十年整。

金庸进入《大公报》工作初期，心情非常愉快，对工作环境，对同事朋友，都极为满意。那几年他学到很多。

金庸后来回忆说：“我从学生时代起就很喜欢这样一份报纸。后来到香港，我也在《大公报》服务。但后来它改变路线，和过去的传统完全断绝。”（《金庸：中国历史大势》第 56 页）

此后金庸在《大公报》工作，就没有先前的好心情了。

在老友董千里看来，金庸“是一个彻头彻尾的自由主义者”。金庸在《笑傲江湖》后记中说：“令狐冲却是天生的不受羁勒。”某种程度上也可以看作他的夫子自道。

“我在《大公报》前后十年，马列主义的书也看了很多，也花了很多时间去研究。我属于工作上有些成绩的人，开小组会讨论时，我是组长。但我觉得他们的管理方式与我格格不入。”他，决定离开。

金庸在《大公报》十年，不算很得意，也不算很不得意，过得去就是了。

1957 年，金庸离开《大公报》，加入长城电影公司。在长城，金庸的月薪不过是二百八十元，但据说每写一个剧本，不管是否被采用，都可拿到三千元稿费。

1956 年 5 月 1 日，金庸与朱玫女士结婚。

对工作环境不满意，感觉格格不入，金庸早晚要离开《大公报》的，但如果不是早一年的婚姻，他的离开可能要晚一些。

金庸需要赚钱养家。

一个剧本三千元稿费，港币三千元在当时不算一笔小钱。1959 年金庸办《明报》，拿出了几乎全部储蓄，也不过八万元，相当于二十七个剧本的稿费。

在长城工作，比在《大公报》当编辑，收入要高一些。

金庸当时还有一个主要收入来源，就是写小说，这个完全不受工作改变的影响。写剧本和写小说，并行不悖。

1957 年后，他一面以笔名金庸继续写武侠小说，一面用笔名林欢编了不少剧本。

第二年，金庸就做起导演来了。

《有女怀春》是金庸根据《傲慢与偏见》改编而成的，1958 年由他和名导演程步高合作导演，男女主角是傅奇和陈思思。

这部电影我没看过，只在网上读到简介：“该片讲述贝家五位千金，其中三位情窦初开，各有感情烦恼：大女珍爱上书呆子平克莱，莱却无胆求婚；三女霞则爱上阿飞，险被欺骗感情；二女莉性格倔强，偏偏遇上崇尚男权的工程师戴绥成，两人有若欢喜冤家，幸终能结成佳偶。”

金庸当时在《长城画报》发表影评《集体智慧的综合》：

在电影中，剧本固然重要，而导演、演员、摄影师等等的工作也是异常的重要……以往我在理论上是认识到这点的，但最近担任了导演工作（与程步高先生共同导演轻喜剧片《有女怀春》），更加深切地体会了。影片只拍了三分之一，我们已知道这部影片与电影剧本已截然不同，几乎每一个镜头都已比剧本有所变动与丰富。事实是，剧作者难以事先设计好所有的一切，许许多多细节与细致的地方，都得依靠导演以及所有场上的工作人员们增添上去，创造出来。

……例如，有一位朋友来参观拍片，他带了一包棒糖，分给大家吃。那时正拍摄陈思思在办公室里打字的场面，有人提议：叫陈思思一面舐棒糖一面打字。真是很好的意见啊，加一根棒糖，立刻增加了这角色活泼爱娇的性格，帮助了戏剧的发展。

1959 年，金庸又与胡小峰合作导演了《王老虎抢亲》，夏梦、李嫱等主演。

金庸曾对温瑞安说起自已导演过几部片子，温说他知道其中一部是《王老虎抢亲》，金庸马上说：“拍得不好。”

金庸给自己定的标准太高。《王老虎抢亲》的水准与《绝代佳人》差不多，不是特别出色，也算是好影片，上映后也很受观众欢迎。这部电影应该是在 1961 年 3 月初公映的。1961 年 3 月 9 日，《明报》头版的“伶星专栏”报道“《王老虎抢亲》演职员设宴谢师，夏梦领娘子军表演惊人酒量”，说“《王老虎抢亲》公映以来，盛况不衰，昨日进入第二周，仍场场满座……”

即便《王老虎抢亲》好到极点，头功也不归金庸。金庸在另一场合说过：“这部戏的主要导演是胡小峰先生，我当时对导演技术还有很多不懂。”

长城电影公司也是左翼机构，过分强调影片的思想意义，对影片题材的限制非常严苛。金庸希望多拍一些娱乐性和商业化的电影，提高卖座率，在长城却很难实现，他的“资产阶级思想”还一度遭到批评。1963年，金庸回忆：“我个人在左派团体中没有受到什么真正的打击，然而精神上的创伤和苦痛，仍旧是很巨大的。”（金庸《谈〈彷徨与抉择〉》）

1959年，金庸离开长城电影公司。

短短两年时间，金庸在长城发展还不错，但深感苦闷，也觉很难充分发挥自己的才能。金庸后来对着张大春回忆说：“他们对于戏剧的限制非常严，编个剧本要这审查、那研究，工作很受限制，那不是个适当的创造环境，我没有待下去。一直到现在，他们似乎仍然未曾摆脱那许多束缚。”[1]

金庸在另一场合还说过：“自始至终我觉得干电影这行拘束很大……我所编写的剧本好几个不获通过，兴趣自然大减……总括来说，干电影时工作未见顺利，自己又没有能力搞电影公司，相反地，办小型的报纸，需款不多，但给我发挥的机会则较大，故转而办报。”（何礼杰《金庸对话录》）

对工作环境不满意，感觉格格不入，金庸早晚要离开长城的，但如果不是遇到老同学沈宝新，二人一拍即合，决意办报，他可能还会在长城多待一二年。

金庸后来回忆说：“当我还在‘长城’工作时，已创办了《明报》。”（《金庸：中国历史大势》第88页）

---

1 金庸从长城电影公司辞职整整二十年后，1979年，金庸在台湾，与白景瑞、林青霞等电影界朋友座谈，谈到：“电影本身表现现实，不是一个很好的启发思想的工具，它是要在一个半钟头马上看完，回去或者可以想一想，但是本身在思想上有限制，真的要强调思想，还是写书好。”这个“写书”的“书”，应指学术著作，而不是写小说或戏剧。

金庸的“仲夏夜之梦”——夏梦

金庸与杜冶芬女士，于1953年离婚。之前，二人已长期处于分居状态，杜女士不在香港，而在上海。

金庸从1952年开始，与香港电影界过从甚密，经常与电影界人士一起吃饭、聊天，参加他们的聚会。

1953年除夕，金庸参加长城电影公司的迎新年晚会，与电影明星乐蒂共舞，照片就登在《长城画报》上。

1955年除夕，在电影界的联欢晚会上，大家正在舞池中跳舞跳得很高兴，演员苏秦忽然大声问金庸：“你跳的是‘百花错舞’么？”周围的人们都哈哈大笑。

1956年，金庸与程步高导演一起去看李克玲小姐的画展。

金庸编剧的《绝代佳人》，还有他导演的《王老虎抢亲》，主演都是“长城大公主”夏梦。

沈西城对金庸在电影界那几年的经历，尤其是情感经历，很感兴趣。他在《金庸与倪匡》一书写道：

金庸爱上了一个美丽的女明星，她是谁？

为了要写这一件事，我曾问过许多金庸的老朋友，倪匡、许国是其中的两个人。后来我见到了李翰祥，他那时也在“长城”，跟金庸可算是半个同事，他半开玩笑的对我说：“哎哟！你的妈，怎么要挖金庸的疤！”

我问：“李大导，你只会耍我，却不摸摸自己的屁股，你的大作《三十年细说从头》，有哪一个你大导的老友不给你挖疤了。”

李翰祥乐了，仰天打哈哈：“金庸追女明星有啥稀奇，我不是也追过的吗？穷就不能泡妞儿吗？”

“那么金庸泡到了吗？”我问。

“当然泡到，短瘾好过无瘾呀！”李翰祥的诙谐称誉影坛，果非浪得虚名。

“这岂不是李导演泡妞工夫比不上金庸吗？”我故意激他。

“那当然！”想不到李翰祥承认了：“我这么黑，边度有女‘柴’钟意我，金庸就算唔靓仔，后生个阵都靓过我。”

再问许国。许国比较老狐狸，答：“好似系。”

于是敬上老酒一大杯，酒后吐真言：“好似追过陈思思，唔！又好似追过夏梦。”

“喂！许公，到底系边个？陈思思？抑或系夏梦？唔好冯京作马凉呀！”

咦！怎么没有回答，原来许国已进入了醉乡。

再问倪匡。

倪匡比较老实：“好像追过夏梦。”

跟住倪匡用半咸淡广东话对我提出忠告：

“喂！你千祈唔好乱爆嘢！上次你有一篇文章讲买石，老查（金庸）睇（看）到，闹（骂）我。”……

夏梦是“长城”的当家花旦，李翰祥说过：“夏梦是中国电影有史以来最漂亮的女明星，气质不凡，令人沉醉。”

金庸很喜欢夏梦，向她追求。没有人知道他是否成功，但李翰祥却说金庸并没有失败。

后来夏梦结婚了，金庸也离开了“长城”，自己创天下。

金庸对这件往事，一直都没有提，但是在他的小说里，不难看到夏梦的影子，像《射雕》里的黄蓉，《天龙八部》中的王语嫣，《神雕》中的小龙女，无论一颦一笑，都跟夏梦相似。读者如果留意，一定会发觉我并没有打诳。

文中提到的许国，于1985年撰文，说他与金庸“相识三十几年”。1951到1953年，金庸还在《新晚报》工作时，许国就常给《新晚报》写稿，二人结识，应在此时。后来许先生又是金庸在长城电影公司的同事，再后来他又到金庸创办的《明报》工作二三十年。

许国在另一场合说过：“查先生是一个专于感情的人，我跟他共事于长城电影公司时，查先生喜爱上一个美丽的女明星，那女明星是一流的大美人，而我们的查先生那时不过是一个小编剧、小说家，当然得不到那位女明星的青睐。”

许国很早就与金庸有交情了。在金庸离开香港左派文化机构之前，更了解金庸底细的，是罗孚。约2006年，有记者问罗孚，金庸暗恋夏梦是否真的？罗孚确定地回答：“是真的。”也有问过金庸有没有追过夏梦的问题，罗孚回答“说是追过夏梦”。(《最后的文化贵族：文化大家访谈录（第一辑）》)

此处，我信得过罗孚的诚实。

关朝翔医生是香港名医……今年（2019年）已高龄九十八的关医生，跟去年十月去世的金庸先生相识近七十载，应该是香港目前健在者认识金庸最久的人了……

舒非：您说过，曾经帮金庸追求当时的天皇巨星夏梦，我知道，那时的夏梦有“长城大公主”之称，又被人们誉为香港乃至中国第一美人，金庸要追求她，为什么要你帮忙？过程是怎样的？

关朝翔：可惜他最终没有追到呀！（笑）那时金庸对夏梦情有独钟，这对我们大家都不是秘密了。（舒非《访关朝翔医生谈金庸》）

金庸追梦，应属实情。

亦舒早年在《明报周刊》，自己的“衣莎贝”专栏上，谈说：“大家都知道，金庸，年轻的时候钟情美丽的女演员夏梦，后来，他对老友倪匡说起当时情况，他用沪语形容：‘想是想得来。’真有点荡气回肠。欣赏过《三看御妹刘金定》与《王老虎抢亲》的观众，多数都会肯定，比夏梦更具气质与美貌的女演员，大抵是没有的了。而上海人口中的‘想’，除出思念之外，其他的弦外之音包括渴望、爱念、以及相思，是一种十分缠绵的思维。因为只是想，放心里，可假设有什么激烈实际行动，肯定羞怯踌躇……不过讲起来，到底不如这个想字浪漫与美丽。”

金庸对夏梦，如他对倪匡所言，只是“想”？未必未必。

李翰祥说金庸并没有失败，许国和关朝翔医生则说金庸并没有成功。输赢成败，到底如何？

夏梦对金庸的情分，似比友情更多。多几分，就不好说了。从这个角度说，金庸并没有失败。

金庸唯一一次直接回答他与夏梦的感情问题，是 1997 年对新加坡《新明日报》记者韩咏梅说的。记者问：“《金庸传》中说您曾苦恋夏梦，还说您一直对她念念不忘，是不是有这么一回事？”金庸一面说：“并不是如书中所强调的一直对她念念不忘，根本没那回事。”一面又说：“我在做电影的时候，我们一起做同事，当时有一点 puppy love（纯纯的感情），年轻时候是有感情的，但是她现在已经结婚，生儿育女，孩子也很大了。我也有 grandchildren（孙子）了，大家年纪都大了，现在见面一起吃饭啦，是很好的普通朋友。”（韩咏梅《访问金庸》）金庸承认他们年轻时候，彼此是“有感情的”。他们到了晚年，只是“普通朋友”，年轻时候呢？或许不太“普通”？

1962 年秋，夏梦为金庸的《明报》写专栏。1978 年，夏梦回港，组建青鸟电影公司，投拍第一部电影，由许鞍华执导，请金庸修改片名。二人的情分似乎并不浅。

金庸对这份感情，很投入，很认真，许国所说“查先生是一个专于感情的人”，并不是反话、讽刺的话，但夏梦终于没有嫁给金庸。从这个角度说，金庸并没有成功。

1962 年秋，《明报》上那个夏梦专栏，登载她在欧洲旅行途中的来信。10 月 6 日的夏梦来信说她最感兴趣的是莎士比亚住过的茅屋，附近有戏院，专演莎翁的舞台剧。

金庸一向深爱莎剧，夏梦亦然。夏梦本名杨濛，祖籍苏州，1932 年生于上海一个知识分子家庭，1950 年以意外机缘，进入长城电影公司，取艺名夏梦，出自莎剧《仲夏夜之梦》。

金庸酷爱京剧，夏梦不仅爱听，受父母影响，她从小就爱唱京剧，是出色的花旦演员，曾在北京演出京剧《贵妃醉酒》和《锁麟囊》，颇受好评。

1941 年，衢州中学举行“双十节”文艺会演，金庸自己编导并主演英语话剧《月亮升起》，全校英语教师一致称赞演员们发音正确流利。1949 年，夏梦在她就读的玛利诺女书院举办的文艺联欢会上，主演英语舞台剧《圣女贞德》，获得极大的成功，观众赞她：“人既漂亮，戏又演得精彩。”

金庸在剑桥读书时，对记者回忆说：“中学时候喜欢踢足球，打排球。”夏梦中学时参加过全校篮球班际比赛，到了长城，为了留指甲，放弃篮球，请了一位教练学网球。

夏梦不仅是长得美，她的人格比较完美。

金庸不是对夏梦最“痴情”的人。电影导演岑范更为夏梦终身不娶。岑先生说：“假如没有认识过夏梦，我也许会在人生的某个阶段跟某个女子结婚生子。但是我认识了夏梦，别人就跟她没有可比性了。”让岑范尤其难忘的，也是夏梦的人格之美：“夏梦的美貌是其次，她的心地更美，非常善良。”

在演艺界，夏梦是一个异数，她是没有绯闻的。

1967 年 9 月，夏梦决然告别影坛，移民加拿大。

几十年来，金庸与夏梦，面对各种关于他们情缘的提问，似有默契，皆不肯深谈，虽令人们的八卦心理不得餍足，却实在很是“高格调”。

不是我多么喜欢八卦，既然要给金庸写传，实在不能不提他与夏梦的事。我最重视金庸的小说家身份，也就不能不十分重视在金庸小说中投下很多很深影子的夏梦。

然而，因为金庸、夏梦这两位直接当事人历来讳莫如深的态度，我只能根据其他一些比较可靠的资料，做出某些推测。

可信与否，看官请自斟酌。

追“梦”在前，《书剑恩仇录》在后

1953 年《绝代佳人》摄制完成，编剧金庸，主演夏梦；1954 年 9 月，夏梦与林葆诚完婚；1956 年 5 月，金庸与朱玫成婚。

以上三个时间点，值得注意。

金庸追夏梦，是什么时候的事？

应在他 1956 年与朱玫结婚之前。

我并不是说金庸多么忠诚于婚姻，结婚后就对夏梦完全忘情。也不是说金庸如果是在自己婚后才遇到夏梦这样的人物，就一定不会发起追求。事实却是，金庸在自己结婚前至少三年，已经遇到夏梦，并且彼此有相当频繁的接触。这三年他不去追梦，等自己结婚了再追，完全不合情理。

沈西城说：“金庸很喜欢夏梦，向她追求……后来夏梦结婚了，金庸也离开了‘长城’。”他也认为，金庸追求夏梦是在夏梦婚前。沈西城这么说，应该并不是全无根据的。

我感觉，1956 年之前，金庸已经受到夏梦相当明确的拒绝，知道没希望了，这才与朱玫女士交往，终于缔结婚约。

《书剑恩仇录》的写作，始于 1955 年 2 月，完成于 1956 年 9 月。这第四个时间点更值得注意。

金庸追夏梦，应在《书剑恩仇录》写作之前。

早在 1953 年 2 月，金庸即以笔名林子畅，连续两次谈夏梦成名作《孽海花》。金庸常在电影公司走动，甚至经常进入摄影棚观摩，才有可能写出“单是夏梦唱歌时，脸在水缸中的水中反映一个镜头，就足足拍了七个多钟头，而在银幕上，只出现三四秒钟的时间”这句话。（赵跃利《金庸笔名知多少》）

据赵跃利兄考证，那张很常见的，夏梦坐而金庸立的照片，背景是这样的：

这张照片拍摄于1954年5月14日下午二点之后，地点是长城电影公司摄影棚A棚。摄影师是董克毅。当时金庸30岁，夏梦21岁，此时的金庸，还不叫金庸，而是叫林欢，金庸这个名字还没有诞生呢……

夏梦手里拿的是马上要开拍的电影剧本《不要离开我》，金庸是该剧编剧，站在旁边给夏梦解释剧情……

《不要离开我》描写了抗战期间一对音乐歌唱家夫妇悲欢离合的故事，情节委婉动人。

这是金庸继《绝代佳人》《兰花花》之后又一部精心创作的剧本，“全剧盈溢着浓厚的诗的情绪”。金庸是下了大力气的。

导演袁仰安也极其重视，决定由夏梦饰演女主人公穆桑青。穆桑青角色本来就是金庸给夏梦量身定做，估计不用夏梦，金庸也不干……

该片1955年7月上映，此时的金庸，已经写了五个月的《书剑恩仇录》了……

该片的主题歌《不要离开我》，插曲《门边一树碧桃花》也是金庸一手包办，亲自作词。（赵跃利《这张照片的背景》）

符立中在《寻找金庸的梦中情人》一文中说：“夏梦的宣传照常由一位叫‘陈家洛’的剧照师负责，这个和夏梦、更可能和金庸接触频繁的名字，便成为金庸第一部小说《书剑恩仇录》的男主角。”

20世纪50年代的《长城画报》上，确实常见一位名叫陈家洛的摄影师的作品。这份画报很难见到。2016年11月，夏梦逝世，几天后有一位甘鹏，发表《你没有见过的夏梦（附独家披露美图）》，在网上可以看到。有十五张夏梦的照片，注明“所有图片提供：陈家洛”。其中还有“夏梦少女时代素颜照”。夏梦十七岁进入电影圈，这位名叫陈家洛的剧照师很早就为她拍照了——早在金庸写《书剑恩仇录》之前。

金庸将自己追求夏梦的情感经历，他精神上的痛苦与挣扎，写入了《书剑恩仇录》，写入余鱼同这个人物。

1956年10月5日，《新晚报》六周年报庆时，金庸讲到有读者来信，建议将《书剑恩仇录》拍成电影，请夏梦出演爱笑的骆冰。这位读者居然有此建议，已经很有意思了。这位读者的这一建议，竟由金庸来转述出来，更有意思。假如这部拟想中的电影，请金庸本人来客串暗恋骆冰的余鱼同，那是最有意思的事。

金庸1970年谈唐传奇《虬髯客传》时说："我国传统的观念认为，爱上别人的妻子是不应该的，正面人物决计不可有这种心理，然而写现代小说，非但不必有这种顾忌，反应去努力发掘人物的内心世界。"金庸自己，居然在第一部小说中，就写出"爱上别人妻子"的故事，努力去发掘余鱼同这一人物的内心世界，够"现代"！

余鱼同的内心世界，或许正折射出作者本人的内心世界。

余鱼同如虬髯客，也"爱上别人的妻子"。《书剑恩仇录》中，江湖地位最高的两位大佬，一是红花会的创建者于万亭总舵主，一是"天池怪侠"袁士霄。他二人是好朋友，是老朋友，还都是"爱上别人的妻子"的难兄难弟。徐潮生本是于万亭的情人，关明梅本是袁士霄的情人，却都嫁与他人。老于和老袁，对早已做了别人妻子的旧情人，毕生难以忘情。

陈家洛也差点步义父和师父这两位老人家的后尘。假如香香公主没有自杀且陈家洛仍没死在乾隆手上，陈家洛也将爱着别人（还是大哥）的妻子。

金庸小说中，再没有哪一部像《书剑恩仇录》，写出这么多"爱上别人的妻子"的故事，或许是因为写《书剑恩仇录》时的金庸，正爱着林葆诚的妻子夏梦。

余鱼同道："你一点也不知道，这五六年来，我为你受了多少苦。我在太湖总香堂第一次见你，我的心就不是自己的了。"骆冰道："那时我早已是四哥的人了！你知道么？"余鱼同道："是啊，我知道我管不了自己，所以我总不敢多见你面。会里有什么事，我总求总舵主派我去干，别人当我为会卖命，全当我好兄弟看待，哪知我是要躲开你呀。我在外面奔波，哪有一天一个时辰不想你几遍。”

金庸与夏梦的情形，与小说中的余鱼同和骆冰略略有些不同。金庸初见夏梦，她仍未婚。等到夏梦婚后，金庸在长城电影公司工作时（金庸正式加入长城是在 1957 年，但此前数年，金庸为长城写了不少剧本，经常在这里出入），很可能就尽量避免与她见面，“要躲开你呀。我在外面奔波，哪有一天一个时辰不想你几遍”。

金庸追求夏梦，早在 1955 年 2 月写《书剑恩仇录》之前，甚至更早在 1954 年 9 月夏梦结婚之前。

余鱼同遇到的骆冰，已经结婚了，已经结婚好几年了。金庸最初遇到的夏梦，不是这样。

假如夏梦已是婚后五六年的别人的妻子，金庸也可能在 1954 年 9 月到 1955 年 2 月这段时间追求她。然而，事实并不如此。

追一个新婚的女子，无论对谁来说，都是很不可思议的事。

假如金庸是抱着一种“玩”的态度，他还是可能追求新婚不久的夏梦的。但金庸对夏梦的态度并不如此。

夏梦虽新婚，假如她是一个很爱“玩”、很风流的女明星，金庸还是可能去追她的。金庸眼中的夏梦，应该不是这种人。夏梦也确实不是这样的影星。

金庸在 1956 年 5 月与朱玫女士成婚后仍坚持追“梦”，这种可能性约等于零。并不是我高估了金庸的个人品德，但金庸真要这样做了，只能让夏梦看不起他。让夏梦看不起，应是金庸难以承受的事。他不会做的。

夏梦已与林葆诚定下婚约而尚未举办婚礼，这一时间段内，金庸仍在苦追夏梦，可能性还是蛮大的。

当夏梦婚后，金庸在行为上已经很克制，“止于礼”了，而他仍深爱着这个已经做了别人妻子的女人，这份情感，或多或少，“折射”于《书剑恩仇录》一书。

余鱼同……把第三卷打开，吃了一惊……画的是八位得道高僧出家的经过，题词中说，有一位高僧是因在酒楼上听到一句曲词而大彻大悟的。余鱼同不即看下去，掩卷一想，那是一句什么曲词，能有这样大的力量，他再展卷一看，只见题词中写着七个字："你既无心我便休"，这句话犹如当头棒喝，耳中嗡嗡作响，不觉登时呆住了。

他反来覆去的念着"你既无心我便休"这七个字，一时忽然悟了，一时又神智迷糊起来。当日不饮不食，如癫如狂……二十三年来往事，一幕一幕的涌上心头……那知在太湖总舵中有一日斗然遇见了这个前生冤孽，从此丢不开，放不下，苦恼万分。自己一生愁苦，几时有过一刻欢愉，回想骆冰对待自己，又何曾有过一丝一毫情意？你既无心，我应便休，然而真能"便休"，真能如此割舍，那已是有无上智慧定力之人了。他心绪烦躁，坐起来点亮了灯，忽见桌上有一部经书……他随手一翻，翻到了经中"树下一宿"的故事，天神献了一个美丽异常的玉女给佛，佛说："革囊众秽，尔来何为？"余鱼同看到这里，耳中只觉"嗡"的一声，一时神智不觉，过了良久，才醒了过来，心想："佛见玉女，说那不过是一个皮囊中包了一堆污血污骨，我何以又如此沉迷执着。"（1955 年至 1956 年《新晚报》连载版）

很可能，金庸就是那段时间刚读到"你既无心我便休"这句曲词，想起自己与夏梦的种种，而大感震动。

金庸很早就读过这句曲词，也是很可能的。此时他再次想起，为之低徊，不是为了写小说，而是为夏梦。因为夏梦，金庸想到了这句"你既无心我便休"，然后用在《书剑恩仇录》，用到余鱼同身上。

"佛见玉女，说那不过是一个皮囊中包了一堆污血污骨，我何以又如此沉迷执着"，这种想法，金庸早于他笔下的余鱼同，已经就有了，早就以此自我宽解。在后来的《天龙八部》中，"段誉在马上忽而眉头深锁，忽尔点头微笑，喃喃自语：'佛经有云：当思美女，身藏脓血，百年之后，化为白骨啊。话虽不错，但她（王语嫣）就算百年之后化为白骨，那也是美得不得了的白骨啊’”。折射出的，可能也是金庸在20世纪50年代对夏梦的矛盾心情。

当骆冰昏迷之时，余鱼同抱她吻她，这种事金庸未必对夏梦做过，这样的“春梦”金庸未必没做过。

金庸第二次结婚，娶朱玫

1956年5月1日，金庸与朱玫完婚。

一整年后，1957年5月3日，金庸撰文，谈莎剧《第十二夜》，文中有言：“公爵后来突然转而去爱薇娥拉，我们觉得全然没有什么理由……莎士比亚这样地写这群人，正是他高明的手法，因为世界上确是有……追求不到意中人就随便娶一个漂亮小姐的少爷。”（《金庸散文集》第130页）

金庸写下这句“追求不到意中人就随便娶一个漂亮小姐”时，未必即时联想到了自己，但这句话又未必不适用于他自己。

我感觉，金庸是在追求夏梦失败后，退而求其次，才迎娶了朱玫女士。

金庸多年孤身在外，需要一个家安定下来。

金庸娶朱玫，似乎很有为结婚而结婚的成分。

追求有夫之妇，并不是稀奇事。然而，夏梦与林葆诚成婚后的一二年中，金庸去追求她，此事不太可能，因为太荒唐。

身为有妇之夫去追求别的女人，要她嫁他，也不是稀奇事。然而，在与朱玫新婚的一二年中，金庸仍在追求夏梦，这种可能性也非常小，因为更荒唐。

在这篇《谈〈第十二夜〉》中，金庸又谈到：“莎士比亚是说，一个人如果老是看着或想着他所不能得到的女人，他的心就会因不断地相思而破碎。”不知1957的金庸，写出这句话，是否有自伤自怜之感？

1959年，金庸与胡小峰合作，导演了一部越剧电影《王老虎抢亲》，饰演周文斌的就是夏梦。

《王老虎抢亲》一片，主要由胡小峰导演，金庸（林欢）只起辅助作用，很难看出金庸在这部影片中留下哪些印记。王文豹（即王老虎）那句“我不是同你一样，冬天会冷，热天同样会热。有耳朵，有眼睛，有鼻子，有有有，有啥个可怕啊？”的台词，我很怀疑是金庸所拟，因为太像金庸所喜欢的莎剧中的台词。《威尼斯商人》中，夏洛克先生说：“难道我们犹太人没有眼睛吗？难道犹太人没有五官、四肢、没有知觉、没有感情、没有血气吗？……冬天同样会冷，夏天同样会热，就像一个基督徒一样吗？”

1959年，金庸与夏梦合作拍摄《王老虎抢亲》，这是第五个需要注意的时间点。

此时，夏梦已是婚后第五年，金庸则正在婚后“三年之痒”阶段，要说此时的金庸，贼心不死，故态复萌，又对夏梦发起追求，倒是很有可能。

仍是被拒绝了。

金庸第一次被拒绝，是夏梦在他与林葆诚之间，选择了林先生，而不是他。

第二次被拒绝，想来应是夏梦不肯离开林先生而改嫁金庸。

金庸对夏梦的感情，应该是很认真、很投入的，不是一种“玩”的态度。夏梦也不是那种肯乱来的女明星。

金庸1959年毅然离开长城，可能也有遭夏梦拒绝而灰心的因素。

金庸晚年说起：“第一次结婚的时候，她（杜冶芬）很爱我，我很爱她……大家好真心真意的。”金庸第二次结婚的时候，对妻子朱玫的感情，恐怕就没有当年对杜女士这么痴，这么真。

金庸与朱玫的婚姻，至少从金庸这面来说，感情基础并不怎样深厚牢靠。查传讷说，《书剑恩仇录》女主角霍青桐的原型即其母朱玫。我们看《书剑恩仇录》，陈家洛对霍青桐之爱，也非全心投入、一往无前。二人仳离之因，在《书剑恩仇录》已经种下了。

20世纪50年代金庸写影评和剧本时，最常用林欢的笔名。一般认为，这个“林”字是从查良镛和杜冶芬二人的姓氏中各取一“木”合成的。赵跃利兄分析，金庸始用林欢之名，是在1953年5月，此时金庸与杜冶芬女士已经离婚了。赵兄由此认为：林欢与夏梦有关，更令人信服。夏梦原名杨濛，“查”与“杨”二字的部首也恰好组成“林”。

与金庸生命最相关的四位女子——杜冶芬、朱玫、林乐怡与杨濛，竟有三个半人姓名含“木”（杨濛与金庸的感情没有结果，算半个）。可能仅属巧合，还有一小半的可能性，就是金庸有意为之了。有意为之，就是说，金庸是按照五行理论，寻觅一个像他自己一样姓名含“木”的女子共度一生。

金庸对五行不是不在意的。东，属木。《射雕英雄传》中，“东邪”就叫黄藥（药）师。黄药师住在桃花岛，居所亦多“木”。

以上，都是我的瞎想。打住。仍谈金庸第二次婚姻。

朱玫，又名璐茜，新闻记者出身，大概比金庸年轻十一岁。1956 年 5 月 1 日，他们在香港美丽华酒店举行婚礼。很多新闻界、电影界的人到场祝贺，包括《大公报》社长费彝民，电影演员陈思思、张铮、乔庄等。《长城画报》刊登了他们的结婚消息。

第二年，长子查传侠出生。后来二人又生有一子（传倜）、二女（传诗、传讷）。

婚后第三年，金庸拿出家中所有积蓄，创办《明报》。后来他对陈鲁豫谈起：

陈鲁豫：可是十万块钱在那个时候，十万块钱就是很值钱很值钱了。

金庸：是，十万块钱差不多我出八万，我卖小说，卖稿费，版税，小说赚的钱全部投进去。

陈鲁豫：那您当时把全部的钱都用来办报纸，家里人害不害怕，支不支持？

金庸：家里我太太没有发言权。

陈鲁豫：您很大男子主义是吗？

金庸：这个钱要办报纸，报馆需要，就拿出来了。

陈鲁豫：但是您当时也一点都不害怕吗，我的钱全部都投进去了，万一没办好，血本无归怎么办？

金庸：……我觉得自己有信心。

金庸掏出所有家产办报，冒了很大风险，事先并未与妻子商量。朱玫知道后，是否表示反对，不得而知。《明报》既已办起，夫妻二人总要艰苦共尝。

陈鲁豫：一开始办报纸，光往里投钱，还没有赚钱的时候，生活特别特别紧张吧？

金庸：那时候生活比较紧张。

陈鲁豫：您最惨的时候什么样？

金庸：最最惨的完全没钱用。

陈鲁豫：完全没钱用是什么意思？

金庸：就是自己什么小钱都不花了。

陈鲁豫：那那时候住房子还有钱吗？

金庸：住房子有钱。

陈鲁豫：住房子有钱，吃饭呢？

金庸：吃饭有钱，但是吃的不好，家里工人住的，就是买菜的钱少。

《明报》初创，朱玫是报社唯一的女记者。夫妻二人相濡以沫，度过了《明报》最艰难的阶段。

1968年的《明报》编辑会议记录表明，朱玫常以“查太”身份出席会议。《华人夜报》创刊，朱玫担任社长，之后还做过《明报晚报》采访主任。

1969年5月20日，《明报》十周年报庆，在文华酒店举行宴会，朱玫与金庸一起出席，迎接嘉宾。在合影时，他们夫妇和沈宝新夫妇坐在一起，长子查传侠、女儿查传诗蹲在他们前面。

1973年，金庸到访台湾，撰《在台所见·所闻·所思》，谈及：“不准公教人员与军人去风月场所，还是近年来的事。看来一般公务员相当严格遵守。我的襟兄黎君在红糖公司做事，他请我在宁波菜馆吃饭，请我去听音乐，对于不能‘隆重招待’感到抱歉。”看来，朱玫有一姐或妹，嫁在台湾。

1975年，沈西城生平第一次见到金庸：

老实讲，当我第一眼望到金庸，我真有点失望了，因为他完全不是我心目中那种形象。不要说风流潇洒，飘逸俊雅搭不上边，就是文质彬彬也似乎不在他身上出现……那天，他穿了一袭西装，款式是六十年代的。襟边很阔，那件白衬衫的领子，一面微微上翘。领子上的那根领带，也拉得斜斜的。没有安稳地结在领中央，还有他那对皮鞋，相信已没上油有一段时期了，以致灰尘布满了鞋面，把黑色都遮掉了。如果说金庸还有一点像文人，便是他那副“不修边幅”的卖相了。（沈西城《金庸与倪匡》第9页）

当时的金庸不很注重自我修饰，朱玫似乎也不怎么注意“包装”自己的丈夫。当然，也可能当时二人的感情，已经出问题了，朱玫懒得管他。

1976年，结婚二十年整，金庸与朱玫二人，离婚了。

金庸第二次离婚，离朱玫

金庸晚年回顾，认为自己生平唯一对不起的人，就是朱玫。他说：“问心无愧。朋友也好，子女也好，好像都对他得起，也没有做什么坏事，唯一觉得心里良心不好过的，就是我跟我太太结了婚之后我有婚外情，我就对她不起。这个事情已经过去了，也没办法补救了，除此之外我觉得什么事情都是问心无愧的。”金庸说这话，似无太多自我美化。除了对不起朱玫，从现有的可信的资料看，金庸生平没做过堪称坏事的事，再无特别“对不起”的人。

关于妻子朱玫，金庸还对记者许戈辉说过：“是我对她不起，所以心里很内疚、很懊悔……男人在经济或者社会生活上比较占优势，比较有条件背叛。中国自古以来，男的女的不是很平等，所以男人坏的多。”

金庸可能是在追求夏梦失败后，才娶了朱玫。爱得不够就与人结婚，假如真是如此，那当然是金庸的错，是金庸的问题，是金庸的责任。

与朱玫婚后，搞婚外情，当然是金庸的错。

最后闹到离婚，也错在金庸。

作为当事人，金庸无论怎样深自悔责，都是应该的，都是不够的。

然而，局外人对于别人的家事，是否有必要那样义愤填膺？

义愤填膺也不是不可以，最起码总要厘清基本事实，尤其不可捏造事实。

微博上，有人嚷嚷：“金庸的独子自杀，而资助他起家的第二任妻子，在被他抛弃后晚年贫病潦倒死得悄没声息……两条人命换得他的平常，不知他要念多少遍心经才能消化这残酷的一生。”如此看来，金庸这老家伙，竟是每个毛孔都滴着血和肮脏的东西。

关于金庸与朱玫离婚之事，2010 年我在《金庸的德行？》一文中简单谈过，看了上述流言，感觉有再谈的必要。

什么叫资助？岳家有钱或有权，女婿以吃软饭起家，这叫得益于来自夫人的资助。金庸与朱玫，哪是这回事？金庸并没有花过岳家一分钱。

在离婚率不断升高、婚外情毫不稀奇的今日，我们尽可指责金庸在感情上对不起朱玫，似乎也不必过分苛责。

功成名就的男人，难免有移情别恋的问题，曾经在感情上、在身体上对妻子不够忠实。当然，表现或有不同。例如金庸的好友倪匡，七十三岁时对记者自诩四十五岁前风流成性，甚至不讳言年轻时多“姘头”：“我住宝马山，一个住‘太古城’，一个住‘又一城’，老婆就说：‘你今日又双城记呀！’”我不认为离过婚的金庸比没离婚的倪匡更不道德。

我不认为，如老布什总统，这样从不离婚的“好男人”，比离过婚的金庸更道德。

这几年，像老布什这样“人设坍塌”的事，也不是一件两件了。“男人有钱就变坏”，虽不能百分百成立，却也是普遍现象，这反映了“人性”整体的阴暗面，而不仅是具体哪个男人的丑恶。

那少数始终忠实——既不曾离婚，亦无婚外情——的男人，确是值得尊敬，但也没法对这移情别恋的多数男人中的某一人过分责备。文学家艺术家往往更轻狂，举世皆然。倪匡、古龙等人的放纵，也不是不可理解。

只能说，人性如此。

人，很难经得起诱惑与试炼的。不算邪恶却也很不好的事，有些我没做过，也不敢因此而有道德优越感，自觉比做过此事的人更有道德。可能是我没有做此事的条件，也可能是我受到的诱惑还不够大。

如果金庸不仅在感情上，更在经济上对不起朱玫，离婚时斤斤计较，离婚后对“贫困”的前妻不管不顾，那性质就变了。如此金庸，与“人渣”的距离可就不远了。

金庸在经济上也亏负了朱玫，这不是事实。

金庸、朱玫离婚前，住在香港渣甸山上一座三层别墅里。其中一层做了金庸的书房。书房面积，倪匡说是二百多平方米，沈西城说是一千多呎[1]，且“门前有一个很大的花园”（沈西城《金庸与倪匡》第 14 页）。在人多地狭的香港，怎么也算是大宅子了。渣甸山一地的地价、房价，更是难以估量。金庸与朱玫离婚时，具体的财产分割情况，外人难能尽知。可以确定的是，这幢别墅，金庸留给了朱玫。

金庸逝后，沈西城在《金庸逸事》一书中谈到：“金、朱争吵以致离异，金庸付出极大的代价，先将《明报》晚报股份转与朱玫，寻且把渣甸山的豪宅相赠，在经济上着实提供了极大补贴。”

只拥有渣甸山这幢别墅，朱玫女士已经比几乎所有怜悯她“贫困”的各位“大善人”更不贫困。

“事实不容扭曲，评论大可自由”，有人特别痛恨负心男人，尽可以极力

1　1 呎即 1 平方英尺，约折合 0.093 平方米。

痛诋金庸，骂他在感情上太不忠实。至于痛骂金庸在金钱上对不起朱玫，那就不必了——这根本不是事实。

朱玫“贫困”的说法出现于中国内地，始于傅国涌2003年出版的《金庸传》，完全不提离婚时朱玫获得的补偿，强调“朱玫在孤独和贫困中度过后半生”（《金庸传》第379页）。《金庸传》写到朱玫女士的内容，字数不很多，对金庸个人形象的杀伤力却是极大。

朱玫离世，留给子女的遗产并不少。人生起起落落，若说某一时期，朱玫女士投资失败，手上资金周转不开，那也不足为奇。金庸要是知道了，及时援之以手，总是好的，也是该的，因为这是最基本的人性与人情，更因为毕竟是他在感情上对不起她。

在《金庸的德行？》一文中，我曾提出一个疑问：“并不是所有女人都肯接受‘负心人’援手的。您倒是想帮她，对方不接受怎么办？”之所以有此疑问，因为我读过林燕妮的《偶像画廊》。书中谈到，《明报周刊》总编辑雷炜坡结婚，在郊外举行婚礼，朱玫也到场祝贺。婚礼结束后，金庸问：“要不要我送你回家？”朱玫只回以淡淡一句：“不用了。”

《偶像画廊》这段文字，傅国涌《金庸传》也引用过，傅先生也看到林燕妮说朱玫“也属性刚之人”，他应该料想到，朱玫连前夫的车都不肯坐，若非山穷水尽、“贫困”至极，怎么肯接受金庸的钱？

果然，后来就看到了金庸本人的说法：“我一直想接近她，想帮助她，她拒绝，她不愿意见我，我通过叫儿子去照顾她，她也不愿意见到，她情愿独立，她去世之后还有相当多的财产都分给了三个子女，就这样。”由此，很能见出朱玫的个性，是如何的“性刚”与“独立”。

金庸逝后，沈西城在《金庸逸事》中也谈到，金庸遣派王世瑜送钱给朱玫，朱玫不屑地说：“我才不稀罕他的钱。”沈西城与王世瑜很熟，此事，应是王世瑜告知。金庸的妻舅杜冶秋证实，金庸在几十年间，一直在资助曾遗弃，甚至可能背叛过金庸的杜冶芬。金庸何爱乎几个钱，不肯帮助遭他背叛和遗弃的前妻朱玫？无凭无据，何必把金庸想象得那么不堪？

离婚时合理分割财产，前妻遇到困难时援之以手，这都是金庸该做的。我谈这些事，不是说金庸做得特别好，只是要说明，金庸所做的，不是像很多人渲染的那样特别坏。

金庸的几个子女，皆为朱玫女士所出。2017年，金庸的小女儿查传讷在接受《明报》专访时说："他的小说就是他的平生，所以他写完一本又一本，每本都是他的人生经历，霍青桐就是我妈妈。"（《金庸幺女查传讷：阿爸是王重阳，我眼中他是傻爸爸》）如此说来，金庸与朱玫当结识于写作《书剑恩仇录》之前。朱玫与霍青桐，确实都是"性刚"与"独立"的女子。"翠羽黄衫"霍青桐，哪是肯接受负心郎施舍的人？

朱玫晚年十分"贫困"的说法，傅国涌也是得诸传闻，不是他本人编造的。对于这种传闻，似乎不宜轻易采信。信了，写在他的《金庸传》里，也不是不可以，至少，傅先生总该将金庸、朱玫离婚时的财产分割情况稍作交代。否则，很容易让读《金庸传》的读者误以为朱玫之"贫困"始于她与金庸离婚时。

我绝不相信傅国涌蓄意捏造事实以图败坏金庸的名誉，然而，从2003年版《金庸传》看来，读者很容易得出这样的印象：金庸不仅在感情上，更在经济上亏负前妻，金庸的为人，竟近乎"人渣"了，金庸的名声确是遭到极大伤害。

2013年，傅国涌推出修订版《金庸传》，里面的朱玫女士"孤独"依旧，好在不再那么"贫困"了，改为"朱玫在孤独和凄凉中度过后半生"。

我不知道傅先生何时知道朱玫并不如何"贫困"。即便此前是无心之失，毕竟平白无故让一位老先生的名誉受到极大伤害，傅先生应该第一时间就撰文、发声，纠正自己的错失，而不是只在修订《金庸传》时悄没声息地把"贫困"二字抹掉。

曾有一位作者，在报纸上发表文章，说金庸的庶母顾秀英和金庸《月云》中写到的月云是同一个人。后来，知道自己以讹传讹，出了一个不小的差错，他很难受，在作品的修订版中修改了相关章节，"但是感觉不够，如今，我选择在媒体上发声，希望在更大范围内得到纠正。同时，我将致信金庸，向他道个歉”。这种态度，值得学习。

在海峡两岸及香港新闻研讨会上，金庸即席发言，说：

> 无意的犯错，任何新闻工作者都会有这种经验，发现之后必须光明磊落的道歉更正。故意歪曲却是道德上的污点。孔子说："毋意、毋必、毋固、毋我。"这八个字可以作为我们的信条，那是说，对于不大清楚的事情，不可未经调查而任意推测；对于证据不足的情况，不可武断地认为必定如此；已经报道了，或者评论了，后来发现事实并非如此，那就不可拘泥固执、文过饰非；对任何事情应当客观，不可自以为是，主观地认为自己一定是对的。（金庸《三地同业，皆兄弟也》）

这段话，是金庸1993年说的。金庸并不是圣人与完人，但是，我们每个人，包括傅先生自己，在道德上也都是不完美的。写作传记性质的文字，下笔务须十二分的矜慎。真假难辨，而关涉传主人格的事，最好不写，实在要写，笔下也务须多留余地，将各种可能性都考虑到，不要渲染，更不要轻易做道德评判。——除非传主真是大奸巨恶之人。

文学家、艺术家往往更轻狂，举世皆然。

1948年，毛姆出版《文学回忆录——世界十大小说家及其代表作》，其中谈论了八位男性小说家的生平，包括菲尔丁、狄更斯、托尔斯泰、陀思妥耶夫斯基、福楼拜、司汤达、巴尔扎克和梅尔维尔。1988年，保罗·约翰逊写出《知识分子》一书，揭出卢梭、萨特、雪莱、易卜生、托尔斯泰、海明威、布莱希特、罗素等十几人的不少阴暗面。上述近二十位大知识分子中的绝大多数，在私德上，在男女关系上，都比金庸更邪乎，更不成话，更不近人情。然而，两位作者却只平实写来，时有恕词，是一种不敢自以为比自己笔下这些人更有道德、更完美的姿态与立场。传记作者，皆应具备这样的情致与觉悟与风度。

所谓平视，不如平心论之。

1954年，金庸还没与朱玫结婚的时候，曾写道："小泉八云在东京大学的演讲录中，认为莎士比亚的私生活极好，他和别人一起玩乐，可是很有节制。"

综观金庸一生，他的私生活应该没有莎士比亚那样"极好"，但也是"很有节制"的，风流韵事并不很多。当然，对于一个小说家或戏剧家而言，这并不是什么优势。

金庸向来"很有节制"，艳遇远不及倪匡、黄霑、蔡澜等人那么多。黄霑就曾说过："金庸则更没资格谈风流下流，因为他太少女人，只懂用脑写小说。"之所以如此，有一个重要原因，就是金庸眼光更高。

蔡澜传授恋爱秘籍："其实最简单理解，一个人要多谈恋爱，总结就是：丑的照杀。"

诸葛慕云《初见沈西城》一文谈到：

> 顺便继续八卦下去："倪匡的女友们漂亮吧"。
>
> "倪匡，这个人的品味，其实不是想象中那么好。"
>
> "哈哈哈……"侠圣和我听沈公子（沈西城）这么说倪匡，就是感到好笑。
>
> "有几次，倪匡带我见他的女朋友，我看看没有什么特别呀。"沈西城说到倪匡，就有笑意……倪匡在任何一个再平凡不过的女人身上都能找出她的优点。
>
> "金庸，就不一样了，他本来的老婆和现在的夫人都是美女，金庸对女人是有品位的。"沈公子对金庸审美观（之评价）较倪匡高出不知几番。

金庸对女人是有品味的，这品味应该也不仅是要求长得美。

二十岁出头的金庸，写出生平第一篇小说《如花年华》。小说主人公王哲，承袭了母亲"挑剔与审美的性格"，"永不愿穿上一套色彩不调和或恶俗的衣服”。

金庸“挑剔与审美的性格”，让他难以接受不美甚至恶俗的女子做自己的妻子或情人。

金庸与林乐怡，初相遇

金庸与朱玫，1956年成婚。十年后，婚姻出现裂痕。

金庸有外遇，他遇上一个女孩子，就是林乐怡。

关于二人相遇的经过，金庸的后辈亲信王世瑜说：

（金庸）与第二任太太朱玫的离婚，当年他们性格不合，查太脾气刚烈，而查先生已经认识了现任查太——都系我衰！同三苏（即高雄）等一班作家去丽池，当时丽池就像现在的兰桂坊，好靓，又有泳池，我们都爱到那里的“蜜月吧”写稿谈天——我们带查先生去得多，他喜欢了一个高高瘦瘦的女孩子，就是现任查太。（王世瑜《难忘金庸口中的三件事》）

王世瑜是亲历者，林乐怡更是当事人。2016年，林乐怡对着友人回首昔年。

我（沈西城）忽想起隔不久吴康民先生在报上有一段文字叙写金、林两人相识的经过，说她出身舞女，好奇地问查太是否属实。查太笑着摇摇头：“当然不是。”出奇平静，毫不动气……

查太呷口茶，细说经过：“我认识金庸时，才十六岁，为了继续学业，暑期到北角一家酒店的酒吧做工……是‘蜜月吧’……某天黄昏，我看到一个穿着皱巴巴西装的中年男人，据了一张桌子，默默地在喝啤酒，一连喝下好几杯却不见吃东西，心想这样喝下去会醉的呀，就走到他身边问：‘先生，你喝了不少呀！肚子可饿？’他朝我瞧了眼，没作声，只是点点头。我便说：‘我点一客火腿扒你吃，好不？’仍然不作声。我想他大概不是太方便吧！一时口快便道：‘不要紧，我请你吃！’岂料他立刻点了一下头，啊！这就请定了。这便是我们相识的经过。”……

查太又开腔：“那中年男人吃了火腿扒，喝完啤酒，稍稍歇一会，便站起来离去，走过我身边，低低地说：‘谢谢你！’天哪！他真的不结账溜了！我是一个小侍应呀，请你吃，也是随口说说，不料他竟当真。望着他的背影，我急得跺脚！哟！这个男人！真气人！可想想也就算了，能帮助一个中年叔叔，就当日行一善吧！”……听到这里打心里笑起来，原来金庸第一眼落在查太眼里竟是个中年叔叔！……

查太滔滔往下说：“过了两天，那男人又来了，今趟多了一个伴儿（后来才知道是沈宝新），两人边喝啤酒边聊天。我上去招呼，见他不提那天的事，也就算了。回到柜台前，经理问我：‘阿May，你认识那个男人？’指着那个男人的台子问。‘不认识，前天才见过，哼！就是他没付账！’……经理一惊：‘阿May，你可知道他是谁？他是《明报》大老板查先生，也就是武侠小说作家金庸，他的书迷死不少人，我也是他的读者哩！’经理一脸崇拜。我可不以为意……隔两天，他又上来，一个人，招手让我到台前，顺手拿出一个精致的匣子，低声道：‘小姐，谢谢你那天请我吃火腿扒，小小礼物，不成敬意！’”我……嚷起来：“什么礼物？”查太微笑地道：“是一块浪琴表，价值两千七百元！”两千七百元，六十年代可不是小数目！浪琴表是名牌哪……（沈西城《金庸逸事》）

1975年沈西城初见金庸，金庸穿的西装款式老旧，白衬衫的领子一面微微上翘，领带也拉得斜斜的，皮鞋已没上油很久了。60年代，林乐怡初遇金庸，金庸“穿着皱巴巴西装”。看来中年（“中年叔叔”）时期的金庸，很不讲究衣着。

晚年的金庸，衣着大方得体，或是林乐怡陶冶之功，改变了金庸本初不修边幅的形象。第一次见面，金庸那件“皱巴巴西装”给她印象太深。她改变了他。

坊间传说，林乐怡舞女出身，似有“风尘”之嫌。此说很不可信。不仅因为林乐怡说自己不是，所有的金庸资料，都找不到金庸流连风月场所的记录。说的是从不“流连”，不是说从没去过。金庸第一次到台湾，古龙、高阳等人就请他去过比较开放的舞厅，金庸也不拒绝。金庸性格与古龙不同，不会独自去，也不会主动挽着朋友一起去这种地方。

林乐怡一向低调，林燕妮说她“长得很清秀高雅，但亦相当害羞，很怕见报”，就不是风尘女子的做派。相反，遇到林乐怡后第二年，金庸在《笑傲江湖》中写出的那个最爱害羞的任大小姐，或有她的影子。当金庸与林乐怡已是老夫老妻的时候，同看昆曲《牡丹亭·惊梦》，林乐怡惊讶柳梦梅和杜丽娘一见面就“除衫”，相同的场景下，任盈盈也会对令狐冲惊叹惊呼吧。

林乐怡当然不是日月神教教主的大小姐，怎么也是小康家庭出身，或许那段时间家里遇到困难，趁暑假在酒店打工。

潘丽琼说：“林乐怡是越南华侨，本来是千金小姐，后来举家逃难到香港。出身富裕的父母不懂谋生，只靠16岁的她当侍应生养家。”王世瑜则说林乐怡当时“靠在‘蜜月吧’做侍应与母亲相依为命”。亲历者王世瑜所说，更可信一点。很可能林乐怡父亲已去世，家道由此中落，才需要林乐怡在餐厅打工赚钱。

金庸三任妻子，第一任杜冶芬家境优越（金庸同学毛信仁说，她是“杭州名中医杜重光先生的千金”)，第二任朱玫、第三任林乐怡，家境都相对普通，中产家庭。以金庸的个性，不太可能娶一个赤贫家庭的女子，更不可能娶这个家庭流落风尘的女儿。金庸性格与古龙不同，古龙会娶这样的女子，金庸不会。他或许觉得没格调或“腔调”。

金庸与林乐怡初相遇，在1966年。第二年，香港就起了大风暴。金庸在风暴眼中，遭遇极大凶险。

金庸对杨澜说：“他们把这些炸弹送到我报馆来，我的秘书看到炸弹就报警察……”更早前，他在别的场合说的却是：“我家曾经收到一个邮包炸弹，王世瑜发现邮包可疑，于是报警。警方就在我跑马地家门口引爆了那个炸弹。”（傅国涌《金庸传》2003年版第221页）两种说法，互相矛盾。

按理说，收到炸弹差点丧生，这么重要的事情，发生在何处，不可能记错。

炸弹到底是寄到《明报》报馆，还是寄到金庸家里？

假如是寄到家里，是金庸的哪一个家？

我怀疑，炸弹是寄到金庸与林乐怡的居所，当时二人属婚外同居，说来多有顾碍，金庸一时难以出口，才对杨澜谎称寄到报馆。

金庸说警方在他“跑马地家门口”引爆炸弹。金庸与林乐怡，还是与朱玫，同住跑马地？

金庸个性是外柔内刚，不会轻易改变，而朱玫也是个要强的人，两人经常以“刚”对“刚”，很快便由意见不合发展到感情伤害。

而在此时，金庸在报社附近的一家餐厅邂逅了女服务生，对她产生好感，从此一日千里，在跑马地共筑爱巢，终被朱玫发现，婚姻结束。朱玫也提出自己的要求：一份财产补偿；金庸与以后任何女人都不能再有孩子。（广州日报大洋网《数风流才子还看香江——历数倪匡金庸黄霑蔡澜情史》）

该文说，金庸与林乐怡“共筑爱巢”，在跑马地。

炸弹寄到金庸婚外同居的居所，是双重警告：你的生命随时可能不保，可以让你“身败”、身死；你的阴私我们全知道，可以让你“名裂”。

三年前，1964年12月8日，金庸在《敬请〈大公报〉指教和答复》社评中就说：“我们决定刊登‘五月人潮’的消息，金庸内心难道不怕么？难道不想到自己安危和妻子儿女么？老实说是怕的，也是很有顾虑的，知道这是一条充满着荆棘的艰难道路。但一个人一生只能死一次，总不能让以后的岁月永远在惭愧和羞耻之中度过……”

金庸结婚三次，离婚两次。事实上，每一次离婚都不是他主动提出的。

第一次，与杜冶芬离婚，过错不在金庸。即使杜冶芬有外遇之事难以证实，金庸也没做过有明显过错而导致二人仳离的事。

第二次，与朱玫离婚，是金庸做了有明显过错的事，就是外遇，导致二人仳离。不过，他与林乐怡在一起十年之久，从来没跟朱玫提出离婚，也没有证据表明林乐怡要求金庸离婚，另娶自己。

金庸与林乐怡婚外同居十年，终于被朱玫发现了。

王世瑜回忆："有一晚查先生跟我夹口供说跟我开会，其实是在去了现任查太位于天后的家里写稿，完稿后他叫一个'后生'(即见习生)到上址取稿，谁知'后生'经查太一问就穿了煲……"

事情既已泄露，金庸与朱玫，终于闹到离婚。

昔年金庸与林乐怡同居之所，王世瑜不会记错。他说"位于天后"，应是天后庙一带。现在的香港公交，从天后站到跑马地马场，距离仅一公里多。我猜，他们的居所可以说"位于天后"，也可以说在跑马地地界。

1967年，那颗炸弹极有可能寄到了金庸与林乐怡同居之处。

"公子有德于人，愿公子忘之也"，王世瑜有德于金庸，救了金庸一命，但他好像从来没说过此事。"夫人有德于公子，公子不可忘也"，金庸不能掩没王世瑜对自己的大恩，还是说了出来，即使事涉隐私，还是要说。

金庸与林乐怡初相遇，有1966年和1969年两种说法。本文暂时采信1966年之说。

已有人谈过："沈西城写的《金庸往事》，提到在2016年……林说到与金庸相识50年，有时也不知金庸心中想什么。既然2016年时已相识50年，即是1966年初识了……料来林乐怡也没必要在这方面说谎，且人生许多事可以记错，但与丈夫初遇的细节（包括时间）不当含糊的。"

我更认为，林乐怡一反以往的低调作风，肯打破沉默，第一次公开自己与金庸的恋情起始，正因为2016年是二人相遇整整五十年后，是有纪念意义的年份。

与子偕老的第三次婚姻

2012年5月，在新浪微博上，倪匡说起："外国作家的生活，也极之丰富多彩，非中华上邦的同行能及。像古龙，那么好的作家，稍为不依'常规'，就被诟病为'纵情酒色'，和大仲马的纵情生活，怎么比啊。近年法国人终于认识到大仲马的可贵，将之搬入文学殿堂，期盼我们的古龙也能有这一天。"

男人或坏男人，包括：第一，金庸这样曾经离婚而外遇很少的；第二，古龙、黄霑这样曾经离婚而外遇极多的；第三，倪匡、蔡澜这种从未离婚而外遇极多极多极多的；第四、第五，从略。

今日受诟病最多的，是金庸，而不是古龙、黄霑、倪匡与蔡澜——不仅数量最多，比例也是最大的。金庸最受关注，网上如果一万篇文章谈及他，二百篇文章有诟病金庸私生活的内容。谈古龙、倪匡的文章各自大概只有一千篇，诟病其私生活的，只有几篇十几篇。我印象中数量、比例之差距是如此。

说的是诟病，而不是谈及。很多文章谈及古龙、倪匡的私生活，并无一言责备，似乎是在谈一件趣事，这就不是诟病。谈及金庸与朱玫离婚的文章，则对金庸多所责备，这才是诟病。

沈西城对金庸的评论，绝大多数是我深为赞同的，唯有一点，我觉得很荒谬：他居然把倪匡树为正面教材，似乎金庸应该学习倪匡。

沈西城回忆：

> 八十年代初，我跟倪匡过从甚密……倪匡道："我是坚决反对任何男人离婚的，我劝老查说，'阿查，我们男人风流，不犯法，但老婆只能有一个，不能离婚。'"倪匡写科幻，思想新潮，可对婚姻，忠贞非常，呷口伏特加，咬唇肯定地说："小叶[1]，男人千万不可抛妻！"可金庸不纳其言……

---

1 沈西城原名叶关琦。

开始我以为沈西城对倪匡是明褒暗贬，看了半天，才发现不是。

一生艳遇不断，经常把老婆气半死，这是对婚姻“忠贞非常”？倪匡还要怎样做，才算对婚姻不忠贞？

在沈西城（或亦包括倪匡本人）看来，婚姻是男人对女人的恩赐，只要不提出离婚，就是对婚姻“忠贞非常”。太扯了吧。

离婚可能很痛苦，不离婚而配偶不断乱搞，痛苦何尝更少。

2019年，传记作家苏珊·佩奇新书《一族之母：芭芭拉·布什与美国王朝》出版，爆出一直以“好男人”形象示人的老布什总统，20世纪70年代起与一名年轻助手维持长达十二年婚外情，面对丈夫出轨疑云的芭芭拉更患上严重抑郁，一度想要自杀。芭芭拉对作者倾诉：“我觉得糟透了，因为我真的不够勇敢。但这也是我决定继续过下去的原因，我没有勇气再尝试和另一个人重新开始了。”

倪匡的妻子，还有芭芭拉·布什，选择了忍耐，朱玫则选择离婚。

就算金庸肯学倪匡，朱玫肯学倪匡的妻子李果珍吗？

朱玫女士，像霍青桐一样，极为自尊，不是肯委曲求全的人。当时倪匡劝她：“老公当老板发了财，两个老婆有什么要紧的？《商报》老板有两个老婆，《成报》老板也有两个老婆……”朱玫插话：“倪匡，你等一下。”转身去厨房，拿了一把长柄扫帚出来，吓得倪匡落荒而逃。金庸知道了，责怪他多事，说倪匡“乱讲该打”！（《明报月刊·金庸纪念专号》第32页）

沈西城又说：“倪匡本人正如他笔底下的浪子高达一样，生性风流，四处留情，有时候真把他的太太气个半死。不过，倪匡是很有原则的，他只是点到即止，略一留情，便会回到他太太的身边。他说：‘在这世界上，我只爱两个女人，一个是我的母亲，另一个便是我的太太阿珍。’”这种“很有原则”，我完全看不出何以更可取，甚至为沈西城所赞美。

很赞成钟叔河所说，“好色是本能，但人毕竟有文明的，要有道德约束，不能采取玩弄的态度”。预设只爱原配、绝不离婚的立场而不断拈花惹草，对妻子以外的女人，就纯是“玩弄的态度”，只有欲望，没有感情。

法律保障离婚自由，一个原因就是明白爱情可能消逝，无论男人或女人，都有移情别恋的可能和权利。

金庸曾说："你爱一个人，要一生一世爱她，但往往做不到。不是你不想做到，是你没法做到。世事难料，当初再好的夫妻，日后说不定也会分手……"我不认为这只是为他自己辩护，这实在是世间男女感情的通例。

新的爱情出现了，可以拒绝，拒绝不了，那就不要想着绝不与原配离婚，也不要想绝对要离婚，顺其自然发展好了。移情别恋，有情难自已、情不可抑的因素，相对来说，更值得理解。

金庸对林乐怡，不是"玩弄的态度"，若是，已经玩了近十年了，正好借机踹了，蛰伏几个月，另寻新欢。

遇到林乐怡之前数年，金庸让张无忌在海船上做了一个绮梦：同时娶了四个女孩子。这何尝不是他自己的梦？——就不打击一大片，说其他男人了。

走到 1976 年，金庸必须二选一。他选择了林乐怡。在一起也那么多年了，不是身体上，是感情上与她割舍不开。当时的金庸，更爱林乐怡，至少多一点。

金庸对许戈辉谈起，当时他们夫妻已经签了离婚书，金庸又把离婚书撕了，对朱玫说"我们不要离婚了"。"但是她并不接受，她说离都离了，不要再搞回头的事情了。"此事一则见得朱玫之"性刚"与自尊，再则，也可看出金庸并不是十二分的冷血与绝情，与朱玫女士仳离，有很多的犹豫和不舍。

与朱玫"不要离婚了"，暗示他同时会与林乐怡离别。金庸的选择，还在犹豫不定。

潘丽琼说："金庸长子之死，成为压垮金庸和朱玫婚姻最后一根稻草。林乐怡忆述，那一夜，金庸非常伤心地来到她的家里，原来是在美国哥伦比亚大学读书的长子自杀了。长子很有才华，读书成绩好，就这样走了，令金庸悲痛欲绝。失去长子的金庸和妻子朱玫关系更差，1976 年终于离婚。"金庸、朱玫二人相对，即使嘴上不说，心里也难免因长子之死而怨怪对方，徒增痛苦。

三人的痛苦，责任都在金庸。朱玫是无辜的，林乐怡几乎是无辜的。她当年请那个似乎很落魄的“中年叔叔”免费吃顿饭，只是出于善心，而毫无企图心。

惊鸿一瞥，金庸忘不了她，追求她，设身处地，不是很多女子能够拒绝的。

约 1986 年，金庸与林乐怡结婚已十年，《明报》职员欧阳碧到金庸办公室，林乐怡也在，正在谈论去英国旅行的事，金庸交代了一句，有事先出去了，林乐怡对欧阳碧说：“我说去伦敦应该去看看朱玫，他不愿意。人家其实人挺好的，都不知道他怎么想的。”口气中带着一些埋怨。

朱玫是自尊的现代女子，始终将矛头对准犯错的丈夫金庸，没有针对林乐怡，“打小三”这样的戏码，她演不出来。林乐怡也就始终对朱玫没有恶感，甚至有些感激。若非朱玫主动退出，林乐怡就永远没有名分，偷偷摸摸，半黑不白。朱玫将名分赋给了她。

朱玫与林乐怡，是否交谈过，都成疑问。即使偶尔交谈过，她并不深入了解朱玫，以为金庸去探望，朱玫会高兴一点。可能会高兴，也可能更痛苦。林乐怡是单纯善良的女子，考虑未必周到。金庸不去探望朱玫，未必就是绝情的表现。

欧阳碧看到，林乐怡在家里跟金庸的两个女儿像姐妹一样要好，喜欢闹笑，有时声音太大，反倒要金庸笑着喝止：“阿 May，别闹了！”林乐怡对朱玫没有恶感，才对前妻的女儿不见外，也可以想象，朱玫没有对子女灌输对继母的仇恨。

金庸说：“我现在这个太太不是他们的母亲，但大家相处得很好。”这句话里，有对朱玫、林乐怡和三个子女的感激。若是继母与子女相处恶劣，金庸会很痛苦，更痛苦。

有说当初朱玫提出“林乐怡必须扎输卵管”的条件，才同意与金庸离婚。当然不可能有确证，存疑就好。假如是金庸、林乐怡结婚一年内就有此传言，可能性更大一点。一年以后的传言，就可能是倒果为因，因林乐怡长期未生育，就编出这样的故事。

二选一的时候，金庸或许以为林乐怡更柔弱，更需要保护，而朱玫更坚强，能挺过去。他想错了。

王世瑜说："到了八十年代，当我从佛罗里达回流香港，一次在铜锣湾京华戏院、Sogo 对面见到一班小贩中有前查太朱玫在当中卖手袋，后来听说她精神出现问题我便告诉查先生（但朱玫一直拒绝查先生帮助），后来她在 1998 年过世，查先生心情一直未能放下。"假如朱玫过得很好，金庸的心情就更能放下一点。

分手后，朱玫过得并不好。

离婚时，朱玫分割的财产，让她比 99% 的香港人都更富裕。后来可能投资失败，比较窘迫。卖手袋时，她已"精神出现问题"，是否真的窘迫到需要卖手袋为生，也是可以存疑的事。

"精神出现问题"，就解释了何以她晚年离群索居，不仅与金庸，甚至与子女也极少联络，死亡时子女都不在身边。他们不知道母亲生病住院，母亲不跟他们联系，甚至子女也联系不到她，不是他们漠不关心。

朱玫发现金庸婚外与人同居，迁怒于王世瑜，逼金庸辞退他。王世瑜并没有怀恨，看到朱玫卖手袋，赶紧跟金庸说，自然是希望金庸能为她提供帮助，而朱玫拒绝接受。王世瑜虽是"滑头"，本质上还是"君子人"。

林乐怡，很独特，金庸对她，是有真感情的。

林乐怡初见金庸，请这位"中年叔叔"吃白食，这种独特，很难让金庸忘怀，终于又去见她。

认识金庸的时候，她根本不知道金庸是谁，也从不看武侠小说。假如韦小宝一开始就知道康熙的身份，二人的感情就不会那么好了。

后来，林乐怡最喜欢的金庸小说是《白马啸西风》，金庸说："因为她觉得很伤感。女人感情都比较丰富。"

在欧阳碧印象中，林乐怡很直爽，没有老板太太那种骄横和颐指气使。

这应该是金庸很看重的优点，他自己就不是骄横的人，也看不起有人太骄横。金庸说："我不喜欢张扬招摇的男人。"我认为他更不喜欢张扬招摇的女人。

对于怎样与年龄小很多的妻子相处，金庸说："虽然例子不多，但还是可以的，最重要的是互相尊重。"太太很照顾他的生活起居，非常注意他的饮食，不准他吃这吃那，而他也能欣然接受。除了饮食，他的居家都是由他太太来装饰，美轮美奂，用心及智慧都反映在那里。金庸对妻子所做居家装饰很满意，不俗，有格调，尽显"用心及智慧"。

金庸再婚，倪匡不看好，认为不会长久，戴茂生则知金庸更深，认为会地老天荒。

金庸是爱面子的人，也可以说有点虚伪。闹婚变，非他本愿。一之为甚，其可再乎？因自己犯错导致离婚，他不想发生第二次，怕给外人笑话。

2018 年，金庸逝世，林乐怡也已约七十岁了，与金庸偕老。

2022 年，媒体报道，香港一栋价值港币 6350 万元的豪宅近日售出，原业主是金庸遗孀林乐怡。2007 年，林乐怡以港币 2300 万元购入这套房子，此次售出，净赚港币 4050 万元，升值近 1.8 倍。林乐怡三个月内两次卖房，套现港币 1.4 亿元。

林乐怡很有投资天分，当然也如《鹿鼎记》回目"舞袖能长听客夸"，有"长袖善舞，多钱善贾"的因素。

金庸一定留下不少遗稿，少则二三十万字，多则上百万字，假如金庸中学时期记日记的习惯长期保持的话，这更是一大宝库。希望林乐怡女士、查传诗女士、查传讷女士和查传倜先生能委人整理出版一部分金庸遗稿，若暂时不能出版，总得保管好，勿使散失。

三重身份：报人、编剧、小说家

1950 年金庸从北京回到香港《大公报》，1957 年他离开《大公报》，

1959年他离开长城电影公司，自创《明报》。整个50年代，金庸有三重身份：先是报人，做报纸的记者、编辑；接着成为电影人，为长城电影公司写影评、撰剧本、当导演，主要身份还是电影编剧；终于开始写小说，成为小说家。

为长城电影公司所办《长城画报》，金庸写影评《电影与报纸》：

长城过去的影片中，剧中人是报馆或杂志社工作人员有过好几部……报纸和电影，是当代一般城市居民生活中两个最重要的传讯工具。一般人从报纸和电影获知消息、受到教育、得到娱乐……

电影与报纸有一个共同的目标，就是促进社会的繁荣和安宁，增加人类的幸福和进步，沟通人与人之间的了解。所以，反映真实的生活，决不作任何虚伪的歪曲，是健康有益的报纸和电影所必须做到的信条。

金庸投身报业和电影业，为了赚钱，也为了理想。1993年，金庸撰文《第三个和第四个理想》，说："对于我，第一个理想是，少年和青年时期努力学习，得到相当知识和技能。第二个理想是，进入社会后辛勤发奋，做几件对自己、对别人、对社会都有利的事。"他先后成为报人和电影人，是要"做对自己、对别人、对社会都有利的事"。

金庸深爱报业。1993年11月25日，在海峡两岸及香港新闻研讨会上，金庸作专题演说——《三地同业，皆兄弟也》：

我于一九四六年在杭州参加《东南日报》做记者，那是我的第一份工作，到今年三月底辞去《明报》董事会主席，脱离新闻工作，整整是四十七年。我觉得这一生过得相当多采多姿，花样不少而快乐，那完全是由于从事新闻工作的缘故。因为新闻工作就是多采多姿，就是花样不少而快乐……

我有时遐想，我将来临终之时会想到哪些人呢？除了自己的亲人和许多感情深厚的老师和同学之外，我一定会想到许许多多新闻界的好朋友……

更加重要的是，有一份重大的社会责任感。我们会经常意识到，所报道的每一段新闻，所撰写和所发表的每一篇文章，第二天就会给几十万、几百万读者读到，会对整个社会发生影响，对于事情的当事人，更加有直接而密切的关连。我们手里掌握着一件威力强大的武器。这件武器必须用来做好事，决不能做坏事。想到凭着这件武器做了不少好事，我们会感到十分安慰，对自己觉得满意。

……新闻工作者并无特权，我们在法律范围中所享有的言论自由和别的人完全一样多。只不过我们有工具和武器。别的人没有。如果我们把这项工具用于对社会、对人类有益的事，那的确是很愉快的事。我们可能比真的皇帝更开心……有时我想，我死了之后，如果下一世投胎做人，做什么好呢？我说还是做新闻工作。

金庸很早就对电影兴趣浓厚，他的中学同学余兆文曾有记述。

20 世纪 50 年代，金庸与香港电影业结缘，有六七年之久，成绩也还过得去。他后来在报业和小说创作上的成就太大，声光太盛，曾为电影人的经历就很容易被人淡忘。

金庸 1959 年离开长城电影公司，二十年后，他到台湾，在白景瑞导演的公馆，与台湾电影界的朋友座谈。白景瑞开场就说："我与金庸先生相交很久，有十年了吧，他当过导演的事，我还不知道哩！"张艾嘉、林青霞、胡慧中、徐枫等人纷纷附和，说自己也不知道，金庸只好无奈地说："你们都不知道，证明我搞电影完全失败。"众人大笑。

由编剧而小说家，蓄势待发

金庸多次回顾自己 1955 年开始写武侠小说时，怎样忐忑不安，觉得没把握写好。这未必便是实情。

金庸晚年到岳麓书院，也说自己不敢到这么神圣的学术圣地演讲，“后来听说黄永玉也来了，黄是我的老朋友嘛，他能来我也就鼓起勇气来了”。

梁羽生是金庸和黄永玉共同的老同事、老朋友。1954、1955年的金庸，看老友梁羽生尝试写作的武侠小说深受欢迎，未必没有见猎心喜之情。感觉梁羽生既是自己老友，他能写，自己可以写得更好。

“重阳一生，不弱于人”，是金庸的心声。

> 金庸的继起，是因为《大公报》见梁羽生的武侠小说很受读者欢迎，要梁羽生也为他们写稿；他一时难写两篇，又是《大公》的人，当然只能写《大公》而舍《新晚》。《新晚》怎么办？好在还有一个查良镛，也是快而能文。梁羽生就向父亲推荐，其实他早就见猎心喜，跃跃欲试——这就正好。他的处女作《书剑恩仇录》一发表就以更成熟的魅力吸引了读者。（罗海雷《我的父亲罗孚》第91页）

金庸从来没说自己“早就见猎心喜，跃跃欲试”，这只是罗海雷及或其父罗孚的揣测。此一揣测，未必不符合事实。对于罗孚来说，是观察之后的揣测，或许他当时感觉出了金庸跃跃欲试之情。这种感觉是否准确，我不下断言。

金庸说自己从没写过小说，也不是实情。40年代，他至少写过一长一短两篇小说。长篇小说《如花年华》没写完，短篇小说《白象之恋》在重庆市政府征文比赛中获二等奖。

在《白象之恋》《如花年华》之前，金庸从没写过小说？也写过的，不过是比较特殊的一类小说——童话小说。

金庸的同学楼学礼回忆：“一位比我高半年的同学因为在壁报上张贴了三十几张稿纸的长篇童话，用来刻划训育主任的恶劣嘴脸，而被迫退学。”每张稿纸写三百字，三十几页就是一万字。这么长，就不是简单的讽刺小品、童话短章，必须有较丰富的情节，有至少三五位人物，有彼此的对话，这就是小说。金庸写这篇童话小说《阿丽丝漫游记》是在1940年，当时他十七岁。

20世纪50年代的金庸，为长城电影公司写过不少剧本，其中《绝代佳人》让金庸获得了文化部颁发的编剧金质奖章。

剧本与小说，讲的都是故事，有些地方是相通的。金庸后来也承认："我做过电影导演，写过剧本，搞这种工作要有很多时间来研究戏剧，再加上我对中国、外国戏剧的爱好，这些对写小说都是有帮助的。"（温迪雅《金庸访谈录》）

金庸最喜欢的西方小说家大仲马，最早写的也不是小说，而是戏剧。金庸之前的剧本和之后的小说创作，自有脉络可寻，可参看蒲锋所写《从林欢到金庸：由电影剧本到小说的写作轨迹》一文。

金庸晚年对记者说：

我自己从前也曾投身电影界，最初也是从写电影剧本开始的，我以前曾写过三四十个电影剧本……我本来对搞电影是相当有兴趣的，但后来剧本老是给别人批评，我就不写剧本、不搞电影了，自己一个人去搞报纸，报纸没有什么好批评的。（王明青：《金庸：不能退出的江湖》）

金庸终于不写剧本，以他深受欢迎的武侠小说为依托，创办《明报》。

王晓磊兄有名文《我看金庸如黄裳，茫然蓄力前半生》，这是一个好题目！

金庸如黄裳，整个前半生都在为命中注定的一个目标而蓄力，自己却茫然不觉；直至《万寿道藏》稀里糊涂编罢，猛然发现绝世武功已经上身，这才顿悟了上天的使命，并欣然接受之，从此《九阴》出世间，江湖风云变。

1955年前的金庸，其实已做好了各种准备，蓄势待发。

《太平洋杂志》第一期登载的《如花年华》七八千字，第二部分已经写好，但因为杂志没办法办下去，就没有登载。金庸写完的《如花年华》就相当于《越女剑》的篇幅，而整部长篇小说的故事、叙事框架应该已大致想好。

写《书剑恩仇录》之前，金庸就写了不少剧本，之后他继续写了几年剧本，其小说的戏剧性很强，很多情节，例如《射雕英雄传》中牛家村密室疗伤，便以戏剧手法处理之。梁羽生写《龙虎斗京华》之前，除了散文，一直在写诗词，其作品便以其中的诗词、回目创作见称。

梁羽生写武侠小说才是毫无准备。在写《龙虎斗京华》之前，梁羽生既没写过小说，也没编过剧本，从来没有以文字形式讲过故事。

黄永玉八十岁时对记者说，金庸写武侠小说是浪费才华，又说："梁羽生更不能写小说了，他是吹弹得破，又瘦又小，深度近视的一个人。那时《新晚报》没人看，生意不好，他就到街上买一些小说看，准备写武侠小说，还没写人家就开始笑他了。"（《黄永玉八十》第 179 页）微露讥嘲之意。梁羽生一生是书生，人生经历太简单，早年一直在广西家乡读书，二十一岁由广西到广东读大学，二十五岁进入香港《大公报》，此后就在《大公报》工作、写作，直至退休。

金庸在 20 世纪 50 年代中期之前的人生经历，远不如黄永玉丰富多彩，但比梁羽生就复杂多了。[1] 同龄知识分子中，论人生经历之丰富，金庸可进入前 20%，梁羽生多半是在后 20%，差距就出来了。

梁羽生写不过金庸，良有以也。一个经历简单的小说家，写不出丰盈繁复的小说。我无意苛责梁羽生，是体谅他。我认为，假如金庸过的是梁羽生

1　李斐然《黄永玉：人只要笑，就没有输》中说："黄永玉是中国最后一个侠客，这句话差一点就成真了。老家院子里有一个打拳的道场，他五岁在这里拜师学功夫，从小逃学，打过老师，打过恶霸，打过警察，上课熟读《江湖奇侠传》。12 岁那年，他站在沙包架子底下做了决定——湘西汉子黄永玉，这辈子要当侠客，浪迹天涯。然而，人生在想当侠客那天下午拐了弯……后来投奔叔叔，中学打架退了学，他和家人失去联系，开始流浪。"

三十岁之前的人生，小说也不会特别好。

金庸一出手，写《书剑恩仇录》，就比梁羽生已发表的《龙虎斗京华》《草莽龙蛇传》有着更长的篇幅、更大的格局、更深的意涵。

21世纪初，一批文学青年创作出比新武侠小说更新的武侠小说，我尚未寓目，希望哪一天能意外地从中发现第一流的杰作。

年轻一代作者的文化底蕴很难与金庸相比，比梁羽生恐亦难及，而其人生经历，很多比梁羽生更简单，又不像金庸、梁羽生那一代人那样看到“满目兴亡”，这就很难写出有较深内涵的作品。有些作品看似写得很复杂，底蕴仍是浅的。

谈到为何现在优秀的武侠小说难得一见，金庸认为，主要还在于积累不足。“写文章要有灵感，创作小说也一样。要创作出优秀的武侠小说，必须进行知识的积累，对社会多一些了解。”他说，只有深刻地体验了生活，再写小说，才能找到感觉。(《金庸：我对苏州大学的爱情永远不变》)

1955年的金庸自己未必知道，他已经准备好了。

金庸，虽然自小便爱好文学，青年时代却做过外交家的梦，只在碰壁后才又回到文学的追求上来，但一直蹉跎到三十出头，还没找到适合自己的创作形式。从这点上说，梁羽生掀起的新派武侠小说大潮，可谓及时搭救了金庸，使他发现这种娱乐消遣的形式却富有巨大的想象空间，完全可以容纳更深广的人生思考和更丰富的文学内容，而且它的本土化形式和古代社会背景，比起西化的、纯写实的新文学来，更有助于表现自己对民族文化的再认识，及对民族精神、民族性格的重新探索。若不是金庸积蓄已久，便不会第一部作品就显现出非凡的气象。(佚名《民族灵魂的深沉安慰——从百年文化忧患看金庸小说兼及海外新儒学》)

上文后面几句话，尤其说得好：“他那时还不可能意识到，武侠小说其实早已在等待他的‘加盟’，等待一个卓越非凡的创作人格，在百年文化忧患的大背景下，将自身提升到一个前所未有的有贡献于民族灵魂的高度。”

说“新派武侠小说大潮”由“梁羽生掀起”，却并不准确。梁羽生是比金庸更早“弄潮”的人，“掀起大潮”的，是幕后的金尧如、罗孚等人。

第七章
新武侠小说

新武侠小说兴起，有其必然性

《金庸评传》第八章、第九章和第十章，写的是 1959 年创办《明报》到 1972 年写完《鹿鼎记》宣布“封笔”的金庸。第八章主要写金庸的报业生涯，第九章、第十章谈金庸后期的小说创作。后两章所谈之事，有些其实发生在第八章所述事件之前。这三章的内容，时间上有交错，并不是完全按顺序写的。

第六章、第七章，亦然。这两章写的是 20 世纪 50 年代的金庸，也没有完全按年代先后来写。第七章所谈，有些其实发生在第六章所述事件之前。

第六章“做编辑，做编剧”，谈金庸这十年写过的各类散文，以及他稍晚起步的电影生涯。金庸先做编剧，后来做导演，其间与夏梦结识，追求失败，与朱玫女士成婚。

第七章“新武侠小说”，谈的是金庸早期小说创作，以及关于新武侠小说的种种争议。

言归正传。

新武侠小说兴起，似乎全出于偶然。

1954 年，香港的太极派与白鹤派因门户之见发生争执，互不相让，白鹤派的陈克夫向太极派的吴公仪下战书，要打擂比武。此事在香港引起极大反响，成为各家报纸争相报道的题材。金庸所在的《新晚报》几乎每天都有相关报道。1月17日下午，两派高手在设于澳门的擂台上只打了短短两个回合，就以吴公仪一拳击中陈克夫致其鼻子流血而告终。当天《新晚报》出“号外”，报道比武结果，一上市即被抢购一空。

然后，就有了梁羽生（陈文统）的《龙虎斗京华》连载于《新晚报》。事情的原委，还是听听当事人梁羽生的自述，比较靠谱：

当时是五十年代初期，我们《大公报》是香港人说的左派报纸，势力是比较单薄的，右边的报纸……比我们的不知多了多少倍……那时候发生了两个武师的比武事件，轰动一时啦，我当时在《大公报》，有个姐妹报叫《新晚报》，它要搞武侠小说，要乘比武这个热潮来吸引读者，增加报纸的销量……

当时，《新晚报》的领导（重按：应指罗孚）是我的朋友，他是主张要搞的，但是在《大公报》的领导层有不主张搞的。这件事请示到新华社香港分社领导那里，领导也不敢定。当时中央管新华社香港分社及港澳事务的领导是廖承志，廖老，刚好那天分社的领导向他请示事情，讲到这件事，廖老就用反问的口气说了一句话：“有那么多清规戒律吗？”……当时廖老说了那么一句话，就说明可以搞啦，要我们不要顾虑太多……当时的《新晚报》总编辑第二天就登出了广告。当时他找到我，要我写……

我一听报馆要把写武侠小说这个任务交给我，我一听就不高兴，我想我一个堂堂《大公报》文艺版的主编跟你搞这个玩意啊，不说是大材小用，总觉得是没级的。像我这一级的，有那么点思想的啦，为何要去搞那种庸俗的东西呢。但是后来经过领导的再三强调，把廖老的讲话意思讲明，说明我们的报纸一要生存二要发展等等，说明这种利害关系，通过领导的说服工作，我最后就同意了。我第一部就写了以义和团为背景的八国联军进北京的《龙虎斗京华》，这方面的书我读过，思想性是有点的。登出来后，完全出乎意料，读者非常欢迎。所以报馆就抓住我，一定要我写武侠小说，一写就写了

三十年。（陶钢《文心侠骨——蒙山之子梁羽生传》第 380—382 页）

1 月 19 日，即比武之后第三天，《新晚报》就在头版显著位置刊出“本报增刊武侠小说”的预告：

自吴、陈拳赛以后，港澳人士莫不议论纷纷，街头巷尾，一片拳经。本报为增加读者兴趣，明天起将连载梁羽生的武侠小说《龙虎斗京华》。书中写太极名手与各派武师争雄的故事，兼有武林名师寻仇、江湖儿女相恋等情节，最后则在京华大打出手。故事紧张异常，敬希读者留意！

20 日，《龙虎斗京华》开始在报上连载，标志着新派武侠小说的诞生。小说首尾连载七个月，在读者中引起热烈反响，《新晚报》销量猛增，与老对手《星岛晚报》的销量已是旗鼓相当。梁羽生也成了人们街谈巷议的人物，连好友舒巷城都向陈文统打听这个“梁羽生”究是哪方神圣。（陶钢《文心侠骨——蒙山之子梁羽生传》第 190 页）

1955 年 2 月初，罗孚和“天方夜谭”的编辑，紧急向查良镛拉稿，说梁羽生第二部小说《草莽龙蛇传》连载已完，必须有一篇武侠小说顶上，而梁羽生顾不上，写稿之责非落在他头上不可。

2 月 8 日，《书剑恩仇录》在《新晚报》的“天方夜谭”版开始连载，署名金庸。

2014年5月2日，香港《新晚报》前总编辑罗孚逝世，其后的追思会上，有金庸致送的花篮。5 月 4 日，香港专栏作者许骥撰文纪念罗孚，题为《没有罗孚，哪有金庸梁羽生》。

这样的论调，真是可笑。

没有罗孚，新武侠小说一样会兴起。

这一点，龚鹏程看得比较清楚：“1950 年，台湾的郎红浣开始写武侠小说，所以台湾的武侠小说创作从 1950 年代就开始了……我们现在觉得港台武侠是从1950年代‘突然’盛行的，但其实，这并非突然，而是延续着大陆1920年代、1930年代、1940年代武侠文学的热潮而已。它只是延续，也就是说，从1949年开始，武侠在大陆是被禁的，而在香港和台湾就延续了下来。”（龚鹏程讲座《司马翎——武侠小说的现代化历程》）

1998年的一次对谈中，金庸也说：“台湾武侠小说很蓬勃，事实上在我开始写之前，台湾的武侠小说已经写的很成功了。”（张瀛太《侠之变，侠之反——金庸小说圆桌漫谈》）

从1923年平江不肖生发表《江湖奇侠传》到1954年梁羽生发表《龙虎斗京华》，三十年间，只在1950年至1953年，才连续数年没有特别出色的武侠小说创作。这四年间的武侠小说乏善可陈，不是因为作者不会写、读者不爱读了，只为老一辈作者如还珠楼主、王度庐、郑证因，都被剥夺了写作的权利，朱贞木竟不知所踪，更不会有新作问世了。

那几年，在不安定的香港和台湾，没出现像样的武侠小说，其他类型的小说好像也没有写得好的。时势使然。

20世纪50年代初的港台，仍有兵荒马乱的感觉，人心惶惶。到了1954年，经济和社会都稳定下来，人们自然就多了读“闲书”的兴致。

梁羽生1954年写出的第一部作品，《龙虎斗京华》，其实并不如何出彩，比朱贞木1949年写出的《七杀碑》差远了，而仍获得极大欢迎与好评。可见，读者对武侠小说，一直是有需求的。饥者易为食，渴者易为饮，《龙虎斗争华》遂风行香江。

有需求，必有供给。梁羽生不写，数年后，在香港或台湾，总有人会写起武侠小说来。写得稍微好些、像样一些，也必然大受欢迎。1963年金庸在“明窗小札”写《台湾武侠小说的套子》，说起：“武侠小说大流行不到十年，台湾方面似乎比香港流行得更加厉害。”（明河社《明窗小札1963》第385页）台湾武侠小说的兴盛，与梁羽生、金庸的香港新武侠小说有关系，但是关系不大，与罗孚的关系自然更远了。台湾百姓有这方面的兴趣和需求，武侠小说也就起来了。

港台两地此时新写出的武侠小说，其面目，又总与1949年前的武侠小说大为不同，成为“新武侠小说”。这一代作者的教育背景、成长经历与前辈很不一样，他们所受西方文化影响，尤其不是上一代武侠作家所能比的，写出的小说，必然呈现出新的面貌。金庸就曾对记者讲过：“我们新派受西洋文学的影响比较多一点，还珠楼主他们没受过外国文学的影响。我本人就很喜欢大仲马，受他的影响。”

罗孚在其间的地位与作用，确实重要。罗孚是香港新武侠小说两位催生者之一。没有罗孚（和金尧如），新武侠小说会晚出世一些年。但是，要说没有罗、金二人就没有新武侠小说，就太开玩笑了。许骥在罗孚逝后这样揄扬他，罗孚本人生前（1995年）早已敬谢不敏：“这些年来，遇见一些对新派武侠小说感到兴趣的人，总爱半开玩笑半当真地说：‘没有你，就不会有新派武侠小说了。’哪有这回事！当今之世，人们有这方面的阅读兴趣，这就注定了新派武侠小说发展的必然性，我当时不过适逢其会，尽一个编辑人约稿的责任而已。”（罗孚《文苑缤纷》第41页）

接着，罗孚又说：“他们二人终于成为新派武侠小说的大师，却是必然的，他们有这身手，必然要在雕龙、屠龙上显现出来。”这就谦虚得过分了。若无罗孚推动，陈文统和查良镛二人不见得“必然”都会写起武侠小说来。

然而，也不见得就像许骥说的那样，若无罗孚，陈文统、查良镛二人必然就不会写武侠小说。

金庸这样回答温迪雅“为什么要选择武侠小说这种方式来表达自己”的问题：“因为我小时候就喜欢看武侠小说。最初，一家报纸需要一篇小说，由于兴趣所在的缘故，我自然而然就写了。”1950年北上求职失败，查良镛对从政已然绝望，而安心于从事文化事业。没有罗孚，新武侠小说会晚几年兴起，此时的查良镛，见猎心喜，“由于兴趣所在的缘故”，“自然而然”地写起武侠小说，是可能的，且可能性极大。

从政之路既已阻绝，金庸只能从事与文化有关的事业。为赚钱而赚钱，致力于没有文化气息的完全的商业活动，在金庸是不太可能的事。

罗孚之子罗海雷说：

> 查良镛重回《大公报》也是一波三折。当年《大公报》主要负责人提出质疑，说这里是他要来就来，要走就走的地方？……香港对于查良镛已经不陌生，加上他懂英语，要在香港找到一份糊口工作还是不难。像他这样能力，他可以争取考港英政府的公务员，也可以申请美国新闻处的工作……虽然北上碰壁，他依然对于《大公报》这个平台是看重的。（罗海雷《金庸与〈大公报〉的小秘密》）

以金庸的商业天赋，尽可以从事与文化无关的工商业活动，总有出头之日的。但他仍选择回归《大公报》，可见其对报业和文化事业的执着与热爱。

在《大公报》和《新晚报》，做编辑，写影评，做得再好，写得再好，也难有大的前途。为长城电影公司编剧，一部电影成功了，光环也多集中于导演和演员，写剧本的人很吃亏的。金庸写电影剧本，也混不出很大名堂来。

金庸在几年时间内，也不太可能在导演事业上大有作为，至少他所工作的环境，限制多多，有才华也难尽展。

沈西城谈到："金庸来了香港，吃的依然是新闻饭，在香港大公报当编辑，间中也写一点短文章，生活过得并不好。后来他进了'长城'电影公司当编剧，生活仍然没有得到什么改善。那时的编剧，待遇并不好，金庸下笔慢，再加上是左派电影公司，自然赚不了多少钱，所以他是一身兼数职，生活才得勉强挨过去。"（沈西城《金庸与倪匡》第 24 页）

50 年代的金庸，不太有机会在其他的文化领域打开出路。武侠小说重新兴起后，写这种自己自幼喜爱的文体，在他，几乎是顺理成章水到渠成之事。

当初，经了严庆澍（唐人）、罗孚介绍，黄永玉进入《大公报》，做美术编辑。1953 年，黄永玉告别罗孚、查良镛等一干香港《大公报》旧友，去了北京。此后二十几年，彼此很少再通音问。晚年重见，黄永玉莫名惊诧：

“我觉得以他的才能和智慧，怎么去写武侠小说呢？他应该做比这个重要得多的事情，这个人是很聪明，很有魄力的人，怎么最后弄得成一个武侠小说的著名作家？在我来讲是可惜了。”似乎，在黄永玉看来，罗孚鼓动“小查”去写武侠小说，不是成全，反令金庸糟践了自己的才能。

黄永玉是很有些看不起武侠小说的，我则认为，文体并无高下之分，作者的成就才有高低之别。鉴于武侠小说“从来没有被好好写过”（夏济安语，应该是相对于其他文学类型而言的，旧武侠小说大家也都各有他们了不起的成就），金庸有更大空间挥洒书写。若是写其他类型作品，金庸未必能有更大成就。这一点，我与黄永玉看法不同。

罗孚影响了金庸的生命进程，这是毫无疑问的。不过，对于罗孚的作用，也不必过分夸大。好像没有罗孚，金庸就一定不会写武侠小说，而金庸不写武侠小说，必将一事无成。试看黄永玉眼中的金庸：“他那种神奇的能力你很难想象！”长远来看，以金庸的天赋、勤勉，在香港这样的自由社会，很难不出人头地的。

1979 年，金庸在台北与古龙等几位朋友座谈，座中有位金恒炜说得很好：“我看过您（金庸）所写的一篇短文，说道：‘侦探小说写得好的话，写武侠小说也一定写得好，因为文学的原理是一样的。’由这句话看来，如果金庸先生写文艺小说的话，我相信一定也是成功的。”（《金庸茶馆》第三册第 235 页）

当然，我个人也认为，金庸写“文艺小说”，不太可能像写“武侠小说”，这么成功。武侠小说这种文体，似更适合金庸。

《书剑恩仇录》，开山之作

《书剑恩仇录》的写作，始于 1955 年 2 月，完成于 1956 年 9 月。写到一半的时候，1955 年 10 月 5 日，金庸应《新晚报》“老编”（可能就是罗孚）之请，写了一篇千字短文《漫谈〈书剑恩仇录〉》，谈写作缘起：

梁羽生弟是我知交好友，我叨长他一岁，所以称他一声老弟。他年纪虽比我轻，但写武侠小说却是我的前辈，他在《新晚报》写《龙虎斗京华》和《草莽龙蛇传》时，我是忠实读者。可是从来没想自己也会执笔写这种小说。

八个月之前的一天，《新晚报》编辑和“天方夜谭”的老编忽然问我紧急拉稿，说《草莽》已完，必须有“武侠”一篇顶上。梁羽生此时正在北方，说与他的同门师兄“中宵看剑楼主”在切磋武艺，所以写稿之责，非落在我的头上不可。可是我从来没有写过武侠小说啊，甚至任何小说都没有写过，所以迟迟不敢答应。但两位老编都是老友，套用《书剑》中一个比喻，那简直是章驼子和文四哥之间的交情。好吧，大丈夫说写就写，最多写得不好挨骂，还能要了我的命么？于是一个电话打到报馆，说小说名叫《书剑恩仇录》。至于故事和人物呢？自己心里一点也不知道。老编很是辣手，马上派了一位工友到我家里来，说九点钟之前无论如何要一千字稿子，否则明天报上有一大块空白。就请这位工友坐着等我写，那有什么办法呢？于是第一天我描写一个老头子在塞外古道大发感慨，这个开头下面接什么全成，反正总得把那位工友先请出家门去。《书剑》的第一篇就是这样写的。

《书剑恩仇录》是好小说，鉴于这是作者所写第一部作品，更是难得。

1969年，金庸对林以亮说：“在写《书剑恩仇录》之前，我的确从未写过任何小说……有时不知怎样写好，不知不觉，就会模仿人家。模仿《红楼梦》的地方也有，模仿《水浒》的也有。我想你一定看到，陈家洛的丫头喂他吃东西，就是抄《红楼梦》的。”（《金庸茶馆》第三册第185页）

金庸从《红楼梦》《水浒传》中得到的，不仅是“抄”了某些情节，他小说的整体格局，都是在追随这两部最优秀古典小说的风格。

金庸对严家炎说：“在语言上，我主要借鉴中国古典白话小说，最初是学《水浒》《红楼》……”（严家炎《金庸答问录》）《书剑恩仇录》的语言，已经很好了，在《新晚报》连载时就很好，有大家气象。金庸后来几次修改此书，语言风格基本未变。

民国武侠小说家，也都受《红楼梦》《水浒传》的影响，但没有哪位，像金庸这样全方位学习，有金庸这样“取法乎上”的自觉。

《书剑恩仇录》，也“抄”西方小说名著。周仲英杀子的故事，尤其连载版所写，与法国作家梅里美的《马铁奥·法尔哥尼》实在太相似。古龙就认为：“这故事几乎就是法国文豪梅里美最著名的一篇短篇小说的化身，只不过将金表改成了望远镜而已。”（古龙《关于“武侠”》）

改写后的各种版本《书剑恩仇录》中，周仲英杀子，皆是误杀，怒极之下，“右手一挥，两枚铁胆向对面墙上掷去。岂知周英杰便在这时冲将上来，要扑在父亲的怀里求饶，脑袋正好撞在一枚铁胆之上”。《书剑恩仇录》在报纸上连载的时候，却非出于误杀，只见周仲英“在周英杰灵盖上一掌，扑的一声，孩子双目突出，顿时气绝”。

在修改版《书剑恩仇录》中，周英杰为了张召重一句“你要是知道那三个客人躲在甚么地方，你是小英雄，否则的话，你是小混蛋、小狗熊”，受激不过，竟说出了文泰来等人藏身处。连载版《书剑恩仇录》中的周英杰，却是受到张召重手上望远镜（“千里镜”）的诱惑，吐露了那绝大的秘密。

《书剑恩仇录》中的故事或人物，有些取自中外名著，有些来源于生活：

> 朋友们常问我，书中人物是否全部凭空捏造，还是心中以某人为模型？我的答案是：有的写生，有的想像。如俏李逵周绮，那就是我认识的一位小姐的写照，此人绰号“胡涂大国手”，天真直爽，活泼可爱。这位小姐常读“书剑”，常赞周绮有趣，而不知其有趣乃从她身上提取出来者也。（金庸《漫谈〈书剑恩仇录〉》）

周绮之有趣，固然是从金庸认识的一位小姐身上提取出来的，同时，或许也是金庸从白羽《十二金钱镖》中柳研青这一人物身上获得的灵感。

据金庸小女儿说，霍青桐的人物原型，是她母亲朱玫女士。

《漫谈〈书剑恩仇录〉》一文中，金庸谈及这部小说在读者中的反响："居然读者们看得还有点兴趣。前天遇到中联公司的刘芳兄，他说，他与他太太天天争来看，中联很想拿它来改编电影。我一听之下，颇有点受宠若惊的感觉。前几天缅甸仰光一位曹先生写信来说，仰光说书的人，有好几位以《书剑》为压轴，颇得听众欢迎。此书在海外并有两家报纸逐日转载，想不到游戏文字，居然有人喜爱……"字里行间，确能见出金庸当时那种喜出望外之情。

两年后，金庸又在《新晚报》发表《谈批评武侠小说的标准》一文，说起："如果把武侠小说当作纯粹是一种消遣性的娱乐，那么批评的标准只有一个：'它是不是能使读者感到有趣？'但显然，最近这些讨论，是把武侠小说当作是我国民族形式文学中的一支来看的。就我个人而论，确也希望武侠小说能有资格被称为'文学'，确是在努力依着文学的途径来写作武侠小说。"

金庸做事，只要做了，总会尽力做到最好。金庸写武侠小说，并不像某些人想当然的那样敷衍塞责、粗制滥造。

虽则金庸刚写起武侠小说时没料到会靠它名垂后世，几十年后（乃至几百年后）却很可能终于以此获得了丰厚的报偿。

"功不唐捐"，古人诚不我欺。

夏济安是最早对金庸小说作出高度评价的大学者之一。1960 年 4 月，夏先生谈到：

这几天因为等候胡世桢来，买了两种武侠小说，预备送给他。自己看看亦很出神，且把陈世骧引诱得亦入迷了。他对于武侠小说的知识，只停留在彭公案、施公案阶段；但是近年来香港所出的武侠小说，其结构文字人物描写等已可与 Dumas 的 *Three Musketeers*，*Monte Cristo* 等相颉颃……有个名叫做金庸（笔名）的，以《书剑恩仇录》一书成名，该书写乾隆皇帝（据传说，他是汉人，海宁陈阁老的儿子）和陈家洛（乾隆的 half - brother，帮会的领袖）的斗争，很是紧张动人。后写《碧血剑》（李自成）与《射雕英雄传》（成吉思汗）（南宋末年，元、金、宋的斗争）都极好。书中……还是提倡忠孝节义那一套，侠客当然都是爱国的。他的小说在东南亚各地（如越南、泰国、印尼……等）的中文报上都翻印……最奇怪的是台湾人亦等着看香港的武侠小说，其情形犹如当年 Boston 的人等英国来船，看 Dickens 小说也。[夏济安致夏志清书信，1960 年 4 月 13 日，收入《夏志清夏济安书信集（卷四：1959—1962）》]

据夏济安说，当时台湾人等着看金庸小说，其情形犹如当年北美的波士顿人等英国来船，急着看狄更斯的小说。夏先生说的是情形相似，而不是说金庸小说已经可以与狄更斯相提并论了。

截至 1960 年金庸所写那几部小说，还不能与狄更斯最好的几部作品相比。可以拿来相比的，是金庸最后三部大小说：《天龙八部》《笑傲江湖》和《鹿鼎记》。

个人浅见，金庸的文学成就，比大仲马高一点点，比狄更斯低一点点。

金庸在《天龙八部》后记中说："（夏济安）在书铺中见到一张圣诞卡，上面绘着四个人，夏先生觉得神情相貌很像《天龙八部》中所写的'四大恶人'，就买了下来，写上我的名字，写了几句赞赏的话，想寄给我……我和他的缘分更浅，始终没能见到他一面，连这张圣诞卡片也没收到。"夏济安逝于 1965 年 2 月，没读完《天龙八部》，因为金庸还没写完。金庸最后两部大作品《笑傲江湖》与《鹿鼎记》，夏济安更不可能读到。一叹！

《碧血剑》与"广东蛮子"袁崇焕

金庸第二部小说《碧血剑》，从 1956 年 1 月 1 日开始写，正好写了一年，当年 12 月 31 日写完。第二天，就是 1957 年 1 月 1 日，金庸开始写《射雕英雄传》。

《碧血剑》和《射雕英雄传》，都在《香港商报》连载。

《碧血剑》正好写了一年，我一直觉得奇怪。最近读到《梁羽生轶事》一书，才知根由："报纸要改版，时时要求作者配合。例如《碧血剑》，何以由元旦写到除夕？在开始时是不知道的，只是报纸要改版，就请金庸配合。如果作者计划中尚未完结，只好匆忙结尾；如果早就要完，只好拖到改版那日。"（《梁羽生轶事》第 248 页）

这是张初 2001 年在香港浸会大学武侠小说研讨会上谈及的。张初是谁？其人自述如此："我只是个报纸编辑……足足做了四十年……金庸、梁羽生五六十年代写了好多本小说在《商报》登的，是我经手发稿的……我在 1952 年参加《商报》的创刊工作……退休时职务是总编辑。"（同上，第 243—244 页）

张初感叹："等等限制，都是未能千锤百炼的原因。而他们（金庸、梁羽生）仍有这样的成就，你们说是不是天才？"

如华伊云兄所说，连载版《碧血剑》比修订后的版本要短不少，大反派玉真子是最后才空降的，华山之会后草草交代了几段话就完结，甚至可以说是烂尾。

必须在年末结束连载，这样硬性的时间限制，这样束手缚脚，妨害小说家天才的发挥。《碧血剑》没写好，有这个原因。当然，此书前半部也不算精彩，只能说《碧血剑》如充分展开写，比我们看到的要好一些。

好在金庸从第五部小说开始，就不再给别人而给自己办的报刊写稿，自由度大大提高了。写多长、多久，自己说了算。

像《大公报》《新晚报》一样，《香港商报》也是一家左派报纸。金庸先后为这份报纸写过《碧血剑》《射雕英雄传》。这两部小说，又都是从元旦那日开始连载。

《书剑恩仇录》连载于《新晚报》，从 1955 年 2 月 8 日写到 1956 年 9 月 5 日。《碧血剑》则是从 1956 年 1 月 1 日开始在《香港商报》连载。同时写两部很长的连载小说，很难写好。《碧血剑》与《书剑恩仇录》同时，写得就很糟。金庸自己也不满意，所以“曾作了两次颇大修改，增加了五分之一左右的篇幅。修订的心力，在这部书上付出最多”。修改后的《碧血剑》，仍是金庸最平庸的作品。

1988年11月，章培恒在《金庸武侠小说与姚雪垠的〈李自成〉》一文中谈到：“纯文学和通俗文学的这种分类法并不能用来判断《李自成》和金著武侠小说的高下。若以现实主义的真实性标准来衡量，则金庸武侠小说的假中见真更具艺术感染力；若都以消遣性作品而论，金庸武侠小说比起《李自成》来更具想象奇特，结构紧凑，富于幽默感等优点；而且还能于消遣之中给人某种有益的启录，因而不失为上乘之作。”

我虽认为《碧血剑》在金庸小说中仅属平庸之作，仍很赞同章先生对《碧血剑》与《李自成》两书的见解。

金庸是浙江海宁人，他第一部小说《书剑恩仇录》的主人公陈家洛也是浙江海宁人。金庸后来到了广东人的地盘香港谋生，慢慢说起（蹩脚的）粤语，第二部小说《碧血剑》的主人公袁承志，原籍就在广东了。

我怀疑金庸的《碧血剑》写广东人的故事，有着迎合香港读者的用心。然而，这只是怀疑，我不敢像某些人那样，将自己的怀疑，认定为绝对事实。

即便金庸以广东人袁承志为《碧血剑》主人公确有迎合港人的用心，也不是他写《碧血剑》唯一的动机。

金庸最早读到的“旧武侠小说”《荒江女侠》中写道：“当袁崇焕遇害时，崇焕的幼子成仁流落在关外，便在锦州寄居，一脉流传。”《荒江女侠》一书，对金庸的小说创作影响极大。金庸对袁崇焕其人，又一向极为崇敬，这才会在小说中写他，写他的儿子。

1975年6月，金庸在《碧血剑》后记中说：“《碧血剑》的真正主角其实是袁崇焕，其次是金蛇郎君，两个在书中没有正式出场的人物。袁承志的性格并不鲜明。不过袁崇焕也没有写好，所以在一九七五年五六月间又写了一篇《袁崇焕评传》作为补充……现在的面目，比之在《明报》上所发表的初稿《广东英雄袁蛮子》，文字上要顺畅了些。”

我怀疑金庸的《碧血剑》写广东人的故事，有着迎合香港读者的用心，一个重要原因，就是《袁崇焕评传》在《明报》上发表时，题为《广东英雄袁蛮子》。“广东英雄”这个题目，当然更容易引起在香港的广东人的阅读兴趣。

1997年，《南方日报》记者问：“您写过一本《袁崇焕评传》，为什么对袁感兴趣？”金庸答：“他是广东人，离香港近嘛！”（秦立德、谭庭浩《查大侠纵情话香江》）

《袁崇焕评传》开篇就谈及香港：“在距离香港不到一百五十公里的地区之中，过去三百多年内出了两位与中国历史有重大关系的人物。最重要的当然是出生于广东中山县（原名香山）的孙中山先生。另一位是出生于广东东莞县的袁崇焕。”后文中，金庸又多处谈及广东：

由于在正德年间开始采用了越南的优良稻种，农田加辟，米产大增，尤其是广东一带。因为推广种植水稻……两广的经济文化也开始迅速发展。

可以想象得到，袁崇焕在这段时期中，“×他妈”的广东三字经不知骂了几千百句。他是广东人，虽自幼居于广西，平时大概说广东话。

在这紧急关头，袁崇焕奋发了英雄之气，决意抗敌……“×他妈，顶硬上，几大就几大！”（淞沪之战时，十九路军广东兵守上海，抗御日军侵略，当时“×他妈，顶硬上”的广东三字经，在江南一带赢得了人民的热烈崇敬。因为大家都说：广东兵一骂“×他妈！”就挺枪冲锋，向日军杀去了。）

据我猜想，极可能是袁崇焕派了广东水师守觉华岛……寒冬之际，海面结了厚冰，变成了陆地，广东兵所擅长的水战完全用不上……这几千名广东海军，大概多数在这一役中牺牲了。

关外酷寒的天气，生长于亚热带的广东人实在感到很难抵受。在这期间，袁崇焕从广东招募来的人员中有人要回故乡去了……

一个浙江人，在以广东人为主体的香港发表文章，时时谈及广东，利于拉近与读者的距离，但金庸也没忘记故乡。金庸写在宁远之战中，“大家正在彷徨无策之时，通判金启倧（浙江人）临时想出了几件新式武器……那位金通判后来在赶制‘万人敌’之时，火药碰到火星，不幸被烧死了”。括号中“浙江人”三字，虽未言明自己也是浙江人，但我们仔细体会，还是能感觉到金庸很为这位几百年前的同乡自豪。

金庸第五部小说，也是第一部为自己创办的《明报》所写的小说《神雕侠侣》中——

此人正是九指神丐洪七公……他将丐帮帮主的位子传给了黄蓉后，独个儿东飘西游，寻访天下的异味美食。广东地气暖和，奇怪食谱最多。洪七公到了岭南之后，得其所哉，十余年不再北返中原。武林中人只道他年事已高，早已逝世，哪知他在百粤吃遍了虫蚁蛇鼠，大享口福呢。

这一年藏边五丑中的二丑，在广东滥杀无辜……（洪七公）暗地跟踪，要等他五丑聚会，然后一举屠绝，哪知这一跟却跟到了华山。（连载版《神雕侠侣》第二十九回）

金庸安排洪七公在广东一住十年，想来也是为拉近与香港读者的距离。

金庸第六部小说，也是第二部为自己创办的报刊所写的小说《飞狐外传》中写道：“数年之间，他（胡斐）身材长高了，力气长大了，见识武功，也是与日俱进。四海为家，倒也悠然自得，到处行侠仗义，扶危济困，却也说不尽这许多……一日想起，常听人说，广东富庶繁盛，颇有豪侠之士，左右无事，于是骑了一匹劣马，径往岭南而来。”

胡斐之所以到广东，小说给出的解释，很有几分牵强，其实最主要原因，应是《飞狐外传》的作者和读者都在广东地面。

曾伯凯兄说：

50—60 年代中期，香港是个难民社会，那时候按省籍区分人群，“香港人”的身份意识还没有形成。其中广东人最多，香港的文化娱乐都倾向于迎合满足广东人口味和心理需求，难民的心理就是孤苦无依，思乡心切，所以文言文、白话文、广东话交杂的“三及第小说”出现了，电影也猛拍黄飞鸿、洪熙官之类的广东英雄话题，小说和影片里充斥着岭南风情、地域元素来慰藉大家的怀乡之情。金庸写小说也会有蹭热点的考虑。

2003 年 11 月 18 日，金庸被聘为中山大学名誉教授，答记者问时，金庸又称道赞叹：“广东人有很好的性格，有热情，想干就干。三十年代抗日战争时候，保卫上海的十九路军中有很大部分是广东兵，他们都有一种力求正义的精神，这也是一种现代的侠义精神。”（《大义精诚，侠士人生——查良镛先生趣谈大学、人生》）

金庸小说的读者，当时主要是广东人。金庸写广东人或广东事，读者更感兴趣一点。同时，金庸应该也真是喜欢包括香港人在内的广东人的性格。这一点，他在散文与访谈中多次谈过。

《碧血剑》写广东人袁承志的故事，也写到金庸读过近两年书的衢州。

1940 年 7 月，金庸离开丽水碧湖，穿过松阳、遂昌、龙游，一路来到省立衢州中学即今天的衢州一中求学。彼时，为避战乱，衢州中学从城区迁到了石梁镇……

“在衢州中学的两年，是我最快乐、最难忘的时光。”……这段少年记忆，长留在金庸心底，也从他的笔端流露。于是，金庸的武侠梦中，多的是与衢州相关的人和事。

在早期新武侠作品《碧血剑》中，金庸虚构了石梁派、龙游帮，书中 40 余处提到石梁。比如，第四回“矫矫金蛇剑　翩翩美少年”中，金蛇郎君所留的藏宝图后写着两行字：“得宝之人，务请赴浙江衢州石梁，寻访女子温仪，赠以黄金十万两。”书中，龙游帮帮主荣彩、沙老大及其帮众，石梁派温氏五祖及温家众人，金蛇郎君之妻温仪与女儿温青青皆为衢州人氏……

《笑傲江湖》写到，令狐冲曾乔装成“吴天德”，赶往福建途中，在廿八铺遇到恒山派弟子；仙霞岭上，令狐冲第一次使用吸星大法，将恒山派弟子从魔教伏击中救出。廿八铺、仙霞岭，都是在今天的衢州江山市……

石梁溪、白云山、烂柯山，心中思念、常常入梦。金庸所唱校歌“期把我国家重新建造”，何尝不是“修身齐家治国平天下”的儒家梦想？（衢轩《金庸的衢州情缘》）

《雪山飞狐》，有没有写完？

金庸第二、三部小说《碧血剑》与《射雕英雄传》，皆连载于《香港商报》。金庸第一部小说《书剑恩仇录》和第四部小说《雪山飞狐》，皆连载于《新晚报》。

此后，金庸又陆续写出十一部作品，都连载于他自己创办的报纸或刊物上。

《书剑恩仇录》写到一半，金庸就开始写《碧血剑》，两书都是四五十万字，篇幅都很长。这种情况下，很难写得都好。《书剑恩仇录》写得好，《碧血剑》就很糟。

金庸从 1957 年 1 月 1 日开始写《射雕英雄传》，完成于 1959 年 5 月 19 日。《射雕英雄传》未完，1959 年 2 月 9 日开始，金庸又写《雪山飞狐》，6 月 18 日完成。《射雕英雄传》和《雪山飞狐》，两书同时。好在《雪山飞狐》篇幅较短，只十几万字。这种情况下，可以写得都好。《射雕英雄传》与《雪山飞狐》，一长一短，都很出色。

《书剑恩仇录》写得好，有青春气息，也可以说比较稚嫩。《碧血剑》不仅稚嫩，而且平庸。到了第三和第四部小说，金庸的创作状态已相当成熟了。

金庸的小说创作，有两次突破：《书剑恩仇录》出手不凡，《碧血剑》反而退步了，到《射雕英雄传》与《雪山飞狐》，金庸实现了第一次突破，两书尽显大家气象；此后的几部小说，并无明显进步，甚至有的作品还比之前退步了（例如《飞狐外传》之于《雪山飞狐》），到《连城诀》《侠客行》《天龙八部》《笑傲江湖》《鹿鼎记》五部后期作品，金庸实现了第二次突破，也是极关键的一跃，从不同的方向，各自突破了武侠小说这一文类的限制，五部书很难说仍是武侠小说。

《射雕英雄传》是金庸创作的第一部超过百万字的“超长篇”小说（后来金庸又写了五部这样的长篇），波澜壮阔，气象万千。当年夏济安一见此书，便叹：“真命天子已经出现，我只好到扶余国去了。”

《雪山飞狐》是金庸创作的第一部近于“短篇”的长篇小说，布局精巧，无懈可击。

金庸对此书很觉满意，曾说过：“如果问哪一部小说是我自己最喜欢的，这真的很难答复。其中也许只有《雪山飞狐》一部，是在结构上比较花了点心思的。大概因为短的关系，还有点一气呵成的味道。”（《金庸茶馆》第三册第 184 页）

“一刀”难决！胡一刀的名字，竟是应在他儿子胡斐身上：

胡斐举起树刀，一招就能将他劈下岩去，但想起曾答应过苗若兰，决不能伤她父亲。然而若不劈他，容他将一招“提撩剑白鹤舒翅”使全了，自己非死不可，难道为了相饶对方，竟白白送了自己性命么？

霎时之间，他心中转过了千百个念头……

那时胡斐万分为难，实不知这一刀该当劈是不劈。他不愿伤了对方，却又不愿赔上自己性命……

胡斐到底能不能平安归来和她相会，他这一刀到底劈下去还是不劈？

《雪山飞狐》写到这里，戛然而止。

在小说后记中，金庸说：“《雪山飞狐》的结束是一个悬疑，没有肯定的结局。到底胡斐这一刀劈下去呢还是不劈，让读者自行构想……有余不尽和适当的含蓄，也是一种趣味。在我自己心中，曾想过七八种不同的结局，有时想想各种不同结局，那也是一项享受。胡斐这一刀劈或是不劈，在胡斐是一种抉择，而每一位读者，都可以凭着自己的个性，凭着各人对人性和这个世界的看法，作出不同的抉择。”

1975 年，金庸对沈西城谈到：“我写《雪山飞狐》的时候，是十分用心的，写到后来，整个人已投入小说中，胡斐的矛盾，变成了我的矛盾，同时苗人凤的痛苦，也成为了我的痛苦……”（沈西城《金庸与倪匡》第 17 页）

罗孚的公子罗海雷则说：“《雪山飞狐》连载期间，突然《明报》创刊，查良镛马上迅速而坚定地做出腰斩《雪山飞狐》决定，明显地是为《明报》争取读者。这个朋友回忆当时《新晚报》里很多人大骂，但父亲力主低调处理，让查良镛写了最后一节（晚报连载每日一节约千字）勉强收场。后来查良镛写过一篇文章，说《雪山飞狐》的突兀结尾，给读者留下悬念，是自己对小说创作手法一种尝试云云。”（罗海雷《查良镛与〈大公报〉的小秘密》）

罗海雷所述之事，怕是以讹传讹，并非实情。

我感觉，《雪山飞狐》已是很完满的艺术品，再往下写，画蛇添足了。

罗海雷并不是亲历者，他是从父亲和其他父辈这些亲历者口中，听到这一传闻。一件事，经过转述，往往失真。《雪山飞狐》说的就是这个道理。

两件事几乎同时发生，人们往往便认定，彼此必然存在着因果关系。其实未必然。因为金庸要办《明报》，所以必然急着收束《雪山飞狐》一书？未必啊未必。

也许，在金庸最初的构思里，《雪山飞狐》写到“这一刀到底劈下去还是不劈”，本来就该结束了。这种写法不易为人理解，太突兀了，而《大公报》及《新晚报》里金庸的旧同事，对金庸脱离《大公报》组织而自立门户，也不是很看得顺眼，他们更愿意相信自己做出的“查良镛马上迅速而坚定地做出腰斩《雪山飞狐》决定，明显地是为《明报》争取读者”的猜想。

也许，在金庸的构思里，本来就有两种处理方法：或者接着写下去，或者写到“这一刀到底劈下去还是不劈”便止。适逢要办《明报》，金庸就采取了第二种写法。

《雪山飞狐》继续写下去，很难比现在我们看到的更好。《雪山飞狐》整体构思，就是“一日讲完百年事”。有了这个设定，这部小说就不可能写得太长，不可能没完没了地一直讲下去。

假如金庸本想写《雪山飞狐》为长篇，后来他就没必要写“叙述胡斐过去的事迹”的“前传”《飞狐外传》，接着《雪山飞狐》结尾的“那一刀”写下去就好了，更容易得到读者欢迎，为自己的报纸争取更多读者。

假如金庸生平只写过《雪山飞狐》这一部短篇幅的小说，罗海雷说出的猜想，就更可信一点，而实际上并不是。金庸还写过类似的《白马啸西风》《鸳鸯刀》和《越女剑》。

金庸不再继续为《新晚报》写《雪山飞狐》，就一定能为他自己的《明报》“争取读者”？这个道理，我不觉得必然成立。我倒觉得，很多读者从《新晚报》看到《雪山飞狐》写得这么好，可能更肯买金庸的《明报》，追读上面连载的《神雕侠侣》。当日《明报》只是小报，与《大公报》系并不构成竞争关系。两报势均力敌、激烈竞争的状态下，金庸不给《大公报》系继续写稿，才可能为自己的《明报》争取更多读者。

金庸办《明报》，和他收束《雪山飞狐》一书，这两件事未必存在因果关系。若有因果，更合理的解释，似乎也应该是金庸刚办报纸，忙得焦头烂额，实在没有精力同时写两部小说。

“他人有心，予忖度之”。猜想某人做某事的动机并将这猜想写出来，本无不可。然而，不仅猜想而且断定别人做某事的动机，有失分寸了。

其实，有可靠证据，可以证伪罗海雷的说法。

金庸在《〈雪山飞狐〉有没有写完》一文中说：“《雪山飞狐》写了没几天，在宋乔兄家中的宴会上，我和羊朱兄、梁羽生兄等谈起这个结局。他们觉得这结局比较新奇，虽然未必很赞同。”注意时间，金庸与梁羽生等人讨论这个开放式的结局，是刚开始写《雪山飞狐》的时候。这篇文章就登在

1960年10月5日的《新晚报》上。假如金庸说谎，仍工作在《新晚报》的梁羽生、羊朱，都可以揭穿他。

《〈雪山飞狐〉有没有写完》一文中，金庸又说：

美国的作家马克·吐温也写过一篇类似的小说，叫做《中世纪的传奇》。故事中说，一个女扮男装的少女即将承袭公爵的爵位，老公爵的女儿和人私通而生了一个儿子，按照法律，她要被判死刑。判决由那假公爵来宣布，但按照法律，凡是没有加冕的女子坐上公爵宝座，须处死刑。这个假公爵为了宣判，只好冒险坐上宝座，那知道这个犯人暗中一直爱着这女扮男装的假公爵，她当众宣布，这个私生子的父亲便是假公爵。

要辨明是非，假公爵必须暴露自己是个女人，但她若说明是女子，未经加冕而坐上宝座，其罪必死。

这篇小说最后这几句话是这样："这件骇人听闻，变化莫测的事，下文如何，无论现在或将来，你在任何书中也找不出答案的。老实告诉你：我把我的主角（或女主角）置身于如此奇特的绝境，使我不知怎样才能把他（或她）搭救出来，因此我想完全不再过问，听其自然，让他自己尽可能去获得圆满的下场——否则就到此为止吧。本来我以为这个小小的难题是很容易解决的，可是现在我却无能为力了。"

……借了这位大作家的光，用他的话来替我的陋作遮掩缺点。

金庸《雪山飞狐》与马克·吐温《中世纪的传奇》，结尾确实极为相似。

《雪山飞狐》与《飞狐外传》

胡斐与苗若兰相遇在玉笔峰上，二人抚汉琴，唱汉乐府：

苗若兰道："山上无下酒之物，殊为慢客。小妹量窄，又不能敬陪君子。古人以汉书下酒，小妹有汉琴一张，欲抚一曲，以助酒兴，但恐有污清听。"胡斐喜道："愿闻雅奏。"……

苗若兰轻抒素腕，"仙翁、仙翁"的调了几声，弹将起来，随即抚琴低唱：

"来日大难，口燥舌干。今日相乐，皆当喜欢。经历名山，芝草翻翻。仙人王乔，奉药一丸。"

唱到这里，琴声未歇，歌辞已终。

胡斐少年时多历苦难，专心练武，二十余岁后颇曾读书，听得懂她唱的是一曲《善哉行》，那是古时宴会中主客赠答的歌辞，自汉魏以来，少有人奏，不意今日上山报仇，却遇上这件饶有古风之事……

他轻轻拍击桌子，吟道："自惜袖短，内手知寒。惭无灵辄，以报赵宣。"……

苗若兰听他也以《善哉行》中的歌辞相答，心下甚喜……

……当下唱道："月没参横，北斗阑干。亲交在门，饥不及餐。"……

胡斐接着吟道："欢日尚少，戚日苦多，以何忘忧？弹筝酒歌。淮南八公，要道不烦，参驾六龙，游戏云端。"最后四句是祝颂主人成仙长寿，与主人首先所唱之辞相应答。

胡斐唱罢，举杯饮尽，拱手而立。苗若兰划弦而止，站了起来。两人相对行礼。

胡一刀、胡夫人、苗人凤，以及抚汉琴、唱汉乐府的胡斐和苗若兰，还可以加上一百年前李自成那胡苗范田四大卫士，这些人的精神气象，实在更像是汉代（及汉前），而不是清代的人物，是汉朝人"穿越"到了清朝。

金庸说："我希望大家能感受到中国人历史中有这样的人物，这些值得我们向往的人物。所以我在小说里创造一个现实中不大可能的世界，既是安慰自己，发怀古之幽思，也想借一支笔，记录传达中国人灵魂中曾经有过的美好情怀。"（郭宇宽《对话金庸》）

胡斐与苗若兰之间的感情，写得极好：

胡斐怦怦心跳，问道："现在相逢还不迟么？"苗若兰不答，过了良久，轻轻说道："不迟。"又过片刻，说道："我很欢喜。"

古人男女风怀恋慕，只凭一言片语，便传倾心之意。

胡斐听了此言，心中狂喜，说道："胡斐终生不敢有负。"

苗若兰道："我一定学你妈妈，不学我妈。"她这两句话说得天真，可是语意之中，充满了决心……

两人心中柔和，古人咏叹深情蜜意的诗句，忽地一句句似脱口而出。胡斐不自禁低声说道："宜言饮酒，与子偕老。"苗若兰仰起头来，望着他的眼睛，轻轻的道："琴瑟在御，莫不静好。"这是"诗经"中一对夫妇的对答之词，情意绵绵，温馨无限……

苗若兰抬头望着他，说道："我知道你是好的。我没见你面的时候就知道啦！大哥，你可知在甚么时候，我这颗心就已交了给你？"……

胡斐哈哈一笑，忽然柔声道："你甚么时候把心交给了我？我想一定没我早。我第一眼瞧你，我……我就管不住自己了。"苗若兰轻声道："十年之前，那时候我还只七岁，我听爹爹说你爹妈之事，心中就尽想着你。我对自己说，若是那个可怜的孩子活在世上，我要照顾他一生一世，要教他快快活活，忘了小时候别人怎样欺侮他、亏待他。"

古典爱情，应该是这样的。

《雪山飞狐》在报上连载时，很多读者断定此书是在模仿黑泽明电影《罗生门》，对此，金庸坚决否认。

《罗生门》可能对《雪山飞狐》有百分之五的影响，有人却认定受了百分之九十五的影响，金庸当然难以认同这种联想和猜想。

追忆往事时，总是将自己说得更无辜，这不是黑泽明的新发现，只能说人性如此，几千年来一直这样的。

《雪山飞狐》一书，可能还受到《十日谈》的一点影响。

金庸当年在衢州中学读高中时，一位同学染上鼠疫，金庸帮老师"送走"了他，"文焕和浩然还在等我……当天，我们逃到了文焕深山中的家里。《十日谈》中那十个逃避鼠疫的男女，每天讲的是恋爱和私情的故事，而我们在文焕家中，想到的只是疫病的恐怖、战争的残酷、良友的永别"。（金庸《谈〈彷徨与抉择〉》）

《十日谈》中，在鼠疫中幸存的十人，逃到一个小山的别墅中，讲了十天的故事。《雪山飞狐》人物，则是在高耸孤绝的玉笔峰上，讲起他们的故事。

区别在于，《十日谈》中的"讲故事人"，讲的是不同的故事；《雪山飞狐》则是金庸将所有活着的当事人都请到玉笔峰（苗人凤由女儿代言），讲的是同一件往事。

金庸以"讲故事人"自居。他继承的，是中国古典小说以及域外《天方夜谭》《十日谈》等书"讲故事"的文学传统。《雪山飞狐》一书，就体现了作者极高的讲故事的才能。

三年后，金庸续写胡斐的故事，仍不肯解答"他这一刀到底劈下去还是不劈"的问题。《飞狐外传》不是接着《雪山飞狐》往后写，而是往前写："《飞狐外传》是《雪山飞狐》的'前传'，叙述胡斐过去的事迹。然而这是两部小说，互相有联系，却并不是全然的统一。在《飞狐外传》中，胡斐不止一次和苗人凤相会，胡斐有过别的意中人。这些情节，没有在修改《雪山飞狐》时强求协调……《雪山飞狐》的真正主角，其实是胡一刀。胡斐的性格在《雪山飞狐》中十分单薄，到了本书中才渐渐成形。"（金庸《飞狐外传》后记）

《射雕英雄传》的续书《神雕侠侣》从1959年写到1961年，《雪山飞狐》的续书《飞狐外传》从1960年写到1961年。前者百万字，后者五六十万字。金庸同时写这两部篇幅很长的小说，写得都不太好。

此前，金庸在《大公报》"三剑楼随笔"撰文《书的"续集"》："除了黄色与无聊，这些续书中再也找不到什么别的。"这里，金庸谈的是他人为某部原著所写续书，很少有写得好的。其实，续书即便出于原作者之手，也很难写好。《神雕侠侣》与《飞狐外传》这两部续书，我认为，都不好。

以往金庸都是给报纸写连载，每天写一千字左右，每天有足够的时间构思这一期的故事，推敲文字。《飞狐外传》却是在《武侠与历史》刊物上连载，每期八千字，金庸一般七天写一段，一个通宵写完，从半夜十二点钟开始，写到第二天早晨七八点钟。七个小时写八千字，速度也并不快，想来也是"改了又改"，只是这样就少了构思与酝酿的充足时间（金庸说过，"日日写的好处是构思的时间较长，每天可以想出一些细节来"）。《飞狐外传》没写好，可能与此有关。

金庸"企图在本书中写一个急人之难、行侠仗义的侠士"。在孟子所定"富贵不能淫，贫贱不能移，威武不能屈"这大丈夫的三条标准之外，金庸又给胡斐增加一些要求，要他"不为美色所动，不为哀恳所动，不为面子所动"，写出来的胡斐就有些"高大全"，没意思了。

这一点，金庸后来也意识到了。2003 年，他补写《飞狐外传》后记，说："目的是写这样一个性格，不过没能写得有深度……立意写一种性格，变成'主题先行'，这是小说写作的大忌，本书在艺术上不太成功，这是原因之一。"

《飞狐外传》虽糟，比《碧血剑》还是好。《碧血剑》可以说是一无亮点，《飞狐外传》有。《飞狐外传》唯一亮点，就是写出程灵素这一可爱人物。2003 年的《飞狐外传》后记中，金庸也说："程灵素身上夸张的成份不多，她是一个可爱、可敬的姑娘，她虽然不太美丽，但我十分喜欢她。她的可爱，不在于她身上的现实主义，而在于她浪漫的、深厚的真情，每次写到她，我都流眼泪的，像对郭襄、程英、阿碧、小昭一样，我都爱她们，但愿读者也爱她们。"

金克木这样的通人，不会拘囿于一时的雅俗之见，他对程灵素这一人物形象的评价非常高。

金克木采用甲乙对话体，以甲的身份自问："金庸的武侠小说不但在街头巷尾流传，而且进入教授学者专家的书斋。那是通俗，还是高雅？"乙则以莎士比亚的曾经“通俗”（“他当年自编自演的那些戏难道是只有很窄狭的观众面吗？”）作答，接着，金克木说：“为什么金庸的武侠小说独树一帜？……他创出了几个吸引人而又意义非凡耐人寻索的人物。”（《金克木集》第六卷第500—501页）

杨绛《洗澡》一书，自是极“雅”。金克木认为书中女主人公姚宓小姐“最为迷人”，并且“想赠以‘第一青衣’美名”。先生解释说：“这是台湾评论者送给香港金庸的小说中一个人物的雅号，指的是毒手药王的关门弟子程灵素姑娘。那位穿朴素青衫的村姑确是生得清，死得烈，使我向往之至。”（《金克木集》第六卷第519页）姚宓小姐与程灵素姑娘，都是“最为迷人”的，至于她们是出于“高雅文学”还是“低俗小说”，在金先生看来，完全不重要。甚至，“向往之至”比“最为迷人”还要高出一个层级，所谓“虽不能至，心向往之”，金先生对姚宓小姐这一人物，是喜爱的，对程灵素姑娘，则是崇仰的。

胡斐这个人物，写得不成功。《飞狐外传》这部小说，也不成功。但是，小说中程灵素这一人物，写得极成功，相当程度上，拯救了《飞狐外传》这部失败的作品。

金庸对程灵素，也是情有独钟。有记者问：“小说中的女性大多貌美如花，唯独程灵素，个性相当与众不同，请问创作她的动机是什么？”金庸回答：“可爱的女性不一定漂亮，漂不漂亮是父母天生的，自己努力不来，但是漂亮的人不一定好，我的小说中，好的女性又漂亮，当然是得天独厚，但是这种事不常遇到。相貌太好也许是一种缺点，自恃美貌便不守规矩，做事过分，别人也纵容她，这样对她是不好的。程灵素相当可爱，她人聪明，用情又专一，很难得。人不可貌相，相貌和品性完全无关。”金庸到岳麓书院，又说：“有人说，我写的女主角最好的人，是在岳阳旁边的洞庭湖边的程灵素。这位小姐相貌并不很好看，但是一个很聪明的，内在非常美的，个性非常好的，对爱情很忠诚，是一位可敬可佩的湖南的一位小姐。”

在《雪山飞狐》后记中，金庸说：“《雪山飞狐》撰作在先，当时作者心中，也从来没有袁紫衣和程灵素那两个人物。”同样道理，他写《书剑恩仇录》时，心中也不可能有胡一刀、苗人凤等《雪山飞狐》人物。

《书剑恩仇录》与《雪山飞狐》这两部小说中的人物，却在《飞狐外传》中胜利“会师”了。实则，《飞狐外传》同时是《雪山飞狐》和《书剑恩仇录》这两部小说的“续书”。

《书剑恩仇录》与《雪山飞狐》的时代背景大致相同，同一个时代，但金庸写《雪山飞狐》，心中应无《书剑恩仇录》人物存在。《雪山飞狐》写出的，是与《书剑恩仇录》完全不搭界的另一个“独立”的江湖世界。《飞狐外传》将两部小说的人物“捏合”到一起，也不是不可以，只可惜，苗人凤在《雪山飞狐》中那“打遍天下无敌手”的名号就尴尬了。

苗人凤武功与胡斐差不多，胡斐武功与无尘道长差不多，但在《书剑恩仇录》中有不止一人武功高于无尘，也就高于号称“打遍天下无敌手”的苗人凤。

袁士霄、阿凡提的武功一直都高于无尘，陈家洛学会了“庖丁解牛”之后武功也比无尘要高，这位陈总舵主进了莆田少林寺，面对少林众高僧，武功就显得太低微了。

《书剑恩仇录》人物，武功高于苗人凤的，十几位总有了。如将《书剑恩仇录》与《雪山飞狐》两部小说放在同一个时空背景下，苗人凤“打遍天下无敌手”的自诩，真有些不知天高地厚了。

《鸳鸯刀》与《白马啸西风》，诸体皆备于金庸

在“封笔”之作《鹿鼎记》的后记中，金庸说：“《鹿鼎记》和我以前的武侠小说完全不同，那是故意的。一个作者不应当总是重复自己的风格与形式，要尽可能的尝试一些新的创造……长篇比中篇短篇好些……”

金庸小说，力避重复，而诸体皆备。

以篇幅而论，《天龙八部》与《鹿鼎记》相当，一百二三十万字；“射雕三部曲”与《笑傲江湖》，这四部小说篇幅相当，约一百万字；《书剑恩仇录》《碧血剑》与《飞狐外传》篇幅相当，约五十万字；《侠客行》四十万字多一点，《连城诀》三十万字，勉强算是篇幅相当；《雪山飞狐》十几万字，是金庸最短的长篇小说。

一般认为《鹿鼎记》是金庸最后一部小说，这么说是正确的，金庸写完它就“封笔”，而他最后开始写作的小说其实是《越女剑》。

金庸写《越女剑》，当然因为他喜欢范蠡和西施的故事，也喜欢任渭长所作含越女剑故事的《卅三剑客图》版画，还有一种可能性：试写短篇武侠小说，“尝试一些新的创造”。

金庸本打算以《卅三剑客图》为蓝本，写三十三个短篇，因故未果。有《越女剑》一篇够了，补上了短篇小说这一“体”。

金庸有六部百万字左右的超长篇，有三部五十万字的长篇，有两部三四十万字的长篇，有一部十万字的长篇；有一个短篇小说；还有《鸳鸯刀》四万多字，《白马啸西风》六七万字，两个中篇小说。各种篇幅的小说，金庸都写过。

不仅各种篇幅的武侠小说金庸都写过，各种风格的武侠小说他也写过，甚至不是武侠小说的武侠小说他都写过——只有他写过，这更是“尽可能的尝试一些新的创造”。

《连城诀》与《侠客行》的写作，相隔两年，篇幅略相当，而风格迥乎不同。《连城诀》黑暗绝望，《侠客行》清澈光亮。

《鸳鸯刀》与《白马啸西风》，这两部中篇小说，写于同一年，风格又大不一样。《鸳鸯刀》是轻喜剧，《白马啸西风》不算悲剧，是忧郁的草原牧歌。《鸳鸯刀》嬉闹轻快，《白马啸西风》伤感无奈。

《侠客行》《连城诀》《鸳鸯刀》《白马啸西风》，还有《越女剑》，并不惊险刺激，难以激起读者短期的阅读热情，不能为他的《明报》增加很多订户。这一点，金庸应该知道。“一个作者不应当总是重复自己的风格与形式，要尽可能的尝试一些新的创造”，这是金庸对自己的要求，并不是某一时刻的读者所在意的。

“不应当总是重复自己的风格与形式”，主要是为了表达自我，或者说是为了吸引后世的每一代读者。

小说家写作，是给读者看的，除了卡夫卡等极少数例外，几乎没有可能完全不想吸引读者。在吸引读者与表达自我之间，取得一个平衡，是最紧要的。

金庸说自己写的小说已经很不少，可以“封笔”了。这是实话。金庸写了十五部而梁羽生写了三十五部小说，好像是金庸的一倍多。但梁羽生超过百万字的小说只有一部，他写的字数确实比金庸多，金庸一千万字，梁羽生大约一千三百万字。并没有多得厉害。

《金庸作品集》三十六册，而河南文艺出版社的《古龙全集》是七十二册，似乎超过金庸一倍。实则，这套《古龙全集》中的《陆小凤传奇》（最初在金庸的《明报》连载发表）分为七册，实际字数（古龙经常一个短句是一段，我按照这一行写满了二十五个字算）可能不到《金庸作品集》四册的字数。

估计《古龙全集》也就一千三百万字左右，与梁羽生相当，比金庸高三百万字。古龙经常找人代笔，实际由他亲笔写的，比梁羽生少，比金庸未必更多。

古龙早逝，但他写作小说二十多年，金庸写了十七年。

金庸两次大修、多次小修其十五部小说，实际上他为《金庸作品集》写的字数，又未必低于一千三百万字。

金庸写出十五部、三十六册小说，已经很多了，很多读者意犹未尽，才会觉得少。

严晓星《金庸年谱简编》记 1961 年的金庸：

三月一日，电影《鸳鸯刀》上集上映。同月八日，下集上映。三月中旬,《鸳鸯刀》开始在《武侠与历史》第三十七期连载。五月一日,《鸳鸯刀》开始在《明报》连载。五月三十一日,《鸳鸯刀》在《明报》连载完毕。七月六日,《神雕侠侣》的续书《倚天屠龙记》开始在《明报》连载。七月八日,《神雕侠侣》连载完毕……十月十四日,中篇小说《白马啸西风》开始在《明报》连载(重按:次年一月中旬连载结束)。

《鸳鸯刀》写于《神雕侠侣》尾声中。

《白马啸西风》开始连载前三个月,《倚天屠龙记》开始连载。开笔写《白马啸西风》的时候,金庸也在写张翠山的故事,此时张无忌还没出生。

一部长篇与一个短篇(或中篇)同时写,可以写得好,也可能写得不好。写得不好,也不是为了同时创作另一长篇小说的缘故。

《鸳鸯刀》与《白马啸西风》写于同一年,篇幅也相当。《鸳鸯刀》没写好,《白马啸西风》写得极好。

《鸳鸯刀》最早是为电影写的剧本,应该是金庸写过的唯一被拍摄完成的武侠电影剧本。电影上映后不久,金庸在《明报》发表同名小说。这部电影,我没看过,也少见有人讨论。

剧本或是1960年所写,1961年金庸改写为《鸳鸯刀》小说。这篇小说我本来评价很低,现在评价也低,却感觉有很多可取之处,并非以前认为的那样不堪。从“尽可能的尝试一些新的创造”的角度理解,《鸳鸯刀》可以得到更高一点的评价。

金庸很多小说,都有特定的企图心,在他为小说写的后记中可以看出。例如“《神雕》企图通过杨过这个角色,抒写世间礼法习俗对人心灵和行为的拘束”,而《笑傲江湖》“企图刻划中国三千多年来政治生活中的若干普遍现象”。

《鸳鸯刀》是没有什么企图心的。金庸应该就是想写想拍一部搞笑的武侠娱乐片,好玩而已。既如此,这部小说就不容易写好。

《鸳鸯刀》值得记住的,就是两句话。一句是结尾:“‘仁者无敌’!这便是无敌于天下的大秘密。”这话有些太天真了。一句在中间：“他妈的，这算什么夫妻？定然路道不正！”这句话，倒是接近“真理”了。后来证实，萧中慧“从来不吵嘴不打架”的父母，确实不是真夫妻。

“夫妻刀法”的招数名称，也是极好：

> 林玉龙看得分明，叫道：“好，‘女貌郎才珠万斛’……”……任飞燕叫道：“第二招，‘天教艳质为眷属’！”萧中慧依言抢攻……林玉龙叫道：“第三招，‘清风引珮下瑶台’！”……林玉龙叫道：“千金一刻庆良宵。”任飞燕叫道：“占断人间天上福。”

皆出自高则诚《琵琶记》。

金庸对中国传统戏曲，是熟悉的，是热爱的。

《鸳鸯刀》的病灶，在于“幽默密度”太高，显得刻意、拘束、不伸张，背离了幽默的本旨，甚至走向反面。古龙《欢乐英雄》便无此弊。

《鸳鸯刀》写得很一般。五个月后，金庸开始写作的《白马啸西风》，却是极佳，第一流的作品。

《白马啸西风》是金庸写作的另一种尝试。

《白马啸西风》算不上纯粹的武侠小说，武功在其间不起太大作用。武侠之外其他类型的小说、电影，也不免要描写打斗之事。在少数民族地区，摔跤角力更属寻常。用毒针杀人，在世界各国都存在过，是全人类共同的“优良传统”，不是正宗“中国功夫”。《白马啸西风》中的各种武功，不见神奇，“怪力乱神”的成分极微。

风格气韵最像沈从文小说的，不是男女主人公都出生于湘西的《连城诀》，而是《白马啸西风》。

《边城》与《白马啸西风》，篇幅相当。《边城》五万字，《白马啸西风》六万字。

故事都发生在相对封闭的少数民族地区，《边城》在湘西苗族聚居区，《白马啸西风》在回疆哈萨克游牧地。

李文秀母亲的自杀，其实很牵强，把八岁的爱女弃置在人烟稀少的草原、沙漠中，就忙着去殉情，太不负责任了（《雪山飞狐》中胡斐母亲的殉情却无此牵强，她把儿子的未来交给了自己足够信任的“苗大侠”。古人遇到一个“可托六尺之孤”的朋友，自己是可以坦然赴死的）。似乎李三、上官虹夫妇在小说中的任务就是把孩子送到草原，任务完成，抽身告退。

翠翠的父母，像李文秀的父母一样，深爱对方，终致殉情。李父死于他杀，翠父是自杀，然后，李母与翠母都跟着殉情而死。

十几年间，翠翠与爷爷相依为命，李文秀与计爷爷相依为命。爷爷和计爷爷死了，都留下孤女，面对不可知的命运。

翠翠、文秀，都有一份无处倾诉、不能自主的初恋情怀。少女情怀总是诗？《边城》与《白马啸西风》，笔调相似，平和、舒缓、淡雅、隽永的散文诗格调。李健吾视《边城》为“一部 idyllic 作”，《白马啸西风》远不及《边城》杰出，但其风格仍是田园牧歌般的。

《边城》与《白马啸西风》中，都有“鸟人”夜半唱情歌。傩送的歌音清沥如“竹雀”，李文秀的歌声婉转，如“天铃鸟”。

《边城》有翠翠、天保、傩送三人的情感历程，《白马啸西风》有李文秀、苏普、阿曼三人的情爱纠葛。与李文秀“竞标”苏普的，是阿曼；对傩送感兴趣的，除了翠翠，还有一个以碾坊为陪嫁的团总家的小姐。而团总家小姐与阿曼，分别是傩送的父亲（船总顺顺）和苏普的父亲（苏鲁克）所喜悦的。

傩送、苏普分别离开翠翠、文秀，都有来自父亲的影响。后者，很重；前者，影响轻微，但仍存在（“船总性情虽异常豪爽，可不愿意间接把第一个儿子弄死的女孩子，又来作第二个儿子的媳妇”）。

苏普、李文秀不能在一起，就像傩送与翠翠难能在一起一样，而这四人，并没有一丝过错。

沈从文说：“凡事都若偶然的凑巧，结果却又若宿命的必然。”李文秀则疑惑：“如果当年你（苏鲁克）知道了，就不会那样狠狠的鞭打苏普，一切就会不同了。可是，真的会不同吗？”

其实，《白马啸西风》的结尾也有点像《边城》。

《边城》的结尾：“那个人也许永远不会回来了，也许明天回来！”

《白马啸西风》的结尾：“如果你深深爱着的人，却深深的爱上了别人，有什么法子？……‘那都是很好很好的，可是我偏不喜欢。’”

都充满不确定性，不尽的怅惘……

翠翠、文秀的结局，令人想起沈从文先生的名言：“美，总不免有时叫人伤心。”更记起：“这个世界没有安排好。爱人家的得不到人家的爱。被人家爱的偏不爱人家。彼此相爱的又早晚得分离。”（罗曼·罗兰《约翰·克利斯朵夫》）

此即佛家所云“求不得、怨憎会、爱别离”？

金庸小说，诸体皆备。其主体，则是六部百万字左右的超长篇。《金庸作品集》除去《袁崇焕评传》等散文，约九百五十万字，六部超长篇就有六百四十万字，占三分之二强。

我读小说不算很多，以我寡陋的见识，以为：互联网时代之前，全世界的小说家，除了金庸，几乎再无人写过六部或六部以上百万字左右、结构比较谨严的超长篇小说。

金庸（几乎）是独一份，体现了极大的创造力和谋篇布局的功力。

《射雕英雄传》是金庸写作的第一部超长篇，随后他又发表续书《神雕侠侣》和不像续书的续书《倚天屠龙记》，三书都有百万字的规模，金庸称之为“射雕三部曲”。

虽是“三部曲”，风格又大为不同。

《射雕英雄传》与《神雕侠侣》

《射雕英雄传》在《香港商报》连载时，最后一回“尾声”中，有这样的情节："郭靖想了一会，道：'……我给他取个名字叫做杨过，字改之……'……那杨过长大后名扬武林，威震当世，闯出了一番轰轰烈烈的事业，他一生际遇之奇，经历之险，犹在郭靖之上，此是后话，暂且不表。"此节文字，预示着《射雕英雄传》必有续集，述说杨康之子杨过的故事。

《射雕英雄传》有续书《神雕侠侣》，《雪山飞狐》有续书《飞狐外传》。

《神雕侠侣》是《射雕英雄传》的后传，《飞狐外传》是《雪山飞狐》的前传。

《射雕英雄传》与《雪山飞狐》的创作，大致同时；《神雕侠侣》与《飞狐外传》的创作，大致同时。

《射雕英雄传》与《雪山飞狐》写在金庸创办《明报》之前，《神雕侠侣》与《飞狐外传》写在《明报》创办之后。

我已经谈过了《雪山飞狐》及其续书《飞狐外传》。这里谈谈《射雕英雄传》及其续书《神雕侠侣》。

《射雕英雄传》中，郭靖、黄蓉身边有雕；《神雕侠侣》中，杨过、小龙女身边也有一雕；但它们并不是同一种类的雕，来处也自不同。

郭靖、黄蓉的雕，从金庸最早读到的武侠小说《荒江女侠》中飞来；杨过小龙女的神雕，则来自《蜀山剑侠传》。

《神雕侠侣》中，有三只雕：郭靖的双雕和杨过的神雕。新雕主人杨过是《神雕侠侣》第一男主，旧有的双雕的主人郭靖是《神雕侠侣》第二男主。1959 年 5 月 20 日，《神雕侠侣》开始连载。7 月 3 日，"明报之友"专页刊出读者来信和金庸的回信。金庸回复读者："目前可以说的，主角是杨过而不是郭靖……不过郭靖将是个极重要的配角。"

《射雕英雄传》《神雕侠侣》《倚天屠龙记》，被金庸称为"射雕三部曲"。

《神雕侠侣》中的重要人物，只有一个郭襄再现于《倚天屠龙记》。《倚天屠龙记》很难算是《神雕侠侣》的续书。

《射雕英雄传》到全书结束的时候，那些还活着的重要的江湖人物，郭靖、黄蓉、柯镇恶、洪七公、黄药师、一灯大师、欧阳锋、周伯通、瑛姑、裘千仞，则无一不在《神雕侠侣》中现身，这才是正规的续书。

除了郭靖与黄蓉，剩下的人，在《射雕英雄传》中，都已经是老人家了，又相携相伴，活到《神雕侠侣》世界。《神雕侠侣》中，也只有洪七公与欧阳锋比试武功同归于尽，其他老人，到《神雕侠侣》故事结束的时候，也还都健康地活着。

他们真是够“老”了。都这么老，都这么健康，没有一个自然死亡的，实在有违常理。然而，史航说的，也是在理：“《神雕》故事在《射雕》后，代价就是有人觉得黄蓉不再可爱，黄老邪也没那么峻拔了。但我看到杨过守护洪七公，依恋欧阳锋，与黄老邪平辈论交，跟老顽童也能玩到一起，还能帮帮一灯瑛姑裘千仞，就觉射雕英雄们活到神雕，还有这么个年轻人值得遇见，甚好。人生贵在任性而领情，过儿便是。”（史航《读神雕原著有感》）

1975 年，金庸在《射雕英雄传》后记中说：“《射雕英雄传》……在《香港商报》连载。回想十多年前《香港商报》副刊编辑李沙威兄对这篇小说的爱护和鼓励的殷殷情意，而他今日已不在人世……心头甚感辛酸。”《射雕英雄传》《雪山飞狐》之后十一部小说，都是给他自己创办的报刊而写。

《射雕英雄传》后记又谈及，这部小说“曾拍过粤语电影，在泰国上演过潮州剧的连台本戏，目前香港在拍电视片集，曾译成了暹罗文、越南文、马来文（印尼），他人冒名演衍的小说如《江南七侠》《九指神丐》等种类也颇不少”。可见这部小说在当时受欢迎的程度。倪匡说：“等到《射雕英雄传》一发表，更是惊天动地，在 1957 年，若是有看小说的人而不看《射雕英雄传》的，简直是笑话。《射雕英雄传》奠定了金庸武侠小说大宗师的地位，人人公认，风靡了无数读者。”

《射雕英雄传》的成功，给了金庸独立创办《明报》的信心。

直到今天，《射雕英雄传》仍是最得读者喜爱的几部小说之一。

2004 年，法文版《射雕英雄传》由巴黎友丰书店出版，当年书店老板获得总统希拉克和法国文化部颁发的嘉奖状。希拉克极爱此书，文化与通信部长德瓦布尔前往香港向金庸颁授艺术文学高等骑士勋章。（《明报周刊》

2018年11月3日；严晓星《金庸识小录》第222页）

历经5年严谨的版权引进和翻译编著过程，2018年2月，以出版优秀译作著称的英国麦克莱霍斯出版社面向全球发行《射雕英雄传》第一卷《英雄诞生》。这是该部金庸经典作品首次被译成英文出版，问世不足3个月，已加印超过7次，受到市场大力追捧。

出版社还宣布，将用12年时间，以一年一卷的速度，完整出版《射雕英雄传》《神雕侠侣》《倚天屠龙记》三部金庸作品。英国小说家Marcel Theroux在《卫报》上刊发评论说："我不由得感叹，自己五十多岁才接触这本小说，它可引发一辈子对中华历史与文明的狂热兴趣。"

主持该出版社的英国著名图书推手Chrisopher MacLehose说："我相信英美的读者终有一天，会跟我们一样读到金庸的魔力。可能不在一时三刻，但是这一天一定会到来。"（邓琼《放下传统文化包袱，新译者新视角掀海外金庸、三毛热》）

2018年9月，《射雕英雄传》英译本的出版商麦克洛霍斯在接受澎湃新闻专访时谈到："第一卷《射雕英雄传：英雄诞生》在亚马逊官网上得到了4.1的评分，66%的读者给出了满分5星。"（澎湃新闻《英国出版人麦克洛霍斯：西方出版界早该注意金庸了》）亚马逊评分，满分是5。《射雕英雄传：英雄诞生》得到的4.1，相当于豆瓣8.2分，非常高了。

受欢迎的原因，按金庸本人的解释："《射雕》中的人物个性单纯，郭靖诚朴厚重、黄蓉机智狡狯，读者容易印象深刻。这是中国传统小说和戏剧的特征，但不免缺乏人物内心世界的复杂性。大概由于人物性格的单纯而情节热闹，所以《射雕》比较得到欢迎。"

在《小说面面观》中，福斯特将人物分为两类，即扁形人物和圆形人物。《射雕英雄传》塑造的，明显是扁形人物，其实"这是中国传统小说和戏剧的特征"。

写扁形人物，写到十分，成就高于将圆形人物写到七分。福斯特认为，狄更斯笔下几乎全是扁形人物，“却又给人以具有奇妙的人性深度之感”。

《三国演义》明显写的是扁形人物，但是，20世纪中国“纯文学”长篇小说中，几乎所有的被有意塑造为“圆形”的人物形象，都不及《三国演义》所塑造人物那么成功。

有台湾读者问：“在您的小说女性人物中，最希望谁当老婆？”金庸回答：“很多男人觉得，女性最好不要太能干，所以如果黄蓉当老婆，大家都怕，什么行动自由都没了，所以我最不喜欢黄蓉当老婆。”又有人问：“黄蓉适不适合生活在这个年代？她会不会参加联考？”金庸回答：“黄蓉如果参加联考，我怀疑她会作弊，她很聪明，学物理、数学都很快，当然不需要作弊，但她的性格要求完美，如果有题目做不出来，她一定会想办法作弊，而且作弊老师也抓不到。”

又有问：“黄蓉这样的天之骄女，为何会爱上郭靖这样的傻小子呢？”金庸回答：“爱情是有补偿作用的，常常你喜欢一个人，他和你的个性却有很大不同，像黄蓉如此聪明伶俐，看到郭靖如此诚实，会感受到彼此性格的可贵。”(《金庸一百问》)

黄蓉可爱，而郭靖可敬。郭靖这个人物身上，“折射”了金庸自己。金庸自述：“写郭靖时，我对文学还了解不深，较多地体现自己心目中的理想人格。如果说有自己的影子的话，那可能指我的性格反应比较慢，却有毅力，锲而不舍，在困难面前不后退。我这个人比较喜欢下苦功夫，不求速成。”(严家炎《金庸问答录》)

1999年，金庸表示要写一部“与从前的历史观完全不同”的中国通史，“立场完全站在老百姓一边”，以老百姓的日子是否“好过”作为评价那个时代的准绳。金庸这样的历史观，在他较早期的作品《射雕英雄传》中已经有所体现。铁木真与郭靖，都曾“弯弓射大雕”，《射雕英雄传》一书，所肯定的“英雄”，是匹夫郭靖，却不是所谓的“一代天骄”。

20世纪70年代末，金庸小说在台湾地区渐次解禁。唯有《射雕英雄传》

一书，台湾文化官员怀疑“有鼓吹毛泽东之嫌”，不准在台刊行。金庸撰文解释：“射雕是中国北方民族一种由来已久的武勇行为。《史记·李广传》中，李广曾说：‘是必射雕者也！’王维有诗：‘回看射雕处，千里暮云平。’又有诗：‘暮云空碛时驱马，落日平原好射雕。’杨巨源诗：‘射雕天更碧，吹角塞仍黄。’温庭筠诗：‘塞尘牧马去，烽火射雕归。’黄庭坚诗：‘安得万里沙，霜晴看射雕。’中国描写塞外生活的文学作品，往往提到射雕，‘一箭双雕’的成语更是普通得很。毛泽东的词中其实没有‘射雕’两字连用，只有‘只识弯弓射大雕’。中国文字人人都有权用，不能因为毛泽东写过用过，就此独占，别人就不能再用。”（彭华、赵敬立《挥戈鲁阳：金庸传》第212页）

窃以为，金庸此文无一字不真，也无一语不是在饰词诡辩。《射雕英雄传》虽无“鼓吹”的用心，但那书名仍是出自《沁园春·雪》。

理由有三。

其一，射雕固然是“中国北方民族一种由来已久的勇武行为”，但金庸所引诗句皆非描写蒙古民族，更与成吉思汗无涉。毛泽东笔下才有“一代天骄，成吉思汗，只识弯弓射大雕”。而《射雕英雄传》的历史背景正是成吉思汗时代，并直接描写铁木真统一蒙古各部，然后发动西征的经过，几占整部小说三分之一的篇幅。

其二，金庸对天下忧乐兴亡本已念兹在兹，无时或忘，对毛泽东的一言一动、片言只语，不可能不关心。要写一部以蒙古族及成吉思汗为故事背景的武侠小说，就近取材，信手拈来，用作书名，谁曰不宜？为小说起一个“射雕英雄”的名字，只起于“一念之间”，似乎并不需要把与“射雕”有关的所有古诗词通通检索出来，再朗读一遍。

其三，如果说这一猜测仅是个案，孤证不足采信，则更有旁证在。实则金庸小说从毛泽东诗词起名者非仅《射雕英雄传》一部。“射雕三部曲”第三部《倚天屠龙记》中“倚天”二字，应该也是出自毛泽东词，即《念奴娇·昆仑》。

“倚天剑”三字于古诗赋中也很常见，但基本上都是只言“倚天”而未涉“昆仑”，毛泽东笔下才是“如今我谓昆仑，不要这高，不要这多雪。安得倚天抽宝剑，将汝裁为三截”。而《倚天屠龙记》在昆仑山发生了太多故事。书中倚天剑出鞘而大展神威，在昆仑山下。倚天剑终归张无忌所有，而张无忌所统领的明教，其总坛光明顶也正在昆仑之巅。

《倚天屠龙记》第十八回的回目是“倚天长剑飞寒铓”。但见“倚天剑剑锋到处，剑折刀断，肢残头飞”，此时手持倚天剑的灭绝师太，虽未将整个昆仑山“裁为三截”，至少也有将以昆仑山为总坛的明教“裁为三截”的气势。

1961、1962 这两年，金庸在写《倚天屠龙记》。1963 年，金庸在《谈〈彷徨与抉择〉》一文中说：“毛泽东先生在咏昆仑山的《念奴娇》词中有云：‘夏日消溶，江河横溢，人或为鱼鳖。千秋功罪，谁人曾与评说？’他说的是发源于昆仑的长江与黄河……”

毛泽东词与金庸小说中，都出现了“射雕”与“成吉思汗”，可能纯属巧合；毛泽东词与金庸小说中都出现了“倚天”与“昆仑山”，还可能纯属巧合；但是，将这两个“巧合”合在一起看，就再不像巧合了。

中国元史研究会副会长姚大力在《读史的智慧》一书中谈及，元史界比较喜欢金庸，大家虽知《倚天屠龙记》故事出于虚构，但认为金庸写出了那个时代的精神。金庸若是听到这句话，应该很开心。20 世纪 50 年代前期，金庸为《长城画报》写影评，就说过：“古装戏的编剧、导演、演员要使他们所制作的这个电影，真实地表现了那个时代中的精神。”又说：“历史剧的要旨在于表现当时的历史精神。”他们两位，连用词（“那个时代（中）的精神”）都相近。

《射雕英雄传》受金庸八岁时读到的第一本武侠小说《荒江女侠》影响极深极大，我在《金庸师承考》一书有详细分析，这里不展开谈了。

《射雕英雄传》不是金庸最好的小说，成就不及《笑傲江湖》《天龙八部》《鹿鼎记》，但它是金庸所写最有趣、最好玩、最“武侠”的小说。

《射雕英雄传》，一种活泼泼的精神，如朝暾初上，如钱塘潮来，写出一个最有生机的江湖世界。金庸以后各部小说中的江湖，就越来越多衰飒之气。

衰飒不是不好，写得更为真实，但《射雕英雄传》之朝气，总值得珍视。

《射雕英雄传》是金庸写过的第一部约百万字的超长篇小说。金庸的小说创作，至《射雕英雄传》，初显大宗师气象。

《射雕英雄传》在《香港商报》连载的时候，由金庸编剧的几部电影（《小鸽子姑娘》《兰花花》《有女怀春》和《午夜琴声》）也正在香港公映。几年的编剧生涯，不能不在小说《射雕英雄传》中留下印记。金庸在《射雕英雄传》后记中谈到："写《射雕》时，我正在长城电影公司做编剧和导演，这段时期中所读的书主要是西洋的戏剧和戏剧理论，所以小说中有些情节的处理，不知不觉间是戏剧体的，尤其是牛家村密室疗伤那一大段，完全是舞台剧的场面和人物调度。这个事实经刘绍铭兄提出，我自己才觉察到，写作之时却完全不是有意的。"

旧版的《射雕英雄传》，曾经在全书后面加了三篇附录，其中一篇，也是出自刘绍铭。在《二残游记》中，刘绍铭借二残与徐侃如之口，谈及《射雕英雄传》，也谈《神雕侠侣》：

"……金庸早期的几部小说——后来就不成了——它的价值，我现在就可以肯定。"

"这几本书的价值，不是严肃的文学价值……但作者的文学修养，真是时下一流。我且问你，东邪、西毒、南帝、北丐、中神通，为什么后者在书开始时就以'故人'姿态出现？"

徐侃如习惯地用右手抹一抹嘴巴，说："那是为了技术处理问题呀。他武功最好，而其他四个人武功相等，有中神通存在一天，就没好戏瞧了。"

"说对了一半，"二残说："这一种处理方法，别的一流小说作者也许会想到，可是金庸避而不写中神通，有一个非常高明的理由。"

"谨就教。"

"简单，写坏人容易，写好人难。我再问你，这四大帮主之中，最令你难忘的是那一位？"

“东邪和西毒。”

“你看，我没说错吧？另外一个问题，郭靖和杨过，你喜欢那一位？”

“那还用问，当然是杨过。郭靖是好人，可是既愚又迂，历万劫而不死，全靠运气。”

“那不错，但金庸写郭靖，确化了一番心血。郭靖是个大好人，也不笨，金庸熟读西洋文学，我相信他曾碰到当年杜斯却也夫斯基写《白痴》时的相同问题：怎样把一个好人写好而又令读者相信呢？杜氏想来想去，觉得只有耶稣基督是个完人。他是完人，因为他是神，他的好人好事当然为人置信。”

“文学史上另外一个写得极为成功的好人是唐吉诃德。可是，作者为了令他取信于人，不能不把他写成一个走火入魔的书呆子。”

“金庸写的郭靖，处处能绝处逢生，一来当然是由于郭靖宅心慈祥，得神人帮助——这是中国人绝对接受的观念。二来是他得黄蓉之助。郭靖忠厚而黄蓉狡猾。两个人碰在一起，真是天造地设。”

“那么杨过呢？”

“杨过是郭靖的另一面，但写得比郭靖更成功。”

“哦？”

“你别装蒜，你是女人，你爱那一个？”

“对，我也会嫁杨过，郭靖这土包子不风情，跟他说风趣话要说两遍才听懂。但杨过这小子也不简单，不好惹。学你老大说话，是‘坏人’。”

“这是金庸比一般的消闲小说高几级的地方。他的人物，不是凭一般善恶标准所能衡量的。前面不是说过么，郭靖是好人，因为他是‘笨’，杨过呢，你不能说他是坏人，他在某些程度相似李莫愁，愤世嫉俗而已。妙的地方，是金庸给他安排了跟师父小龙女结婚。小龙女武功虽高，心计却幼稚得像个小孩，是黄蓉的另一面。杨过跟她相处，自然受她影响。他后来之变成‘好人’，也是经过作者苦心安排的。而且，最见金庸胆色过人之处，是让杨过为一个几乎不会武功的女孩子断了臂。普通武侠小说作家，一定不忍下手。就是下了手，一定受读者压力，让他的臂接驳起来。”

“壮士断了臂，读者会原谅他的性情乖张，是不是？”

徐侃如听得入神，叹口气说：“老兄说得头头是道，怎么不写篇论文？”

金庸曾将刘绍铭这节文字，作为附录，收入《射雕英雄传》，文中所表达的观点，想来基本为他所赞同。

天下一人，金庸追慕王重阳

如刘绍铭所言，“武功天下第一”的王重阳，在《射雕英雄传》中并没有正面出场。已故江湖大佬王重阳的故事由其师弟周伯通对郭靖述说。

到了《射雕英雄传》的续书《神雕侠侣》中，王重阳仍是已故。他的故事，由丘处机、孙婆婆、小龙女等人来叙说。

金庸在《飞狐外传》后记中说：“《飞狐外传》是《雪山飞狐》的‘前传’，叙述胡斐过去的事迹。然而这是两部小说，互相有联系，却并不是全然的统一。在《飞狐外传》中，胡斐不止一次和苗人凤相会，胡斐有过别的意中人。这些情节，没有在修改《雪山飞狐》时强求协调。”我认为，金庸当初写《雪山飞狐》的时候，脑子里根本没有袁紫衣、程灵素二人。等到给《雪山飞狐》写“前传”《飞狐外传》的时候，才想到她们。同样道理，金庸开始写《射雕英雄传》、写王重阳的故事时，脑子里也没有林朝英这个人。金庸让周伯通对郭靖说起师哥得到《九阴真经》而坚决不肯习练一事的时候，也没想着让王重阳违规去看《九阴真经》。

与林朝英的情孽纠缠，看过《九阴真经》，是金庸写作《神雕侠侣》这部“情书”时，根据情节需要，对《射雕英雄传》中的王重阳故事做的一点补充和调整。

金庸在《飞狐外传》后记中又说：“胡斐的性格在《雪山飞狐》中十分单薄，到了本书中才渐渐成形。”其实，两部小说中的胡斐，性格也不完全统一。《雪山飞狐》中的胡斐有“贵族气”，《飞狐外传》中的胡斐更多“草莽气”；《雪山飞狐》中的胡斐更多“虎气”，《飞狐外传》中的胡斐更多“猴气”。对《雪山飞狐》原有的胡斐这一人物形象，《飞狐外传》做了一些调整和“修正”。

《射雕英雄传》与《神雕侠侣》，两部小说中的王重阳，人物性格也不完全一致。

《射雕英雄传》中的王重阳，是高蹈的，却也是缥缈的，其形象并不丰实。王重阳在读者心中活起来，主要靠续书《神雕侠侣》。我们谈王重阳，更多是在谈《神雕侠侣》中的那个人。

2007 年，我在网上发了一篇谈令狐冲的帖子《“笑傲江湖”与“魏晋风度”》，开篇就说：“金庸一生，争强好胜。《神雕》中‘重阳一生，不弱于人’一语，说出的，未见得不是作者的心声。”

2017 年，金庸的小女儿查传讷，接受《明报》专访，指父亲是其笔下武侠小说人物王重阳，而“霍青桐就是我妈妈”。(《金庸幺女查传讷：阿爸是王重阳，我眼中他是傻爸爸》）这应该不是查传讷自己的猜想，金庸可能曾对她表达过类似的意思。

金庸就是王重阳，霍青桐就是查传讷的母亲朱玫，这两句，可能就是金庸的原话，也可能不是。可能不是，金庸应该知道艺术形象毕竟不等于现实人物；也可能就是金庸原话，与儿女在一起时，说话不需要特别严谨。

朱玫女士是霍青桐这一艺术形象最重要的人物原型。这么说，应该没问题。金庸将自己的性情志趣、胸襟怀抱，“折射”到王重阳身上。这么说，应该也没问题。金庸自拟为道教与武学两个领域的大宗师王重阳，可见其自视甚高，自我期许更高。

金庸小说，往往“以文说武”。要达到王重阳武学大宗师那样的地位，金庸就要努力使自己成为举世公认的“文学大宗师”。王重阳是“江湖第一人”，金庸也该努力让自己成为“文坛第一人”。

然后，我们回顾 1969 年金庸与林以亮等几人的对话：

金庸：……夏（济安）先生陈（世骧）先生本来是研究文学的人，他们对我不像样的作品看重了，我觉得很光荣，同时也很不好意思。武侠小说本身在传统上一直都是娱乐性的，到现在为止好像也没有什么重大价值的作品出现。

王敬羲：可是《水浒传》最初是不是娱乐性作品呢？现在可总不能否定它的文学价值。

金庸：是的，作品本身是哪一种形式，这本来没有多大关系。任何形式都可以有好的作品出来。不过武侠小说到现在为止的确还没有什么好作品出来，除非是以后长期发展下去，数十年后，等到有很多真的好作品出来了，那么也许人们也有可能改观，觉得武侠小说也可以成为文学的一种形式。现在时间还短，那就很难肯定它，只能说，也有可能的。

林以亮：这结论，虽然保守，倒仍是个乐观的结论。

金庸：我想任何一种艺术形式，最初发展的时候，都是很粗糙的。像莎士比亚的作品，最初在英国舞台上演，也是很简陋，只是演给市井的人看。那个有名的环球剧场，都是很大众化的。忽然之间，有几个大才子出来了，就把这本来很粗糙的形式，大家都看不起的形式，提高了。假如武侠小说在将来五六十年之内，忽然有一两个才子出来，把它的地位提高些，这当然也有可能。

王敬羲：……从前英国许多小说，譬如《汤姆·琼斯》，最初的写作目的还不是为了娱乐？现在我们谁也不能否定它的文学价值。所以，刚才金庸先生很谦虚的说，武侠小说直到现在为止还没有好的作品出现，且看五六十年之内有没有才子出来把它的地位提高，我们就姑且接纳金庸先生的谦虚……（武侠小说）将来的可能性，我们现在也不能否定。

…………

林以亮：……主要的问题我想还是在于出发点。当作者写作的时候，他的出发点如果只是为了娱乐读者，那么，他的作品不论写得怎么成功，作品本身是否可以超越娱乐性作品形式的限制而成为文学作品，这就很难决定了。譬如刚才你们提到《汤姆·琼斯》，我个人就以为最初写这本小说，他的出发点已经不单纯是为了娱乐读者……这才会出类拔萃，成为后世传诵的文学作品。

王敬羲：……请问金庸先生，你在你自己的作品里，有没有一边娱乐读者，一边也尝试放进一些自己的道德感、人生观，以及对这个时代的批判呢？

金庸：近来也有在这方面尝试的企图……

林以亮：……金庸刚才说，武侠小说要等五六十年之后，出一两位大才子把武侠小说的地位提高。那么金庸本人是否就是这样一个才子呢？我们不知道……（《金庸访问记》）

金庸谈及莎士比亚“把这本来很粗糙的形式，大家都看不起的形式，提高了”，林以亮接着说，金庸本人是否就是一个这样把武侠小说的地位提高了的大才子呢？“我们不知道”。然则，金庸本人，是否知道？

我猜，金庸也不十分知道，不能十分确定。

然而，在座谈中，金庸说的，分明是“武侠小说到现在为止的确还没有什么好作品出来”。这种表现，或许就是他在另一场合说的，“像京剧的梅兰芳，他的演技是公认一流的，可是如果你问起他，他一定会说那不行啦”，那种谦虚了。

金庸 1969 年与林以亮等人对谈时，觉得自己可能已经是那个“把武侠小说的地位提高了的大才子”，但不能十分确定。可能已经是，可能还不是。“毕竟中国人认为谦虚是应该的”，金庸对林以亮等人，就只能坚决地说：我不是。

再联系 1957 年，金庸说自己“确也希望武侠小说能有资格被称为‘文学’，确是在努力依着文学的途径来写作武侠小说”，基本可以确定，至晚不过 1957 年，金庸就以“提高武侠小说地位”为职志（像莎士比亚提高英国戏剧地位那样）。他是有这个自觉的。做到做不到，不好说。金庸总尽力去做。

金庸的努力，不断获得认可。50 年代后期，张五常追读《射雕英雄传》

连载时，就认为这是像《水浒传》一样的“好文学”。其后，不少大学问家，都对金庸小说作出高度评价。

1994年，《金庸作品集》由一家在出版界甚是清贵的三联书店在中国内地出版发行。版权合同则是1991年通过罗孚牵线签订的。

沈昌文后来说起自己让金庸小说过审的秘诀：

“那么，用什么来统战呢？我们又想出一个词：‘文化’。后来把这词扩而大之，广泛使用……出金庸的武侠小说，也强调它的文化性格和文化意义，尽管那时查禁武侠小说甚严，我们的方案还是被批准了。”

原本被视为低俗的武侠小说，被如此这般一联系，自然就变得“高大上”了。（杨津涛《在海峡两岸，金庸小说是如何解禁的？》）

争强好胜，王重阳酷似金庸

金庸内心，应该是相当自负的。在跟朋友私下聊天的时候，偶尔不再刻意表现自己的谦虚。金庸晚年对着一个比较熟的香港出版人，“形容自己如一颗钻石，有很多侧面，这些光芒将会恒久不灭，活在每个人心里面”（潘丽琼《大侠小事，金庸先生远离公众视线的这些年》）。这句话，用在双《雕》中的王重阳身上，也非常合适。王重阳仙逝已多年，而江湖永久流传他的传说。

“我从小好强、不服输，有叛逆性，又很好奇，总想与众不同，就是有这种个性吧！”（店小二《店小二深夜密会金庸》）金庸这几句话，用在王重阳身上，也不是完全不合适。

“重阳一生，不弱于人”，《神雕侠侣》中，王重阳那么争强好胜，尤其酷肖金庸。

金庸从小学到大学，成绩一直第一名。他表哥徐志摩也考第一，我觉得徐志摩就是玩着闹着，顺便考个第一，不是刻意要考第一。金庸不同的，金庸是不肯屈居人下的人。2003年，金庸回到母校，回忆说："我刚到嘉兴一中读书的时候，学习成绩并不是很好，才排名第六，可是通过一年的学习，我拿到了第一名。"他说的并不是班上的，而是全校的成绩名次，金庸在嘉兴中学（后来的嘉兴一中），第一年成绩全校第一；后来在中央政治学校，第一年成绩又是全校第一名。由金庸在母校说的这几句话，可知"弱于人"是金庸不能接受的事。

胡菊人猜想，"少年时代的金庸，一定是非常努力于父母或长辈的教诲"，才有了后来的文采与成就。胡先生的猜想，似乎不确。金庸自己说过，他父母是不大管教他的。金庸的勤力，靠的是自我教育，同时也的确与其父查枢卿关系甚大。金庸很早就觉得父亲没什么出息，由此开始了自我教育，自我激励，要"大有为"。

金庸逝世，《明报》旧人张圭阳说："金庸走了。我更怀念他的，是他灿烂如孩子般的笑容，还有从嘴上功夫赢了你时露出一丝狡黠智慧的眼神。"（《明报月刊·金庸纪念专号》第49页）张先生前面说的是金庸童心的一面，后面说的则是金庸的好胜心，往往在一言一动中表现出来，而这份好胜心，其实也掺杂有童心的成分。

每年过年的时候，金庸都喜欢叫一大堆朋友到他家玩扑克，都是很小的数目，但是他一样心思缜密、严肃对待。厉害的是，百分之百最后都是他赢。散局时，他会把所有赢的钱都分给有份玩牌的人，皆大欢喜！（刘天梅《金庸与我的小故事》）金庸和古龙玩扑克，一元新台币的赌注，金庸竟长考约一小时，古龙当时就吓呆了。此事容后细说。

南开大学陈洪教授，说起他与金庸的一段文字缘。故事中的金庸，也同时表现出强烈的童心与好胜心：

2002年在南开我们在一起吃饭的时候，座中一个朋友……说到我本人，有一个对联的上联，号称天下绝对，很多名家都对过。这么一说，激起了金庸先生的雄心，说，好！你且道来，我对一对看。我就说了我这上联，“一门二校长，侯门南开”……南开大学行政换届，上台的校长叫侯自新，非常巧，同年南开中学也换届，校长姓康叫康岫岩，是侯自新的太太……看着挺简单，但是我这里有三个消息埋伏……“南开”有个谐音，就是困难的难，“难开”，然后跟前面的成语能连起来，由于“侯门深似海”，所以这个门不好进……

金庸先生看了之后，半晌不语，停箸不食——把筷子也放下了，在那里想，大约有10分钟，一拍桌子，说“店家，将纸来”。服务员就立刻给他一张餐巾纸，他就在上面写了一个下联。“六朝三故都，大江东去”……看起来也差不多。但是我说的三个“消息埋伏”，他可都没有。当然大家都是朋友，都说“好啊！真不错！真不错！”

到了2007年……我又遇到了金庸……他说：“陈校长，上次我去南开，你弄了个上联来难我，当时我想了个谜语回敬，可是还没来得及说，咱们就分手了。今天我要拿这谜语来难你。”我说：“挺有意思，难为您老先生，五年了，还记着呢！那就请道其详吧。”……他写的是“陈洪先生教正：诗圣有诗，暗合先生大号，无边落木萧萧下，不尽长江滚滚来。萧萧下者，陈也；长江滚滚，洪也。”……什么意思呢？萧萧下，南朝宋、齐、梁、陈，齐的开国皇帝萧道成，梁的开国皇帝萧衍，两个姓萧的下面就轮到我们姓陈的当皇帝了，陈霸先，所以说“萧萧下者，陈也”。长江滚滚，为什么突然水大了呢？上面发山洪了，洪也。(《天津市文联主席陈洪追忆金庸：“书生”与“大侠”邂逅》)

金庸所说“（为）难我”“回敬（你）”，还有陈洪说的“难为您老先生，五年了，还记着呢”，都十足表现出金庸身上那十二分的好胜心。

金庸这个“无边落木萧萧下”的谜语，有点炒冷饭的味道。20世纪50年代中期，他就在“三剑楼随笔”上谈过：“杜甫有一名句：‘无边落木萧萧下’。以这句诗作谜面打一个字，答案是‘曰’。因为在六朝时，东晋之后是宋齐梁陈，齐梁的皇帝都姓萧，萧萧之下是陈，陈（陳）再无边和落‘木’，变成一个‘曰’字。”

“以苏东坡如此聪明之人，经史文章、书画诗词，无一不通，无一不精，然而围棋始终下不过寻常庸手，成为他生平一大憾事。”我感觉，这句话，金庸不是为《碧血剑》这本书，还有书中木桑道人这个人写的，而是他在写《碧血剑》之前的十几二十年中，与人下棋，输了，用来自我安慰、自我譬解的。

金庸并非“经史文章、书画诗词，无一不通，无一不精”，没有那么多才，但除了下棋，金庸做别的事，只要全力做去，总比别人做更好。这一点，他与苏东坡相似。

金庸曾为人题字：“拜读东坡文学，想象东坡风采。”他瞻仰眉山三苏祠，题写“四川多才士，东坡第一人”。

《外滩画报》记者问：“对您文学生涯最有影响的人是谁？”金庸答：“司马光、司马迁这些人。（我）还是史书看得多，苏东坡（的文章）我看得多。”（曾进、赵家当《专访金庸：走进查先生的香港办公室》）

1965年，金庸写文章说自己最喜欢的诗人是英国的彭斯和本国的李白。但2004年在成都，有记者问：“四川诞生了李白、苏东坡、巴金、郭沫若等文豪，您喜欢哪一位？为什么？”金庸答说：“古代的最喜欢苏轼……苏东坡多才多艺，文章好，我的《神雕侠侣》里就引用了他为去世的夫人写的词，我每次读都很感动，都会泪下。宋朝过去一千多年了，到今天我读，还流泪，很感动，这是很少有的。”（杜恩湖等《金庸为四川“正名”，黄蓉的“蓉”字就指成都》）金庸对苏轼，确是情有独钟。

与苏轼相比，金庸也有占便宜的地方。他是占了时代的便宜，可以写出鸿篇巨制。而在苏轼的时代，中国还没有出现这样的文学体裁。评价一个文学家的成就，其作品的篇幅与布局并不是不重要的。但丁如无《神曲》这样的巨著，就算再多写一千首最好的抒情诗，其成就亦必然大打折扣。

假如围棋下得极好，金庸对围棋嗜好痴迷的程度，可能更低，而不是更高。他就是不肯服气，一味好胜。

1964年，金庸以笔名徐慧之在《明报》一个专栏上说：“秋贞理的围棋，在日本浸淫数年，过去他与金庸兄下棋，总是胜面居多。但金庸这半年中急起直追，请了一位姓左的师傅指点，棋力有进。他与秋贞理兄下棋，已是互有胜负，甚或过之了。”（金庸《明窗小札 1964》第 521 页）字里行间，很能见出金庸之沾沾自喜。他真是很在意棋枰上的胜负。

《射雕英雄传》第十六回，郭靖问：“那么全真教主王真人自己，为甚么既是道家真人，又是武学大师？”周伯通回答：“他是天生的了不起。”我感觉，“天生的了不起”是金庸很早很早就有的自我认知，应该比他十七岁写那篇《一事能狂便少年》更早。

金庸对自己的文学成就，七八成的信心总是有的。相信自己已经“提高了武侠小说的地位”，相信后世会得到更高评价。这样“文学大师”的地位，就相当于王重阳的“武学大师”。

金庸还要在学术上取得非凡的成就，才可接近王重阳那“道家真人”的地位。所以，金庸要写中国通史，要到浙江大学做院长，终于到了他几十年都想去的剑桥大学，读博士。

金庸自言：“我在浙江大学担任文学院院长，人家说我学问不好，不够做院长。别人指责我，我不能反驳，唯一的办法就是增加自己的学问。我向浙大请了假，来这里读书。”

金庸的知交潘耀明也说，“浙江大学有人起哄说，你金庸有很多荣誉博士学位，但你没有真正的博士学位，你怎么带研究生？金庸为了这些对他的批评，就干脆真正去念博士学位。他是个性很强的人。”（《金庸的被动人生》，南方人物周刊》2018 年第 34 期）

金庸偌大年龄，还是要到剑桥读书，不仅是为了赌气，他也真是求知若渴；金庸到剑桥读书，除了求知，部分也为了赌气，为了争强好胜。

局外人如我，觉得金庸真没必要去做浙大文学院院长，没必要到剑桥读博士。然而，不争强好胜，金庸也就不成其为金庸了。

十几年前，我谈《笑傲江湖》时，说起“不弱于人是金庸本人的心声”，也是因为，感觉金庸写《笑傲江湖》部分是为了争强好胜。

《金庸梁羽生合论》一文中说："梁羽生的名士气味甚浓（中国式）的，而金庸则是现代的'洋才子'。梁羽生受中国传统文化的影响较深，而金庸接受西方文艺的影响较重……在人物的描写上，金、梁二人各有所长。金庸擅长写邪恶的反派人物，梁羽生则擅长于写文采风流的名士型侠客，佯狂玩世，纵性任情，笑傲公卿的一类人物。"文中有"笑傲"一词。

梁羽生化名佟硕之这篇《合论》发表于1966年。1967年，金庸就开始写一部新作，书名叫作"笑傲江湖"。

金庸对梁羽生的这几句话，应该是不服气，也不能服气的。他第三部小说中塑造的黄药师，就高于梁羽生笔下一切"名士型侠客"。只是稍高一点，优势并不明显。于是，金庸写出了令狐冲这样一个没读过几本书，却充分继承了魏晋风度的人物形象。

《笑傲江湖》一书，借由令狐冲其人，所要体现的是中国文化精神之魂，倒不仅是为了塑造某一名士型人物。

梁羽生说他擅长写"笑傲公卿"的人物，令狐冲所"笑傲"的，可不是"公卿"这样的小人物、小爬虫了。

上官云一见任我行，便即躬身行礼，说道："属下上官云，参见教主，教主千秋万载，一统江湖。"……任我行道："甚么千秋万载，一统江湖，当我是秦始皇吗？"任我行的意思（应该也是作者金庸的意思），已经表达得很清楚：心心念念想着"千秋万载，一统江湖"的，就是秦始皇类型的政治人物。

金庸在《笑傲江湖》后记中说，任我行这样的政治人物，"每一个朝代中都有"。又说："令狐冲却是天生的不受羁勒。在黑木崖上……旁人随便笑一笑都会引来杀身之祸，傲慢更加不可。'笑傲江湖'的自由自在，是令狐冲这类人物所追求的目标。"令狐冲所"笑傲"的，是任我行，是相当于开国帝王乃至"千古一帝"那样的人物。

梁羽生那几句话让金庸很不爽，只是为了赌气，为了争强好胜，金庸就写出《笑傲江湖》这样体大思精的作品？我可不敢这么说。我只是说，金庸

《笑傲江湖》书名用“笑傲”二字，与梁羽生那篇《金庸梁羽生合论》以及文中那句“梁羽生则擅长于写……笑傲公卿的一类人物”可能稍微有点关系。

王重阳与金庸，尤其在争强好胜这一点上，极为相似，但王重阳毕竟不等于金庸。

《射雕英雄传》中的王重阳和《神雕侠侣》中的王重阳，个性不尽一致，有微小的差别。《神雕侠侣》中独孤求败的剑法，与《笑傲江湖》中独孤求败的剑法，也不尽一致，那差别可就大了。

杨过学到的“独孤剑法”重“气”（内力），令狐冲学到的“独孤九剑”则重“剑”（招式）。

1959年金庸写作《神雕侠侣》之时，已经设想好了未来的“独孤九剑”的剑理？1967年金庸写作《笑傲江湖》时，他心目中的“独孤九剑”完全是从八年前创造的“独孤剑法”生发而出，毫无龃龉之处？

既然写的是武侠小说，武功及其理论在小说中相当关键。“根本无招如何可破”的剑理，并非金庸写作《神雕侠侣》时所能有的感悟。

胡适认为：“上古有许多重要的发明，后人不知道是谁发明的，只好都归到黄帝的身上，于是黄帝成了上古的大圣人。中古有许多制作，后人也不知道究竟是谁创始的，也就都归到周公的身上，于是周公成了中古的大圣人……这种有福的人物，我曾替他们取了个名字，叫‘箭垛式的人物’。”（胡适《〈三侠五义〉序》）独孤求败，在我看来，也类似于胡先生说的那种“箭垛式的人物”。只是胡适所言“箭垛式的人物”，指不同年代不同的人将不同的发明、制作、传说都归到某一年代的某一人物头上。金庸却是自我作古，也许他实在偏爱自己创造的独孤求败这个名字、这个人物，自相矛盾地，把《神雕侠侣》《笑傲江湖》中两种不同的神奇剑法的知识产权全归到独孤求败名下。

《神雕侠侣》，迎合读者？

1959年，金庸离开长城电影公司，创办《明报》。离开长城，也就离开了夏梦。此后，他与夏梦的联系并不曾全断，与伊人在一起的念头，断了。

1959年，《明报》初创。金庸为《明报》写的第一部小说，是“问世间情是何物”的《神雕侠侣》。

倪匡看《神雕侠侣》：

《神雕》从头到尾，整部书，都在写一个“情”字。“问情是何物”，是全书的主旨。书中所写的各种男女之情……从来没有一部小说中，有这么多关于爱情的描写。

《神雕》中不但有“情花”，可以致人于死，也有“黯然销魂掌”，成为至高无上的武功。甚至到最后线时，还有郭襄暗恋杨过的小女儿之情。

《神雕》是一部“情书”，对爱情描述之细腻，在金庸其他作品之中，甚至找不到差可比拟的例子。

夏梦女士，未必在《神雕侠侣》女主人公小龙女身上留下很深的影子，她的影响，似乎弥漫于《神雕侠侣》整部小说。那几年，因为夏梦的缘故，金庸可能一直都在想“情是何物”的问题，长期的困惑、焦虑、徊徨，才有《神雕侠侣》这部“情书”问世。

感谢夏梦，没嫁给金庸。否则，金庸写“情”，不会这么深，这么好。

《神雕侠侣》男主人公杨过，实在要比令狐冲、黄药师等人，活得更“自我”。

郭靖是民族主义者，杨过是个人主义者，令狐冲是自由主义者。个人主义与自由主义，有重合，也有分别。

金庸在1959年塑造出杨过这一个人主义的人物形象，可能与他恰在此时彻底脱离了香港左派文化圈子的经历与体验有关。

我一直认为《射雕英雄传》写得比《神雕侠侣》好，当然只是个人看法，金庸本人都未必赞成拙见。他说：“单就‘自己喜欢’而论，我比较喜欢感情较强烈的几部：《神雕侠侣》《倚天屠龙记》《飞狐外传》《笑傲江湖》。”（《鹿鼎记》后记）

《雪山飞狐》的续书《飞狐外传》写得不好，但小说中的程灵素写得极好；《射雕英雄传》的续书《神雕侠侣》写得不好，但小说中的郭襄写得极好。

《明报》初创，为了报纸的生存与发展，《神雕侠侣》可能比金庸其他小说有更多迎合读者的因素。至于哪一细节是在迎合，我们只可猜测，不可将自己的猜测视为绝对事实。

倪匡指出：“杨过、小龙女的重逢，对读者而言，是一个大喜讯，人人额手称庆，但对整部小说而言，却是败笔……金庸原来的创作意图如何，不得而知，但是就小说论小说，《神雕侠侣》从一开始起，就注定是一个悲剧，是不是为了迁就读者的意愿，硬将之改成喜剧，不得而知……金庸在写《神雕侠侣》的时候，喜剧收场，绝对可以谅解，因为那时，正是《明报》初创时期，《神雕侠侣》在《明报》上连载。若是小龙女忽然从此不见，杨过凄凄凉凉，郁郁独生，寂寞人世，只怕读者一怒之下，再也不看《明报》。”（倪匡《我看金庸小说》）倪匡这段话，很有分寸，连续说了两个“不得而知”。他并没有把自己想象得无所不知、洞悉一切，未肯将自己的猜测认定为绝对事实。

傅国涌便误将倪匡的猜测看作绝对事实，一再引用。例如他说金庸“在写作过程中总是尽可能地迎合市民的口味、意识。吸引人、好读是金庸写作的主要目的。特别是《明报》创刊初期，为了报纸的销量，他拼命施展武侠小说攻势，更不能不时刻想到那些读者会不会喜欢。所以他要让小龙女坠入深谷后奇迹般地活下来，而且 16 年后与杨过重逢”（傅国涌《偶像的黄昏》第 20 页）。

倪匡猜测金庸这样安排杨过与小龙女的大结局是从读者出发，怕读者再不肯订阅他的《明报》。金庸夫子自道，这样写却是从自己出发（“我写小说，不受读者反应的影响。我要杨过、小龙女团聚，不是由于朋友或读者的意见，而是自己同情他二人的爱情，不舍得这样可爱的一对情侣到死不能相会。”“小龙女如果没有活着，我第一个会先哭。”）。我更倾向于相信倪匡的猜测，而仍感觉金庸所言亦大有可能。

中国自古以来的小说戏剧，多数都有一个大团圆的结局。我们可以批评这大团圆写得不好甚且不该，却不能断言所有的写出大团圆故事的作者都只为了迎合读者。难道他们就不可以迎合一下自己？

《偶像的黄昏》一文中，傅国涌惋惜金庸未能“成就现代人格”。如傅先生所言，“要成就现代人格是何其艰难”。即便在这一细节上，千真万确，金庸就是在迎合读者，也不能彻底以偏概全，得出金庸“时刻想到那些读者会不会喜欢”的结论。巴尔扎克为了还债，写过不少乌七八糟的作品，我们不能由此判定，《人间喜剧》的写作也都为了钱，只为了钱。[1]

不少人都以这样的“动机论”来否定金庸小说。他们的论证过程大致是这样的：金庸写的是价值不高的“通俗小说”，所以必然时刻想着迎合读者，必然心中只想着赚钱，所以你写的必然是“通俗小说”，所以其价值必然不高……

没有哪一个作者或作品，是不可以被质疑被否定的，但是，像这样不讲逻辑、“恶猜”动机的质疑否定和“循环论证”，对作者、作品丝毫无损，徒然令论者自己出丑。

2021 年 9 月 22 日，在《圆桌派》节目上，窦文涛说：“什么叫目的性颤抖？……你对那个针眼，你越对着它你就抖，这就叫目的性颤抖。反而如果你真的无所谓，你蹭一下，它本来能进去的。包括我们主持节目，就是觉得整个节目（一定）要做好，那个时候就有点问题了，就目的性颤抖了。”

《神雕侠侣》在六大长篇中，可能是最差的，算是金庸的“目的性颤抖”。第一次为自己创办的报纸写稿，压力山大，刻意求好，反而更写不好，没有像令狐冲那样，领悟风清扬所说“行云流水，任意所之”的八字精要。

---

1 巴尔扎克年轻时许愿：“早晚我要发一笔大财，或者搞文学，或者搞政治，或者经商，或者娶一位有钱的寡妇。”

我也感觉（仅仅是感觉），《神雕侠侣》一书迎合读者的嫌疑最是重大。

不要说金庸后期作品，便是在这嫌疑最大的《神雕侠侣》中，金庸也并不像傅国涌说的那样“时刻想到那些读者会不会喜欢”。果真如此，金庸在《神雕侠侣》中就不会把郭靖与黄蓉的长女郭芙写得那样神憎鬼厌。

2013 年，修订版《金庸传》出版之后，傅先生又说起杨过与小龙女：

金庸不能让小龙女死去，这个美好的形象要是死了，很多人可能就不看《明报》了。为了报纸的生存，小龙女十六年后一定得继续活着。

所以，金庸的武侠小说是文学还是商业，每个人都会有答案；他的武侠小说是中国文学史上的传世之作，还是为了吸引读者买他的报纸而提供的娱乐品，大家也会作出不同的判断。

第二段开头的“所以”二字，真够荒唐得可以。

十六年前小龙女只是不知所踪、生死成谜，《艾凡赫》中的阿特尔斯坦却是死得不能再死了，到了小说结尾居然复活了。金庸让小龙女与杨过重逢意在迎合读者只是可能，阿特尔斯坦的复活连作者司各特都自知“太不合情理”，应出版商的要求，才这样写，意在迎合是确定无疑的。又如何？《艾凡赫》不仅是英国文学史，且是世界文学史上的传世之作。

梁实秋在《莎士比亚与性》一文中说：“戏剧里含有猥亵成分是很平常的事，中外皆然。尤其是在从前，编戏的人不算是文学作家，剧本不算是文学作品……剧本的内容是受观众的影响。所以，剧本里含有猥亵之处，不足为奇。”莎翁也不能完全免于迎合观众的嫌疑，又如何？《莎士比亚全集》不仅是世界文学史上的传世之作，且是人类文明的最高结晶之一。

莎剧《一报还一报》中，那位英明仁慈的公爵说：“我虽然爱我的人民，可是不愿在他们面前铺张扬厉，他们热烈的夹道欢呼，虽然可以表明他们对我的好感，可是我想，喜爱这一套的人是难以称为审慎的。”梁实秋注曰：“这一段通常认为是对哲姆士一世（当时的英国国王詹姆斯一世）的恭维，在第一幕第三景及第二幕第四景亦有类似恭维，缘哲姆士一世不喜群众欢呼的场面，一六〇三年驾临伦敦时曾下令禁止民众欢迎，且此剧于一六〇四年在御前上演。”（梁实秋译《莎士比亚全集》第一集第316页）

梁实秋又谈到：

> 《马克白》（或译《麦克白》）是含有多量的对于哲姆士的阿谀。第四幕第一景所表演的“八王幻景”，以及第三幕中“瘰疬”治疗的一段之被羼入，这都是明显的逢迎君主的铁证，但最足以使哲姆士心满意足的一笔，则无过于关于妖巫的描写。哲姆士一世是一个极迷信的人，他深信世上真有巫蛊那样的东西。（梁实秋译《莎士比亚全集》第八集第206页）

可能有人会说：“所以，莎士比亚的《麦克白》一剧，是文学还是商业，每个人都会有答案。”梁实秋并不如此“高雅”，而认为：“莎士比亚写《马克白》原是为供王室娱乐，故内中杂以阿谀奉承之笔，然而这并无损于此剧的价值。此剧不仅奉承了哲姆士，三百年来已供给了无数的观众以享乐。”

莎士比亚只是在某几个方面，迎合了詹姆斯一世这位最重要的观众和顾客的喜好，他并不时刻想到观众的喜好。

假如，像傅先生所言，金庸“时刻想到那些读者会不会喜欢”，金庸更不会在《神雕侠侣》中把《射雕英雄传》里最讨喜的黄蓉写得那么不讨人喜欢。

倪匡说：“最不喜欢黄蓉，到了后来，变成相当恶毒。”（《蔡澜谈倪匡》）我个人倒不赞同这一观感。

写《神雕侠侣》之前两年，1957年3月19日，金庸撰文谈《战争与和平》：“她（娜塔莎）与彼埃尔结婚后，变成了一个啰唆、相当庸俗、只注意儿女、常常没来由地妒忌的妇人。我觉得这是托尔斯泰忠于生活的描写，是他艺术上伟大与深刻的地方。在那个时代，一个可爱的少女与地主贵族结婚后，极可能慢慢变为庸俗而没有光彩，这是真实的生活。”（《金庸散文集》

第 146 页）

两年后，金庸写《神雕侠侣》，小说中的黄蓉，也是眼中只有丈夫儿女，她老爹黄药师就讥刺说："我这宝贝女儿就只向着丈夫，嘿嘿，'出嫁从夫'，三从四德，好了不起！"这样的黄蓉，不为多数读者喜爱，不少读者向金庸表达不满，金庸表示："但要反映真实，这是没办法的，真实就是这样子的。"（《金庸茶馆》第五册第 46 页）

2005 年，金庸又说："比如有人说不喜欢书里面的黄蓉，但有一位女教授就为我辩护，她说你们不喜欢是因为你们不懂得，你们没生过女儿，没当妈妈，母亲的心理就是那样的。"

在《神雕侠侣》中写出这样的黄蓉，是托尔斯泰笔下的娜塔莎影响到金庸。2002 年 3 月 9 日，浙江大学人文学院有一场座谈会。有人问人文学院院长金庸"黄蓉在《射雕》与《神雕》中为什么会发生由'可爱'到'不可爱'的转变"，金庸说："女人总在变化，少女时代当然是可爱的，但成人之后，身为人母，母性会掩盖绝大部分的少女天真心性，其'可爱'自然大打折扣。再则写《神雕》时刚看完《战争与和平》，受娜塔莎这一形象由'可爱'到'不可爱'之变化的影响。"（小五哥《遭遇金庸》，见于天涯社区"闲闲书话"版）

读者觉得黄蓉不可爱甚至可厌，主要是为了她对少年杨过不很友好。

英雄大会前夕，黄蓉对杨过说："过儿，我甚么也不用瞒你。我以前不喜欢你爹爹，因此一直也不喜欢你。"然而，黄蓉曾与杨过的母亲穆念慈姊妹相称，感情不坏，她再怎么不喜欢杨康，念及往昔与穆念慈的情分，也该更善待杨过。

其实，《射雕英雄传》与《神雕侠侣》先后在报纸上连载的时候，杨过并不是穆念慈之子，而是秦南琴被杨康强奸后生下的"孽种"。明了这一点，黄蓉对杨过的嫌厌，也就不难理解了。

《倚天屠龙记》中的火猴、赵敏、周芷若

1961年7月6日，《倚天屠龙记》开始在《明报》连载。两天后，7月8日，《神雕侠侣》连载结束。6、7、8三日，《神雕侠侣》与《倚天屠龙记》，同时在报上连载，登在同一版面。

《倚天屠龙记》的人物与情节，与“射雕三部曲”前两部的联系，并不十分密切，算不上正规的续书。这不正规的续书，就比前一部很正规的续书《神雕侠侣》写得更好。

金庸谈“射雕三部曲”的主人公：“这三部书的男主角性格完全不同。郭靖诚朴质实，杨过深情狂放，张无忌的个性却比较复杂，也是比较软弱。他较少英雄气概，个性中固然颇有优点，缺点也很多，或许，和我们普通人更加相似些。”

张无忌并无传奇性格，却有着那样的传奇经历。张无忌的个性与普通人更相似，但他的经历、地位与成就实在太不普通了。

金庸又说：“杨过是绝对主动性的。郭靖在大关节上把持得很定，小事要黄蓉来推动一下。张无忌的一生却总是受到别人的影响，被环境所支配，无法解脱束缚。”张无忌一生被动，终于被推到那么高的位置上，做了那么久的明教教主，并且正是在他的领导下，“恢复中华”。这样的设定，我觉得不可信。

张无忌以一己之力，于万不可能的情况下，彻底扭转六大派围攻光明顶的结局。这样写，是将个人武功的作用夸大到了极点。我感觉，实在“意淫”得太过分。

金庸办的是《明报》，他在《明报》上连载的《倚天屠龙记》写的是明教，小说的女主人公，最早也叫赵明（后改为赵敏）。

《倚天屠龙记》主人公张无忌，做的是明教（摩尼教）教主。1992年，北京大学考古系副教授晁华山在确认了大量摩尼教洞窟后，特地致函金庸，说《倚天屠龙记》中对摩尼教教义的阐述和许多教规、习惯的描写，真是难

得的准确。

2004年11月26日，在晋江草庵，导游肖小姐向金庸介绍摩崖石刻，提到“您笔下的明教教徒任我行、张无忌……”这时，一直沉默聆听的金庸立刻打断了小肖的话，说：“任我行是日月神教的，张无忌才是明教的。”接着，金庸还向众人解释了日月神教不是明教的原因。他说，所谓“日”“月”，并不像人们想象的由“明”字拆开。不少读者误以为金庸小说中的日月神教就是明教，以为明教被朱元璋夺权之后，教众流落民间，而取“明”之意为“日月神教”。晋江博物馆的吴馆长告诉记者，金庸在此明确了只有张无忌才是摩尼教徒，这就能让人们对明教有更多的了解。(《金庸：草庵说明明教不是我杜撰的》)

明教与日月神教，虽都被称为“魔教”，但完全不是一回事。明教不魔、不邪，日月神教真魔、真邪。金庸对明教高度肯定，批准张无忌加入，做了教主。金庸对日月神教却是彻底否定的，因此让令狐冲三次“拒盟”，坚决不做教主的接班人。

郭靖有双雕、一马（汗血马），杨过也有神雕，张无忌身边竟无“灵物”相伴。

其实是有的。《倚天屠龙记》最早的版本中，张翠山、殷素素夫妇在冰火岛上，得玉面火猴之助，才没有被十几只白熊吃掉。后来玉面火猴陪伴幼年张无忌愉快地玩耍，又随他们一家离开冰火岛，来到东亚中华。

张无忌与猴有缘。后来，正是从一只白猿肚腹中，张无忌得了《九阳真经》。那些年，张无忌“每日除了练功，便是与猿猴为戏”。《蜀山剑侠传》女主角李英琼，与群猴也有相似的联系。

《倚天屠龙记》初版中的玉面火猴，是这样的：

远处也传来一阵尖锐的叫声……群熊听到这一阵尖叫，立时簌簌发抖……原来是一头通身火红的猿猴，约莫三尺来高，遍身长满殷红如血的长毛，一张脸却是雪白似玉，金光闪闪的眼珠骨碌碌地转动，神情极是可爱……殷素素指了指树下的白熊，说道："这些恶熊要咬我们，你能给咱们赶走么？"

那玉面火猴灵异之极……双手抓住一头白熊的头顶一分，抓出了熊脑，又跃上树来，捧到殷素素面前，显是以异味飨客的神情……

张殷二人见它一举手便生裂熊头，膂力之强，手爪之利，任何猛兽均无如此厉害，实是天地间罕见罕闻的神兽，心中大是骇异……

那火猴纵身下树，顷刻间又生裂二熊，取出两副熊脑，自己吃得津津有味。说也奇怪，群熊既不抗拒，亦不逃走，只是伏在地下发抖，听任宰割。

此节，更有《蜀山剑侠传》的气息。

《侠客行》中，史小翠察觉石破天的内功之高超乎想象，怀疑他"无意中食了灵芝仙草，还是甚么通灵异物的内丹"。这两项，在《蜀山剑侠传》中很常见。

《天龙八部》在《明报》连载时，伴随小姑娘钟灵的灵物，并不是一只闪电貂，而是四条灵蛇，称为"禹穴四灵"。这"禹穴四灵"的名目及其神异处，都很像是来自《蜀山剑侠传》。

金庸写小说，受《蜀山剑侠传》一书影响很大，但他避免走那条神异的路子，石破天便只是被怀疑，并没有真的服食"灵芝仙草"或"通灵异物的内丹"，钟灵的"禹穴四灵"在修订后的《天龙八部》中变成了闪电貂，玉面火猴也在后来的《倚天屠龙记》版本中消失了。于是，"射雕三部曲"中，唯有《倚天屠龙记》的主人公身边竟无"灵物"相伴。

金庸说："这部书情感的重点不在男女之间的爱情，而是男子与男子间的情义，武当七侠兄弟般的感情……"后来金庸对池田大作说的一段话，可以与此相互对照："中国人对好朋友也视作兄弟，中国人说义结金兰，通过一种仪式，异姓朋友结拜为兄弟，在家立誓：'虽非同年同月同日生，但愿同年同月同日死。'在西方社会中，只有热烈相爱的恋人，才会立誓同死。但在中国这个重义气的社会，友情比爱情更受重视。"(《探求一个灿烂的世

纪》第140页）

池田大作问："先生，您的作品中，也多有描述这种信义和友情的故事吧？"金庸回答："不错，我的小说中描写过不少友情的故事，例如：《书剑恩仇录》中红花会众兄弟间的情深义重，《射雕英雄传》中友情（重按：应指郭靖和"安答"托雷之间的友情）与民族斗争之间的矛盾，《雪山飞狐》描写两个死敌大仇人之间的友情，《倚天屠龙记》叙述七个同门师兄弟的友情，《鹿鼎记》中描写皇帝和一个小流氓之间的友情。一般来说，我的小说往往把友情过分美化了、理想化了。"（同上，第126页）

《倚天屠龙记》中，几个女子，写得极好。金庸却说："中国三千年的政治史，早就将结论明确地摆在那里。中国成功的政治领袖，第一个条件是'忍'，包括克制自己之忍、容人之忍、以及对付政敌的残忍；第二个条件是'决断明快'；第三是极强的权力欲。张无忌半个条件也没有。周芷若和赵敏却都有政治才能，因此这两个姑娘虽然美丽，却不可爱。"只看《倚天屠龙记》后记这段话，似乎在金庸心目中，周芷若和赵敏这两位姑娘，不可爱的程度是一样的。其实，两位姑娘在作者心中，还是有厚薄轻重的。

20世纪60年代后期，林以亮谈及到："本来我们一直以为是反派的赵敏，结果原来是正派的。我们一直以为是正派的周芷若，最后竟又是反派的。"金庸竟也跟着说："人生之中，好坏也不一定容易分。同时，一个人由于环境的影响，也可以本来是好的，后来慢慢变坏了，譬如周芷若。而赵敏，则是反过来，本来坏的，由于环境，后来却变好了。"（《金庸访问记》）这里，金庸和林以亮都把周芷若看作反派人物。

金庸晚年给汪明荃的《荃记录》一书写序，谈及汪明荃先后扮演的霍青桐和赵敏："这两个少女既妩媚又有英气，聪明果断，是我自己很喜欢的角色。"（金庸《人生短促，艺术长久》）

约2004年，杭州"金庸茶馆"主持人"花开"征集网友的问题，然后问询金庸：

花开：《倚天屠龙记》中为什么后记中您始终把周芷若排在四女的前面？究竟周芷若和赵敏谁在您心目中更重？您认为有政治抱负的女子不可爱吗？

金庸：修改后的《倚天》，赵敏比周芷若重要。我认为赵敏比周芷若可爱，周太狡猾。

花开：赵敏好象也很狡猾。

金庸：（笑），赵敏爱张无忌更真心。有政治抱负的女子不可爱，周芷若爱张无忌是为了通过张无忌取得权力，利用爱情达到政治目的更不可爱。（《金庸其人》第 260 页）

这里，金庸明确说周芷若比赵敏更不可爱，因为她更有政治抱负，试图“利用爱情达到政治目的”。

金庸长女查传诗与丈夫赵国安所生的女儿，名字是金庸给取的。

赵明出生于香港，5 岁随父母移民加拿大温哥华……在学校芭蕾舞课休息时间，有个同学的妈妈也是华裔移民，闲聊时问起赵明的中文名字。赵明告诉她中文名字是“赵明”，这个妈妈说，这名字和金庸作品《倚天屠龙记》一位人物的名字“赵敏”很像。回家后，赵明问爸爸妈妈，才知道自己的名字是外公取的。爸爸妈妈说，她刚出生时，外公给她取名“赵敏”，随后又被外公改为“赵明”。

巧的是，《倚天屠龙记》小说中，女主角元朝贵族汝阳王之女，在第一版叫做赵明，本名明明特穆尔，封号绍明郡主；第二版中，赵明改名赵敏，本名敏敏特穆尔，封号绍敏郡主。无论“赵明”或“赵敏”，都是书中这位郡主给自己取的汉名。“明”字有豁达爽朗的意思，“敏”字则是聪明灵活之意，金庸给外孙女取名赵明，期许是明也是敏。（《金庸外孙女赵明：跳芭蕾圆武侠梦》）

此事，最可见金庸对自己笔下赵敏这个人物的喜爱。

最早的连载版《倚天屠龙记》中，周芷若对张无忌说："我也不是强要你做皇帝，但若天命所归，你推也推不掉的。你待我这么好，我自当设法图报。周芷若虽是个弱女子，可是机缘巧起来，说不定我便能助你做了天子。我爹爹（周子旺）事败身亡，我命中无公主之份，却又有谁知道我不能当皇后娘娘？"从中更能看出，周芷若具备金庸所说，中国成功的政治领袖的第三个条件，"极强的权力欲"。

赵敏与周芷若，都是既有政治才能，也有政治野心。政治才能，不是自己想放弃就能放弃的。赵敏的政治野心，本来也并不小，放弃了。周芷若的野心，却如野火，越烧越旺。此女有着"极强的权力欲"，因此更不可爱。

想做皇后，也还罢了。周芷若是不会以自己的皇后身份为满足的。比附历史人物，与周芷若最相似的，应为助刘邦做了天子的吕雉女士。周芷若意图扶持、劝服张无忌做皇帝。若张无忌登基建极，周芷若亦不会以统摄六宫、母仪天下为满足，干预朝政，是完全可以预期的。看吕后的政治手腕，其险其准其狠，像不像周姑娘的"九阴白骨爪"？

我有点怀疑，1977年金庸为《倚天屠龙记》写后记时，读者中已有"拥赵"与"拥周"之争。为了避免自己成为"风暴眼"，后记中，金庸便对赵、周各打五十大板，以示不偏不倚不党。

张无忌被周芷若骗得苦。

殷素素自杀前，跟儿子说的最后几句话，竟是"孩儿，你长大了之后，要提防女人骗你，越是好看的女人，越会骗人"。《倚天屠龙记》将写完的时候，金庸又开始写《连城诀》。《连城诀》中，也是"越好看的女人越会骗人"：

> 戚芳笑道："我和空心菜在后门口玩，两骑马奔过，马上的人拿了兵刃，长相挺凶的。空心菜说是坏人，要捉了她去，吓得大哭。"……狄云心中一凉："女人撒谎的本领真不小，这么一说，那女孩就算说见到了坏人，她丈夫也不会起疑。"（《连城诀》第四回）

狄云等她走近时，闭上了眼睛，以遵守自己说过的那句话："从今而后，我再也不要见你。"

水笙放下熟鹰，便即走开。狄云等她走远再行睁眼，忽听得她"啊"的一声惊呼，跟着又是一声"哎哟"，摔倒在地。狄云一跃而起，抢到她身边。

水笙嫣然一笑，站了起来，说道："我骗骗你的。你说从此不要见我，这却不是见了我么？那句话可算不得数了。"

狄云狠狠瞪了她一眼，心道："天下女子都是鬼心眼儿。除了丁大哥的那位凌姑娘，谁都会骗人……"(《连城诀》第八回)

"女人撒谎的本领真不小"，还有"天下女子都是鬼心眼儿"，应该是金庸本人的"人生感悟"。几十年后，与萧蔷对谈时，谈及"女人的话是否可信"这一话题，金庸仍坚持当年在《倚天屠龙记》中借殷素素之口道出的看法：漂亮女人说的话不可相信，而且越美丽的女人就越会骗人。萧蔷立即问道："那你觉得我的话有多不可信呢？"金庸答曰："美人骗我，我都会相信，所以你不管说什么，我都会相信，都会相信。"(《金庸台北会萧蔷》)

这种"感悟"是否有理，暂不讨论。至少金庸不是把这个作为女人的缺点提出来的。女人都诚实得像一根木头一样，这个世界多么无趣！

张爱玲《谈女人》一文，也表达过相似的意见："若是女人信口编了故事之后就可以抽版税，所有的女人全都发财了。你向女人猛然提出一个问句，她的第一个回答大约是正史，第二个就是小说了……你疑心你的妻子，她就欺骗你。"

沈从文则说："我是天生就一种理解女子的心（重按：此言可与金庸所说'我天性与贾宝玉相通'相对照）……许多人都说女人会说谎，这些蠢东西，不知道他的要求如何奢侈，如何不合理，女子既然没有那些出于男子口中的种种，她不说点谎怎么把事情做得完全？"

金庸笔下的诗体文字，越短，越好，四言比七言写得好。"焚我残躯，熊熊圣火。生亦何欢，死亦何苦。为善除恶，唯光明故。喜乐悲愁，皆归尘土。万事为民，不图私我。怜我世人，忧患实多！怜我世人，忧患实多！”这首诗，就远胜金庸晚年所写“南来白手少年行，立业香江乐太平”的七律，也比作为《倚天屠龙记》回目的那四十句“柏梁体”诗更好。金庸多数诗词是“作”出来的。“焚我残躯”一诗不是。金庸看过太多中国人民的苦难灾患，郁积既久，发于《倚天屠龙记》。唯其生自肺腑，才深深感动读者。

钱理群回忆起某一刻，读到“生亦何欢，死亦何苦……怜我世人，忧患实多”四句，有一种被雷电击中的感觉，觉得十足道出了自己的心声，遂将此语抄寄给他的一个研究生。收到回信，钱教授更觉悚然，原来对方也正想到了这四句话，并且抄录下来贴在墙上，似乎“一切忧虑与焦灼都得以缓解”，钱理群由此感叹：“正是金庸的小说把你，把我，把他，把我们大家的心灵沟通了，震撼了。”

在生活中，在创作中，金庸都是一个人道主义者。

由《倚天屠龙记》后记，谈及金庸长子自杀

《倚天屠龙记》“情感的重点……是男子与男子间的情义”，还包括“张三丰对张翠山、谢逊对张无忌父子般的挚爱”。金庸在小说后记结尾处说：“然而，张三丰见到张翠山自刎时的悲痛，谢逊听到张无忌死讯时的伤心，书中写得太也肤浅了，真实人生中不是这样的。因为那时候我还不明白。”最后，金庸标明后记的写作时间：一九七七年三月。

上一年，1976 年，金庸的长子查传侠自杀。

多年后，金庸说，于品海“跟我大儿子同年，都属猴，相貌也的确有点像”。公历 1956 年 2 月 5 日至 1957 年 2 月 4 日，就是农历丙申猴年。查传侠极可能是生于 1957 年 1 月。查传侠自杀，在 19 周岁。

金庸在与林以亮等人对谈时，谈及西默农的推理小说。西默农最疼爱的女儿也是自杀身亡，时年二十五岁。这也是西默农心中永远的痛。

1956年，金庸在《新晚报》发表过一篇《〈无比敌〉有什么好处？》，谈起《无比敌》(《白鲸》) 的作者梅尔维尔，“一生很是不幸……他的大儿子在十八岁那年用手枪自杀”。世事无常，人间多故。此文发表之后二十年，金庸十九岁的长子查传侠自缢身亡，这是老先生一生中绝大的痛心事。“生亦何欢，死亦何苦……怜我世人，忧患实多”，老先生于此，当有更深的体会。

此时，金庸、朱玫夫妇正在闹离婚。

因为查传侠的自杀，世人对金庸多有指责。

窃以为，很多指责都太过分，太失格，远远超出金庸所应得。

甲乙二人，做着同样的事。都“外面有人了”，都向妻子提出离婚，而终于都停妻再娶。进行过程中，甲的一个子女自杀了，乙的子女却都无恙。如果说甲是有罪的，那么乙也是罪人，虽然乙的子女不曾自杀；如果说乙是比较无辜的，甲也就同样比较无辜（不是完全无辜），虽然甲的一个子女已然自杀身死。

如果说绝大多数子女都会因父亲遗弃母亲而自杀，甲乙二人仍悍然为之，那么他们二人都是有罪的，虽然乙的子女属于那没有自杀的极少数；如果说绝大多数子女都不因父亲遗弃母亲而自杀，那么甲乙二人就都是比较无辜的，虽然甲的某一子女竟属于那为此自杀的极少数。

甲乙二人痛苦的程度不一样，错误的程度却是一样的。

按照某些批评者的逻辑，法律就应该严禁所有育有子女的夫妻离婚，因为每个子女都是有可能自杀的。是的，即便可能性很小，但都不能排除这种可能性的存在。即便父母正离婚时没有自杀，也难以保证子女以后不自杀。

据金庸小女儿查传讷说，“查传侠最具父亲遗传基因，在四岁时能背诵全本《三字经》，六岁能背诵《增广贤文》”(《穡女：爸爸就如王重阳》)。

父母离异，可能是查传侠自杀的主要原因，也可能不是。没有任何证据能证实这就是主要原因。很多人言之凿凿，总不过是“局外人”的揣测。与女朋友争吵，一时冲动，可能是查传侠自杀的主要原因，也可能不是。

父母离异、与女朋友争吵，可能都是查传侠自杀的主要原因。要说两者都不是主要原因，亦非完全不可能。

曾伯凯兄查到香港1976年10月16日《工商日报》的报道《武侠小说名家金庸之子在美自杀毙命》，为查传侠自杀的缘由提供了另一种解释：

> ……疑因考试成绩欠佳，日前被发现在大学宿舍内自缢毙命……死者系一名性情内向青年，性格较孤僻，鲜与人交谈，同座宿舍同学见面亦仅点头为礼。
>
> 另一名来自香港姓吴留学生，与查较为接近，他透露生前查曾对他谈起，最近所考化学一科，成绩未符理想……造成他心情烦躁，几次表示无所适从，怀疑其死因与此有关。

我们都不是查传侠，他那一刻的感想如何，我们都不能确定，只能假设。看某些人言之凿凿，断言查传侠的死因，似乎查传侠自杀时，他就在现场，甚至他就是查传侠本人。亦可笑已！

就假设父母离异不仅是查传侠自杀的主要原因，甚至是唯一原因好了，即便如此，金庸仍比较无辜。

金庸与朱玫仳离，主要责任在金庸。

查传侠自杀，主要责任在查传侠自己。

金庸为此痛苦半生，不是很值得同情，也不是完全不值得同情。

尽可以批判金庸负心薄幸，太对不起朱玫，但是，不要拿他们儿子的自杀来加重这一批判。金庸并不比同样遗弃妻子而子女安好的男人更有罪。

不要拿查传侠的自杀来加重对金庸的批判，不为金庸，为批判者自己。多有幸灾乐祸之心，全无悲天悯人之意，不断往人伤口上撒盐，其恶劣程度远超过金庸的负心行径。

查传侠自杀，伤最深的，是他的母亲。太忍心了。毕竟1976年的查传侠不是小孩子，已经成年了。一个成年人，因为与感情有关的事自杀，主要责任只能在自己。他人的责任，都是次要的。

《神雕侠侣》与《倚天屠龙记》之间，没写出的故事

江湖上一直有一个传说，杨过持以威压江湖的玄铁重剑后来赠予郭襄，郭襄的父母郭靖、黄蓉以之铸成一刀一剑，即屠龙刀、倚天剑。

天涯思君不可忘。郭襄“自北而南，又从东至西，几乎踏遍了大半个中原，始终没听到有人说起神雕大侠杨过的近讯”。难道，后来郭襄终于找到杨过，或者，竟是杨过主动找到她，并以玄铁重剑相赠？

这么“重”的礼物，杨过肯送，郭襄万万不肯收。

一则，太贵重。玄铁重剑以稀有金属铸成（“玄铁是从天上落下的陨石中提炼而得，乃天下至宝”），若是流传至今，不考虑其历史价值，仅实物价值，就能卖几个亿。君子不夺人所爱，淑女不取人所宝。收下这么贵重的礼物，郭襄怎么好意思？

再则，玄铁重剑有九九八十一斤，忒也“沉重”。郭襄收下“重剑”，根本使不动。这把剑，在杨过手里有用，郭襄收下了无用。郭二姑娘怎么肯收？这么荒唐的事，郭襄怎会做？

《孟子·离娄下》：“可以取，可以无取，取伤廉；可以与，可以无与，与伤惠。”郭襄收下礼物，伤廉；杨过送出这份重礼，伤惠。

“玄铁重剑”，就算郭襄肯收，她骑的那头瘦驴，也不答应。郭襄带着“重剑”，骑着瘦驴，千里长途，回到襄阳？途中，瘦驴早累垮了。至少要累死三头驴子，郭襄才回得了襄阳。

结论很清楚：郭襄并没有带玄铁重剑回襄阳。

风雨如晦，风雨如磐。襄阳陷落之前不很久，是杨过、小龙女夫妇，来到襄阳，随身带着三把剑：玄铁剑、君子剑和淑女剑。

杨过此来襄阳，本无以此三剑送人的打算。

杨过来襄阳，只是挂念他的郭伯父、郭伯母，还有郭襄。他幼年的玩伴郭芙，杨过也不是不挂念的。

郭杨两家，三世恩怨。

对郭伯母和郭大妹子的“怨”，杨过并未全然忘怀，只是越来越淡漠，而郭伯父、郭伯母对他的“恩”与“义”，却越来越鲜明，越来越深刻，深刻入骨。

杨过已是五十岁左右的人了，到了思乡怀旧的年纪。“旧国旧乡，望之畅然，而况于闻闻见见”，杨过与郭芙在桃花岛“从小一起长大”，桃花岛一草一木，杨过都难忘怀。

郭伯父一家不在桃花岛，伯父、伯母所在的地方就是“桃花岛”。于是，杨过到襄阳。

尤其，郭伯父今在围城中，在危城中，苦苦支撑。襄阳眼见是守不住了，非唯郭靖知道，天下有识者皆知，杨过自然也明白。

杨过不能冷静，不能做“神州袖手人”。

《神雕侠侣》第三十九回“大战襄阳”说：“黄药师、一灯、周伯通等辈，本来都是超然物外、不理世事的高士，但襄阳存亡关系重大，或汉或虏，在此一战，却不由得他们袖手不顾。”郭靖是儒家人物，更入世。杨过与这三位老前辈属于同类，更“超然物外”，更出世，但襄阳存亡，杨过更难“袖手不顾”。一则，他是年轻人，更有责任“担负起天下的兴亡”；再则，他与郭靖的关系，实在要比三位前辈与郭靖更亲密一点。

杨龙夫妇，乃携一雕三剑，来在襄阳，看看能否帮到郭伯父。需要的话，杨过也肯将性命送在襄阳，一腔热血，抛洒在襄阳城上。

“杨过自幼没父亲，母亲也在他十一岁那年染病身亡。”郭靖既是杨过的义父，也是其养父。

孤儿杨过，早年在桃花岛，有种种不如意，但他对养父母（郭靖、黄蓉）仍有一份很深的孺慕之情。

有人分析，杨过对郭靖、黄蓉，有“杀父娶母”意识，我觉得有道理。然而，有着甚深“杀父娶母情结”的人，当父母处于危境，不必然更会袖手不顾，可能更是忧心如捣，匍匐以救。

杨过对程英说过：“郭伯母于我有养育之恩，她有危难，我自当尽力。”

等到养育他的郭伯父、郭伯母所守卫的襄阳城危殆，二人遇到危难，杨过怎可不管不顾?

父亲处于最危险的境地，儿子竟袖手不顾，是为“不孝”，是中国传统中最违逆伦理的行为。杨过不是这种人，不会做这种事。

杨过是生父杨康的“不肖子”，但他不再做养父郭靖的“不孝子”。

按照传统观念，杨过与郭靖的关系，要比黄药师、周伯通等三位前辈与郭靖更“亲”。五伦中，“父子有亲”排第一，与黄药师、郭靖翁婿关系相关的“夫妇有别”，与周伯通、郭靖义兄义弟关系相关的“长幼有序”，都排在后面。

杨过以石子击中蒙古大汗蒙哥，之后十三年间，襄阳城太平无事，神雕侠侣“绝迹江湖”。等蒙古军再攻襄阳，情势危急，杨过、小龙女携一雕三剑，来襄阳助战。

很多朋友以为杨过完全置身事外，若如是，他的后人，那个黄衫女子，怎么可能在《倚天屠龙记》中一再出现在江湖，多管闲事?

郭靖是“为国为民”的“侠之大者”，杨过不是，至少不全是。

郭靖是“舍生取义”的仁人志士，杨过不是，至少不全是。

郭靖可以为“从来没见过”的民众抛洒热血，杨过不会。

杨过亲见“这些百姓与他（郭靖）素不相识，绝无渊源，他尚且舍命相救”，杨过也是“侠”，也救人，但他一般是救一人，或一家。“以天下为己任”的自觉，郭靖有，杨过没有。

郭靖是儒家，具“原儒”气象，杨过则近于道家。

“天借金山为底柱，身当铁瓮作长城。”郭靖守卫襄阳，一直是知其不可而为之，杨过不能。

杨过前半生，在抵抗蒙元的活动中，立下三次大功。每一次，都有太多激于个人意气与义气的成分。

第一次，杨过挫败了蒙古国师金轮法王夺取华夏“武林盟主”的图谋，因为法王和他的弟子惹到了杨过的师父小龙女。

第二次，若不是为郭二姑娘祝寿，杨过不会率领江湖好汉在南阳烧起大火，烧了蒙古二十万大军的粮草。

第三次，也是最辉煌的一次，杨过投石击死蒙古至尊蒙哥，是为救郭襄性命。

郭靖是民族主义者，杨过是个人主义者。

郭靖“无我”，杨过“为我”，而不“唯我”。

易卜生对一位年轻朋友说：

> 希望你能做到真正的、纯粹的为我主义，要使你有时觉得天下只有关于我的事最要紧……要想有益于社会最好的办法，就是把你自己这块材料铸成器……有的时候我真觉得全世界都像海上撞沉了船，最要紧的还是救出自己。

此论，胡适称许为“最健全的个人主义”。

襄阳这艘船眼看要沉了，南宋这艘船将沉，而神州亦将陆沉。这一切，并不影响杨过与小龙女的古墓生涯，“救出自己”，对他们来说，毫不困难——假如杨过不很在意襄阳城得失的话。

旧恩难忘，主持襄阳城守卫的若不是他的郭伯父，杨过不太可能来此危城。

来了，杨过就可以为守城而死，主要不是出于“为国为民”的忠义，而更多是为了对郭伯父的感恩与钦敬。

“好像海上撞沉了船，最要紧的还是救出自己”，多数时候杨过是这样想的，但是，要说他心中全不挂怀“吾国吾民”，又不尽然。

当杨过坚信郭靖是杀父仇人而要复仇的时候，他都是犹疑的：

> （杨过）心想：“我将他刺死之后……即可与姑姑同赴绝情谷取那半枚丹药了。此后我和她隐居古墓，享尽人间清福，管他这天下是大宋的还是蒙古的？”……忽听得隔邻一个孩子大声啼哭起来，接着有母亲抚慰之声，孩子

渐渐止啼入睡。杨过心头一震……心想："我此刻刺杀郭靖，原是举手之事。但他一死，襄阳难守，这城中成千成万婴儿，岂非尽被蒙古兵卒残杀为乐？我为了报一己之仇，却害了无数百姓性命，岂非大大不该？"（《神雕侠侣》第二十一回）

杨过最后一次来到襄阳城，也是为了守护"城中成千成万婴儿"，为天下苍生。

杨过从来不是纯粹的利己主义者。

昔年，"奋英雄怒"的杨过，如《旧约圣经》中的大卫王，投石击死巨人。襄阳（暂时）得救了——

郭靖携着杨过之手，拿起百姓呈上来的一杯美酒，转敬杨过，说道："过儿，你今日立此大功，天下扬名固不待言，合城军民，无不重感恩德。"

杨过心中感动……朗声说道："郭伯伯，小侄幼时若非蒙你抚养教诲，焉能得有今日？"

他二人自来万事心照，不说铭恩感德之言，此时对饮三杯，两位当世大侠倾吐肺腑，只觉人生而当此境，复有何求？（《神雕侠侣》第三十九回）

十几年后，杨过再来襄阳，郭靖至为欣然，他们感激彼此，互相钦敬，而"二人自来万事心照"，这次仍"不说铭恩感德之言"。

杨过此来，太及时了。

所有的"后事"，郭靖都要交代给他。

新修版《金庸作品集》改得不好，反响不佳，然而这个版本仍有着极高的价值。

读新修版《金庸作品集》，有助于更好更深地理解金庸和他的小说。

2002年，金庸补写《天龙八部》后记，谈到："有一部分增添，在文学上或许是不必要的……原书留下大量空间，可让读者自行想像而补足，但也不免颇有缺漏与含糊……我把原来留下的空白尽可能也填得清清楚楚，或许爱好空灵的人觉得这样写相当‘笨拙’，那只好请求你们的原谅了。”

《射雕英雄传》中，黄药师对女徒梅超风的暧昧情感，一直都有，都在，而隐晦不明。新修版中，金庸就写明它。

《笑傲江湖》中的向问天，看其表象，很像是日月神教中少见的正面人物。新修版中，金庸补写向问天一脚踹死不肯迅速归服任我行教主的秦伟邦长老，将向问天身为政治人物的凶残本性揭开一角，引读者深思：这个“天王老子”，到底是什么东西？

新修版《倚天屠龙记》第三十八回中，屠龙刀与倚天剑的来源与以往各版本所写有很大不同：

> 师父（灭绝师太）将口唇附在我（周芷若）耳边，低声说道：“……她（黄蓉）聘得高手匠人，将神雕大侠杨过留赠给郭师祖的一柄玄铁重剑熔了，再加以西方精金，铸成了一柄屠龙刀；又以当时最为锋锐的两柄宝剑，杨过大侠的君子剑与杨夫人小龙女的淑女剑，熔合而铸成一柄倚天剑。”

以往各版本，都是黄蓉“聘得高手匠人，将杨过杨大侠赠送本派郭祖师的一柄玄铁重剑熔了，再加以西方精金，铸成了一柄屠龙刀，一柄倚天剑”。唯独在新修版，倚天剑是拿杨过的另两把宝剑熔铸而成。

金庸为什么要这样修改？原因或许不止一个，而我只说一个：金庸以此揭示，杨过深度介入了屠龙刀与倚天剑的设计、铸造和长远规划。

郭靖、黄蓉将杨过的玄铁重剑熔铸为屠龙刀，又将杨过的君子剑与小龙女的淑女剑熔铸为倚天剑，而屠龙刀与倚天剑是同时铸造的。所以，杨过送出自己最宝贵的三把剑，必也同时。

杨过不可能在襄阳以外的地方送出这三把宝剑。在襄阳以外的地方，郭襄也不可能收下这三剑。

假如是在襄阳以外的地方，杨过送郭襄三剑。然后，郭襄骑的那头驴，脖子两边各挂着君子剑和淑女剑，驴屁股上拖着一把玄铁重剑，就这样累累赘赘，叮叮当当，一路逶逶迤迤回襄阳。简直是江湖奇景，一不留神就在江湖上搞了个大新闻，一路上都有人围观。郭襄不会做这等傻事，杨过也不会让她出这样的洋相。

唯有在襄阳，郭襄才肯收下三把宝剑，因为她知道，礼物不（仅）是送她的。

张三送李四的公子李小四一笔压岁钱，金额不小。这笔大钱，不是送李小四个人，而是送李四一家的。

杨过将一把玄铁重剑或三把剑，赠予郭襄个人，没有道理，会引起很大的误会。

郭襄对杨过，正害着相思病。这个，黄蓉、杨过都很清楚地知道，郭靖、小龙女也朦胧地知道一点。

杨过不能娶郭襄，却又在襄阳以外的地方，送她这么贵重的礼物，这样拉拉扯扯，私相授受，又“授受不清”，像什么样子？让郭襄在情网中越陷越深，要害死她？

唯独在襄阳，当着郭伯父、郭伯母和妻子小龙女，杨过赠郭襄礼物，才显得光明磊落，此心无他。

郭襄十六岁生辰，杨过送她三件礼物，此事喧传江湖。十几年后，杨过又将玄铁重剑赠予郭家，一种思维定式，江湖人想当然地认为，必是赠予郭襄。“神雕大侠杨过留赠给郭襄一柄玄铁重剑”，很可能是江湖人的误解与误传。

当然，“这（一或三）把剑送给郭襄小妹子”这句话，杨过很可能是说过的。当着郭伯父、郭伯母和妻子小龙女，杨过这样说，也并不“违和”，因为他已经送过三件，再送礼物（一或三把剑），顺理成章。

这次送礼杨过无邪心，郭襄十六岁时候杨过送她三件大礼，亦“思无邪”。

郭襄听了这句话，既骄傲，也失落。她知道：杨过大哥哥从此真的是把她当小妹妹看待。

杨过送出三把宝剑，就是为了铸造屠龙刀与倚天剑。

若不是要铸造屠龙刀与倚天剑，郭襄不会，郭靖、黄蓉更不会，收下这么贵重的礼物。

郭靖、黄蓉都不使剑。三把宝剑，对杨过有用，对郭伯父、郭伯母无用。

假如杨过、小龙女夫妇马上要同时死去，二人又无子女，杨过当然会将自己最珍惜的东西留给自己唯一的亲人和亲人一家，而郭伯父、郭伯母也只好收下。

杨过、小龙女很健康，他们的子女很健康，杨过却将三把稀世宝剑送给郭伯父一家，那就只剩一种可能性：为了铸造屠龙刀与倚天剑。

杨过深度介入了屠龙刀与倚天剑的设计、铸造和长远规划。

屠龙刀与倚天剑的铸造，是杨过此来襄阳，与郭靖、黄蓉商量、探讨、斟酌，三人共同决定的。

郭靖、黄蓉，必与襄阳城共存亡。伯父、伯母决意殉城，杨过一直知道，他不能，也不想改变郭伯父之志。

“为国为民”，杨过虽然不专业，既到襄阳城，他仍愿为此城此国而死，但郭伯父不许他死。

杨过不能死，郭芙、郭襄、郭破虏姐弟，郭靖、黄蓉也不许他们死，主要不是出于情感，而是出于理智。

郭杨两家的第三代，也就是杨过与郭襄这一代，有更重要、更艰难、更光荣的使命。

《倚天屠龙记》，不像续集的续集

《神雕侠侣》与《倚天屠龙记》，金庸“留白”，没有明白写出的部分，是另类赵氏孤儿故事。

殉城殉国，是郭靖、黄蓉的宿命，如撞阶自杀的公孙杵臼。郭靖、黄蓉的二子二女（含养子杨过），做的则是程婴的工作。

郭杨两家，所要维护、拯救的“赵氏孤儿”，是谁？

“赵氏孤儿”，不是赵宋皇朝的小皇帝，或赵官家的某一后裔。郭杨两家，所要维护、拯救的“赵氏孤儿”，是即将亡国的“神州千万老百姓”。

一代人有一代人的使命，一代人只能做一代人的事。郭靖、黄蓉与襄阳城共存亡，郭杨两家下一代、后几代人，则肩负光复神州之责。如黄蓉预想的那样：“蒙古人纵然一时占得了中国，我汉人终究不甘为鞑子奴隶。日后中原血战，那兵法和武功两项，将有极大用处。”郭杨两家后几代人的历史使命，就是为倚天剑，尤其是为屠龙刀，拣选出最合适的主人，将《武穆遗书》（兵法）和《九阴真经》（武功）传下去，恢复中原。

1981年，金庸说：“重视情义当然是好事。中华民族所以历经千年而不断壮大，在生存竞争中始终保持活力，给外族压倒之后一次又一次的站起来，或许与我们重视情义有重大关系。”（金庸《韦小宝这小家伙》）

郭靖、黄蓉、杨过，三人商讨决定屠龙刀与倚天剑的创意和铸造。

为了铸造屠龙刀、倚天剑，杨过将最宝贵的三把剑，全部献出。

生命可以失去，鲜血可以为国为民而抛洒，区区三剑，更没有什么舍不得的。

丐帮是郭靖、黄蓉恩师洪七公的丐帮，是黄帮主的丐帮，是郭家女婿耶律齐的丐帮，郭靖、黄蓉耽虑丐帮的将来，要杨过和他的后人，一旦丐帮遇到大麻烦，要照拂，要出手相助。

丐帮找到杨家，杨家要管丐帮之事；没有人找到杨家，杨家也要管屠龙刀和倚天剑的事。杨过慨然应允，一诺无辞。

杨过家族是此刀此剑的“护法”，也可以说是整个江湖的“护法”，甚至是整个神州的“护法”，因为按金庸小说的逻辑，恢复汉家江山，总是由江湖起事。

襄阳城破之日，杨过可能留下来了，参与守城。大厦将倾，独木难支。

他答应过郭伯父，自己不能死。襄阳城破，郭靖、黄蓉如愿殉国。杨过洒泪，离开这光荣之城、伤心之地，回归江湖，布置将来的“复国”大业。

更可能，襄阳城破之先，杨过已离开，着手与屠龙刀、倚天剑有关的种种安排。他只是暂时离开，情势危急，随时赶回。然而，或出于内奸的叛卖，襄阳城以比预想更快的速度陷落，杨过不及赶回。

郭靖、黄蓉要弃城逃生，很容易做到，根本不需杨过相助，但他们选择了“襄阳亡，咱们人亡”。

杨过如在襄阳，本来可以帮助郭伯父的哲嗣郭破虏逃出危城。

郭公破虏随父母殉国，屠龙刀不知所踪，再现江湖，已经是五六十年后的事。

杨过去世之前的几十年，一直在寻找屠龙刀，也一直密切关注丐帮、关注江湖，尤其关心与屠龙刀、倚天剑有关的一切事。

这本来就是他的刀，他的剑。

杨过生前，组建了江湖历史上第二严密的情报网络（第一是《侠客行》中的侠客岛情报系统）。

“这十多年来，郭靖专心练兵守城，极少理会江湖游侠之事，而杨过隐姓埋名，所交多是介乎邪正之间的人物，因此郭靖竟不知‘神雕侠’便是杨过。”（《神雕侠侣》第三十六回）杨过和他的朋友们，本来就擅长“隐身”。杨过和他的朋友们，本来就像“地下工作者”。

屠龙刀与倚天剑的大秘密，杨过去世前告知子女，一代代传下来。守护这一刀一剑，是杨家的家族使命。杨过所建立并掌控的情报系统，也由其后人继承下来。所以，那个“黄衫女子”，虽“幽居深山”，“绝迹江湖”，而江湖中比较重要的人与事，她无不知闻。

黄衫女子不需要在电脑上搜索，随口就说出峨嵋派静字辈十二女尼中闺女出家的六人的名字。她的情报工作真是到家，其照相机一样的记忆力也十分可惊。各种数据，各种信息，张口就说，而丝毫无讹，黄衫女子对江湖各大门派，甚至中小门派，都深知其底细。

《倚天屠龙记》中那位“黄衫女子”，应该是杨过的孙女或重孙女。在小说中，她只出现了两次。

第一次，解决了丐帮的大麻烦。假帮主的问题不解决，丐帮就会落到成昆、陈友谅师徒手上，而成昆密通朝廷，“反元”大业就有大麻烦。

第二次，协助解决了屠龙刀与“武林盟主”名位的归属，又拜托张无忌：“丐帮大事，请张教主周旋相助。”

杨过和他的后人，始终关注屠龙刀与倚天剑，因为这刀这剑，本来就是他们杨家的，是熔杨过的三把剑而铸成。

杨过从来不想，也终于没有辜负郭伯父、郭伯母的嘱托。

黄衫女子对张无忌道：“这对刀剑以后就由你保管吧！号令天下，驱除胡虏，保障生民，正该善用此刀此剑！”她有什么资格这么说？因为这对刀剑本来就是郭杨两家合力铸造的，而她是两家留下的唯一血胤，当然只有她，才有资格将刀剑授予张无忌。

> 张无忌……道：“承姊姊多番援手，大德不敢言谢。只盼示知芳名，以便张无忌日夕心中感怀。”
>
> 黄衫女子微微一笑，说道：“终南山后，活死人墓，神雕侠侣，绝迹江湖。”说着裣衽为礼，手一招，带了身穿黑衫白衫的八名少女，飘然而去。

神州重光。从此，杨过家族才真正“绝迹江湖”。

《神雕侠侣》，得一“侠”字。杨过、小龙女，这双“侠侣”，他们“侠行”的大部分，没写在《神雕侠侣》，也没写在《倚天屠龙记》，而遗落在《神雕侠侣》与《倚天屠龙记》之间，以及《倚天屠龙记》第三回“花开花落，花落花开……这一年是元顺帝至元二年”之前，是金庸没写出的故事。

杨过家族，近百年间对江湖、对神州的默默守护，竟湮没不彰，世人多不知晓。其后，近千年间，亦无人揭破。此年此月此日，由鄙人首次发掘、表彰出来，幸何如之！幸何如之！

《神雕侠侣》是《射雕英雄传》的续集。《射雕英雄传》故事结束时还活着的重要人物，几乎都在《神雕侠侣》中现身。除了少数几人，他们中的绝大多数，都活到了《神雕侠侣》故事结束。故事结束，他们继续活着。

《倚天屠龙记》是《神雕侠侣》的续集，但是，《倚天屠龙记》中只有1.11个人物延续自《神雕侠侣》。

1个人物，是郭襄。

0.1个人物，是张君宝（三丰）。不是说张君宝不重要，是说他在《神雕侠侣》中不重要。张君宝是在《神雕侠侣》结尾临时加进去的，与《神雕侠侣》原来的故事基本不搭界，只能算0.1个《神雕侠侣》原有的人物。

0.01个人物，是无色禅师。他在《神雕侠侣》中没有露面，只在郭襄生辰托人送过礼物，礼到人不到，有影无形，算0.01人。

《倚天屠龙记》是不规范、非典型的续集。

“过犹不及。”《神雕侠侣》延续自《射雕英雄传》的人物太多，是“过”，《倚天屠龙记》延续自《神雕侠侣》的人物太少，是“不及”。

金庸说：“《倚天屠龙记》是‘射雕’三部曲的第三部。”很长时间我都觉得，将《倚天屠龙记》算进“射雕”系列，颇有些牵强。

后来，理解了。

《倚天屠龙记》与前两部书，似乎联系太少，但郭杨两家对本民族复兴的渴望，一直附着在屠龙刀与倚天剑上，从未离开。

明了《神雕侠侣》与《倚天屠龙记》之间金庸没明确写出的故事，看到杨过家族在保卫襄阳和恢复神州的过程中从来没有置身事外，而是付出最大的热望与心力，才能理解《倚天屠龙记》何以归入“射雕三部曲”。

《射雕英雄传》《神雕侠侣》《倚天屠龙记》三部书，在精神血脉上是贯通的。

“射雕三部曲”，隐现汤因比的历史观

1947年，金庸读汤因比《历史研究》，所受震动，无与伦比。

1955年，金庸开始写武侠小说。

1956年12月，金庸撰文《书的“续集”》：

> 给小说或戏剧写续集，这种兴趣似乎是十分普遍的……除了黄色与无聊，这些续书中再也找不到什么别的。当时我就觉得很奇怪，既有兴致写作，为什么不另外写一部小说呢？
>
> ……在（《红楼梦》）所有的续书中，恐怕也是高鹗的最为精采……此外的续书……无一不是糟极谬极……

给别人的作品写续集，不好写，写不好。自己给旧作写续集，也难写好。

1959年，金庸创办《明报》，开始写作、连载《射雕英雄传》的续集《神雕侠侣》。两年后《神雕侠侣》结束，金庸意犹未尽，再写续集《倚天屠龙记》。合起来，就是“射雕三部曲”。

个人意见，《神雕侠侣》写得不好，《倚天屠龙记》稍好。

我曾经很奇怪，既有兴致写作，金庸为什么要写续集，而不是另外写一部小说呢？

于今想来，原因有二。

一个是吸引读者订阅《明报》。已受盛大欢迎的小说，其续集对读者是有吸引力的。金庸本人，读《七侠五义》很喜欢，接着读《小五义》《续小五义》，一直读到《九续小五义》。

金庸为旧作写续集，都在刚创办《明报》的时候。创办第一年，写《神雕侠侣》，第三年写《倚天屠龙记》，创办《明报》第二年写的是《雪山飞狐》的前传《飞狐外传》，也算续集。《飞狐外传》比起《雪山飞狐》，更远为不如。不如，仍写，为了吸引读者、订户。

第二，当是受汤因比的历史观影响。

金庸写《神雕侠侣》这部续集，主要是出于第一个原因，延续《射雕英雄传》热度，吸引读者订阅新开张的《明报》。金庸写《倚天屠龙记》这部续集，应该主要是出于第二个原因，落实汤因比的历史观。

金庸读汤因比《历史研究》，深受震动，不能不在他的小说创作中留下很多、很深的印记。若非受汤因比影响，就算金庸为了《明报》销路而写《神雕侠侣》的续集，也不会像我们看到的《倚天屠龙记》一样，从宋朝还没灭亡的时候一直写到元朝灭亡。

“棋罢不知人换世。”《倚天屠龙记》换了三世。前两回似乎郭襄、张君宝就是小说主人公，换成了张翠山、殷素素。张翠山、殷素素也不是主人公，终于换成张无忌、周芷若与赵敏。

《倚天屠龙记》第三回开头：

> 花开花落，花落花开。少年子弟江湖老，红颜少女的鬓边终于也见到了白发。
>
> 这一年是元顺帝至元二年，宋朝之亡至此已五十余年。

轻描淡写几句话，就是七十余年过去了。

感觉金庸在《倚天屠龙记》里不断地拖延时间、挥霍时间，怎么也要写到元朝覆灭。

> 汤因比的“挑战—回应”理论指出，任何一个民族在她的发展过程中，都会遇到一些重大的挑战……某个曾取得过辉煌成就的民族，在她的生命力有所衰弱时，猝然面对重大挑战，她必然难以立即作出有效的回应；但在败退下来之后，她能否从古老的源头和悠久的血脉中重新寻得支持和力量，使自己不至于一败涂地，她能否稳住阵脚，恢复元气，并终于作出成功的回应而东山再起——这则是汤因比“退出—返回”理论所关注的问题。一百多年

来，中华民族一直在努力寻找“回应”之道和“返回”之途……（佚名《民族灵魂的深沉安慰——从百年文化忧患看金庸小说兼及海外新儒学》）

从《射雕英雄传》到《倚天屠龙记》，中原文明的生命力有所衰弱，长期面对几个北方游牧民族的大挑战，而败退下来，宋朝终于灭亡。但是，败退下来之后，中原民族仍能从古老的源头和悠久的血脉中重新寻得支持和力量，稳住阵脚，恢复元气，最终作出成功的回应，东山再起。“射雕三部曲”完整体现了汤因比的历史观和金庸对所属文明的自信力。

2001年，金庸在中山大学演讲，说：“按照中国的儒家精神，正义的事情就要坚持做下去，而道家说过，当力量对比悬殊时，可以先忍让一下……这种例子在中国历史上最强盛的两个朝代都出现过，国家弱小的时候暂时退让一点，等到国力强盛了就可以战败他们。”在“射雕三部曲”中，儒家精神主要体现在郭靖身上，而杨过更近于道家，等到再次光荣胜利的时候，则需要张无忌的宽仁与融合，不过分计较和报复个人、家族乃至民族间的宿怨旧恨（张无忌对蒙古郡主赵敏说：“赵姑娘，我这几天心里只是想，倘若大家不杀人，和和气气、亲亲爱爱的都做朋友，岂不是好？”）。

金庸小说的两位老读者——许倬云和张五常，二人的意见亦可参考。

许倬云认为：“人是合群的动物，我们中国人的一套文化系统，就是怎么样人跟人相处，这中间有积极的方面，是儒家。很平淡的、淡泊的，不是消极而是淡泊的、内敛的方向，是道家。一向外一向内，一积极一退让，一刚一柔，这样地配合起来，我们进退自如的一套人生的观念。这一套（观念）使得中国可以在最困难的时候，忍下去，还不垮，最得意的时候不要张狂。”（许倬云、罗小虎《我为了被历史湮没的人群著史》）

张五常则认为：“当你考虑到中国的情况，归根究底来说，中国天生就是厉害的，吃得了苦、聪明，有一个很深厚的文化底蕴……只要地球上有人类存在，中国是一个不可能被毁灭的国家，就是因为我们有文化……为什么在人类历史上，一些古文化衰落下去的，没有一个能够再传承下来……为什么中国可以呢？我说答案就是文化纯而厚。你要批评容易，但不能否认这里面是有奇迹的。”（凤凰网财经专访张五常，葛瑶《中国做对了什么——四十年四十人》）

金庸关注的是眼前西方文明给华夏带来的极大挑战，“射雕三部曲”写的是历史上中原曾经面临的严峻挑战。

宋朝面临几个北方游牧民族的挑战，而终亡于元。

神州陆沉，怎么办？

从黄蓉决意铸造屠龙刀与倚天剑的初心，可知《倚天屠龙记》主要体现的是汤因比的“退出—返回”理论。

郭大侠的夫人黄蓉黄女侠聪明机智，当时她眼见元兵势大，襄阳终不可守，他夫妇二人决意以死报国，那是知其不可而为之的赤心精忠，但郭大侠的绝艺如果就此失传，岂不可惜？何况她料想蒙古人纵然一时占得了中国，我汉人终究不甘为鞑子奴隶。日后中原血战，那兵法和武功两项，将有极大用处。因此她聘得高手匠人，将神雕大侠杨过留赠给郭师祖的一柄玄铁重剑熔了，再加以西方精金，铸成了一柄屠龙刀；又……铸成一柄倚天剑。

郭靖、黄蓉、杨过，都知道宋朝灭亡已不可免，他们着眼于将来，寄希望于后几代人，而终于在手持屠龙刀的张无忌身上，实现“复国”梦想。

《射雕英雄传》与《神雕侠侣》，皆以郭杨两家的故事为主干。《倚天屠龙记》稍有不同，郭家只在前两回写了郭襄，杨家只有一个黄衫女子偶尔现身，但是，郭杨两家的精魄，一直附丽于屠龙刀和倚天剑。

郭家的血脉，可以追溯到《水浒》故事中的好汉“赛仁贵”郭盛，杨铁心则是南宋名将杨再兴的曾孙，而在民间传说中，杨再兴是杨六郎的玄孙。如此说来，杨铁心—杨康—杨过—黄衫女子家族的血脉，可直溯到北宋的杨老令公，溯源到金庸挚爱的京剧《李陵碑》中杨老令公的唱词：“叹杨家，秉忠心，大宋扶保。”1950年春，金庸在天坛，听人唱这句，“突然之间，我似乎感到了这古老中国千百年来的脉搏跳动”。

金庸相当推崇歌德的《浮士德》。《浮士德》强调：“人在奋斗时，难免迷误。”一个家族，亦如是。杨家在杨康一代曾迷误，而终于回返。

郭杨两家，不仅是两个家族，而代表着整个中原，体现在他们身上的，不仅是汤因比的历史观，还有一种精神，即至大至刚至正的民族精神。

“射雕三部曲”，武侠小说最高峰

1963 年 9 月 2 日，《倚天屠龙记》在《明报》结束连载。此时《明报》已经进入第五个年头。四年前《明报》创刊，发行量是 8000 份，到《倚天屠龙记》连载结束时，增长到日均 52671 份。《明报》的经营状况，已是渐入佳境。

一般把 1949 年以前的武侠小说称为“旧武侠小说”，1949 年后的称为“新武侠小说”。其实，旧武侠小说与新武侠小说之间的区别并不很大，可以统称为“现代武侠小说”。《三侠五义》《七剑十三侠》等等，当然就是“古代”武侠小说了。

现代武侠小说，始于 1923 年平江不肖生《江湖奇侠传》一书问世，至 1985 年古龙逝世，基本结束。1985 年后，仍有人继续武侠小说创作，只能算是“余波”了。

金庸的海宁乡贤王国维在《宋元戏曲考》中首次提出：“凡一代有一代之文学。”武侠小说的时代，可能真的过去了。

武侠小说的（黄金）时代，就是这一甲子的年光。我希望武侠小说能再出金庸这样甚至超越金庸的大家，但理智上并不看好。今人与传统太隔膜了。这隔膜又不是只靠读古书就能穿透的，整个社会的氛围变了。武侠小说毕竟不能总是像古龙那样，完全虚蹈，脱离历史背景。

武侠小说的时代，已经过去了。后世也会有人写武侠小说，也会写得很好，难能像金庸这样好。

金庸写小说，从 1955 年写到 1972 年，前后十七年时间。“射雕三部曲”最末一部《倚天屠龙记》，完成于 1963 年。从 1955 年开始，写了八年小说，金庸的创作历程已然近半，至此，他已登上武侠小说创作的高峰，说是最高峰也无不可。

写到“射雕三部曲”，金庸的创作成就已经超越了以往所有武侠小说家。

没有旧武侠小说，就没有金庸。金庸不讳言他从旧武侠前辈那里学到了很多。他说：“我以前武侠小说看得很多，受过不少影响……中国传统小说的结构较松散，但是也有他自己的长处。”（《金庸茶馆》第五册第 43 页）

尽管有这样那样的问题与瑕疵，旧武侠仍自光华煜煜。草创时期，难免简陋，但元气充足，其时中国社会仍有其连续性，“去古未远”，中国的文化传统也还没发生断裂，旧武侠诸大家的旧学根底，比多数后来者可深得多了，他们的作品就有着浓浓的中国味道、中国情怀。

个人浅见，将金庸排除在外，则旧武侠小说的成就未见得低于新武侠小说。梁羽生在《金庸梁羽生合论》一文中也谈到：“金庸曾在报纸撰文，认为‘新派’未必胜于‘旧派’，似不愿以‘新派作家’自居[1]，这或许是他的自谦，他这论点我也大致同意。论到‘艺术水平’，新派武侠小说未必胜得过唐人的武侠传奇，甚至也未必超得过近代的白羽、还珠。”

金庸应该感谢这些前辈小说家为他“导夫先路”。我个人极爱金庸小说，对金庸之前“筚路蓝缕，以启山林”的几位旧武侠大家也就常怀感激。

还珠楼主对武侠小说创作的影响，确实远大于金庸。还珠影响了其后至少两代武侠小说家，而金庸之后，武侠小说创作后继乏人。

---

1 叶洪生说：“（《射雕英雄传》后记中）所谓“我国传统小说发源于说书”，却单单以说书作为《射雕》引子，正有借此书‘开宗立派’——建立既传统又改良的流派风格之意。盖金庸当年全仗《射雕》（第三部作品）始成不世之名，进而有‘武林盟主’之誉，故曰‘不忘本源’。其不欲以‘新派’自居，良有以也。”他的分析还是有些道理的。金庸“不欲以‘新派’自居”，金庸小说也非新派武侠小说这一概念所能笼罩，就像风清扬所修习的独孤九剑不能完全归属于华山派剑宗武功一样。

金克木看金庸："迈过前人，难有后继。"金庸，确为武侠小说这一文学形式的集大成者。其"迈过前人"处，有三：一、人物形象塑造之完满，金庸自己也说，"和以前的武侠小说比较，或许我人物的掌握比较好点"（《金庸茶馆》第五册第43页）；二、语言之纯熟自如；三、小说结构之完整细密。

金庸谈过："西方文学理论谈小说，通常看重人物、故事结构、背景三方面……我的重点放在人物方面……有时故事结构得好，但读者不一定能了解，很多微妙之处，普通的读者看不出来。"话说得很平淡冲和，细读就知，他在小说结构上是极为用心的。

陈寅恪指出："吾国小说，则其结构远不如西洋小说之精密，在欧洲小说未经翻译为中文以前，凡吾国著名之小说，如《水浒传》、《石头记》与《儒林外史》等书，其结构皆甚可议。"（陈寅恪《论〈再生缘〉》）20世纪中国的长篇小说创作，又往往重视思想性而忽视艺术性，在小说结构上，也多是无所用心。"在（中国）古往今来的小说结构上，金庸达到了登峰造极的境界"，冯其庸此言，是有道理的。

金庸文笔并不花哨，只能用他小名宜官中那个"宜"字来形容。金庸文笔未必最好，但他总能自如地运用最合宜的文字，将人生的各种境界表现出来。

陈世骧称许金庸小说："谈及鉴赏，亦借先贤论元剧之名言立意，即王静安先生所谓'一言以蔽之曰，有意境而已。'于意境王先生复定其义曰，'写情则沁人心脾，写景则在人耳目，述事则如出其口。'此语非泛泛，宜与其他任何小说比而验之，即传统名作亦非常见……"

以表现力而论，"查先生的（古今并用的）中语文字，当世无出其右"（张五常《我也看金庸》），张五常此言，亦非虚誉。

多数旧武侠小说，仍以故事而非人物为中心。《荒江女侠》的故事，很精彩，但书中主要人物，包括岳剑秋、方玉琴，面目都很模糊，反而是出场不多的几个小配角比较出彩。金庸说过："还珠也喜欢的，他的想象力很丰富。"可惜，还珠楼主在人物形象塑造上的成就并不高于顾明道。

金庸最大的特长，就是善于将笔下的人物写"活"，而20世纪中国的长篇小说家，包括写“纯文学”的小说家，都擅长把人物写“死”，一个个死样活气、半死不活的。

2002年，金庸在《〈金庸作品集〉新序》中说：“我最高兴的是读者喜爱或憎恨我小说中的某些人物，如果有了那种感情，表示我小说中的人物已和读者的心灵发生联系了。小说作者最大的企求，莫过于创造一些人物，使得他们在读者心中变成活生生的、有血有肉的人。”

金庸小说中的人物，是“活”的。活在哪里呢？活在读者心中和口中。不用特意去想，在某种情境下，金庸小说中的某个人物，郭靖、黄蓉、令狐冲、韦小宝等人，就从我们脑子里跳出来了，我们自然而然就想起他（她），谈起他（她）。

越南还没统一的时候，“南越”伪政权开“议会”，彼此嘲骂诋毁，你骂我是“岳不群”，我就“恭维”你是“左冷禅”。小说家把人物真正写“活”了，才有这样的奇景。

金庸小说中，很多小角色，纯粹跑龙套的，经过金庸几笔点染，也都栩栩欲活，神气活现。

东方不败这一人物，在小说中正式出场，也不过十几二十页的篇幅，却给读者留下多么鲜明震撼的感觉。

1954年1月，金庸还没开始写小说的时候，撰文《谈〈凯撒大帝〉》，称扬“（莎士比亚）文采斐然的笔触碰到哪一个人物，那个人物就活了，即使只有几句对话的一个仆人、一个使者，莎士比亚都使他栩栩如生”。金庸与莎士比亚，有着相似（但稍逊）的天才。

塑造人物，金庸否认自己受《三个火枪手》等西方小说很大影响，但他从不否认自己受莎翁影响很深。1995年，金庸对严家炎说：“戏剧中我喜欢莎士比亚的作品。莎翁重人物性格、心理的刻画，借外在动作表现内心，这对我有影响。”接着，金庸又说：“而中国传统小说那种从故事和动作中写人物的方法，我也努力吸收运用到作品里。我喜欢通过人物的眼睛去看，不喜欢由作家自己平面地介绍。”（严家炎《金庸答问录》）

在金庸看来，中国古典小说与莎剧，在塑造人物方面，有相通之处，都“借外在动作表现内心”。他赞扬《三国演义》“写人物不直接叙述其内心，单凭言语动作，人物精神自出”，认为“这是戏剧的手法”。

白先勇亦持相似的观点：

> 以往的作者介绍小说人物登场叙述故事情节，喜欢现身说法，作者夹评夹叙，把人物当作木偶操作，而且随时抒发议论，主导读者判断，而《儒林外史》的作者却是隐身的，让小说人物自己登上舞台，由他们的举止言行，逐渐展现他们的性格，由读者自行推断小说发展情节。这种“戏剧法”的使用，使得中国小说又提升到另一层境界，可以说是开始进入“现代”了。《红楼梦》的作者在小说中自始至终“神龙见首不见尾”，运用的全是这种“戏剧法”。（白先勇《经典之作》）

> Percy Lubbock 那本经典之作《小说技巧》对我启发是大的，他提出了小说两种基本写作技巧：叙述法与戏剧法……所谓戏剧化，就是制造场景，运用对话。我自己也发觉，一篇小说中，叙述与对话的比例安排是十分重要的。我又发觉中国小说家大多擅长戏剧法，《红楼》《水浒》《金瓶》《儒林》，莫不以场景对话取胜，连篇累牍的描述及分析，并不多见。（白先勇《蓦然回首》）

在人物塑造上，金庸的长处，正在兼收中西方文学之所长。

刘兆玄（上官鼎）说：“有人认为金庸擅长写情，我的看法稍微有点不同，他当然把‘情’写得很好，但我觉得金庸最厉害的还是写‘人’。他对人物的塑造堪称天下第一，不但我自己远远不及，恐怕写小说的很少有人能比得上他，也许可以跟曹雪芹媲美吧。”（《台湾前“行政院长”、知名武侠小说作家刘兆玄：把儒家“王道”融入武侠小说》）

金庸塑造人物之成功，在近二百年来，无人可比。放在世界小说史上，也都是第一流的。

金庸小说以往在西方影响不大。也不仅是金庸，中国现当代文学在西方世界整体上是不受重视的。王彬彬在《文坛三户》一书中嘲笑金庸小说的读者群只限于“华人社会”，就好像他所推崇的中国现当代“纯文学”（“新文学”）在西方就有很多读者，或者西方学界对之高度重视似的。

不过，2018 年，金庸逝世之前，英文版《射雕英雄传》第一部已经在亚马逊分类销售榜上排名第一。真正杰出的文学作品，迟早会得到世界范围内广大读者的欢迎、承认。

李辰冬在谈《红楼梦》的时候说过：“鉴别小说家伟大与否，以他创造人物的多寡和人物是否有自己的面目为定。”我很赞同。

金庸本人则在与池田大作对谈时说起：“以‘伟大文学’而论，大仲马与雨果的作品正是实至名归。大仲马能在世界文学史中占一席地，自然并非由于他的小说中情节的离奇，而是由于书中人物的生动。能创造一个活生生的人物，是小说家极高的文学才能……《基度山恩仇记》和《三个火枪手》的文学价值，都在于书中主角的个性鲜明，形象生动。”（《探求一个灿烂的世纪》第 196—197 页）

19、20 世纪，中国没有一个真正堪称“伟大”的大小说家。20 世纪“纯文学”中，没有一部长篇小说可望《红楼梦》之项背，甚至也没有能达到《水浒传》高度的。“俗文学”中，金庸后期三部长篇小说，可与（本属“俗文学”之）《水浒传》并驾齐驱。正是在这一意义上，我认为，金庸是曹雪芹而后二百年间中国小说家第一人。当然这只是我个人的观点。

网上居然有提议评选“新文学”长篇小说“新四大名著”的。我怀疑他们跟“新文学”有仇。一百多年来的“新文学”，无论选出哪四部长篇小说，对比中国古典小说的“四大名著”，都相形见绌。别说四部，一部可以与古典小说“四大名著”并驾齐驱的长篇小说也没有。

很多读者，囿于“雅俗之见”，对金庸小说的评价似乎不高。然而，他既允许金庸小说人物活在自己心里，这本身已是很高评价。继而对金庸小说人物津津乐道，他对金庸小说的实际评价就是极高了。

《世说新语·赏誉》中，东晋谢安谢太傅的一句话很有意思：“谢太傅道安北：‘见之乃不使人厌，然出户去，不复使人思。’”安北将军王坦之[1]，当人们与他相处的时候，觉得他有些意思，至少不讨厌他，但是等他推门离开后，大家也就把他忘了，没人会思念他。怎么会这样？因为王坦之这个人精神境界不高，缺乏人格魅力。

我们读过很多长篇小说。读的时候，觉得小说中某位人物或某几位人物写得很有意思，但是等我们读完小说，合上书，这一位或几位书中的人物，在我们脑子里就没什么印象了，只剩了一个微弱的影子。过几天，我们就把他或他们几乎完全遗忘了。怎么会这样？还是小说家塑造人物的功力不足，写得不够好，不够“活”，人物个性不鲜明，人物形象不丰实。

中国古典小说名著和金庸小说，我们读过后，过了很久，遇到某种情境，会突然想起某一位人物——其实也不是“想起”，是这一人物形象从我们脑子里跳出来了。然后，如果肯细想的话，才想到这部小说的书名。其他小说呢？突然哪天我们想起自己读过一本名叫什么什么的书，然后，认真去想，才想起小说中写过哪几个人物。有些，甚至绞尽脑汁去想，也想不起来里面的人物了。

中国古典小说，有一个特殊的优长之处，就是善于塑造人物。这是一笔很宝贵的文化遗产。可惜，当代的中国小说家，只顾学习西方小说技巧，忽略学习借鉴自己的古典小说，在人物塑造这方面，是一块特别短的短板。

即便是钱锺书的《围城》，在塑造人物方面，也只差强人意。人称《围城》为“新《儒林外史》”，在人物塑造上，《围城》可比《儒林外史》差远了。整部《围城》，塑造得最成功的人物形象是谁呢？其实是小说家钱先生自己。

中学时代读《围城》，我对它评价不高，怀疑仅是我个人的偏见，后来

---

1 《天龙八部》中游坦之之名，应与历史上这位王坦之的名字有点关系。

发现，与我看法相似的大有人在。

徐讦说：“钱锺书后来写了一本《围城》，好像有好些人因为他的博学，认为是一本杰作，我读了则很失望。以小说论小说，则实在是失败的作品，其中有些陈俗浅陋之处，出于钱锺书之笔，实在很令我诧异……如果说他的散文的缺点是太少自己，他的小说里则是太多自己。”

施蛰存认为钱锺书“不是写长篇，而是发泄他的‘恶客’（上海方言，刻薄之意）”，是“洋才子说刻薄话”。

吾友北溟楼主认为：“钱先生看事太透，过于超脱，因此笔下人物既无各自声口，形象扁平，缺乏感人力量，徒然以琐碎细节取胜，实在未见其佳。”

很赞成刘再复的观点：“对于钱锺书先生，我格外崇敬，但认为他的主要成就在于学问，并不是他的小说《围城》。《围城》的幽默只是英国绅士的小幽默，整部小说乃属于‘愤世嫉俗之作’，并非一流巨著。”（刘再复《夏志清先生纪事》）

费孝通曰：“钱锺书也是论文好。《围城》我不把它看得很高。”

钟叔河也说：“《围城》在写作上确实有点‘做幽默’，油滑，着意挖苦人。一本书里没什么正面的人，方鸿渐也是以挖苦的笔调写的。把人写得都很不堪，都很浅薄，似乎并不太好。——钱先生对我有奖掖之恩，我对他有感激之情，但这些方面也不能为他讳。”

李泽厚说：“《围城》没什么了不起的，我真是硬着头皮看完的。他卖弄英国人的小趣味，不仅不喜欢，还很不舒服。”

周泽雄至为推重《管锥编》，而认为“《围城》是一部充满异类光辉的小说，仅此而已，与所谓旷世杰作距离尚遥”。

概括言之，《围城》是好文章，却不是好小说。

言归正传。金庸写到“射雕三部曲”，已经登上武侠小说最高峰，不是说他后来的小说不如“射雕三部曲”。“射雕三部曲”仍是比较正规、比较传统的武侠小说，金庸后期《天龙八部》《笑傲江湖》《鹿鼎记》《侠客行》《连城诀》这五部最好的作品，皆超越了武侠小说范畴，不是纯粹的武侠小说了。

金庸写这五部小说，已到“海阔天空任我飞”的境界，不需要刻意吸引读者，读者自然被吸引。

陈洪教授说：“我评价金庸小说，就是500年后的《水浒传》。”比陈教授更早几十年，1958年，张五常在多伦多追读《射雕英雄传》，就对文学专家王子春说：“如果《水浒》是好文学，那么金庸的作品也是好文学了。”（张五常《我也看金庸》）

《射雕英雄传》与《水浒传》相比，尚逊一筹。等《天龙八部》《笑傲江湖》《鹿鼎记》三部既出，方可与《水浒传》并驾齐驱。